Sie war ehrgeizig und selbstbewußt. Sie war zielstrebig, aber nicht um jeden Preis. Sie lebte in der westfälischen Provinz, aber nicht im Elfenbeinturm. Sie nahm die inneren Widersprüche wie die äußeren Umbrüche als Herausforderung an und schuf Meisterwerke der deutschen Literatur: Annette von Droste-Hülshoff.
Barbara Beuys zeichnet in ihrer eindrucksvoll erzählten Biographie über Annette von Droste-Hülshoff das Porträt einer Frau, die sich beharrlich und listig den Freiraum für ihr Leben und für ihre schriftstellerische Arbeit erkämpfte.
»In diesem Buch entsteht das Bild einer der merkwürdigsten und wichtigsten Dichterinnen Deutschlands, die nie so lebendig, nie so in ihrem Widerspruch und nie so selbstbewusst vor uns stand wie hier.« *(DIE ZEIT)*

Barbara Beuys, geboren 1943, studierte Geschichte, Philosophie und Soziologie. Sie arbeitete als Redakteurin u.a. beim *Stern* und bei der *ZEIT.* Heute lebt Barbara Beuys als freie Autorin in Köln.

Im insel taschenbuch liegen von Barbara Beuys ebenfalls vor: *Der Preis der Leidenschaft. Chinas große Zeit: Das dramatische Leben der Li Qingzhao* (it 3418); *Paula Modersohn-Becker. Oder: Wenn die Kunst das Leben ist* (it 3419); *Denn ich bin krank vor Liebe. Das Leben der Hildegard von Bingen* (it 3467); *Sophie Scholl. Biographie* (it 4049); *Die neuen Frauen. Revolution im Kaiserreich: 1900-1914* (it 4419); *Maria Sibylla Merian. Künstlerin – Forscherin – Geschäftsfrau. Eine Biographie* (it 4480); *Helene Schjerfbeck. Die Malerin aus Finnland* (it 4685); *Sophie Charlotte. Preußens erste Königin* (it 4753).

insel taschenbuch 3458
Barbara Beuys
Blamieren mag ich mich nicht

Barbara Beuys
»Blamieren mag ich mich nicht«

Das Leben der Annette
von Droste-Hülshoff

Insel Verlag

Für Maxie, das Patenkind

7. Auflage 2023
Insel Verlag Berlin

Erste Auflage 2009
insel taschenbuch 3458
Insel Verlag Frankfurt am Main und Leipzig
© 1999 Carl Hanser Verlag München Wien
Lizenzausgabe mit freundlicher Genehmigung des Carl Hanser Verlages
Alle Rechte vorbehalten, insbesondere das der Übersetzung,
des öffentlichen Vortrags sowie der Übertragung
durch Rundfunk und Fernsehen, auch einzelner Teile.
Kein Teil des Werkes darf in irgendeiner Form
(durch Fotografie, Mikrofilm oder andere Verfahren)
ohne schriftliche Genehmigung des Verlages reproduziert
oder unter Verwendung elektronischer Systeme
verarbeitet, vervielfältigt oder verbreitet werden.
Vertrieb durch den Suhrkamp Taschenbuch Verlag
Umschlag: Elke Dörr
Umschlagabbildung: Annette von Droste-Hülshoff.
Miniatur von ihrer Schwester Jenny (um 1820). akg-images
Druck: CPI books GmbH, Leck
Printed in Germany
ISBN 978-3-458-35158-0

www.insel-verlag.de

Inhalt

»Es mag mir mitunter schaden, daß ich so starr meinen Weg gehe«   7

Frühe Kindheit: Unbeschwerte Jahre, unvergessene Ängste   12

Späte Kindheit: Im Zeichen der Mutter und einer bewegten Zeit   60

Jugend: Begeisterung und Kompromiß   90

Die Droste und die Männer: Der Schock vom Bökerhof   137

Im Feuer gehärtet: Eine Mission fürs Leben   180

Am Rhein: Ein unterhaltsamer Gast   202

Alltag im Rüschhaus: Viel Arbeit statt Idylle   210

Endlich gedruckt: Neue Freunde, Enttäuschungen und Zuversicht   249

Neues vom Rüschhaus: »Liebes Mütterchen ... Ihr treues Pferd«   288

Geliebte Lüge: Nähe und Distanz über Meersburg hinaus   313

Im Kampf um ihre Liebe: Der eigenen Phantasie überlassen   338

Erfolg und Einmischung, Doppelspiel und Zukunftspläne   371

Abschiede ...   404

… und Gegenwart	432
Zeittafel	455
Literaturhinweise	458
Register	469

»Es mag mir mitunter schaden,
daß ich so starr meinen Weg gehe ...«

Sie war ehrgeizig und hat es nicht verheimlicht: *... blamiren mag ich mich nicht, nicht vor Andern und noch weniger vor mir selber.* Dieses Bekenntnis der musikalisch talentierten Annette von Droste-Hülshoff über ihren Versuch, Opern zu komponieren, gilt um so mehr für ihr gesamtes literarisches Werk. (Sie selbst spottete oft über ihre konfuse Orthographie, weshalb im Titel dieses Buches eine Angleichung an heutige Regeln erlaubt sei.)

Sie war eine selbstbewußte Frau und hat in dem Gedicht »Mein Beruf« im Gedichtband von 1844 freimütig benannt, was sie aus ihrem vorgegebenen »Kreis« und ihrer »Kammer« trieb, um sich als Dichterin der Öffentlichkeit zu stellen: *So rief die Zeit, so ward mein Amt / Von Gottes Gnaden mir gegeben.* Schon die 23jährige vergleicht sich 1820 im Gedichtzyklus »Geistliches Jahr« mit den biblischen Propheten und fordert von ihrem Gott: *So brenne mich in Tatengluten, / Wie den Asbest des Felsen, rein! / Und kann ich dann kein Leben bluten, / So blut' ich Funken wie ein Stein.*

Sie war eine unerschrockene Person, die zu nächtlicher Stunde versuchte, Kontakt mit geliebten Menschen aufzunehmen, die gestorben waren: *Wie brünstig flehend / Hab ich so oft in mancher Nacht / An meine Toten mich gewandt! / ... Und nicht ein Zeichen ward mir je; / Kein Knistern in des Lagers Näh, / Kein Schimmer längs den Wänden gehend.* Das Schweigen ihrer Toten nannte Annette von Droste-Hülshoff *hart und lieblos.* Sie an ihrer Stelle *würd Alles, Alles wagen,* denn von den Toten erhoffte sie sich die letzte Wahrheit.

Sie war ein Mensch, der die Gegenwart kaum genießen konnte. Jeder Augenblick gerann der Droste zum Beweis der Vergänglichkeit: *Es liegt etwas sehr herbes im Vergehen, in der Unmöglichkeit, Vergangenes auch nur für Augenblicke wieder ganz herzustellen.* Seit Kindertagen wird sie von Verlust- und Trennungsängsten geplagt. Ihre Gedichte reflektieren, was Marcel Proust »jenes Gefühl des Unwiederbringlichen« nennt. Fast wortgleich spricht er in

»Auf der Suche nach der verlorenen Zeit« von dem Schmerz, daß es für keinen einzigen Augenblick ein wirkliches Wiedersehen gibt.

Sie war ein Kind des Biedermeier, jener immer noch mißverstandenen Epoche. Die Zeitgenossen fühlten sich keineswegs als harmlose Genießer einer heilen Welt, sondern lebten in der Spannung zwischen wohlanständigen glatten Fassaden und den »finstern Mächten«, von denen Max im »Freischütz« heimgesucht wird. Die Droste spricht 1835 in bezug auf die *denkende Klasse* von den *Extremen der Ueberspannung und Erschlaffung mit ihren Begleitern oder Folgen, der Zerrissenheit.*

Sie lebte nicht im Elfenbeinturm und verfolgte mit Vernunft und Leidenschaft, was um sie herum in der Welt vorging. Das Bild einer lebensmüden Frau, die in den letzten anderthalb Jahren bei ihrer Schwester in Meersburg am Bodensee resigniert und verängstigt auf den Tod wartet, ist mehr als fragwürdig. Es widerspricht ihrem lebenslangen kritischen Engagement. Sie sah die Umbrüche und Abgründe ihrer Zeit und fühlte sich dem Neuen zugehörig, ohne alle Brücken zur Tradition abbrechen zu wollen. Annette von Droste-Hülshoff beteiligte sich an den zeitgenössischen Auseinandersetzungen über Politik, Religion und Literatur und verweigerte sich den Schwarz-Weiß-Parolen der jeweiligen Lager. Sie verdrängte die Widersprüche und Abgründe in ihrem Innern nicht und lebte mit dem Gefühl, *daß immer wie zum Sturz die Mauer hängt.* Kühl sezierte sie das eigene ambivalente Lebensgefühl und hatte neben dem Sendungsbewußtsein stets das Scheitern im Blick: *Schutt und Geröll stellt sich mein Wirken dar.*

Sie war diskret in ihren Briefen, was die eigene Person betraf. In Gedichten und Prosa allerdings gab sie den Blick frei. Trotzdem ist überall Vorsicht angebracht: Sie liebte es, Masken aufzusetzen, sich zu verstellen, Spuren zu verwischen, in Chiffren und Verschlüsselungen zu reden. Annette von Droste-Hülshoff ist eine Meisterin der Doppelbödigkeit. Kaum eine Arbeit, die nicht genausogut gegen den Strich gelesen werden kann, angelegt als Flaschenpost für spätere Generationen: *denn in hundert Jahren möcht ich berühmt sein.*

Vielleicht das Wichtigste in diesem facettenreichen und bewußt gelebten Leben: Annette von Droste-Hülshoff fühlte sich nicht als Opfer – weder ihrer Familie noch ihrer Zeit oder ihrer Religion. Mit den Jahren gab sie sich angepaßter, doch von ihren Diskussionen mit den konservativen Onkeln ließ sie nicht ab; und auch als Dichterin mischte sie sich ein. Die Zwänge, denen Frauen wie Männer aufgrund der traditionellen Rollen unterworfen waren und die vor allem die Möglichkeiten der Frauen bitter einengten, ziehen sich wie ein roter Faden seit dem jugendlichen Fragment »Bertha« und dem Ritterepos »Walter« durch ihr Werk.

Eine weitere Konstante sind die Themen Krieg und Gewalt, denen sie nichts Heroisches abgewinnt. Ihre Botschaft ist, daß stets beide Lager schuldig werden. Die Dichterin weiß, wovon sie redet. Die ersten 16 Lebensjahre der Droste sind erfüllt vom Lärm der Schlachten, die im Zeichen Napoleons in ganz Europa blutige Spuren hinterlassen. Ein Onkel der Dichterin fällt auf Seiten der napoleonischen Truppen in Spanien, ein anderer flüchtet vor den französischen Besatzern von Westfalen nach England.

Annette von Droste-Hülshoff kann auch nicht begriffen werden ohne ihre tiefe Frömmigkeit, die sich den Herausforderungen der Aufklärung stellte. Der Gedichtzyklus »Geistliches Jahr« ist der qualvolle, aber auch triumphierende Aufschrei eines Menschen, der – hin- und hergerissen zwischen Glauben und Vernunft – weder auf Gott noch auf die Erkenntnisse des Verstandes verzichtet.

Das neue Bild der Droste, das diese Biographie eröffnet, lebt auch davon, daß ihr Werk von ihrer Person nicht zu trennen ist. Gedichte und Prosa der Droste sind allerdings kein Steinbruch, mit dessen Hilfe sich alle Widersprüche ihrer Existenz glätten oder befriedigend deuten ließen. Sie sind nicht wie Fußstapfen, in denen sich bequem der Weg dieser Biographie abschreiten ließe. Doch die dichterischen Schöpfungen der Annette von Droste-Hülshoff gehören zum unabdingbaren Bestand ihrer Lebenssumme:

All meine Rede und jegliches Wort
Und jeder Druck meiner Hände
Und meiner Augen kosender Blick

Und alles was ich geschrieben
Das ist kein Hauch und ist keine Luft
Und ist kein Zucken der Finger
Das ist meines Herzens flammendes Blut
Das dringt hervor durch tausend Tore

Ein weiterer wesentlicher Schlüssel zu ihrer Person, der in seiner literarischen Qualität auch als Teil ihres Werkes zu bewerten ist, sind die Briefe der Droste. Diese Biographie bringt mit Zitaten aus über 300 Briefen gründlicher und umfangreicher als je zuvor in einer Lebensbeschreibung die Dichterin selbst zum Reden. Aber nicht, ohne diese Quellen mit der Realität zu konfrontieren und Themenstränge über Jahrzehnte zu verfolgen und zu entwirren. Denn die Droste darf in ihren Briefen keineswegs immer beim Wort genommen werden: Schmeichelei und Kalkül, Phantasie, Rhetorik und Verschleierung werden von ihr meisterhaft und wohlüberlegt eingesetzt. Aus dem naiven Zitieren der Nachgeborenen ist so mancher Mythos, so manches Klischee entstanden.

Annette von Droste-Hülshoff hatte ihren eigenen Kopf. Sie nutzte ihn, aber sie ging damit nicht durch die Wand. Sie war nicht George Sand, und Münster war nicht Paris. Sie revoltierte nicht gegen die traditionelle Lebensform für ein adlig-katholisches Fräulein in der westfälischen Provinz und die Pflichten, die damit im Verwandtenkreis – vor allem als Krankenpflegerin und Gesellschafterin – verbunden waren. Gegen alle widrigen Umstände erkämpfte sie beharrlich und listig den Freiraum, ihre schriftstellerische Arbeit zu verfolgen und zu veröffentlichen.

Heimlich hat Annette von Droste-Hülshoff nicht über ihren Gedichten und Prosastücken gesessen. Nicht nur die engere Familie war stets informiert. Fast demonstrativ breitet sie in vielen Briefen an den Verwandtenkreis mütterlicherseits ihre Pläne aus und meldet positive Besprechungen ihrer Gedichtbände. Daß man von ihrem Vorhaben, als Dichterin an die Öffentlichkeit zu treten, nicht begeistert war, ist keinesfalls ein Vorrecht des westfälischen Adels. (Weder Heines noch Kafkas Familie reagierten anders.) Die in manchen Biographien rigoros kritisierte, fast dämonisierte Mutter hat den Erfolg ihrer Tochter mit stolzen Worten begleitet.

Annette von Droste-Hülshoff folgte bewußt einem Lebensplan. An Levin Schücking, den vertrauten Freund, schrieb sie: *Es mag mir mitunter schaden, daß ich so starr meinen Weg gehe ...* Doch sie ließ davon nicht ab, und Selbstmitleid kannte sie nicht. Sie fühlte sich herausgefordert, allen Einschränkungen zum Trotz ihrer Arbeit, der Dichtkunst, nachzugehen. Ihre ständigen Krankheiten waren Ursachen vieler Ängste. Aber die Beschwerden waren noch nicht überwunden, da kündigte sie in den Briefen schon neue literarische Projekte an. Aufgeben lag ihr nicht.

Sie glaubte an die Kraft der Phantasie und der Reflexion. Das machte sie innerlich frei und unabhängig. Die immer wieder mit Bedauern gestellte hypothetische Frage, was Annette von Droste-Hülshoff alles hätte schaffen können, wenn ..., ist mehr als überflüssig. Sie wird dieser Frau nicht gerecht und ebenso wenig ihrem Werk, das die Droste zu einem der größten Dichter deutscher Sprache macht.

Ähnliches gilt auch für ihre Beziehung zu Levin Schücking, dem Menschen, der ihr der nächste und vertrauteste war und als Promotor ihres Werkes große Verdienste hat. Doch der 17 Jahre jüngere Schücking war nicht der Prinz, der ein literarisches Schneewittchen wachküßte. In den Jahrzehnten zuvor wie in den Jahren nach dem Bruch ihrer Freundschaft hat die Droste aus eigener kreativer Kraft Meisterhaftes geschaffen.

Annette von Droste-Hülshoff besaß Witz, Selbstironie und einen lakonisch-trockenen Humor. Im Juli 1847 schrieb sie ihr Testament und machte Bruder und Schwester zu ihren Erben. Viel zu verteilen an materiellen Gütern gab es nicht. Doch fast hätte sie etwas vergessen: *Was den Ertrag etwaiger nach meinem Ableben erfolgender Ausgaben meiner Schriften betrifft; eine Einnahme deren vielleicht sehr geringen, vielleicht bedeutenden Betrag ich gegenwärtig noch durchaus nicht anzuschlagen vermag ...* Die Szene könnte passender nicht sein: Die Droste meldet sich augenzwinkernd von jenseits des Grabes, ihr Lebenswerk der Zukunft anheimstellend – gelassen und selbstbewußt.

Frühe Kindheit:
Unbeschwerte Jahre, unvergessene Ängste

Drei Jahre vor ihrem Tod erinnert sich Annette von Droste-Hülshoff, wie sie als Kind heimlich die schwankende Stiege eines der mächtigen Türme auf dem Vorhof von Burg Hülshoff hinaufgeschlichen ist. Dort, hoch unterm Dach, hat sie »Das erste Gedicht« als Tribut an den Geist eines berühmten Vorfahren und als Botschaft an die Nachgeborenen versteckt. Im Jahre 1845, rund 40 Jahre danach, wußte sie:

...

Zerfallen am Gewände
Ist längst der Stiege Rund,
Kaum liegt noch vom Gelände

Ein morsches Brett am Grund,
Und wenn die Balken knarren,
Im Sturm die Fahne kreist,
Dann gleitet an den Sparren
Nicht mehr des Ahnen Geist;

...

Im März 1837, als die Droste nach längerer Reise wieder im Rüschhaus ankommt, dem Witwensitz der Mutter, wo seit dem Tod des Vaters auch ihr Zuhause ist, wird sie unerwartet mit einer Veränderung konfrontiert: *Mama hat in meiner Abwesenheit, die Hecke um den Garten wegnehmen lassen, allerdings wird die Aussicht dadurch freyer, aber vorläufig habe ich doch einen großen Schaden erlitten, – alle meine guten Pflänzchen, die ich selber von Hülshof in einem Korbe so schwer her getragen, alle meine P*ULMONARIA*, Löwenmäulchen, V*INCA*, sind hin! sie standen an der Hecke – ich habe mich an diese Blumen, von Kindheit an, so ge-*

wöhnt, daß ich meine, ohne sie sey es nur halb Frühling ... sie wollten sich zwar nicht recht vermehren, aber ich sah doch jeden Frühling etwas Gewohntes – nun! – TRANSEAT CUM CÆTERIS!

Der Umzug von Hülshoff nach Rüschhaus liegt für die Droste gerade zwei Jahre zurück, da schreibt sie im November 1828 an eine Freundin, daß ihr Bruder Werner, der das väterliche Erbe samt der Burg angetreten hatte, den Winter über mit seiner Familie nach Münster gezogen sei: ... *unser liebes Hülshof liegt somit jetzt öde ... Werner hat so wenig Liebe zu seinem Geburtsorte, daß, als ich ihn, jetzt im Herbste, erinnerte, doch wenigstens zu bestellen, daß die zarten Gewächse, in der immer grünen Anlage, mit Stroh gegen die Kälte geschützt würden, – er antwortete, – das sey ganz einerley, daran werde doch nicht jedes Jahr gedacht werden – und was in diesem Winter nicht erfriere, werde es doch im nächsten* ET CET *– Du siehst hieraus, was wir für den Ort unserer Kindheit zu erwarten haben! – ich läugne nicht daß es mich zuweilen tief schmerzt...*

Der Ort ihrer Kindheit. Mochten Balken vermodern, geliebte Pflanzen dem Vergehen preisgegeben werden, den nächsten Verwandten der Sinn für die Kraft sichtbarer Erinnerung fehlen: Für Annette von Droste-Hülshoff war die Kindheit – erfüllt von Menschen, Räumen und Geschichten, vom nächtlichen Schnarchen der Schwäne im Burggraben und dem frühen Nebel über der Heide, vom unbeschwerten Tanz beim Erntedank und dem Gefühl abgründiger Einsamkeit – unvergänglich, unzerstörbar, ewig.

Die stets präsente Gegenwart der frühen Jahre blieb Flucht- und Ruhepunkt für ein Herz, das sich der eigenen Zerrissenheit nur zu gewahr wurde. Die immer aufs neue beschworenen Kindheitserinnerungen wurden zum Kompaß in den Umbrüchen eines Lebens, das listige Provokation und deutliche Einmischung in die Herausforderungen einer neuen Zeit nicht scheute. Und wie könnte es anders sein, als daß dieses Kindheitsland in vielfältigen Variationen in ihr gesamtes Werk eingewoben ist, Spiegel und Quelle zugleich.

Es war wohl der 12. Januar 1797 – der genaue Tag ist mit letzter Sicherheit nicht verbürgt –, an dem Annette von Droste-Hülshoff, in der Familie von früh an Nette genannt, auf der Wasserburg Hülshoff geboren wurde. In der Taufe erhielt sie dort zwei Tage später die Vornamen Anna Elisabeth Franzisca Adolphine Wilhelmine Louise Maria – Namen, die sie mit den Frauen der väterlichen und mütterlichen Ahnenreihe verbinden. Ihre Taufpaten waren Anna Elisabeth von Droste-Hülshoff, Äbtissin im Damenstift zu Metelen und Tante des Vaters, und ihr Großvater mütterlicherseits, Werner Adolph von Haxthausen.

Im monderhellten Weihers Glanz
Liegt brütend wie ein Wasserdrach'
Das Schloß mit seinem Zackenkranz,
Mit Zinnenmoos und Schuppendach ...

...

Ob längst die Mitternacht verklang,
Im Schlosse bleibt es immer wach;
Streiflichter gleiten rasch entlang
Den Korridor und das Gemach,
Zuweilen durch des Hofes Raum
Ein hüpfendes Laternchen ziehet;
Dann horcht der Wandrer, der am Saum
Des Weihers in den Binsen knieet.

»Ave Maria! stärke sie!
Und hilf ihr über diese Nacht!«
Ein frommer Bauer ist's, der früh
Sich auf die Wallfahrt hat gemacht.
Wohl weiß er, was der Lichterglanz
Mag seiner gnäd'gen Frau bedeuten;
Und eifrig läßt den Rosenkranz
Er durch die schwiel'gen Finger gleiten.

Doch durch sein christliches Gebet
Manch Heidenebel schwankt und raucht;
Ob wirklich, wie die Sage geht,

Der Elf sich in den Weiher taucht,
So oft dem gräflichen Geschlecht
Der erste Sprosse wird geboren?
Der Bauer glaubt es nimmer recht,
Noch minder hätt' er es verschworen.

...

Da hui! streift's ihn, federweich,
Da hui! raschelt's in dem Grün,
Da hui! zischt es in den Teich,
Daß bläulich Schilf und Binsen glühn,
Und wie ein knisterndes Geschoß
Fährt an den Grund ein bläulich Feuer,
Im Augenblicke wo vom Schloß
Ein Schrei verzittert über'm Weiher.

...

Der Bauer starrt, hinab, hinauf,
Bald in den Teich, bald in die Nacht;
Da klirrt ein Fenster drüben auf,
Und eine Stimme ruft mit Macht:
»Nur schnell gesattelt! schnell zur Stadt!
Gebt dem Polacken Gert' und Sporen!
Viktoria! so eben hat
Die Gräfin einen Sohn geboren!«

Ob es Nacht war, als Annette von Droste-Hülshoff zur Welt kam, wissen wir nicht. Aber Spannung und Unruhe in den Stunden der Geburt werden ähnlich gewesen sein, wie sie es in ihrem Gedicht »Der Schloßelf«, dessen Schauplatz Hülshoff ist, beschrieben hat. Da im Juni 1795 Maria Anna – stets nur Jenny genannt – als erstgeborenes Kind des Schloßherrn Clemens August Droste zu Hülshoff und seiner Frau Therese Luise geboren wurde, ist die zweite Schwangerschaft von der Hoffnung auf einen Sohn begleitet. Nur ein männlicher Erbe kann Besitz und Namen der Familie weiterführen und die seit dem 13. Jahrhundert beurkundete ununterbrochene adlige Generationenfolge sichern.

Die Hoffnung schlug um in großes Bangen, als das ersehnte Kind unerwartet schon im siebten Monat der Schwangerschaft auf die Welt drängte. Die Mutter war zu schwach, um sich sofort mit ganzer Kraft um das zu früh geborene Mädchen zu kümmern. Wer den Säugling sah, gab ihm kaum eine Lebenschance. Maria Catharina Plettendorf, eine robuste Webersfrau aus Altenberge, die man schnellstens mit ihrem neugeborenen Sohn im Schloß einquartierte, konnte ihre Ammendienste nur mit unendlicher Geduld und Mühe anbringen: *Acht Tage zählt' er schon, eh ihn / Die Amme konnte stillen, / Ein Würmchen, saugend kümmerlich / An Zucker und Kamillen, / Statt Nägel nur ein Häutchen lind, / Däumlein wie Vogelsporen, / Und jeder sagte: »armes Kind! / Es ist zu früh geboren!«*

Was Annette von Droste-Hülshoff verfremdet in »Der zu früh geborene Dichter« schildert, wird sie sich als Kind hundertmal und mehr von der Amme hat erzählen lassen. Wie alles so aussichtslos begann, wie der eigene zähe Überlebenswillen zusammen mit der aufopfernden Pflege der Amme schließlich über die dunklen Mächte des Todes siegte.

Der Amme verdankte die Zweitgeborene ihr Leben – und mehr. Die einfache Frau wurde mit ihrer Nähe, ihrer Wärme und ihrer treuen Sorge in den ersten Wochen und Monaten zur wichtigsten Person. Maria Catharina Plettendorf verließ Burg Hülshoff wieder, als ihr Pflegekind über den Berg war. Doch die Verbindung riß nicht ab. Besuche gingen hin und her. Kein Namenstag der Amme wurde vergessen. Die 16jährige Annette von Droste-Hülshoff setzte ihr in dem unvollendeten Trauerspiel »Bertha« als »die alte Katherine vom Altenberge« ein Denkmal und erzählte noch einmal die Geschichte ihres gemeinsamen Kampfes auf Leben und Tod.

Eine tiefe Anhänglichkeit, deren Bedeutung die übliche Fürsorge einer adligen Herrschaft weit übertrifft, verband das adlige Fräulein mit »ihrer Alten«, bis sich deren Lebenskreis schloß. Der Blick in die Zukunft wirft ein Licht in die Vergangenheit. Verwitwet und ohne Altersversorgung, fand Maria Catharina Plettendorf Anfang der 1830er Jahre mit fast 70 Jahren ein neues, liebevolles Quartier bei Annette von Droste-Hülshoff und deren Mutter im Rüschhaus. Kein Brief im engeren Familienkreis, der nicht grüßend dieser Mitbewohnerin gedachte, für ihre fürbittenden Gebete dankte oder mit einer ihrer drögen plattdeutschen Bemerkungen gewürzt war. Die Amme gehörte zur Familie. Im Februar 1845 ist sie nach einem Schlaganfall im Rüschhaus gestorben. Im April schreibt Annette von Droste-Hülshoff an ihre Tante Sophie von Haxthausen: *Meine gute Alte entbehre ich auch noch alle Tage, und wenn wir mal beisammen sind, will ich Dir allerlei von ihr erzählen, was Dich gewiß rühren wird. Schreiben kann ich es nicht gut, so viele letzte Beweise von Liebe und Sorge – ich mag nicht daran denken, – es ist mir als wenn ich eine nahe Verwandte verloren hätte.*

Nur wenige Monate zuvor, im Spätsommer 1844, hatte die Droste während eines Aufenthaltes bei ihrer Schwester Jenny von Laßberg, die mit ihrer Familie auf der Meersburg hoch über dem westlichen Bodensee lebte, »Grüsse« ins Vaterland Westfalen, an die Heimatlich-Vertrauten, die Lebenden wie die Toten geschickt:

> *Steigt mir in diesem fremden Lande*
> *Die altbekannte Nacht empor,*
> *Klatscht es wie Hufeschlag vom Strande,*
> *Rollt sich die Dämmerung hervor ...*
>
> *Dann ist es mir, als hör' ich reiten*
> *Und klirren und entgegenziehn*
> *Mein Vaterland von allen Seiten,*
> *Und seine Küsse fühl' ich glühn;*
> *Dann wird des Windes leises Munkeln*
> *Mir zu verworr'nen Stimmen bald,*
> *Und jede schwache Form im Dunkeln*
> *Zur tiefvertrautesten Gestalt.*
>
> *...*

Du Vaterhaus mit deinen Türmen,
Vom stillen Weiher eingewiegt,
Wo ich in meines Lebens Stürmen
So oft erlegen und gesiegt ...

...

Und Grüße, Grüße, Dach, wo nimmer
Die treuste Seele mein vergißt
Und jetzt bei ihres Lämpchens Schimmer
Für mich den Abendsegen lies't ...

...

»Ich möcht' euch alle an mich schließen, Ich fühl' euch alle um mich her,« sagt die Dichterin in der letzten Strophe des Gedichts. Doch nur eine Person läßt sie aus dem Beziehungskreis der Kindheit erkennbar heraustreten, die alte Amme. Nicht nur eine treue Seele. Sie ist die Treuste.

»Grüsse« und »Der Schloßelf« rufen das steinerne Zentrum der Kindheit ins Gedächtnis – *brütend wie ein Wasserdrach*. Auch »Das erste Gedicht« entwirft gleich zu Beginn ein düsteres Bild: *Auf meiner Heimat Grunde / Da steht ein Zinnenbau, / Schaut finster in die Runde / Aus Wimpern schwer und grau, / An seiner Fenster Gittern / Wimmert des Kauzes Schrei, / Und drüber siehst du wittern / Den sonntrunknen Weih.* Zusammen mit den Menschen gehört das Vaterhaus, der Familiensitz Hülshoff, für die Droste zur eisernen Erinnerungsration.

Allerdings verwirrt der Blick auf die Realität: Burg Hülshoff steigt keineswegs finster und brütend, sondern als schmaler, eleganter Bau aus dem Wassergraben. Der Sandstein gibt der westlichen Wetterseite einen freundlichen Ton, die übrigen Mauern sind mit hellroten, schlanken Ziegeln verkleidet. Im Innern überraschen lichte, überschaubare Räume und der weite Blick in die Gartenanlage. Alles Wesentliche ist wie zu Zeiten der Droste. Durch einen Umbau vor ihrer Geburt verlor die Burg ihren mittelalterlichen Charakter. Seitdem ist von Düsternis keine Spur.

Hat die Erinnerung das Gedächtnis der Annette von Droste-Hülshoff getäuscht? Den Ort ihrer Kindheit mit dem Abstand vieler Jahre zum märchenhaften Szenarium verklärt? Nein. Die Bilder ihrer Gedichte geben die Eindrücke des Kindes wieder, die gelebte Realität der frühen Jahre.

Der Gang hinauf in die Turmspitze war für das Kind nicht nur eine Mutprobe – die liebte es allemal. Im Turm, wo der Geist des Ahnen am Fuß der Wetterfahne sich zeigte, konzentrierte sich für das kleine Mädchen die Magie des gesamten Hauses. Hier spürte es im kräftigen Wind den Atemhauch jener Vorfahren, die der Vater beim abendlichen Erzählen lebendig werden ließ.

Da war jener Drostesche Ritter, der im Zeitalter der Reformation mutig gegen die Wiedertäufer im nahen Münster kämpfte. Da war ein anderer, der beim aufgezwungenen Duell im fernen Rom einen Menschen tötete und niemals von dieser Schuld loskam. Da erklang das Flötenspiel des Urgroßvaters, der mit der Musik die Melancholie zu verscheuchen suchte. Da wurden die Großeltern wieder lebendig, vor allem die musische Großmutter, deren Bilder in den Zimmern der Burg hingen.

Der kindlichen Phantasie ging der Stoff nicht aus: Aus der Rüstkammer treten klirrend eiserne Gestalten, aus der Waffenkammer ertönt Kriegsgeschrei. In den Nächten, wenn die Burg eins scheint mit der undurchdringlichen Dunkelheit, vermischen sich die Spukgeschichten mit wirren Träumen. Ein Grauen erfaßt das Kind, das der helle Tag verscheucht – und doch nur in die Mauern bannt. Aus alledem erstand die kindliche Wirklichkeit des schützenden, Ehrfurcht heischenden Hortes – unvergänglich, unzerstörbar, ewig.

So felsenfest wie die Mauern von Hülshoff gehörten Vater und Mutter zu dieser heimatlichen Welt. Die beiden, Clemens August Freiherr Droste zu Hülshoff und seine Frau Therese, geborene Freiin von Haxthausen, die 1793 geheiratet hatten, waren kein Durchschnittspaar. Der Vater, Autoritätsperson durch Besitz und adligen Stand und von großer, kräftiger Statur, kannte keine Allüren. Er begegnete der Umgebung liebenswürdig-zurückhaltend, saß am liebsten über historischen Büchern, suchte auf einsamen Spaziergängen nach seltenen Pflanzen, mit Vorliebe Orchideen, und Vögeln und war ein geschätzter Geigenspieler. Das Temperament der Mutter, eine schlanke, groß gewachsene Frau, fiel dagegen um so mehr ins Gewicht. Sie war die treibende Kraft für gesellschaftliche Kontakte. Klug und praktisch veranlagt, organisierte sie das ausgedehnte Hauswesen.

Anderthalb Jahre nach der zweiten Tochter kam im Juli 1798 Werner Konstantin zur Welt, der Stammhalter. Im April 1800 wurde der jüngste Sohn Ferdinand geboren, den alle Fente nannten. Damit war die Familie komplett und blieb über 25 Jahre vollständig, vor 200 Jahren eher die Ausnahme. Wir werden am Familienleben auf Burg Hülshoff noch intensiv teilnehmen, an den geselligen Stunden bei Tag und den dunklen Träumen des kleinen Mädchens bei Nacht. Wir werden das Verhältnis der Eltern zueinander und zur Tochter Annette in ihrer ambivalenten Wirkung erleben. Verstehen aber können wir dieses intime Miteinander nur, wenn das Idyll auf Burg Hülshoff nicht als Insel im zeitlosen Raum erscheint.

Die Generationen der Eltern wie der Kinder sind Geprägte und Gestaltende während außerordentlicher sichtbarer Umbrüche und innerer Krisen. Vom letzten Drittel des 18. bis in die ersten Jahrzehnte des 19. Jahrhunderts haben die Revolution in Frankreich, mörderische Schlachten und die große Politik Europas Landkarte von Grund auf neu gestaltet. Jahrhundertealte Traditionen, Tugenden und Verpflichtungen erweisen sich als brüchig und werden radikal in Frage gestellt. Eine neue Welt entsteht. In dieser beunruhigenden und aufregenden Übergangszeit ist Annette von Droste-Hülshoff aufgewachsen und erzogen worden.

Im 13. Jahrgang seines Erscheinens, im Januar 1797, als auf Hülshoff die zweite Tochter Annette geboren wurde, präsentierte sich das »Münsterische gemeinnützliche Wochenblatt« mit dem Gedicht »Das Neue Jahr«:

»Noch schallet die Kriegesdromete fort;
Herrscht gedungener Tod und sein Verderben!
Noch färbt der Rhein sein fliessend Gewand im Menschenblut!
Immer gehäufter und weisser wächst
Todtengebein auf dem Gefild!

Europa zittert!
Und Deutschland blutet!

Uns, ach uns! wie können wir danken?
Uns glückselige Kinder
Eines glücklichen Vaters, uns
Umarmet die Ruhe! ...

Wie lieblich ist es!
Wie wonnevoll!
Eines Weisen sich freun, der Gott nachahmend
Würdig den Herrscherstab führt! ...
Für die Menschenwürde gestimmt
Auf jene nimmerwelkende Au
Der Sittlichkeit und Religion
Die Unterthanen führt, ...

Willkommen, so sagen wir: Junges Jahr!
Maximilian Franz ist unser Genius ...«

Der Amateurdichter konnte sicher sein, die Stimmung der Bewohner im Fürstbistum Münster getroffen zu haben, wenn er das Beste aus alter und neuer Zeit mit dem Namen des regierenden Herrschers, Fürstbischof Maximilian Franz, verband. Der Schreiber mußte nicht erklären, warum das gegenwärtige, das 18. Jahrhundert, ein turbulentes Ende fand. Jedem, der Anteil nahm an seiner Zeit, hatten sich die Worte »Aufklärung« und »Revolution« für immer ins Gedächtnis eingebrannt.

1797, im Geburtsjahr der Droste, veröffentlichte Goethe sein Schauspiel »Hermann und Dorothea«, dessen auslösendes Motiv in den Flüchtlingsströmen liegt, die jede revolutionäre Umwälzung auslöst. Aber der Dichter bezog sich auch konkret auf jene Revolution in Frankreich, die 1789 erst einmal eine Welle der Sympathie in Europa auslöste: »Schauten nicht alle Völker in jenen drängenden Tagen nach der Hauptstadt der Welt, die schon so lange gewesen und jetzt mehr als je den herrlichen Namen verdiente ... Und wir waren zuerst als Nachbarn lebhaft entzündet.«

Goethe – in Maßen –, Schiller und Klopstock, Hölderlin, Humboldt und Hegel stehen für nicht wenige deutsche Intellektuelle, die in Frankreich die Morgenröte einer neuen, besseren Menschheit anbrechen sahen. Sie waren zwar eine Minderheit, diese jedoch verstand es, ihrer Botschaft eine interessierte Öffentlichkeit zu verschaffen. Auch die Söhne der wohlhabenden Bürger Westfalens sahen in den umstürzlerischen Ereignissen kein Schreckgespenst. In Münster wurde die Marseillaise, die Hymne der Revolution, mit Begeisterung gesungen. »In der ersten Zeit nach 1789 hatte die junge Freiheit die Teilnahme des größten, besonders jüngeren Teils der Gesellschaft aufs lebhafteste erregt«, erinnert sich der Münsteraner Druckereibesitzer und Verleger Johann Hermann Hüffer, Jahrgang 1784 und gut fünfzig Jahre später Annette von Droste-Hülshoffs erster Verleger, in seinen autobiographischen Skizzen.

Was als Aufbruchstimmung begann, schlug um in Entsetzen, als sich in Paris im Schatten der Guillotine vorübergehend eine Schreckensherrschaft durchsetzte. »In diesem blutigen Spiel ist die Wolke der Freiheit zerflossen«, so bilanzierte der Philosoph Hegel. Doch selbst die ernüchterten Söhne der Revolutionsgeneration versagten den Anschubkräften, die Europa veränderten, ihren Respekt nicht. Der nationalstolze Schriftsteller und Publizist Ernst Moritz Arndt, der nach der Jahrhundertwende unerbittlich gegen alles Französische zu Felde zog, vergaß nicht, »daß wir dieser wilden und tollen Revolution unendlich viel verdanken, ... daß sie Ideen in die Köpfe und Herzen gebracht hat, die zur Begründung der Zukunft die notwendigsten sind.«

Die Französische Revolution kennt viele Väter. Der Boden bereitet wurde ihr vor allem durch eine kleine, unorganisierte Gruppe im Land, die neue, riskante Ideen diskutierte und – das war entscheidend – keine Angst vor deren Veröffentlichung hatte. »Les philosophes« nannte man sie, in Wahrheit waren es Literaten, Schriftsteller und Journalisten. Selten haben so wenige so viel bewirkt. Die Provokateure waren Genies der Kommunikation. Sie nutzten als erste die neuen Medien ihrer Zeit – Journale, Zeitschriften, Zeitungen –, um ihre Botschaft so weit wie möglich zu verbreiten. Sie fanden Verbündete für ihre Reformbewegung in allen Ländern, vor allem bei denen, die nicht zur adligen Führungsschicht, sondern zum neuen Bürgertum gehörten. Ihre Chancen für Aufstieg und Mitsprache waren nach den traditionellen Normen der Gesellschaft miserabel, obwohl sie sich beides sehr wohl zutrauten. Vor dem kritischen Verstand waren alle gleich, konnte es keine Privilegien aufgrund von Abkunft und Geburt geben. Aufklärung war die Voraussetzung, und kein Bereich des menschlichen Lebens sollte von diesem Anspruch und dieser Aufforderung ausgenommen sein.

Ein Name der »philosophes« kann für alle stehen – Voltaire. Deutschland war ihm, den der große Friedrich für eine kurze Zeit an seinen preußischen Hof lockte, nicht unbekannt. Auf dem Weg nach Potsdam durchquerte der Franzose mit der Kutsche das Land der Westfalen. Das genügte, um diese Hinterwäldler auf ewig in seinem »Candide« in der Person des Barons von Thunder ten Tronckh lächerlich zu machen: »Der Herr Baron war einer der mächtigsten Gutsherren Westfalens, hatte sein Schloß doch eine Tür und Fenster ... Die Frau Baronin, die so etwa dreihundertfünfzig Pfund wog, verschaffte sich dadurch ein überaus großes Ansehen ... Ihre Tochter Kunigunde war siebzehn Jahre alt, von lebhafter Gesichtsfarbe, frisch, dick, zum Anbeißen ...« Das war 1757.

1789, im Jahr der großen Revolution, kommentiert ein Pfarrer im »Münsterischen gemeinnützlichen Wochenblatt« als Ziel der Aufklärung, das »Wahre, Wesentliche, Praktische, Sittliche des Christentums« durchzusetzen. 1797 fragt ein Autor sich und seine Leser im hundert Prozent katholischen Münsterland: »Ob die reele Aufklärung einer ganzen Nation in Religionssachen heilsam sey?« Die Antwort ist positiv, weil die Aufklärung Gottes Willen entspreche; sie sei »in dem Plane Jesu Christi« enthalten und »den Zeitbedürfnissen angemessen«. Ebenfalls in den neunziger Jahren wünschte sich das »Magazin für Westfalen«: »Das Licht der Aufklärung sollte seine Strahlen aus der Ferne über den westphälischen Horizont verbreiten.«

Die weltlichen wie die geistlichen Stimmen aus dem Münsterland sprechen unbefangen von der Reformbewegung der Aufklärer. Im Gegensatz zu Frankreich hat sie in den deutschen Ländern keine antireligiöse Färbung angenommen. Aufklärung gehört nun ebenso zur Lebenswirklichkeit wie die Verzahnung von geistlicher und weltlicher Macht in der Person ihres Landesvaters, des Fürstbischofs Maximilian Franz aus dem Hause Habsburg. Der jüngste Sohn der Kaiserin Maria Theresia regierte nicht nur das Münsterland. Er war – wie alle seine fürstbischöflichen Vorgänger seit 1723 – zugleich Kurfürst von Köln und damit der weltliche Herrscher eines der bedeutendsten geistlichen Territorien.

Als im Frühjahr 1841 der letzte Onkel väterlicherseits von Annette von Droste-Hülshoff stirbt, schreibt sie einem Freund, wie sehr dieser Verlust ihre Mutter trifft: *... sie hatte diesen Schwager sehr gern, und hing außerdem an ihm als dem Letzten, mit dem sie noch die früheren Zeiten Hülshofs besprechen konnte, – die ersten Jahre ihrer Ehe, als das Land noch bischöflich war, die Onkel als junge Domherren fleißig zur Jagd kamen ...*

Als das Land noch bischöflich war: Erst 1803 hatte unter dem Druck der kriegerischen Erfolge Napoleons nach einem Jahrtausend eine Epoche ihr Ende gefunden, die in Deutschland dem Adel als engstem Verbündeten der Kirche in den eigenständigen geistlichen Staaten, den Bistümern, zugleich die weltliche Herrschaft garantierte. Bis zur Zeitenwende von 1803 war der Adel unangefochten auch der wirtschaftliche Nutznießer dieser Vormachtstellung. Für die Droste war die gute alte Zeit fünf Jahre Realität und blieb auch nach 1803 unauslöschlich präsent. Für die Eltern und alle Generationen der adligen Familie Droste-Hülshoff zuvor war jede andere Ordnung undenkbar. Nur unter dem bischöflichen Krummstab war gut leben. Auf Burg Hülshoff taten die Eltern alles, um die gute alte Zeit für die zukünftigen Familiengenerationen lebendig zu halten. Das adlige Standes- und Elitebewußtsein wurde weiterhin gepflegt und den Kindern mitgegeben.

Nur 200 Jahre später ist diese adlige – feudale – Welt unendlich weit und fremd am historischen Horizont versunken. Doch nur wenn man im Bewußtsein behält, daß in dieser alten Welt die Wurzeln der Droste liegen, kann man ermessen, wie weit sie sich von ihr entfernt hat und wie intensiv der Kampf um die neuen Wege war. Sie hat sich ihrer adligen Familientradition, der Kette der Generationen, stets zugehörig, verbunden und verpflichtet gefühlt, ohne deshalb in kritiklose Nostalgie zu verfallen, ohne Berührungsängste vor der neuen bürgerlichen Welt zu haben. In ihrer Kindheit gab es kein anderes Fortbewegungsmittel als die Kutsche. Ihre letzten Reisen machte die Droste mit der Eisenbahn.

Im Geburtsjahr 1797, als das »Münsterische gemeinnützliche Wochenblatt« in seinem Neujahrsgedicht überschwenglich den Landesherrn, den »Vater Maximilian Franz«, feiert, ist das Fürstbistum Münster einer von sechzehn geistlichen Staaten – und mit gut zehntausend Quadratkilometern zugleich der größte – im Heiligen Römischen Reich deutscher Nation. Es handelt sich ursprünglich um rein kirchliche Verwaltungsbezirke – Bistümer –, deren Bischöfen vor knapp tausend Jahren vom deutschen Kaiser auch die weltliche Herrschaft übertragen wurde. Das Reichsoberhaupt erhoffte sich von den weltlichen, offiziell zölibatär lebenden Kirchenfürsten, die keine familiären Interessen für nachfolgende Söhne verfolgen mußten, eine Unterstützung der kaiserlichen Politik. Voraussetzung für das reibungslose Funktionieren dieser doppelten Machtanhäufung bei den Bischöfen aus adligem Hause war die in feierlichen Urkunden festgehaltene Überzeugung, daß die Menschen und die Welt von Gott in drei Gruppen – Stände – aufgeteilt sind: erstens die Geistlichkeit, zweitens der Adel, drittens das Volk. In dieser Weltordnung erhielt jeder durch Geburt seinen unveränderlichen Platz zugewiesen.

Am Anfang ist der Adel und sein Blut ein besonderer Saft. Obwohl nach der Ständeordnung an zweiter Stelle plaziert, herrscht in Wahrheit der Adel allein. Seine männlichen Mitglieder haben nicht nur kraft ihrer Geburt Anspruch auf alle entscheidenden weltlichen Ämter und Funktionen. Es ist der Adel, der ausnahmslos die obersten Posten in der Kirchenhierarchie einnimmt – ob Bischöfe, Äbte oder die einflußreichen Domherren, die in allen Bistümern das Domkapitel bilden und nach dem Tod eines Bischofs den Nachfolger wählen. Innere Berufung, Kenntnisse oder Fähigkeiten zum geistlichen Amt muß kein Kandidat nachweisen. Auf das richtige Blut kommt es an. Bei den hohen Ämtern geht es allerdings nicht nur um die Ehre, sondern ebenso um äußerst lukrative Einnahmen, für die der jeweilige Amtsinhaber keinen Finger rühren muß.

Nach adligem Ehrenkodex gehen Adel und Arbeit nicht zusammen. Darin liegt der Unterschied zum dritten Stand, dem Volk, das über 90 Prozent der Bevölkerung ausmacht. Es bearbeitet das Land, das der adlige Grundherr besitzt, und muß ihm Abgaben zahlen. Es ist in wesentlichen Dingen – Heirat, Vererbung, Mobilität – unfrei und von seinem Herrn abhängig. Doch was bleibt dem gläubigen Volk anderes als zu gehorchen, wenn die Kirche, die mit ihren Sakramenten über die Mittel verfügt, die zum Himmel oder in die Hölle führen, ihm diese Drei-Klassen-Ordnung als gottgewollt predigt?

Der Adel hat die doppelte Macht, aber das allein sichert noch nicht ihren Erhalt über Generationen. Am Besitz der geistlichen Macht hängt Geld, viel Geld. Klöster und hohe Domkirchen hatten im Laufe der Jahrhunderte ein riesiges Vermögen, vor allem an Ländereien, Wäldern und Immobilien angehäuft. Der Adel ließ sich mit Schenkungen und Erbschaften für die einflußreichen geistlichen Institutionen nicht lumpen, denn alles fiel letztlich an die eigene Hand zurück. Das Domkapitel von Münster – die Gesamtheit aller 41 Domherren an der Domkirche – besaß gegen Ende des 18. Jahrhunderts ein Vermögen von ca. 2,6 Millionen Reichstalern. Gut verwaltet und angelegt, erbrachte es jährlich ein Nettoeinkommen von ca. 82000 Reichstalern. 26 Prozent dieser Summe gingen an 94 bürgerliche Geistliche und Beamte, die man zur Abhaltung der Domliturgie und für eine ordentliche Verwaltung angestellt hatte. 74 Prozent der Summe wurden an die 41 Domherren ausgezahlt, die ausschließlich von Adel waren.

In Westfalen hatte man die Latte für die begehrten geistlichen wie weltlichen Ämter noch höher gelegt als anderswo: Sie blieben allein dem stiftsfähigen Adel vorbehalten. Stiftsfähig war, wer zwei Kriterien erfüllte: Landbesitz und eine ununterbrochene makellose – sprich eheliche – Folge von 16 stiftsfähigen adligen Ahnen väterlicherseits und mütterlicherseits. Das war keine Kleinigkeit und sicherte der Adelselite einen uneinholbaren Vorsprung an Wohlstand, Prestige und Einfluß vor ihren nicht stiftsfähigen Standesgenossen.

Die Familie von Droste-Hülshoff gehörte nur zum mittleren Adel. Aber sie war stiftsfähig, das war ausschlaggebend und überlebenswichtig. Denn eine Besonderheit des stiftsfähigen westfälischen Adels bestand darin, daß der gesamte Familienbesitz nach dem Tod des Vaters ungeteilt und unveräußerlich an den ältesten Sohn fallen mußte. Erbteilung oder eheliche Gütergemeinschaft waren nach dem Standesgesetz verboten. Da der Stammhalter für seine Heirat, die den Fortbestand von Familie, Namen und Besitz bedeutete, eine Morgengabe und eine Witwenvorsorge bereitstellen mußte, blieb für alle nachgeborenen Geschwister nur ein kümmerlicher Rest. Der machte jede weitere standesgemäße Heirat innerhalb der Familie – und nur eine solche kam in Betracht – unmöglich. Falls sich für die Nachgeborenen nicht ein finanzkräftiger Heiratspartner beziehungsweise eine Partnerin fand, blieb ihnen nur der Verzicht, um die Familie insgesamt nicht in den Ruin zu treiben. Eine Statistik für die Zeit zwischen 1770 und 1860 zeigt für Westfalen, daß rund 50 Prozent der Adelskinder, die nicht Stammhalter waren, nicht heirateten.

Da es für adlige Männer wie Frauen undenkbar war, durch einen Beruf Geld zu verdienen, waren die geistlichen Domherrenämter eine meist ohne Begeisterung ergriffene, aber lukrative und sichere Alternative. Sie standen allein den unverheirateten Söhnen der stiftsfähigen Adelsfamilie zu und sicherten ihnen im Gegenzug für den Heiratsverzicht ein standesgemäßes Leben. Je früher die jungen Herren ihre Domämter annahmen, desto eher entfielen ihre Unkosten im Familienbudget. Und wenn sich die Chance auf ein zweites Amt ergab, durfte jeder ganz legal zugreifen.

Für die adligen Fräulein standen – unter den gleichen Bedingungen – die adligen Damenstifte als Versorgungsinstitut bereit, wenngleich das dortige Einkommen längst nicht so üppig war. Wir werden ausführlich davon hören, wenn für Jenny von Droste-Hülshoff, die ältere Schwester, in dem ihr zugedachten Stift feierlich ihre 16 adligen Vorfahren beschworen werden.

Bedingung für das adlige Domherrenamt war die Ehelosigkeit. Ob die Domherren tatsächlich zölibatär lebten, danach fragte niemand. Die Herren bekamen ohnehin nur die niederen Weihen, um jederzeit Dispens erhalten und mit einer reichen Braut in den

Ehestand eintreten zu können. Ihre ursprüngliche Pflicht, im Dom die Gottesdienste und die Liturgie zu versehen, war längst aufgehoben. Dafür stellten die münsterschen Domherren rund 50 Geistliche an, die für sie – gegen gutes Geld – am Altar standen. Nur in der Karwoche mußten die adligen Herren sich zum Chorgebet selbst in das Domchor begeben. Im Jahre 1788 notiert der Domherr Ferdinand August Graf Spiegel: »Ich armer Schlucker muß auch wieder im Grabe (Domchor, d. V.) sitzen, und weil die Kälte so streng und anhaltend ist, leide ich um so mehr, denn das Feuer der Andacht und das inbrünstige Gebet wird mich nicht erwärmen. Aus Nichts wird Nichts!«

Wie die meisten seiner Kollegen hatte Spiegel nur aufgrund familiärer Zwänge seine Domherrenstelle angetreten. Seine Idole waren Montesquieu, Voltaire, Adam Smith. Während des ungeliebten Chorgebets las er mit Vorliebe Bücher zum Staatsrecht. Eine Ausnahme war er trotzdem, da er die weltliche Seite seines Amtes – Verwaltung und Organisation des Bistums – ernst nahm, auch wenn er bei Geselligkeiten in den Salons von Münster mühelos bis morgens um fünf mithalten konnte. Sein Spott traf die, die allein den Müßiggang pflegten. Jenen Onkel der Droste, dessen Tod die Mutter an die Zeit erinnerte, *als das Land noch bischöflich war, die Onkel als junge Domherren fleißig zur Jagd kamen*, nannte Spiegel einen »Faulenzer« – »Essen, Trinken, Schlafen und Lümmeln auf einem gutgepolsterten Kanapee sind seine einzigen Verrichtungen«.

Das war 1790 und der junge Ernst Constantin von Droste gerade 20 Jahre alt. Elf Jahre später hat er doch noch eine standesgemäße Frau gefunden und sich in den Laienstand zurückversetzen lassen. Sein Bruder, der Domherr Maximilian Friedrich von Droste, hatte einen solchen Antrag 1788 gestellt, allerdings zum Entsetzen seiner Familie und sämtlicher Standesgenossen. Morgens um halb fünf war er in das Schlafzimmer des Pfarrers von St. Lamberti in Münster eingedrungen und hatte verlangt, auf der Stelle mit Bernhardine Engelen, Tochter einer wohlhabenden Münsteraner Bürgerfamilie, verheiratet zu werden. So geschah es, denn nach dem Kirchenrecht – und das allein zählte – war der skandalöse Standesunterschied kein Ehehindernis. Enterbung und Wegzug folgten. Jahre später jedoch war »Onkel Max« mit Frau und zwei Söhnen ein häufiger und beliebter Gast auf Burg Hülshoff und hatte als Komponist eine besondere Beziehung zu seiner musikalischen Nichte Annette. Wir werden ihm wieder begegnen.

Fast ist es überflüssig zu erwähnen: Auch die gut bezahlten Ämter am fürstbischöflichen Hofe, die in der Praxis längst nicht mehr ausgefüllt wurden, standen nur dem stiftsfähigen Adel zu. Mancher Abkömmling konnte als Oberhofmeister oder Oberküchenmeister 1000 Taler pro Jahr dazuverdienen, ohne je die Suppenkelle zu schwingen oder das Menuett anzuführen.

Es war im Jahre 1786, da stellte der Fuldaer Domherr Philipp Anton von Bibra im »Journal von und für Deutschland« eine Preisfrage. Der Domherr sorgte sich um die innere Verfassung der »Staaten der geistlichen Reichsfürsten«, der Fürstbistümer, die »nicht so glücklich sind, als sie seyn sollten«. Die Leser der Zeitschrift, die als Sprachrohr der aufgeklärten Intelligenz galt, sollten herausfinden: »Welches sind also die eigentlichen Mängel? Und wie sind solche zu heben?« Das Fazit der preisgekrönten Arbeit lautete: »Die Mängel soll man bessern, das Bild selbst aber in seiner Schönheit erhalten«.

Der Domherr aus Fulda versuchte, mit seiner Preisfrage eine Diskussion zu lenken, die im letzten Drittel des 18. Jahrhunderts die Gemüter bewegte. In den Augen ihrer Kritiker waren die geistlichen Territorien ein Bollwerk der Rückständigkeit, ein Anachronismus des finsteren Mittelalters ohne jede Zukunftsperspektive. Innerhalb der Kirche plädierten Einsichtige für Reformen, um das Schlimmste zu verhindern. Unübersehbar war, daß die weltlichen Staaten im deutschen Reich, vor allem die protestantischen, die geistlich regierten an Wohlstand und Bildung, an passierbaren Straßen und einer geordneten Verwaltung weit übertrafen.

Zu den internen Modernisierern zählte der Münsteraner Domherr Franz Friedrich Freiherr von Fürstenberg. Der Fürstbischof von Münster und Kölner Kurfürst hatte ihn 1762 zum Minister ernannt und ihm freie Hand gegeben, im Münsterland seine Reformideen durchzusetzen. Gut 20 Jahre später registrierte das aufgeklärte Deutschland erstaunt den frischen Wind, der im einst so rückständigen Westfalen wehte. Begonnen hatte es damit, daß im Fürstbistum von den jährlichen 40 kirchlichen und damit arbeitsfreien Feiertagen 16 gestrichen wurden und auch der dritte Feiertag zu Ostern, Pfingsten und Weihnachten in Zukunft entfiel.

Nützlichkeit und Effizienz waren die Gebote der neuen, aufgeklärten Zeit, und die katholische Kirche wollte nicht abseits stehen. Eine strenge Arbeitsethik sollte nicht länger das Vorrecht der Protestanten, Aufklärung und katholische Theologie sollten kein Gegensatz mehr sein. Hatte die katholische Kirche sich nicht Martin Luthers Lehre von der völligen Verderbtheit des Menschen durch die Erbsünde widersetzt und den Anteil des freien Willens beim Menschen betont?

Für Fürstenberg war eine Bildungsreform der Hebel, die Zustände im Münsterland zu verbessern und auf lange Sicht auch mehr Geld in die Kassen zu bringen. Das Ziel, das der geistliche Minister vorgab, sprach jedem aufgeklärten deutschen Zeitgenossen aus der Seele: »1. Bildung des Kopfes zum richtigen und gründlichen Denken, 2. Bildung des Herzens zur Gottseligkeit und Tugend.« Drei Schwerpunkte setzte der geistliche Reformer: Auf dem Paulinum, dem Münsteraner Gymnasium, wurden die mathematischen Fächer verstärkt, Griechisch und Latein eingeschränkt und der Deutschunterricht gefördert. Das war nötig, da die Umgangssprache selbst des Münsterländer Adels Niederdeutsch – Platt – war. Auf Platt verhandelten die Domherren ihre Geschäftsordnungspunkte. Der Minister korrespondierte mit dem Fürstbischof auf Französisch, und der hohe Herr schrieb zurück »Cher Fürstenberg«.

Als zweite Stufe der Reform wurde 1773 in Münster eine Universität gegründet. Das geistige Programm der Universität entsprach den Vorstellungen Fürstenbergs: Modernisierung, aber in genau vorgeschriebenen Bahnen. Zu viele Freiheiten könnte die Studenten auf falsche Ideen bringen. Was die moderne Literatur und Publizistik anging, scheute sich Fürstenberg nicht, als strenger Zensor aufzutreten. Doch eine Erkenntnis der Aufklärung war inzwischen Allgemeingut geworden: Unwissenheit, bei der bäuerlichen Bevölkerung nicht selten mit Aberglauben gemischt, verhinderte selbst den geringsten Fortschritt. Nur Veränderungen konnten den Kern der alten Ordnung bewahren.

1782 wurde der Unterricht an den Elementarschulen des Landes gründlich reformiert und in Münster eine Bildungsanstalt für Elementarschullehrer und Lehrerinnen – »Normalschule« genannt – eingerichtet. Die Lehrer des Landes mußten hier ihre Prüfung alle drei Jahre wiederholen. Motor dieser Reform und bis zu seinem Tod 1826 Leiter der Normalschule war der Priester Bernard Overberg. Der freundliche, zurückhaltende Mann war ein exzellenter Pädagoge, ein treuer Sohn seiner Kirche und Verfechter der herrschenden Ordnung. Aber auch an Overberg waren die Ideen der Aufklärung nicht vorbeigegangen. Als enger Mitarbeiter von Fürstenberg fand der Sohn eines »Tödden« – wie in Westfalen die Wanderhändler hießen – schnell Kontakt zur adligen Führungsschicht, wurde ihr vertrauter Seelenführer und beeinflußte gegen Ende des 18. Jahrhunderts und lange darüber hinaus die Kindererziehung in Schlössern und Bürgerhäusern des Münsterlandes wie keiner sonst. Und damit sind wir wieder bei der Familie auf Burg Hülshoff, wo auch Bernard Overberg zu Gast war.

Natürlich tritt Annette von Droste-Hülshoff in den ersten Jahren ihrer Kindheit nicht als eigene Person aus dem Familienkreis hervor. Doch wir wissen eine Menge über das enge und weitere Umfeld, die Einflüsse und Erwartungen, die Emotionen und Personen, die das kleine Kind beeinflußt haben; von denen es abhängig war und nach denen es sich ausgerichtet hat. Schon die Tage der frühen Jahre waren mit vielfältigen Ereignissen gefüllt.

In den Schränken der Bibliothek von Hülshoff stand ein Buch, das 1776 erstmals in Leipzig erschienen war. »Der Kinderfreund« von Christian Felix Weiße wurde sofort ein Bestseller und trug die Maximen einer neuen, aufgeklärten Kindererziehung – »daß man der Kindheit ihr Leben so freudig und glücklich, als nur möglich, und ihnen jede Art des Unterrichts zum Spiel machen müsse« – bis in die westfälische Provinz. Die in Dialogen entfalteten Geschichten um die vier Geschwister Carl, Fritz, Lottchen und Louischen brachten der bis dahin spärlichen Kinderliteratur gewaltigen Auftrieb und wurden von Kindern wie Eltern gelesen.

Vor gut 200 Jahren hat man Bücher weder schnell nebenbei

noch als interessanten Diskussionsstoff gekauft. »Der Kinderfreund« auf Hülshoff bedeutet ein Programm. Er weist auf die grundsätzlichen Richtlinien der Kindererziehung hin, die in dieser adligen Familie – gemäß dem neuen pädagogischen Trend – für die beiden Mädchen wie die beiden Jungen ganz in den Händen der Mutter lag. Wie akzeptiert dieses Buch mit seinen Ratschlägen in der Familie war, zeigt eine beiläufige Anspielung, die Annette von Droste-Hülshoff in dem Romanfragment »Ledwina« macht. Dort heißt es in einem Gespräch der Hauptpersonen, die nach der Familienrunde auf Hülshoff entworfen sind: *Ledwina meinte sie wollte hundert Jahr alt werden, wenn sie alle Tage spazieren ging, das hat der alte Nobst aus dem Kinderfreunde auch getan.*

Der protestantische Bestsellerautor traf sich mit dem katholischen Reformpädagogen und Priester Bernard Overberg in der Überzeugung, daß Kinder nicht zu kleinen Erwachsenen dressiert werden dürfen. Elterliche Erziehung sollte die persönlichen Eigenheiten und kindgemäßen Erlebniswelten akzeptieren. Sie sollte eine Balance finden, die dem kindlichen Freiheitsdrang und Temperament Raum gab, ohne notwendige Grenzen aufzuheben. Gehorsam war nötig, denn er hielt die Familien und die Welt zusammen. Aber es war sinnlos, ihn mit der Rute zu erzwingen. Die Liebe und Fürsorge der Eltern zu ihren Kindern war ein viel subtileres und erfolgreicheres Erziehungsinstrument. Der Vater im »Kinderfreund« über seinen Nachwuchs: »Alle, vom Großen bis zum Kleinsten, halten es für das größte Unglück, uns zu beleidigen und diese Furcht ist gerade unser größtes Glück. Da sie wissen, daß sie unsere höchste Freude auf Erden sind, so hüten sie sich sehr, dieselbe zu unterbrechen, und wenn sie Fehler begangen haben, so sind sie eben so willig, sie zu bereuen, als wir, unter der Bedingung, daß sie dieselben künftig ablegen, zum Vergeben bereit sind.«

In der Korrespondenz zwischen Therese von Droste-Hülshoff, der Mutter der kleinen Annette, und ihrer Schwester Dorothea, verheiratete von Wolff-Metternich, nehmen mit dem Beginn des neuen Jahrhunderts die Kinder einen breiten Raum ein. Man tauscht Erfahrungen und Ratschläge aus. (Dorothea, genannt Dorly, ist eine Stiefschwester. Aber wie zu den übrigen dreizehn

Stiefgeschwistern aus der zweiten Ehe von Thereses Vater ist die Beziehung so eng, daß dieses Unterscheidungsmerkmal entfallen kann.) Im April 1802 schreibt Therese von Droste-Hülshoff an Dorothea von Wolff-Metternich: »... guter Laune, ja da haperts oft ein bischen, wozu denn oft das Sausen und Brausen meiner 4 Friedenstörer viel beyträgt, die mir oft mein weises Haupt so voll RUMOREN, das mir hören und sehen vergeht.«

Mit liebevollen Bezeichnungen wie »Friedenstörer«, »Trabanten«, »kleines Gesindel« sind die vier Geschwister Jenny (1795 geboren), Annette/Nette (1797), Werner Konstantin (1798) und Ferdinand / Fente (1800) gemeint. Als erste von ihnen kommen im Juni 1802 die beiden Mädchen in die Grundschule ihrer Mutter, die im Dezember selbstkritisch an ihre Schwester Dorothea schreibt: »... wie mir besonders das lernen meiner beyden Mädchen viel Zeit weg nimmt, es geht aber täglich beßer, ich bin nicht mehr halb so ungeduldig mehr, und sie kommen gut voran ...«

Der erste Unterricht im Hause ist so dosiert, daß allen Geschwistern weiterhin viel Zeit bleibt, die Burg und den Vorplatz, die langgestreckten Wirtschaftsgebäude südlich des Wassergrabens, das kleine Wäldchen dahinter und die weitläufigen Garten- und Waldanlagen nördlich des Wassergrabens mitsamt den kleinen Gräben als Spielplatz zu nutzen. Die Mutter war nicht ängstlich: »... mein dicker Junge hat sich Schuh und Strümpfe ausgezogen und marschiert hier neben mir bis an die Knie im Hausgraben ...« Therese von Droste-Hülshoff ließ die Kinder alleine ins Freie ziehen und im Winter auf dem zugefrorenen Schloßgraben spielen. Sie selbst hatte als ziemlich wildes Kind ungehindert mit ihren Geschwistern die Umgebung des elterlichen Bökerhofs, im Paderborner Land nördlich von Brakel gelegen, durchstreift.

Da allerdings endeten die Gemeinsamkeiten in der Erziehung von Eltern und Kindern, tut sich eine Kluft auf zwischen alter und neuer »Kinderzucht«. Sowohl Clemens August Droste zu Hülshoff, geboren 1760, wie seine Frau Therese Luise von Haxthausen, geboren 1772, hatten einen harten Vater, der im Haus mit rüdem Ton regierte. Die Großmutter auf Hülshoff fand – vielleicht – Ablenkung in ihrer Malerei. Die Großmutter Maria Anna von Haxthausen im Bökerhof suchte Trost in der Religion. Ihre naivgemütvolle Frömmigkeit war über den Familienkreis hinaus bekannt und sehr geachtet.

Die Anrede »Mama« und »Papa« und das »Du« zwischen Eltern und Kindern waren auf Hülshoff selbstverständlich. In der Kindheit der Eltern hatte das distanzierte »Sie« von klein auf alle Emotionen geregelt, und eine Szene, wie Therese von Droste-Hülshoff sie ihrer Schwester im Dezember 1803 schildert, wäre in ihrer eigenen Kindheit undenkbar gewesen: »... was läßt sich von den kleinen Geschöpfen viel sagen! im allgemeinen bin ich gut mit ihnen zufrieden, sie lernen braf und sind ihre unachtsamkeit abgerechnet zimlich Gehorsam, artig sind sie gar nicht, rufen, specktackeln, laufen, thüren loß lassen, am Tisch singen, und den ganzen Tag aus vollen Halse jubeln, dies ist ihr tägliches Brod, dahingegen haben sie keinen haubtsächlichen Fehler wie *Neugierde und Geschwätzigkeit* ...« Eine muntere, ausgelassene Truppe fegte durch die Wasserburg, und die Mutter war's zufrieden, solange ihre Kinder nicht neugierig und geschwätzig waren und jene Tugenden zeigten, mit denen sie befriedigt ihren Brief fortsetzt: »... sie lügen nicht, RESPECTIREN im strengsten Sinne des Worts ihr gegenseitiges, und jedermanns Eigenthum, und sind wohlwollend, und mitleidig gegen Menschen und Thiere ...«

Der Umgang der Kinder mit Tieren gehörte zum Aufwachsen. Jenny hatte im November 1803 an die Paderborner Großmutter geschrieben: »Die Küken die Du uns liebe Grosmama geschickt hast, machen uns sehr viel Freude ...« Die Mutter schenkt den Kindern im Jahr darauf ein »Jagdhündchen«, und Jenny notiert im Mai 1806 in ihr Tagebuch: »Nette ihr Huhn auf 10 Eiern zum Brüten.«

Artig – also dressiert – mußten die Kinder im Hause Droste-Hülshoff nicht sein. Ein »ziemlicher Gehorsam« aber war Teil des Erziehungsprogramms: »Gehorsam ist eine Tugend, die jedweder Mensch üben muß, solange er lebt ... Gehorsam sein heißt, alles rechtmäßig Befohlene, auch das sonst Unangenehme, fertig und willig tun ...« So steht es in der »Anweisung zum zweckmäßigen Schulunterricht für die Schullehrer im Fürstentum Münster«, die Bernard Overberg 1793 erstmals herausgab und die für Generationen im Münsterland zur pädagogischen Bibel wurde. Die »Anweisung« bietet einen exakten Einblick in die Erziehungsideale, um deren Umsetzung in die Praxis sich Therese von Droste-Hülshoff alle Mühe gab. Overberg verbreitete seine pädagogischen Grundsätze auch vor interessierten Eltern. Die Freifrau von Droste-Hülshoff kam nicht nur zu seinen Vorträgen über christliche Lebensführung nach Münster, sie holte sich bei dem populären Theologen persönlichen Rat. Mit der Zeit entwickelten sich auch enge geistliche Beziehungen zwischen Overberg und Thereses Schwester Ludowine, die zeitlebens religiös-karitativ engagiert war.

Bernard Overberg warnt vor Übertreibungen, mit denen man Gehorsam erzwingen will: »Die Vielheit der Verbote und Befehle macht die Kinder nur ängstlich, sie vergessen eines über das andere. Unnötiger Zwang macht unwillig. Es fällt auch den Kleinen dabei leicht auf, als wenn es nur darum zu tun wäre, sie ihre Unterwürfigkeit fühlen zu lassen, und dieser Gedanke ist eine Wurzel des Ungehorsams.« Kinder zur Artigkeit zwingen, um sie gefügig zu machen – eine solche falsche Autorität entlarvt der katholische Pädagoge als schädlich und kontraproduktiv.

Genau dieser Gehorsam hatte die Eltern des »kleinen Gesindels« in Angst und Schrecken versetzt, als sie selber Kinder waren. Offenbar haben sie ihren Kindern von der Erziehungskluft erzählt, die nur zwei Generationen trennte. Wir hören die elterliche Floskel quer durch die Zeiten – »ihr könnt euch freuen...« Auch diesen familiären Gesprächsstoff hat Tochter Annette in »Ledwina« aufgegriffen und läßt Frau von Brenkfeld, die starke Züge der Mutter hat, weitergeben: *... die Frau von Brenkfeld, noch aus der guten Zeit, wo man nicht nur die Eltern sondern auch das Alter ehrte eine Zeit, jetzt von dieser Ansicht fast so spurlos verschwunden, wie die antediluvianische, rückte mit dem Stuhle ... »ihr könnt euch freuen,« sagte sie, »nicht vor dreißig Jahren jung gewesen zu sein, da wurden die Leute in Verhältnis zu ihren Eltern nie groß, Widerspruch von der einen Seite gab es in der Ordnung garnicht, und nur selten dargelegte Gründe von der Andern»*... Die gute alte Zeit? Die Eltern der vier Droste-Hülshoff-Kinder waren keine Revolutionäre, hatten sich aber entschieden, in diesem Punkt ihrem Nachwuchs die eigene Erfahrung zu ersparen und ihm mehr Freiheit zu gewähren. Auch wenn ihre eigene Erziehung es ihnen unmöglich machte, offen darüber zu reden.

Schläge oder die traditionelle Rute waren verpönt. In den Fällen, wo Strafe sein mußte, hieß es von der Mutter »hinauf aufs Zimmer« oder »In-die-Ecke-Stellen«. Das geschah zum Beispiel, wenn die Geschwister erwischt wurden, wie sie im hintersten Teil des Gartens ohne Schuhe und Strümpfe barfuß liefen. Das hatten sie sich bei den Bauernkindern abgeschaut. Doch die Strafen wurden nicht in jedem Fall widerspruchslos hingenommen. Einmal, als Ferdinand, der Jüngste, aufs Zimmer geschickt wurde, protestierte er wortlos, aber unüberhörbar, indem er unentwegt auf dem Kamm blies.

Die Bauernkinder waren in der Welt außerhalb der Burg zu Hause, und durch ihre Geburt einem andern Stand zugeordnet. Diese Ordnung war den vier Kindern des Burgherrn fraglos bewußt. Trotzdem führten viele Wege hinüber und herüber zwischen den beiden Welten. Das Land weit und breit gehörte dem Herrn auf Burg Hülshoff, der jedoch nur einen Bruchteil für den eigenen Verbrauch bearbeiten ließ. Den allermeisten Grund und Boden beackerten die etwa 100 Bauern auf ihre eigene Rechnung, aber keineswegs nur zu ihrem eigenen Gewinn. Die große Mehrzahl von ihnen waren sogenannte Eigenbehörige, denen der adlige Boden vor Generationen zur erblichen Bewirtschaftung übertragen worden war. Als Gegenleistung mußten sie dem Grundherrn jährlich mehrere Wochen persönliche Dienste – zum Beispiel als Gesinde auf der Burg – erbringen und vom Ertrag ihrer Felder Abgaben leisten, unter anderem zehn Prozent vom Gewinn beim Getreideverkauf. Außerdem waren dem Grundherrn beim Tod eines Eigenbehörigen der »Sterbfall« und bei Übernahme des Hofes durch dessen Sohn das »Gewinngeld« zu zahlen. Eine kleine Zahl der Bauern saß über Generationen als Erbpächter auf ihren Höfen. Sie waren persönlich frei und mußten nicht die drückenden persönlichen Dienste und Abgaben leisten.

Daß seit Menschengedenken die adlige Familie und die Bauern in zwei Welten mit sehr ungleich verteilten Rechten, Privilegien und Chancen lebten, schien allen die gottgewollte Ordnung. Im Münsterland war das kein Hindernis für menschliche Kontakte zwischen der gesamten adligen Familie und den von ihr Abhängigen. Wie die Eltern für ihre Kinder, so fühlten sich der Freiherr und die Freifrau für das Wohlergehen ihrer Bauern verantwortlich. Wer in ihren Diensten stand, hatte nicht nur Anspruch auf Hilfe in der Not. Man nahm Anteil am gesamten Leben der Nachbarn. Auf Hülshoff war adliger Dünkel in diesem Bereich verpönt.

Die Eltern gingen mit bestem Beispiel voran. Jenny, die seit 1804 Tagebuch führt, da ist sie neun Jahre alt, notiert gleich zu Anfang: »Heute nachmittag sind wir alle mit Mama nach Schlagkötters gewesen und ich habe fast den ganzen Weg der Schlagkötterschen ihr kleinstes Kind auf dem Arm gehabt ... sind wir nach Müllers gewesen und haben die Kinder mit uns hierher genommen, um mit ihnen zu spielen.« Dezember 1805: »... auch stickt Mama jetzt eine Brautkappe für Marianne Wittower welche hier Küchenmagd gewesen.« Nebenbei erfahren wir aus diesen Notizen, daß für die adlige Familie, die eine große Kutsche und einen Schlitten im Stall stehen hatte, lange Fußmärsche nichts Ungewöhnliches waren.

Sämtliche Mitglieder der Familie übernahmen Patenschaften, entweder einzeln oder alle zusammen. Im März 1806, so notiert Jenny, erschienen auf der Burg »die Amme von Nette und Sente mit ihrem kleinen Sohn August, zu welchem Papa Gevatter ist«. Und im Juli steht im Tagebuch: »Auch hat Lisette, die ehemalige Kammerjungfer von Mama, welche den Förster von Stapel heiratete, einen jungen Sohn, wozu wir alle Gevatter sind.« Die älteren Schloßkinder packen bei der Hopfen- und Flachsernte mit an. Als sie die Paderborner Großeltern besuchen, erfahren sie zu ihrer Verwunderung, daß die Familie von Haxthausen streng Distanz zu ihren Bauern hält und keinen Besuch ihrer Enkelkinder auf bäuerlichen Festen wünscht.

Auf Burg Hülshoff jedoch bedeuten Einladungen zu ländlichen Hochzeiten oder zum Erntedankfest – »Stoppelhahn« genannt – eine willkommene Unterbrechung des Alltags. Aus Jennys Tagebuch 1804: »11. November sind alle unsere Leute auf einen Stoppelhahn gewesen und haben tüchtig getanzt.« Die Geschwister werden von klein auf zu allen Aktivitäten mitgenommen. Gut zwei Wochen zuvor hat man im rund zehn Kilometer entfernten Münster den Send besucht, ein großer, mehrmals im Jahr stattfindender Jahrmarkt. Auch Tante Ferdinandine von Haxthausen, zu Besuch auf Hülshoff, war mit von der Partie: »24. Oktober ... sind Mama, Tante Dinett, Nette, Werner, Fente und ich nach Münster auf den Send gefahren. Nette hat sich ein Bügeleisen und zwei Näpfchen, Werner hat sich eine Flinte, Fente aber eine Flinte und einen Säbel, ich aber habe mir ein Paar Handschuhe, ein Kofferchen und ein Nadeldöschen gekauft. Auch hat Mama Nette ein Paar lila, mir aber ein Paar braune Schuh gekauft.« Nette war damals sieben, Fente, der Jüngste, vier Jahre alt.

Über das eigene Wohlergehen die Sorgen derer nicht zu vergessen, die von Gott wesentlich weniger auf ihrem Lebensweg mitbekommen hatten, war Christenpflicht. Den Kindern auf Hülshoff blieb nicht verborgen, daß ihre Eltern, besonders die Mutter, sich sehr persönlich über alle Standesgrenzen hinweg engagierten. Was Annette von Droste-Hülshoff in ihrem nicht vollendeten Werk »Bei uns zu Lande auf dem Lande« schildert, ist ein Stück Kindheitsalltag auf Hülshoff: *Bettler in dem Sinne wie anderwärts gibt es hier keine, aber arme Leute, alte oder schwache Personen, denen wöchentlich und öfter eine Kost so gut wie den Dienstboten gereicht wird; ich sehe sie täglich zu dreien oder mehren auf der Stufe der steinernen Flurtreppe gelagert, ärmlich aber ehrbar und Keinen vorübergehen, ohne sie zu grüßen. Die gnädige Frau tut mehr, sie geht hinunter und macht die schönste Konversation mit ihnen über Welthändel, Witterung, die ehrbare Verwandtschaft und wovon man sich sonst nachbarlich unterhält ... und sie ist immer mit gutem Rat zur Hand, wo sie denn auch, wie billig, der Ausführung nachhilft ...«*

Für das Verhältnis zwischen Herrschenden und Untergebenen, zwischen Eltern und Kindern ist die Beziehung zwischen Gott und den Menschen Vorbild und Rechtfertigung: »Diejenigen, welche Gutes thuen, die gefallen dem lieben Gott, die sind bey ihm in Gnade. Die aber Böses thuen, und sich nicht bessern wollen, die mißfallen dem lieben Gott, die sind bei ihm in Ungnade ... Je mehr du Böses thust, desto größere Strafe hast du zu befürchten ...« Das »Christkatholische Religions-Handbuch« des Bernard Overberg gibt Anweisungen und Vorgaben für den Religionsunterricht von Kindern. Es beschwört die gleichen einfach-subtilen Mechanismen, die Felix Weiße in seinem »Kinderfreund« aufzeigt. Ausgewählte Strafen dürfen sein. Doch was im Himmel wie auf Erden zum Gehorsam antreibt, ist nicht Angst, sondern Liebe, die ihrerseits Liebe provoziert. Im Kapitel »Von der Liebe gegen Gott« heißt es im »Religions-Handbuch«: »Ist es nicht billig, daß Kinder ihre Aeltern recht lieb haben? Warum? Ja, weil sie den Kindern so viel Gutes thuen ... Kennst du jemand, der uns noch weit mehr Gutes thut, und der noch weit besser ist, als auch die besten Aeltern? Ja, Gott. So was Liebenswürdiges, wie Gott, ist sonst nirgends weder im Himmel noch auf Erden zu finden.«

Mit diesem Buch, 1806 in Münster erschienen, haben wir eine konkrete Quelle, welches Bild von Gott und welche religiösen Vorstellungen Therese von Droste-Hülshoff ihren Kindern vermittelt hat. Auch diese Aufgabe lag in ihrer Hand, und sie wird aus Überzeugung das weitergegeben haben, was der befreundete Priester seine Zuhörerschaft, Freunde und Leser lehrte. Bernard Overbergs praktische, allen Übertreibungen und Grübeleien in religiösen Dingen abholde Art entsprach dem Wesen der Therese von Droste-Hülshoff. *»... ich denke wenn das Böse nur ausbleibt, so muß man sich zuweilen in das Unnütze in Gottes Namen schikken«,* sagt die Frau von Brenkfeld in »Ledwina« zu ihren Kindern. Als weiterer Mosaikstein fügt sich ins Bild, daß 1806 und 1807 Georg Hermes öfters zu einem Besuch auf Hülshoff vorbeikommt und manchmal auch über Nacht bleibt. Der wegen seiner theologischen Kompetenz und vorbildlichen Lebensführung geschätzte Priester wird 1807 an der Universität in Münster zum Professor für Dogmatik ernannt. Sein damals schon erschienenes Werk über »Die Rolle der Vernunft in Glaube und Glaubenslehre« fußt auf der gutkatholischen Überzeugung, daß der gläubige Christ auf seinen Verstand nicht verzichten muß.

Bernard Overberg sieht es ähnlich. Im weltlichen Unterricht plädierte er dafür, daß Lehrer wie Eltern ein Kind »gründlich überzeugen«, das heißt »es dahin bringen, daß es etwas nicht nur für wahr hält, sondern auch den Grund recht bemerkt und einsieht, warum es wahr ist«. Unabhängig vom Gehorsam, den Kinder ihren Eltern und Menschen ihrem Gott schuldig sind, weist der katholische Theologe aus dem Münsterland im Übergang vom 18. zum 19. Jahrhundert dem Verstand eine wichtige Funktion zu. Im Vorwort zu seinem »Religions-Handbuch« schreibt Bernard Overberg: »Die Seele kann gute Lehren fassen, sie hat Verstand. Sie kann etwas wollen oder nicht wollen, sie hat einen freyen Willen.« Damit ist er in bester Übereinstimmung mit katholischer Tradition und mit dem aufgeklärten Zeitalter.

Im Alltag auf Burg Hülshoff hat die reine Lehre des Bernard Overberg sicher Abstriche erfahren. Sie ermutigte die Eltern geradezu, die Kinder nichts stumpfsinnig nachplappern zu lassen und bei Kindern wie Erwachsenen der Intuition zu vertrauen. Konfrontiert mit der um theologische Feinheiten unbekümmerten Phantasie ihrer vier »Friedenstörer«, kommt Therese von Droste-Hülshoff ziemlich ins Schwitzen. Ihrer Schwester Dorothea von Wolff-Metternich schreibt sie im Dezember 1803: »Das Erzählen, dem deine THERESGEN so zugethan ist, ist eine Haupt- und Lieblings Neigung aller Kinder, mit den meinigen wars eben so ich erzählte ihnen auch schon in diesem Alter von Gott, der Schöpfung, den ersten Menschen, ihren Ungehorsam, und dessen Folgen, überhaupt Vorfälle aus dem alten TESTAMENT, nur nichts von unsern Heyland, *dies* das er für uns Mensch geworden und gestorben ist, verwirrt ihre IDEEN ins unentliche, sie glauben immer dies *Menschwerden* sey die erste Entstehung der Gottheit, ich weiss dies an meiner ANNETTE, dieser hatten meine Leute viel davon erzählt, und es kostete mir unendliche Mühe, die Sache wieder ins Gleis zu bringen ...«

Ähnliche Mühe hatte die Mutter schon zu Anfang des Jahres gehabt: »Nette und Werner erklären einander die Kupfer eines Fabelbuchs, sie machen lauter biblische Geschichten daraus, ich weiß nicht wo mir der Kopf steht, so geht's durcheinander ...« Am Ende wird Therese von Droste-Hülshoff sich Durchblick und Autorität verschafft haben, auch wenn Geduld nicht zu ihren hervorragenden Tugenden zählt, wie ihre erwachsene Tochter Annette 1840 verrät: ... *kein Ort in der Welt wo eine Kammerjungfer, die nicht Alles versteht, elender wegkömmt wie bey Mama, denn diese wird dann furchtbar ungeduldig ... denn ich weiß, was sie für einen Haß auf schlechtes Stopfen hat, so wie auf Alles was nicht ganz* ACCURAT *gemacht ist.* Als ausgleichendes Element mögen Witz, Humor und eine nüchterne Sicht der Dinge gewirkt haben, Eigenschaften, die in den Briefen der Therese von Droste-Hülshoff immer wieder aufblitzen.

Zweifel und bohrendes Nachdenken hatten keinen Platz in ihrem Leben. Die Wahrheiten der Kirche sind für sie ein unerschütterliches Bollwerk. Der Satz Bernard Overbergs gilt ohne Wenn und Aber: »Diejenigen, welche Gutes thuen, die gefallen dem lieben Gott, die sind bey ihm in Gnade.« Für Therese von Droste-Hülshoff gibt es keinen Zweifel an den göttlichen Zusagen, auch wenn der gerechte Lohn erst in einer anderen Welt offenbar wird. Als fast 70jährige schreibt sie ihrer Tochter Jenny 1840: »Ach! die Jugendfreunde und -bekannten sterben um einen weg wie die Fliegen ... Doch mein Trost ist, dass sie hoffentlich bei Gott sind. Alle waren rechtschaffene Menschen und gute Christen.«

Diese Glaubensgewißheit hat sie ihren Kindern vermittelt und vorgelebt. Für die Freifrau galt, was Overberg in seinem »Religions-Handbuch«, das als Hilfe für den Religionsunterricht gedacht war, postulierte: »Der gütige Gott hat euch, Kinder, wie auch allen übrigen Menschen darum das Leben gegeben, daß ihr nach eurem Tode zu ihm in den Himmel kommen, und da bey ihm mit allen guten frommen Menschen in aller Freude ewig leben solltet. O wie groß ist die Freude, die ihr ewig im Himmel genießen werdet! Alle Freude auf Erden ist nichts dagegen ...« Darauf konnte sich ein rechtschaffener Mensch und guter Christ verlassen.

Clemens August Droste zu Hülshoff, der Vater im Hintergrund, teilte dieses Gottvertrauen mit seiner Frau und gab es seinen Kindern lebenslang weiter. Im Jahre 1819 schloß er einen Brief an seinen ältesten Sohn Werner, der in Bonn studierte, mit dem Rat: »Halte übrigens Gott vor Augen und empfiehl dich täglich dem Schutze der Mutter Gottes, so wird es dir gewiß immer wohl gehen.«

Der katholische Theologe Overberg schätzte die Vernunft auch in Glaubenssachen. Doch er hielt es nicht mit jenen aufgeklärten Theologen, die keine höllische Alternative zum Himmel mehr zulassen wollten. Im »Religions-Handbuch« heißt es: »Die letzten

Dinge der Frommen: 1. ein seliger Tod, 2. ein fröhliches Gericht, 3. eine glorreiche Auferstehung, 4. die ewige Freude des Himmels. Und der Gottlosen: 1. ein unseliger Tod, 2. ein schreckliches Gericht, 3. eine schandvolle Auferstehung, 4. die ewige Qual der Hölle.« Auch diese Wahrheiten wird Therese von Droste-Hülshoff ihre Kinder gelehrt haben.

Wer ein Gott wohlgefälliges Leben führte und sich an die Anweisungen der Kirche hielt, mußte sich nicht fürchten. In diesem Punkt gaben die Eltern ihren Kindern ein überzeugendes Beispiel. Die Gebete am Morgen, am Abend und vor dem Essen, das Kreuzzeichen und ein stilles Gedenken vor den zahlreichen Heiligen- oder Marienstelen längs der Feldwege, ebenso die tägliche heilige Messe gehörten für die Familie von Droste-Hülshoff zum Dasein wie die Luft zum Atmen. Und der Jahresablauf wurde außer von den Witterungen der Jahreszeiten wesentlich vom kirchlichen Kalender geprägt.

Wenn die Tage kürzer und die dunklen Abende länger wurden, fieberten die Kinder auf Burg Hülshoff – wie überall im Land – dem Tag des heiligen Nikolaus am 6. Dezember entgegen. Damals stellten die Kinder keine Schuhe vor die Türe, sondern in der festlichen Stube wurden Schüsseln »aufgesetzt«. Jenny schreibt im Jahre 1804 am Vorabend des Festes ins Tagebuch: »Heute, 5. Dezember setzen wir auf, weil es morgen Nikolaus ist. Wir freuen uns schon recht dazu.« Vor dem Gang zu den Nikolaus-Geschenken ging es zur heiligen Messe. In den Schüsseln lagen anschließend für alle Naschereien, Eßwerk, und hinzu kamen individuelle Gaben.

Was es 1805 gab, wissen wir aus dem frühesten Brief, der uns von Annette von Droste-Hülshoff erhalten ist. Sie schrieb am 31. Dezember der »lieben Grosmama« auf dem fernen Bökerhof: *Ich hoffe, dich bey dem Schreiben, und der Ankunft dieses Briefes in eben der Gesundheit zu treffen, die wir jetzt genießen. wir haben dieses Jahr recht was schönes auf Nikolaus bekommen, Jenny hat einen Ring, einen seidenen Geldbeutel, ein Paar Handschuh, und viel Eßwerk bekommen. Ich habe dasselbe erhalten. Werner, und Fente haben Jacke und Hose, auch viel Eßwerk bekommen. lebe wohl, wir alle küssen dir in Gedanken die Hände. Ich ver-*

bleibe deine dich liebende Enkelinn, Nette. bald hätte ich den guten Grospapa vergessen, küsse ihn für mich. Am 12. Januar wird die Briefschreiberin ihren neunten Geburtstag feiern. Die Eltern hatten bei ihren Kindern dieses neumodische Fest akzeptiert. Sie selbst feierten ausschließlich den traditionellen Namenstag, den aber – vor allem bei der Mutter – festlich und mit vielen Gästen.

Weihnachten hat auf Hülshoff noch nicht den Charakter eines familiären Festes. Weihnachtsbaum und Geschenke sind in Westfalen noch unbekannt. Als ruhiger, ausschließlich kirchlicher Feiertag langweilt es die Kinder, denn lärmende Spiele sind an diesem Tag nicht erlaubt: »1804, 25. Dezember sind Papa, Mama, Nette, Werner, Fente und ich zu Roxel in die letzte Messe gewesen.« Die Glocken von St. Pantaleon im benachbarten Roxel kann man an klaren Tagen auf der Burg hören. Der spitze Kirchturm ragt bei Spaziergängen um Hülshoff über den Horizont. Der Pastor von Roxel war ein gern gesehener Gast auf Hülshoff, und mit ihm wurde schon wenige Tage nach Weihnachten ein alter Brauch praktiziert – das Losziehen am Feiertag der Heiligen Drei Könige: »1805, 6. Januar sind wir nach dem Pastor von Roxel gewesen, weil wir gezogen haben, und weil es Heilige Drei Könige ist, ist das Los, Kuchen zu backen, auf denselben gefallen.« Und mit dem Kuchen ist der Herr Pastor noch am gleichen Tag auf der Burg erschienen.

Burg Hülshoff mit seinen Bewohnern gehört zur Pfarrei St. Pantaleon in Roxel. Die für alle Katholiken bestehende Pflicht, sonntags in ihrer Pfarrkirche dem Gottesdienst beizuwohnen, gilt für die adligen Familienmitglieder nur an den vier kirchlichen »Hochzeiten« – Weihnachten, Ostern, Pfingsten und Mariä Himmelfahrt nebst dem Patronatsfest St. Pantaleon. An allen übrigen Sonntagen und an jedem Werktag um sieben Uhr wird in der Bibliothek von Burg Hülshoff für die Familie und ihre Gäste die Messe gelesen. Die Kommunion darf ebenfalls ausgeteilt werden. Zwei Privilegien kommen hier zusammen, die nur dem stiftsfähigen Adel zustehen, weshalb die Teilnahme am Gottesdienst den benachbarten Bauern und den Knechten und Mägden der Burg nicht gestattet ist. Die Erlaubnis zum privaten Gottesdienst ist mit der Institution des Hausgeistlichen gekoppelt.

Vor Generationen hatte die Familie von Droste-Hülshoff eine Stiftung gemacht, aus deren Ertrag für alle Ewigkeit ein Geistlicher für ihre Privatkapelle in Roxel bezahlt werden sollte. Die Kapelle war längst zerfallen, das gestiftete Amt aber geblieben und auf die Burg gewandert. Dort fand ein vom Burgherrn angestellter Geistlicher lebenslang sein Auskommen. Nichts Besonderes für die damalige katholische Kirche, die von sich aus ihren Priestern fast keine Ämter oder Pfarreien mit finanziellem Auskommen zur Verfügung stellte. Was heute unvorstellbar ist: Nur wer dem Bischof nachweisen konnte, daß er genug Privatvermögen in Form von Immobilien besaß oder ein Amt – eine Pfründe – mit Naturalien, Land, Geld oder Unterkunft fest in Aussicht hatte, erhielt die höheren Weihen zum Priesteramt.

Die Hausgeistlichen kamen aus der unteren, bäuerlichen Schicht und waren ihrem weltlichen Herrn – und seiner Familie – dankbar und ergeben, der ihnen diesen ungeheuren Aufstieg möglich machte. Auf Hülshoff wurden sie geachtet, saßen mit der Familie zu Tisch und waren Begleiter auf vielen Ausflügen. Doch der Hausgeistliche war mehr als ein freundlicher Gesellschafter und Führer durch das Kirchenjahr. Mit seinem geistlichen Amt leistete er einen wichtigen Dienst für das kollektive Gedächtnis der adligen Familie. Jede Seelenmesse für die Verstorbenen, jedes Jahresgedächtnis an den Todestagen der Ahnen beschwor das unsichtbare Band zwischen den Lebenden und den Toten und knüpfte es fester. An diesen Ahnen und der Erinnerung ihrer herausragenden Taten hing alle Rechtfertigung für den besonderen Platz der adligen Familien in der Welt, für ihre Vorrechte und ihre Ansprüche. Der Glaube war ein entscheidender Transmissionsriemen, und jede Seelenmesse, jedes Jahresgedächtnis führte der nachwachsenden Generation ihre Verpflichtung vor Augen, den Glauben der Väter und den Stand der Familie zu wahren.

Kaum wurden die Tage im Münsterland wieder länger, nahte die Fastenzeit, die an Fastnacht mit einer Maskerade bei den Kindern und einer Menge Branntwein bei den Bediensteten der Burg eingeläutet wurde. In der Karwoche vor Ostern fuhr die Familie nach Münster, um den Kreuzweg mitzugehen. Ostersonntag waren alle wieder auf Hülshoff und erfreuten sich zusammen mit dem Gesinde und der bäuerlichen Nachbarschaft am Osterfeuer. Einen Osterhasen kannte niemand, wahrscheinlich in den frühen Jahren auch nicht gefärbte Ostereier. Im Frühsommer, wenn die Blumen blühten, das Getreide wuchs und die Bäume in schönstem Grün standen, zog die Fronleichnamsprozession über die Felder. Wenig später ging es wieder nach Münster, um der traditionellen Großen Prozession zuzuschauen.

Es gab noch genug Tage, an denen die Bewohner von Hülshoff – allen voran die Kinder – sich ziemlich eingesperrt fühlten. Es war das Wetter, das den außerhäuslichen Vergnügungen oft einen Strich durch die Rechnung machte. Ob zu Fuß oder mit der Kutsche – nicht nur Eis und Schnee sondern schon wenige Stunden Regen machten die lehmigen Haupt- und Feldwege unpassierbar. Da mochte »das kleine Gesindel« noch so sehr auf einen Ausflug drängen.

Am guten Willen der unternehmungslustigen und gastfreundlichen Mutter lag es nicht, wenn Langeweile aufkam. Therese von Droste-Hülshoff wünschte sich möglichst oft eines, am besten mehrere ihrer vierzehn Geschwister her, und sie konnten gar nicht lange genug bleiben. Im September 1804 kamen Großmutter und Großvater von Haxthausen zu Besuch. Auch die Brüder des Vaters, allen voran Maximilian von Droste-Hülshoff, Onkel Max, mit seiner bürgerlichen Frau, sind gern gesehene Gäste. Den Eltern war es wichtig, daß ihre Kinder die nähere und auch ein wenig weitere Umgebung kennenlernten – Coesfeld und Nottuln, Billerbeck und Albachten, Nienberge und Havixbeck. Bei der adligen Nachbarschaft war man zum Tee stets willkommen – den von Twickel und von Böselager, von Amelunxen und von Kerkering, den von Oer und von Korff-Schmiesing. Die allermeisten Aktivitäten fanden unter der Obhut der Mutter statt. Dem Vater war daran nicht gelegen, und er überließ sie gerne seiner Frau.

Die vier Geschwister erhielten Abwechslung und Anregung. Sie kamen viel unter Menschen. Nehmen wir den September 1804, Annette, ist siebeneinhalb Jahre alt. Zwischen dem 1. und dem 27. des Monats stand in der Reihenfolge der Tage das Folgende auf dem Programm: ein dreitägiger Ausflug nach Münster zu befreundeten Adelsfamilien; zwei Bauernfamilien in der Nachbarschaft werden besucht; Ausflug nach Coesfeld; für zwei Tage ist man Gast der Frau von Amelunxen; Fahrt nach Nottuln, auf der Rückreise schaut die Familie bei Fräulein von Twickel vorbei; ein Ausflug zur Familie Schlagkötter; gegen Monatsende kommt eine Freundin von Therese von Droste-Hülshoff zu Besuch; am 27. besucht Familie von Droste-Hülshoff die Familie von Spiegel auf Schloß Wilkinghege bei Münster. Über die beliebten Ausflüge nach Münster, wo der Vater im Jahre 1798 an der Ecke Krummer Timpen / Bäckerstraße ein Stadthaus geerbt hatte, wird noch ausführlich zu berichten sein.

Bei den befreundeten Familien gab es für die Droste-Kinder viele Gleichaltrige als Spielgefährten, und auch auf der Burg waren Kinder und Jugendliche als Gäste willkommen. Ab 1806 kamen für einige Jahre jeweils im September die Kinder des Grafen Friedrich Leopold von Stolberg mehrere Wochen zu Besuch. Im Juli 1843 berichtet Annette von Droste-Hülshoff ihrer Schwester Jenny: *Ich traf in Haynhausen den* Joseph Stolberg, *der sich kindisch freute – noch mehr wie er hörte daß Mama in Abbenburg sey, wohin er übermorgen kommen wird, um ihr seine Frau und beyde Töchter vorzustellen ... er hängt an den Hülshofer Erinnerungen mit einer Liebe die Einem freuen muß, – sprach so gerührt vom lieben seligen Papa, – und daß er und Leopold, als sie sich zum letzten Mahle gesehen, beyde gesagt, daß wenn man sie frage wo* EL DORADO *liege, sie schnurstracks auf die Hülshofer Backöfen losfahren würden ...* Mag die Erinnerung einiges verklären, vieles spricht für eine gastfreundliche Atmosphäre auf Burg Hülshoff.

Kurz vor ihrem siebten Geburtstag taucht die zweitälteste Tochter Annette mit einem eigenwilligen Charakterzug erstmals erkennbar aus dem mit Gästen, Freunden und Verwandten angereicherten Familienkreis auf. Sie scheint mit ihrer Phantasie den andern Geschwistern voraus zu sein. In ihrem langen Brief vom Dezember 1803 an die Schwester Dorothea von Wolff-Metternich erklärt Therese von Droste-Hülshoff, vorläufig noch keinen Privatlehrer – Hofmeister – für die Kinder anstellen zu wollen, weil sie damit im Augenblick überfordert wären: »... den bis jetzt sind die Kinder (meinen Einsichten nach) noch zu klein, um ohne Schaden ihrer Gesundheit mehr zu leisten wie sie thun ... ist der

Hofmeister einmahl da so mus alles dran, und wenn ANNETTE die ohnehin den Kopf immer voll hat, mehr angegriffen wird, so schnappt sie über ...« Das klingt brutaler als es gemeint ist. Die Freifrau liebt in allen ihren Briefen eine klare und plastische Sprache. Außerdem hat sie so ihre Erfahrungen gemacht.

In einem Brief erinnert sich die 22jährige Tochter, *daß, wie meine Mutter uns eines Tages viel von ihrem Geburtsorte, und den Bergen, und den uns damals noch unbekannten Groseltern erzählte, ich eine solche Sehnsucht darnach fühlte, daß, wie sie einige Tage nachher zufällig bei Tische ihre Eltern nannte, ich in ein heftiges Schluchzen ausbrach, so, daß ich mußte fortgebracht werden.* Die Großeltern kamen erstmals nach Hülshoff, als ihre Enkelin sieben Jahre alt war, und ein Jahr später, 1805, ist Annette erstmals bei ihnen auf dem Bökerhof gewesen. Dieser Gefühlsausbruch, der allen Anwesenden unerklärlich und befremdlich war, muß demnach vorher stattgefunden haben.

Eine andere kindliche Erschütterung schildert Annette von Droste-Hülshoff 1839: *... ich erinnere mich, daß ich, als Kind, meinen seligen Vater fragte, »ob er im Himmel auch seinen Leberflecken auf der Hand haben würde?« – er antwortete, »dort wären wir glänzend, von allen Flecken rein, und wenn er seinen Körper wieder annehme, werde er seyn wie mit 23 Jahren« ich wollte mich damals wohl todt weinen, daß ich statt meines lieben Vaters einen ganz fremden jungen Menschen finden sollte.* Die Antwort des Vaters zeigt, daß er – wie seine Frau – in Glaubensdingen gründliche Kenntnisse hatte, und seine Tochter theologisch korrekt informierte. Im »Religions-Handbuch« des Bernard Overberg heißt es: »Die Leiber der Verstorbenen... werden aber am jüngsten Tage aus der Erde wieder auferweckt werden, und eine jede Seele wird ihren Leib wieder annehmen. Die Frommen werden eine glorreiche Auferstehung haben: sie werden mit schönen verklärten Leibern auferstehen ...«

Um theologische Feinheiten ging es der kindlichen Phantasie auch diesmal nicht. Die korrekte Erklärung löste vielmehr massive Ängste bei der Tochter aus. Die mögliche Trennung von dem geliebten Vater in der vom Glauben so hochgelobten Ewigkeit bedeutete für das Kind eine Katastrophe. Dazu paßt, was die verheiratete Schwester Jenny im Vergleich mit ihrer eigenen dreijährigen Tochter an Annette von Droste-Hülshoff schreibt: »... sie hat darin viel von dir, du konntest dich auch wie eine Klette anhängen ...«

Die Angst, den Vater in der Ewigkeit zu verlieren und nicht wiederzuerkennen, wird um so verständlicher, wenn man weiß, wie intensiv die Gefühle der Tochter zu ihm waren. Der »schwärmerisch geliebte Vater«, der »seelenverwandte Vater, den sie mit wahrer Herzensleidenschaft liebte« – das ist im Rückblick das Urteil von Elise Rüdiger, die zehn Jahre lang eine Freundin und in den letzten Jahren die einzige Vertraute der Annette von Droste-Hülshoff war. Die wenigen Aussagen der Tochter über den Vater und was er ihr bedeutet, bestätigen diese Einschätzung. Das Gedicht »Das vierzehnjährige Herz« entstand im Winter 1841/42 auf der Meersburg am Bodensee. Wie so oft bei der Dichterin ein wenig die Spuren verwischend, beschreibt es ihre eigenen Gefühle, die tief in der Kindheit verwurzelt sind:

> *Er ist so schön! – sein lichtes Haar*
> *Das möcht' ich mit Keinem vertauschen,*
> *Wie seidene Fäden so weich und klar,*
> *Wenn zarte Löckchen sich bauschen;*
> *Oft streichl' ich es, dann lacht er traun,*
> *Nennt mich »seine alberne Barbe« ...*
>
> *Und seine Gebärde ist königlich,*
> *Geht majestätisch zu Herzen,*
> *Zuckt er die Braue, dann fürcht' ich mich,*
> *Und möchte auch weinen vor Schmerzen;*
> *Und wieder seh' ich sein Lächeln blühn,*
> *So klar wie das reine Gewissen,*
> *Da möchte ich gleich auf den Schemel knien,*
> *Und die guten Hände ihm küssen.*
>
> *Heut' bin ich in aller Frühe erwacht,*
> *Beim ersten Glitzern der Sonnen,*
> *Und habe mich gleich auf die Sohlen gemacht,*

Zum Hügel drüben am Bronnen;
Erdbeeren fand ich, glüh wie Rubin,
Schau, wie im Korbe sie lachen!
Die stell ich ihm nun an das Lager hin,
Da sieht er sie gleich beim Erwachen.

... und freundlich streicht er das Haar zurück
Von seiner rühmlichen Narbe,
Ruft mich bei Namen, und zieht mich nah,
Daß Tränen die Augen mir trüben;
Ach, er ist mein herrlicher Vater ja,
Soll ich ihn denn nicht lieben, nicht lieben!

Es fügt sich eins ins andere, wenn man dem Gedicht das Bild zur Seite stellt, das die Droste 1840/41 in dem Entwurf »Bei uns zu Lande auf dem Lande« von ihrem Vater gezeichnet hat: *Gott segne ihn alle Stunden seines Lebens – ein Unglück kann ihn nur zur Läuterung treffen, verdient hat er es nie und nimmer – ich halte es für unmöglich diesen Mann nicht lieb zu haben – seine Schwächen selbst sind liebenswürdig ... Den Verstand des Herrn habe ich anfangs zu gering angeschlagen, er hat ... jenes haarfeine Ahnen des Verdächtigen, was aus eigner Reinheit entspringt: sein erstes Urteil ist immer überraschend richtig, sein zweites schon bedeutend vom Mantel der christlichen Liebe verdunkelt ...* An anderer Stelle heißt es, seine Frau wisse *jede klarere Seite seines Verstandes, jede festere seines Charakters mit dem Scharfsinn der Liebe aufzufassen und hält die Zügel nur, weil der Herr eben zu gut sei, um mit der schlimmen Welt auszukommen.* Das ist fast die Heiligsprechung eines Menschen, der nicht viel klaren Verstand und einen weichen Charakter hat, aber durch sein frommes, kindlich-reines Gemüt vorbildliche Tugenden verkörpert und – weltfremd – allen andern weit überlegen ist.

Hat die Erfahrung des sehr unterschiedlich erlebten Elternpaares in der kindlichen Phantasie die Gegensätze verschärft, verzerrt und besonders markant in der Erinnerung gehalten? Es waren die alltäglichen Erfahrungen eines Kindes, das mit den unterschiedlichen Rollen von Mutter und Vater konfrontiert ist. Salopp könnte man sagen: Es ist das alte Lied. Die Mutter war für die gesamte Erziehung ihrer Kinder zuständig. Therese von Droste-Hülshoff erlebte den kindlichen Alltag vom Aufstehen bis zum Schlafengehen. Sie gestaltete ihn wesentlich – durch Unterrichtsstunden wie durch Ausflüge. Sie gab die Erlaubnis, im Garten zu spielen. Sie ließ die »Friedenstörer« aus vollem Halse spektakeln und krakeelen. Sie strafte durch In-die-Ecke-Stellen, wenn in ihren Augen das »kleinen Gesindel« zu übermütig wurde. Sie konnte ungeduldig, streng, zuweilen sogar böse werden. Aber ist es so unverständlich, daß ihr bei den vier lebhaften Kindern auch einmal der Geduldsfaden riß?

Mit diesen Alltäglichkeiten hatte der Vater nichts zu tun. Wenn er nicht hinter seinen geliebten Büchern saß, streifte er mit seinen Kindern durch den Garten und die Felder, lehrte sie die Namen der Pflanzen, Bäume und Vögel und zeigte ihnen seine neuesten Blumenzüchtungen. Auf diesen Gebieten besaß er sehr irdische Kenntnisse. Er spielte ihnen auf der Geige etwas vor und erzählte am Abend eindrucksvoll von den Taten der Vorfahren. Er ließ sie ehrfürchtig über den ledernen Einband seines »Liber mirabilis« streifen. In diesem Buch, zwischen 1802 und 1806 entstanden, waren auf rund 120 Seiten Prophezeiungen und wunderliche Geschichten aufgezeichnet. Clemens August Droste zu Hülshoff deshalb zum Spökenkieker zu machen, ist eine gewagte Sache. Er hat sich in seinem Vorwort – »Einen Gruß dem Leser« – eher nüchtern-zurückhaltend geäußert: »Wir überlassen Dir freilich das Urteil über die Glaubwürdigkeiten dieser Dinge ...« Einer seiner Brüder besaß eine ähnliche Sammlung.

Das Bild des Clemens August Droste zu Hülshoff wird dominiert von dem Denkmal, das ihm seine Tochter in »Bei uns zu Lande auf dem Lande« gesetzt hat. Fast alles über ihn wissen wir aus zweiter Hand. Trägt man die seltenen direkten Zeugnisse zusammen, wird die Einseitigkeit seines Charakters durch zusätzliche Facetten aufgebrochen. Der Mann ist differenzierter als bisher aus dem Blickwinkel seiner Tochter angenommen.

Sinn für Realitäten und trockenen Humor zeigt der Vater in einem Brief an seine Tochter Annette im Sommer 1820. Es ist nicht anzunehmen, daß sich sein Umgangston mit den Jahren wesentlich verändert hat. Der Freiherr schreibt seiner Tochter, die seit April 1819 bei den Großeltern auf dem Bökerhof lebt. Auf Hülshoff ist man irritiert, weil seit Wochen keine Post mehr aus dieser Richtung kommt. Erste Überraschung: Der überirdische Vater kann durchaus einen Tadel aussprechen, der mit Witz aufgefangen wird: »Obgleich an dir eigentlich die Reihe wäre, zu schreiben, so will ich doch diese ausserordentliche Gelegenheit nicht unbenutzt vorübergehen lassen, in der Hofnung: daß du wenigstens bald antworten wirst. Mann führt hier überhaupt bittere Klagen, daß von BÖCKENDORFF her so sparsam Briefe anlangen ... Caroline besonders macht ein sehr trübseliges Gesicht, wenn unser Bothe leer zurückkommt; du must also die dortigen Schriftstellerinnen mahl antreiben, und dich selbst dabei nicht vergessen ...«

Und da der Vater schon einmal beim Schreiben ist, nutzt er die Gelegenheit für einen praktischen Vorschlag: »Das Füllen, welches dir ONCLE Fritz geschenkt hat, befindet sich recht wohl; es wird nicht sehr groß werden, ist aber eine tückische Kröte, so daß ich nicht glaube, daß du es jemals wirst reiten können; Mein und deiner Mutter Rath wäre also: daß du vom ONCLE Fritz dir die Erlaubniß verschafftest, es verkaufen zu dürfen. Wir wollen schon dafür sorgen, daß du im Herbst ein hinreichendes Geld davon bekömmst, wofür du dir aufs künftige Jahr ein paar Kühe kauffen, und so damit wuchern kannst.« Spricht so ein weltfremder Vater?

Überhaupt versteht der Freiherr etwas von der Landwirtschaft und stellt an seinen ältesten Sohn Werner, der den gesamten Besitz erben wird, diesbezügliche Anforderungen. Die Briefe des Vaters an den in Bonn studierenden Sohn sind keine Blankoschecks für ein lustiges Studentenleben. März 1822: »Du hast jetzt Gelegenheit alles zu lernen, was im oeconomischen Fach nützlich seyn kann ... Auf die Behandlung von Weiden und Wiesen mußt Du vorzüglich aufmerksam seyn, da hierin bei Uns noch manches zu verbessern wäre. Überhaupt bitte ich Dich, recht fleißig und lernbegierig zu seyn, damit Du... doch von allem Bescheid weißt.« Daß es der Vater ist, der mit seinem Ältesten korrespondiert, nachdem die mütterliche Erziehung in der Kindheit vorüber ist, entspricht wieder dem traditionellen Rollenmuster. Aber nicht anders hätte es die pragmatische Mutter formuliert. Vom Standesbewußtsein allein konnte die nächste Generation in einer veränderten Zeit weder satt werden noch den angestammten Platz der Familie innerhalb der Gesellschaft behaupten. Der Adel, so die Botschaft der Eltern an ihre Söhne, mußte die gute alte Zeit hochhalten und zugleich dem Neuen zugewandt und fleißig sein.

Der Brief, den der Vater 1820 an seine Tochter nach Bökendorf schreibt, schließt liebevoll und in einem vertrauten Ton: »Nun lebe wohl liebe Nette! Grüsse die lieben Großältern, wie auch alle übrige Anwesende ONCLES und Tanten recht vielmals. Mache, so viel du kannst, daß die Groß Mutter dich bald herbringt. Dich umarmt und segnet von ganzem Herzen Dein dich liebender Vater.« Die Zuneigung beruhte auf Gegenseitigkeit.

Es gab eine doppelte Verführung für die Tochter, den Vater ohne Ecken und Kanten zu sehen und dieses geglättete Bild in der Erinnerung zu bewahren. Einmal, weil er als reglementierende Autorität im kindlichen Alltag fast gar nicht auftauchte. Und zweitens, weil die Mutter, der diese Aufgabe vollständig vom Vater überlassen wurde und die damit automatisch kindliche Frustrationen und Enttäuschungen auf sich zog, zweifellos der aktivere und widersprüchlichere Partner war. Verwirrend für ein sensibles Kind, dem solche Gegensätze zwar willkommenen Stoff für seine wilde Phantasie boten, das sich aber gerade deshalb nach einem ruhenden Pol sehnte.

»Strenge« heißt das Etikett, das die erwachsene Tochter ihrer Mutter in Briefen an die vertraute Elise Rüdiger anheftet – *meine Mutter, die doch sonst sehr streng ist*. Auch in Gesprächen mit dem engsten Vertrauten ihres Lebens, Levin Schücking, ist davon die Rede. Beide kannten Therese von Droste-Hülshoff persönlich. Elise Rüdiger war in ihren journalistischen Beiträgen nach dem Tod von Annette von Droste-Hülshoff darauf bedacht, das Andenken an ihre Dichter-Freundin wachzuhalten, ohne intime Kenntnisse preiszugeben. Ihr Zeugnis in diesem Punkt zählt doppelt, während Levin Schücking den Wahrheitskern seines Urteils wahrscheinlich mit einigem Groll verstärkt hat. Er kannte das Mißtrauen, das die Mutter gegenüber dem Freund der Tochter stets im Herzen trug.

»Ihre Erziehung wurde mit Strenge und Gründlichkeit geleitet«, schreibt Elise Rüdiger über die Droste. Levin Schücking urteilt über den Einfluß der Mutter: »Die im Ganzen mehr strenge als milde Erziehung hat einen doppelten Einfluß auf Annette von Droste ausgeübt, einen wohltätigen zuerst, und dann einen nachtheiligen.« Sie sei eine »zu sehr die sich früh entwickelnde, ganz außergewöhnliche innere Lebendigkeit des Kindes fesselnde und zügelnde« gewesen. Schücking gibt Kostproben jener Lebendigkeit, die im Rückblick einen Hauch von Genie erhalten. Daß die im Trubel des Alltags geforderte Mutter nicht in solchen Dimensionen dachte, sondern eher daran, daß ihre Tochter etwas »überschnappe«, spricht nicht unbedingt gegen sie: »Jene Lebhaftigkeit war so groß, daß die kleine Annette, wenn sie irgend ein Buch vor sich, oder wenn sie irgend ein Bild in den Händen hatte, in dessen Anblick sie sich versenkte, in die höchste Bewegung gerathen, Selbstgespräche beginnen, und, die Welt um sich her vergessend, wie eine Verzückte alle Symptome der unglaublichsten Aufregung an den Tag legen konnte.« Die Phantasie des Kindes brauchte nur den kleinsten Anlaß, um daraus in Windeseile eine eigene, fremde Welt zu schaffen und sich dort wie zu Hause zu fühlen.

Wenn Therese von Droste-Hülshoff neben den Freiheiten der frühen Kinderzeit mit den Jahren mehr Strenge walten ließ, so geschah das in voller Übereinstimmung mit den Erziehungsmethoden ihres Vorbildes Bernard Overberg. Zu dem Thema »Strenge und Ernsthaftigkeit« schreibt er: »Weit sei von Euch der Fehler mancher Eltern, die sich durch die Liebe blenden und zu einer sträflichen Nachsicht verführen lassen, die ihre Kinder durch übertriebene Gelindigkeit, durch immerwährendes Liebkosen verderben.« Und weil Hochmut eine Todsünde ist, warnt der Theologe: »Lobet kein Kind seiner vorzüglichen Fähigkeiten wegen.« Das ist hart. Hat sich Therese von Droste-Hülshoff wirklich konsequent daran gehalten?

Die beiden Kronzeugen Elise Rüdiger und Levin Schücking werfen es ihr vor und zwar vor allem in bezug auf das Talent, das sich bei der siebenjährigen Annette von Droste-Hülshoff im Sommer 1804 zu Wort meldet. Damit sind wir bei dem »ersten Gedicht«, das die Droste als Kind euphorisch hoch oben im Turm unter dem Dach versteckt hat und als Erwachsene in einem Gedicht in der allerersten Fassung so erinnert:

In Goldpapier geschlagen
Mein allererst Gedicht;
Mein Lied vom Hühnchen, was ich
So still gemacht, bey Seit',
Mich so geschämt, und das ich
Der Ewigkeit geweiht.

Das war im August 1804. Wir kennen es samt dem Entstehungsdatum nur, weil die Mutter dieses erste Werk ihrer Tochter in einem Heft festgehalten – und vielleicht auch ein wenig Hilfestellung geleistet hat:

Komm Liebes Hähnchen komm heran
und friß aus meinen Händen.
Nun komm du Lieber kleiner Mann
daß sie's dir nicht entwenden.

Im Oktober folgt zum Namenstag der Mutter das nächste Gedichtchen – mit einer verblüffenden, aus Kindersicht einleuchtenden Logik:

O liebe mama ich wünsche dir
für deine guten Gaben
das jedes Jahr dir fließe hin
ohne eine einzige Plage,
bis endlich dich das Alter erreicht,
nur meine, nicht deine Freude weicht,
weil du dich nicht wie ich der jugend kannst erfreun
und nicht wie ich kannst fröhlich sein.

Das Heft der Mutter füllte sich bis 1808 mit rund 20 Kindergedichten ihrer Tochter Annette.

Mehreres ist daran erstaunlich. Zum einen ist die Zweitälteste keineswegs die einzige unter den Geschwistern, die Reime schmiedet. Im Oktober 1804 schreibt Jenny in ihr Tagebuch: »15. ist Mama ihr Namenstag ... Wir haben jeder einen Vers gemacht.« Qualitative Unterschiede zum »Hähnchen«-Gedicht sind schwer denkbar. Doch die Mutter hält nur Annettes Produkte für aufbewahrenswürdig. Und sie hat sie keineswegs für die Schublade aufgeschrieben, sondern als Gedächtnisstütze, um die Verse der Tochter unter ihren zahlreichen Brüdern und Schwestern zu verbreiten. Der kleinen Dichterin konnte nicht verborgen bleiben, daß sie zum bewunderten Gesprächsstoff wurde und die Mutter stolz auf sie war.

Wir müssen dies im Hinterkopf behalten, wenn wir das Jahrzehnte später gefällte Urteil von Levin Schücking hören: »Wenn die Handarbeit geleistet, die aufgegebene Zahl der Maschen gestrickt, das ›Pensum‹ in der Lehrstunde schon vor dem Ende der Stunde abgeliefert war, so nahm das kleine Fräulein die Schiefertafel und kritzelte ihre Gedichtlein darauf, trotz allen Mangels an Anerkennung, die ihr dafür zu Theil wurde, die Mutter versagte diese stets recht gründlich, um keine Eitelkeit in dem lebhaften Kind aufkommen zu lassen.« So rigoros wie hier geschildert, hielt sich Therese von Droste-Hülshoff offensichtlich nicht an die Gebote pädagogischer Strenge. Bei der Verbreitung der Gedichte nahm sie in Kauf, daß der mütterliche Stolz zum Einfallstor ähnlicher Gefühle bei der Tochter wurde.

Einer, dem die Mutter besonders gern mit diesem Talent imponierte, war ihr Lieblingsbruder Werner, ein vielseitig begabter junger Mann, der sich in Literatur und Sprachen auskannte. Werner von Haxthausen studierte von 1799 bis 1801 in Münster, in der Hauptsache Jura, – anschließend ging es nach Prag – und nahm in seiner freien Zeit oft den Weg nach Hülshoff. Therese von Droste-Hülshoff legte großen Wert auf sein Urteil. Im Dezember 1804 schreibt Ferdinandine von Haxthausen nach einem langen Besuch auf Hülshoff an ihre Schwester Therese über den Bruder Werner: »Du glaubst nicht, wie sehr dem guten Jungen noch alles in Hülshoff und Münster am Herzen liegt, von euch allen mußte ich ihm erzählen, und da ich ihn mit Annettens Dichter GENIE bekannt machte, konnte er nicht aufhören von dem auserordentlichen kleinen Mädchen zu sprechen, und grade zu erklären, daß eine zweyte

SAPHO in dem Mädchen keimte, und daß man noch *kein ähnliches Beispiel* auch von den *größten Dichtern hätte.*« Schon im Januar 1805 kommt Werner von Haxthausen wieder für drei Monate nach Münster. Ob er seine Nichte – wie behauptet – in die französische Sprache eingeführt hat, ist möglich, aber nicht nachweisbar. Er selbst hat sich in Münster nebenher mit Hebräisch, Französisch, Italienisch und Spanisch beschäftigt und ging 1806 nach Paris, weil dort die besten Experten für orientalische Sprachen saßen. Seiner Schwester Therese rät er, die neuen romantischen Schriftsteller zu lesen.

Werner von Haxthausen knüpft auch einen Faden zwischen Hülshoff und der »familia sacra« in Münster. Seine Mutter – die Bökendorfer Großmutter der Droste-Kinder – war in religiösem Gleichklang mit der treibenden Kraft dieses über die Landesgrenzen hinaus berühmten wie belächelten Zirkels befreundet, der Fürstin Amalia von Gallitzin. Zu diesem Kreis, der sich die religiöse Erneuerung aus dem Geist eines gemütvoll-konservativen Katholizismus zum Ziel gesetzt hatte, zählte als Seelenfreund der Fürstin der Domherr und bis zu seiner Absetzung 1780 reformfreudige geistliche Minister Franz Friedrich von Fürstenberg. Hinzu kam der norddeutsche Schriftsteller und ehemals Eutiner Hofbeamte Friedrich Leopold Graf zu Stolberg, der zu Pfingsten 1800 mit seiner zweiten Frau und elf seiner zwölf Kinder in der Münsteraner Hauskapelle der Fürstin Gallitzin vom lutherischen Glauben zum Katholizismus übertrat. Die Konversion erregte skandalöses Aufsehen in ganz Deutschland. Einige mit Stolberg befreundete aufgeklärte Schriftstellerkollegen distanzierten sich danach heftig von ihm.

Auf dem Haxthausenschen Bökerhof dagegen reagierte man mit großer Sympathie und über den Kontakt zur Fürstin wurde Werner von Haxthausen während seiner Münsteraner Studienjahre in der Familie Stolberg aufgenommen. Der Graf war nach seiner Konversion auf ein Gut bei Münster gezogen, um der »familia sacra« möglichst nahe zu sein. Dort begann er auf Anregung Fürstenbergs, eine vielbändige »Geschichte der Religion Jesu Christi« zu schreiben, die gezielt für potentielle Konvertiten gedacht war.

Amalia von Gallitzin, 1748 geboren, am Berliner Hof aufgewachsen, 1768 mit einem russischen Diplomaten in den Niederlanden verheiratet, war eine interessante Frau, in der sich schwärmerische Religiosität mit Eigenwilligkeit, Selbstbewußtsein und nie erlahmender Wißbegier mischte. Von der Fürstenbergschen Bildungsreform im Fürstbistum Münster angelockt, hatte sich die Fürstin 1779 in Münster umgesehen, auf der Suche nach der idealen Erziehung für ihre Kinder. Sie blieb, von ihrem Mann getrennt, bezog ein Haus in der Grünen Gasse und bildete den »Kreis von Münster« um sich: le cercle de Munster, denn ihr, wie dem Domherrn Fürstenberg, war die französische Sprache die geläufigste. Der 20 Jahre ältere adlige Verehrer schrieb ihr rund 1900 Briefe. Da hatten sich zwei getroffen und gefunden, die – von den Erwartungen an eine neue Zeit enttäuscht – sich zunehmend wieder dem Alten zuwandten.

Die katholische Umgebung bleibt bei der Fürstin, die über ihren Ehemann in persönlichem Kontakt zu den führenden französischen Aufklärern gestanden hatte, nicht ohne Wirkung. 1786 konvertiert Amalia von Gallitzin zum Katholizismus. Das Glaubensbekenntnis nimmt ihr Bernard Overberg ab, der ihr Beichtvater wird und ab 1789 für einige Jahre in ihrem Haushalt lebt. Daß Gnade »im Grunde ja Wärme, Belohnung, Zuckerbrod« ist und der liebe Gott ihr »seelchen«, wäre dem beliebten Priester und Pädagogen nicht in die Feder geflossen. Aber seine unverschnörkelten Glaubensvorstellungen, die einen mittleren Pfad zum Himmel wiesen, mögen einer unruhig-extremen Seele wie Balsam erschienen sein. Daß die Fürstin sich nun demonstrativ mit aller Macht und viel »inniger Rührung« auf den neuen Glauben warf, forderte den mit seinem Spott nie geizenden münsterischen Domherrn Ferdinand August Graf Spiegel zu einem Kommentar heraus. Der Fürstin sei die Menge der Andachtsbücher, die sie persönlich tragen könne, nicht genug. Ihr Diener, so Spiegel, »trägt eine ganze Ladung nach, wirft solche auf der Kommunikantenbank bei den Kapuzinern ab, und die Heldin verweilet mehrere Stunden kniend an diesem Orte – daß sie noch die Gnade der himmlischen Erscheinungen genießen wird, daran ist wohl nicht zu zweifeln«.

Gegen solche Häme konnte die Betroffene ihre weitläufigen Beziehung ins Feld führen. Matthias Claudius, der Dichter in Wandsbek, der hoch verehrte Friedrich Gottlieb Klopstock, ein enger Freund Stolbergs seit dessen Jugendjahren, der Philosoph Friedrich Heinrich Jacobi in Düsseldorf korrespondierten mit der gebildeten, anregenden und durchaus unkonventionellen Frau in Münster und anderen Mitgliedern der »familia sacra«. Eine Bildungsreise mit großem Gefolge, ihre Kinder und Fürstenberg inbegriffen, führte Amalia von Gallitzin 1785 über Kassel, Jena, Dresden, Leipzig und Wörlitz nach Weimar, wo Goethe den ungewöhnlichen Gast empfing. Briefe gingen anschließend hin und her zwischen der erfüllten Christin und dem jeder religiösen Festlegung abholden Freigeist. Auf der Rückreise vom Französischen Feldzug machte Goethe einige Tage in Münster Station bei der Fürstin. Auf der Weiterfahrt nach Weimar, wohl versehen mit viel Pumpernickel, geben ihm Amalia von Gallitzin und Bernard Overberg bis Warendorf in der Kutsche das Geleit. Die Themen und Diskussionen im »Kreis von Münster« gingen über das durchschnittliche geistige Niveau der Bischofsstadt hinaus. Beim Münsterländer Adel und angehenden Theologen wurden die Fürstin und ihre Freunde meinungsbildend.

Als Familiengast im Hause des Grafen Stolberg hatte Werner von Haxthausen beste Beziehungen zur »familia sacra« und wird bei seinen Besuchen auf Hülshoff viel darüber erzählt haben. Trotzdem reihte sich Therese von Droste-Hülshoff nicht unter die zahlreichen Bewunderer der Amalia von Gallitzin. Im Oktober 1802 vertraute sie ihrer Schwester Dorothea von Wolff-Metternich an: »Mit der Gräfin kann ich nicht recht fertig werden ... ich glaube, wir würden nie gute Freunde.« Aber selbstverständlich hatte sie keinerlei Einwände, als ihr Bruder die Stolberg-Söhne, mit denen er sich angefreundet hatte, zu Ferien auf die Burg einlud.

Was die eher nüchterne Freifrau störte, war das »Blumenreiche« in jedweder religiösen Praxis. Die Glaubenstränen der Amalia von Gallitzin blieben ihr suspekt. Sein Inneres nach außen zu kehren verstieß für die Mutter der Droste gegen die adligen Sitten. Das Auftreten einer Standesgenossin, die freimütig und öffentlich das traditionelle Rollenbild als Frau und als Adlige mißachtete, konnte Therese von Droste-Hülshoff nicht gutheißen. Aber der »Kreis von Münster« war berühmt und Stolberg ein großer Name. Am 1. Juli 1805 kam die Fürstin zusammen mit Bernard Overberg nach Hülshoff, drei Tage später machte die Familie von Droste-Hülshoff in Münster in der Grünen Gasse ihren Gegenbesuch. Im Jahr darauf ist Amalia von Gallitzin gestorben. Ebenfalls 1806 hatte sich erstmals die gesamte Familie des Grafen Stolberg im Juli zu einem zweitägigen Besuch auf der Burg angemeldet. Die nach außen so selbstsicher auftretende Therese von Droste-Hülshoff gesteht ihrer Schwester Dorothea einen Tag vor deren Ankunft: »... im Grunde fürchte ich mich ein bischen dafür ...«

Späte Kindheit:
Im Zeichen der Mutter und einer bewegten Zeit

Die standesbewußte Herrin auf Burg Hülshoff war offen gewesen für eine moderne frühkindliche Erziehung und ließ ab April 1807 ihre beiden Töchter zusammen mit den zwei Söhnen durch einen Privatlehrer unterrichten. Von »überschnappen« der Zweitältesten war nun nicht mehr die Rede. Die zehnjährige Annette von Droste-Hülshoff saß mit Jenny im gemütlichen Bibliothekszimmer von Hülshoff – die Mutter als Zuhörerin im Hintergrund – und erhielt vom Hofmeister und Priester Bernard Wenzelo den gleichen Unterricht wie ihre zwei Brüder. Solche Koedukation war beim münsterländischen Adel keineswegs die Regel.

Elise Rüdiger hat dies hervorgehoben – »ihre Erziehung ward sehr sorgfältig geleitet, besonders erhielt dieselbe eine bei der weiblichen Bildung ungewöhnliche Grundlage an positivem Wissen...« – und ebenso Levin Schücking: »Der Unterricht, den das junge Mädchen erhielt, war ein ziemlich gründlich wissenschaftlicher. Sie nahm nämlich an den Lehrstunden Theil, welche ihre Brüder von ihrem Hauslehrer erhielten, auch im Lateinischen und in der Mathematik.« Annette von Droste-Hülshoff hat sechs, sieben Jahre später die Hälfte der Eklogen des Vergil aus dem Lateinischen in deutsche Verse übertragen, als Erwachsene mit großem Vergnügen Cicero im Original gelesen, und lateinische theologische Bücher zählten zu ihren Favoriten. Daß sie passabel Französisch lesen und schreiben konnte, gehörte dagegen zum adligen Bildungskanon für das weibliche Geschlecht.

Griechischkenntnisse besaß die Droste nicht, weil Hofmeister Wenzelo diese Sprache nicht kannte und nur ein paar Brocken von Werner von Haxthausen gelernt hatte. Der Onkel war bemüht, seinen Hülshoffer Nichten und Neffen wenigstens eine Ahnung der alten Sprache zu vermitteln. Annette von Droste-Hülshoff erinnerte sich 1846 an ein Buchgeschenk: *Das Buch hieß »TEMPE« – eine sehr schöne Auswahl von Weihgedichten, Distychen lauter kleines Volk. – alle aus dem Griechischen – zwey dicke OCTAV-*

bände, – Verfasser QUASIANONYM, *d. h. mit zwey Buchstaben bezeichnet. – Mein Onkel Werner hat es, in meinen Kinderjahren, in die Hülshofer Bibliothek gestiftet – ich las es damals, und merkte doch schon daß es schön sey.*

Die Leselust des Kindes war groß, und es las nicht nur, was in offenen Schränken stand. Schwester Jenny schrieb im Rückblick: »Ihre erste Lektüre waren die damals gewöhnlichen Kinderschriften, Robinson Crusoe, die Entdeckung von Amerika, der Kinderfreund, doch nicht der von Campe. Uebrigens hatte sie nun solche Leselust, daß sie jedes Buch dessen sie habhaft werden konnte wohl wird gelesen haben, obwohl dies streng verboten war; und so kann ihr auch viel unpassendes und schädliches vorgekommen sein.« Der Schwester war sicher bekannt, daß Annette heimlich den verschlossenen Schrank mit der verbotenen Lektüre öffnete, um ihre Neugierde zu stillen. Dergleichen wäre Jenny, der stets freundlichen, angepaßten Älteren, nicht in den Sinn gekommen.

Für den naturgeschichtlichen Unterricht stand in der Bibliothek von Hülshoff auch den beiden Mädchen ein neues Werk der jungen Kinderliteratur zur Verfügung – der »Bertuch«. Die Idee zur ersten Enzyklopädie für Kinder, die in monatlichen Fortsetzungsheften mit viersprachigen Erklärungen erschien und den Reichtum der Natur in mikroskopisch genauen Kupferstichen spiegelte, hatte der Weimarer Verleger Friedrich Justin Bertuch. Nach Karrieren als Hauslehrer, Diplomat und Schriftsteller beschloß der Unternehmungslustige, mit Zeitschriften und Büchern Wissen für die wachsende Schicht der Bildungsbürger zu produzieren. Der »Allerweltskerl von Weimar«, wie Goethe ihn titulierte, gab unter anderem das gern gekaufte »Journal des Luxus und der Moden« heraus und ab 1791 das »Bilderbuch für Kinder«, eben den »Bertuch«, den man auch in gebundener Form kaufen konnte. Die 2. Ausgabe ab 1796 stand in Hülshoff. Sie brachte es auf zehn Bildbände plus zwölf wissenschaftliche Kommentarbände, die außer der Natur Archäologie, Mythen und Geschichte aufbereitete. Das Vorwort versprach: »... eine angenehmen Sammlung von Thieren, Pflanzen, Blumen, Früchten, Mineralien, Trachten und allerhand unterrichtenden Gegenständen aus dem Reiche der Natur, der Künste und Wissenschaften; alles nach den besten Originalen gewählt, gestochen und mit einer kurzen wissenschaftlichen, und den Verstandes-Kräften eines Kindes angemessenen Erklärung begleitet.«

Das »Bilderbuch für Kinder« ist ein Produkt der Aufklärung, durchdrungen von der Neugier auf die natürlichen, vernünftigen Gesetze, die die Welt zusammenhalten, und einem optimistischen Glauben an die Kraft des Wissens. Die Natur ist überschaubar bis in ihre kleinsten Verästelungen. Das Intime, die Wasserfäden wie die Schneeflocken, werden mit Vorliebe dargestellt. Im Kontrast dazu erscheinen Kometen, Nordlichter, Vulkanausbrüche und Elektrizität: eine geheimnisvolle Terra incognita, die es noch zu erforschen gilt. Es ist nicht verwegen zu behaupten, daß der »Bertuch« die Droste unendlich faszinieren mußte und ihr naturgeschichtliche Grundkenntnisse fürs Leben vermittelt hat. Er bot ihrer Phantasie immer neuen Stoff und ließ ihre Liebe zu Gräsern und Bäumen, Vögeln und Steinen noch fester werden. Vielleicht haben diese Bände in der väterlichen Bibliothek ihren Blick für den Mikrokosmos der Natur, der in vielen Gedichten verwandelt, aber präzise beobachtet, wiederkehrt, beeinflußt und geschärft. »Das öde Haus« entstand 1843:

...

Ich horche träumend, wie im Spalt
Die schwarzen Fliegen taumelnd summen,
Wie Seufzer streifen durch den Wald,
Am Strauche irre Käfer brummen;
Wenn sich die Abendröte drängt
An sickernden Geschiefers Lauge,
Dann ist's als ob ein trübes Auge,
Ein rotgeweintes drüber hängt.

Wo an zerrißner Laube Joch
Die langen magern Schossen streichen,
An wildverwachs'ner Hecke noch
Im Moose Nelkensprossen schleichen,
Dort hat vom tröpfelnden Gestein

> *Das dunkle Naß sich durchgesogen,*
> *Kreucht um den Buchs in trägen Bogen,*
> *Und sinkt am Fenchelstrauche ein.*
>
> ...

Der Blick in die Chronik über Wochen und Monate zeigt, daß trotz neuem Unterrichtsstoff den Kindern Ausgleich für die geistige Arbeit geboten wird. »Tanz« heißt ein Stichwort im Tagebuch der Schwester. Auch Annette ist im Oktober 1806 und im August 1807, zehn Jahre alt, beim gemeinsamen Tanz im Saal von Burg Hülshoff dabei. Im Oktober geht die Familie zu einer Bauernhochzeit, und Schwester Jenny notiert anschließend etwas spitz, daß Annette dort viel mit dem Zeichenlehrer der Kinder getanzt habe. Im Januar 1809 wird das Programm der beiden Schwestern erweitert: »Nette und ich lernen jetzt Klavier spielen.« Mit dem Schlittschuhlaufen hatte die Droste im Winter zuvor begonnen und ist eine ebenso begeisterte Läuferin, wie sie seit ihrem achten Lebensjahr im Sattel sitzt und gerne ausreitet.

Für Annette von Droste-Hülshoff kommt in diesen Jahren eine Beschäftigung hinzu, die sie von nun ab dauerhaft von den Geschwistern unterscheidet. Es ist nicht bei den Gelegenheitsverschen zum Namenstag der Mutter oder anderen Familienfesten geblieben. Dieses Kind macht hartnäckig weiter mit dem Gedichteschreiben, nimmt sich neue Themen vor und übt sich in unterschiedlichen Versformen. Nicht alle Versuche sind sonderlich originell und viele richten sich nach literarischen Vorbildern aus. Aber die fortgesetzten Arbeiten demonstrieren, daß hier jemand etwas gefunden hat, das seinen Ausdrucksmöglichkeiten und -wünschen entspricht. Wenn wir den beiden Zeugen Levin Schücking und Elise Rüdiger trauen sollen, ist der Stolz der Mutter in Zurückhaltung, ja Ablehnung umgeschlagen. Die Freundin schreibt über die dichterischen Anstrengungen dieser Jahre, sie »wurden aber mit Tadel und sogar mit Verboten unterdrückt, weil die Kränklichkeit und Zerstreutheit des Kindes dadurch zuzunehmen schien«.

Das leuchtet teilweise ein, denn im Tagebuch der Jenny von

Droste-Hülshoff beginnen ab Mai 1805 die Eintragungen zum Thema »Erkrankungen«: »Nette konnte nicht mitgehen, weil sie schon seit ein paar Tagen nicht wohl ist.« Im Frühjahr 1806 ist Schwester Annette in ärztlicher Behandlung, zum Herbst gibt es wieder eine leichte Erkrankung. Das Jahr 1807 ist von nennbaren Beschwerden frei. Im Februar und April 1808 wird die Elfjährige wegen »krampfhaftem Kopfweh« behandelt. Das beunruhigt die Mutter, und der Verdacht, dieses Kind, dessen sensible Phantasie offen zu Tage lag, überanstrenge seinen Kopf zu sehr, lag ebenso nahe wie ein vorübergehendes Verbot dichterischer Kopfarbeit.

Trotzdem aber ist Vorsicht gegenüber dem radikalen Urteil der Rüdiger geboten. Kann die Unterdrückung des dichterischen Talentes so rigoros gewesen sein, wenn sich allein von den drei für 1807 überlieferten Gedichten zwei aufgrund der mütterlichen Notizen erhalten haben? Das Verhalten der Mutter gegenüber dem Talent ihrer Tochter war widersprüchlich und keineswegs konsequent. Und die Tochter hat sich – wie groß oder gering der Druck auch gewesen sein mag – nicht vom Dichten abbringen lassen. In mehreren Alben der Verwandtschaft ist ein Gedicht der Droste vom April 1808 eingetragen, dessen Thematik in der literarischen Szene populär war:

> *Ich denke dein im trauten Kreis der Freunde*
> *Ich denke dein in den Gewühl der Schlacht*
> *Ich denke dein beim Neid Gezisch der Feinde*
> *Und wenn die Felsenkluft vom Donner kracht*
>
> *Ich denke dein im finstern Stadt-Gewühle*
> *Und in dem Tal wo nur der Hirte pfeift*
> *Ich denke dein in Sehnsuchtsvoller Stille*
> *Und auf dem Feld wo schon die Ähre reift*
>
> ...

Im Herbst 1807 hatte die Zehnjährige unter dem Titel »Der Schwermütige« gedichtet:

...

Wenn auf der hellen Heide
Die frohe Lerche steigt
Ach diese Augenweide
Macht auch mein Herz nicht leicht
Dann denk ich an's entflohne Glück,
Es wich' wie sie so schnell zurück.

...

So macht mir alles Kummer
Das Beste wird zur Qual
Und selbst im tiefsten Schlummer
Verfolgt's mich überall,
O böse Mördrin meiner Ruh!
Melancholie wenn weichest du?

Die heranwachsende Annette von Droste-Hülshoff lebte auf Hülshoff nicht im Elfenbeinturm, und die Welt kam nicht nur durch Bücher und Lehrer auf die Burg. Werner von Haxthausen, der Bruder der Mutter, war an Literatur interessiert wie an der großen Politik, in die er bald aktiv verwickelt werden sollte. Im Frühjahr 1807 und 1808 ist er längere Zeit auf Hülshoff, und beim Mittagstisch wie am Nachmittag beim Tee im Gartensaal wurden die politischen Katastrophen und kriegerischen Ereignisse in Anwesenheit der Kinder nicht ausgeblendet. Sie trafen die adlige Familie auf unterschiedliche Weise und bis ins Mark.

Im Oktober 1808 entwirft Annette von Droste-Hülshoff das »Lied eines Soldaten in der Ferne«:

...

Jetzt wo im wilden Zeitengetümmel,
Kriege auf Kriege und Schlachten sich häufen,
Gerne jetzt kehrt ich zur Heimat, der Trauten
Gerne jetzt kehrt ich zum Vater zurück.

Aber die Pflicht ist's des krieg'rischen Lebens,
Immer zu bleiben im offenen Felde,
Siegend zu leben in siegender Hoffnung,
siegend zu leben und siegend zu sterben.

...

Im Herbst 1809 dichtet die Zwölfjährige wieder vom Soldatenleben, von Siegen ist nicht mehr die Rede:

Freundlicher Morgen der jedes der Herzen
Mild mit Entzücken und Heiterkeit füllt
Soll ich der Einzige sein, der mit Schmerzen
Jetzt in der Stunde der Fröhlichkeit ringt?

...

Allzeit erblick ich das Bild meines Vaters
Wie er beim Abschied die Hände mir drückt
Möchte zur Heimat einst wirklich ich gehen
Vater! ach Vater! wie wär ich entzückt.

Aber verloren ist Hoffnung und Freude
Fern vom Vaterland hab ich nicht Rast
Schwermutsvoll leb' ich in Kummer und Schmerzen
Bis ein kühlendes Grab mich umfaßt.

Diesmal ging es nicht um dichterische Phantasie, die Vorlage war traurige, blutige Wirklichkeit. Im Oktober 1809 hat Sophie von Haxthausen, die Tante der jungen Dichterin, das Gedicht in ihr Album eingetragen und darüber gesetzt: »Meinem Geliebten Bruder F W: H einige Tage nach seiner Abreise nach Spanien gedichtet von Antonie D.« Auf Hülshoff notiert Jenny von Droste-Hülshoff im gleichen Monat den Tod ihres Onkels Friedrich Wilhelm von Haxthausen, der als Soldat im fernen Spanien im Kampf für die napoleonische Seite den Tod fand. Ein Jahr zuvor war der Bruder und Onkel Gast auf Hülshoff gewesen.

Es ist an der Zeit, den Scheinwerfer auf die deutsche und die europäische Bühne zu richten und die ungeheuren politischen Turbulenzen wahrzunehmen, die die Kindheit der Annette von Droste-Hülshoff begleitet haben und in wenigen Jahren Europa gründlich veränderten. Wie weit waren das Münsterland und die Menschen auf Hülshoff davon berührt?

Im Januar 1797, als Annette von Droste-Hülshoff geboren wurde, hatte das »Münsterische gemeinnützliche Wochenblatt« das neue Jahr mit einem Gedicht begrüßt, dem es an Dramatik nicht fehlte: »Noch schallet die Kriegesdromete fort; / Herrscht gedungener Tod und sein Verderben! ... Europa zittert! / Und Deutschland blutet! ...« Das war nicht übertrieben. Und dafür stand ein Mann, der seit Monaten seinen Soldaten voran von Sieg zu Sieg eilte und fest entschlossen war, sich den gesamten Kontinent zu unterwerfen, ihn zu zerschlagen und Europa nach seinen Vorstellungen neu zu ordnen. Im Dezember 1797 meldete das »Münsterische Intelligenzblatt«, die Gesandtschaften der europäischen Mächte seien auf dem Weg zum großen Kongreß in Rastatt, »wo am 25. 11. Obergeneral Buonaparte in einem Wagen mit 8 Pferden eingetroffen ist und im Schloß abgestiegen«.

Seit die französische Revolutionsarmee in den neunziger Jahren siegreich die Grenze in Richtung Osten überschritten hatte, hatte sich Frankreich alle fremden Besitzungen links des Rheines einverleibt und war entschlossen, sie nicht wieder herzugeben. In Trier, Koblenz und Mainz, in Köln, Kleve und Aachen standen für ewig die Freiheitsbäume auf den Marktplätzen. Auch die Erben der Französischen Revolution scherten sich nicht um traditionelle Rechtsordnungen und Grenzziehungen. Das fast ein Jahrtausend alte Heilige Römische Reich deutscher Nation, dem auch die linksrheinischen Herrscher und Gebiete angehörten – ein blutleeres Gespenst aus der historischen Mottenkiste. Das System von eigenständigen geistlichen Fürstentümern, die von Bischöfen als den weltlichen Herren regiert wurden – ein Hindernis auf dem Weg zu Wohlstand und Fortschritt. Die traditionsreichen Klöster und Abteien, Zentren europäischer Kultur- und Geistesgeschichte – ein Skandal für jeden aufgeklärten Menschen.

Rechtsfragen sind Machtfragen. Auf dem Kongreß zu Rastatt

beugten sich im Frühjahr 1798 die Vertreter des deutschen Reiches dem Diktat des siegreichen Generals aus Korsika: Alle linksrheinischen Gebiete sollten endgültig an Frankreich abgetreten und die bisher dort regierenden Herrschaften durch Ländereien rechts des Rheins entschädigt werden – Ländereien, die seit Jahrhunderten im Besitz der Kirche waren. Im Rahmen dieser Neuordnung sollten sämtliche geistliche Staaten, rechts- wie linksrheinisch, durch einen Federstrich säkularisiert werden und in den Besitz weltlicher Staaten übergehen.

Betroffen war auch das Fürstbistum Münster mit seinem bischöflichen Herrn. Gerüchte gingen um, es solle Preußen, ausgerechnet diesem stockprotestantischen Staat, zugeschlagen werden. Die adlige und geistliche Führungsschicht des Landes versuchte, das katholische Österreich auf seine Verantwortung für das Fürstbistum festzulegen. Der Domherr Burchard Paul von Merveldt, Münsters Gesandter beim Rastatter Kongreß, schrieb jedoch ernüchtert an seinen Kollegen Fürstenberg daheim: »Die geistlichen Staaten im deutschen Reich sind gegen den Geist der Zeit und werden nicht überdauern.«

Dem Diktat von Rastatt folgte ein kurzes, vergebliches Aufbäumen von Österreich, dessen Habsburgisches Herrscherhaus seit fast 500 Jahren die Kaiserkrone des Heiligen Römischen Reiches deutscher Nation trug. Das Reich war nicht nur ein Mythos, sondern eine Institution, die selbst den Dreißigjährigen Krieg überlebt hatte. Seine Mitglieder in den einzelnen deutschen Ländern hatten als mehr oder minder aufgeklärte Fürsten keinen Anlaß zu Bastille-Erstürmungen gegeben. Doch das war gestern. Heute führte die Arroganz der europäischen Adelswelt gegenüber dem kleinen General mit seiner ihm bedingungslos ergebenen Armee von einer militärischen Niederlage in die nächste. Im Jahre 1803 bekam das Alte Reich von seinen eigenen Mitgliedern den legalen Todesstoß versetzt. Der Reichstag in Regensburg und der Kaiser in Wien ratifizierten mit dem sogenannten Reichsdeputationshauptschluß Gesetze, durch die alle geistlichen Fürstentümer im deutschen Reich – vier Erzbistümer und achtzehn Bistümer – aufgelöst und bestehenden Ländern einverleibt wurden. Damit kam die Mehrheit der drei Millionen katholischen Untertanen, die bisher unter dem bischöflichen Krummmstab gelebt hatten, unter eine weltliche Obrigkeit, die in vielen Fällen auch noch protestantisch war.

Zugleich wurde 1803 den weltlichen Fürsten im Reich die Enteignung und Auflösung aller innerhalb ihrer Landesgrenzen bestehenden Klöster – etwa 400 waren betroffen – freigestellt: »Alle Güter der fundierten Stifter, Abteyen und Klöster ... werden der freyen und vollen Disposition der respectiven Landesherren, sowohl zum Behufe des Aufwandes für den Gottesdienst, Unterrichts- und andere gemeinnützige Anstalten, als zur Erleichterung ihrer Finanzen überlassen ...« Im Gegenzug für die unermeßlichen Werte an kirchlichem Grund und Boden – rund 12 000 Quadratkilometer –, an Immobilien, Bibliotheken und Wertgegenständen haben sich die deutschen Staaten damals auf alle Zeiten verpflichtet, für die Gehälter des geistlichen Personals der katholischen Kirche aufzukommen.

Der päpstliche Protest aus Rom blieb erstaunlich blaß. Dem Stellvertreter Christi paßte die Zerstörung uralter katholischer Institutionen ins machtpolitische Konzept, um die deutsche Kirche mit ihren Forderungen nach mehr Eigenständigkeit und geistlichen Reformen endlich wieder unter das römische Diktat zu zwingen. Im Jahre 1786 hatten die Delegierten der mächtigen Kirchenfürsten von Mainz, Trier, Köln und Salzburg bei einem Treffen in Ems zu Protokoll gegeben, daß der Papst in Glaubensfragen an die Gemeinschaft der Bischöfe gebunden sei und keineswegs die alleinige gesetzgebende Gewalt innerhalb der Kirche habe. Man wollte nicht »los von Rom«, aber für die deutsche Reichskirche im Geist der aufgeklärten neuen Zeit mehr Unabhängigkeit sowohl von Rom wie von den weltlichen Fürsten gewinnen. Die »Emser Punktation« machte sich auch stark für eine bessere Pfarrerausbildung und Seelsorge. Der Prunk in den Gottesdiensten müsse reduziert und die Liturgie, die alle anwesenden Gläubigen von der Mitfeier ausschloß und allein auf den Priester konzentriert war, reformiert werden. Auch eine Reform der Klöster forderten die Bischöfe.

Innerhalb der Kirche hatte sich eine Aufbruchstimmung Bahn gebrochen, auch wenn sie nur eine Minderheit betraf. Diese katholische Minderheit identifizierte sich mit der Botschaft des verehrten und gefürchteten Immanuel Kant im protestantischen Königsberg: »Habe Mut, dich deines Verstandes zu bedienen, ist also der Wahlspruch der Aufklärung.« Die kritischen Katholiken sahen in den von der Säkularisation aufgezwungenen Änderungen, vor allem der Entflechtung von geistlicher und weltlicher Gewalt, die Chance für einen innerkirchlichen Modernisierungsschub. Die Säkularisation würde die teils angestrebten, teils schon begonnenen Reformen weitertreiben und den innerkirchlichen Bremsern den Boden entziehen.

Am 3. August 1802, morgens um halb zehn Uhr, war das Fürstbistum Münster nur noch Geschichte. Preußische Truppen unter General Blücher marschierten in die Hauptstadt des Münsterlandes ein. Preußen trat offiziell im westlichen Teil des durch die Säkularisation aufgelösten Fürstbistums Münster die Nachfolge an. Es mußte die formelle Zustimmung von Kaiser und Reichstag im folgenden Jahr nicht abwarten. Mit dem Tag des Einmarsches verloren die Domherren alle Regierungsgewalt über das Fürstbistum, und die münsterischen Ratsherren erklärten gegenüber den neuen Herren, daß sie »den allerhöchsten Befehlen Seiner Königlichen Majestät alleruntertänigst sich fügen würden«. General Blücher bezog als Gouverneur der Stadt den Südflügel des bischöflichen Schlosses. Die Stadttore wurden in den preußischen Farben schwarz-weiß gestrichen, und am Rathaus und an der Landespost wurde ein preußischer Adler aufgehängt. Allerdings die kleine Version, und das ist kein Zufall.

Die protestantischen Preußen wissen, mit wie großer Abneigung sie von den katholischen Münsterländern empfangen werden und sind bemüht, ihre neuen Untertanen nicht zu provozieren. Das ist vergebliche Liebesmüh. Zwar bleibt alles ruhig in Stadt und Land. Der Abt des Klosters Liesborn, der sich in den Tagen der Machtübernahme in Münster aufhielt, schreibt in sein Tagebuch: »Alle diese Auftritte geschahen ohne den mindesten Widerstand, aber in vielen Augen standen Tränen ... Es herrschte eine so furchtbare Stille, als ob alles sterben sollte.« Blücher, der nüchterne Haudegen, bringt die Stimmung auf den Punkt: »Die Münsterländer sind gute Leute, aber ein preußisches Herz kriegen sie nie.«

Da mochte der preußische König 1803 anordnen, das ewige Licht in der berühmten Wallfahrtskapelle von Telgte nahe Münster in Zukunft aus preußischer Kasse zu zahlen. Da half es wenig, daß der hochgeachtete Freiherr vom Stein Ende September 1802 in Münster an die Spitze der zivilen preußischen Verwaltung für die geplante Provinz Westfalen berufen wird und sich zum Ziel setzte, »durch Milde, Güte und Achtung für Religion und Eigentum, die Vorurteile bei dem Volke zu zerstreuen«. Es war Steins Idee, 1803 im Schloßgarten einen botanischen Garten für die Öffentlichkeit einzurichten. In der dortigen Kaffeewirtschaft trafen sich mit Vorliebe preußische Offiziere und Beamte. Grund genug für die Einheimischen, das Etablissement lange Zeit zu schneiden: »Do goh wie nich hen, wiel wie do blot Prüßen andrept.«

Johann Hermann Hüffer, der Münsteraner Druckereibesitzer und Verleger, hat in seinen autobiographischen Notizen nach vielen Jahrzehnten preußischer Herrschaft Bilanz gezogen. Zwar sah er im alten Fürstbistum »arge Schattenseiten«, den »Hochmut und die Anmaßung des Adels« eingeschlossen. Zugleich rief er das geruhsame, nicht an Leistung orientierte Leben unter dem Krummstab in Erinnerung: »Im Münsterland beruhte alles auf uraltem Herkommen; es wurde wenig regiert, wenig gefordert, wenig gezahlt«. Diese Welt war mit dem Einmarsch der Preußen untergegangen, und die Ressentiments gegenüber den neuen Herren hatten auch den nüchternen Kaufmann Hüffer fest im Griff: »Der tiefe innere Abscheu der Münsterländer gegen das preußische Joch war nur zu wohl begründet und beruhte in dem schroffsten Gegensatze aller Verhältnisse.«

Drei Wochen nach dem Einmarsch der Preußen schreibt Jenny von Droste-Hülshoff einer Tante, die im Freckenhorster Damenstift lebt, sie befürchte, daß diese aufgrund der geplanten Auflösung von Klöstern und Stiften aus ihrem bisherigen Heim »fortgejagt« werde. Es ist ein versteckter Hinweis auf die aufgewühlten Gespräche, die das Ende der bischöflichen und der Beginn der preußischen Herrschaft auch auf Burg Hülshoff mit sich brachten. Ging es für den stiftsfähigen Adel im Münsterland doch um den Untergang seiner seit Jahrhunderten bestehenden Lebensordnung und seiner unangefochtenen Machtposition. Mit dem Ende der geistlichen Fürstbistümer verlor der Adel seine Ämter bei Hofe und im Domkapitel. Er verlor neben dem Einfluß damit die Einnahmen, die bisher den Lebensstandard aller Familienmitglieder gesichert hatten. Die 1802 direkt betroffenen geistlichen Amtsinhaber erhielten zwar eine Abfindung, für alle folgenden Generationen aber war es mit diesem Anspruch und diesen Einkünften vorbei.

Die Befürchtungen der ältesten Droste-Tochter, die die Ängste der gesamten Familie wiedergegeben hatte, bewahrheiteten sich nicht. Im Gegensatz zum brutalen Vorgehen des katholischen Bayern gegenüber den Klöstern im eigenen Land ging das protestantische Preußen die Säkularisation im Münsterland äußerst behutsam an. Noch im Oktober 1802 wurde eine Kommission damit beauftragt, ein genaues Inventar aller Klöster und ihrer Vermögensverhältnisse anzulegen. Es sollte keine generelle Auflösung geben, sondern in jedem Fall einzeln entschieden werden.

Was mit den adligen Damenstiften geschehen sollte, blieb völlig offen. Auch auf Hülshoff machten sich die adligen Eltern über die Zukunft ihrer Töchter die größten Sorgen. Würden die Stifte aufgelöst, fiel auch für die weibliche Nachkommenschaft die fest eingeplante, einkömmliche und standesgemäße Versorgung fort. Die Familien von Droste-Hülshoff und von Haxthausen hatten seit Generationen familiäre Kontakte zu den westfälischen Stiften in Metelen, Hohenholte, Nottuln und Freckenhorst, die ursprünglich mittelalterliche Frauenklöster waren und später in weltliche Damenstifte umgewandelt wurden. Die Mutter, Therese von Droste-Hülshoff, hatte die Zeit vom 13. bis zu ihrer Eheschließung im 21. Lebensjahr im Freckenhorster Stift bei Warendorf verbracht. Annette von Droste-Hülshoffs Patentante Anna Elisabeth von Droste-Hülshoff war Äbtissin im Stift Metelen nahe Burgsteinfurt im westlichen Münsterland.

In Hohenholte, zwölf Kilometer nordwestlich von Münster, hatte im Jahre 1800 die Aufschwörung für Jenny von Droste-Hülshoff stattgefunden. Mit dem feierlich beschworenen Nachweis von 16 stiftsfähigen Adelsvorfahren wurde die Fünfjährige gegen die einmalige Einzahlung von 800 Talern als zukünftige Stiftsdame aufgenommen. Als junges Mädchen würde sie eine

Wohnung im Stift beziehen – in Hohenholte waren es eigene kleine Häuser –, dort ein ganzes Leben verbringen oder bis zu einer Heirat standesgemäß aufgehoben sein. Mit dem Einkauf in das Stift stand ihr für die gesamte Zeit ihres Aufenthaltes ein fester jährlicher Betrag von mindestens 280 Talern aus den Einkünften des Stiftes – der Verpachtung von Land, Mühlen, Fischteichen – zu. Dafür nahm der Vater Clemens August Droste zu Hülshoff die Unkosten für das Festessen nach der Aufschwörung gerne in Kauf, das sich auf immerhin 74 Taler belief, wovon allein knapp 40 Liter französischen Weins, 12 Flaschen Rheinwein, 4 Flaschen Malaga, 6 Flaschen Champagner und 1 Flasche Likör bezahlt wurden. An Fleisch kamen 1 Gans, 1 Truthenne, 3 Hühner, 2 Kapaunen, 2 Enten, 36 Pfund Rindfleisch und 2 Schinken auf den Tisch. Ferner wurden 140 Eier und 40 Pfund Butter verwendet.

Kaum sind die beiden Schwestern Jenny und Annette ein wenig älter, gehören Ausflüge in die Damenstifte, wo Verwandte und Freundinnen aus den umliegenden Burgen und Herrenhäusern untergebracht sind, zum festen Programm. Das Leben in den Stiften geht nach der Säkularisation erst einmal unverändert weiter. Die Äbtissin von Hohenholte ist eine Liebhaberin des Theaters, und jährlich finden Aufführungen zu ihrem Namenstag statt. Es ist der Hohenholter Organist, bei dem die beiden Schwestern das Klavierspiel lernen. Annettes erste Reise geht im März 1804 zur bis dahin unbekannten Patentante im Stift Metelen. »Mama ist mit mich und mit Annette nach Metelen gewesen«, schreibt Jenny ihrer Großmutter, »die Tante Abdissin hat uns recht viel geschenkt«.

Das Freckenhorster Stift östlich von Münster war geradezu ein Treffpunkt für die Familie von Haxthausen. Im November 1804 steht im Tagebuch von Jenny: »Den 17ten November sind Mama tante Dinett Nette und ich nach Münster und von da nach Frekkenhorst gefahren wir fanden da tante Dorli und Ohm Moritz worüber wir uns recht freuten. den 18ten November blieben wir zu Freckenhorst. den 19ten Now war Nette ihr Namenstag weswegen sie von tante Reck und tante Dorli Schärfen bekommen hat auch ich habe von tante Dorli eine Schärfe bekommen. den 20ten

Novemb haben wir bey der Freylein Schmiesing zu Freckenhorst Kaffee getrunken.« Im Dezember 1806 ist Annette von Droste-Hülshoff dabei, als im Stift Hohenholte eine Freundin feierlich aufgenommen wird und Annettes Vater einer der Zeugen bei der Aufschwörung ist.

Das Leben geht für die Familie und damit für die Kinder seinen gewohnten Gang, so dramatisch auch die politischen Umwälzungen sind. Daß Münster von den Preußen regiert wird, ist kein Grund, nicht in die Stadt zu fahren. Zumal die Kinder in das Alter gekommen sind, wo alle Beteiligten diese Ausfahrten genießen. Die Familie Droste-Hülshoff läßt keinen Send mit seinen Jahrmarktsvergnügungen aus. Mal ist es eine Tagestour, mal bezieht man das Stadthaus für mehrere Tage. Bei den Treffen mit adligen Freunden wird die preußische »Fremdherrschaft« ein beherrschendes Thema gewesen sein. Auch wenn man sich ansonsten nicht mit dem Stadtvolk gemein machte, wurde gewiß die alle Stände umfassende innere Abwehrfront gegen Preußen gelobt und das stolze Sprichwort zitiert, das die Runde machte: »Der münstersche Mops trägt den Kopf hoch.«

Es ist fast ausschließlich die Mutter, die mit den Kindern nach Münster fährt. Gemeinsam gehen sie zum Kaufmann Jansinck, um etwas Besonderes einzukaufen. Die Münsteraner Kaufleute leben davon, daß der ländliche Adel ab und an das Gemüse aus dem eigenen Schloßgarten und die Wurst- und Fleischwaren aus der eigenen Schlachterei mit exotischen Genüssen unterbrechen möchte. Im »Münsterischen Intelligenzblatt« werden »frische holländische Kastanien, frische Malagaische Citronen, beste holl. Tafelkäse und alte ostfries. und alte Eidammer Käse« annonciert, ferner »ganz frischer Kabliau, frische Schellfische und Bückinge«. Auch »frische engl. Austern« finden ihren Weg in die Provinz.

Im Oktober 1804 geht der Freiherr vom Stein zurück nach Berlin, und der Freiherr Ludwig von Vincke aus Minden an der Weser wird in Münster sein Nachfolger. Er ist ein exzellenter Verwaltungsfachmann und mit Feuereifer bemüht, für seine Westfalen das Beste herauszuholen. Der Protestant Vincke sitzt bald beim hohen Klerus wie beim hohen Adel an der Mittagstafel und läßt keinen »Tee dansant« aus, um für Vertrauen in die preußische

Herrschaft zu werben. Doch er weiß, daß die äußeren Höflichkeiten seiner Gastgeber nicht der inneren Seelenlage entsprechen. Drei Tage nach der Schlacht von Jena und Auerstädt trifft am 19. September 1806 in Münster die Nachricht vom Zusammenbruch Preußens und einem weiteren Triumph Napoleons ein. Ludwig von Vincke packt die Koffer und schreibt in sein Tagebuch: »Schrecklich, ewig mir unvergeßlicher Tag! Umgekehrt die Stimmung bei den Münsteranern!«

Es muß eine aufregende Fahrt für die neunjährige Annette von Droste-Hülshoff gewesen sein, als die Familienkutsche am 31. Oktober 1806 zum Besuch des traditionellen Jahrmarkts das Stadttor von Münster passierte. Genau zehn Tage zuvor waren 20 holländische Dragoner als Vorhut der französischen Nordarmee durch das Aegidiitor eingerückt. 4000 Soldaten folgten. Die fröhliche Jahrmarktstimmung entsprach der ausgelassenen Freude, mit der die Befreier vom preußischen Joch von allen Münsteranern begrüßt wurden. Der Magistrat der Stadt bewirtete die Offiziere im vornehmen Gasthof »Zum König von England« am Prinzipalmarkt. Am 26. Oktober war Napoleons Bruder Louis, König von Holland, mit einer prächtigen Illumination in den Straßen gefeiert worden. Im Dom fand am gleichen Tag ein feierliches Tedeum für Kaiser Napoleon statt. Der Adel war bei Bankett und Ball am Abend reichlich vertreten und hatte bei der Huldigungsfeier ohne Zögern den Eid auf den neuen Herrscher abgelegt. Die Einheimischen träumten von einem Königreich Westfalen mit Münster als glänzender Metropole.

Exakt einen Tag nach dem Jubel kam die Konfrontation mit der Realität. Eine Nationalgarde wurde aufgestellt und das französische Polizeisystem eingeführt. Kontributionen wurden erhoben, und nicht zu knapp. Trotzdem blieb die Stimmung positiv, nicht zuletzt, weil der Klerus von den Kanzeln seine Stimme für die Franzosen erhob. Galt doch im Gegensatz zu den protestantischen Preußen: »Dat sin doch no Lü, well met us in eene Kiäke goat ...« In den Auslagen der Buchhandlungen tauchten Napoleonporträts auf und fanden ihre Käufer. Wer es sich leisten konnte, für den wurde Paris zum Reiseziel. In den Kirchen wurden Kriegsgefangene untergebracht, auf den Schlössern und Burgen Offiziere einquartiert. Die zentralistisch ausgerichtete französische Verwaltungsordnung wurde rigoros und ohne Rücksicht auf bestehende Verhältnisse eingeführt. Die Interessengruppen in Stadt und Land scheuten sich nicht, Franzosen auf wichtigen Posten mit kostspieligen »Douceurs« zu schmeicheln, darunter goldene Tabakdosen, mit Brillanten besetzte Degenscheiden, silberne Tafelservice. Alles – nur nicht preußisch. Als am 15. August 1807, dem in allen beherrschten Ländern eingesetzten Napoleonstag, in Münster ein aufwendiges Friedens- und Freudenfest steigt, ist auch die Familie von Droste-Hülshoff dabei.

Annette von Droste-Hülshoff, das »wilde Kind« mit der überbordenden Phantasie, wird bei den Ausflügen nach Münster Augen und Ohren aufgesperrt haben. Stimmungen werden ihr nicht entgangen sein und nicht der hoch erhobene Kopf, mit dem so mancher Adlige wieder durch die Welt ging. Um so größer war der Schock, als die Franzosen im Dezember 1808 im Münsterland Gesetze erließen, die die Bauern aus der persönlichen Abhängigkeit und den Diensten der adligen Grundherren befreiten. Daß sich in der Praxis vorläufig nichts änderte, war kein Trost. Bald gab es nur noch vier arbeitsfreie Feiertage im Jahr, und auf dem Domhof stand eine Guillotine. Ein Königreich Westfalen wurde tatsächlich für Napoleons Bruder Jérôme Bonaparte eingerichtet, doch seine Hauptstadt wurde Kassel und nicht Münster.

Auf nichts ist mehr Verlaß. Der Kaiser in Paris verschiebt die Grenzen des ehemaligen Fürstbistums nach Belieben. Im April 1809 unterstehen die Münsterländer plötzlich dem fünfjährigen Neffen des Kaisers. Als der bischöfliche Stellvertreter – der Bischofsstuhl in Münster ist seit dem Ende des Fürstbistums 1802 unbesetzt – aus diesem Anlaß für alle Kirchen »zur ehrwürdigen Feier dieses frohen Ereignisses ein feierliches hohes Amt und Tedeum« verordnet, notiert ein ehemaliger Domherr die Reaktion der Bevölkerung: »Die größte Kälte war dabei in und außer der Domkirche sichtbar. Nicht ein einziges Vivat ist erschollen... Die Illumination war unbedeutend und der angeordnete Ball fast gar nicht besucht.« Die Stimmung schlug langsam um.

Werner von Haxthausen kam im August 1808 für längere Zeit nach Hülshoff. Er wird seine Meinung über die politische Situation nicht versteckt haben. Im folgenden Jahr ging der Onkel der Droste-Hülshoff-Kinder von Göttingen nach Halle, um dort wieder orientalische Sprachen zu studieren. Insgeheim war Werner von Haxthausen an einer Verschwörung gegen Jérôme Bonaparte, den König von Westfalen, beteiligt. Am Ende sollte die Befreiung Deutschlands von der napoleonischen Tyrannei stehen.

Annette von Droste-Hülshoff mußte nicht in Verschwörungspläne eingeweiht sein, um wahrzunehmen, daß die Welt um sie herum sich in ständigem Wandel befand und fest gegründete Fundamente brüchig wurden. Sie sah den preußischen Adler am Rathaus von Münster und wenig später die Guillotine vor dem Dom. Uniformen wie Regenten wechselten in kürzester Zeit. Sie hörte von dem katastrophalen Unrecht, das ihrem adligen Stand widerfahren war, aber auch von den Schwächen ihrer Standesgenossen. Ihr Onkel Werner und dessen Freund Graf Stolberg ließen an den gottgewollten Privilegien des Adels nicht rütteln, rügten jedoch deren Mißbrauch. Der Adel hatte seinen Teil zur eigenen Katastrophe beigetragen.

Nach den ersten freundlichen Namenstagsgedichtchen, nach den Gedanken der Zehnjährigen über den »Lieblichen Morgen« und die »Freuden des ländlichen Lebens« taucht Kritisches in den Versen auf. Die Zwölfjährige urteilt im Herbst 1809 im Gedicht »Abendgefühl« über die »Erde, das Grab der Tugend«:

...

Hier herrschen Intrigen,
Hier spielen Kabalen,
Hier herrschet ein schrecklicher König, das Gold,
Und von des Armen saurem Schweiße,
Und von der Witwen und Waisen Tränen,
Nehmen die Fürsten des Lasters Sold.

...

Zwei Monate zuvor hatte die Droste in »Der Abend« gedichtet:

...

Sage wo wohnet das Glück
Wo wohnet die Ruhe des Herzens
Wohnt es im goldnen Palast
Und wohnt es im fürstlichen Saal
Ach da herrschet der Neid
Da herrschen der Eifersucht Schrecken
Dort kann nicht wohnen das Glück
Wo Bruder den Bruder nicht liebt.

...

Das Kind wird aus den Gesprächen der Erwachsenen einiges aufgeschnappt haben an Streitigkeiten und erbitterten verwandtschaftlichen Fehden. Davon gab es genug in den adligen Familien bei Erbschaftsfällen und Hochzeitsplanungen, beim Kampf um Ämter und Positionen. In der folgenden Strophe sieht das Gedicht über den heimischen Tellerrand hinaus und verweist auf weite Bildungshorizonte bei der Suche nach dem Glück:

O so wohnt es vielleicht
An Indiens reichen Gestaden
Bei dem Wilden der frei
Freiheit und Gleichheit nur kennt
Aber die Musen sie sind
Die Trösterinnen im Leben
Sage besitzt der das Glück
Der nicht die Himmlischen kennt

...

... Suche das Glück in dir selbst
Der Zufriedenheit such's bei den Musen
Dem der's im Busen nicht trägt
Gibt es das Irdische nicht

Das Lied von Rousseaus »Edlem Wilden« und das Ideal der Weimarer Klassik klingt an. Andere, längst vergessene Autoren ließen sich nennen, die vom Glück im eigenen Herzen gedichtet haben und zur Lektüre auf Hülshoff gehörten. In diesem Sommer hatten Annette von Droste-Hülshoff und ihre Schwester Jenny immer wieder den Zeichenlehrer Spies gebeten, statt mit dem Bleistift zu unterrichten, Kostproben aus Shakespeares »Hamlet« zu deklamieren. Mit Spies war ein junger Mann im Haus, der literarische Neigungen zeigte, die sicher nicht bei Shakespeare stehen blieben. Für den Geschichtsunterricht war keiner besser geeignet als der Vater Clemens August Droste zu Hülshoff. Das, was den Adel im Kleinen getroffen hatte, war verknüpft mit der großen Politik und mit der Geschichte. Die große Revolution in Frankreich mit ihren Schlagworten – Freiheit, Gleichheit, Brüderlichkeit – ist noch in allen Köpfen.

Gehen wir davon aus, daß die junge Annette von Droste-Hülshoff alles las, was erreichbar war, dann gehörte das »Münsterische Intelligenzblatt«, als amtliches Organ auf der Burg abonniert, mit dazu. Es meldete seit Jahren die Orte auf Europas Landkarte, wo Napoleon seine siegreichen Schlachten schlug. Dort war auch zu lesen, daß der gebildete Mensch ein aufgeklärter Mensch sei, der weder die Vernunft noch den Glauben verachtete. Das lag auf der Linie des von der Mutter verehrten Theologen Bernard Overberg und seiner Ratschläge in Erziehungs- und Glaubenssachen. Für die literarisch interessierte Therese von Droste-Hülshoff gehörte nach der Religion die Dichtkunst zu den wesentlichen Elementen des Lebens. Die Tochter übernahm diese mütterliche Begeisterung – neben den vielen anderen Anregungen und Einflüssen – und setzte sie aktiv um. Sie zog sich zurück auf ihr Zimmer, tunkte die Feder in das Tintenfaß, und aus Gedanken und Gefühlen wurden Verse. Es waren eigenwillige Gedanken und Gefühle, obwohl die zwölfjährige Annette von Droste-Hülshoff nicht im Elfenbeinturm dichtete.

Im Oktober 1809 entstand ein Gedicht in Erinnerung an den Onkel Friedrich Wilhelm von Haxthausen, der im August in Spanien als Soldat gefallen war. Es beginnt: *Freundlicher Morgen der jedes der Herzen / Mild mit Entzücken und Heiterkeit füllt*

... Und endet: *Schwermutsvoll leb' ich in Kummer und Schmerzen / Bis ein kühlendes Grab mich umfaßt.* Erstaunlich ist, was nicht im Gedicht steht. Es ist radikal aus der Sicht des Soldaten geschrieben, der seinen sicheren Tod vor Augen hat: kein Hinweis auf die himmlischen Freuden, die den guten Christen für alles irdische Leid entschädigen – wie Therese von Droste-Hülshoff es ihre Kinder gelehrt hat; keine dramatischen Töne über den Heldentod in der Schlacht; keine gefühlvollen Trauerklagen der Hinterbliebenen. Statt dessen ein nüchterner Blick, hinter dem das Auge der Dichterin steckt. In der Maske des Soldaten versteckt, gibt sie ihrer Reaktion angesichts des Todes Ausdruck, indem sie zwei Beobachtungen gegeneinandersetzt: den freundlichen Morgen und das kühle Grab – ein schmerzender Kontrast. Ein Riß wird sichtbar, der durch die Welt und durch ein Leben geht.

Das Gedicht über den Soldatentod trägt eine eigene Handschrift. Wir werden ein weiteres aus diesem Herbst 1809 kennenlernen, das verrät: Hier geht es nicht um ein Zufallstalent. Lichtjahre sind diese Gedichte von den ersten Verschen – *Komm Liebes Hähnchen* – der siebenjährigen Annette von Droste-Hülshoff entfernt. Nun ist sie zwölf Jahre alt. Ein ungewöhnliches Kind.

Jene gute alte Zeit, von der die Eltern erzählten, *als das Land noch bischöflich war,* als sie, die Zweitälteste der Geschwister, ihre ersten Schritte auf Hülshoff, ihre ersten Kutschfahrten in die Umgebung machte, lag fern. Die Jahre der frühen Kindheit waren geborgen in der schützenden Burg und im vertrauten engen Umkreis. Mit jedem Jahr mehr erlebte das Kind, daß Hülshoff keine Insel war. Die Welt bekam Risse, Widersprüche tauchten auf, Undenkbares ereignete sich. Das Kind beobachtete alles und versuchte, das Erlebte, Gefühlte und Geträumte mit allen Fasern des Verstandes und des Herzens festzuhalten. Viel später würde die erwachsene Frau schreiben: *Es liegt etwas sehr Herbes im Vergehn, in der Unmöglichkeit Vergangenes, auch nur für Augenblicke, wieder ganz herzustellen ...*

Diese Unmöglichkeit verstärkte den Wunsch, in der Erinnerung aufzubewahren, was für das Kind während aller Umbrüche Zentrum und ruhender Pol bleibt – die Familie und ihre festen

Bindungen untereinander. An erster Stelle steht für Annette von Droste-Hülshoff die Beziehung zu den Eltern, zu Mutter und Vater. In mehreren ihrer Gedichte hat sie als erwachsene, unverheiratete Tochter diese wechselseitige Verpflichtung auf ein hohes Podest gesetzt. In dem Gedicht »Die Verbannten« von 1843 geht es unter anderem um das Verschwinden der Kindesliebe:

> *Ich lag an Bergeshang,*
> *Der Tag war schon gesunken,*
> *In meine Wimper drang*
> *Des Westens letzter Funken.*
> *Ich schlief und träumte auch vielleicht...*
>
> *...*
>
> *Da raschelt' es im Laub,*
> *Und rieselte vom Hange,*
> *Zertretnen Pilzes Staub*
> *Flog über meine Wange.*
> *Und neben mir ein Knabe stand,*
> *Ein blondes Kind mit Taubenblicken,*
> *Das eines blinden Greises Hand*
> *Schien brünstig an den Mund zu drücken.*
>
> *Von linder Träne Lauf*
> *Sein Auge glänzte trübe,*
> *»Steh auf«, sprach es, »steh auf!*
> *Ich bin die Kindesliebe,*
> *Verbannt, zum wüsten Wald verbannt,*
> *In's öde Dickicht ausgesetzt,*
> *Wo an des sumpfgen Weihers Rand*
> *Der Storch die kranken Eltern ätzet!«*
>
> *Dann faltete es hoch*
> *Die hagern Hände beide,*
> *Und sachte abwärts bog*
> *Es des Geröhres Schneide.*

Ich sah wie blutge Striemen leis
An seinen Ärmchen niederflossen,
Wie tappend ihm gefolgt der Greis,
Bis sich des Rohres Wand geschlossen.

...

Die Dichterin beklagt den Verlust einer Tugend aus alter Zeit, die in den nachfolgenden Generationen keine Nachahmer gefunden habe.

Wie eine Beschwörung der Kindesliebe klingt es auch in dem Gedicht »Des Arztes Tod«, vielleicht kurz nach dem Tod des Vaters der Droste 1826 entstanden: ... *Wer seinen Vater hat, der bete still! / Ach, einen Vater kann man einmal nur verlieren!* Parallel dazu endet »Der Brief aus der Heimat« vom Winter 1841/42: ... *Ach, eine Mutter hat man einmal nur!* Die Mutterliebe ist in den Gedichten im Vergleich zum Vater zahlreicher vertreten. Im gleichen Winter ist das Gedicht »Was bleibt« entstanden:

...

An meine Wange haucht' es dicht,
Und wie das Haupt ich seitwärts regte,
Da sah ich in das Angesicht
Der Frau, die meine Kindheit pflegte,
Dies Antlitz wo Erinnerung
Und werte Gegenwart sich paaren:
»O Liebe«, dacht ich, »ewig jung,
Und ewig frisch bei grauen Haaren!«

Die Wahrheit dieser Zeilen scheint einfach und bruchlos wie die tröstliche Erinnerung. Doch es gibt zwei private Texte der Annette von Droste-Hülshoff, die auf eine tiefere Schicht verweisen. Was in den Gedichten demonstrativ verkündet wird, ist nur die Hälfte der Wahrheit. Die einfache Botschaft hat einen doppelten Boden.

Tatsächlich waren es nicht nur angenehme Augenblicke und Erfahrungen, die sich im Gedächtnis der Droste abgelagert hatten. Es gab zwei Seiten der Wahrheit, diese Erkenntnis war schon dem Kind schmerzlich bewußt. Die eine hat direkten Eingang in ihr Werk gefunden. Im November 1835 entstand »Schloß Berg« mit den Zeilen: ... *Du meines Lebens allerfrüheste Kunde, / Aus einer Zeit, die noch das Herz erwärmt,* ... Das war die schöne Seite, die lebenslang ihr Herz erwärmte. Ihr verdankt sich das öffentliche Bekenntnis zur Kindesliebe. Die Widersprüche der Kindheitswelt tauchen in einem Brief der 22jährigen Droste an ihren damaligen, wesentlich älteren literarischen Mentor und Freund Anton Mathias Sprickmann auf.

Die Droste wirbt mit der Erinnerung an einen Traum um Verständnis für ihr ungewöhnliches, manchmal verstörendes, vom Durchschnitt abweichendes Verhalten: »... *wie ich noch ganz klein war, ich war gewiß erst 4 oder 5 Jahr, denn ich hatte einen Traum, worin ich 7 Jahr zu seyn meinte, und mir wie eine große Person vorkam, da kam es mir vor als gieng ich mit meinen Eltern, Geschwistern und zwey Bekannten spatzieren, in einem Garten, der gar nicht schön war, sondern nur ein Gemüsgarten mit einer graden Allee mitten durch in der wir immer hinauf giengen, nacher wurde es wie ein Wald, aber die Allee, mitten durch, blieb, und wir giengen immer voran, das war der ganze Traum, und doch war ich den ganzen folgenden Tag hindurch, traurig, und weinte, daß ich nicht in der Allee war, und auch nie hinein kommen konnte* ...« In dem Gedicht »Der Abend« hat die Zwölfjährige diesen Garten hinter der Burg souverän beschrieben:

> ... *Einsam wandelt ich hier*
> *Durchkreuzend die sandigen Wege*
> *Zwischen den Zwiebeln die hoch*
> *Da standen und strotzend von Blüte*
> *Alle streckten sie sich*
> *Als wollten gen Himmel sie wachsen*
> *Eine vorzüglich erhob*
> *Sich neben mir höhnend sich messend*
> *Strecke dich immer du Ding*
> *Du bist doch nicht größer als ich bin*

Gnüglich mir lenkt' ich den Schritt
Und blickte zur anderen Seite
Sieh da erblickte ich jetzt
Des Blumenkohls gelbliche Blüte
Gelb und feige sich bückend
So stand der Ekel der Zunge …

Der nächtliche Traum läßt Annette umfangen sein von Wohlvertrautem, Heimatlichem, und zusammen mit denen, die ihr am nächsten stehen, den Eltern, geht sie vertrauensvoll der Zukunft entgegen. Aufgewacht empfindet das Kind die unerbittliche Wahrheit, ohne sie artikulieren zu müssen. Traurigkeit und Tränen sprechen für sich: Der Traum entspricht nicht der Wirklichkeit. Es gibt dieses harmonische Miteinander nicht, und dem Kind fehlt das Vertrauen in eine gemeinsame Zukunft. Deutet man die Tränen, dann ist Annette von Droste-Hülshoff nicht wirklich heimisch in ihrer Familie. Sie fühlt sich fremd und unverstanden unter denen, die ihr durch Blut und Herkunft fest verbunden sind. Sie hat keinen Zugang zu den Menschen, an denen sie mit größter Liebe hängt. Selbst der Gemüsegarten täuscht eine Vertrautheit vor, die nicht existiert. Es geht ein Riß durch die Welt und durch ihr Leben.

Das Gefühl, einsam und isoliert zu sein, wird sich im Herzen einnisten, und weder das Kind noch die jugendliche Annette kann sich Klarheit über ihre Sehnsüchte und Enttäuschungen verschaffen. Ihr bleiben Gefühlsausbrüche und Tränen. Reden kann sie mit niemandem über die Ängste, die sich im Innersten festsetzen.

Der Vater, dieser viel zu gute Mensch, wäre schwerlich der richtige Ansprechpartner für solche Probleme. Die Mutter? Sie ist für das Kind eine richtungweisende und zielsetzende Autorität, die gleich nach dem lieben Gott kommt. Irgendwann zwischen Oktober 1804 und Februar 1805 dichtete die gerade mal achtjährige Annette für ihre Mutter: *Gewiß ich werde mich bemühn / nach Gottes wort zu wandeln, / und so wie du und Gott befiehlst / stets fromm und gut zu handeln.* Das kindliche Versprechen war ernst gemeint. Und bei Gott, so hatte die Mutter es ihren Kindern beigebracht, waren alle frommen Menschen gut aufgehoben, denn er war über alle Maßen gnädig und barmherzig.

Im Jahre 1803 hatte Therese von Droste-Hülshoff ihrer Schwester Dorothea von Wolff-Metternich, die sich über die Kälte ihres Ehemannes beklagte, geschrieben: »Du bist nicht unglücklich, es gibt nur Augenblicke, wo Du's glaubst... überhaupt, liebe Dorly, wird die Zeit alles bessern... lass uns in Zukunft nie wieder über diesen Punkt sprechen; es greift Dich an und vermindert Deinen Schmerz nicht.« So hat das Kind Annette seine Mutter erlebt: Probleme werden pragmatisch angegangen, Grübeleien führen zu nichts. Das war hilfreich und verläßlich. Zugleich setzte diese Lebenseinstellung eiserne Grenzen für ein Kind, das andere Bedürfnisse hatte; das sich mit seinen hellen und seinen angstmachenden Phantasien mitteilen wollte. Die Kinder der Therese von Droste-Hülshoff lernten früh: Über das, was einen im Innersten bewegt, redet man nicht.

Diese Einstellung korrespondiert mit einem unerschütterlichen Gottvertrauen der Therese von Droste-Hülshoff, das ebenfalls keine Rückfragen und kein emotionales Aufbäumen zuließ. Alles zusammen gibt eine Sicherheit, die ihr zur zweiten Natur geworden ist. Für die Mutter der Droste ist das Glas immer halb voll. *Gottlob greifen die Strapazen Mama aber gar nicht an, sie sieht recht wohl aus und stellt sich Alles von der besten Seite vor,* schreibt ihre Tochter Annette 1845 über die 73jährige, und ein Jahr später: *Es ist ein Glück, daß Mama ein so leichtes Blut hat, und immer nur das Beste hofft und denkt... aber ich gehöre zu den Schwarzsehern...* Das Kind Annette hatte kein leichtes Blut und mußte sich schmerzhaft eine zweite, verstellende Natur aneignen, wo ihr spontanes und grüblerisches Wesen eigentlich rebellierte.

Ein anderer Schlüsseltext stützt diese Vermutung. Er gehört zu den privatesten Äußerungen, die die Droste je getan hat und ist ihr nicht zufällig ungewöhnlich verworren und umständlich geraten. Noch der 45jährigen fällt es schwer, einen kritischen Blick auf die Kindheit, die Eltern – und das war in Erziehungsfragen die Mutter – und in ihr eigenes Inneres zuzulassen. Doch die Botschaft in ihrem Brief an die vertraute Freundin Elise Rüdiger ist eindeutig: *Was Sie mir von* Schnittger *schreiben hat mich weder geärgert noch überrascht... auch ist Wahres darunter, was ich we-*

der ändern kann noch mag, es ist mir schon in der Kindheit durch meine Erziehung angeflogen, und allmählich zur andern Natur geworden, aber wer sich giebt wie er ist wird immer Freunde und Entschuldiger finden, während das Gegentheil wenigstens innerlich vereinsamt, da der Widerhall eines falschen Anklangs in Freude und Kummer ein leerer trostloser Schall bleibt, der das Herz eher austrocknet als erfrischt – mir wenigstens wäre es so, und ich kann mir nichts elenderes denken, als mich z. B. an Dingen freuen zu müssen die mich kränkten – dergleichen bringen im Leben die CONVENIENZEN *doch wohl mit sich, und das ist eben ihre dunkelste Seite.* Das war Erziehungsmaxime für die adligen Kinder auf Burg Hülshoff: Man gibt sich nicht, wie man ist und wie man sich fühlt. Das heftige, sensible, mitteilungsfreudige Kind Annette – voller Sehnsucht nach Nähe, erfüllt von Ängsten – mußte lernen zu unterdrücken, was sie bewegte. Die tränenreichen Gefühlsausbrüche zeugen auch von Aggression und Frustration.

Die geheime, uneingestandene Enttäuschung traf vor allem die Mutter, die das Kind mit seinen widersprüchlichen, ihm unheimlichen Empfindungen allein läßt. Doch vom lieben Gott darf man nicht enttäuscht sein. Schon der geringste Gedanke daran läßt Schuldgefühle aufkommen und potenziert die inneren Widersprüche. Quer zu den unerlaubten Schuldgefühlen stehen das starke Harmoniebedürfnis und die Bewunderung für eine Mutter, die selbstbewußt, erfolgreich und offenbar ohne Angst durchs Leben geht. Liebend gerne wäre das Kind wie sie. Reagiert Annette von Droste-Hülshoff mit »krampfhaftem Kopfweh«, wie im Frühjahr 1809, wenn der innere Druck und die Verwirrung der gegensätzlichen Gefühle zu groß werden? Wenn sich die Maske, zu der sie die Erziehung zwingt, wie ein eiserner Ring um den Kopf legt?

Annette von Droste-Hülshoff hat in ihrem unvollendeten Trauerspiel »Bertha«, das sie 1813 begann, ein Bild für extreme Einsamkeit gefunden: *Und möchten gern mit heißer Liebesglut / Dies kalte Herz erwärmen Ha es brennt / So heiß dies Herz allein ihr ahndets nicht / Denn eine eisge Wand hat trennend sich / Durch unsers Lebens fernen Raum gezogen / Auf ewig scheidend unser Freud und Leid / Ich fühl ihr Starren wenn oft liebend ihr / Euch an mein Herz zu drängen müht es lispeln hell / Und zart der Liebe Töne mir doch nie / Der ferne Hauch erreicht mein Ohr und so / Steh einsam ich und doch verlassen doch / Verlassen ...* Für die Droste waren es vertraute Gefühle. Ist es verwunderlich, wenn sie sich fortwünscht in andere, bessere Welten?

Im November 1809 bricht sich im Gedicht »Abendgefühl« der Zwiespalt Bahn zwischen den hochfliegenden Visionen der Dichterin und den Realitäten. Zuerst läßt sie sich von den Visionen verführen:

...

*Und ein Kranichheer zieht durch die Lüfte,
Stimmt zur Wehmut das erfüllte Herz,
Ihre Stimmen hallen durch die Klüfte,
Regen namelosen Wonneschmerz.*

*Führet mich fort, ihr gefiederten Wesen,
Von der Erde nichtigen Tand
Wo Zypressen die Gräber umschatten,
Dorthin wo Freundschaft und Liebe sich gatten,
In das ewige Sonnenland.*

*Führt mich, ich sehne in ewiger Jugend,
Nie mich zum Wohnsitz des Lasters zurück,
Nie zu der Erde, dem Grabe der Tugend,
Diesseits ist Trauer, nur jenseits ist Glück.*

...

Es ist typisch für Annette von Droste-Hülshoff, daß sie nicht im sentimentalen Lamento über ihr Unglück endet, sondern in Selbstironie. Mit einer witzig-lakonischen Kehre führt die zwölfjährige Dichterin den hohen Ton des Gedichts und sich selbst zurück auf den Boden der Tatsachen:

...

Doch, sie ziehn vorüber, meine Tränen,
Rühren keines Tieres kaltes Herz,
Arme Vögelchen! ich konnte wähnen
Ihr verständet meinen stillen Schmerz?

...

Und es sinkt die schwarze Nacht hernieder,
Jedermann begibt sich nun zur Ruh,
Alle schließen gern die Augenlider,
Selbst Natur zog ja den Vorhang zu.

Das literarische Talent des Kindes sprengt bald den Rahmen von Familie und Verwandtschaft. In der letzten Märzwoche 1809 wurde auf Burg Hülshoff ein Brief abgegeben: »Hochwohlgebohrnes, Gnädiges Fräulein! Da ich vor einigen Tagen vernommen habe, daß Ew. Hochwohlg. poetisches Talent sich schon in mehrern unverkennbaren Proben ausgesprochen hat: so lade ich Sie hiermit unterthänigst ein, an meinem Münsterischen poetischen Taschenbuche als Mitarbeiterin gefälligst Antheil zu nehmen ... Sollten Sie meiner Bitte gnädigst Gehör geben, und mit einigen Produkten Ihrer Muse meinen Almanach zieren wollen: so bitte ich diese Beiträge noch vor Ostern an mich gelangen zu lassen ...« Gezeichnet hatte als »unterthänigster Diener FRIEDRICH RASSMANN, Privatgelehrter«. Der Almanach erschien in zwei Bänden 1810 und 1810/11 unter dem Namen »Mimigardia« und war der ehrenwerte Versuch, die dichterischen Talente Westfalens vorzustellen und zu bündeln. Christian Friedrich Rassmann, der Herausgeber, hatte einen für jene Jahre neuen und seltenen Beruf: Der studierte protestantische Theologe war seit 1800 freier Schriftsteller und lebte mit seiner Familie in Münster beständig am Rande des Existenzminimums. Für seine Bücher, Zeitschriften und Lexika arbeitete er hart und gründlich, auch bei eisiger Kälte ab vier Uhr morgens. Einnahmen brachten sie ihm fast keine.

Annette von Droste-Hülshoff hat die »Mimigardia« gelesen. Taschenbücher und Almanache fanden seit Ende des 18. Jahrhunderts beträchtlichen Absatz. Bekannte Namen schrieben dort, und auch Schriftstellerinnen bekamen in diesem Genre eine Chance. Besonders bei Leserinnen waren die handlichen Bände beliebt. Sie zu kaufen gehörte zum guten Ton. Aber als Tochter aus adligem Hause dafür zu schreiben? Eine Antwort auf den Rassmann-Brief hat sich zumindest nicht erhalten. Um die Reaktion der Mutter, deren Zustimmung ausschlaggebend war, zu erraten, bedarf es keiner Phantasie. Kein Beitrag der Annette von Droste-Hülshoff ziert die »Mimigardia«.

Das hinderte die Mutter nicht, weiterhin das dichterische Talent ihrer Zweitältesten im Verwandtenkreis zu rühmen. Im November 1809 schreibt sie ihrer Schwester Dorothea von Wolff-Metternich: »ich hab noch so ein hübsches Gedicht von ANNETGEN, das solltest du haben, nur ist es noch nicht abgeschrieben …«

Jugend: Begeisterung und Kompromiß

Ende März 1810 bekam Therese von Droste-Hülshoff einen unangenehmen Brief, woran auch die höfliche Eingangsfloskel nichts änderte: »Ich hoffe auf ihre Verzeihung meine liebe gnädige Frau, wenn ich endlich, nachdem ich einige Wochen lang mit mir selber darüber gekämpft habe, Ihnen meine Besorgnisse über etwas mittheile, was mir schwer auf dem Herzen liegt. Ich habe gehört, daß Fräulein Nette in gesellschaftlichen Kreisen Komödien spiele. Für Männer und Frauen ist, meiner innigsten Ueberzeugung nach diese Uebung wenigstens gefährlich; für Jünglinge noch mehr; für junge Mädchen noch mehr, und eben für Fräulein Nette mehr noch als für andere ... Ich setze gern zum Voraus, daß Fräulein Nette in keinem Stücke eine Rolle hat, in welcher von leidenschaftlicher Liebe die Rede wäre ... so ist doch das bloße *Verstellen* ... den Mädchen, und vor allem solchen nicht nur gefährlich, sondern gewiß schädlich, welche gereizte Nerven, und einen phantastischen Schwung des Geistes haben ...«

Eine Reaktion der Adressatin ist nicht überliefert. Doch eine Vermutung ist erlaubt, weil die Fakten eine deutliche Sprache sprechen: Die Mutter der Droste hat diesen Brief des Grafen Friedrich Leopold zu Stolberg verärgert in die Schublade gesteckt. Sie brauchte man nicht in Fragen von Moral und guter Sitte zu belehren. Das Schreiben bestätigte sie in ihrer Distanz zu einem verengten, kunstfeindlichen Christentum, auch wenn sie weiterhin die Schriften des Konvertiten Stolberg schätzen würde und seine Söhne auch in Zukunft willkommene Gäste auf Hülshoff waren.

Vielleicht kannte die Freifrau aus Gesprächen mit Stolberg schon dessen grundsätzliche Kritik: »Die eigentliche Schule des unchristlichen und unsittlichen Weltgeistes ist die Bühne.« Die Familie von Droste-Hülshoff, die auf ihre adlige Herkunft wie auf ihren katholischen Glauben gleichermaßen stolz war, teilte diese Meinung nicht. Ob mit oder ohne Bedenken – die Mutter hatte ihre Einwilligung dazu gegeben, daß ihre zweitälteste Tochter bei einer der zahlreichen Theateraufführungen im Hohenholter Damenstift mitspielte, auf die sich der Brief des Grafen bezog. Von dessen moralischer Abscheu unbeeindruckt, beginnen mit der Wintersaison 1810/1811 für die Droste-Kinder bei ihren Ausflügen nach Münster regelmäßige Besuche im Komödienhaus, wo Schauspiele, Konzerte und Opern auf dem Programm stehen. In dieser Saison gehört »Don Giovanni« dazu. Die beiden Mädchen werden schnell zu begeisterten Theatergängerinnen. Sie sind jetzt in dem Alter, das städtische Leben mit seinen Abwechslungen zu genießen und nicht mehr nur des Jahrmarktes wegen mit der Familienkutsche nach Münster zu fahren oder um dort in der Osterwoche den Kreuzweg zu gehen.

Münster, wo 1810 genau 14193 Einwohner gezählt wurden, hatte einiges zu bieten. Es war keine Weltstadt wie London, und einen Musenhof wie Weimar besaß die Metropole Westfalens auch nicht. Doch die neue Zeit mit ihren Umbrüchen und Aufbrüchen ging an Münster nicht spurlos vorbei, mochten auch die Einheimischen nicht gerade den Ruf haben, süchtig nach Veränderungen zu sein. Sie liebten es behäbig und ruhig, ohne auf Geselligkeit, gutes Essen und Unterhaltung verzichten zu wollen. »Der Münsteraner überhaupt ist sehr gesellig«, schreibt Justus Gruner 1802 in »Meine Wallfahrt zur Ruhe und Hoffnung oder Schilderung des sittlichen und bürgerlichen Zustandes Westphalens am Ende des achtzehnten Jahrhunderts«. Der Autor zählt etliche Kaffeehäuser vor den ehemaligen Wallanlagen, die in »eine sehr angenehme, öffentliche Promenade verwandelt« worden waren, und einige 80 Weinhäuser in der Stadt. Man liebe, so Gruner, öffentliche Gesellschaften, bei denen es laut und ausgelassen zugehe, mit Spiel und Tanz und guten Speisen. Im Winter sei jeden Sonntag öffentlicher Ball im Schauspielhaus: »Stundenlang wird im schnellsten und oft steigendem Takte, wenn er den Tänzern noch zu langsam geht, rauschend gewalzt.« Dem strengen Beobachter hatte das alles einen »zu sinnlichen Ton«. Die Stadt selber gefiel ihm: »Münster hat großentheils helle breite Gassen, große Gebäude, und unter diesen, theils in alten, theils in neuerem Style, manches wohlgebauete und in die Augen fallende...«

Zu den neuen Prunkstücken zählte das Theatergebäude am Roggenmarkt, 1775 auf Drängen des Fürstbischofs und seines Ministers von Fürstenberg gebaut. Es hatte 600 Plätze, eine verstellbare Bühne und ein versenkbares Parkett. Der Fürstbischof legte ausdrücklich eine breite Nutzungpalette fest für »Schauspiele, öffentliche Bälle und Concerte, außergerichtliche Versteigerungen auswärtiger Bibliotheken oder Mahlereyen, auch die öffentliche Ausstellung sehenswürdiger Sachen«. Selbst der kritische Autor Gruner lobte »eine allgemeine Neigung und Geschicklichkeit« der Münsteraner »zur Musik«. Der Jurist und Libretto-Schreiber Walter Anton Schwick mokierte sich dagegen in einem Brief an den Münsteraner Professor, Autor und Literaturkenner Anton Mathias Sprickmann – von dem in diesem Kapitel noch ausführlich zu reden ist – über die Sucht der Einheimischen nach der leichten Muse: »Aber was sagst du von unserm lieben publicum ... es will nichts als operetger sehen – es hat ein gar zu fein geschmackelgen – lauter operetger – Sollen wir dann nicht zur Veränderung mahl ein trauerspiel aufführen gnädige Frau? – Ey was trauerspiel! – Wer wird dann Einen gulden ausgeben um weinen zu wollen ...«

Das war nicht ganz fair. Nur wenige Jahre nach ihren Uraufführungen wurden im Komödienhaus zu Münster 1796 Mozarts »Entführung aus dem Serail«, 1801 »Die Schöpfung« und 1804 »Die Jahreszeiten« von Joseph Haydn gegeben. Den Kontakt zu Haydn knüpfte Maximilian von Droste-Hülshoff. Haydn hatte Kompositionen des musikalischen Selfmademan in Wien zur Aufführung gebracht. Walter Anton Schwick schrieb für den Onkel der Droste das Libretto zur Oper »Bianca oder die entwaffnete Rache«, die im Januar 1811 im Komödienhaus Premiere hatte und mehrmals vor ausverkauftem Haus wiederholt wurde.

Für das kulturelle Engagement der führenden Münsteraner Kreise spricht der in Deutschland einmalige »Theaterverein«, der 1777 gegründet wurde. Adlige und Bürger taten sich zusammen und organisierten einen festen Abonnentenkreis, um den finanziellen Engpaß am Komödienhaus zu beseitigen. Das war revolutionär, denn selbst in einer Institution, die als Herzstück einer Geburtsschranken wie soziale Grenzen überwindenden Gesellschaft in diesen Jahren das Licht der Welt erblickte – dem Verein –, blieben Bürgerliche und Adlige zu Anfang noch unter sich. Doch als

Einstieg in eine offene Gesellschaft sind die fünf Vereine, die zwischen 1775 und 1800 erstmals in der Münsteraner Stadtgeschichte gegründet wurden, nicht hoch genug zu bewerten. Jetzt gibt es einen Ort, an dem sich männliche Vertreter der führenden Kreise und Schichten zwanglos verabreden, sich zufällig begegnen oder die abonnierten Zeitschriften studieren und Anteil am intellektuellen Diskurs nehmen. Fast über Nacht sind bisher unbekannte Kommunikations- und Informationszentren für den Austausch untereinander und mit der großen Welt entstanden.

Als ältester Verein entsteht in Münster der »Civilclub« von 1775, in dem sich anfangs exklusiv die hohen Beamten des fürstbischöflichen Hofes treffen. Ab 1800 werden auch Offiziere, Geistliche und Mediziner aufgenommen, und nach 1803 bewerben sich sogar preußische Beamte. Im Lesezimmer des Civilclubs werden um 1800 die »Frankfurter Gelehrten Zeitung«, die »Hamburger Zeitung«, die »Augsburger Allgemeine Zeitung«, der »Moniteur« und »Hübners Staatslexikon« ausgelegt. Der »Zwei-Löwen-Club« geht aus einer Schützengesellschaft hervor und ist Treffpunkt und Forum für alteingesessene Kaufleute und Handwerker, aber seit seiner Gründung 1776 auch für Ärzte, Offiziere und Beamte offen. Der vornehmste Verein ist der »adeliche Damen-Club in Münster« von 1800. Hier geht es bei Tee und Kartenspielen um ein geselliges Miteinander des Münsterländer Adels, wo die Männer das Sagen haben, aber die Damen ihr Strickzeug in Aktion setzen dürfen.

In der Satzung des adligen Damenclubs heißt es: »Die gewöhnliche Zusammenkunfts-Tage der Gesellschaft sind Sonntag, Dienstag und Freytag Abends fünf Uhr ... An jedem Sonntag Abend aber von Aller Heiligen an, bis Ostermontag einschließlich, wird auf Unkosten der Kasse Thee, Milch, Zucker und Bretzel gegeben, am Dienstag und Freytag Abend aber, wird zwar das Gesellschaftszimmer geheizt und beleuchtet; wer aber etwas geniessen will, muß solches, so wie auch auf den Sonntagen zwischen Ostermontag und Aller Heiligen auf eigene Unkosten selbst besorgen.« Auch die Eltern der Droste waren Mitglieder im renommierten »adelichen Damen-Club«.

Die Menschen wurden flexibler. Therese von Droste-Hülshoff

besaß genug Selbstbewußtsein, adlige Traditionen zu bewahren, an ihre Kinder weiterzugeben und zugleich offen zu sein für Neues. Daran änderte auch der moralische Zeigefinger des Grafen Stolberg nichts. Im September 1810 gingen die beiden Droste-Schwestern mit Hülshoff-Besuchern ins Damenstift nach Hohenholte. Jenny notierte hinterher im Tagebuch: »Als wir dort kamen, sagte uns die Aebtissin, es würde diesen Nachmittag auf ihrer Diele getanzt, und bat uns zugleich, da zu bleiben. Ich schrieb also an Mama, bat sie, mir Handschuh und dergleichen zu schicken und auch Hüger einzuladen. Dieser kam um 6 Uhr und nun tanzten wir recht vergnügt bis 4 Uhr des Morgens ...« Annette von Droste-Hülshoff war gut dreizehneinhalb Jahre alt. Der erwähnte Friedrich Hüger arbeitete als Sekretär des Vaters auf Hülshoff und wurde wie ein Familienmitglied behandelt. Im Damenstift fühlten sich die beiden Schwestern – mit dem Segen der Mutter – wie zu Hause. Mai 1812: »Gegen 7 Uhr gingen wir nach Hohenholte, wo eine kleine Komödie gespielt werden sollte ... der »Wildfang« wurde aufgeführt ... Während die Schauspieler aßen, spielte Nette in dem kleinen Zimmerchen der Aebtissin Klavier, es war schon nach 11 Uhr.«

Jenny von Droste-Hülshoff hatte im Jahr zuvor ein Intermezzo als Stiftsfräulein in Hohenholte gegeben. Sie hatte den im Jahre 1800 feierlich »aufgeschworenen« Platz im Stift im März 1811 angetreten, da war sie 16 Jahre alt. Die sonst nicht zimperlichen französischen Herren des Münsterlandes zögerten immer noch, die angekündigte Säkularisation der adligen Damenstifte in die Praxis umzusetzen. Doch zum Jahresende ging plötzlich alles sehr schnell. Im November bestimmte Kaiser Napoleon den 2. Dezember 1811 als Stichtag, an dem im Lippedepartement alle Klöster und Stifte als aufgelöst galten und morgens um 9 Uhr der Verkauf des Kirchengutes an die Meistbietenden beginnen konnte. Im Januar 1812 verließ Jenny von Droste-Hülshoff das Stift und kehrte auf die Burg zurück. Die jährlichen Einnahmen von über 200 Talern als »Ehemalige« behielt sie bis an ihr Lebensende.

Das Lippedepartement mit Münster als Zentrale war 1810 gebildet und sogleich in das französische Staatsgebiet eingegliedert worden. Nun hieß es »Münster in Frankreich«, Französisch wurde auch für die deutschen Beamten zur Amtssprache, und an der Spitze jeder Behörde stand grundsätzlich ein Franzose. Alles Geschriebene mußte zur Zensur nach Paris geschickt werden, um dort – gegen Gebühr – die obligatorische Genehmigung zu erhalten. Der Verleger und Druckereibesitzer Johann Hermann Hüffer konnte ein Lied davon singen: »Insbesonders war es damals in Frankreich darauf abgesehen, jede Spur von Preßfreiheit auszutilgen und Buchhandel, besonders aber Buchdruckerei der allerstrengsten Kontrolle zu unterwerfen.«

Die Westfalen hatten genug von den einst als Befreier vom preußischen Joch bejubelten Franzosen, die für ihr europäisches Imperium ständig mehr Geld und mehr Soldaten verlangten. Im Herbst 1811 floh Werner von Haxthausen über Skandinavien nach London, weil seine verschwörerischen Aktivitäten aufgeflogen waren. Als »Dr. Albrock« verdiente er in der britischen Hauptstadt sein Geld. Im Frühjahr 1812 brach Napoleons Große Armee in Richtung Moskau auf. In den folgenden Sommermonaten erlebten die Bewohner Münsters kopfschüttelnd, was der Verleger Hüffer in seinen autobiographischen Notizen schildert: »Auf der Salzstraße wurde man häufig von einzelnen Soldaten angeredet mit der Frage: Est-cet-ici le chemin de Moscou?«

Die politischen Belastungen und die Sorgen wegen der ungewissen Zukunft machten sich auch auf Hülshoff bemerkbar. Im Februar 1812 heißt es in Jenny von Drostes Tagebuch: »Ich erinnere mich keines so stillen, elenden Fastnachts als dieser war. Papa war nach Münster, um dem Rekrutierungsrat beizuwohnen, und wenn sich einige unserer Leute nicht verkleidet hätten, so hätten wir vergessen, daß es Fastnacht war.« Doch die trübe Stimmung ging vorüber, und das Jahr nahm mit seinen Festen seinen gewohnten Gang. Ende März, am Ostersonntag, färbten die beiden Schwestern mit dem Sekretär Hüger erstmals »Ostereier, die aber leider nicht besonders gerieten«. Am Montagmorgen waren Ostereiersuchen und Blindekuh-Spiel angesagt. Kein Namenstag wurde ausgelassen, der der Mutter wie immer sehr persönlich gestaltet: »... Theresien-Tag standen wir schon früh auf und machten alle Anstalten, hingen die Kränze im Gartenhause auf, belegten den Altar mit Moos, hingen Lampen auf ... Alle blieben bis

Abend, wo wir die Lämpchen anzündeten ... Gegen halb 8 Uhr wurde Mama geholt. Sophie, Alex, Nette, Werner ... und ich standen vor dem Altar und sangen nachstehendes Lied von Nette ...:
Aus des Herzens vollem Triebe / Aus der Seele freudgem Sinn, / Nimm den Dank für deine Liebe, / Für die treue Sorge hin ...«
Zu den Freuden des ländlichen Lebens gehört für Annette von Droste-Hülshoff wie für Jenny mehr denn je der Tanz. Kaum ein Monat vergeht ohne dieses Vergnügen. Der älteren Schwester gefällt nicht alles, was dabei geschieht. Aus ihren kritischen Bemerkungen erfahren wir, daß Annette, die jüngere, Eindruck auf die Männer macht, das genießt und keine Hemmungen hat, gegen die Etikette zu verstoßen. Im Mai 1811 tanzt die 14jährige ausgiebig mit einem gewissen Cruse. Im Oktober ist ein Bekannter vom Sekretär Hüger dabei – »Nette gefiel ihm sehr gut, und ich sehr schlecht«. Im Jahr darauf hat der französische Kommissar Schüler im Stift Hohenholte nur Augen für Annette von Droste-Hülshoff, die allen anderen Tänzern einen Korb gibt: »Schüler beschäftigte sich einzig mit Nette ein Betragen das den Hohenholter Damen sehr mißfiel ...«

Als die Pächterfamilie Wittower im November 1812 zum Erntedank einlädt, findet die Jüngere für ihre Launen einen männlichen Verbündeten, Caspar Anton Wilhelm Weydemeier, den neuen Hofmeister auf Hülshoff. Der älteren Schwester kommt das diesmal gerade recht: »... gleich nach dem Essen gingen wir alle zu Wittowers ... Weydemeier war überaus eigensinnig und ging schon um 6 Uhr mit Nette, die auch ihr eigensinniges Schauer hatte, nach Hause; wir, oder eigentlich ich, freute mich herzlich, sie beide los zu sein, weil sie gewiß früh zum Weggehen getrieben hätten.« Der Druck der anerzogenen »Convenienzen«, seine wahren Gefühle im Beisein anderer zu verbergen, scheint für die jüngere Tochter nicht sehr groß gewesen zu sein.

Als im Frühjahr 1813 der Kommissar Schüler auf der Burg auftaucht, kennt er Annette von Droste-Hülshoff, mit der er einen Abend lang im Stift Hohenholte getanzt hatte, plötzlich nicht mehr. Die Droste macht trotzdem hartnäckig auf sich aufmerksam, erfolgreich, wie die Schwester protokolliert: »... ihre Beredsamkeit riß ihn aber doch hin, und sie plauderten ein Langes und

Breites, was aber genau betrachtet fast immer dasselbe war ...« Ob Jenny von Droste-Hülshoff ihrem Mißfallen an manchem Auftritt der Schwester jemals erkennbar Luft gemacht hat, ist unbekannt. Das Verhältnis war aber wohl nicht so beängstigend makellos und konfliktfrei, wie es die Legende will. Die jüngere ging der älteren Schwester manchmal einfach auf die Nerven: »Nette leistete mir den ganzen Nachmittag Gesellschaft und ennuyierte mich sehr mit ihrem Plauderton.« Der Zuneigung zwischen den beiden sehr unterschiedlichen Schwestern tat das keinen Abbruch.

Sie hat sich gerne mitgeteilt, die junge Annette von Droste-Hülshoff. Und der mahnende Brief des Grafen Stolberg beruhte auf einer unzweifelhaften Tatsache: Ihr Bühnenauftritt bei einer Theateraufführung im Damenstift Hohenholte hatte das Publikum sehr beeindruckt. Die Droste besaß Talent zur Darstellung und zum öffentlichen Auftreten und war gewillt, es auszuspielen.

Auf Hülshoff fehlte es ihr nicht an Zuhörerinnen. Der Strom der Besucher, die Schwestern der Mutter allen voran, wird noch dichter, und die Tanten bleiben oft über Monate. Auch die Brüder der Mutter, die Onkel, kommen gerne vorbei. Aber ihre Besuche sind wesentlich kürzer und von ihren Tätigkeiten strukturiert. August von Haxthausen, der Student, bleibt meistens über Ostern, wenn Semesterferien sind. Da solche Aktivitäten den Frauen versperrt sind, haben sie alle Zeit der Welt, und Hülshoff mit dem nahen Münster bietet mehr Unterhaltung als das Paderborner Land. Annette von Droste-Hülshoff unterhält die Gäste viele Stunden des Tages und zu besonderen Gelegenheiten mit ihrem Klavierspiel und erhält reichlich Lob und Anerkennung. »Nette spielte nach dem Essen Klavier und sang. Es machte allen viel Freude ...« Das schreibt Schwester Jenny Ende Oktober 1812 in ihr Tagebuch und wiederholt diesen Satz in den folgenden Monaten und Jahren viele Male. Im November spielt die Droste unter anderem die Ouvertüre zum »Don Giovanni«.

Für die Heranwachsende ist die Musik neben der Schriftstellerei eine weitere Herausforderung, die eigenen Talente auf die Probe zu stellen. Die Droste, väterlicherseits im besten Sinne vorbelastet, gibt sich gar nicht erst mit Kleinigkeiten ab. Im Juli 1812 meldet die Mutter ihrem Bruder Werner von Haxthausen, daß sich ihre jüngere Tochter schon eine Weile »mit aller Heftigkeit ihres Charakters auf's Komponieren geworfen« habe. Mehr erfahren wir im Augenblick nicht.

An den Abenden bleibt die Familie nach dem Essen meist zusammen. Gerne machen die Männer ein kleines Feuerwerk am Ende des Gartens. Manchmal liest die jüngere Schwester ihren Brüdern etwas vor oder übersetzt ihnen eine Geschichte aus dem Französischen. Beliebt ist das gemeinsame Singen: »Papa, Nette, Werner und Hüger und ich gingen noch nach dem Abendessen in den Garten, setzten uns bei den Blutbuchen, sangen Canons und suchten Johanniswürmchen.« Das war im Mai 1812. Im Juli, wie so oft, gibt Annette von Droste-Hülshoff eine Einzelvorstellung: »Abends waren wir auf dem Saal, Nette spielte und sang das Lied: ›Als ich noch im Flügelkleide‹.«

Mehr denn je gilt, was die Droste 30 Jahre später in ihrer Skizze »Bei uns zu Lande auf dem Lande« schreiben wird: *überhaupt kommt mir diese Familie vor wie die Scholastiker des Mittelalters mit ihrem rastlosen, gründlichen Fleiße und bodenlosen Dämmerungen – Alles bildet an sich und lernt zu bis in die grauen Haare hinein.* Bildung ist weiterhin auch bei den Töchtern erwünscht. Die Mutter möchte allerdings die Kontrolle behalten, wie sie dem Hauslehrer in Anwesenheit der Töchter im Dezember 1812 deutlich macht: »Weydemeier hatte diesen Abend an Nette einen Teil von Schiller geliehen, den sie nicht lesen sollte. Mama bat ihn, ihr keine Bücher wieder zu geben, die sie nicht eher gelesen. Er war sehr übler Laune, antwortete nicht, stand auf, sah sehr sehnsüchtig den Mond an und lief zuletzt aus dem Zimmer, kam aber doch wieder und war besser gestimmt.«

Die Zensur, die hier geübt wird, sollte nicht dramatisiert werden. Der Droste sind von ihrer Mutter keineswegs die Klassiker verboten worden. Ihre Spuren in den Gedichten, die im Winter 1812/1813 entstehen, sind unübersehbar. Und auf den Lesehunger der Mädchen hatte die mütterliche Intervention keine abschreckende Wirkung. Im Januar 1813, draußen ist es kalt und winterlich, machen es sich die beiden Schwestern in der Burg gemütlich: »Den ganzen Morgen saßen Nette und ich auf der Kinderstube hinterm Ofen und lasen. Hüger brachte uns Wurstebrote, wovon wir einen Teller voll verzehrten.« Wurstebrot ist eine westfälische Spezialität: Die Wurst aus Blut, Mehl und Speckwürfeln fällt als Nebenprodukt beim Schweineschlachten ab und wird zum Essen in der Pfanne gebraten.

Therese von Droste-Hülshoff machte sich Gedanken, wie ihre heranwachsenden Töchter neben den Ausflügen zu adligen Freunden und Verwandten, den Spaziergängen, Münster-Fahrten und bäuerlichen Festen sinnvoll beschäftigt werden konnten. Was Annette von Droste-Hülshoff im Dezember 1819 über ihre ältere Schwester schreibt, galt seit Jahren: *Jenny mahlt recht viel, und macht die übrige Zeit feine Handarbeiten ...* Vor allem widmete sich Jenny stundenlang den Blumen und Pflanzen in den Hülshoffer Treibhäusern. Diese Leidenschaften teilte die Droste nicht. Sie machte hin und wieder feine Papierausschneide-Arbeiten, aber tagesfüllend war das nicht. Die Mutter sah mit gutem Blick, daß bei ihrer jugendlichen Tochter der Kopf mehr Beschäftigung brauchte. Im März 1812 übertrug sie ihr den regelmäßigen Unterricht für Antonetta de Galliéris und schrieb im Juli ihrem Bruder Werner, dies mache Annette große Freude. »Tony«, die Tochter eines niederländischen Generals und Nichte einer Freundin der Droste-Familie, war im Jahre 1807 mit zwei Jahren in Hülshoff aufgenommen geworden, um eine optimale Vorbereitung und Erziehung als Gesellschaftsdame zu erhalten.

Therese von Droste-Hülshoff blieb nicht verborgen, wie unbeirrt ihre Tochter ihr schreiberisches Talent vorantrieb und daß sie – bei allem literarischen Interesse der Familie – dafür keinen kompetenten Gesprächspartner hatte. Die 15jährige brauchte einen verständigen, gesellschaftlich allseits geachteten Mentor. Fühler werden nach Münster ausgestreckt. Im November 1812 machen Therese von Droste-Hülshoff und ihre Tochter Annette den ersten Besuch. Über den zweiten steht in Jennys Tagebuch: »Mama, Nette und ich fuhren gleich nach dem Essen nach Münster. Die beiden ersteren gingen gleich zum alten Sprickmann, wo sie bis 8 Uhr blieben.« Es ist der 12. Januar 1813. Bei Anton Mathias Sprickmann, dessen Haus am Krummen Timpen dem Stadthaus der Familie von Droste-Hülshoff schräg gegenüber lag, wird Annette von Droste-Hülshoffs 16. Geburtstag gefeiert.

Fast 50 Lebensjahre trennten den Professor für Reichsgeschichte und Lehnsrecht an der Universität Münster von seinem neuen literarischen Schützling. Der bürgerliche Sprickmann hatte sich auf literarischem Gebiet weit über Westfalen hinaus einen Namen gemacht. Dafür sah Therese von Droste-Hülshoff großzügig darüber hinweg, daß der geborene Münsteraner zu den seltenen Exemplaren gehörte, deren Herz für Preußen schlug. Der Professor war der Familie kein Unbekannter. Annette von Droste-Hülshoffs Vater hatte bei ihm schon juristischen Rat gesucht. Über die gemeinsame Begeisterung für die Dichtkunst waren der junge Student Werner von Haxthausen und der Klopstock-Verehrer Sprickmann zu Freunden geworden.

Natürlich wußte Annette von Droste-Hülshoff, daß ihr neuer Freund – denn so nannte und fühlte man sich bald – seine eigene Lebensplanung als Jünger der Dichtkunst rigoros abgebrochen hatte. Dabei war er für westfälische Verhältnisse höchst erfolgreich gewesen. Als 24jähriger gründete Sprickmann 1773 die erste »Literarische Gesellschaft« in Münster und schrieb 1775 das Vorspiel zur festlichen Eröffnungsvorstellung des neuen Komödienhauses. Es folgten Dramen und Lustspiele, die auf vielen deutschen Bühnen Erfolg hatten. Eines wurde von Goethe in Weimar inszeniert. Daneben wärmten die vielen Brieffreundschaften mit anerkannten Dichterkollegen und gebildeten Freundinnen das Herz des Empfindsamen.

In Münster erntete Sprickmann mit seiner Dichtkunst keine Anerkennung sondern scheele Blicke als junger Wilder. Die Mutter drängte den Sohn zu einem vernünftigen Beruf als Jurist und einer reichen Heiratspartie. Sein Dienstherr, der fürstbischöfliche Minister von Fürstenberg, nannte seinen Privatsekretär Sprickmann spöttisch einen »Schönschreiber« und zwang ihn ziemlich unverblümt zu einer Professorenlaufbahn an der neugegründeten Universität. Der leidenschaftliche Musensohn resignierte – die finanziellen Alternativen wären miserabel gewesen –, aber nicht ohne einen Seitenhieb auf seine Vaterstadt: »Doch hier, wo zärtliches Gefühl / Noch nicht in wilden Herzen wohnet / Wo Dummheit ungestört noch thronet, / Was hilft mir hier mein Saitenspiel?«

Nach 1781 schrieb der Unverstandene keine Zeile mehr und kappte alle literarischen Freundschaften. Von Fürstenberg sichtbar protegiert, der zusammen mit der Fürstin Gallitzin in Sprickmanns Vorlesungen erschien, wurde der Professor in die »familia sacra« aufgenommen und war auf allen Reisen der Fürstin – auch zu Goethe nach Weimar – dabei. Etabliert und in seinem akademischen Fach anerkannt, erlaubte sich der Professor mit Beginn des neuen Jahrhunderts, seiner alten Leidenschaft in minimaler Dosierung zu frönen. Er förderte junge literarische Talente in seinem westfälischen Umkreis, darunter Friedrich Rassmann, der 1810 die Droste als Mitarbeiterin für die »Mimigardia« hatte gewinnen wollen.

Für Münsteraner Verhältnisse hatte Therese von Droste-Hülshoff die beste Wahl getroffen. Die Hauptperson aller Überlegungen, ihre Tochter Annette, fühlte sich bei Sprickmann menschlich und mit ihrem schreiberischen Ehrgeiz bestens aufgehoben. Am Kreativitätsschub der jungen Dichterin in diesen Jahren hat der väterliche Mentor seinen Anteil. Die Droste geht trotzdem ihren eigenen literarischen Weg, vielleicht gerade weil der neue Freund sich mit Ratschlägen klug zurückhält.

Anton Mathias Sprickmann macht keinen Hehl daraus, daß neben Klopstock der Dichterfürst Goethe zu seinen Idolen zählt. Nach der ersten persönlichen Begegnung in Münster entstehen im Winter 1812/1813 in der Hülshoffer Dichterwerkstatt vier Gedichte, beflügelt vom Geist der Weimarer Klassik. Schon die Titel dieser Droste-Gedichte weisen in luftige Höhen, ins Reich der Ideale und grenzenlosen Weiten, wo – im Gegensatz zur *kleinlichen* Erde – Vernunft, Wahrheit und Freiheit walten. »Die Sterne« heißt eines der Gedichte:

> *Kennst du die Sprache der Sterne*
> *Am blaulichten Himmelsrand*
> *Sie winken so ferne so ferne*
> *So heimlich und doch so bekannt*
> *Sie heben*
> *Mit leisem Beben*
> *Die Gedanken*

*Aus ihren Schranken
In ein fremdes heiliges Land*

...

Es folgt als Zwillingsgedicht »Antwort«:

*In des Äthers freundlich lächelnder Bläue
Lacht ein Ziel uns, es winken die Sterne heran,
Tugend, nimmer begleitet von nagender Reue,
Zu ihr führet der Wahrheit ätherische Bahn,
Dorthin schreitet Vernunft, die gesucht und gefunden,
Mit ihr schwebet die Tochter der flüchtigen Stunden,
Holde Begeistrung die helle sternige Bahn.*

...

Nur ein, zwei Jahre später beansprucht Annette von Droste-Hülshoff im gleichen hohen Ton, daß in diesen Höhenflügen ihre Berufung liegt. Mit dem männlichen Titel »Der Dichter« hat sie die eigenen Spuren nur flüchtig verwischt:

*Das All der Welten unendlich umkreist,
Im schwebenden Fluge mein unsteter Geist,
Wo führst du mich hin? du gewaltige Macht,
Durch Räume voll Dunkel durch Weiten voll Nacht.*

Ich führe dich hin, daß du schauest das Licht
...
Daß du schauest die Klarheit in leuchtender Pracht.

...

Das adlige westfälische Fräulein lebt in der Provinz. Doch weiterhin gilt: Burg Hülshoff ist keine Insel, und provinziell sind diese Gedichte nicht, auch vereinbar mit Herkunft und Erziehung. Die Suche nach Wahrheit und die Sehnsucht nach klassischen Tugenden, in denen sich Vernunft und Begeisterung paaren, entspringen einem gläubig-katholischen Herzen.

Vernunft und Begeisterung: Die 16jährige Annette von Droste-Hülshoff wußte, wovon sie sprach. Beides prägte bewußter noch als in der Kindheit jetzt ihr Lebensgefühl: *Sehr jung war ich und sehr an Liebe reich, / Begeisterung der Hauch von dem ich lebte ...* Diese Zeilen aus dem Gedicht »Katharine Schücking« schrieb die Droste im November 1841 im Rückblick auf ein Ereignis, das sie im Januar 1813 in einen Begeisterungstaumel versetzt hatte. Die von der Droste verehrte Schriftstellerin Catharina Busch, später verheiratete Schücking, eine entfernte Verwandte Sprickmanns, war für drei Tage zu Besuch auf Hülshoff. Schwester Jenny teilt die Verehrung nicht und macht wieder einmal eine kritische Tagebuchnotiz: »Sie ist klein, hat dunkles Haar, ist blaß und hat ein paar starre unangenehme Augen; (nach meinem Urteil) ist sie nicht interessant, nicht mal genialisch und ein bischen mehr Blödigkeit würde ihr nicht schaden, sie spielt ziemlich hübsch Klavier, hat aber eine steife klanglose Stimme ... diesen Abend spielten Nette und Madmoiselle Busch Clavier ...« War Eifersucht im Spiel und die Distanzierung von einer eigenwilligen Persönlichkeit, die es gewagt hatte, ihre Gedichte an die Öffentlichkeit zu bringen?

Das Erinnerungsgedicht der fast 45jährigen Droste ist mit dem Wissen geschrieben worden, daß die Busch ihrem dichterischen Schaffen wesentlichen Antrieb gegeben hat, vor allem nach einer zweiten Begegnung im Jahre 1829. Die Verse drücken aber auch aus, was sie 1813 empfand – für eine Seelenverwandte, ein genialisches Vorbild:

> *Du hast es nie geahndet, nie gewußt,*
> *Wie groß mein Lieben ist zu dir gewesen,*
> *...*
> *Wenn du mir freundlich reichtest deine Hand,*
> *Und wir zusammen durch die Grüne wallten,*
> *Nicht wußtest du, daß wie ein Götterpfand*
> *Ich, wie ein köstlich Kleinod sie gehalten.*

Du sahst mich nicht, als ich, ein heftig Kind,
Vom ersten Kuß der jungen Muse trunken,
Im Garten kniete, wo die Quelle rinnt,
Und weinend in die Gräser bin gesunken;
Als zitternd ich gedreht der Thüre Schloß,
Da ich zum ersten Mal dich sollte schauen,
Westphalens Dichterin, und wie da floß
Durch mein bewegtes Herz ein selig Grauen.

Sehr jung war ich und sehr an Liebe reich,
Begeisterung der Hauch von dem ich lebte ...

Es war eine Übertreibung, sie »Westphalens Dichterin« zu nennen. Anton Mathias Sprickmann hatte die 16jährige während eines Münster-Aufenthaltes in seine Obhut genommen und ihr literarisches Talent gefördert. Catharina Busch hatte nach dem Erscheinen von drei ihrer Gedichte 1810 in der »Mimigardia« und deren Nachdruck im »Westfälischen Anzeiger« der Droste genug zu erzählen, wie es einer schreibenden Frau ergehen kann. Der Nachdruck hatte unautorisiert ihren Namen genannt und ihren Wohnort Dülmen – soviel angebliches weibliches Selbstbewußtsein war zuviel für die männlichen Lästermäuler an Münsters Stammtischen. Hämische Bemerkungen, sogar eine böse Karikatur über die Dichterin zirkulierten in den Weingesellschaften der Stadt.

Wo das größte Hindernis für eine Karriere als Frau lag, hatte die Busch ihrem Förderer Sprickmann schon 1809 geklagt: »Wäre ich doch kein Weib geworden, das sich so geduldig in all die Fesseln und Einschränkungen des bürgerlichen Lebens schmiegen muß, und das, so verschieden auch sein Charakter und seine Geisteskräfte sein mögen, doch immer sich derselben Bestimmung fügen muß.« Es darf angenommen werden, daß dieser klare Durchblick in die gesellschaftlichen Zwänge von Frauen – egal ob im adligen oder im bürgerlichen Lager – reichlich Gesprächsstoff für die Tage auf Hülshoff lieferte und bei der Droste auf lebhaftes Interesse stieß. Sie bewunderte den Mut und die Ehrlichkeit dieser Frau. Auch der alte Sprickmann wird ein Thema zwischen den beiden gewesen sein. Ihm schreibt Annette von Droste-Hülshoff im Februar 1816 in bezug auf Catharina Busch, sie interessiere alles, *was von diesem herrlichen und seltnen Weibe kömmt, zu der ich eine so eigne und innige Hinneigung fühle ...*

Catharina Busch hatte im Oktober 1813 den Juristen Paul Modestus Schücking geheiratet. Es wurde eine unglückliche Beziehung. Von ihren sechs Kindern starben zwei im Säuglingsalter. Ihr ältester Sohn Levin wird im Leben der erwachsenen Annette von Droste-Hülshoff eine zentrale Rolle spielen. Professor Sprickmann muß das Lob der Droste an Catharina Schücking weitergegeben haben. Im Herbst 1816 schreibt sie ihm: »Es freut mich übrigens bei der guten Nette in so geneigtem Andenken zu sein, wiewohl sie mich viel zu günstig beurteilt. Ich sehe es gar nicht gern, und es erweckt immer unangenehme Empfindungen in mir, wenn man eine zu vorteilhafte Meinung von mir hat.« Typisch Frau möchte man zu dieser negativen Selbsteinschätzung sagen. Schade, daß Catharina Schücking, die 1831 gestorben ist, nicht wußte, welche Bedeutung sie für die poetische Karriere der Annette von Droste-Hülshoff hatte.

Am 5. März 1813 steht dann in Jenny von Droste-Hülshoffs Tagebuch: »Nette schreibt ein Trauerspiel aus meinem Tintenfaß, und jetzt ist nur noch der Bodensatz darin; ich muß Wasser zugießen...« Eine Woche später heißt es: »Nette ... schrieb den ganzen Tag an ihrem Trauerspiel.« Die jugendliche Schreiberin hatte sich einiges vorgenommen und hielt sich auch auf dem Gebiet der Dichtkunst nicht an die Convenienzen. Trauerspiele in Verse zu setzen war die Domäne der Männer. Große Themen verlangten einen großen – männlichen – Geist. Frauen griffen zum Federkiel, um zierliche Novellen oder Romane zu schreiben – nach dem Geschmack der Frauen.

Annette von Droste-Hülshoff ließ sich nicht einengen. Die 16jährige legte los, wie es ihrem bisherigen Arbeitsstil und ihrer Begeisterung für die Dichtkunst entsprach. Die Feder konnte gar nicht schnell genug mitkommen, um die Gedanken und Bilder, die sich in ihrem Inneren drängten, aufs Papier zu bannen. »Bertha oder die Alpen. Trauerspiel in drei Aufzügen« hieß das neue Werk. Im Dezember 1814 meldete sie Sprickmann: ... *an meinem Trauerspiele habe ich bis vor zwey Wochen noch immer fortgeschrieben, und werde auch jetzt wieder dabey anfangen, es geht etwas langsam, aber doch hoffe ich es gegen den Frühling fertig zu bekommen, ich wollte es stände sogleich auf dem Papiere wie ich es denke, denn hell und glänzend steht es vor mir, in seinem ganzen Leben, und oft fallen mir die Strophen in großer Menge bey, aber bis ich sie alle geordnet und aufgeschrieben habe, ist ein großer Theil meiner Begeisterung verraucht, und das Aufschreiben ist mir bei weitem das Mühsamste bey der Sache ...* Dieser Seufzer wird die Dichterin während ihres gesamten Schaffens begleiten.

Was »Bertha« betrifft, hat die Droste nicht durchgehalten. Vier Jahre später, im Februar 1819, erfährt der Freund: *Was mein damals angefangenes Trauerspiel anbelangt, so habe ich es noch fortgesetzt bis zum dritten Akt, dann blieb es liegen, und jetzt wird es auch wohl ferner liegen bleiben. Es enthält zwar mitunter ganz gute Stellen, aber der Stoff ist übel gewählt ... es ist ein entsetzlicher Gedanke einen Stoff zu bearbeiten, für den ich nicht die mindeste Liebe mehr habe, es ist mir leid, ich wollte, daß ich es damahls fertiggemacht hätte ...* Mag der Stoff in den Augen der Droste übel gewählt sein, die Inhalte sind originell, eigenwillig und für die Dichterin keine Launen der Jugendzeit. Immer wieder wird sie sich in ihrem Werk damit auseinandersetzen.

Von Kabalen und Intrigen, *von des Armen saurem Schweiße, der die Fürsten ernährt,* hatte schon das Gedicht »Abendgefühl« der Zwölfjährigen erzählt. In ihrem Trauerspiel »Bertha«, das im adligen Milieu angesiedelt ist, läßt die 16jährige Droste die Tochter eines Ministers ihr Wissen über das Treiben bei Hofe ausbreiten: ... *Der giftigen Kabale schlingend sich / Mit tausend Banden um den sichern Fuß / Der wilden Eifersucht die gleich Hyänen / Mit toller Raserei hervor sich stürzt / Mit grimmgen Zahn zerfleischend ihren Raub / ... Bis zu dem Günstling an des Fürsten Seite / ... Und all der Teufel die dort herrschen still ... Der Genius der Liebe ist entflohn / Es herrscht die kalte Selbstsucht nur die bleiche / Als Staffel zu der Ehre goldnen Thron / betritt der Sohn des Vaters blutge Leiche ...* Die Bilanz der jungen Dichterin ist vernichtend. Ihr Onkel Werner von Haxthausen dagegen gründet im Frühjahr 1815 in Wien während des großen europäischen Kongresses mit Gleichgesinnten die Adelsvereinigung »Die Kette« und schwadroniert davon, »jenes altertümliche und ritterliche Leben und die adlige Gesinnung, die es allein ehrwürdig und lebenswert macht, so viel als möglich zurückzurufen«.

Nicht weniger schonungslos ist die Kritik der Droste am Eckstein adliger Machtbasis, der Familie. Ihr Fortbestand wird im Trauerspiel durch unmenschliche Heiratspolitik garantiert. Berthas Mutter, die Reichsgräfin, spricht in einem Augenblick der Schwäche aus, daß ihre Eltern ihr Leben zerstört haben und daß sie nun, von ihrem Mann gezwungen, ihrer ahnungslosen Tochter gleiches antut. Der Charakter des ausgewählten Schwiegersohns spricht für sich: *Aus scheußlich wütger Form die Hölle schaut / Wie in dem holden Antlitz tief versteckt / Der Bosheit Spuren bang und laut klagt an ... und all die Kämpfe die / Er kämpfte bis er Tugend niedertrat / Schau zitternd ich und solchem Schreckenbild / Soll hin ich geben diese Unschuld / mein Kind Mein liebstes Kind?* Nichts anderes hatten ihre eigenen Eltern getan: *... weh / Zum wütgen Tiger habt ihr mich gesellt / Ihr die ich Eltern nannte kein Erbarmen / In eurer Brust endloser Marter gabt / Ihr kalt mich hin o hätt ich lieber doch / Den Tod erduldet ...*

Die Kritik an adligen Institutionen verknüpft Privates mit gesellschaftlichen Themen. In einem weiteren Schwerpunkt des Trauerspiels setzt sich Annette von Droste-Hülshoff mit dem Krieg auseinander. Das 16jährige Fräulein sitzt auf Burg Hülshoff und läßt einen Standesgenossen das ehrbare Kriegshandwerk des Adels als blutiges Schlachten decouvrieren. Seinem kriegssüchtigen Neffen versucht der Reichsgraf die Realitäten beizubringen: *... noch sahst / Du nie des Schlachtfelds Greuel hörtest nie / Wie röchelnd sich verhaucht das junge Leben / Was stark und kraftvoll noch den Morgen sah / Wenn du es sähst du würdest schaudernd dann / Verabscheun die so viel gerühmte Tat / Und doch noch faßtest dus zur Hälfte nicht / Das namenlose Elend das der Krieg / Hineinschwemmt in ein still beglücktes Land ...*

»Bertha« ist kein pazifistisches Pamphlet gegen den Krieg. Wenn das Vaterland angegriffen wird, müssen seine Grenzen verteidigt werden. Doch in den Augen der Dichterin gibt es keinen Grund, den Krieg und seine Helfershelfer zu heroisieren. Im

Kampf werden alle schuldig. Sie bestreitet, daß Gut und Böse auf dem Schlachtfeld säuberlich verteilt sind – beide Heere werden Mörder! Der Soldat erkauft sein Leben mit dem Mord eines anderen: *Nun sterben sie nicht müssen andre sie / Ermorden und der armen Gegner Tod / fällt schwer aufs Haupt des Herrn der sie gesendet ... daß Mörder beide Heere wurden ... Zu morden zwang er seinen Untertanen ...* Die Droste läßt keinen Zweifel, wo die Verantwortung liegt und daß kein Zweck das Mittel heiligt.

Das Thema Krieg und Gewalt, ungewöhnlich für eine Autorin nicht nur in dieser Zeit, hat Annette von Droste-Hülshoff nicht losgelassen. 1837 entsteht »Die Schlacht im Loener Bruch 1623«, eine Ballade über ein Ereignis westfälischer Regionalgeschichte während des Dreißigjährigen Krieges. Nun werden die in »Bertha« angedeuteten Greuel des Schlachtfeldes hautnah und kühl seziert: ... *Vom Rosse sinkend, im Verbluten, / Die Finger, steif in Todesnahn, / Noch suchten des Pistolen Hahn, / Sie stießen mit der Partisan, / Am Grund auf blut'gen Stümpfen liegend / Und wimmernd sich im Moose schmiegend ...* Weder Katholik noch Protestant kennt Gnade gegenüber dem Feind. Selbst im Blick auf den historischen Kampf der Konfessionen gilt für die katholische Droste, daß keine der beiden Seiten den lieben Gott für sich in Anspruch nehmen darf: *Es war im Erntemond, Ein Tag / Gleich diesem auf der Landschaft lag, / Wo Windes Odem, süß und reg', / Hielt mit den Zweigen Zwiegespräch, / Der letzte einer langen Reihe, / Voll Glaubenswut und Todesweihe, / Da, ach! um Lehren, liebereich, / Gefochten ward den Wölfen gleich ... Das Recht, es stand bei jedem Hauf / Und schweres Unrecht auch vollauf, / Wie sie sich wild entgegen ziehn, / Hier für den alten Glauben kühn, / Und dort für Luther und Calvin.* Die Botschaft der jungen – wie der älteren – Droste ist eindeutig: Gewalt schafft keine besseren Zustände. Sie ist die Wurzel für viele Übel. In ihrem Dunstkreis erleidet die Menschlichkeit eine schwere Niederlage.

Das Thema Krieg und Gewalt ist für die junge Droste nicht vom Himmel gefallen, da sie mit offenen Augen und voller Neugier ihre Zeit und ihre Umgebung erlebt. Seit Annette von Droste-Hülshoff denken konnte, machten die blutige und siegreiche Spur Napoleons wie die demoralisierenden Niederlagen der gegnerischen Nationen den Krieg zum Alltagsphänomen und Tagesgespräch. Das Soldatenhandwerk und der Soldatentod ihres Onkels Friedrich Wilhelm von Haxthausen im fernen Spanien hatten sie zu zwei Gedichten angeregt. Die Familie wußte, daß Werner von Haxthausen Anfang 1813 aus seinem Londoner Fluchtort zum Kampf gegen Napoleon auf den Kontinent zurückgekehrt war. Im Laufe des Jahres trat sein Bruder August von Haxthausen als Freiwilliger in hannoversche Dienste.

Der Auslöser für den sich formierenden Widerstand gegen die französischen Besetzer war auch in Münster unübersehbar. Wer es nicht selbst beobachtet hatte, erfuhr es von denen, die am Straßenrand standen, als die erbarmenswerten Reste von Napoleons Großer Armee auf dem Rückzug durch Westfalen zogen. »Der Weg nach Moskau« war im russischen Winter zur tödlichen Falle geworden. Der Kaplan der Lamberti-Kirche zählte im Frühjahr 1813 »täglich wohl sechs bis zwölf Wagen mit Verstümmelten oder Reconvalescenten«. Bald waren alle Spitäler in Münster mit verwundeten Soldaten überfüllt, eine Typhusepidemie brach aus. Die Droste hat das nicht kalt gelassen, wie das Trauerspiel »Bertha« zeigt. Durch ihre zahlreichen Aufenthalte in Münster bekam sie Anschauungsunterricht über die Schrecken des Krieges.

Die Völkerschlacht zwischen Kaiser Napoleon und der Koalition von Preußen, Österreich, Rußland und England tobte vom 16. bis 18. Oktober 1813 in der Nähe von Leipzig. Als die Nachricht von Napoleons Niederlage Münster erreichte, begannen die französischen Beamten, ihre Möbel und andere bewegliche Habe zu verkaufen. Sie packten die Akten, kratzten die Bestände aller Kassen zusammen und zogen Anfang November über den Rhein nach Westen. Am 6. November steht in Jenny von Droste-Hülshoffs Tagebuch: »Schon seit 6 Uhr ist alles hier in Alarm, wir hörten sehr nahe viele Schüsse fallen, die wir für Kanonenschüsse hielten, und waren deshalb sehr in Angst. Endlich erhielten wir Aufschluß: diesen Morgen sind endlich die Kosacken in Münster gekommen, Franzosen waren nicht mehr drin ...«

Endlich. Wie haben sich die Zeiten geändert, seit die Franzosen im Jahre 1806 umjubelt in Münster einmarschiert waren. Nun werden Kosaken nebst den ihnen folgenden Russen, Preußen und Schweden als Befreier begrüßt – mit einer Mischung aus freundlicher Neugier und Vorsicht. Über die Kosaken schreibt Annettes Schwester am 7. November: »Sie sind in der Stadt einquartiert, die Gemeinen liegen mit ihren Pferden auf dem Neuen Platz, wo sie Feuer gemacht haben, und sich mit den Kindern die Zeit vertreiben, es scheint ein gutmütiges, aber sehr ungebildetes Volk zu sein.« Der Umbruch bringt Unruhe und Abwechslung auch nach Hülshoff. Am 13. November gibt es die erste Einquartierung: »Es sind preußische Dragoner, Blau mit Rot, der Major ist ungefähr 40 Jahre, und nicht hübsch – prahlt aber nicht und spricht vernünftig.« Einen Tag danach notiert Jenny von Droste-Hülshoff, was ihre Schwester Annette gleichermaßen erlebt: »Unsere Preußen verließen uns diesen Morgen um 8 Uhr, und jetzt haben wir wieder das ganze Haus voll Kosacken... Wir hatten uns eine sehr furchtbare Idee von ihnen gemacht... Die Kosaken sehen aus wie echtes Bettel-Volk, haben aber noch nicht gestohlen, und sind so ziemlich umgänglich. Wir leben hier wie im Lager, gestern war alles voller Soldaten, diesen Morgen weckte mich schon früh die Trompete...« Das klang keineswegs unglücklich.

In Münster läuteten zwei Tage später alle Glocken und die Menschen in den Straßen klatschten Beifall, als mehrere tausend Soldaten des III. Preußischen Armeekorps in die Stadt einmarschierten. Daß die preußischen Befreier auf Dauer wieder die neuen Herren sein würden, wollten die Einheimischen allerdings nicht wahrhaben. Doch der Kongreß in Wien, der nicht nur tanzte, stellte in Europa nach der Abdankung Kaiser Napoleons bald die alte Ordnung wieder her. Preußen erhielt im Februar 1815 die Besitzungen von 1806 – das Rheinland und Westfalen – nebst einigen kleineren Arrondierungen zurück. Münster wurde die Hauptstadt der Provinz Westfalen und der altbekannte Ludwig von Vincke als höchster preußischer Staatsbeamter Oberpräsident der Provinz und Präsident des neuen Regierungsbezirks Münster.

Während der mehrtägigen Huldigungsfeiern für den preußischen König im Oktober 1815 versuchte der Literaturprofessor Johann Christoph Schlüter in der überfüllten Aula der Universität von Münster, seine Landsleute mit einer einfühlsamen und klugen

Rede zur Einsicht in die Realitäten zu bewegen: »Als unser Münsterland zum erstenmal dem preußischen Zepter anheimfiel, da ward es vielen schwer, in diese plötzliche Veränderung sich zu fügen ... Eine glückliche Vergangenheit betrauern ist erlaubt; aber des Glückes der Gegenwart sich nicht zu freuen, weil es doch nicht das Glück der Vergangenheit sei, das hieße gewissermaßen, in das notwendige Wechselspiel des Lebens sich nicht zu finden.« Der Giebel des Rathauses war für die Festlichkeiten mit über 1000 Lampen und dem preußischen Adler geschmückt. Am Hauptportal des Domes prangte ein überdimensionales Durchscheingemälde mit Taube und Ölzweig. In den Köpfen war die Mahnung von Professor Schlüter angekommen, die Herzen der Münsterländer folgten noch lange nicht.

Aber es war Frieden im Münsterland wie in Europa. Für die junge Droste zählte er zu den höchsten Gütern, daran läßt das Trauerspiel »Bertha« keinen Zweifel. Doch damit war der gewichtigen Themen in diesem Stück noch nicht genug. Gleichsam durch die Hintertür bringt die Dichterin einen weiteren Schwerpunkt auf die Bühne und ins Gespräch. Es ist Berthas Schwester Cordelia, die dieses Thema als Ursache für Berthas Schwermut und innere Unzufriedenheit im ersten Auftritt des ersten Aktes anspricht: *Zu männlich ist dein Geist strebt viel zu hoch / Hinauf wo dir kein Weiberauge folgt / Das ists was ängstlich dir den Busen engt / Und dir die jugendliche Wange bleicht / Wenn Weiber über ihre Sphäre steigen / Entfliehn sie ihrem eignen bessern ⟨Selb⟩st ... Wenn Weiber wollen sich mit Männern messen / So sind sie Zwitter und nicht Weiber mehr / ... Doch glaube diesesmal nur meinen Worten / Das gute Weib ist Weiblich aller Orten.* Bertha allerdings läßt sich darauf nicht ein: *Ich glaube dir du gutes Mädchen gern / Doch ist es das nicht was die Seel umdüstert.* Damit ist der Diskussion vorerst der Boden entzogen. Beendet ist sie in diesem Trauerspiel nicht.

Im fünften Auftritt vom ersten Akt kommt es zu einem erregten Zwiegespräch zwischen Bertha und ihrer Mutter, der Reichsgräfin. Sie streiten über die unterschiedlichen Gefühle, Aufgaben und Pflichten von Mann und Frau. Die Mutter vertritt die traditionelle Rollenaufteilung vom zarten, in sich harmonischen Weib und dem starken Mann mit starkem, aber zwiespältigen Geist. Nur der Mann sei fähig zu heißen Emotionen und kühlem Handeln. Mit dieser natürlichen Doppelbegabung begründet die Reichsgräfin das männliche Monopol auf die weltlichen Geschäfte, aber auch auf die Kreativität in Musik, Malerei und Dichtkunst: *Ein innrer Drang treibt mächtig ihn und heiß / Zu großen Taten, zu der Helden Preis / Wie zu des Bildes Glanz des Liedes Kraft / ... Doch plötzlich weilt er in der Rede Strom / Ruft zum Geschäft das ernste Leben ihn ...* Die Tochter protestiert vehement: *O Mutter eure Farben sind zu stark / Denn wären so die Männer all, es stürb / Die Liebe aus auf dieser Welt.* Die Mutter bleibt unbeeindruckt: *So sind / Sie alle fast und also muß es sein / Denn dieses ist es was die Staaten hält / Und was gewebt der Ordnung heilges Band ...*

Annette von Droste-Hülshoff hat mit Bertha, deren Schwester Cordelia und der Reichsgräfin kein identisches Abbild von sich selbst, ihrer Schwester Jenny und ihrer Mutter geschaffen, auch wenn einzelne Familienkonstellationen, Wesenszüge und Szenenbruchstücke durchaus Ähnlichkeiten aufweisen. Sie war so klug, aus dem Fundus ihrer persönlichen Erfahrungen zu schöpfen. Sie hat sich als Anfängerin wie als weibliche Autorin mit dem Trauerspiel an eine anspruchsvolle literarische Form gewagt. Und damit nicht genug: Sie wollte auch gewichtige Inhalte auf die Bühne bringen. Während sie das Thema Krieg kritisch bearbeitet, wird es von ihren berühmten Schriftstellerkollegen im Zusammenhang mit dem Befreiungskampf gegen Napoleon heftig glorifiziert. Da ging es euphorisch um »Lützows wilde verwegene Jagd«, und Heinrich von Kleist dichtete in »Germania an ihre Kinder«: »Mit dem Spieße, mit dem Stab / Strömt ins Tal der Schlacht hinab! Alle Trifften, alle Stätten / Färbt mit ihren Knochen weiß, / Welchen Rab und Fuchs verschmähten, / Gebet ihn den Fischen preis; / ... Schlagt ihn tot! das Weltgericht / Fragt Euch nach den Gründen nicht!« Um so bemerkenswerter ist die Beurteilung von Gewalt und Schuldigwerden in »Bertha«, die Klage über den Verlust von Humanität in jedem Krieg, Gedanken einer 16-, 17jährigen.

Persönlich betroffen ist Annette von Droste-Hülshoff in dem Streit über das Selbstverständnis von Männern und Frauen, verknüpft mit der Frage, ob auch die Frauen sich aktiv der Kunst – in Berthas Fall der Dichtkunst – verschreiben dürfen. Das Thema selbst ist aktuell und wird innerhalb der kleinen Schicht der Gebildeten seit Jahrzehnten diskutiert. Vor allem von Seiten der Männer und durchaus zur Wahrung ihrer eigenen Interessen. Catharina Busch hat den wunden Punkt in einem Brief an Sprickmann direkt angesprochen: »Wäre ich doch kein Weib geworden, das sich ... immer derselben Bestimmung fügen muß.« Es ist die Falle der Weiblichkeit, in die ausgerechnet die Wegbereiter der Aufklärung die Frauen gesteckt haben. Als 1762 »Emile« von Jean-Jacques Rousseau erschien, wurde der Roman sofort ins Deutsche übersetzt und von adligen wie bürgerlichen Kreisen begierig aufgenommen.

»Emile« setzte exemplarische Maßstäbe für die Erziehung von Jungen und Mädchen, um sie auf ihre späteren Aufgaben als Männer und Frauen optimal vorzubereiten. Die Jungen sollten vom »Ballast unnatürlicher Dressur« befreit werden, und das Erziehungsziel für sie war die »Bildung zur vollen freien Persönlichkeit durch Entwicklung aller von der Natur in dieses Wesen gelegten Kräfte«. Den Mädchen hatte der berühmte Philosoph andere Ziele zugedacht: »Die ganze Erziehung der Frauen muß daher auf die Männer Bezug nehmen, ihnen gefallen und nützlich sein, ... sie beraten, trösten und ihnen das Leben angenehm machen und versüßen ...« Die angehende Frau »muß frühzeitig lernen, Unrecht zu erdulden und Übergriffe eines Mannes zu ertragen, ohne sich zu beklagen«. Die Meinung des großen Rousseau wurde Allgemeingut unter den aufgeklärten Zeitgenossen. Das beliebte »Journal des Luxus und der Moden« schrieb 1792: »Die Natur schuf die Weiber zu häuslichen Tugenden und nie sollten sie sich unter Männer mischen als zum Genuß verfeinerter gesellschaftlicher Freuden ...«

Frauen waren keine eigenständigen Menschen. Sie definierten sich nur in ihren Beziehungen zum Mann als Gattin und Mutter. Sie durften in Empfindungen und Gefühlen schwelgen, den weichen Themen. Die harten Geschäfte und alles, wozu Verstand nötig war, oblag den Männern. Mit deutscher Gründlichkeit sekundierte 1796 in Berlin der Philosoph Johann Gottlieb Fichte seinem französischen Kollegen: »Im Begriff der Ehe liegt die unbegrenzte Unterwerfung der Frau unter den Willen des Mannes, nicht aus einem juridischen, sondern aus einem moralischen Grunde. Sie muss sich unterwerfen, um ihrer eigenen Ehre willen – die Frau gehört nicht sich selbst an, sondern dem Manne.« Das hohe Lob der Weiblichkeit war ein vergiftetes Geschenk.

Ein einsamer Rufer in der Wüste männlicher Vorherrschaft war Theodor Gottlieb von Hippel, Bürgermeister in Königsberg, Jurist, Geheimer Kriegsrat, Schriftsteller. Er forderte 1793 in seiner Schrift »Über die bürgerliche Verbesserung der Weiber« eine gleiche und freie Erziehung auch für die Mädchen: »Die Scheidewand höre auf! Man erziehe Bürger für den Staat, ohne Rücksicht auf den Geschlechtsunterschied ...« Solche revolutionären Standpunkte waren von Berthas Mutter im gleichnamigen Trauerspiel nicht zu erwarten. Aber die Dichtkunst bot Annette von Droste-Hülshoff die Bühne, gegenteilige Meinungen über die Rolle der Frau in aller Öffentlichkeit durchzuspielen und in den Personen von Mutter und Tochter gegeneinanderzusetzen, ohne sich persönlich zu exponieren. Im Reich der Dichtung konnte die Droste auch – für beide Seiten – Einschränkungen und Kompromisse formulieren. Bertha versucht beides: eine selbstbewußte Haltung als Frau einzunehmen und zugleich ein harmonisches Einverständnis mit ihrer Mutter zu erreichen. Die wiederum verteidigt gegenüber der Tochter die traditionelle Rolle der Frau und hat doch insgeheim – aber für das Publikum deutlich hörbar – starke Zweifel daran.

Die 16jährige Annette von Droste-Hülshoff steht mit der in »Bertha« angezettelten Diskussion in einer Schriftstellerinnen-Tradition: Mit Hilfe der Dichtkunst die Weiblichkeitsfalle sichtbar zu machen, deren Begrenzungen zu erweitern und aufzuweichen. Im letzten Drittel des 18. Jahrhunderts kippte der Buchmarkt. Statt der üblichen Gelehrtenliteratur auf Latein war nun überwiegend Literatur in deutscher Sprache und zur Unterhaltung gefragt. Sophie von La Roche war die erste Frau, die erkannte, daß dieses neue aufgeklärte Lesepublikum zu einem großen Teil Frauen waren und hungrig auf Lektüre, die ihrer Lebenswirklichkeit und ihren Träumen entsprach. Anonym veröffentlichte La Roche 1771 die »Geschichte des Fräuleins von Sternheim«. Die Hauptperson war eine Frau, die sich privat und wirtschaftlich aus gesellschaftlichen Zwängen befreit, und sie brachte ihrer Erfinderin Erfolg, Ruhm und Popularität. Sophie von La Roche, die auf dem Ehrenbreitstein gegenüber von Koblenz einen angesehenen Literatur-Salon führte, wurde Deutschlands berühmteste Schriftstellerin im 18. Jahrhundert. Sie schrieb unter ihrem wirklichen Namen Romane, Erzählungen, Reiseberichte und Gedichte, brachte 1784 eine Zeitschrift für Frauen heraus und konnte als Witwe hauptsächlich von ihren literarischen Einnahmen leben. Das hatte es bis dahin noch nicht gegeben.

In der nächsten Generation gehörte Sophie Mereau zu den allerersten Berufsschriftstellerinnen. Sie legte sich nicht mehr auf Frauenromane fest, übersetzte zudem Boccaccio und Montesquieu und wurde 1803 Herausgeberin des berühmten »Göttinger Musenalmanachs«, Tummelplatz für Deutschlands literarische männliche Elite. Friedrich Schiller förderte dieses überdurchschnittliche Talent, rühmte ihre »Innigkeit« und »Tiefe« und schrieb 1797 über einen Roman der Mereau an Goethe: »Ich muß mich doch wirklich darüber wundern, wie die Weiber jetzt, auf bloß dilettantischem Wege, eine gewiße Schreibgeschicklichkeit sich zu verschaffen wissen, die der Kunst sehr nahe kommt.« Kunst war in den Augen der Männer eine männliche Domäne und mußte es bleiben. Da die Dichterfürsten aber natürlich keine Frauen mit schlechtem literarischem Geschmack förderten, wurde als anerkennenswerte Spielwiese für talentierte Schriftstellerinnen zwischen den Extremen Kitsch und Kunst von den schreibenden Männern der weibliche Dilettantismus kreiert.

Selbst dieses Lob war dem Freund der Sophie Mereau schon zuviel. Eifersüchtig forderte er von ihr zwischen heißen Liebesbeteuerungen, sie solle vom Schreiben ablassen. Die Mereau, in erster Ehe geschieden, hat das Drängen Clemens Brentanos nach Heirat am Ende erhört. Zugleich tat sie einen süffisanten Schwur: »Aber für die Zukunft werde ich wenigstens mit Versemachen meine Zeit nicht mehr verschwenden, und wenn ich mich je genötigt sehen sollte, zu schreiben, nur gute moralische oder Kochbücher zu verfertigen suchen.« Wie hatte doch Cordelia in bester Absicht ihrer Schwester Bertha empfohlen: *Das gute Weib ist weiblich aller Orten.* Gedichte und Romane mit literarischem Anspruch oder gar ein Trauerspiel zu schreiben, war für die aufgeklärten männlichen Meinungsführer ein weiblicher Irrweg. Der Preis: Verlust der Weiblichkeit.

Genau diese Konsequenz hatte Cordelia verinnerlicht, als sie über die »männlichen Frauen« urteilte: *Wenn Weiber wollen sich mit Männern messen / So sind sie Zwitter und nicht Weiber mehr.* Annette von Droste-Hülshoff ist bestens über die gängigen Argumente der Weiblichkeitsverfechter informiert. Friedrich Schiller hatte über »Die berühmte Frau« gedichtet: »Ein starker Geist in einem zarten Leib, / Ein Zwitter zwischen Mann und Weib, / Gleich ungeschickt zum Herrschen und zum Lieben, / Ein Kind mit eines Riesen Waffen, / Ein Mittelding von Weisen und von Affen.« Der Klassiker aus Weimar war mit dem Philosophen Kant in guter Gesellschaft. Der hatte erklärt, eine gelehrte Frau solle sich doch gleich einen Bart umhängen: »Tiefes Nachsinnen und eine lange fortgesetzte Betrachtung sind edel aber schwer, und schikken sich nicht wohl für eine Person, bei der die ungezwungenen Reize nichts anders als eine schöne Natur zeigen sollen.« Zu Hause im Salon mag die Frau zur Unterhaltung der Männer ein wenig Geist zeigen. Kaffeehaus oder Universitäten sind Bollwerke der Männlichkeit, wo Frauen nichts zu suchen haben. Sie gehören ins Haus, ins Getto der Weiblichkeit.

In ihrem Gedicht »Der Dichter«, zur gleichen Zeit wie »Bertha« entstanden, hat die Droste ihre Position in männlicher Verkleidung ausgesprochen, wenn sie den Dichter durch das Weltall zum Licht und in die Sonnenbahn der ewigen Wahrheit aufsteigen läßt. Ende Februar 1816 endet die Droste das Versteckspiel. Ihrem väterlichen Freund Sprickmann, inzwischen Professor in Breslau, schickt sie unter dem Titel »Unruhe« ihr bisher schönstes Gedicht: *... was ich vor einigen Wochen verfertigt habe, nehmen sie es gütig auf, es mahlt den damaligen, und eigentlich auch den jetzigen Zustand meiner Seele vollkommen ...* Das Ich des Schreibenden wie das angesprochene Du sind auf kein bestimmtes Geschlecht festgelegt. Zwei Menschen stehen am Strand, erfreuen sich *An des Ozeans Unendlichkeit* und sehen die Schiffe vorbei in ferne Länder ziehen:

...

Möchtest du nicht mit den wagenden Seglern
Kreisen auf dem unendlichen Plan?
O! ich möchte wie ein Vogel fliehen
Mit den hellen Wimpeln möcht ich ziehen
Weit, o weit wo noch kein Fußtritt schallte
Keines Menschen Stimme wiederhallte
Noch kein Schiff durchschnitt die flüchtge Bahn.

Und noch weiter, endlos ewig neu
Mich durch fremde Schöpfungen, voll Lust
Hinzuschwingen fessellos und frei
O! das pocht das glüht in meiner Brust
Rastlos treibts mich um im engen Leben
Und zu Boden drücken Raum und Zeit
Freiheit heißt der Seele banges Streben
Und im Busen tönts Unendlichkeit!

...

Die Worte der Cordelia über den männlichen Geist, der sich zur Sonne aufschwingt, »Der Dichter« mit seinem Höhenflug und nun der fessellose Aufschwung durch fremde Schöpfungen: Die Bilder der Droste erwecken ein prometheisches Lebensgefühl. Sie künden vom Verlangen, es dem griechischen Titanensohn gleichzutun und das Feuer vom Himmel zu holen. Doch die 19jährige Dichterin verliert sich nicht im Hochgefühl:

Stille, stille, mein törichtes Herz
Willst du denn ewig vergebens dich sehnen?
Mit der Unmöglichkeit hadernde Tränen
Ewig vergießen in fruchtlosem Schmerz?

...

Wie im Trauerspiel »Bertha« konfrontiert die Droste in dem Gedicht »Unruhe« hochfliegende Ideale mit den alltäglichen Erfahrungen und plädiert in der 8. Strophe für das Erreichbare, den Kompromiß: *Sei ruhig, Herz, und lerne dich bescheiden* ... Dahinter steckt die Erfahrung, daß die verlockenden Träume zu Alpträumen werden können und dem Menschen das Verschlungensein von Ferne und Nähe unheimlich wird:

> *Laß uns heim vom feuchten Strande kehren*
> *Hier zu weilen, Freund, es tut nicht wohl,*
> *Meine Träume drücken schwer mich nieder*
> *Aus der Ferne klingts wie Heimatlieder*
> *Und die alte Unruh' kehret wieder*
> *Laß uns heim vom feuchten Strande kehren*
> *Wandrer auf den Wogen, fahret wohl!*

Das Gedicht lebt von der Spannung zwischen den gegensätzlichen Polen. Im Leben jedoch, so die nüchterne Botschaft der Dichterin, ist die permanente Ambivalenz krankmachend. Und damit wäre das Gedicht eigentlich zu Ende.

Aber es folgt noch ein Fanfarenstoß, um alle wachzurütteln, die Nüchternheit mit Resignation verwechseln. Eine weitere, tiefer liegende Botschaft dieser »Unruhe« wird entschlüsselt: Es ist eine weibliche Stimme, die die Sehnsucht nach Weite und Freiheit, nach Unendlichkeit und Schöpfungslust einfordert. Stellvertretend für ihr ganzes Geschlecht setzt sie den Schlußpunkt dieses Gedichtes:

> *Fesseln will man uns am eignen Herde!*
> *Unsre Sehnsucht nennt man Wahn und Traum*
> *Und das Herz, dies kleine Klümpchen Erde*
> *Hat doch für die ganze Schöpfung Raum!*

Dies ist kein Lamento, sondern in zwei Zeilen eine kühle Analyse männlicher Vorherrschaft, der ebenso knapp und ohne Rechtfertigungspathos die selbstbewußte weibliche Gegenposition folgt – und beides wird in prägnanten Bildern voller Poesie dem Verstand wie dem Herzen nahegebracht.

Die Dichterin ist 1816 endgültig aufgebrochen, ein Feuer vom Himmel zu holen, ohne den Boden unter den Füßen zu verlieren. Sie wird die Flamme hüten, ohne die Realitäten aus den Augen zu lassen. Im Winter 1841/42 schreibt die Droste das Gedicht »An die Schriftstellerinnen in Deutschland und Frankreich«: *Ja, treibt der Geist euch, laßt Standarten ragen! / Ihr wart die Zeugen wild bewegter Zeiten, / Was ihr erlebt, das läßt sich nicht erschlagen, / Feldbind' und Helmzier mag ein Weib bereiten; / Doch seht euch vor wie hoch die Schwingen tragen, / Stellt nicht das Ziel in ungemeßne Weiten, / Der kecke Falk ist überall zu finden, / Doch einsam steigt der Aar aus Alpengründen.* Wer Kompromisse eingeht, muß deshalb noch lange nicht in die Weiblichkeitsfalle tappen. Auch Kampfansagen können elegant und wohlklingend sein.

Annette von Droste-Hülshoff ist keineswegs deprimiert, weil es mit dem Trauerspiel »Bertha« nicht geklappt hat. Mit kreativem Schwung macht sie sich gleich ans nächste Werk und entschuldigt sich damit im Oktober 1818 bei Anton Mathias Sprickmann für ihr langes briefliches Schweigen: ... *ich kann Sie aber dessen versichern, daß der Grund meines Stillschweigens mir bis jetzt ganz vollgültig und billig vorgekommen ist, denn ich habe in diesem Jahre ein Gedicht in sechs Gesängen geschrieben, dem eine nicht zu wohl ausgesonnene Rittergeschichte zum Grunde liegt, das mir aber in der Ausführung ziemlich gelungen scheint* ... Im März 1819 kommt auf Hülshoff ein Brief aus Berlin an, wo Sprickmann inzwischen eine Professur angenommen hat: »Sie haben mir, meine Theuerste Freundin, meinen diesjährigen Namenstag zu einem wahren Festtag gemacht ... Daß ich diese schöne liebliche Frucht Ihrer Muse gleich mit wahrer Gier verschlungen habe, das wissen Sie schon von selbst ...« Da Annette von Droste-Hülshoff in den Wintermonaten an einer Augenentzündung litt, hatte Jenny für den Freund der Schwester eine Abschrift von »Walther, ein Gedicht in sechs Gesängen« angefertigt. Die Droste ist begierig auf Sprickmanns Kritik: ... *nun bitte ich sie noch einmahl, recht von Herzen, lieber Sprickmann, schreiben Sie mir doch recht deutlich und aufrichtig über das kleine Werk, nicht allein über offenbare Fehler, sondern was Ihnen nur immer unbehaglich daran auffällt, und noch verbesserungswerth erscheint ... ich könnte und möchte mich Ihrem Urteil blindlings unterwerfen, und würde es für die größte Grausamkeit halten, wenn Sie mich aus übergroßer Güte verleiteten, etwas stehn zu lassen, was Ihnen mißfiel* ...

Damit kein falsches Urteil über diese ungewöhnliche Korrespondenz aufkommt, für die von jeder Seite vier Briefe zwischen 1814 und 1819 vorliegen. Die Briefe der Droste an den fast 50 Jahre Älteren sind direkt, persönlich und vertraut. Sprickmann ist für sie eine literarische Autorität; aber es fehlt jede Anbiederung. Die Droste trifft – ohne daß es peinlich wird – einfühlsam den Ton seiner Generation, die durch die Epoche der Empfindsamkeit geprägt wurde. Anton Mathias Sprickmann ist unter Deutschlands Literaten als ein Meister des Briefes bekannt, der ein bevorzugtes Medium für den Austausch empfindsamer, schöner Seelen war. Die Droste ist ihm eine ebenbürtige, eigenständige Briefpartnerin. Der Brief, das beweisen diese ersten Zeugnisse, ist für sie eine ideale Form gestalteter Kommunikation und damit partiell ein Stück Literatur.

Auch wenn es mühelos hingeworfen scheint, die junge Annette von Droste-Hülshoff hat den Adressaten beim Schreiben intensiv im Blick. Sie macht Anspielungen, die Sprickmanns weit zurückliegendes Interesse für das Theater ansprechen. Sie spricht davon, *mit welcher Herzensangst ich sie auf dem langen Wege begleitet habe,* als er sich an die Universität in Breslau begab, und alles unverkrampft und mit ehrlicher Anteilnahme an seinem Leben. Mal wird leichtfüßig geplaudert, mal geht es um persönliche Bekenntnisse wie den kindlichen Traum, als sie gemeinsam mit ihren Eltern durch Garten und Allee wandert und am nächsten Morgen in Tränen ausbricht, weil sie den Abgrund zwischen Traum und Wirklichkeit erkennt.

Die Droste ist selbstbewußt genug, den Professor um seine Kritik zu bitten und im gleichen Brief schon die Pläne für ein neues, großes Werk vorzustellen. Über die bisherigen Kenner, denen die Mutter der Droste aus dem »Walther« vorgelesen hat, schreibt sie an Sprickmann: ... *aber wenn ich oft Stellen, von denen ich überzeugt bin, daß sie zu den Bessern gehören als dunkel, unverständlich* ET CET *schelten höre und dagegen von schlechteren und seichtesten, eben weil nur jeder gut, und klug genug ist, um sie ganz zu verstehn und empfinden, loben höre … das ist zu arg, und mit Stillschweigen oder einer Verbeugung kann ich es nicht abmachen, dann bin ich hochmütig …* So redet eine, die von ihren dichterischen Talenten überzeugt ist und auch gegenüber dem geschätzten Kritiker ihren eigenen Kopf behalten wird.

Der vertraute Ton an den lieben Freund Sprickmann ist nicht erst auf die Entfernung gewachsen. Er beruht auf persönlichen Begegnungen dieses ungleichen Paares, das die Mutter der Droste mit dem Besuch bei Sprickmanns im November 1812 erstmals zusammenbrachte und dem etliche weitere Treffen im Jahre 1813 folgten. Besonders romantisch waren die in Lohmanns Gaststätte vor den Toren von Münster. Im Brief vom Oktober 1818 macht die 21jährige die Erinnerung für den Adressaten noch einmal lebendig: *ich muß für heute aufhören, denn es ist schon sehr spät … ihr liebes Bild aber will ich mit mir nehmen und einen freundlichen theuren Traum daraus bilden, wie wir zusammen in Lohmanns Garten in der Laube sitzen, wo ich jetzt so oft vorbey fahre und sehe niemand darinn, was mir freylich noch zehnmahl lieber ist, als wenn statt dessen aus der lieben grünen Hütte ganz unbekannte oder gleichgültige Gesichter herausguckten, die mir am Ende wohl meine schönsten Bilder aus der Erinnerung stöhlen oder doch verwirrten … durch einen seltsamen, aber glücklichen Zufall habe ich oft ein leeres Glas darinn stehen sehn, aber nie einen Menschen, und da konnte ich es mir denn nie anders denken, als daß sie so eben hinaus gegangen wären, und wenn wir von Münster kamen, und ich also zu Anfang nicht in die Laube hineinsehen konnte, da habe ich mich oft weit aus dem Wagen gelehnt und mir bisweilen ernstlich eingebildet, sie könnten doch wohl hinter der grünen Wand stecken, bis ich mich mit wirklichem Erschrecken getäuscht sah …* Typisch Droste darf man dazu sagen. In vielen später geschriebenen Briefen knüpft ihre Erzählkunst ein festes Band zwischen Erinnerung und Gegenwart und bindet den Angesprochenen auf subtile Weise an das gemeinsam Erlebte.

Die Beschwörung traulicher Stunden in Lohmanns Laube ist nicht nur schmeichelhaft, denn Annette von Droste-Hülshoff fühlt sich von dem soviel Älteren verstanden und ernst genommen. Sprickmann bedrängt sie in seinen Briefen nicht mit literarischen Ratschlägen. Ihrer Aufforderung zur Kritik folgt er kaum. Auch seine Briefe sind von gleich zu gleich geschrieben, – »und nun leben Sie denn recht wohl, meine liebe teuere Freundin«. Er redet nicht herablassend zu einer literarischen Dilettantin, sondern setzt voraus, daß die Droste ihr Geschäft, die Dichtkunst, mit Leidenschaft betreibt. In diesem Gefühl, in dieser Hingabe trafen und verstanden sich die beiden, mochte sie auch vieles trennen. Hatte Sprickmann doch 1776 in einem Aufsatz geschrieben: »Das Ideal der Dichtkunst ist der leidenschaftliche Mensch.«

Annette von Droste-Hülshoff öffnete erstmals einem Menschen ihr Herz, wie sie es wohl niemandem innerhalb ihres vertrauten familiären Kreises geöffnet hat. In den Briefen an Sprickmann konnte sie den Überschwang ihrer Gefühle in Worte fassen, ihm eine literarische Wendung geben, ohne mißverstanden zu werden: ... *ich verschiebe das alles bis auf den folgenden Brief, wo mein Herz wieder so offen vor Ihnen liegen soll, wie immer, ach! wer nimmt mich mit allen meinen Eigenschaften und Neigungen und Gedanken guten und bösen, so treu und zart auf wie Sie, wer ist so reich im Geben und so stark im Vergeben! genug, mein Freund, ich darf mich nicht zu weit gehen lassen, sonst kann ich nicht aufhören* ... Am Schluß fehlt nicht die rhetorische Wendung, mit der die Schreiberin sich gekonnt vor einem Abgleiten in den Abgrund pathetischer Gefühle bewahrt.

Zu wem, außer zu Sprickmann, hat sie in diesen Jahren von ihrem *Plagedämon* gesprochen – *mein Plagedämon hat einen romantischen und geckenhaften Namen, er heißt »Sehnsucht in die Ferne«.* Die Droste nennt es im Brief vom Februar 1819 *mein wunderliches verrücktes Unglück, es hat immer in mir gelegen.* Zum Beweis führt sie ihren kindlichen Traum von den Eltern und der Allee an. Sie habe, schreibt sie weiter, einen *unglückseligen Hang zu allen Orten, wo ich nicht bin und allen Dingen, die ich nicht habe.* Ständig sei sie mit ihren Gedanken bei abwesenden Theaterstücken und Büchern, bei Zeitungsartikeln, Menschen oder Kunstwerken. Sie befinde sich in fremden Ländern, von denen sie gehört oder gelesen habe, und sehe dies alles *vor mir vorüberziehn, und oft mit so lebhaften an Wirklichkeit grenzenden Farben und Gestalten, daß mir für meinen armen Verstand bange wird ... o! mein Freund, dann ist meine Ruhe und mein Gleichgewicht immer auf längere Zeit zerstört ... und wenn ich allein bin, besonders des Nachts, wo ich immer einige Stunden wach bin, so kann ich weinen wie ein Kind, und dabey glühen und rasen, wie es kaum für einen unglücklich Liebenden passen würde ...*

Warum sollte sich die intensive und lebhafte Phantasie des Kindes verflüchtigt haben, wo in der Jugendzeit noch viel mehr und bewußtere Optionen und Gefühle sich bemerkbar machen und daraus die verunsichernde Suche nach der Identität erwächst? In welche Ferne würde sie die Dichtkunst führen? Wo war sie zu Hause? Auf Hülshoff bei ihrer Familie natürlich, wie sie Sprickmann – und damit sich selber – im gleichen Brief versichert: *Sie können auch nicht denken, wie glücklich übrigens meine äußere Lage jetzt ist, ich besitze die Liebe meiner Aeltern Geschwister und Verwandten in einem Grade, den ich nicht verdiene ...* Aber die Momente der Fremdheit, die schon das Kind fühlte, sind geblieben. Sie ist anders als ihre Schwester Jenny, die von keinem »Plagedämon« heimgesucht wird.

Doch der Plagedämon treibt Annette von Droste-Hülshoff auch, dem Freund Sprickmann ihr Herz in meisterhafter Prosa zu eröffnen. Die »Sehnsucht in die Ferne« wird mit dem Gedicht »Unruhe« in eindrucksvolle Poesie verwandelt. Das Schreiben eröffnet einen Weg, Phantasie in die Disziplin der Worte zu nehmen, sich selbst verfremdet und verfremdend mitzuteilen und Botschaften auszusenden, die über den eigenen persönlichen Bereich hinausgehen – und daraus Erleichterung, Befriedigung und Selbstbewußtsein zu gewinnen. Auch wenn die Dichtkunst von der jungen Droste nicht dazu genutzt wird, Patentlösungen anzubieten und Widersprüche aufzulösen.

Damit kann Annette von Droste-Hülshoff leben, denn sie verwechselt nicht das Leben mit der Kunst. In ihrem Versepos »Walther« ist der ritterliche Held ein Antiheld, ein sanfter Mann, der sich zum Kriegshandwerk überwinden muß; der eine unstandesgemäße Ehe eingehen will und am Ende – nach Mord und Totschlag, die er nicht verhindern konnte – die Rüstung ablegt und sein Heil als Eremit sucht. Die 21jährige Autorin jedoch verweigert ein Happy-End. Sie bilanziert, daß in diesem traditionellen

Ausgang keine Erlösung und kein Seelenfrieden für ein zerrissenes Leben liegt. Am Ende heißt es über die innere Qual des ehemaligen Ritters Walther in seiner frommen Klause: *'s ist nicht die Welt die ihn herüber zieht, / Doch sinds auch nicht der Andacht reine Wellen, / Es ist ein furchtbar Etwas das sich müht, / Sich zwischen ihm und seinen Gott zu stellen, / Vergebens schlingt um ihn ein Jahr den Lauf, / Manch' heitrer Tag steigt wie ein Bräutgam auf, / Doch keiner kann der Seele Dunkel hellen.* Der Ritter Walther, ein sympathischer Außenseiter, der sich nicht allen gesellschaftlichen Spielregeln fügen will, zerbricht am Panzer einer brüchigen Welt.

Er ist das männliche Gegenstück von »Bertha«, für die es – so wie die Droste das Trauerspiel angelegt hatte – ebenfalls keinen glücklichen Ausgang geben konnte. Die junge westfälische Adlige setzt nicht auf die sehnsüchtige Erlösungshoffnung, die die Romantiker als die führende literarische Kraft dieser Jahre predigen. »Wo gehn wir denn hin?« heißt es im Romanfragment »Heinrich von Ofterdingen« des romantischen Genies Novalis – »Immer nach Hause«. Joseph von Eichendorff dichtet: »Und meine Seele spannte / Weit ihre Flügel aus, / Flog durch die stillen Lande, / Als flöge sie nach Haus«. Diese tröstende Gewißheit bietet die Droste in ihren frühen Werken nicht.

Annette von Droste-Hülshoff hatte mit »Walther« einen populären Stoff gewählt. Rittergeschichten waren in Mode und fanden auf Hülshoff wie bei der Verwandtschaft im Paderborner Land großen Anklang. Pädagogisch klug nutzt sie wieder eine Verkleidung, um ihre eigenen Gedanken einzubringen. Obwohl sie das Thema gegen den Strich bürstet und sich den gängigen Erwartungen widersetzt, hat sie Erfolg bei ihrem Publikum. Ihre Mutter, der auch »Bertha« sehr zusagte, ist so begeistert von dem neuen Werk ihrer Tochter, daß sie aus »Walther« nicht nur im Kreis der Besucher auf Hülshoff vorliest. Sie läßt drei Abschriften anfertigen, von denen eine an ihre Verwandtschaft auf dem Bökerhof geht. Vielleicht genießt Therese von Droste-Hülshoff die Ritterromantik und bewundert die ausgedehnte Kunst des Verseschmiedens, ohne der differenzierten und erschreckenden Botschaft des Epos nachzugrübeln. Vielleicht macht es ihr keine Schwierigkeiten, zwischen Dichtung und Wahrheit zu unterscheiden, weil sie ihre Tochter im täglichen Alltag erlebt: Annette von Droste-Hülshoff zieht es – bei aller Besonderheit – nicht in die klösterliche Einsamkeit. Sie braucht ein Publikum. Sie schreibt nicht für die Schublade, auch wenn sie über das peinliche Lob wie über die unsachgemäße Kritik derer, denen ihre Mutter »Bertha« und »Walther« präsentiert, spottet.

Aus den Briefen an Sprickmann spricht kein gebrochener Mensch wie der Ritter Walther und keine in *finstre Schwermut* versinkende Person wie Bertha, die ihr Glück nur *in ihren stillen Träumen* sucht. Annette von Droste-Hülshoff hat persönliche Erfahrungen und Empfindungen und Einsichten ihres Nachdenkens in diese Werke eingebracht. Autobiographische Zeugnisse sind sie nicht.

Zusammen mit den Gedichten verraten »Bertha« und »Walther« auch einen fleißigen und aktiven Menschen, denn das Dichten war für Annette von Droste-Hülshoff eine Beschäftigung unter anderen. Ein anderer Zeitvertreib kam in diesen Jugendjahren hinzu, der von der lebenslustigen Droste nicht als lästige Pflicht im heiratsfähigen Alter verstanden wurde. Anfang Mai 1814 ist die Familie für mehrere Tage in Münster, und Therese von Droste-Hülshoff nutzt die Gelegenheit, die 17jährige Annette in die Gesellschaft einzuführen. Eine knappe Woche später fährt man wieder in die Stadt, um an den ersten Feierlichkeiten der zurückgekehrten preußischen Herren teilzunehmen. Als im Juli 1815 fast eine Woche lang in Münster die Huldigungsfeiern mit Tedeum im Dom – von Maximilian von Droste-Hülshoff gesetzt –, Bällen, Feuerwerken, Fahnenweihe, Theater, Empfängen, Festessen und Preisschießen über die städtische Bühne gehen, zeigt sich wieder, daß die Droste kein Kind von Traurigkeit ist.

Sie begleitet mit Verwandten und Bekannten den Fackelzug zum Schloß, wo anschließend ein Konzert gegeben wird. Schwester Jenny notiert im Tagebuch: »Lotte und Nette waren wie wild. Wir hatten Mühe, sie bei uns zu halten.« Die Mühe ist vergebens, als am nächsten Tag alle in die Universität gehen, um den Festvortrag von Professor Schlüter zu hören. Jenny findet mit Hilfe von zwei Geistlichen noch einen Platz in der überfüllten Aula: »Wie es Nette und Elise anfingen, weiß ich nicht, sie waren wohl nicht so fromm als ich, ich denke, sie haben gute Seite mit den Gendarmen gemacht.«

Oberpräsident Ludwig von Vincke versucht der Hauptstadt der Provinz Westfalen gesellschaftlichen Glanz zu verleihen und das Zusammengehörigkeitsgefühl der immer noch abweisenden Münsterländer durch Festivitäten zu fördern. Über einen Ball notiert er 1815: »Es war alles gebeten, was sich bitten läßt, selbst Juden, und alle vertrugen sich recht gut, – ich tanzte tapfer mit, um alles in Gang zu bringen und zu erhalten.« Vincke hatte mit seiner Familie wieder den rechten Flügel des Schlosses bezogen. Im linken wohnte seit 1815 der kommandierende General Johann Adolf von Thielmann mit seiner Familie. Der Berufssoldat liebte die Dichtkunst, war mit Theodor Körner befreundet, kannte Goethe und Schiller persönlich. Er knüpfte das Band zwischen seiner Schwägerin Julie von Charpentier und Novalis, dessen zweite Braut sie wurde.

Wilhelmine von Thielmann, die Frau des Generals, machte das Schloß mit festlichen Geselligkeiten zum Treffpunkt für die neue und die alte Elite. Im Februar 1816 schrieb die Droste an Professor Sprickmann in Breslau, *daß Münster wohl noch nie so glänzend gewesen ist wie jetzt, da alle möglichen Civil- und Militärbureaus der neuen Provinz und also auch die Familien der Beamten derselben nebst einem Teile der paderbörnischen, sauerländischen und kölnischen Adels sich dort aufhält.* Im Salon der Generalin Thielmann fiel Annette von Droste-Hülshoff auf und bewegte sich neben ihrer Schwester Jenny durchaus nicht als Mauerblümchen in der feinen, aus Adel und Bürgertum gemischten Gesellschaft. Ihre spätere Vertraute Elise Rüdiger hat diese Stelldicheins im Schloß beschrieben: »Annette und ihre etwas ältere Schwester gehörten natürlich dazu und wurden besonders darin gefeiert. Augenzeugen versichern, durch die ungewöhnliche, fast fremdartige Erscheinung Annettens überrascht worden zu sein ... Sie hatte eine feingliedrige Gestalt von zarter, ebenmäßiger Rundung, Hände und Füße wie ein Kind. Ihr Reichthum an goldblondem Haar wäre der poetischen Sagenwelt würdig gewesen. Das Gesicht war ein edles Oval, die Haut von frischer Färbung, der Mund reizend gebogen und klein mit regelmäßigen weißen Zähnen geziert, die

Nase edel geschnitten, aber ein Wenig schief gerichtet, ein entschiedenes Merkmal kluger Gesichter. Die Stirn war zu hoch, um schön zu sein und die Augen trugen zu deutlich die Spuren der ärgsten Kurzsichtigkeit, um nicht zu entstellen, obgleich sie ungemein groß und blau waren. Ihr Wesen war lebhaft, neckisch, geistblitzend, aber verschlossen, sie verstattete Niemandem einen Einblick in ihre reiche innere Welt.«

Annette von Droste-Hülshoff fühlte sich freundschaftlich zu Wilhelmine von Thielmann hingezogen, die diese Zuneigung erwiderte. Sie schrieb darüber an Sprickmann und scheute einen kritischen Hinweis auf ihre Mutter nicht: ... *ihr Rang, und der Unterschied unserer Jahre (Sie könnte reichlich meine Mutter seyn) hielt uns lange entfernt von einander, vorzüglich da meine Mutter allen Umgang vermeidet, der sie in weitläufige Bekanntschaften und* CONNEXIONEN *führen könnte, wir haben wirklich beyde mit schweren Hindernissen zu kämpfen gehabt, um zu einander zu kommen, ich möchte und könnte Ihnen sehr vieles Anziehende und Merkwürdige von dieser seltsamen und lieben Frau erzählen, aber das Blatt geht zu Ende, und so will ich lieber gar nichts sagen bis zum nächsten Brief.* Das war im Februar 1819, aber einen nächsten Brief gab es nicht. Der Kontakt zwischen der Droste und Sprickmann brach ab und wurde erst zehn Jahre später wieder aufgenommen.

Die Freundschaft zu Wilhelmine von Thielmann überdauerte deren Wegzug von Münster nach Koblenz 1820. Annette von Droste-Hülshoff besuchte sie 1825 auf ihrer Rheinreise. Aus dem Jahre 1828 hat sich einer ihrer Briefe an die Freundin erhalten, der auf ein vertrautes, herzliches Verhältnis schließen läßt: *Wie hast du mich erschreckt, du liebe böse Frau, – ich könnte darüber schmollen, wenn ich Dich nicht so lieb, und wenn ich nicht wirklich Einiges abzubüßen hätte ... und somit danke ich dir recht herzlich für das zierliche Geschenk von so lieber Hand, was mir, am Ende, bey allem bösen Anscheine, doch sagte, daß meine Minna lebt, und mich noch liebt, – sag Mahl, – mein Herzchen, denkst Du denn gar nicht mahl nach Münster zu kommen? ... ich muß schon aufhören zu schreiben, meine Augen wollen es, für heute, nicht länger leiden – gute Nacht, mein gutes Herz, bis Mor-*

gen ... Es sind nur sehr wenige Menschen, die die Droste im Laufe ihres Lebens geduzt hat. 1844 schreibt sie an Elise Rüdiger: *... ich muß Ihnen noch mahl recht von der Thielemann erzählen, ich habe sie sehr lieb gehabt, ihr hinsichtlich meiner Geistesbildung sehr viel zu verdanken ...*

Im Gegensatz zur lebenslustigen, handfesten Annette von Droste-Hülshoff zeichnet eine Charakterisierung die jugendliche Droste im Rückblick als ätherisches Wesen, nicht ganz von dieser Welt: »*... ungewöhnlich war das zarte Gebilde, die Form u Farbe ihres Gesichts sehr schön mit 15 Jahren war sie am* INTRESSANTESTEN *– die breite Stirn wie eine* SAPHO, *ihr wesen war damahls noch ernster, verschlossener.*« So steht es im Album ihrer Tante Ferdinandine von Haxthausen.

Ähnlich vergeistigt, nur wesentlich bekannter und prägender ist ein Porträt ausgefallen, das die Droste im Alter von 44 Jahren in dem Westfalen-Fragment »Bei uns zu Lande auf dem Lande« entworfen hat. Das »Fräulein Sophie« wird meist als Selbstbildnis gehandelt: *... ihre schlanke, immer etwas gebückte Gestalt gleicht einer überschossenen Pflanze ... ihre nicht regelmäßigen aber scharf geschnittenen Züge haben allerdings etwas höchst Adliges ... bei der kleinsten Erregung geistiger, sowie körperlicher fliegt eine leichte Röte über ihr ganzes Gesicht.* Sophie singt jeden Nachmittag *während des Verdauungspfeifchens zur Ergötzung des Papas.* Noch mehr als äußere Merkmale verrät Sophies Stimme ihre innere Verfassung: *... das Fräulein singt schön – ... aber dieses seltsame Modulieren, diese kleinen, nach der Schule verbotenen Vorschläge, dieser tief traurige Ton ... die Stimme ist schwach, aber schwach wie ein fernes Gewitter, dessen verhaltene Kraft man fühlt – tief, zitternd wie eine sterbende Löwin: es liegt etwas Außernatürliches in diesem Ton ...* Der Gast des Hauses, der Fräulein Sophie beobachtet, zieht eine erschreckende Bilanz: *... ich bin kein Arzt, aber wäre ich der Vetter, ich ließe das Fräulein nicht singen; unter jeder Pause stößt ein leiser Husten sie an und ihre Farbe wechselt, bis sie sich in roten, kleinen Flecken festsetzt, die bis in die Halskrause laufen – mir wird todangst dabei und ich suche dem Gesange oft vorzubeugen.*

Die adlige Familie im Westfalen-Fragment »Bei uns zu Lande

auf dem Lande« zeigt samt ihrer Umgebung, die Burg eingeschlossen, eindeutige Übereinstimmungen mit den Drostes auf Hülshoff. Während sie die Porträts des Burgherrn und seiner Frau entwirft, erschrickt Annette von Droste-Hülshoff, *da ich meine lieben Eltern so deutlich darin erkannte, daß man mit Fingern darauf zeigen konnte. Das war eigentlich nicht meine Absicht.* Darf daraus abgeleitet werden, daß Fräulein Sophie in Wahrheit Fräulein Annette ist?

Vorsicht ist geboten. Die Informationen aus dem Alltag der jugendlichen Droste und das Lebensgefühl, das aus ihren Briefen an Sprickmann wie aus den Gedichten spricht, ergeben in wesentlichen Teilen ein anderes Bild. Fakten sind nicht alles, aber ohne sie wird der Blick unzulässig verengt. Vom Tanz beim bäuerlichen Erntedank wie im adligen Damenstift Hohenholte bis zur Soiree im Schloß bei der Freundin Generalin – Annette von Droste-Hülshoff ließ nichts aus. Wenn es darum ging, bei den Huldigungsfeiern für die Preußen einen Platz in der ersten Reihe zu erobern, konnte sie handfest werden oder den Gendarmen schöne Augen machen. Sie schätzte die Ausflüge nach Münster, vor allem wenn es zu Opern, Konzerten und Schauspielen ins Komödienhaus ging. Sie genoß es, nach dem Essen im kleinen Kreis eine Vorstellung mit Gesang und Klavier zu geben.

Die äußeren Aktivitäten haben ihre innere Unruhe nicht zugedeckt. Aber die Droste kann diese Gefühle gegenüber Sprickmann pathetisch schildern und zugleich in ihrem Werk – bei aller Poesie des Ausdrucks – nüchtern damit umgehen. Das Gedicht »Unruhe« verabschiedet sich von hochfliegenden Visionen und endet doch nicht in Resignation. Da ist keine Sehnsucht nach dem Tode, keine Untergangsstimmung, wie sie die Hauptperson im Trauerspiel »Bertha« umgibt. Die Briefe der jungen Droste an Sprickmann verraten großen Ehrgeiz. Sie entwerfen literarische Zukunftspläne und fordern seine kritische Begleitung, um in der Dichtkunst noch besser zu werden. Die Zukunft ist ungewiß, Grenzen warten überall, und die vertraute heimatliche Umgebung bleibt vielleicht der sicherste Ort. Die Aufbruchsstimmung jedoch läßt die Droste sich nicht nehmen, denn *das Herz, dies kleine Klümpchen Erde / Hat doch für die ganze Schöpfung Raum!*

Fräulein Sophie hingegen unterwirft sich stumm der gegebenen Ordnung. Sie darf gerade mal zur Unterhaltung des Familienoberhauptes beitragen, und noch ihr Gesangstalent hat selbstzerstörerische Kräfte. Fräulein Sophie ist eine literarische Persönlichkeit aus eigenem Recht, in der Annette von Droste-Hülshoff Dichtung und Leben auf meisterhafte und vielleicht absichtsvoll verwirrende Weise mischt. Dagegen spricht nicht, daß äußere Züge dieses Porträts der Droste entsprechen und Sophies Empfindungen der jugendlichen Dichterin nicht fremd sind. Zu einem Mosaik gehören viele Bruchstücke, die Gewichtung ist entscheidend. Die heranwachsende Annette von Droste-Hülshoff hatte viele Gesichter. Sie liebte es, damit zu spielen. Den Eindruck einer sterbenden Löwin macht sie nicht, weder nach ihren eigenen authentischen Zeugnissen aus der Jugendzeit, wo sie Assoziationen an die Kräfte des Prometheus weckt, noch nach den Beobachtungen ihrer engsten Umgebung.

Im Januar 1816 notiert Jenny von Droste-Hülshoff in ihrem Tagebuch: »Papa, Nette und ich fuhren nachmittags nach Münster in das Fürstenauische Konzert.« Im März 1817 wird im Komödienhaus Haydns »Schöpfung« gegeben: »Papa war mit Nette und mir hin ... hernach machte General Thielemann uns Platz und unterhielt sich lange mit Nette, die er, weil sie eine Mütze unter dem Hut hatte, für Mama ansah; seitdem hat sie sich Locken abgeschnitten, und die Mütze ist vergessen und abgedankt für immer.« Warum sollte die junge Droste nicht eitel sein? Der 12. Mai ist ein Regentag. Annette von Droste-Hülshoff fuhr trotzdem nach Münster ins Konzert und »kam davon ganz entzückt, am 13. Mai, wieder«. Die Musik war für sie kein Pausenfüller, und die Familie unterstützte ihre Vorliebe. Im Zusammenhang mit der musikalischen Neigung der Droste taucht der Vater auf. Sein Engagement widerspricht der Vermutung, er würde das Talent seiner jüngeren Tochter nur mißbrauchen, um sein Verdauungspfeifchen zu verschönern.

Im Porträt der Sophie wird das Klavierspiel, das Annette von Droste-Hülshoff täglich betreibt, nur nebenbei erwähnt. Im Februar 1819 schreibt sie ihrer gleichaltrigen Tante Anna von Haxthausen in Bökendorf: *... ich sitze jetzt eigentlich den ganzen Tag und faullenze, denn ich darf nichts thun, wie Stricken und*

Klavier spielen; das erstere thu ich auch fleißig, aber mit großer Langeweile, und was das letztere anbelangt, so wird man das ewige Phantasieren doch endlich müde, wenn man nicht nach Noten spielen darf ... Im März berichtet ihre Tante Ludowine von Haxthausen, die wieder einmal zu Besuch auf Hülshoff ist, ihrer Familie auf dem Bökerhof über den Tagesablauf der Nichte, der hier eher extravagant als langweilig klingt: »Nette ... sagt alles was sie denkt; spielt uns zu gefalen oft den ganzen Tag am Flügel, läuft einen Tag in Wind und Wetter Spazieren und liegt dafür den ganzen Tag krum zu Bett; schreibt und liest sich einen Tag Blind; und darf dann wieder 3 Wochen kein Buch ansehen.« Die Tante Ferdinandine hatte im November 1818 von Hülshoff geschrieben: »Nette ist wegen ihrer Augen in strenger Cour, sie darf nicht denken, schreiben noch lesen.«

Es war Therese von Droste-Hülshoff, die streng auf Schonung achtete, wenn ihre Tochter krank wurde. Diesmal war es eine Augenentzündung. Die Droste beugte sich den Anweisungen der Mutter, ohne den eigenen Kopf ganz aufzugeben. Ein Brief an Sprickmann in dieser Zeit weist generell auf listige Umgehungsmanöver. Es geht um das soeben fertiggestellte Ritterepos »Walther«: *Ich muß Ihnen auch sagen, daß Anfangs, im zweyten Gesange, der alte Ritter sich selber vergiftet ... meine Mutter fand das anstößig, ich mußte also zwey Strophen herausnehmen, und zwey andere dafür einflicken, ich will Ihnen jedoch die beyden ausgesetzten Kinder* COPIREN, *und über die eingeflickten Strophen stekken, dann schreiben Sie mir wohl, ob Ihnen das Alte oder das Neue besser gefällt.* Der Einspruch der Mutter hält die Tochter nicht davon ab, diesem ersten großen Werk vier Widmungsstrophen »An meine liebe Mutter« voranzustellen: *... Nur eine Quelle hat mich nicht betrogen, / Und ungemischt teilt sie des Liedes Wellen, / Stark, wie der Rhein des Bodensees Wogen ... Die Augen sind des Börnleins klare Quellen, / Das Börnlein Liebe heißt, ein stilles, lindes, / Und fließt im Herzen deines treuen Kindes.*

Die Widmung ist keine Augenwischerei. Die Droste wird später oft sagen, daß sie Menschen braucht, die Anteil an ihrer Schreibarbeit nehmen. Als Jugendliche findet sie diese Anteilnahme bei ihrer Mutter, die sowohl »Bertha« wie »Walther« lobt und Verwandten wie Freunden stolz daraus vorträgt. Vom Vater ist im Zusammenhang mit den literarischen Versuchen der Droste nie die Rede. Sein Bereich war die Musik; wo er sich nicht auskannte, hat er sich zurückgehalten. Aber er saß mit im Familienkreis, wenn seine Frau am Abend literarische Lesungen abhielt: »Wir blieben bis nach 10 Uhr zusammen. Mama las uns Shakespeares ›Was ihr wollt‹ vor, und wir betrachteten aufmerksam das Bild im Speisezimmer, das eine Szene draus vorstellt und dessen Inhalt wir nie recht wußten.« Das schreibt Jenny von Droste-Hülshoff im Februar 1813 ins Tagebuch, und ähnliche Notizen tauchen von nun an regelmäßig auf. Therese von Droste-Hülshoff trägt mit Vorliebe aus Shakespeares Dramen vor, aber auch aus »Don Quixote« oder den Theaterstücken des damals populären Schauspielers und Dichters August Wilhelm Iffland. An Sonntagen oder Silvester gibt es mit Stolbergs »Geschichte der Religion Jesu Christi« oder Klopstocks »Messias« angemessene besinnliche Texte.

Die Mutter der Droste sorgte auch dafür, daß die Familie eingeschriebenes Mitglied in der Theissingschen Leihbibliothek in Münster wurde. Der aus dem Jahre 1828 erhaltene Katalog weist allein 2037 Romane aus. Die zentrale Rolle der Mutter für das Familienleben klingt in einem Brief der Annette von Droste-Hülshoff vom März 1819 an ihre Tante Dorly durch, wo sie den Wegfall der Lesestunden im Zusammenhang mit ihrer Augenentzündung bedauert: ... *in den verflossenen Wintern, laß Mama doch jeden Abend ein paar Stunden vor, aber grade diesen Winter, wo mir dieses Goldwerth gewesen wäre, da ich den ganzen Tag nichts thun, nicht einmahl denken durfte, und die Uebrigen viel zu beschäftigt waren, um sich mit mir abzugeben, grade diesen Winter hatte Mama bald etwas zu thun, bald Kopfweh, bald waren Fremde hier, kurzum es ist gewiß keine zehnmahl vorgelesen worden, obschon wir den ganzen Winter hindurch eingeschrieben waren und zudem haben wir immer so dummes Zeug geschickt erhalten, daß wir meistentheils mitten im Buche aufgehört haben, dies ist nun freylich eigentlich unsre Schuld, da wir die Bücher selber aufschreiben, die wir verlangen* ... Vorbei sind die Zeiten, wo die Mutter die Lektüre ihrer Töchter kontrolliert. Aus dem Brief der

Droste spricht der Wunsch, die geschäftige Mutter möge ein bißchen mehr Zeit für sie haben.

Therese von Droste-Hülshoff lobt nicht nur die fertigen oder im Entstehen begriffenen Produktionen ihrer Tochter. In einem Fall bringt sie die Sache ins Rollen und stellt damit ein weiteres Mal ihren Sinn für Humor unter Beweis. Im Januar 1844 hat die Droste ihrer Freundin Elise Rüdiger beschrieben, wie es zu dem jugendlichen Sketch »Szenen aus Hülshoff« kam: *ich war damals etwa 17 Jahr, und* PASSIONIERT *darauf in Knittelversen zu* IMPROVISIREN, *je dummer, je besser. – so forderte einmahl, als ich mit meinen Eltern und Geschwistern ganz allein war, und einige am vorigen Tage in unsrer gewöhnlichen Gesellschaft vorgekommenen komischen Vorfälle besprochen wurden, meine Mutter mich auf, dies in Reime zu bringen, ich stellte mich gleich vor sie hin, und erregte durch meinen besonders geglückten Vortrag eine solche Lustigkeit, daß ich inne halten, Jenny Schreibzeug holen, und ich ihr in die Feder diktiren mußte, – es wurde, wie Sie denken können, miserabel,* AMUSIRTE *aber, da es lauter bekannte Gegenstände betraf, doch Alle sehr.*

Die Distanzierung der erwachsenen Droste von ihrem Jugendstreich hat mit einigen Versen aus eben diesen »Szenen« zu tun, die ihr seit dem Bekanntwerden im Verwandtenkreis wie eine Klette anhingen. Der Bruder sagt gegenüber einem Gast in bezug auf die Droste: *Mäßige doch deine Zunge – / Zwar sie läßt sich vieles sagen, / Aber dies darfst du nicht wagen, / Nenn' sie Hexe und Kokette, / Aber nur nicht kleine Nette.* Noch die 47jährige Droste verwahrt sich mit ungewohnter Heftigkeit gegen die Vermutung, die Bezeichnung »kokett« sei für sie damals zutreffend gewesen und schreibt der Rüdiger: *Was kommen Sie mir denn mit meiner steinalten, seit 25 Jahren begrabenen, Koketterie? ... Ein gewisser Amelunxen ... glaubte mir sehr zu schmeicheln wenn er mich »kleine Nette« nannte, was mich immer spinnengiftig machte, weshalb die Andern ihn immer dazu reizten ... (Zweifeln Sie daran, daß,* unter diesen Umständen, *mich etwas Anderes wie der Reim verleitet hat?) – Des Lachens war kein Ende, Jenny mußte den Wisch »*SCENEN *aus Hülshoff« überschreiben, und er sollte, der vielen Angegriffenen wegen, sehr geheim gehalten wer-*

den. Mama hatte aber so große Freude daran, daß sie ihn Einer ihrer Schwestern lieh ... Eine wunde Stelle für die Droste, rühren wir nicht weiter an das »kokett«.

Die kurzen »Szenen« liefern genug Stoff, um sich das Fräulein Annette, ungefähr 20 Jahre alt, an einem ganz gewöhnlichen Morgen auf Burg Hülshoff vorzustellen. Ein bißchen karikierend und trefflich zugespitzt, beginnt es mit einer Regieanweisung: *Nette liegt auf einem scharmanten Zimmer in einem wohlkonditionierten Bett ... Sie schlägt ein Paar große matte unbedeutende Augen auf wozu sie sich in Ermangelung anderer ihrer eigenen bedient.* NETTE *reckt sich sehr graziös:*

> *Ach wie ist die Nacht verschwunden,*
> *Doch für mich ist sie noch da,*
> *Denn vor zwei geschlagnen Stunden*
> *Stand erst auf die Frau Mama. ...*
> *Will mich noch ein wenig hegen*
> *Und mein jammerndes Gebein*
> *Noch in Ruh ein wenig pflegen*
> *Denn die Glocke schlug erst neun ...*

Aus diesem Vorsatz wird nichts. Schwester Jenny tritt ein und verkündet, daß ein Schwarm junger Männer die Langeweile vertreiben wird: *Nette spring empor vom Lager, / Denn sie nahn und bringen Trost / Amelunxen, Böselager / Wernerchen und August Drost ...* Nun heißt es, schnellstens aufzustehen und sich anzuzukleiden. Zuvor hört Jenny von ihrer Schwester, was sie den wartenden Herren über die verspätete Annette mitteilen soll:

> *... Wenn der hohe Geist sie treibt,*
> *So studiert sie tief und schreibt,*
> *Ob der Dichtung Morgenrot*
> *Denkt sie nicht ans Morgenbrod*
> *Aber bald wird sie mit Pracht*
> *Der Begeistrung See entsteigen*
> *Und von der durchwachten Nacht*
> *Ihre roten Augen zeigen ...*

Wenn die »kleine Nette« nicht ernst genommen wurde, konnte sie wütend werden. Selbstironie und Witz waren der jungen Droste dagegen nicht fremd.

Die Miniatur vom Herbst 1817 darf nicht mit literarischen Maßstäben gemessen werden. Trotzdem wirft sie ein treffendes Schlaglicht auf das unbeschwerte Leben junger Adliger beiderlei Geschlechts, die sich mit Neckereien und Flirts und dem Absingen beliebter Opernarien – »Solche hergelaufne Laffen, die nach allen Weibern gaffen mag ich für den Teufel nicht« aus der »Entführung aus dem Serail« – die Zeit vertreiben. Die beiden Schwestern machen sich über die nicht besonders aufregenden Jünglinge lustig. Jenny allerdings hat einen Verehrer, und Annette fühlt sich zu einem der Besucher hingezogen und spricht leise für sich: *Fühltest du mit gleichen Trieben / Alle wären wir kontent, / Und das malheureuse Lieben / Nähm ein gar scharmantes End'.*

Man lebte auf Burg Hülshoff nicht wie im Kloster, auch wenn alles im Rahmen des Schicklichen ablief. Wer morgens erst um neun Uhr aufstand – wie Annette von Droste-Hülshoff in den »Szenen« –, der hatte die tägliche heilige Messe um sieben versäumt. Es war kein Sakrileg und offenbar auch nicht die große Ausnahme, wie ein Brief der Droste an ihren Onkel August von Haxthausen vom Januar 1816 indirekt verrät. Er hatte ihr als Weihnachtsgeschenk eine gerade erschienene Ausgabe von Adolf Müllners Schicksalsdrama »Die Schuld« geschickt, das mit großem Erfolg auf deutschen Bühnen gespielt wurde. Annette von Droste-Hülshoff ist begeistert: *... und wirklich finde ich die Schuld so vortrefflich, habe sie so oft gelesen, und daran gedacht, daß ich sie zur Noth wiederaufschreiben könnte, wenn alle Exemplare sollten verlohren gehen ...* Der Brief gerät nicht besonders lang: *Lebe wohl, bester August, ich würde mich gerne noch länger mit dir unterhalten, aber ich muß nach Stapel, um eine Fräulein Decken von dort abzuhohlen, und müßte eigentlich schon unterwegs seyn, da ich doch bis jetzt weder gegessen noch mich gekleidet habe ... Lebe wohl, Jenny steht am Fenster, und ruft wie ein Zahnbrecher, daß ich kommen und mich ankleiden soll, ich muß also eilen.* Morgens ein bißchen die Zeit zu vertrödeln, blieb eine Vorliebe der Droste: *Mein Gott! Der Wagen ist angespannt und ich bin noch nüchtern* *und nicht angekleidet* ... Der Stoßseufzer steht in einem Brief an Schwester Jenny vom Dezember 1834.

Briefe schreiben, intensive Gespräche führen oder geistreiche Konversation betreiben – im Familienkreis, im Salon der Generalin Thielmann, bei den Besuchen der Freunde und Bekannten, mit den Sitznachbarn im Komödienhaus –; sich mit jungen Männern aus gutem Hause kleine Scharmützel liefern, mit kaum bekannten Tanzpartnern in Begeisterung reden oder sich zum Dichten zurückziehen: Die jugendliche Annette von Droste-Hülshoff war in ihrem Element, wenn es darum ging, im geselligen Kreis mit Worten zu kommunizieren, sich darzustellen und zu streiten. Sie fühlte sich herausgefordert, mit den Mitteln der Dichtkunst die Vielfalt ihrer Gedanken, Empfindungen und Beobachtungen präzise und differenziert in Sprache umzusetzen.

In Gesellschaft wollte die Droste keineswegs nur das belebende weibliche Element sein, wie es die Convenienzen festlegten. Heftige Diskussionen waren nach ihrem Geschmack. Mochten Schwester und Tanten angesichts männlicher Autorität verstummen. Annette von Droste-Hülshoff gab nicht klein bei, nur weil die Argumente von einem Mann kamen. Und sie besaß Ausdauer.

In den Osterferien 1817 kam Onkel August von Haxthausen zu Besuch nach Hülshoff. Jenny von Droste-Hülshoff notierte: »August unterhielt sich fast den ganzen Tag über mit Nette. Er gab ihr gute Lehren, und sie zankten sich mitunter recht arg ...«

Die Droste und die Männer:
Der Schock vom Bökerhof

Es war Mitternacht, und alles schlief schon, als die Kutsche mit Therese von Droste-Hülshoff, ihren beiden Töchtern und dem jüngsten Sohn in die Allee zum Bökerhof einbog. Damit begann für die 16jährige Annette von Droste-Hülshoff am 13. Juli 1813 der zweite Ferienaufenthalt bei den Großeltern mütterlicherseits. Der Bökerhof, ein bescheidenes dreiflügliges Herrenhaus im Fachwerkbau mit großzügigem Garten an der Hinterfront, lag am Rand von Bökendorf, einer kleinen Siedlung neben dem Dorf Bellersen nördlich von Brakel. Hier, in Ostwestfalen, befand sich der Besitz der Familie von Haxthausen, die bis zum Ende der geistlichen Herrschaft im Jahre 1803 zu den »Vier edlen Säulen« des Fürstbistums Paderborn zählte. Annette waren die Großeltern und vor allem die Tanten und Onkel, die unverheiratet auf dem Bökerhof lebten oder in der Umgebung verheiratet waren, durch deren zahlreiche Besuche auf Hülshoff vertraut.

Schwester Jenny hat diesen Aufenthalt ausführlich in ihrem Tagebuch notiert. Die Eintragungen vom 14. und 16. Juli setzen den Generalbaß für den zweiwöchigen Aufenthalt: »Onkel Fritz lehrte uns schöne Lieder, unter denen mir das von den ›twee Künigskindern‹ sehr gefiel ... Fast den ganzen Tag brachten wir mit Singen ⟨zu⟩ ...« Auch als eine Woche später Onkel August von Haxthausen, der in Göttingen studierte, mit seinem Freund Wilhelm Grimm die Gesellschaft auf dem Bökerhof vergrößerte, wurde eifrig weitergesungen. Gleich am nächsten Tag »gingen Onkel Fritz mit der Guitarre, August, Grimm, Caroline, Ludowine, Nette und ich in den Lämmerkamp, wo wir am Häuschen sangen ... Grimm ... sang uns stehend mehrere Lieder«. Damit nicht genug. Am gleichen Abend »nach dem Essen sangen wir noch recht lange auf der Entree im Dunkeln«.

Auf dem Bökerhof trafen sich in diesen Tagen junge Frauen und Männer, die sich – mit Vorliebe in der Natur – gefühlvollen Stimmungen hingaben und romantisch-harmlosen Vergnügungen nachgingen: Singen und Vorlesen, Silhouetten ausschneiden und »Kämmerchen Vermieten« unter den Bäumen spielen. In der aufgelockerten Atmosphäre kreuzten sich auch Blicke von tieferer Bedeutung. Jenny von Droste-Hülshoff vertraute ihrem Tagebuch über den damals schon bekannten Wilhelm Grimm an: »Er hat ... die schönsten, sprechendsten braunen Augen, die ich je sah ... Mund ist nach meinem Geschmack, einer der hübschesten, interessantesten Menschen, die ich kenne ...« Jenny ließ sich von Grimm für das Aufzeichnen volkstümlicher Märchen und Sagen begeistern.

Annettes und Jennys Onkel Werner von Haxthausen, Jahrgang 1780, hatte in der Familie die Begeisterung zur Literatur entfacht und sich unter anderem mit den Brüdern Jakob und Wilhelm Grimm in Kassel befreundet. Als Werner wegen einer Verschwörung gegen Napoleon nach England flüchten mußte, übernahm sein Bruder August, Jahrgang 1792, die Fackel, pflegte Beziehungen zu angehenden wie zu schon berühmten Literaten und war stolz, sie als Gäste des Bökerhofs seiner großen Familie und den Besuchern zu präsentieren. Ein lockeres literarisches Netzwerk entstand über Ostwestfalen hinaus. Heinrich Heine, Clemens Brentano und Achim von Arnim zählten bald zu August von Haxthausens Freunden. Zwar führte sie ihr Weg nicht in das gastliche Herrenhaus im ostwestfälischen Hügelland. Doch auch als Abwesende brachten sie Anregungen und weite Horizonte in den Bökendorfer Kreis.

Alle zusammen fühlten sich als Teil einer umfassenden nationalen Bewegung. Im November 1813 beschwört Wilhelm Grimm in einem Brief an Achim von Arnim das »ehrliche deutsche Empfinden«: »Am schönsten habe ich es im Sommer auf dem Land gesehen bei der Familie Haxthausen, wo ich ein paar Tage war. Es war eine ordentliche seltene Freude, an einer großen Tafel vor etwa dreißig Menschen nach Lust und ohne Furcht reden zu dürfen.« Im April 1845 schreibt die Droste an Johanna Hassenpflug, eine alte Bekannte aus der Bökendorfer Jugendzeit: ... *das ist mir wie ein Echo aus meiner Backfischzeit, das ich längst längst verhallt glaubte, und ich meine wieder den Onkel August mit seinem altdeutschen Kragen und langen Haarspießen zu sehn ...*

Damals, im Sommer 1813, war Napoleon schon vor Moskau gescheitert, aber immer noch Herr über den größten Teil Europas. Für die Bökendorfer und ihre gleichgesinnten Freunde war die Rückbesinnung auf deutsche Geschichte, auf die hohe Literatur und die Volkspoesie ein Weg, um sich vom napoleonischen Joch zu befreien. Aus dem westfälischen Raum lieferte der Bökerhof-Kreis den Brüdern Grimm 75 der insgesamt 200 ihrer berühmten »Kinder- und Haus-Märchen«, deren erster Band Weihnachten 1812 erschienen war.

Am 26. Juli packten die Gäste aus Hülshoff die Koffer für die Rückreise, »mit dem größtem Widerwillen« wie Jenny notierte: »Dieser Tag war für uns alle sehr traurig, auch ich stand mit schwerem Herzen auf ... Onkel Fritz weinte sehr ...« Die jugendbewegten Junggesellen Friedrich und Carl von Haxthausen, geboren 1778 beziehungsweise 1779 und beide bis zur Säkularisation Domherren in Hildesheim und Corvey, zählten nicht gerade zu den jugendlichen Jahrgängen dieser Bökendorfer Ferienclique vom Sommer 1813.

Schon bei Paderborn war es mit der Traurigkeit vorbei, als Jenny unterwegs ein Überraschungs-Kästchen mit Blumen und je einem Gedicht von August von Haxthausen und Wilhelm Grimm für Jenny, Annette und die mitfahrende Tante Caroline auspackte. Und da verrät das Tagebuch unversehens einen Mißton in der Harmonie der Bökendorfer Tage: »Caroline und ich waren außer uns vor Freude, ganz unsinnig. Nette freute sich wenig, weil ihr Zettel von Grimm sehr einfältig, ja wenn mans genau nimmt, etwas unartig war. Doch muß ihm dieses der großen Gleichgültigkeit wegen, die er für sie fühlte, verziehen werden.« Gleichgültigkeit? Da irrte die Schwester.

Vielleicht verstellten ihr die eigenen Gefühle gegenüber Grimm den Blick. Zudem konnte sie nicht wissen, was Wilhelm Grimm seinem Bruder Jakob über die Bökendorfer Bekanntschaften geschrieben hatte: »Märchen, Lieder und Sagen, Sprüche usw. wissen sie die Menge ... Die Fräulein aus dem Münsterland wußten am meisten, besonders die jüngste ...« Das war Annette von Droste-Hülshoff, doch damit nicht genug: »... es ist schade, daß sie etwas Vordringliches und Unangenehmes in ihrem Wesen hat; es war nicht gut mit ihr fertig zu werden; sie ist mit 7 Monat auf die Welt gekommen und hat so durchaus etwas Frühreifes bei vielen Anlagen. Sie wollte beständig brillieren und kam von einem ins andere...« Dagegen hieß es über Jenny: »Die andere ist ganz das Gegenteil, sanft und still...«

Ein Brief der Droste an die Tante Ludowine von Haxthausen in Bökendorf, einen Tag nach der Rückkehr geschrieben, zeigt, daß die 16jährige sich durch Wilhelm Grimms späte Rache über ihre Schlagfertigkeit nicht den Schneid abkaufen läßt: ... *Grimm sage, es thäte mir herzlich leid, daß er seine Namensveränderung oder Verdrehung so übel genommen hätte, und da es ihm so sehr mißfiele, so wollte ich ihn in Zukunft nicht mehr Unwille sondern Unmuth nennen übrigens würde ich die Mährchen mit größter Freude sammeln, um ihn zu versöhnen...«* Es ist schon erstaunlich, was die Herren als Majestätsbeleidigung nahmen. Selbst Jenny von Droste-Hülshoff hat den harmlosen Spott ihrer Schwester nicht in ihrem Tagebuch vermerkt.

Die Droste verhielt sich wie gewohnt und brachte neben ihrem Witz ihre nicht geringen literarischen Kenntnisse in die Gespräche ein. Sie verstieß gegen das Bild, das Wilhelm Grimm sich von den Frauen machte: »Sanft und still« sollten sie sein und nicht »brillieren«, damit die männlichen Sonnen um so heller scheinen konnten. Auf dem Bökerhof wußte man vom dichterischen Talent der Droste, da ihre Mutter eifrig Proben davon in ihren Briefen an die Verwandtschaft verbreitet hatte. Wilhelm Grimm und seine Bökendorfer Geschlechtsgenossen, die sich allesamt für geborene Dichter hielten, witterten offensichtlich Konkurrenz. Mit den literarischen Meinungsführern ihrer Zeit waren sie überzeugt: In der Kunst durfte sich eine Frau als Dilettantin hervortun, aber nichts wirklich Großes vollbringen.

Im gleichen Brief an Ludowine bedankte sich die Droste bei *dem guten August herzlich für das schöne Gedicht.* Das war eine artige Höflichkeit. Onkel August von Haxthausen hatte »Zu einem Kränzchen aus bunten Blumen an Nette« als Abschiedsgruß gedichtet: »Blumen Blumen o wie schön / In ein Kränzelein vereint / Bunte Farben freud'ge Töne / Mir gewiß das Beste scheint... Bunte Blumen! Buntes Leben! / Bunte Blumen! Bunter Sinn! / Buntes Kränzchen wir dir geben / Mög es bringen dir Gewinn.« Die letzte Strophe von Wilhelm Grimms Gedicht »Vergiß mein nicht!« für Jenny von Droste-Hülshoff lautete: »Und glaub mir auch, ich welke nicht, / Die Wurzeln stehn im Herzen, / Vergiß mein nicht, vergiß mein nicht / Sonst muß es mich ja schmerzen!«

Die Verse mögen einen volkstümlichen Ton treffen wollen. Jeder Vergleich mit dem, was Annette von Droste-Hülshoff bis 1813 an Gedichten vorzuweisen hat, erübrigt sich. Und seit dem März arbeitete sie an ihrem Trauerspiel »Bertha«. Es ist nicht schwer, sich vorzustellen, was die Droste sich bei diesen Reimen der Bökendorfer Berühmtheiten gedacht hat. Was sie vom Aufspüren volkstümlicher Poesie – in der sie sich bestens auskannte – hielt, um auf diese Weise literarische Lorbeeren zu gewinnen, hat sie stillschweigend, aber eindeutig beantwortet: Während ihre Schwester Jenny sich in den folgenden Monaten auf Hülshoff die Finger krumm schrieb, um Wilhelm Grimm mit Märchen und Legenden aus dem westlichen Westfalen zu beliefern, hat Annette von Droste-Hülshoff ihr Versprechen der Vergessenheit anheimfallen lassen.

Was wirklich hinter den abschätzigen Worten des Wilhelm Grimm über das jüngere Fräulein aus dem Münsterland steckte, verrät sein offenherziger Brief an Ludowine von Haxthausen im Januar 1814: »Von Fräulein N⟨ette⟩ hat mirs neulich wunderbarlich und ängstlich geträumt: sie war ganz in dunkle Purpurflamme gekleidet und zog sich einzelne Haare aus und warf sie in die Luft nach mir; sie verwandelten sich in Pfeile und hätten mich leicht blind machen können, wenns Ernst gewesen wäre.« Gleichgültig blieb Annette von Droste-Hülshoff den Männern nicht. Im Mai 1814 bat Grimm deren Schwester Jenny in einem Brief, sie solle ihn der Droste aufs beste empfehlen, sofern diese noch etwas von ihm hören wolle. War das ironisch gemeint? Wilhelm Grimm geht die junge Frau nicht aus dem Sinn. Zwei Jahre später schreibt er seinem Freund August von Haxthausen: »Gehst du nach Münster, so grüße mir alle schönstens und bestens, auch da die Sonne eben untergehen will, meine Freundin Nette.« Nur ein mokanter Spaß unter Männern?

Ende Juli 1818 geht es für Annette von Droste-Hülshoff zum dritten Mal auf die Reise zu den Großeltern. Diesmal fährt die Familienkutsche, in der neben ihr der Vater und die Schwester sitzen, über Warendorf, Bad Driburg und Rheder zum Bökerhof. Nach wenigen Tagen bricht die 21jährige – zusammen mit Vater, Schwester, Onkel August und der Tante Caroline – morgens um sechs Uhr von dort zu einer Fahrt in die Fremde auf. Nachmittags um sechs ist das Reiseziel erreicht. Die Gesellschaft steigt vor dem Hotel König von Preußen in Kassel ab und hört, daß am gleichen Abend im Theater »Don Juan« gegeben wird. Schnell wechselt man die Kleider für den festlichen Ausgang. Nur »Nette machte uns recht ungeduldig mit ihrer Klüngelei«, heißt es im Reisebericht der Tante.

Die Droste gibt sich, wie sie sich fühlt, an diesem Tag und an den fünf folgenden. Im Theater setzt sie ihren Hut ab – gegen alle Konvenienzen. Und kommt sogleich mit ihrem Nachbarn ins Gespräch, wie Caroline von Haxthausen festhält: »Nette ... unterhielt sich sehr fleißig mit ihren Nachbar, einen Holländer, Jenny und ich ... waren stumm ...« Ähnliches notiert Jenny von Droste-Hülshoff nach ihrem Besuch bei den Brüdern Grimm, wo zwei weitere Gäste – Bauer und Jakob – anwesend sind: »Nette unterhielt sich fleißig mit Jacobs und Bauer, mir war das unmöglich.« Jenny kann es auch nicht lassen, den Abschiedsbesuch bei den Grimms – und damit das Ende der Reise – im Tagebuch mit einer ungnädigen Bemerkung über die Schwester zu quittieren: »Wilhelm küßte Nette die Hand, sie machte einen langen Schmier, und ich war ihr recht böse, daß sie ihm soviel Worte abzwang, da er wohl wußte, daß ihr diese Herzlichkeit nicht natürlich war und sie ihn nicht leiden konnte.« Daß die beiden vielleicht ein wenig Pingpong spielten, konnte und wollte die »stille, sanfte« Jenny nicht wahrnehmen.

Zurück auf dem Bökerhof, verfaßt Jenny von Droste-Hülshoff im August 1818 für die in Hülshoff gebliebene Mutter einen Reisebericht und meldet unter anderem: »Straube war ein paar Tage hier ... er gefällt uns nicht übel, etwas ganz eigenes hat er.« Das klingt, als ob von einem alten Bekannten die Rede ist. Tatsächlich tauchte Straube schon im April 1817 in einer Hülshoffer Notiz auf: »Den 13ten kam oncle August hier, abends spät und ganz unerwartet; er brachte wieder viele Lieder mit und Aufsätze von einem neuen Freunde, Strauwe.« Heinrich Straube wurde der neue Star unter den jungen Literaten im Bökendorfer Kreis und August von Haxthausen sein unermüdlicher Förderer, überzeugt von dessen »hohem Talent zur Poesie«: »Ich glaube gar nicht zu übertreiben ..., daß keiner von den jüngeren Dichtern ... diese Tiefe und Fülle, diese hohe großartige Anschauung des Lebens hat.«

Mit diesem Lob warb August bei seinem Bruder Werner von Haxthausen um finanzielle Unterstützung für den Studienfreund. Straubes Vater, ein angesehener Kasseler Bürger, hatte 1813 Bankrott gemacht, und nur dank Geld und Naturalien von Verwandten und Bekannten der Familie von Haxthausen konnte der Sohn ab 1815 sein Jurastudium in Göttingen fortsetzen. Als literarisches Forum für das nicht mehr ganz jugendliche Genie – Straube war Jahrgang 1794 – gründete August von Haxthausen 1817 die »Wünschelruthe« und gewann Arnim, Brentano und die Brüder Grimm als Mitarbeiter. Wilhelm Grimm verlor über der Haxthausenschen Begeisterung nicht seinen kühlen Kopf und meldet im Oktober 1817 Achim von Arnim: »... von hier ist ein gewisser Straube dabei, ein kleiner grundhäßlicher Kerl, der beständig lacht, dem aber jeder Mann gut ist. Er ist vielleicht nicht ohne Talent und hat etwas Eigentümliches ... wahrscheinlich verderben sie ihn durch zu große Bewunderung ...« Ohne voneinander zu ahnen, fällen Jenny von Droste-Hülshoff und Wilhelm Grimm bis in die Wortwahl ein gleiches Urteil über die Bökendorfer Neuerwerbung: »etwas ganz eigenes hat er« – »hat etwas Eigentümliches«.

Im August 1818 begegnen sich Annette von Droste-Hülshoff und Heinrich Straube zum ersten Mal. Mitte September, zwei Wochen nach ihrer Rückkehr auf die Burg Hülshoff, schreibt Jenny von Droste-Hülshoff ihrem Onkel August von Haxthausen: »Denkt Straube noch daran, daß er Nette von seinen Gedichten versprochen hat?« Die Gedichte werden geschickt, und Jenny läßt über den Onkel Grüße an den Dichter ausrichten, »wir waren ihm doch alle recht gut«.

Heinrich Straube blieb für die Familie Droste-Hülshoff keine flüchtige Bekanntschaft. Der Lorbeerkranz des Genies, den August von Haxthausen seinem Freund überschwenglich wand, und Straubes ehrliche Liebenswürdigkeit verfehlten ihre Wirkung nicht. Am Karsamstag 1819 trifft Heinrich Straube als Gast auf Hülshoff ein, und Jenny schreibt an Onkel August: »Straube geht gleich nach Münster, um der Herrlichkeit in der Osternacht beizuwohnen...« Das freute die katholischen Burgbewohner besonders, denn Straube war Protestant. Stolz schreibt August von Haxthausen seinem Freund Straube, als der im Mai wieder in Göttingen studiert, wie sehr dieser auch »Therese« und »August« – Hausherrin und Hausherr auf Hülshoff – beeindruckt habe: »Therese schreibt viel über Dich, viel Gutes, kein unbequemes Wort. Jenny schreibt, daß ihre Mutter alle Tage andere Pläne mit dir machte ... für den Herbst erwarten sie Dich ganz sicher. Sie schreiben sehr weitläufig, wie Mädchen pflegen, wie du angekommen, wie lieb Dich August habe und selbst die Dienstleute von Dir sprechen.«

Annette von Droste-Hülshoff wird in Jennys Lobeshymne im Zusammenhang mit Straube nicht zitiert. Vielleicht hat sie bewußt auf jede Wortmeldung verzichtet, weil sie ihre wahren Gefühle hinter Floskeln hätte verstecken müssen. Bei diesem Gast nämlich erging es der Droste anders als mit den Tanzpartnern auf bäuerlichen Hochzeiten, und zu spöttischen Scharmützeln wie mit Wilhelm Grimm forderte sie der freundliche Straube auch nicht heraus. In den Ostertagen 1819 spürte die 22jährige Gefühle, die ihr fremd waren. Sie versuchte, mit einem Kompaß aus vertrautem Gelände das unbekannte Terrain zu klären. Mehr als einmal sagte sie zu Straube, *er wäre mir lieb wie ein Bruder;* sie selbst *hielt es ehrlich für Freundschaft* und mußte doch im Rückblick erkennen, *im Grunde war er mir lieber, wie meine beyden Brüder.* Mit den ersten gemeinsamen Tagen in Hülshoff bekam ihre Phantasie für viele Monate neue Nahrung: *... wenn ich mir oft große Reichthümer träumte, was fast alle Tage geschah, so war mein Hauptgedanke, Straube immer um mich zu haben ...* Im Frühling 1819 kamen sich auf der Wasserburg Hülshoff mit ihren weitläufigen Gartenanlagen, den Alleen und Wäldchen eine junge Frau und ein junger Mann nahe, die sich beide auf ihre Weise als Außenseiter fühlten und die beide ihrer Umwelt »eigentümlich« waren.

Am 10. April 1819 fährt Annette von Droste-Hülshoff zu den Großeltern, diesmal ohne Vater oder Mutter und ohne Schwester. Sie ist schließlich kein Kind mehr. Die rauhe Luft im Paderborner Land soll ihre kränkliche Konstitution stärken. Ob sie in Bökendorf noch für ein paar Tage Heinrich Straube antrifft, bevor er zum Semesteranfang weiter nach Göttingen zieht? Ob die beiden von nun an Briefe wechseln? Wir wissen es nicht. Straube jedenfalls steht weiterhin hoch in der Gunst der Bewohner vom Bökerhof, nicht zuletzt der weiblichen. Im Mai geht ein Eßpaket an den Studenten mit einem Zettel der 18jährigen Anna von Haxthausen, der jüngsten Tochter auf dem Bökerhof: »Die Ludowine und ich ... schmieren Ihnen dies Butterbrot heute auf der Vorratskammer alleine. Die Nette ist schon früh tages nach Bellersen gelaufen und beichtet ihre Sünden. In meinem Garten stolzieren die Blumen, die Sie darin gesät haben, ungemein ...«

Ob die Bemerkung über Annette von Droste-Hülshoff ein wenig doppelbödig gemeint war, weil auf dem kleinen Bökerhof nichts geheim blieb und der Austausch der Gedanken und Gefühle zum romantischen Selbstverständnis gehörte? Ein Brief der Droste vom Dezember 1820 an Anna von Haxthausen spricht dafür: ... *Anna du weist wie lieb ich Straube immer gehabt habe, die Andern wissen es auch, ich habe nie ein Geheimnis daraus gemacht* ... Auf jeden Fall würde es im Herbst 1819 auf dem Bökerhof ein Wiedersehen mit Straube geben. Von Ende Juni bis Anfang September war die Droste erst einmal im benachbarten Bad Driburg zur Kur. Über den Erfolg schreibt sie ihrer Mutter: ... *auf jeden Fall befinde ich mich seit dem Driburger Bade viel besser, was Leib- und Magenschmerzen und Uebligkeiten, womit ich sonst so oft geplagt war, anbelangt, so weiß ich fast nicht mehr wie sie thun, auch das Kopfweh hat sich sehr gelegt* ... In Bad Driburg herrschte reges gesellschaftliches Leben. Annette genoß es, die Menschen in ihren Eigenheiten und Unterschieden zu beobachten und ihre Briefe mit haarfeinen, witzigen Miniaturporträts zu würzen. Daneben blieb viel Zeit, um nachzudenken, zu träumen und Klarheit in die verworrenen Gefühle zu bringen.

Wenn Annette von Droste-Hülshoff über die Beziehungen zwischen Mann und Frau nachdachte, stand ihr ein Vorbild zuerst und eindringlich vor Augen – ihre Eltern. Ihr 1840 begonnenes Fragment »Bei uns zu Lande auf dem Lande« skizziert nicht nur die *kluge, rasche, tüchtige Hausregentin* und den Hausherrn, *von einem Strome von Milde und gutem Glauben überwallt.* Kern des Porträts ist das Verhältnis der beiden zueinander, gesehen aus dem Blickwinkel der Frau: ... *eine so warme, bis zur Begeistrung anerkennende Freundin des Mannes, der eigentlich keinen Willen hat als den ihrigen, daß alle Frauen, die Hosen tragen sich wohl daran spiegeln möchten ... ohne Frage steht diese Frau geistig höher als ihr Mann, aber selten ist das Gemüt so vom Verstande hochgeachtet worden; sie verbirgt ihre Obergewalt nicht wie schlaue Frauen wohl tun, sondern sie ehrt den Herrn wirklich aus Herzensgrunde ...* Eine verkehrte Welt, denn nach den Rollenvorgaben der Zeit besaß die Frau Gemüt, und es war der Verstand, der den Mann auszeichnete. Noch erstaunlicher: Der Rollentausch wird von Annettes Mutter – die zweifellos als Hausregentin gemeint ist – nicht durch weibliche List kaschiert und von der schreibenden Tochter zum Vorbild für alle Frauen, die Hosen tragen, erklärt.

Kein Mißton scheint die ungewöhnliche Beziehung zwischen den Eheleuten zu trüben, die gegenseitig von Respekt, Achtung und Toleranz geprägt ist. War auch Liebe dabei? In der Dichtung erfaßt die Frau ihren Mann mit dem *Scharfsinn der Liebe*. Der Wahrheit kommt wohl ein Brief der Droste vom Juli 1839 näher: *Mama aber (die immer meint, zum Heurathen gehöre keine Liebe, und nicht begreift, warum man nicht nimmt, was einem vernünftige Leute* RECOMMANDIREN) *fand für besser, daß er Luisen heurathete* ... Was ist schon Liebe, hätte die Mutter die Tochter gefragt.

Obwohl in der Zeit des Sturm und Drang und der Empfindsamkeit groß geworden, hält Therese von Droste-Hülshoff sehr entschlossen an der traditionellen Lehre der katholischen Kirche fest, die sich erst mit dem Beginn des neuen, des 19. Jahrhunderts zögernd neuen Vorstellungen öffnet. Die Richtung dieser Neuerungen allerdings war unumkehrbar: Frauen wie Männer forderten, daß Ehen keine Zweckgemeinschaften mehr sein durften, sondern als Liebesbündnisse Bestand haben mußten. Christlich oder tugendhaft sollte nicht länger das ausschlaggebende Etikett für eine gute Ehe sein. Frauen wie Männer wollten in dieser Institution glücklich werden.

Solchen Überzeugungen stand nach katholischer Lehre bis weit ins 18. Jahrhundert entgegen, daß Ehelosigkeit für Frauen wie für Männer der von Gott bevorzugte Weg zum Himmel sei. Lebenslange Jungfräulichkeit hatte Vorrang, da durch den Sündenfall im Paradies die menschliche Sexualität grundsätzlich verdorben war. Einzige Rechtfertigung für eine Ehe war die Fortpflanzung. Die Vormachtstellung des Mannes leitete sich ebenfalls vom Sündenfall im Paradies ab, schließlich hatte Eva dort alles Unheil über die Welt gebracht. Das war christliche Theorie, die Praxis war eine andere Sache. Die Eheleute auf Burg Hülshoff beweisen, daß selbst glaubensfeste Katholiken ihren persönlichen Umgang ohne Skrupel individuellen Überzeugungen und Lebensvorstellungen anpassen.

Die Eltern der Droste mochten die ehelichen Widersprüche und Unterschiede überzeugend in ihren Alltag integrieren. Der Tochter blieb nicht verborgen, daß auch im Verhältnis der Geschlechter die Welt im Umbruch war und weder Harmonie noch Sicherheit bot. Daß für alle sichtbar Liebe im Spiel sein konnte, demonstrierten Annettes Onkel Maximilian von Droste-Hülshoff und seine Frau, eine Münsteraner Bürgerstochter. Ihre unstandesgemäße Heirat im Morgengrauen hatte dem Paar spürbare Nachteile gebracht: Er wurde von seinen Standesgenossen geächtet, sie von ihren Eltern enterbt. Interessant ist, daß zwischen beiden eine ähnliche Rollenkonstellation herrschte wie bei den Verwandten auf Burg Hülshoff. Die Ähnlichkeit der Ehefrauen, die sich die Brüder wählten, ist bis in die Äußerlichkeiten verblüffend. Als der Sohn Clemens 1832 stirbt, schreibt die Droste über seinen Vater, ihren Onkel Max: ... *sein Vater hat keinen Einfluß auf seine Bildung gehabt, weit mehr die Mutter, eine ehemals sehr schöne und sehr gescheite, fast bis zur Leidenschaftlichkeit heftige, aber dennoch sehr ernste und feste Frau ...*

Was war die Botschaft dieser starken Frauen, der Tante und vor allem der Mutter, an die Droste? Was bedeutete das Vorbild der Mutter für die Träume und Lebensziele der Tochter? Es ist eine widersprüchliche Botschaft: Im Binnenverhältnis zwischen Therese von Droste-Hülshoff und ihrem Mann sind die traditionellen Machtverhältnisse zwischen Mann und Frau auf den Kopf gestellt. Innerhalb der Familie ist die Mutter der aktive Mittelpunkt. Ohne ihre positive Entscheidung wäre eine so offene Erziehung der Kinder, wäre eine umfassende Bildung Annettes durch den Hauslehrer der Brüder undenkbar gewesen. Ihre Liebe zur Literatur, ihr Stolz über die dichterischen Werke der Jüngeren stimulieren und motivieren die Tochter. Mit dieser selbstbewußten Mutter, die in wesentlichen Zügen nicht dem Frauenklischee entsprach, konnte sich die eigenwillige Tochter identifizieren.

Doch das Bild hat zwei Seiten. Therese von Droste-Hülshoff nutzte den traditionellen Rahmen, um sich und ihren Kindern mehr Raum und mehr Freiheit zu verschaffen. Gesprengt jedoch hat sie diesen Rahmen nie. Sie hatte keine Mühe, flexibel gegenüber neuen Entwicklungen aufzutreten, eigene Bedürfnisse in ihrem Lebensbereich zu verwirklichen und zugleich Grundregeln, zu denen sie ihr Stand, ihre Herkunft, ihr Geschlecht und ihre Religion verpflichteten, einzuhalten. Die Mutter predigte mit ihrem Beispiel der Tochter eine zweifache Moral: Sich trotz aller Freiräume stets innerhalb des vorgegebenen Rahmens zu bewegen und sich im Zweifelsfall, – nach außen zumindest – anzupassen.

Die Perspektiven, die die jugendliche Annette von Droste-Hülshoff in ihren Werken für Frauen entwirft, spiegelt die ambivalente Botschaft der Mutter. Entschieden und gut informiert bringt sie 1813 im Trauerspiel »Bertha« die Zwänge und Benachteiligungen ihres Geschlechts zur Sprache. Als 19jährige plädiert sie in ihrem Gedicht »Unruhe« dafür, diese Ungerechtigkeit zu überwinden: *Fesseln will man uns am eignen Herde / Unsre Sehnsucht nennt man Wahn und Traum / Und das Herz, dies kleine Klümpchen Erde / Hat doch für die ganze Schöpfung Raum!* Beide Male wollen Verstand und Gemüt den vorgegebenen Rahmen nicht mehr akzeptieren. Doch in ihren Werken riskiert die Dichterin den Aufstand gegen die herrschende Meinung nicht. Sie will keinen radikalen Bruch und erinnert an die Realitäten: *Sei ruhig, Herz, und lerne dich bescheiden...*

Die Tochter hat der Mutter brieflich nicht das Herz ausgeschüttet, wie sie es bei Professor Sprickmann tat. Aber der Brief vom Dezember 1819 aus Bökendorf deutet einen Ton vertrauter Komplizenschaft an, wenn die Droste ihren Besuch bei einer alten Freundin der Mutter schildert: ... *die Tante Felitz war anfangs sehr spitz, aber zuletzt so freundlich, daß sie nicht wußte, was sie mir zu Gefallen thun sollte, sie* LOGIRTE *mich zu meiner großen Angst in einem nagelneuen Zimmer, womit sie selbst noch so verwöhnt war, daß sie ihre reinen Schuh jedesmahl abputzte, wenn sie herein ging ... im Frühjahr soll ich auf vierzehn Tage zu ihr kommen, wofür mich Gott behüte, denn ich kann es gar nicht aushalten, daß sie das Essen mit ihrem eignen Löffel vorlegt, und wenn sie mir Wein oder auch Wasser einschenkt, die* BOUTEILLE *zuvor vor den Mund setzt, um zu sehn ob es auch gut ist, wenn das nicht wäre, dann sollte alles noch wohl gehn* ... Mit jemandem gemeinsam lästern zu können, zeugt von gleicher Wellenlänge und wäre so locker nicht möglich, wenn eine kühle Autoritätsbarriere die Mutter von der Tochter trennte.

Auch wenn die direkten Zeugnisse für das intime Verhältnis zwischen beiden in diesen Jahren rar sind und extreme Interpretationen sich im Reich der Spekulation bewegen: Bei der Suche der Droste nach ihrer eigenen weiblichen Identität wurde das Lebensmuster der Mutter zum vielfältigen Leuchtfeuer – anregend und dominierend, befreiend und einengend, abstoßend und verwirrend in seiner Widersprüchlichkeit. Das sind normale Entwicklungen im Laufe des Erwachsenwerdens, wenn der Prozeß der Abnabelung von Mutter und Vater bewältigt werden muß. Eins ist deutlich: Die jugendliche Annette von Droste-Hülshoff hat keine Angst, gegen die Konvenienzen zu verstoßen. Sie scheint es sogar zu genießen. Wie weit wird sie gehen? Wird ihr Verhältnis zu den Männern davon geprägt sein?

Neben der beherrschenden Mutter und Ehefrau macht Clemens August Droste zu Hülshoff, der Vater und Ehemann, keineswegs eine lächerliche Figur. Obwohl im Hintergrund, führt er in dieser Familie keine Randexistenz, am wenigsten für seine jüngere Tochter. Erinnern wir uns an die tiefe Zuneigung der Droste zu ihrem Vater, die aus ihrem Porträt in »Bei uns zu Lande auf dem Lande« spricht. An ihre kindliche Erschütterung, den Vater einst im Himmel wegen seiner jugendlichen, ihr fremden Gestalt nicht wiederzuerkennen; an die rhetorische Frage ihres Gedichtes »Das vierzehnjährige Herz«: *Ach, er ist mein herrlicher Vater, ja, / Soll ich ihn denn nicht lieben, nicht lieben!* Es wurde in der Familie kein Hehl daraus gemacht, daß dieser Vater das Gegenteil der üblichen Männertugenden verkörperte. Im Brief vom Dezember 1819 schildert Annette unbefangen ihrer Mutter ein Ehepaar, das sie in Bad Driburg getroffen hatte: *... ich glaube, daß sie noch mehr Verstand hat, wie ihr Mann, wenigstens viel mehr Geist, und eine Sanftmuth, wie ich sie sonst nur bey meinem lieben Papa gefunden habe ...* Die Sanftmut, traditionell eine mütterliche Tugend, schätzte die Tochter bei ihrem Vater am meisten.

Im Frühjahr 1842 formt die Droste aus fünf Gedichten den Zyklus »Der Weiher«:

> *Er liegt so still im Morgenlicht,*
> *So friedlich, wie ein fromm Gewissen;*
> *Wenn Weste seinen Spiegel küssen,*
> *Des Ufers Blume fühlt es nicht;*
> *Libellen zittern über ihn,*
> *Blaugoldne Stäbchen und Karmin,*
> *Und auf des Sonnenbildes Glanz*
> *Die Wasserspinne führt den Tanz;*
> *Schwertlilienkranz am Ufer steht*
> *Und horcht des Schilfes Schlummerliede;*
> *Ein lindes Säuseln kommt und geht,*
> *Als flüstr' es: Friede! Friede! Friede!*

Die Droste hat die Bilder gewählt. Ob sie aus der Anschauung, dem Vorrat der Erfahrung genommen werden oder aus tiefen unbewußten Schichten aufsteigen, danach muß die Dichterin nicht fragen. Sie darf es gar nicht, will sie kreativ bleiben und sich selbst keine Schreibbarrieren setzen. Nach dem »Schilf«, das am Rand des Weihers gute Wacht hält, folgt als drittes Gedicht »Die Linde«:

*Ich breite über ihn mein Blätterdach
So weit ich es vom Ufer strecken mag.
Schau her, wie langaus meine Arme reichen,
Ihm mit den Fächern das Gewürm zu scheuchen,
Das hundertfarbig zittert in der Luft ...*

*O könnt' ich! könnt' ich meine Wurzeln strecken
Recht mitten in das tief kristall'ne Becken,
Den Fäden gleich, die, grünlicher Asbest,
Schaun so behaglich aus dem Wassernest ...*

Der Neid der Linde trifft »Die Wasserfäden«, des Teiches Blutsverwandte, die an vierter Stelle des Zyklus ihren Auftritt haben:

*... fest
Hält er all uns an die Brust gepreßt,
Und wir bohren uns're feinen Ranken
In das Herz ihm, wie ein liebend Weib,
Dringen Adern gleich durch seinen Leib,
Dämmern auf wie seines Traums Gedanken ...*

So sehnsüchtig die Linde am Ufer den Teich umhegt, sie wird dem Weiher niemals so nahe sein wie die Wasserfäden, seine Blutsverwandten.

»Der Weiher« stand zu Lebzeiten der Droste in der Gedichtausgabe von 1844. Am Beginn des 21. Jahrhunderts, in den Generationen nach Sigmund Freud, in einem von öffentlicher Sexualität durchdrungenen Zeitalter kann man diesen Gedichtzyklus nicht mit gleicher Unvoreingenommenheit lesen wie die Menschen des 19. Jahrhunderts. Für die Zeitgenossen der Annette von Droste-Hülshoff lebten ehrbare Frauen außerhalb jeder sexuellen Dimension. Sie mit diesem Bereich auch nur von Ferne in Verbindung zu bringen, war ihrer Umgebung wie ihnen selbst undenkbar. Aus diesem weiblichen Selbstverständnis erwuchsen Unterdrückung und ungezählte ungelebte, verstümmelte Leben. Aber es entstanden auch Freiräume: Frauen – ob verheiratet oder unverheiratet – konnten enge Freundschaften schließen, ohne in den

Verdacht sexueller Libertinage zu geraten. Assoziationen, die uns beim Lesen des Gedichtzyklus »Der Weiher« als Allgemeingut durch den Sinn gehen, waren der Droste wie ihrer Zeit fremd.

Es bedeutet nicht, die Dichterin auf die Couch zu legen, wenn man hinter dem geschilderten Naturidyll tiefere Schichten freilegt und Vergleiche zieht: der Weiher, dieses sanfte Wesen, als Verkörperung des Vaters, die fürsorgliche Linde als Symbol für die Mutter und die Wasserfäden als töchterliche Nähe. Hatte die Tochter doch ihre Blutsverwandtschaft mit dem Vater der Mutter voraus. Gewagte und zugleich eingängige Bilder, die im Unbewußten schlummern und von den wenigsten aufgeweckt werden.

Das fünfte und letzte Gedicht im Zyklus »Der Weiher« heißt »Kinder am Ufer«. Sie entdecken im hintersten Teil des Weihers eine wunderschöne *Blumenwolke* und sind versucht, in den Teich zu waten, um die Schönheit mit langem Stecken heranzuziehen

> *... Pah! Frösch' und Hechte können mich nicht schrecken. –*
> *Allein, ob nicht vielleicht der Wassermann*
> *Dort in den langen Kräutern hocken kann?*
> *Ich geh, ich gehe schon – ich gehe nicht –*
> *Mich dünkt, ich sah am Grunde ein Gesicht –*
> *Komm, laß uns lieber heim, die Sonne sticht!*

Das ist eine dramatische Wendung. Unter der Oberfläche des sanften Weihers lauert Unheil. Dämonische Mächte bedrohen den Frieden, die kindliche Unschuld. Und wieder dürfen andere Fragen stellen, die der Droste versperrt waren: Liegt die Bedrohung vielleicht im heimlich-unbewußten Wunsch der Tochter, dem Vater so nahe zu kommen, wie das Bild von Wasserfäden und Weiher suggeriert?

Am 18. September 1819 sitzt Annette von Droste-Hülshoff im Bökerhof und schreibt einen Brief. Zwölf Tage zuvor hatte sie nach ihrem langen Kuraufhalt Bad Driburg verlassen. Im Oktober, so hatte ihr der Vater geschrieben, wird sie zu Hause auf Burg Hülshoff erwartet. Sie ist schließlich seit einem halben Jahr abwesend. Ihre Antwort an den Vater ist ein beredtes Zeugnis, wie sehr sich die Droste in der Zwickmühle fühlt. Wortreich führt sie aus, daß der Gehorsam gegenüber den Eltern allem vorgeht und Hülshoff samt der Familie den ersten Platz in ihrem Herzen belegt: *... was mich anbelangt, so thue ich das, was ihr über mich beschließt, auf jeden Fall mit Freuden ich will nicht läugnen, daß ich sehr gern mahl wieder bey euch wäre ... freylich bleibt einem das väterliche Haus natürlich immer das liebste, ... du mußt nun nicht denken, mein lieber alter Papa, als ob mir irgend ein Ort so lieb seyn könnte wie Hülshoff ... richte Alles so ein, wie du willst, mein liebster Papa ...*

Aber dabei bleibt es nicht. Wortmächtig argumentiert die Tochter anschließend, warum ein verlängerter Aufenthalt in Bökendorf sinnvoll sei: *... die hiesigen Aerzte behaupten, daß grade die Bergluft dasjenige wäre, wovon ich auf die Dauer meine völlige Genesung erwarten müßte, so wollen die Großeltern noch nichts von abreisen hören ... aber doch kann ich versichern, daß ich, so oft ich auch an euch denke, doch nicht eigentlich das Heimweh habe ... zudem muß ich sagen, daß, da ich noch fast gar nicht bey den Großeltern habe seyn können, es mir unbillig und auch etwas schämerlich vorkömmt, jetzt wieder fortzugehen ... eben so mußt du auch nicht glauben, als ob ich mich blos durch Rücksichten hier zurück halten ließe ... ich werde hier zudem so äußerst freundlich und liebevoll behandelt, daß ich nächst Hülshoff hier wohl am liebsten bin ...* Schon die Quantität der Argumente suggeriert, in welche Richtung die Wünsche der Schreiberin gehen. Die Eltern reagieren positiv. Annette darf den Winter über bis ins Frühjahr 1820 bei den Großeltern bleiben.

Sind es wirklich die Großeltern, die die 23jährige in der ostwestfälischen Provinz festhalten? Oder taucht nicht an späterer Stelle im Brief der wahre Grund auf: *... Straube ist jetzt auch hier, er wird aber nicht nach Hülshoff kommen, weil er in Göttingen zu viel zu thun hat, – er ist vorgestern hier gekommen, und wird, glaub ich, morgen wieder fortgehn, der arme Schelm, muß sich doch erschrecklich quälen ...* Die Eltern der Droste werden keinen Verdacht geschöpft haben. Das literarische Genie Straube, der angenehme junge Mann, dessen Studium man unterstützte, gehörte zum großen Kreis der Verwandten und Freunde, der Hülshoff und den Bökerhof verband. Daß sich zwischen dem adligen katholischen Fräulein und dem mittellosen protestantischen Bürgersohn etwas anbandelt – unvorstellbar. Die Großeltern mochten inzwischen zu alt sein, um alles zu registrieren, was die jungen Leute in ihrem Hause trieben. Doch da waren die Brüder der Mutter, die Onkel der Droste, als Autoritätspersonen, denen man die Tochter bedenkenlos anvertraute. Zwei kleine Worte verraten, wie die Droste versucht, im Brief an den Vater das Stichwort »Straube« mit zusätzlicher Beiläufigkeit zu versehen – *Straube ... wird, glaub ich, morgen wieder fortgehn ...* Das ist unverdächtig für die Eltern im fernen Hülshoff, jedoch unglaubwürdig für den, der die ganze Geschichte kennt.

Gegenüber den Onkeln und Tanten auf dem Bökerhof verstellte sich Annette von Droste-Hülshoff nicht. Es wäre ohnehin hoffnungslos gewesen, denn hier lebten alle auf viel zu engem Raum miteinander, um Geheimnisse voreinander zu haben. Die Droste wollte es auch nicht. *Ich habe nie ein Geheimnis daraus gemacht,* schrieb sie rückblickend an Anna von Haxthausen über ihre Gefühle zu Heinrich Straube. Ein Brief an Ludowine von Haxthausen vom Januar 1820, als Annette von Droste-Hülshoff vom Bökerhof aus zu Verwandten in Wehrden an der Weser gefahren war, ist ein direkter Beweis für diese Offenheit. Die Droste nimmt Bezug auf erhaltene Weihnachtsgeschenke und schreibt der nur zwei Jahre älteren Tante: *... das Bild von meinem Schatz ist aber schlecht getroffen, höchstens gleicht der sanfte Ausdruck des Schmerzens in seinen Blicken in etwas ...* Auch wenn die beiden im September 1819 nur drei gemeinsame Tage hatten: Der »Schatz« der Droste konnte nur einer sein – Heinrich Straube. Erstaunlicherweise erreichte dieses Geheimnis die Eltern nicht, obwohl sonst jede Neuigkeit unter dem Siegel tiefster Verschwiegenheit sofort zwischen dem Bökerhof und Hülshoff ausgetauscht wurde.

Für Annette von Droste-Hülshoff galt inzwischen, was sie rückblickend im Dezember 1820 an Anna von Haxthausen schrieb: *... Straubens Liebe verstand ich lange nicht, und dann rührte sie mich unbeschreiblich und ich hatte ihn wieder so lieb, daß ich ihn hätte aufessen mögen ...* Da verwundert es nicht, daß sie nach der Driburger Kur unbedingt in Bökendorf bleiben möchte und das

Heimweh nach zu Hause sich in Grenzen hält. Die Chance, daß Straube zwischendurch für ein paar Tage vorbeikommen würde, war in Bökendorf wesentlich größer als in Hülshoff. Dabei waren beide Orte für die Liebenden mit gleich schönen Erinnerungen verbunden, wie aus einer Einladung August von Haxthausens, der seit September 1818 – statt zu studieren – die maroden Haxthausenschen Güter verwalten mußte, an seinen Freund Straube hervorgeht: »Komme bald! Denn Du weißt, nirgends küßt sich so gut wie in den Treibhäusern von Bökendorf u. Hülshoff.« Was hatte Straube, daß die Droste an ihn erstmals ihr Herz verlor?

Im Sommer 1818 kam Ludwig Emil Grimm, ein Bruder der beiden berühmten Grimms, zu Besuch auf den Bökerhof. Ein weiterer Gast war Heinrich Straube, den Annette von Droste-Hülshoff im August hier erstmals treffen würde. Die Männer gingen oft auf die Jagd, und Grimm, der professionelle Zeichner, machte Ende September eine Bleistiftskizze von »Straube auf der Enten Jagd«, im Wasser stehend. Die Gestalt im Profil ist kompakt und von mittlerer Größe, das Haupthaar locker zerzaust, die Nase gerundet, um den vollen Mund spielt ein sanftes Lächeln, und die Augen blicken intensiv und offen in die Welt – auch wenn von der Seite nur eines sichtbar ist. Die Ähnlichkeit mit Zeilen aus dem Gedicht »Brennende Liebe«, das die Droste im Winter 1841/42 schrieb, ist nicht zu weit hergeholt:

> *… Zwei Augen hab' ich gesehn,*
> *Wie der Strahl im Gewässer sich bricht,*
> *Und wo zwei Augen nur stehn,*
> *Da denke ich an ihr Licht. …*
>
> *…*
>
> *Auch weiß ich eine Gestalt,*
> *So leicht und kräftig zugleich,*
> *Die schreitet vor mir durch den Wald,*
> *Und gleitet über den Teich …*
>
> *…*

Im Gedicht wird die Droste von einer Stimme verfolgt, *tief, zitternd, wie Hornes Ton*. Daß Straube eine besonders hohe Stimme hatte, weshalb sein Spitzname »Wimmer« war, spricht nicht gegen eine Anspielung auf diese erste Liebe, im Gegenteil. Die Dichterin liebte es, die autobiographischen Fährten mancher Gedichte mit irreführenden Fakten wieder zu verwischen.

Heinrich Straube, dem nach Wilhelm Grimm »jeder Mann gut ist«, war kein Kind von Traurigkeit und schmückte sich mit allem, was zu einem männlichen Studentenleben gehörte. Sein Freund Heinrich Heine widmete ihm Gedicht LXXXVIII aus dem Abschnitt »Die Heimkehr« in seinem »Buch der Lieder«: »›Sag, wo ist dein schönes Liebchen, / Das du einst so schön besungen, / Als die zaubermächtgen Flammen / Wunderbar dein Herz durchdrungen?‹« ... Straube selbst dichtete: »... Bin im Schlaf ich dann versunken, / Mich umgibt die dunkle Nacht, / Da umarmt mich liebestrunken / Liebchen, das im Herzen wacht.« Außer solchen Versen für die leichten Stunden aber hatte der Student anderen literarischen Ehrgeiz.

Der Dichter Straube beschäftigte sich mit religiösen Themen und begann im Sommer 1819, eine Folge von Gedichten über ausgewählte Bibelstellen zu schreiben. Mitte Juli ist es das berühmte Pauluswort »Wenn ich mit Menschen und mit Engelzungen redete, und hätte der Liebe nicht ...«: »O träufle auf mich herab den Balsam des Friedens / In die wunde Brust voll Unruh und Sorgen / Gieb mir den leitenden Engel des Trostes / Heile den Schmerz der wie Blut mich durchströmt / Ach wie so seelig lag ich am Busen der Lieben / Freundlich ein Engel lächelte mir ihr Blick / ...« Doch diese Liebe ist nicht von Dauer: »Nein, nicht bestehen konnte das Gebilde / Trüglich gefertigt von irdischen Stoffen / Lieblich ersonnen von eitelem Wahn ...« Der Engel des Trostes hatte den Traurigen schon erhört. Im September sehen sich die Droste und Straube – nach den Ostertagen in Hülshoff – in Bökendorf zum zweiten Mal.

Es war ein kurzes Zusammensein. Doch Annette von Droste-Hülshoff wußte, daß sie »ihren Schatz« spätestens in den Osterferien 1820 wiedersehen würde. In der Zwischenzeit war für Abwechslung gesorgt, denn ungefähr ab dem 20. Dezember 1819 machte die Droste eine Rundreise zu den Gütern der verwandten Familien in der Nachbarschaft. Als sie am 10. März 1820 endlich wieder in Bökendorf ankommt, ist Straube schon da. Er konnte bis zum 16. April bleiben, am Tag danach begann in Göttingen das Sommersemester. Es war ihr viertes Zusammensein, und nie zuvor hatten sie so viel Zeit miteinander. Sie werden nicht nur über Literatur und Religion gesprochen haben. Es war Frühling – auch wenn er in Ostwestfalen sehr zögerlich beginnt –, und für die 23jährige Annette von Droste-Hülshoff die schöne Zeit der ersten Liebe.

Irgendwann in diesen Wochen hat sie Straube eines ihrer Gedichte aus der Zeit aufgeschrieben, als der schillersche Idealismus noch ihr Leitstern war. Ein Zeichen für das Hochgefühl, in dem sie schwebte: *Und er fühlt die rettend frohe Nähe, / Sieht die Englein leuchtend niedergleiten, / Fühlt daß Himmelsodem ihn umwehe, / Und im Tode blühn ihm Seligkeiten / Mählich weicht die Dämmrung seinem Auge, / Strahlend sich vor ihm die Himmel breiten* ... An den Tod werden die beiden Liebenden kaum gedacht haben. Aber wie im Himmel, wie im Paradies fühlten sie sich, wenn sie durch den Wiesengrund spazierten oder auf der grünen Gartenbank bei der Taxushecke saßen. Die Droste war 45 Jahre alt, als sie sich im Winter 1841/42 in Meersburg am Bodensee die Erinnerung an diesen Ort der Seligkeit – »Die Taxuswand« – in alle Sinne zurückrief:

> *Ich stehe gern vor dir,*
> *Du Fläche schwarz und rauh,*
> *Du schartiges Visier*
> *Vor meines Liebsten Brau',*
> *Gern mag ich vor dir stehen,*
> *Wie vor grundiertem Tuch,*
> *Und drüber gleiten sehen*
> *Den bleichen Krönungszug;*
>
> *Als mein die Krone hier,*
> *Von Händen die nun kalt;*
> *Als man gesungen mir*

In Weisen die nun alt;
Vorhang am Heiligtume,
Mein Paradiesestor,
Dahinter Alles Blume,
Und Alles Dorn davor.

Denn jenseits weiß ich sie,
Die grüne Gartenbank,
Wo ich das Leben früh
Mit glühen Lippen trank,
Als mich mein Haar umwallte
Noch golden wie ein Strahl,
Als noch mein Ruf erschallte,
Ein Hornstoß durch das Tal.

...

Du starrtest damals schon
So düster treu wie heut',
Du, unsrer Liebe Thron
Und Wächter manche Zeit;
Man sagt, daß Schlaf, ein schlimmer,
Dir aus den Nadeln raucht, –
Ach, wacher war ich nimmer,
Als rings von dir umhaucht!

...

Es war Heinrich Straube, der ihr den Thron der Liebe bereitete und für den ihre Lippen glühten. Der Tante Ludowine hatte sie im Januar 1820 über ihren Schatz vom »sanften Ausdruck des Schmerzens in seinen Blicken« geschrieben. Sanftheit ist die Tugend, die Annette von Droste-Hülshoff am geliebten Vater rühmt. Er hat ihr männliches Idealbild geprägt – entgegen den traditionellen Vorstellungen. Als *stolz, und doch zugleich so sanft und weich* beschreibt sie in ihrem Trauerspiel »Bertha« den Mann, an den die Titelheldin – weit unter ihrem Stand – heimlich ihr Herz

verloren hat. Als bei einer heftigen Auseinandersetzung über die unterschiedlichen Bestimmungen der Geschlechter Berthas Mutter den Männern Verstand und den Frauen Gemüt zuteilt, entgegnet ihr die Tochter: *Also nie / Verbände ein empfindend zart Gemüt / Mit stolzer Kraft sich in des Mannes Brust? / O Mutter ihr seid ungerecht ...*
In Heinrich Straube findet die Droste offensichtlich ein zartes Gemüt und einen Partner, der ihr nicht seine Überlegenheit als Mann und Dichter demonstrieren muß. Einen, der ihr literarisches Talent und ihre Kenntnisse schätzt, ohne sie deshalb als »unweiblich« zu kritisieren. Einen, der sie nicht wie Wilhelm Grimm als »vordringlich« und »unangenehm« empfindet, weil er mit ihr »nicht fertig wird«. Einen, der sie nicht herablassend als »das kleine Genie« abqualifiziert, wie es ihr Onkel Werner von Haxthausen im Februar 1820 in einem Brief an Münsteraner Freunde tut. Onkel Werner ist es auch, der sich einem Freunde gegenüber brüstet, diese Nichte fürchte ihn als einzigen unter den männlichen Verwandten, »weil er bei jeder Gelegenheit sie demütigt«.

Es gibt überzeugende Beweise, daß Annette von Droste-Hülshoff in diesen Monaten auf dem Bökerhof keineswegs als jene abschreckende junge Frau auftrat, als die Grimm, ihr Onkel Werner und gewiß noch andere sie in ihren Klatsch- und Tratschgeschichten verzerrten. Allerdings gilt für Werner von Haxthausen – wie für Wilhelm Grimm –, daß er in seinem Urteil gespalten war. Gleichgültig ließ diese Nichte ihn nicht. Den Freund, dem der Onkel von ihr erzählte, hatte er 1812 im Londoner Exil kennengelernt.

Es war der Hamburger Kaufmannssohn Friedrich Beneke, der Ende März 1820 zu Besuch auf den Bökerhof kam. In seinem Tagebuch hat Beneke festgehalten, mit welchen Vorurteilen gegen die Droste sein Freund Werner ihn geimpft hatte, neben allerlei positiven Bemerkungen. Sie sei gescheit, talentvoll, witzig und gutmütig, dazu eigensinnig, gebieterisch, fast männlich, mit mehr Verstand als Gemüt. Dem jungen Beneke reichte das, »eine Art Widerwillen gegen sie gefaßt« zu haben und der jungen Frau mit dem Vorsatz zu begegnen, »es wie Werner zu machen«.

Am Abend seiner Ankunft nimmt er zuerst keine Notiz von ihr

und beginnt dann während einer Gesprächsrunde, sein Opfer »zu persiffliren«. Anstatt vor Scham im Boden zu versinken, fragt ihn die Droste »sehr ruhig: ›Lieber Herr, Sie scheinen etwas gegen mich zu haben; bitte, sagen Sie mir doch, was halten Sie denn eigentlich von mir?‹« Noch fühlt sich der junge Mann in seinem überlegenen Element und antwortet »ohne Schonung: ›daß es mir schiene, als sey ihr Geist unweiblich.‹« Wieder bleibt ihm die junge Frau keine Antwort schuldig: »Sie sagte sehr sanft: ›Ich verzeihe Ihnen Ihr keckes, hartes Urteil. Sie kennen mich nicht.‹«

Es dauerte gerade bis zu einem Spaziergang am nächsten Morgen, den die Droste ihrem Kritiker vorschlug, um aus diesem Saulus einen Paulus zu machen. Diesmal führte sie das Wort: »›Lieber Herr, ich kenne Sie eigentlich nicht, doch halte ich Sie für gut, und für einen Mann von Ehre; was ich Ihnen erzählen werde, wird Ihnen vielleicht unglaublich vorkommen, aber versprechen Sie mir Verschwiegenheit; ich fühle mich gedrungen, mit Ihnen recht von Herzen zu reden.‹ Es entstand nun ein Gespräch, eins der interessantesten meines Lebens.« Am Abend setzte sich Annette von Droste-Hülshoff ans Klavier – »ihr Spiel ist fertig, etwas heftig und überschnell, zuweilen etwas verworren«. Dazu sang sie – »ihre Stimme ist voll, aber oft zu stark und grell, geht aber sehr tief und ist dann am angenehmsten«. Am andern Morgen mußte Friedrich Beneke abreisen. Die Droste erschien nicht mehr.

Seine Tagebucheintragung machte er am Tag danach, noch im Banne einer Persönlichkeit, die – »ich gestehe es – einen tiefen, vielleicht nie verlöschenden Eindruck auf mich hinterlassen hat«. Neben der äußeren Erscheinung – »eine sehr feine, kleine Figur, sehr stark blond, ein hübsches Gesicht, ein Paar bedeutende blaugraue Augen« – notiert er nach der Begegnung mit der 23jährigen: »... eine solche scharfe Klarheit des Verstandes, so unbefangen und tief ist mir selten vorgekommen, und das neben einer so zarten, rührenden Unschuld und Gemüthstiefe, neben so vieler Liebe. Das Ganze gehalten von bedeutender Geisteskultur und Bildung.« Sie war für ihn ein »heiteres Mädchen, fern von aller Ziererey ..., Affection und Sentimentalität, ... von ungemeinem Verstande, von großer Lebendigkeit«.

Im April erscheint neuer Besuch auf dem Bökerhof, Johann

Heinrich Wolff aus Kassel, ein Freund von August von Haxthausen und der Brüder Grimm. Wolff kam während der Ferientage mit Annette von Droste-Hülshoff »in ein sehr inniges, wenn auch mehr freundschaftliches Verhältniß«. Jahre später, als Professor für Architektur an der Königlichen Akademie der bildenden Künste in Kassel, hat er in seinen biographischen Aufzeichnungen darüber berichtet. Die junge Droste begegnete ihm als »äußerst geistvolles und schönes Mädchen, die etwas ungemein Liebenswürdiges und Anziehendes in ihrem Wesen hatte«. Die Gefühle der Sympathie waren gegenseitig: »Ihr Talent als Dichterin trat damals schon hervor und sie liebte es ganz besonders, mir ihre Balladen vorzulesen und hatte es gern, wenn ich ihr musikalisches Talent bewunderte, wenn sie zwar mit schwacher, aber sehr wohlklingender Stimme ihre italienischen Arien sang ... oder wenn sie zu meinem nicht geringen Erstaunen mit ihren geschickten Fingern und ihrer theoretischen Kenntniß jedes Klavierstück ohne Weiteres in irgend eine beliebige Tonart übersetzte.« Der Bitte Wolffs nach einer Locke als Andenken kam sie auf der Stelle und so ungestüm mit der Schere nach, »daß ihr sonst so ansprechendes, feines Gesicht durch die gestörte Symmetrie und die borstenartig in die Höhe stehenden Ueberreste der Haare, völlig entstellt wurde«.

Es blieb zwischen den beiden nicht beim Balladen-Vorlesen. In ihrem ausführlichen Brief an Anna von Haxthausen vom Dezember 1820 rechtfertigt die Droste ihre Beziehung zu Wolff, über die auf dem Bökerhof gemunkelt wurde: ... *Straube weiß wie ich mit ihm gestanden habe, denn er hat einmal gesehen, wie ich ihm die Hand unter dem Tisch reichte, und hatte es mir verziehen ...* Beinahe hätte man es vergessen: Während die Droste kurz, aber intensiv Kontakt zu den beiden männlichen Besuchern aufnahm, war zur gleichen Zeit Heinrich Straube nach langer Abwesenheit auf dem Bökerhof einquartiert. Warum mußte sie einem fremden Menschen wie Friedrich Beneke ihr Herz eröffnen, wenn sie jederzeit stundenlang mit »ihrem Schatz« hätte reden und spazierengehen können? Oder Johann Heinrich Wolff ihre Balladen vorlesen?

Die Bruchstücke sind verwirrend: In diesen Wochen mit

Straube hat Annette von Droste-Hülshoff jungen Männern Gefühle gezeigt, die über Konversationsgeplauder hinausgingen – um sie abrupt zu beenden. Für Beneke blieb sie am Tag seiner Abreise unsichtbar. Wolff verschreckte sie durch die »naive, aber für mich unheimliche Erklärung: ›sie müsse sich zuweilen Tage oder Stunden lang von der Gesellschaft zurückziehen, weil sie manchmal unausstehlich sein könne!‹« Das alles war harmlos, das Händehalten inbegriffen. Es spielte sich aber unter romantischen jungen Leute zu einer Zeit ab, die im Überschwang der Gefühle die kleinste Geste als gewichtiges Zeichen deutete. Gerade die phantasiereiche Annette von Droste-Hülshoff wußte um die Kraft der Zeichen und Rituale. Hatte sie Lust daran, ein wenig Verwirrung zu stiften? Ihre Wirkung auf die Männer zu erproben und auszukosten? Hatte das Verhältnis zu Straube an Glanz verloren oder dämmerte ihr, daß es keine Zukunft haben konnte? War die Droste einfach vertrauensvoll naiv? Zeigt sich hier eine labile, schillernde Persönlichkeit? Oder vielmehr eine selbstbewußte junge Frau, die sich durch die einjährige Abwesenheit von zu Hause so sehr aus dem Bannkreis ihrer Familie gelöst hat, daß sie es wagt, einen eigenen Weg zu erproben? Will Annette von Droste-Hülshoff dem Freund Straube demonstrieren, daß sie sich – bei allen paradiesischen Gefühlen – nicht in neue Abhängigkeiten verliert?

Wahrscheinlich muß die Droste in diesen Monaten mit vielen unterschiedlichen Wahrheiten leben. Die Schilderungen ihrer Person durch die beiden Besucher auf dem Bökerhof zeigen allerdings keine unglückliche, keine innerlich zerrissene Frau. Das wäre auch seltsam gewesen in einer Zeit, *Wo ich das Leben früh / Mit glühen Lippen trank, / Als mich mein Haar umwallte / Noch golden wie ein Strahl, / Als noch mein Ruf erschallte, / Ein Hornstoß, durch das Tal.* Unterschätzen wir die Eigenständigkeit und Zielstrebigkeit der Droste nicht. Warum sollte sie in dieser Hochstimmung Wesenszüge verloren haben, die sie schon als Kind und Jugendliche auszeichneten? Bei allem erwünschten Trubel auf Burg Hülshoff und den Ausflügen nach Münster, bei aller Sehnsucht nach Harmonie und der Verzweiflung in einsamen nächtlichen Stunden: Sie hat seit ihrem zehnten Lebensjahr stetig an einem dichterischen Programm gearbeitet – Gedichte, das Trauerspiel »Bertha«, das Versepos »Walther«. Jetzt saß Annette von Droste-Hülshoff keineswegs, von Sehnsucht wie gelähmt, auf dem Bökerhof und wartete – keines Gedankens mächtig – auf ihren Schatz. Vom Winter 1819 bis ins Frühjahr 1820 hinein ist die 23jährige außerordentlich kreativ. Sie will ihre Zeit nicht vertrödeln und stellt sich neuen literarischen Herausforderungen.

Vieles spricht dafür, daß es Weihnachten 1819 war, als Annette von Droste-Hülshoff der Großmutter auf dem Bökerhof ein Album mit vielen weißen Blättern und drei schon eigens für sie geschriebenen Andachtsliedern – »Glaube«, »Hoffnung«, »Liebe« – schenkte. Die Enkelin hatte sich vorgenommen, für Maria Anna von Haxthausen, über die Friedrich Beneke in seinem Tagebuch notiert, sie habe »etwas Würdiges und Bedeutendes und Frommes«, in den kommenden Wochen und Monaten auf jeden Festtag im Kirchenjahr ein geistliches Lied zu dichten. Das war ein dichterisches Experiment, wenngleich kein ungewöhnliches Thema für einen Menschen, dem der katholische Glaube als irdische Wegweisung und tröstliches Heilselexier von frühester Kindheit mit auf den Lebensweg gegeben und von glaubwürdigen Vorbildern – darunter die Großmutter und die eigenen Eltern – verstärkt wurde.

Die drei ersten Andachtslieder der Enkelin für die fromme Großmutter vermitteln diese Glaubensgewißheit, die weder Tod noch Teufel, weder eigene Schuld und Sünde, weder Zweifel noch Prüfungen ins Wanken bringen können:

...

Ich weiß, o Herr, daß hier auf Erden
Mir Manches hart und bitter ist,
Und daß mein Herz in den Beschwerden
Oft deine Güte ganz vermißt;
Allein ich glaube, daß die Nacht
Dereinst vor deinem Strahl wird tagen,
Und meine Lippe preisend sagen:
Der Herr hat Alles wohl gemacht.

...

So heißt es im Gedicht »Glaube«, und so geht es mit der »Hoffnung« weiter:

> ...
>
> *Wenn mich alle lassen:*
> *Meine Hoffnung bleibt,*
> *Wird mich rettend dann umfassen,*
> *Wenn mich Not und Sünde treibt.*
> *Ob auch Tod und Trübsal wüte,*
> *Ob Gewalt der Böse hat,*
> *Herr, auf deine Güte*
> *Bau ich meine Stadt!*

Die »Liebe« steht dem nicht nach:

> *Das ist mein Trost in allen Leiden,*
> *Daß nichts mich kann von Jesu scheiden,*
> *Von seiner Liebe keine Macht,*
> *Der größte aller Erdenschmerzen*
> *Hat nicht Gewalt ob einem Herzen,*
> *Worin die Liebe Jesu wacht.*
>
> *Wenn er mir bleibt, was kann mir fehlen?*
> *Wenn er mich labt, was kann mich quälen?*
> *Wie hat er alles wohl bestellt!*
> *Wenn ich nur seinen Namen nenne,*
> *Dann ist's, als ob das Herz mir brenne;*
> *Im Lichte steht die ganze Welt.*
>
> ...

Der Großmutter, die selber Gebete in naive Verse gesetzt hat, werden diese einfachen, eingängigen, aber keineswegs simplen Lieder für die geistliche Andacht gefallen haben. Vielleicht hat sie die Enkelin zusätzlich angeregt, mehr und Größeres in dieser Richtung zu schaffen. Ende Januar 1820 schreibt Annette von

Droste-Hülshoff ihrer Tante Ludowine von Haxthausen, sie werde der Großmutter *ein Lied für Lichtmeß schicken, sie muß es aber nicht gleich in ihr Buch schreiben, denn ich habe für die drey vorhergehenden Feste in diesem Jahr als, Neujahr, heil. drey Könige, und süßen Namen auch für jeden Tage ein Lied gemacht, die ich aber morgen nicht werde schicken können, weil das Abschreiben zu lange aufhält.* Sie hofft, *in Zukunft auf jedes Fest eins schikken zu können.* In nur drei Monaten – bis zum Gedicht »Am Ostermontage«, dem 3. April 1820 – entstehen dreizehn Gedichte, bei denen fünf Strophen das Minimum sind.

Während dieser Zeit wechselt die Droste mehrmals das Quartier, weil sie von vier verwandten Familien in der Umgebung des Bökerhofs erwartet wird. Der Brief an Ludowine von Haxthausen kam von Wehrden an der Weser. Da die Droste kein Aufhebens über ihre Arbeit an den Gedichten macht, sie vielmehr wie nebenbei erwähnt, muß die Phantasie den Alltag in den Blickpunkt holen. Es reicht nicht, sich für die Dichtkunst zu begeistern, um in dieser Kürze Meisterhaftes zu produzieren. Neben aller Genialität muß Annette von Droste-Hülshoff den festen Willen gehabt haben, sich Raum für ihre ungewöhnliche Tätigkeit zu schaffen: sich trotz allen Familientrubels irgendwann am Tag oder vielleicht erst des Nachts auf ein ruhiges Plätzchen mit einem Tintenfaß zurückzuziehen und konzentriert ihre Bilder und Gedanken zu Papier zu bringen. Sie schrieb schnell und nutzte jedes Stück Papier in Reichweite. Es störte ihre Kreativität nicht, ihre Verse auf Quittungen aller Art oder die Rückseite von Briefen zu setzen.

Doch solche ruhigen Minuten reichen nicht aus. Den dreizehn Gedichten auf die ersten Festtage des Jahres muß vor dem Niederschreiben eine konzentrierte Phase des Nachdenkens und Erarbeitens vorausgegangen sein. Keines von ihnen gleicht in Form und Versmaß dem anderen. Annette von Droste-Hülshoff greift auf Formen religiöser Dichtung zurück, sowohl der Barockzeit wie ihrer romantischen Zeitgenossen, und macht etwas eigenes daraus. Die Leichtigkeit mancher Gedichte läßt vergessen, wie fest sie in Formen und Strukturen verankert sind. Meisterlich hingetuscht sind die Bilder zum »Feste der H. Drei Könige«. Wie aus dem Nichts taucht ein geheimnisvolles exotisches Panorama auf:

Durch die Nacht drei Wandrer ziehn,
Um die Stirnen Purpurbinden,
Tiefgebräunt von heißen Winden
Und der langen Reise Mühn;
Durch der Palmen säuselnd Grün
Folgt der Diener Schar von Weiten;
Von der Dromedare Seiten
Goldene Kleinode glühn.
Wie sie klirrend vorwärts schreiten,
Süße Wohlgerüche fliehn.

Finsternis hüllt schwarz und dicht
Was die Gegend mag enthalten;
Riesig drohen die Gestalten:
Wandrer fürchtet ihr euch nicht?
Doch ob tausend Schleier flicht
Los' und leicht die Wolkenaue:
Siegreich durch das zarte Graue
Sich ein funklend Sternlein bricht,
Langsam wallt es durch das Blaue,
Und der Zug folgt seinem Licht.

...

Wer in einer Zeit emotionaler Hochspannung so konzentriert und strukturiert arbeitet, will auch im Sog der Gefühle nicht auf seinen Verstand verzichten. Vielleicht wird die formvollendete Sprache für die Droste zum festen Halt, um nicht in einem Meer der Stimmungen und diffusen Träumereien unterzugehen.

Ein religiöses Gedicht ist ein Zwitter: Kunstwerk und persönliches Bekenntnis zugleich. Annette von Droste-Hülshoff, im katholischen Glauben verwurzelt, faßt in diesen geistlichen Liedern das in Worte, wovon sie selber überzeugt ist. Einen direkten persönlichen Hinweis enthält das Gedicht zur »Fastnacht«, nach damaligem Verständnis der Sonntag vor Aschermittwoch. Bezugstext ist das Evangelium vom Blinden, den Jesus wieder sehend macht:

... Und harre, daß dein Tau vom Himmel falle,
Worin ich meine kranken Augen bähe.
Herr, gibt mir, daß ich sehe!

Wie sich die Nacht auch blähe,
Als sei ich ihrer schwarzen Macht verbündet,
Weil mir verschlossen deine Strahlenfluten;
Hat sich doch ihre Nähe mir verkündet,
Empfind ich doch, wie lieblich ihre Gluten!
So weiß ich, daß ich nicht vergeblich flehe.
Herr, gib mir, daß ich sehe!

Bei den kranken Augen, die mit Kräuterdampfbädern behandelt werden – »bähen« –, spricht die Dichterin aus eigener Erfahrung. In den geistlichen Liedern hat Annette von Droste-Hülshoff keine Hemmungen, deutlich »Ich« zu sagen.

In den bis zum Osterfest fortgesetzten Festtagsgedichten ist die vertrauensvolle Grundstimmung einer gläubigen Christin unüberhörbar – *So weiß ich, daß ich nicht vergeblich flehe.* Wir dürfen daraus folgern, daß dieses positive Glaubensgefühl eng mit dem Lebensgefühl der Droste in diesen Monaten verknüpft ist. Vielleicht so eng, daß sich die Ebenen verschieben und sich manche religiösen Aussagen unbewußt mit irdischen Erfahrungen vermischen. Was auf den ersten Blick wie ein literarisches Kontrastprogramm zum Alltag erscheint, läßt sich nicht als Doppelleben, als gespaltenes Ich deuten. Die Droste schafft in diesem Winter und Frühjahr ein Werk, dessen religiöse Dimension ihrer profanen Stimmung entspricht – geborgen in einer große Liebe.

In dem Gedicht »Liebe« beschwört die 23jährige die ständige Gegenwart Jesu:

...

Sein Bild steht überall geschrieben,
Ich kann nur ihn, nur ihn noch lieben,
Ich kann nur ihn allein noch sehn;
Ich weiß, er muß mir ewig bleiben,

Ach wollte er mich von sich treiben,
Ich müßte gleich in Schmerz vergeh'n.

...

Die gleichen Empfindungen und Wünsche haben in dieser Zeit auch Heinrich Straube gegolten. Da mögen sich diese Bilder wie von selbst in die Feder gedrängt haben.

In eine andere Richtung führt das Gedicht »Am Fest Mariä Lichtmess«. Marienfeste sind zahlreich im kirchlichen Kalender verzeichnet. In der Familie von Haxthausen gehörte eine starke Marienfrömmigkeit zur Tradition. Von Hülshoff aus war die Droste mehrmals in einer Pilgergruppe aus Verwandten und Freunden über Münster nach Telgte aufgebrochen, seit Mitte des 17. Jahrhunderts der wichtigste westfälische Marienwallfahrtsort. Während der Barockzeit war Maria ins Zentrum katholischer Volksfrömmigkeit gerückt. Zu ihr wendeten sich die Gläubigen – vor allem die weiblichen – mit ihren Sorgen, in ihrem Leid. Wenn nichts mehr half, fanden sie Trost bei der »Trösterin der Betrübten«, der »Schmerzhaften Muttergottes«, der »Mutter der Barmherzigkeit«. Sie wurde zur verläßlichen Fürbitterin bei ihrem göttlichen Sohn, besonders in der Todesstunde. In den Himmel entrückt, blieb die jungfräuliche Gottesgebärerin den Menschen nahe, da sie durch den Kreuzestod ihres Sohnes selber schweres Leid erfahren hatte.

Ein »Marienlied«, das die Großmutter auf dem Bökerhof dichtete, spiegelt die fromme Sehnsucht nach diesem mütterlichen Ideal: »... Nie von mir O Mutter weiche / Deine treue Hand mir reiche / Sieh, ich Lauf zu deinem Schooß / Ach mich Sünder nicht Verstoß / Wenn zu Letzt Von Hier muß fahren / Unter tausend Höll-Gefahren / mir die letzte lieb erzeig ... Mutter liebste Mutter mein / Dies allein Von dir Begehre / Meine Bitte und Seufzer Höre / Mutter, dich ein Mutter zeig / Mutter treue Mutter mein ...« Für Anna Maria von Haxthausen hat die Enkelin ihr geistliches Lied zu Mariä Lichtmeß geschrieben. Alle konnten es im Album der Großmutter lesen. Es beginnt beschwingt, fast heiter mit der Schilderung der mütterlichen Idylle:

> *Durch die Gassen geht Maria,*
> *In dem Arm den Sohn, den lieben,*
> *Hält ihn fest, und hält ihn linde,*
> *Und ihr Auge schaut auf ihn ...*

In der zweiten Strophe taucht ein liebevoller Joseph auf:

> *Aber Joseph ihr zur Seiten*
> *Ist in Sorgfalt ganz befangen,*
> *Prüfend frägt er alle Steine,*
> *Ob ihr Fuß zu kühn sich wagt ...*

In der dritten Strophe kippt die freundliche Stimmung blitzartig um, man traut seinen Augen nicht:

> *O Maria, Mutter Christi,*
> *Nicht zu dir will ich mich wagen,*
> *Denn du bist mir viel zu helle,*
> *Meine Seel' ergraut vor dir,*
> *Bist mir fast wie zum Entsetzen*
> *In der fleckenlosen Reine,*
> *Die du siegreich hast bewahret,*
> *Da du wandeltest gleich mir.*

Die Hoffnung der Droste liegt nicht bei Maria, sondern bei Gott, weil er den Menschen mitsamt der Welt und ihren irdischen Vergnügen geschaffen hat:

> *Liebster Herr, du hast geschaffen*
> *Meine arme kranke Seele,*
> *Wie den Reiz, den vielgestalten,*
> *Der auf breite Straße führt;*
> *Und du weißt, daß wie vor Andern*
> *Frischer Hauch in meiner Seele,*
> *So mich auch vor Andern glühend*
> *Jede Erdenlust berührt!*

Der Vorwurf an die Mutter Jesu ist unerhört, genau genommen blasphemisch. Das, wofür die Kirche Maria in den Himmel gehoben hat – ihre makellose Reinheit, ihre jungfräuliche Unversehrtheit trotz ihrer Mutterschaft – erfüllt die junge Droste mit Grauen, fast mit Entsetzen. Glühend in Heinrich Straube verliebt, kann sie sich mit diesem jungfräulichen Vorbild nicht identifizieren.

Annette von Droste-Hülshoff erhofft auch keinen Trost von den mütterlichen Tugenden Marias. Kein Wort findet sich in diesem geistlichen Lied über die Milde und das Erbarmen der Gottesmutter. Erhellt die rigorose Abkehr von geheiligten Traditionen blitzartig den lautlosen Aufstand der Tochter gegen die eigene Mutter? Rebelliert die junge Droste gegen ein Vorbild, mit dem sie Bewunderung und Liebe, aber auch heftige Ablehnung und schmerzlich empfundene Fremdheit verbindet? Ist der Platz der Mutter bei Annette von Droste-Hülshoff unausgefüllt, weil es der Vater ist, der Sanftmut und Wärme, die mütterlichen Tugenden, besetzt? Finden in diesem Gedicht Aggressionen ihr Ventil, die die Tochter sich weder bewußt noch insgeheim je erlaubt hätte?

Das Mariengedicht der Droste zu Lichtmeß 1820 steht quer zur religiösen und literarischen Landschaft der Zeit. Für Gläubige wird es unverständlich bleiben, wenn nicht anstößig – was mag die Großmutter, die Verwandtschaft gedacht haben? Berühmte Poeten, die sich im Zeichen der Romantik vermehrt religiösen Themen verschrieben, schwelgten in gegensätzlichen, beseligenden Marien-Gefühlen. Clemens Brentano, der 1818 eine Generalbeichte abgelegt hatte und nach lockerem Leben wieder in den Schoß der katholischen Kirche zurückkehrte, dichtete über die Himmelskönigin: »In ihrem milden Augenstrahl / Da fließen süße Bronnen, / Da will von aller Erdenqual / Ich laben mich und sonnen.« Besonders populär wurde das Marienlob des Novalis: »Ich sehe dich in tausend Bildern, / Maria, lieblich ausgedrückt, / Doch keins von allen kann dich schildern, / Wie meine Seele dich erblickt. / Ich weiß nur, daß der Welt Getümmel / Seitdem mir wie ein Traum verweht, / Und ein unnennbar süßer Himmel / Mir ewig im Gemüthe steht.« Solchen sehnsuchtsvollen Trost männlicher Phantasien bietet die junge Droste nicht.

Am 11. März 1820, von einer über zweimonatigen Tour durch die Verwandtschaft wieder zurück auf dem Bökerhof, beantwortet Annette von Droste-Hülshoff den *lieben guten langen Brief* ihrer Mutter. Von Krankheiten in der Familie ist die Rede, auch der eigenen, gerade zurückliegenden *fatalen Aequinoktials Krankheit, wo ich in starken drey Wochen durchaus nicht schreiben und lesen sollte.* Das Signal an die Mutter: Die in Krankheiten oft ungeduldige Tochter ist fern von zu Hause eine brave Patientin.

Eine Frage wird in diesem Brief in der Schwebe gelassen. War nicht im Herbst 1819 abgemacht worden, daß die Tochter im folgenden Frühjahr nach Hülshoff zurückkehrt? Nach der Klage über das teure Leben während der Kur in Bad Driburg heißt es unversehens und unverbindlich: *... die Aerzte hier wollen mich diesen Sommer wieder hinschicken, aber man muß sich mehr an den unnützen Geldausgaben ärgern, als das Bad gut thun kann, zudem bin ich auch jetzt fast gar nicht kränklich mehr ...* Am Ende des Briefes folgt nebenbei der Hinweis *Straube ist hier, und wie immer.* Im Brief fehlt jede Andeutung auf Heimwehgefühle. Nicht einmal eine höfliche Floskel deutet die Sehnsucht der Tochter nach den Eltern, die Freude auf ein Wiedersehen mit den Geschwistern an.

Nach sechs Monaten Trennung hatte Annette von Droste-Hülshoff ihren Schatz bis Mitte April wieder. Da schien jeder Gedanke an Abreise meilenweit entfernt. Vor einem Jahr war sie Straube auf Hülshoff näher gekommen und hatte ihm gesagt, daß sie ihn liebe wie einen Bruder. Nun war wieder Frühling, und sie wußte längst, sie hatte ihn *so lieb*, *daß sie ihn hätte aufessen mögen.* Doch Heinrich Straube sah auch, daß die jungen Männer von der lebhaften, gescheiten jungen Frau fasziniert waren und die Droste das durchaus genoß. Es gab Spannungen zwischen den beiden Liebenden und eine befreiende Aussprache.

Wir wissen nicht, mit welchen Gefühlen und Gedanken Annette von Droste-Hülshoff spätestens am 16. April von Straube Abschied genommen hat, der nach Göttingen zu seinen Vorlesungen fuhr. Ist ihr in den folgenden Wochen stärker als je zuvor durch den Kopf gegangen, daß diese Liebe immer unmöglicher wurde, je länger sie dauerte? In den wenigen Zeugnissen gibt es nirgendwo eine Andeutung, daß die Verwandten auf dem Bökerhof ihr wegen dieser Beziehung einen Vorwurf machten. Und wie konnten die Tanten und Onkel zu einem Abbruch raten, wo Straube das von allen verwöhnte, hochgelobte Genie war?

Nach den Osterfeiertagen geriet die Arbeit an den geistlichen Liedern zum Kirchenjahr ins Stocken. Ein Gedicht der Droste aus dem Sommer 1820 ist im Stammbuch ihrer Tante Anna von Haxthausen, die in diesem langen Urlaub auf dem Bökerhof eine enge Vertraute wurde, überliefert. Neben das Gedicht hat Anna von Haxthausen über sich und die Droste geschrieben: »Wir saßen auf einer Bank, auf dem Hof unter der Linde ... und sie zerpflückte einen Blumenstrauß, den ich ihr gebracht; nach einem ernsten Gespräch, das wir führten, diktierte sie mir das Gedicht, was ich in eine Brieftasche schrieb.«

Aus den Versen spricht keine heitere Stimmung. Fatalismus mischt sich mit düsteren Andeutungen:

Wie sind meine Finger so grün
Blumen hab ich zerrissen
Sie wollten für mich blühn
Und haben sterben müssen
Wie neigten sie um mein Angesicht
Wie fromme schüchterne Lieder
Ich war in Gedanken, Ich achtets nicht
Und bog sie zu mir nieder
Zerriß die lieben Glieder
In sorgenlosem Mut
Da floß ihr grünes Blut
Um meine Finger nieder
... Wohin bin ich gefahren!
In trüben Sinnens Wahn!
O töricht Kinderspiel!
O schuldlos Blutvergießen!
Und gleichts dem Leben viel,
Laßt mich die Augen schließen,
Denn was geschehn ist, ist geschehen,
Und wer kann für die Zukunft stehn!

War es ein törichtes Kinderspiel gewesen, den Gefühlen zu Straube freien Lauf zu lassen? War es jetzt damit getan, die Augen zu schließen?

Und wer kann für die Zukunft stehn: Mitte Juli 1820 traf August von Arnswaldt auf dem Bökerhof ein, ein enger Freund von August von Haxthausen und Heinrich Straube. Der Student der Rechte beschäftigte sich intensiv mit Literatur und Theologie und hatte unter dem Pseudonym »Hans auf der Wallfahrt« Gedichte publiziert. Arnswaldt, überzeugter Protestant, war zwei Jahre zuvor in eine religiöse Krise geraten: »... es war ihm das Wort Gottes wie ein zweischneidiges Schwert durch das Herz gedrungen, und eine furchtbare Gewissensangst war in ihm erwacht.« Einer, der dies miterlebte, erinnert sich: »Wir bewunderten sein früh gereiftes Urteil ... wer mit ihm disputieren wollte, mußte sattelfest sitzen ... er hatte etwas allen Schein Zernichtendes in seinem stark accentuierten, schlagenden Wort.«

Annette von Droste-Hülshoff wird keine Angst gehabt haben, mit dem neuen Gast zu disputieren. Es hat sie eher herausgefordert, mitzuhalten und sich nicht geschlagen zu geben. Aus dem Spiel wurde in wenigen Tagen Ernst. August von Arnswaldt war ein anderer Typ als der sanfte Heinrich Straube. Annette von Droste-Hülshoff sah sich plötzlich mit einer neuen Erfahrung konfrontiert: *... ich hatte Arnswaldt sehr lieb, auf eine andre Art wie Straube ... aber wenn Arnswaldt mich nur berührte, so fuhr ich zusammen ...* Wie sollte die 23jährige reagieren? Der schneidige junge Mann ließ ihr keine Zeit, über die verwirrenden Gefühle nachzudenken. Er ging zum Angriff über.

Rückblickend schreibt die Droste in ihrem Brief vom Dezember 1820 an Anna von Haxthausen: *... er hat mir eine unabsichtlich durchscheinende Neigung auf alle Weise bewiesen, du hast es ja oft genug gesehn. ein wahrscheinlich sehr herbey geführtes Mißverständnis ließ mich glauben, daß Arnswaldt mir seine Neigung gestanden und ich stand keinen Augenblick an, auch meine Gesinnung offen zu gestehen, das glaubte ich irrig zu dürfen, da ich fest entschlossen war, ihm meine Hand zu verweigern, wenn er sie fordern sollte ...* Die Droste ging in die Falle der Offenheit. Ein folgenschwerer Irrtum, denn diesem Partner war sie nicht gewachsen: *... ich entdeckte ihm deshalb mein Verhältnis zu Straube nun entfaltete er das Mißverständnis und ich fühlte mich beschämt aber nicht erniedrigt, da er ... mich aufs Wärmste seine Freundinn nannte.* Unter dem Vorwand der Vertraulichkeit ging das Verhör im Bökerhof nun erst recht an: *... ich konnte ihm nicht Alles sagen und wollte doch nicht lügen, so verwirrte ich mich und er ängstigte mich dermaßen durch seine Fragen, daß ich doppelsinnige Antworten gab und so noch endlich das Ganze äußerst verstellt und verändert dastand ...*

Annette von Droste-Hülshoff findet nicht die Kraft, das Gespräch zu beenden: *... aber dieser stille tiefe Mensch hatte für die Zeit eine unbegreifliche Gewalt über mich und zudem ließ mich sein Betragen glauben, daß er mich im Grunde doch liebte, aber gegen sein Wollen ...* Wenig später fiel es ihr wie Schuppen von den Augen, was August von Arnswaldt in Wahrheit antrieb. Und auch das hat sie Anna von Haxthausen unmißverständlich geschildert: *... Arnswald muß mich von Anfang an gehaßt haben, denn er hat mich behandelt wie eine Hülse, die man nur auf alle Art drücken und brechen darf um zum Kern zu gelangen ...* In den Tagen nach der verhängnisvollen Aussprache versuchte die Droste verzweifelt, ihren unerbittlichen Gesprächspartner vom wahren Sachverhalt zu überzeugen: *... ich habe indeß noch oft von Straube mit aller Liebe, die ich für ihn fühlte geredet und mich aufs härteste angeklagt aber Arnswaldt ging nur leicht darüber hin ...* Ihr Fazit im nachhinein: *... ich sollte mit Gewalt recht schuldig werden, Straube sollte gerettet werden und ich zur Grunde, o wie muß der mich hassen!* Woher kam diese bittere Erkenntnis?

Ende Juli oder Anfang August 1820 kehrte Annette von Droste-Hülshoff nach sechzehnmonatiger Abwesenheit zu ihrer Familie auf Burg Hülshoff zurück. Spätestens Mitte August überreichte ihr dort Caroline von Haxthausen, eine der zahlreichen Tanten, die wieder einmal zu Besuch war, einen Brief. Geschrieben hatten ihn am 6. August in Göttingen August von Arnswaldt und Heinrich Straube und ihn an August von Haxthausen in Bökendorf geschickt mit der Bitte, den »beiliegenden Brief auf geschickte Art der Nette zukommen zu lassen ... aber vor allem so, daß keine Seele sonst etwas davon erfährt – es wäre sehr schlimm!« In seinem Zettel für den Vermittler August schwelgte Arnswaldt in dramatischen Tönen über den Inhalt des Droste-Briefes: »Straube ist frei – Keiner von uns wird wohl jemals nach Hülshoff gehen – Dieser Brief bricht alles ab ... es ist meine innerste feste Überzeugung, nur auf dem eingeschlagenen Wege kann gerettet werden, was noch zu retten ist ... Viele Grüße von Straube – er ist ruhig und ernst wie ich. Daß wir ihn niemals verlassen!!!«

Dieser Brief bricht alles ab: Das wichtige Dokument ist wohl vernichtet worden, doch sein Inhalt läßt sich rekonstruieren. Annette von Droste-Hülshoff wurde von Straube und Arnswaldt die Freundschaft aufgekündigt unter der Anklage, daß sie mit Straubes Gefühlen nur gespielt habe. Arnswaldts Annäherungsversuche an die Droste seien nur vorgetäuscht gewesen, um sie auf die Probe zu stellen. Diese habe sie nicht bestanden. Arnswaldt müsse seinem Freund raten, alle Brücken zur Droste abzubrechen, um Straube vor einer solchen Person zu retten. Der Ton des Briefes war zweifellos darauf angelegt, die junge Frau als moralisch verwerflich zu demütigen und sie als Sünderin tief in den Schmutz zu stoßen. Der rigorose Christ Arnswaldt mag noch einen Hinweis auf das göttliche Strafgericht angefügt haben.

Als »Jugendkatastrophe« wird in den Biographien der Droste dieser Einschnitt in ihrem Leben etikettiert. Tatsächlich war Annette von Droste-Hülshoff eine junge Frau von 23 Jahren, als sie das Opfer einer infamen Intrige wurde. Der Brief, in dem sie im Dezember 1820 ihrer Tante und Freundin Anna von Haxthausen ihre Sicht der Geschichte darlegt, gehört zu den wenigen, die sich zu diesem Thema erhalten haben. Er ist voller Schuldbekenntnisse: *... verdient habe ich übrigens Alles, das ist gewiß, darum will ich es auch tragen ...* Daneben stehen anrührende Bekenntnisse ihrer Liebe zu Straube, vermischt mit ihren Schuldgefühlen: *... denn ich denke Tag und Nacht an Straube ich habe ihn so lieb, daß ich keinen Namen dafür habe, er steht mir so mild und traurig vor Augen, daß ich oft die ganze Nacht weine und ihm immer in Gedanken vielerley erkläre, was ihm jetzt fürchterlich dunkel sein muß.* Darüber ist sie am meisten verzweifelt: *... und nun meint er wohl, ich hätte ihn nie lieb gehabt; O Gott er hat Recht es zu glau-*

ben, ich kann ihm den abscheulichen Gedanken nicht nehmen, das ist mein ärgstes Leiden. – Anna ich bin ganz herunter, ich habe keine auch nur mäßig gute Minute ... Zu Fuß würde sie nach Göttingen gehen, um Straube alles zu erklären, *aber den werde ich wohl nicht wieder sehen.*

Solche spontanen Äußerungen täuschen leicht darüber hinweg, daß auch dieser sehr persönliche Brief wohl durchdacht ist. Die Droste hat über aller Verzweiflung ihren Verstand nicht verloren. Sie fühlt sich Straube gegenüber hoffnungslos schuldig, ihn trifft kein böses Wort. Sie ist unerbittlich gegenüber ihrem eigenen Versagen, aber nicht bereit, darüber die Selbstgerechtigkeit von Anna von Haxthausen und der übrigen Bökendorfer Verwandtschaft zu übersehen: *... ich bin sehr gesunken, tiefer wie du denkst, aber nicht aus Verhärtung. – dafür habe ich nun auch schon drey Monate und drüber gelitten, ... und das wird auch wohl dauern so lange ich lebe, darum sollt ihr mich auch nicht schimpfen und quälen, sondern vor euch sehen daß ihr nicht fallt.*

Die Droste bleibt auch selbstbewußt genug, die wahren Motive ihres Hauptanklägers Arnswaldt mit kühlem Kopf und gutem Gespür zu sezieren: Seine Triebfeder war der Haß. Allerdings ahnt sie nicht, daß ihre Tante Anna, der sie in diesen Monaten ihr zerrissenes Herz öffnet, in die Intrige verstrickt ist und wesentlich zu deren »Erfolg« beiträgt. Es war eine Viererbande, die sich bei diesem abgekarteten Spiel zusammenfand, und alle Beteiligten wußten, mit welchen Absichten August von Arnswaldt Mitte Juli auf den Bökerhof kam. Die Briefe, die die Verschwörer in den folgenden Wochen untereinander wechselten, verraten, mit wieviel Feuereifer sie bei der Sache waren und was sie angetrieben hat.

Heinrich Straube ist das schwächste Glied in der Kette, man kann auch ihn ein Opfer nennen. Seine hilflose Reaktion zeigt, daß er nicht wußte und nicht wollte, worauf er sich eingelassen hatte. Er war nicht der Auslöser, sondern ein Getriebener, der seinen Freunden die harmlos scheinende Bitte, die Droste moralisch zu prüfen, nicht abschlagen konnte. Die Freunde waren seine finanziellen Förderer, Bökendorf war sein emotionales Zuhause geworden. Schon im September macht er dort wieder Ferien. Jahre später sagte Straubes Schwester einer gemeinsamen Bekannten, ihr Bruder »erzählte manchmal vom Leben in Bökendorf und dann wäre er ganz umgewandelt, es war auch seine glücklichste Zeit«.

Als Heinrich Straube erkannte, in welches Elend er den Menschen, den er liebte, gebracht hatte, war er zu schwach, gegen den Willen seiner Mitverschwörer auf eigene Faust wieder Kontakt zur Droste herzustellen. Doch er fühlte sich erbärmlich und bat August von Haxthausen in einem Brief Ende November flehentlich, »eine arme Seele, die er nie, nie vergessen könne«, nicht weiter zu peinigen.

August von Haxthausen, einer der Eingeweihten, hat in seinem Antwortbrief an Straube diese Bitte zitiert, mit zynischen Zeichnungen versehen und seinen Freund einen »höchst sentimentalen Doctor« genannt. Sich selbst empfiehlt er mit einer neuen Liebelei als tröstliches Vorbild, »den nichts so sehr ärgert, als daß er seine neue Liebe wieder fast genau so angefangen hat wie die meisten vorigen und daß er durchaus keinen rechten Schwung von interessanten Situationen hereinbringen kann, daß die Küsse immer auf dieselbe Manier erteilt und gewonnen werden ...« Da für ihn die Beziehung zwischen seiner Nichte Annette und Straube auf der gleichen Ebene liegt, setzt der 28jährige noch einen Ratschlag unter Männern drauf: »Sauf dich lieber knüppeldicke und prügle mit diesen Knüppeln die Lieben zu den Beinen heraus! ... Lebe wohl, Liebesiecher! ...« August von Haxthausen, der sein Leben lang Junggeselle bleiben wird, hätte seine Verachtung für die Frauen nicht offenherziger darstellen können.

August von Arnswaldt, der Dritte und Wichtigste im Bund, hat seine wahren Motive ebenfalls in einem Brief an Straube Mitte September hemmungslos offengelegt: »... soviel an mir liegt, gebe ich es nicht auf, sie wiederzusehen; ich würde gern einmal mit Haxthausen nach Hülshoff reisen und wünschte mir nur die Kraft, vor ihr niederfahren zu können wie ein Blitz aus heiterem Himmel und eine Waage in der Hand des Höchsten zu sein, wenngleich aus unheiligem Metalle.« Höchst verquere Gefühle kommen zum Vorschein, wenn er zuvor über die Droste schreibt: »... es kirrt mich ordentlich, das Heiligste von dem, was ich selber gedacht und gefühlt habe zu verhöhnen; eben weil es auch nicht recht heilig war: Ich fühle sie mir auf eine merkwürdige Weise nah ...« Annette von Droste-Hülshoff hat es instinktiv gespürt: Da war unbändiger Haß im Spiel. Ein Haß, mit dem August von Arnswaldt in der Droste das Objekt seiner heimlichen Begierden vernichten wollte. Bevor den skrupulösen Moralisten der Zorn Gottes traf, machte er sich lieber selbst zum göttlichen Rächer.

Anna von Haxthausen hatte keineswegs eine Nebenrolle in dem grausamen Spiel. Zwar zeigt sie in einem Brief an Straube Ende Dezember 1820 einen Anflug von schlechtem Gewissen: »Auch ich weiß mich nicht frei von allen Vorwürfen. Denn ich wußte ja so viel, wie Arnswaldt hierkam ...« Trotzdem heuchelte sie die folgenden Monate, als Annette von Droste-Hülshoff sie ins Vertrauen zog, weiterhin eine Vermittlerrolle vor, die sie in Wahrheit nie ausüben wollte. Als Ansprechpartnerin der Droste und Straubes lag es in ihrer Hand, den brieflichen Draht zwischen den beiden wiederherzustellen, und sei es nur, um die Mißverständnisse ausräumen zu können. Straube bat sie ebenso dringend darum wie die Droste: ... *um Gottes Willen Anna sey barmherzig und schreib mir Alles was du von ihm weist, sollt ich ihm gar nicht schreiben dürfen?* Noch im Dezemberbrief hofft sie auf ein Zeichen von ihm: *Ach könnte ich Straube nur noch einmal sehen, oder auch nur eine freundliche vergebende Zeile von seiner Hand. – Soll er meine Locke wohl fortgeworfen haben?*

Heinrich Straube hat die Locke der Droste niemals fortgeworfen, sie wurde nach seinem Tod 1847 in seinem Nachlaß entdeckt. Anna von Haxthausen dagegen sieht sich als gnadenlose Erfüllungsgehilfin im Männerkomplott. Mit der gleichen, religiös abgefederten Rigorosität wie der Protestant Arnswaldt weist die Katholikin Ende Dezember 1820 in einem Brief an Straube den Wunsch nach Kontaktaufnahme ab: »Lieber Straube, nein, ich glaube nicht, daß es gut ist, wenn Nette Ihnen schreibt. Wär' sie schon ganz fest in ihrer Besserung, ja dann würde es mich selbst erfreuen. Aber sie ist noch ein zartes Pflänzchen ... muß zu ihrer Buße noch oft den Vorwurf in sich fühlen, wie schlecht sie gegen Sie gehandelt hat ...«

Die selbstgerechten Töne hören sich vertraut an. Sie müssen wie Salz in Straubes Wunden gewirkt haben, denn Anna von

Haxthausen hat ihm den ausführlichen Dezemberbrief der Droste geschickt. Im Jahre 1830 haben Anna von Haxthausen und August von Arnswaldt geheiratet. Die Droste hat Arnswaldt nach dem Sommer 1820 und ihre Tante Anna nach dem Winter 1827 bewußt nicht wiedergesehen.

Heinrich Straube schlug eine Laufbahn im Staatsdienst ein und wurde Anwalt beim Obergericht zu Kassel. 1824 heiratete er Maria Regenbogen, eine Partie, über die sich seine Freunde offen mokierten. Amalie Hassenpflug, die die Droste kannte, mit den Bökendorfern und den Grimms befreundet war und mit der »ganzen Regenbogenschen Sippschaft« verkehrte, schrieb 1826 an Anna von Haxthausen über Straube: »Seitdem ich weiß, daß er Nette so geliebt thut er mir noch einmal so leid wie sonst denn nun begreife ich erst wie er die Frau hat nehmen können.«

Heinrich Heine besuchte »Freund Straube« in den Zwanzigern und resümierte 1825: »In Kassel war ich mehrmals, fand dort Straube, sowie auch Haxthausen ... Haxthausen ist ganz versauert, ein Landjunker, trägt sich sehr modern modisch ... Straube ist dort kurfürstlich-hessischer Prokurator und verheuratet und ebenfalls versauert ...« Das Genie hielt nicht, was Förderer und Freunde sich von ihm versprochen hatten. Mit den Jahren brachen Straubes Verbindungen zum Bökerhof ab.

Ich habe ihn so lieb, daß ich keinen Namen dafür habe: Annette von Droste-Hülshoff blieb Heinrich Straube in die Seele gebrannt. Und vielleicht besaß sie wirklich jene zweifache Erinnerung, die sie im Winter 1841/42 in dem Gedicht »Brennende Liebe« in Worte faßte:

> *Und höre, höre zuletzt,*
> *Dort liegt, da drinnen im Schrein,*
> *Ein Tuch mit Blute genetzt,*
> *Das legte ich heimlich hinein.*
> *Er ritzte sich nur an der Schneide,*
> *Als Beeren vom Strauch er mir hieb,*
> *Nun hab' ich sie alle Beide,*
> *Sein Blut und meine brennende Lieb'.*

Im Feuer gehärtet: Eine Mission fürs Leben

Am 9. Oktober 1820 saß Annette von Droste-Hülshoff in ihrem Zimmer auf Burg Hülshoff, tauchte die Feder in das Tintenfaß und begann, die obere Hälfte eines leeren Blattes mit einer Überschrift zu füllen: *Geistliches Jahr in Liedern auf alle Sonn- und Festtage.* Auf der unteren Hälfte folgt mit zierlichen, ebenmäßigen Buchstaben ein ausführlicher Brief an die Person, der diese Reinschrift der geistlichen Lieder gewidmet ist: *Du weißt, liebste Mutter...* Ja, die Mutter wußte von dem Unterfangen ihrer Tochter, für die geliebte Großmutter auf dem Bökerhof einen Gedichtzyklus auf alle Festtage des Kirchenjahres zu schreiben. Jetzt wird sie darüber informiert, daß dieses Vorhaben, im Frühjahr mit einem Dutzend Gedichte begonnen, eine andere Wendung genommen hat. Die Droste hielt es für vermessen, ihrer Großmutter geistlichen Nachhilfeunterricht zu geben, und machte sich frei von dem Gedanken, für die fromme, alte Frau zu schreiben.

Damit war für die Tochter der Weg frei, die insgesamt 25 bis Oktober 1820 entstandenen Gedichte der Mutter zu widmen: *So ist dies Buch in deiner Hand! – für die Großmutter ist und bleibt es völlig unbrauchbar, so wie für alle sehr frommen Menschen, denn ich habe ihm die Spuren eines vielfach gepreßten und getheilten Gemüthes mitgeben müssen... ich habe keinen Gedanken geschont, auch den geheimsten nicht.*

Was sie der Mutter als »vielfach gepreßtes Gemüth« umschreibt, hat Annette von Droste-Hülshoff ihrer Tante Anna von Haxthausen in bezug auf die geistlichen Lieder unverdeckt geschildert: *Der Zustand meines ganzen Gemüthes, mein zerrissenes schuldbeladenes Bewußtsein liegt offen darin dargelegt, doch ohne ihre Gründe...* Anna, noch die vertraute Briefpartnerin, wußte um die Gründe. Die tiefe Verzweiflung nach dem auf intrigante Weise erzwungenen Abbruch der Beziehung zu Heinrich Straube hat nicht dazu geführt, daß Annette von Droste-Hülshoff ihren geistlichen Gedichtzyklus abbricht. Im gleichen atemberaubenden Tempo wie im Frühjahr 1820 sind nach der fatalen Begegnung mit August von Arnswaldt Mitte Juli im Bökerhof noch einmal zwölf Gedichte entstanden, wiederum jedes in eine eigene kunstvolle Form gebracht. Sie umfassen nicht nur, wie ursprünglich geplant, die Festtage, sondern nun auch alle Sonntage im kirchlichen Kalender bis einschließlich Ostern.

Bei der Droste führt die Krise dazu, im Angesicht Gottes und mit dem Instrumentarium der Sprache Rechenschaft abzulegen. Mögen die andern ihren Teil an der dunklen Tat bedenken. Auch die 23jährige war eine Handelnde *in dem Spiel mit Sünd' und Leidenschaft*. Im selbstkritischen Rückblick fühlt sie sich schuldig. Sie hat schwer gesündigt und muß sich dafür vor Gott verantworten. So wird dieser Teil der geistlichen Lieder ein rücksichtsloser Blick auf die eigene Person aus christlicher Überzeugung. »Am Ersten Sonntag in der Fasten« bittet Annette von Droste-Hülshoff:

...

Laß mich Herr, es immerdar empfinden,
Wie ich tief gesunken unter Allen,
Laß mich nicht zu allen meinen Sünden
Noch in frevelhafte Torheit fallen!
Meine Pflichten stehen über Vielen,
Unter Allen meiner Tugend Kraft,
Ach, ich mußte wohl die Kraft verspielen
In dem Spiel um Sünd' und Leidenschaft!

...

Der Gott der Christen hat Erbarmen mit dem Sünder, der Reue zeigt. Das Gleichnis vom verlorenen Sohn gehört zum Fundus kirchlicher Tröstungen: »Siehe, Herr, zu Dir kehre ich zurück, wie der verlorene Sohn zu seinem Vater kam, und werfe mich vor Dir auf meine Knie, und flehe um Verzeihung und Gnade.« So steht es in dem Gebetbuch »Opfer vor Gott in Gesängen und Gebeten« des Münsteraner Theologen und Gymnasialdirektors Hermann Ludwig Nadermann, der im Jahre 1811 Gast auf Hülshoff war. Sein populäres Buch, 1817 in erster Auflage erschienen, stand in der Bibliothek der Burg.

Auch Annette von Droste-Hülshoff versucht, sich an den traditionellen Trost zu klammern: *Mein Gebet ist wie von einem Toten, / Ist ein kalter Dunst vor deinem Thron; / Herr, du hast es selber mir geboten! / Und du hörtest den verlornen Sohn.* Doch bei ihr klingt diese Hoffnung hohl und formelhaft. Sie provoziert geradezu einen Abgrund an Verzweiflung, in dem tollkühne Fragen lauern:

…

> *Wie kömmt es, da ich dich am Abend rief,*
> *Da ich am Morgen ausging dich zu finden,*
> *Daß du in Lauheit und des Zweifels Sünden*
> *Mich sinken ließest, tiefer stets und tief.*
>
> *Ist nicht mein Ruf in meiner höchsten Not*
> *Zu dir empor geschollen aus der Tiefe?*
> *Und war es nicht als ob ich Felsen riefe?*
> *Indes mein Auge stets von Tränen rot?*

…

Die Anklagen gegen einen Gott mit steinernem Herzen gehören zum »Dritten Sonntage nach H. Drei Könige«. Sie sind kein vereinzelter Schrei, sondern nehmen auf, was die Droste »Am Ersten Sonntage nach H. Drei Könige« noch vernichtender ausgesprochen hat:

…

> *Und muß ich schauen in des Schicksals Gange,*
> *Wie oft ein gutes Herz in diesem Leben*
> *Vergebens zu dir schreit aus seinem Drange,*
> *Bis es verzweifelnd sich der Sünd ergeben,*
> *Dann scheint mir alle Liebe wie ein Spott,*
> *Und keine Gnade fühl' ich, keinen Gott!*

Auf der Suche nach einem gnädigen Gott macht Annette von Droste-Hülshoff in den Spätsommer- und Herbstwochen eine Erfahrung, die unerschrockene Gottsucher quer durch die Zeiten erleben: »In solchen Augenblicken vermag die Seele – wie schrecklich – nicht mehr zu glauben, daß sie jemals erlöst würde ... Da bleibt nichts anders übrig als der nackte Schrei nach Hilfe, ein schreckliches Seufzen, das nicht weiß, wo Hilfe zu finden ist.« Auch Martin Luther ist bei seiner Suche nach einem gnädigen Gott durch ein Tal der Verzweiflung gegangen. Wie der Reformator aus Wittenberg hat das katholische Fräulein aus dem Münsterland in der Krise den versprochenen Retter als einen Gott erlebt, der abwesend ist.

Zu Weihnachten 1819 hatte Annette von Droste-Hülshoff noch frohgemut für die Großmutter über »Glaube«, »Hoffnung« und »Liebe« gedichtet: *Darum, mein Herz, sei unverdrossen / Und trau auf deinen sichern Hort. / Ja nur an dich, mein Gott allein, / Nicht an die Menschen will ich glauben* ... Hoffnung und Liebe sind geblieben. Aber keine zwölf Monate später ist der 23jährigen der Glaube abhanden gekommen. Die Krise um eine gescheiterte Liebe war umgeschlagen in eine Glaubenskrise. Was die Droste jetzt in Worte zu fassen wagt, weist weit über eine private Verzweiflung hinaus. Der Zweifel am Glauben ruft jenen uralten und hochmodernen Widersacher auf den Plan, den die Droste nicht missen möchte und der ihr doch als Ursache ihrer Bedrängnisse erscheint – die Vernunft. Was dem Kind selbstverständlich war – in der Natur wie in einem offenen Buch die Hinweise auf Gottes Existenz zu lesen – kann die Erwachsene nicht mehr nachvollziehen:

...

Rings um mich tönt der klare Vogelreigen:
»Horch auf, die Vöglein singen seinem Ruhme!«
Und will ich mich zu einer Blume neigen:
»Sein mildes Auge schaut aus jeder Blume.«
Ich habe dich in der Natur gesucht,
Und weltlich Wissen war die eitle Frucht!

...

Die Vernunft, die »Am Ersten Sonntage nach H. Drei Könige« die Natur als göttliche Schöpfung entzaubert, nagt am fünften Sonntag der Fastenzeit sogar am Fundament des christlichen Glaubens:

…

> *Hab ich grausend es empfunden,*
> *Wie in der Natur*
> *An ein Fäserchen gebunden,*
> *Eine Nerve nur,*
> *Oft dein Ebenbild verschwunden*
> *Auf die letzte Spur:*
> *Hab' ich keinen Geist gefunden,*
> *Einen Körper nur!*
>
> *Seh ich dann zu Staub zerfallen,*
> *Was so warm gelebt,*
> *Ohne daß die Muskeln wallen,*
> *Eine Nerve bebt,*
> *Da die Seele doch an Allen*
> *Innig fest geklebt,*
> *Möcht ich selbst zu Staub zerfallen,*
> *Daß ich nie gelebt!*

Der Mensch nichts als vergängliche Materie, mit deren Zerfall auch die Seele unwiderruflich vergeht? Annette von Droste-Hülshoff kann ihren Verstand nicht abstellen, ihre Kenntnisse über die Naturwissenschaften – angefangen bei der Kinderenzyklopädie des »Bertuch« – nicht abschütteln. Sie wurde geboren in eine aufgeklärte Zeit, in der auch Katholiken sich mit den traditionellen Antworten ihrer Kirche nicht mehr zufrieden geben. Ein Theologe wie Hermann Ludwig Nadermann stellt sich den neuen Bedürfnissen in seinem Buch »Opfer vor Gott«. Glaube und Vernunft sind für ihn kein Gegensatz: »Wer seinen Gott und seine Unsterblichkeit bloß aus seinem Gefühle construirt hat ... der hat sicher auf Sand gebauet. ... Für die Begründung also in Sachen der Religion, so gut wie in jeder andern Wissenschaft, muß die unbefangene Vernunft reden ... der fromme Sinn ist hier keinesweges hinreichend.«

Für die Droste jedoch versagt solcher menschenfreundliche Rat bei den letzten Fragen, wo es um Tod und ewiges Leben geht. Die Alternative am Abgrund ist Abkehr von Gott oder Hoffnung wider alle Vernunft. So unerreichbar fern Gott und seine Gnade ihr scheinen, an der Hoffnung hält Annette von Droste-Hülshoff fest. Diese tröstliche Gewißheit schlägt eine Brücke zu dem Ausgangspunkt für ihr verstörtes, verwirrtes Gemüt – zu Heinrich Straube, der doch ihr Schatz war und über den sie im Dezember 1820 an Anna von Haxthausen schreiben wird: *... ich denke Tag und Nacht an Straube ... er steht mir so mild und traurig vor Augen, daß ich oft die ganze Nacht weine und ihm immer in Gedanken vielerley erkläre, was ihm jetzt fürchterlich dunkel sein muß.* Jetzt, im Herbst, dichtet die Droste zum »Fünften Sonntage in der Fasten« sich und Straube zum Trost:

> *Bruder mein, so laß uns sehen*
> *Fest auf Gottes Wort,*
> *Die Verwirrung wird vergehen,*
> *Dies lebt ewig fort.*
> *Weißt du wie sie mag entstehen*
> *Im Gehirne dort?*
> *Ob wir einst nicht lächelnd sehen*
> *Der Verstörung Wort,*
>
> *Wie es hing an einem Faden,*
> *Der zu hart gespannt,*
> *Mit entflammten Blut beladen*
> *Sich der Stirn entwand?*
> *Flehen wir zu Gottes Gnaden!*
> *Flehn zu seiner Hand,*
> *Die die Fädchen und die Faden*
> *Liebreich ausgespannt.*

Die Droste hat ihren eigenen Zustand während der Krise in den Herbstgedichten zum »Geistlichen Jahr« schonungslos analysiert

– *zerfetzt, zerschlagen, zerrissen, zerrüttet.* Der Wille und der Drang, in Worte zu fassen und kunstvoll zu formulieren, was sie bewegt, trägt sie fort aus dem persönlichen Teufelskreis. Indem aus der Krise Fragen von grundlegender Bedeutung erwachsen, bewältigt die Dichterin einmal ihre persönliche Katastrophe. Zugleich gewinnt Annette von Droste-Hülshoff in dieser Bewältigung, die durch die »Geistlichen Lieder« zu einem hochkonzentrierten kreativen Akt wird, eine Gewißheit, die über den persönlichen Zukunftshorizont hinausweist. In der Strophe, die dem Straube-Bezug vorangeht, heißt es:

Meine Lieder werden leben,
Wenn ich längst entschwand,
Mancher wird vor ihnen beben,
Der gleich mir empfand.
Ob ein Andrer sie gegeben,
Oder meine Hand!
Sieh, die Lieder durften leben,
Aber ich entschwand!

Während die junge Frau in den geistlichen Gedichten die Elemente ihrer Krise zu Protokoll gibt – Verzweiflung und Schuld, Anklage und Glaubensverlust – stabilisiert sich bei ihr die Hoffnung. Am Fest Mariä Verkündigung, wenn der Engel Gabriel der Jungfrau Maria mitteilt, daß sie Gottes Mutter wird, baut die Droste darauf, daß ähnliche Wunder auch ihr gelten: *Ja, seine Macht hat keine Grenzen, / Bei Gott unmöglich ist kein Ding! / Das soll mir wie mein Nordlicht glänzen, / Da meine Sonne unterging.* Und was hat Gott nach dieser tiefgreifenden Erfahrung noch mit ihr vor? Wenn es nicht der natürliche Lebenszyklus ist, der auf sie wartet, dann fühlt sich Annette von Droste-Hülshoff zu einer anderen Mission berufen:

...

Und kann ich denn kein Leben bluten,
So blut' ich Funken wie ein Stein!

Ich weiß es wo sie stille ruhten,
Ich scheuchte sie in Schlummer ein,
Da ich gesucht was Leben kündet.
Doch hast du Herr mich ausersehn,
Daß ich soll starr, doch festgegründet,
Wie deine Felsenmauern stehn:
So brenne mich in Tatengluten,
Wie den Asbest des Felsen, rein!
Und kann ich dann kein Leben bluten,
So blut' ich Funken wie ein Stein.

Die 23jährige kannte – ungewöhnlich für eine Katholikin – ihre Bibel. Unüberhörbar ist, wem sie sich verwandt fühlt. Im Alten Testament berichtet Jeremias, mit welchen Worten Gott ihn zum Propheten berufen hat: »Ich selbst mach heute dich zur festen Burg, zum Eisenturm, zur ehernen Mauer ...« Und daß die Geweihten Gottes im Feuer geläutert werden, ist ein uraltes Bild jüdisch-christlicher Tradition. Beim Propheten Jesaia heißt es: »Wenn du durchs Feuer gehen mußt, verbrennst du nicht ...« Flamme und Funken stammen aus dem wissenschaftlichen Wortschatz der drosteschen Gegenwart, die von den Experimenten mit der Elektrizität fasziniert ist. Flamme und Funke aber gehören vor allem zum traditionsreichen Wortschatz der christlichen Mystiker und Mystikerinnen. In den Herbstgedichten von 1820 zum »Geistlichen Jahr« variiert die Droste nichts so vielfältig wie diese sprachlichen Vorgaben. Sie spricht von *Leidensfunken* und *Schmerzensstrahl*, von *Strahlengluten* und *Feuerlicht*. Im Rahmen der christlichen Heilsschau ist es nur ein Schritt vom Propheten zum Märtyrer. *Darf ich wählen*, sagt die Droste im Zwiegespräch mit ihrem Gott »Am Ersten Sonntage in der Fasten«, *dann brenne mich in Leidensflammen rein!*

Annette von Droste-Hülshoff übergibt der Mutter wahrscheinlich zum Namenstag am 15. Oktober 1820 die Reinschrift der Gedichte mit der ausführlichen Widmung und registriert die Reaktion: *Mama las dieselbe sehr aufmerksam und bewegt durch, legte dann das Buch in ihren Schrank, ohne es weiter anzurühren, wo ich es acht Tage liegen ließ, und dann wieder fortnahm.* Diese

Schilderung in einem Brief an Anna von Haxthausen hat eine Legende begründet: das Schweigen der Mutter zu den »Geistlichen Liedern« habe die Tochter als brutale Ablehnung ihrer Person und ihres Talentes gewertet. Der Schock darüber habe Annette von Droste-Hülshoff noch tiefer in die Krise gestürzt und über Jahre dichterisch verstummen lassen.

Alles spricht gegen diese Interpretation. Die liebevolle Schilderung der mütterlichen Reaktion durch die Droste selbst und die sich anschließende Selbstkritik: *Daß ich es meiner Mutter gab, war unrecht, ich habe kein Recht, die Meinigen zu betrüben, um mir einen Druck zu ersparen.* Da wird kein geheimer Groll spürbar. Vor allem jedoch überbringen die geistlichen Lieder vom Inhalt her eine positive Botschaft. Die Krise war überwunden, fast könnte man sagen triumphal. Annette von Droste-Hülshoff hat sich in den Gedichten zur Prophetin ausgerufen. Propheten sind Außenseiter, die in der Welt leben, aber einsam bleiben und durchs Feuer gehen müssen. Ihre Aufgabe ist es, durch die Kraft ihrer Worte zu wirken und zu dieser göttlichen Mission zu stehen, *festgegründet wie Felsenmauern.*

Die 23jährige wußte, welches Talent in ihrer Brust schlummerte. Nicht erst die Intrige vom Bökerhof und ihre Bewältigung im Gedicht haben Annette von Droste-Hülshoff zur Dichterin gemacht. Die Beweise lagen seit Jahren in der Schublade. Die Droste war gewiß, schöpferische Kraft für ein ganzes Leben zu besitzen, – *so blut' ich Funken wie ein Stein.* Von dieser Mission und dem neu gewonnenen Selbstbewußtsein konnte das Schweigen der Mutter – wie man es auch deuten mag – sie nicht abbringen. Zudem beweisen die Aktivitäten der Dichterin in den nächsten Monaten und Jahren, sowohl im Alltag wie in ihren literarischen und musikalischen Experimenten, daß sie erfüllt war von neuem Schwung und Lebensmut.

Und Heinrich Straube? In einem Brief an ihre Kusine Therese von Wolff-Metternich, der sich die Droste – neben Anna von Haxthausen – in ihrer Verzweiflung anvertraut hatte, heißt es im September 1821, das sei *eine Geschichte vergangener Zeiten.* Kühl-pragmatisch fährt Annette von Droste-Hülshoff fort: *... was Anna mir schreibt, daß er noch schwach wäre, und nach* *einem Balle leicht Kopfweh bekäme, so finde ich das sehr natürlich, wenn er die ganze Nacht getanzt hat* ... Nur keine Sentimentalitäten: ... *lassen wir ihn jetzt ordentlich in Ruhe, so hat er vielleicht gegen dem, daß er Brod für eine Frau hat, auch die Lust eine zu nehmen, – und wie schön und tröstlich wär das nicht, wenn er in ein paar Jahren ein recht glücklicher Gatte und Vater wäre ... laß uns ... alle romantischen Ideen bey Seite setzen.* Ein Jahr nach dem tragischen Abbruch ihrer Liebe ist die Sache für Annette von Droste-Hülshoff abgeschlossen.

Heinrich Straube aber wird nicht verdrängt. Die Bökendorfer sollen ihn in Ruhe lassen, damit er endlich zurück zur Normalität findet. Die Droste dagegen fühlt sich stark genug, weiter mit Informationen konfrontiert zu werden: *Ich muß und darf von ihm hören, denn mich interessirt jedes Wort was ihn angeht aufs lebhafteste, und ich bin sehr gefaßt und jetzt auch gesund.* Die nun 24jährige kann beides: einen Schnitt machen, für sich selbst in Zukunft andere Prioritäten setzen und zugleich die Erinnerung kostbar und minutiös wie ein Fossil im Bernstein konservieren. Noch einmal der Brief an die Kusine: *Er lebt in meiner Seele mit einer stillen heiligen Wehmuth, die mich durch mein ganzes Leben begleiten wird* ... Die Taxuswand von Bökendorf, das Tor zum Paradies, bleibt unvergessen.

Wiedergesehen hat die Droste den Schauplatz der glücklichen und der demütigenden Momente für viele Jahre nicht. Konsequent lehnt sie es ab, die Mutter oder Schwester Jenny bei ihren Reisen nach Bökendorf zu begleiten, um – wie sie ihrer Freundin Wilhelmine von Thielmann 1829 schrieb – *das Zusammenseyn mit meinem Onkel August Haxthausen zu vermeiden, dem ich, aus hinlänglichen Gründen, nicht eben gar zu hold bin, und dem es zu sehr an Takt gebricht, um, bey einem gespannten Verhältnisse, sich einigermaßen anständig zu benehmen, – ich habe Proben davon!* Als ihr, vielleicht mit dem Jahre 1822, dämmert, daß Anna von Haxthausen ebenfalls in das böse Treiben verwickelt war, bricht die Droste den Briefwechsel mit ihr ab.

Die Intrige vom Bökerhof hat ihr Ziel nicht erreicht, im Gegenteil. In einer vergleichbaren Situation, als ihre zweite große Liebe – wenngleich auf ganz andere Weise – sich als zukunftslos erweist, reagiert die Droste ähnlich. Im Mai 1844 entsteht das Gedicht »Lebt wohl«:

...

Verlassen, aber einsam nicht,
Erschüttert, aber nicht zerdrückt,
So lange noch das heil'ge Licht
Auf mich mit Liebesaugen blickt

...

So lange noch der Arm sich frei
Und waltend mir zum Äther streckt,
Und jedes wilden Geiers Schrei
In mir die wilde Muse weckt.

Erschüttert, aber nicht zerdrückt: Im Herbst 1821 steckt Annette von Droste-Hülshoff voll schöpferischen Tatendrangs. Onkel Max, der Bruder des Vaters und anerkannter Komponist über Münster hinaus, hat der Nichte *ein selbstverfaßtes Werk über den Generalbaß* geschenkt. Sie studiert es gründlich: *... ich kann nicht sagen, daß ich es ungern thät, oder daß es mir schwer würde, da ich schon manche andere Werke über den Generalbaß kenne, aber ich muß fast meine ganze Zeit daran setzen.* Auch die andern auf Burg Hülshoff waren eifrig: *... wir sehen uns fast den ganzen Tag nicht, so sehr sind wir sämmtlich beschäftigt.* Schwester Jennys besondere Liebe gilt neben dem Klavierspielen, Sticken und Zeichnen den vier Schwänen im Burggraben, über 200 Topfblumen, zwei kleinen Blumengärten, einem Mistbeet und einem Treibhaus.

Derweil ist die jüngere Schwester mit Tinte, Feder und Papier zu Gange. 1812 hatte Therese von Droste-Hülshoff ihrem Bruder Werner geschrieben, Annette habe sich »aufs Componiren geworfen«. Das Interesse blieb keine Eintagsfliege. Im April 1820 notiert Friedrich Beneke nach seiner Begegnung mit Annette von Droste-Hülshoff auf dem Bökerhof: «Wirklich componirt sie izt an einer

Oper.« Die Droste hatte sich in den Kopf gesetzt – und ihrer Umgebung nicht verborgen –, eine Oper zu komponieren und dazu auch das Libretto zu schreiben. Den Stoff zu »Babilon« hatte sie dem gerade erschienenen »Frauentaschenbuch für das Jahr 1820« entnommen. Wie beim Trauerspiel »Bertha« in der Literatur widersetzte sich Annette von Droste-Hülshoff mit ihrem Opernprojekt den männlichen Spielregeln in der musikalischen Welt.

Bis weit ins 19. Jahrhundert hinein durften Frauen nur Instrumente spielen, die ihrer weiblichen Natur entsprachen – Klavier, Harfe, Zither – und keine »unschickliche« Haltung erforderten. Sie durften als Dilettantinnen die Hausmusik mit ihrem Gesang verschönern und für diesen privaten Bereich Lieder komponieren. Eine Opernkomponistin? Dafür gab es kein Vorbild. Eine Frau, die im Konzertsaal ihre Opernpartitur mit einem Orchester in Klang umsetzt? Undenkbar. Selbst in der Instrumentalmusik hatte ein musikalisches Genie wie die Zeitgenossin Fanny Mendelssohn Bartholdy keine Chance. Wieder einmal legte Annette von Droste-Hülshoff sich die Latte sehr hoch. Immerhin förderte Onkel Max den ausgefallenen musikalischen Ehrgeiz seiner Nichte. Im Januar 1821 hatte die Droste eine Sendung aus Münster erhalten: »Weilen ich glaube daß es Dir Vergnügen machen wird, etwas neues in der Komposition durchzusehen, so überschicke ich Dir Die von mir in Musick gesetzte Trauer Cantate.« Sein »General-Baß«, den sie im Herbst studierte, enthielt mehrere Abteilungen zum Thema »Opernmusik«.

Mit exakten Jahreszahlen sind die musikalischen Projekte der Droste nicht faßbar, aber es müssen vor allem die zwanziger Jahre gewesen sein. Die 70 einstimmig und vier mehrstimmig von ihr komponierten Lieder, die sie gerne selber am Klavier vortrug, entsprechen der Konvention. Von drei Opernprojekten, die sie begann, wurden die Libretti zu »Babilon« und »Der blaue Cherub« fertiggestellt, und einige Arien und Rezitative. »Der Galeerensklave« liegt als ausführlicher Entwurf vor. Das Urteil der Experten zu den Opernkompositionen ist freundlich: Die Droste hatte genug musikalisches Wissen für dieses Experiment. Sie macht keine groben Schnitzer, wenngleich die Möglichkeiten eines Orchesters nicht voll genutzt werden. Dabei darf nicht vergessen werden, daß sie alles nur am Klavier erproben konnte.

Am Ende war es ein aussichtsloses Unterfangen, ohne jede Chance auf Verwirklichung. Auch reichte das musikalische Talent der Droste an ihre dichterische Meisterschaft nicht heran. Sie selbst hat es Ende der dreißiger Jahre angedeutet, als sie sich mit dem Thema der Münsteraner Wiedertäufer beschäftigte und noch einmal von einer Oper träumte: *... wenn ich auch nichts herausdrechseln könnte, als einen Opernstoff; denn es dauert mich die viele Musik, die ich bereits componirt habe.* Falls sich die historische Vorlage aber doch als unbrauchbar erweisen würde, *so mögen jene Lieder, Märsche et. cet. auch vor die Hunde gehen, wie so Manches, was ich geschrieben; blamiren mag ich mich nicht, nicht vor Andern und noch weniger vor mir selber.* Annette von Droste-Hülshoff wollte keine Dilettantin sein.

Während sie sich in der musikalischen Theorie zu bewähren suchte, nutzte sie jede Fahrt nach Münster, um sich an der Praxis zu erfreuen. In der Hauptstadt der neuen preußischen Provinz Westfalen hatte sich 1816 eine »Musikalische Gesellschaft« gegründet, die 1822 in den »Musikverein« überging. Im gleichen Jahr gründete sich die »Liedertafel« als Männergesangverein zum »Behufe des geselligen Vergnügens«. In solchen Vereinen fand sich – wie zur gleichen Zeit in vielen anderen deutschen Städten – vor allem das gehobene Bürgertum zusammen und machte von nun an die Kultur zu einem wesentlichen Teil der bürgerlichen Freizeit. Aber auch der adlige Musikliebhaber Maximilian von Droste-Hülshoff war willkommen, leitete zeitweilig die Gesellschaft und dirigierte zum Cäcilienfest 1821 eine eigene Komposition.

Annette von Droste-Hülshoff fand mit ihrer Leidenschaft Verständnis bei der musikbegeisterten Familie. Im Frühjahr 1822 hörte sie in Münster wieder einmal »Die Schöpfung« und besuchte die Generalprobe zum »Don Giovanni«. Im Herbst schrieb ihre Schwester Jenny an die Verwandten in Bökendorf: »... so neigt sich schon alles zum Winter, der doch auch der Opern wegen viel Gutes hat, ich freue mich mehr darauf als klug und billig ist, heute wird schon Don Juan gegeben ... Nette war in großer Versuchung, Werner ist auch dabey, ich werde gewiß bald hinn müssen, das weiß ich, ich kann gewiß nicht widerstehn.« Im Januar und Februar 1823 sieht die Droste dreimal den »Freischütz« – seit der Uraufführung 1821 in Berlin auch in Münster ein Publikumsliebling – und noch einmal den »Don Giovanni«.

Was in diesen Wochen und Monaten in ihrem Herzen und ihrem Kopf vorging, hat sie mit sich selber ausgemacht. Annette von Droste-Hülshoff zieht sich nicht vom geselligen Familienleben auf Hülshoff zurück. Antonetta de Galliéris, die in der Familie mit aufwächst, schildert in einem Brief die Abende auf der Burg im Winter 1821/22, wenn es sich alle auf »Papas Zimmer« – beim Vater der Droste – gemütlich machen: »Am Ofen sitzt Jenny und singt. Nette und Papa und Werner parlieren ihr meiste und beste, über Geld und Bäume im grünen grünen Feld und Gott weiß was alles noch mehr ... Du solltest mal hören, wie schön die vierhändigen Sachen lauten, die Nette und ich zusammen spielen, unter anderen ein Ouvertüre aus der Vestalin ... Der gute fromme Papa flötet in einem fort, ein Stückchen nach dem anderen, und Nette ließt im Siegfried von Lindenberg und amüsiert sich für ihr eigen Konto.«

Annette von Droste-Hülshoff hatte weder die Lust am Diskutieren noch am Bücherlesen verloren. Und sie hat, als die Tinte der Reinschrift zu den »Geistlichen Liedern« kaum trocken war und als die Narben der Verzweiflung noch schmerzten, im Spätherbst 1820 ohne Unterbrechung auf ihrem ureigenen Gebiet, der Dichtung, weitergearbeitet. Die Droste begann ein Projekt zu realisieren, das sie ihrem Freund Sprickmann im Februar 1819 als neue Herausforderung angekündigt hatte: *... ich möchte mich jetzt auch wohl einmahl in Prosa versuchen ...*

Obwohl das Jahr 1821 über mit Komponieren beschäftigt, kommt Annette von Droste-Hülshoff mit ihrem Prosaerstling voran. Im Herbst meldet sie Anna von Haxthausen, daß sie an einer Reinschrift der ersten Entwürfe sitzt: *Ich schreibe jetzt zuweilen an der Ledwina, die gut werden wird, aber so düster, daß mich das Abschreiben daran jedesmal sehr angreift; starkes Arbeiten ist mir überhaupt sonst sehr erleichternd.* Der selbstbewußte

Blick der Droste auf ihr Werk ist vollauf gerechtfertigt. Es wäre vermessen, dieses meisterliche, Fragment gebliebene Stück Prosa beschreiben zu wollen, man muß »Ledwina« lesen. Was bleibt, ist die Frage nach den persönlichen Spuren in diesem Werk, zumal in den Notizen der Dichterin zu »Ledwina« die Personen offen mit den Namen ihres familiären Umkreises benannt werden. Frau von Brenkfeld, die ihre Kinder nachdrücklich auf den Gehorsam ihrer Generation gegenüber den Eltern hinweist, trägt zweifellos Züge der Mutter. Ledwina, die Heldin, tritt gleich *anfangs mit einer innerlich schon ganz zerstörten, und auch äußerlich sehr zarten und schwächlichen Constitution auf,* wie es im Brief an Sprickmann steht. Dies ist nur der Beginn von vielen Ähnlichkeiten, die zu einer totalen Identifikation der Ledwina mit der Droste verführen.

Doch auch dieses Mal ist Vorsicht geboten. Es gilt, die Fähigkeit der Autorin nicht zu unterschätzen, das ihr vertraute Personal auf der Bühne der Dichtkunst mit eigener Phantasie, eigenen Perspektiven und eigenem Leben zu erfüllen. Wie bei »Bertha« und »Walther« sind Lebenserfahrung und Stimmung, Gespür und Nachdenken der Annette von Droste-Hülshoff in die Ledwina eingeflossen. Aber die todessehnsüchtige und todgeweihte Hauptperson – *Ledwina stirbt ohne daß Jemand Anderes als ihr Mädchen dabey ist und im Mondschein ohne Licht,* so der Entwurf – ist nicht Annette von Droste-Hülshoff. Ledwina ist, autobiographisch gesehen, ein Kind der Krise. Die Droste selbst hat diesen Tiefpunkt überwunden.

Die Sprache der Prosa verrät die Nähe zu den geistlichen Gedichten. Vom *flimmernden Naturspiel der sengenden Flamme* ist die Rede, und für Ledwina, die Märtyrerin des Lebens, wird das Feuer zum beherrschenden Bild: ... *daß sie gern diese ganze in Funken zu verglimmende Lebenskraft, in einem einzigen recht lohhellen Tage hätte aus flammen lassen, ... noch nie hat wohl ein Martyrer, Gott sein Leben reiner und schmerzlicher geopfert, wie Ledwina den schöneren Tod in der eignen Geistesflamme.* Wie auf den Tod, so verzichtet Ledwina im Gespräch mit ihrer Schwester auf eine erfüllte Liebe: ... *wir suchen doch alle, wenn schon meistens incognito, aber ich habe aufgehört, denn ich weiß, daß ich nicht finde ... mein loses thörichtes Gemüt hat so viele scharfe Spitzen und dunkle Winkel, das müßte eine wunderlich gestaltete Seele sein, die da so ganz hinein paßte.*

Das war die eine radikale Konsequenz, die Annette von Droste-Hülshoff aus ihrer gescheiterten Liebe zu Straube und den verwirrenden Gefühlen zu August von Arnswaldt gezogen hat. In dem Brief an ihre Cousine Therese vom September 1821, wo die Droste die Straube-Geschichte für beendet erklärt, schreibt sie, *ähnliche Streiche* werde sie nicht wieder anfangen: *Davon bin ich für immer geheilt.* Was darüber hinausgeht – den göttlichen Auftrag für ein großes Lebenswerk – hält die 24jährige in ihrem Herzen und ihren Gedichten verschlossen: *Und kann ich denn kein Leben bluten, / So blut' ich Funken wie ein Stein!* Annette von Droste-Hülshoff hat die Resignation der Ledwina hinter sich gelassen.

Gleiches gilt für das *kranke, überreizte Gemüt*, das Ledwina belastet und unter dem die Droste während der Krisenmonate extrem gelitten hat. Aus ihrem Gedicht »Am Grünendonnerstage« spricht die Angst, den Verstand zu verlieren:

...

> *O Gott, ich kann nicht bergen,*
> *Wie angst mir vor den Schergen,*
> *Die du vielleicht gesandt,*
> *In Krankheit oder Grämen*
> *Die Sinne mir zu nehmen,*
> *Zu töten den Verstand!*

...

Annette von Droste-Hülshoff hat die abgrundtiefe Verzweiflung mit den geistlichen Liedern durchlitten und bewältigt, und diese Ausgangsbasis erweist sich als tragfähig. Der Cousine Therese meldet sie voller Zuversicht, sie sei *jetzt auch gesund.* In einem Brief an Anna von Haxthausen bestätigt die Droste zur gleichen Zeit diesen positiven Eindruck, als sie einen Vergleich zum

Herbst 1820 zieht: *Nach der Stimmung der geistlichen Lieder darfst du meine jetzige nicht beurtheilen, die Gottlob viel anders und heller ist; vorzüglich ist das Lied am Gründonnerstage zu einer Zeit, wo sehr heftige Kopfschmerzen mir zuweilen eine solche Dumpfheit zuzogen, daß ich meine Geisteskräfte der Zerrüttung nahe glaubte, unter den schrecklichsten Gefühlen geschrieben; jetzt bin ich überzeugt, daß ich nichts Dergleichen zu befürchten habe.*

Die Droste fühlt sich wie befreit, weil sie eine religiöse Erfahrung gemacht hat, die uns fremd geworden ist. Diese Erfahrung beflügelt ihren Lebensmut und ihre kreativen Aktivitäten. Der Gott, der in der Not unnahbar schien, dem sie aber in allen Zweifeln die Treue hielt, hat sie am Ende nicht verlassen. Er hat ihr Gebet vom »Dritten Sonntage nach H. Drei Könige« erhört:

...

Mein Jesu, sieh,
ich bin zu Tode wund,
Und kann in der Zerrüttung nicht gesunden,
Mein Jesu, denk an deine bittern Wunden,
Und sprich ein Wort, so wird dein Knecht gesund!

Ich bin jetzt auch gesund: Auf diesem sicheren Fundament kann Annette von Droste-Hülshoff in der »Ledwina« ein Phänomen ausbreiten, ohne in den Abgrund neuer Ängste gezogen zu werden, auch wenn es sie möglicherweise sehr persönlich betrifft – das Grauen. Friedrich Beneke hatte in den Aufzeichnungen über sein langes Gespräch mit der Droste im März 1820 in Bökendorf erwähnt, ihr erscheine »sehr häufig im Traum ein Gesicht, nicht widrig, aber stets das nämliche, sie mit Grauen erfüllend«. Seitdem sie sich an Gott gewandt habe, sei »der dunkle Geist gewichen, der nun nur noch zuweilen anpocht«. In der »Ledwina« *tanzten der Heldin am hellichten Tag greuliche Bilder um ihr brennendes Haupt.* Ausgelöst wurden sie durch den Tod eines Dieners im nahen Fluß am Tag zuvor: *... bald sah sie den Verlornen, ... seine blutenden Glieder wurden in grausamem Takte von* *den Wellen an das steinige Ufer geschleudert ... er mußte harren in gräßlicher Todesangst ...*

In der Nacht vor diesen Alpträumen schien das Mondlicht auf Ledwinas weiße Bettdecke, so daß die junge Frau *sich wie unter Wasser vorkam ... und es wurde ihr je länger je grauenhafter, die Idee einer Ondine ward zu der einer im Fluß versunknen Leiche, die das Wasser langsam zerfrißt, während die trostlosen Eltern vergebens ihre Netze in das unzugängliche Reich des Elementes senden ...* Woher kommen die Bilder für die Visionen des Grauens? Nimmt die Dichterin sich die Freiheit, die Phantasien und Träume, die aus dem Unbewußten seit Jahren in ihren Kopf steigen, in der Dichtung preiszugeben?

Das Gefühl, eine verwesende Undine zu sein, beschließt eine Szene, die zu den faszinierendsten gehört, die die Droste je zu Papier brachte. Die Heldin des Prosastücks wacht in tiefer Nacht auf und sieht verstört umher, denn *in Ledwinens Innren hatte sich eine grauenvolle Traumwelt aufgeschlossen.* Inmitten einer Gesellschaft von Verwandten und Bekannten, die Fackeln tragen, geht es in tiefer Finsternis auf einen großen Kirchhof. (Er ist bis gegen Ende des 18. Jahrhunderts immer auch der Friedhof. Dann erzwingt die aufgeklärte Zeit, die Toten draußen vor der Stadt fern den Lebenden zu begraben.) Angesichts der weißen Leichensteine und frischen schwarzen Grabhügel erinnert sich Ledwina, *daß hier ja ihr Liebstes auf der Welt begraben liege, sie wußte keine Namen, und hatte keine genauere Form dafür, als überhaupt die menschliche, aber es war gewiß ihr Liebstes.*

Sie beginnt, hektisch und verstört an den Gräbern zu wühlen. Da bricht sie an einem Grabhügel ein: *... sie fühlte ordentlich den Schwung im Fallen und hörte die Bretter des Sarges krachend brechen, in dem sie jetzt neben einem Gerippe lag. Ach es war ja ihr Liebstes, das wußte sie sogleich, sie umfaßte es fester wie wir Gedanken fassen können, dann richtete sie sich auf, und suchte in dem grinsenden Totenkopfe nach Zügen, für die sie selbst keine Norm hatte ...* Die Vision beschreibt realistisch die Suche nach einem Menschenbild jenseits der Geschlechter. Vom Grauen ist keine Rede mehr: *... sie faßte eine der noch frischen Totenhände, ... das schreckte sie gar nicht, sie preßte die Hand glühend an ihre*

Lippen ... Ihrem Begleiter, der oben am Grabesrand steht, sagt Ledwina: ... *sie werde immer hier liegen bleiben, bis sie tot sei* ... *und sie sah wieder eine Weile nichts als das Gerippe, dem sie mit einer herzzerreißenden Zärtlichkeit liebkoste* ... Als ein Kind mit Blumen erscheint, *formte sich die Idee, als könne sie den verwesten Leib wieder aus Blumen zusammen setzen, daß er lebe und mit ihr gehe.*

Die Kurzfassung des Kirchhoftraums kann die Doppelbödigkeit der Sprache und der Bilder nicht wiedergeben, die typisch ist für das gesamte Prosafragment. Der Sturz ins Grab markiert nur einen Wechsel der Welten unter vielen. Der Blick der Ledwina in die Fluten enthüllt vieldeutige Doppelungen. Was auf dem Friedhof endet, wo sie *ihr Liebstes auf der Welt* findet – ist es die Suche nach sich selbst, nach einer zündenden, die alltäglichen Lebensperspektiven hinter sich lassenden Aufgabe? Entsteht aus der hautnahen Begegnung mit den Toten erst das neue, sich in der Dichtkunst erfüllende Leben? Wieder drängt sich die prophetische Zeile aus den geistlichen Liedern auf: *Und kann ich denn kein Leben bluten, / So blut' ich Funken wie ein Stein!*

Daß unter der glatten Oberfläche das Grauen wohnt und sich dort unheimliche Szenarien auftun, dafür hatte gerade die angeblich heile Biedermeierwelt, in der »Ledwina« entsteht, ein Gespür. Max, der Held in Carl Maria von Webers Oper »Der Freischütz«, fühlt sich von »finstern Mächten« umgarnt, steigt hinunter zu den Dämonen. Was sich romantisch darbietet, ist brüchig. Das Monster Frankensteins wird 1818 von der englischen Schriftstellerin Mary Shelley zum Leben erweckt. Die ambivalente Lust am Schauerroman ist mehr als eine Mode. Europaweit erfahren die Generationen, die direkt auf die Aufklärung folgen, daß mit der Vernunft das Dunkel nicht abnimmt, sondern auf diesem hellen Hintergrund noch intensiver wirkt. »Der Traum der Vernunft gebiert Ungeheuer«, hat der spanische Maler Goya am Ende des 18. Jahrhunderts, als die Droste geboren wurde, als Motto über seine Radierungen »Los Caprichos« gesetzt.

»Ledwina« zeigt, daß die dichterischen Ansprüche der Annette von Droste-Hülshoff ihren persönlichen Rahmen sprengen. Oder andersherum: daß sie, zu Hause auf Burg Hülshoff in der westfälischen Provinz, sensible Antennen hat für die unsichtbaren Strömungen ihrer Epoche, für ihre Brüche und Verwerfungen. Die Droste erfährt am eigenen Leib, daß die nicht mehr wegzudenkende Vernunft die irrationalen Ängste keineswegs beherrscht: Was die Vernunft am Tage wegdiskutiert, meldet sich dann unüberhörbar in der Nacht – Grauen und Erlösung zugleich. Die junge Frau, Mitte zwanzig, ist bereit, die Schattenbilder und Träume als dichterisches Potential offenzulegen. Sie will das Unsichtbare und Unkontrollierbare, das Unsagbare durch die Sprache ans Licht bringen.

Annette von Droste-Hülshoff bewegt sich in verschiedenen Welten. Ihr Traum vom Gang mit den Eltern durch Garten und Allee hat sie schon als Kind gelehrt, wie schmerzhaft diese Welten auseinanderklaffen. Ist es das Schreiben, das dieses gespaltene Leben zusammenhält? Vielleicht gilt für die Droste, was Franz Kafka 100 Jahre später über sich mitteilt: »Als ich heute in der schlaflosen Nacht alles wieder hin- und hergehn ließ zwischen den schmerzenden Schläfen, wurde mir wieder ... bewußt, auf was für einem schwachen oder gar nicht vorhandenen Boden ich lebe, über einem Dunkel, aus dem die dunkle Gewalt nach ihrem Willen herkommt ... Das Schreiben erhält mich ...«

Von Krankheiten ist in der ersten Hälfte der zwanziger Jahre nur einmal, im August 1823, die Rede. Die Mutter berichtet nach Bökendorf: »Nette ist nicht recht wohl, sie hustet zwar nur wenig, aber sie klagt oft über Schmerzen in der Brust ...« Jenny von Droste-Hülshoff, die in diesen Jahren mit Wilhelm Grimm korrespondiert, hätte längere und ernsthafte Übel ihrer Schwester zweifellos erwähnt. Über Monate entwerfen und besticken die beiden Schwestern eine Fahne aus blauem Tuch für die Schützenbruderschaft im benachbarten Roxel. Die Ausflüge nach Münster oder zu nahen Damenkränzchen werden darüber nicht vernachlässigt. Wie all die Jahre zuvor sind ständig Besucher aus Bökendorf zu Gast. Es wird, wie Jenny 1823 schreibt, »viel gesungen und geschrieben«. Im Winter 1824 versammelt sich die Familie begeistert um den Ofen, um aus Romanen des populären Walter Scott vorzulesen.

Trotz der vielen Aktivitäten findet die Droste offensichtlich

noch Zeit, Englisch und Italienisch zu lernen. Im Sommer 1846 klärte sie ihren Freund Christoph Bernhard Schlüter über ihre Sprachkenntnisse auf: Latein *können Sie mir immer schicken.* – Französisch *natürlich auch, das ist ja jetzt so unerläßlich, wie früherhin schlichtweg Lesen und Schreiben.* – Holländisch *werden Sie mir nicht schicken, sonst Das verstehe ich auch.* – Italiänisch *und* Englisch? schlecht! schlecht! – *doch Letzteres etwas besser.* – *Ich habe in beyden Sprachen keinen Unterricht erhalten, sondern mir nur selbst so ein wenig zurecht geholfen, und bin jetzt, seit länger als zwanzig Jahren, ganz außer Uebung und ohne* DICTIONAR ...
Zwischendurch werden ernsthaft Reisepläne für die jüngere Tochter geschmiedet, die ihre Freundin von Thielmann in Koblenz besuchen möchte. Doch mit der Begleitung, ohne die ein adliges Fräulein nicht in die Kutsche steigen kann, klappt es nicht. Als Ersatz nimmt Bruder Werner die Droste von September bis November 1824 auf eine Reise zur mütterlichen Verwandtschaft ins Sauerland mit. Er wird dort seine Frau finden.

Anfang Juli 1825 kommt ein überraschender Brief aus Köln nach Hülshoff. Dort am Rhein lebt seit 1816 Werner von Haxthausen als preußischer Regierungsrat. Er trauert zwar der guten alten Zeit nach, gehört jedoch zu den wenigen katholischen Adligen aus Westfalen, die bereit sind, beim Aufbau der Provinzen Rheinland und Westfalen im neuen preußisch-protestantischen Vaterland mitzuarbeiten. Der Junggeselle, Jahrgang 1780, meldet seiner Schwester Therese von Droste-Hülshoff, daß er sich vor einigen Tagen mit Betty Harff verlobt hat, »die zwar nicht mehr jung, auch nicht schön, aber sehr angenehm, brav, gebildet und fromm erzogen« sei. Was der Bräutigam brieflich nicht mitteilte, sich aber in der Verwandtschaft mit Erleichterung verbreitete: Die 35jährige Elisabeth von Harff, aus alteingesessenem Kölner Patriziergeschlecht, brachte ein Vermögen in die Ehe ein, mit dem die ruinösen Haxthausenschen Güter saniert werden konnten.

Schon wenige Wochen später wurde geheiratet, und bald machte das Ehepaar eine Rundreise in die Heimat des Ehemanns. Von Bökendorf ging es auch nach Burg Hülshoff, und im Oktober 1825 sitzt Annette von Droste-Hülshoff mit dem Onkel und der

Tante in der Kutsche, die Richtung Südwesten fährt. Nach einem kurzen Besuch bei Onkel Moritz von Haxthausen und seiner Familie in Bonn fährt die Droste zu Werner von Haxthausen und seiner Frau nach Köln und schlägt dort vom 17. Oktober 1825 bis zum 21. April 1826 ihr Hauptquartier auf.

Am Rhein: Ein unterhaltsamer Gast

Der Koffer ist noch nicht ausgepackt, da weiß die junge Frau aus der Provinz, daß ihre Garderobe für die rheinische Metropole und den gesellschaftlichen Umgang der Verwandten nicht ausreicht. Am Tag nach ihrer Ankunft bittet Annette von Droste-Hülshoff die Mutter in einem Brief um Nachschub aus dem Hülshoffer Kleiderschrank. Gewaschen und zurechtgemacht, könne sie das schwarze Kleid, das braune und die beiden blauen gut gebrauchen. Auch für den Geist wünschte die Droste sich Nachschub: *Aber vor Allem muß ich Etwas Noten haben ... auch das Generalbaßbuch von Onkel Max – und doch ja die Ledwina, woran ich in diesem Winter ein gutes Stück zu schreiben gedenke. Jenny weiß wo Alles liegt.* Gute Vorsätze – aus denen nichts werden sollte.

Am Rhein herrscht ein anderer Lebensrhythmus, und die Droste, die hier im Januar 1826 ihren 29. Geburtstag feiert, hat keine Skrupel, sich ihm anzupassen. Das Geschenk, das sie zu Weihnachten von ihren Gastgebern bekam, spricht für sich: *Ein sehr schönes Ballkleid, nämlich weiß atlaßnes Unterkleid, und* PETINET *Ueberkleid, sehr schön mit Blumen besetzt, dann ein paar sehr schöne* BRACELETS *mit Amethisten ...* Und weiter schreibt sie in ihrem Brief vom Februar 1826 an die Schwester: *Du glaubst überhaupt nicht, wie* ELEGANT *ich hier seyn muß, – die Tante geht in alle Gesellschaften, und da muß ich fast immer weiße Schuh und seidne Strümpfe tragen.* Nicht daß dies der jungen Frau aus der westfälischen Provinz Probleme machte: *Es geht mir hier übrigens sehr gut, Cöln ist im Winter äußerst angenehm.*

Es war angenehm, wenn man in der stolzen Handelsstadt am Strom im richtigen Stadtteil wohnte und in den besten Kreisen verkehrte, wie die Schwester erfährt: *Nun will ich Dir auch schreiben, mit wem ich umgehe – liebe Jenny, – das hängt hier sehr davon ab, wo man wohnt, ... Meine besten Bekannten hier, sind, eben diese Frau Mertens ... und die Geyers, nämlich die von der breiten Straße, denn es giebt noch zwey andre Familien des Namens, diese ist aber bey Weitem die vornehmste und auch die ein-*

gezogenste und ehrenvollste. Die Geyers gehörten zum kleinen Kreis der Kölner Patrizierfamilien. Sie führten ihre Herkunft auf vornehme Römer zurück, die nach der Zeitenwende in der römischen Kolonie am Rhein zu Hause waren. Der Regierungsrat Werner von Haxthausen hatte sich schnell mit den führenden Kölner Familien befreundet. Das war keine Selbstverständlichkeit, denn schließlich arbeitete der westfälische Adlige für die ungeliebte preußische Obrigkeit.

Zum Freundeskreis gehörte Sibylle Mertens-Schaaffhausen, mit der Annette von Droste-Hülshoff seit ihrem ersten Treffen im Herbst 1826 eine enge und spannungsreiche Freundschaft verband. Abraham Schaaffhausen, der Vater, hatte eines der größten rheinischen Bankhäuser aufgebaut und besaß prächtige Häuser in Köln und der Umgebung von Bonn, darunter ein Schloß und ein Rittergut. Als 1815 die Nachricht eintraf, das Rheinland sei auf dem Wiener Kongreß Preußen zugeschlagen worden, rief der einflußreiche Unternehmer erschrocken aus: »Jesses, Maria un Josef! Do hierode mer ävver in en ärm Famillich eren!« Wenig später riefen die Kölner Jungen den offiziellen Vertretern dieser »armen Familie« in den Straßen der Domstadt hinterher: »Rote Kragen, nix im Magen, / Goldne Tressen, nix zu fressen. / Stinkpreuß.«

Die Kölner – wie alle Rheinländer – fühlten sich mit dem Blick auf ihre reiche kulturelle Vergangenheit und auf ihre fortschrittliche Gegenwart den Parvenüs aus dem Osten weit überlegen. Handel und Industrie blühten auf, als das Rheinland 1797 zu Frankreich kam. Moderne Verwaltung und liberale Freiheiten fanden überzeugte Anhänger im selbstbewußten Bürgertum. Es setzte nach 1815 in hartnäckigen Verhandlungen durch, daß im preußischen Rheinland statt des Allgemeinen Preußischen Landrechts der französische Code Civil und die französische Verwaltungsreform maßgebend blieben. Es war auch ein kunstliebendes Bürgertum. 1828, der Hausherr und Sammler war schon vier Jahre tot, schrieb die Schriftstellerin Johanna Schopenhauer in ihrem »Ausflug an den Niederrhein und nach Belgien«: »Eine nicht sehr zahlreiche, aber auserlesene Sammlung Gemälde, meistens niederländische Cabinetsstücke von den besten Meistern, schmückt die eleganten Zimmer in dem Hause der Frau von Schaafhausen, einem der größten und schönsten in Köln.«

Die lebenslustigen Rheinländer reagierten flexibler auf die neuen Herren als die dickköpfigen Westfalen. Die Droste traf auf eine Stimmung, in der nicht mehr die Resignation, sondern der Wille zum Aufbruch überwog. Zwar hatten die Preußen das »heilige Köln« mit seinen über 50000 Einwohnern nicht zur Hauptstadt der Rheinprovinz gemacht und gegen alle Einwände Bonn als neuen Universitätsstandort vorgezogen. Doch wo sonst gab es einen so einzigartigen Architekturtorso wie den Kölner Dom, dessen mächtige Westfassade ohne die uns vertrauten Türme wie abgebrochen in den Himmel ragte. Auf der Woge nationaler Begeisterung während der Befreiungskriege gegen Napoleon entdeckte die intellektuelle Elite den bis dahin kaum beachteten Dom und machte ihn zum Symbol der unvollendeten deutschen Einheit. Der Kunstliebhaber Sulpiz Boisserée aus wohlhabender Kölner Kaufmannsfamilie warb unermüdlich unter der Prominenz für die bauliche Vollendung und lockte den preußischen Kronprinzen und Goethe zur Förderung dieser nationalen Idee an den Rhein.

Neben solchen hehren Zielen zeigte sich das neugewonnene Selbstbewußtsein im demonstrativen Rückgriff auf ein traditionsreiches einheimisches Brauchtum: Im Jahre 1823 organisierte die bürgerliche Führungsschicht die Wiedergeburt des Kölner Karnevals mit Maskenbällen, Sitzungen und Rosenmontagszug. Was für die Preußen eine »amoralische in polizeilicher Hinsicht bedenkliche Volkslustbarkeit« war und auf dem Land zeitweise verboten wurde, imponiert der Besucherin aus Westfalen. Noch einmal der Brief an ihre Schwester Jenny: *... die Bälle sind hier äußerst* BRILLANT, *selbst das gewöhnliche Local ist sehr groß, und am Carneval-Montag wurde auf dem Kaufhause, genannt der Gürzenich, getanzt, wo mehrere tausend Menschen auf der* REDOUTE *waren ...*

Annette von Droste-Hülshoff lernte Sulpiz Boisserée, die Mertens und andere rheinische Persönlichkeiten und Gelehrte im Hause ihres Onkels Werner von Haxthausen kennen. Er war längst zum Verbündeten der Einheimischen geworden. Er kämpfte für den Erhalt verfallender Denkmäler und versuchte mit Denkschriften und Aussprachen seine Berliner Vorgesetzten zu überzeugen, Köln durch wichtige Institutionen – eine Universität, Museen, Forschungszentren – zum geistig-kulturellen Mittelpunkt der neuen Provinz zu machen. Die Droste bewegte sich im Salon des Onkels und bei den zahlreichen Gegeneinladungen nicht als Provinzlerin. Der liberale Geist des urbanen Bürgertums hat sie weder erschreckt noch abgestoßen.

Annette von Droste-Hülshoff wurde schnell als anregender Gast geschätzt und entfaltete vor Publikum ihr schauspielerisches Talent. Ihre Kölner Tante Elisabeth von Haxthausen schildert der Schwiegermutter in Bökendorf die Beziehung zwischen der Droste und ihrer Freundin Sibylle Mertens-Schaaffhausen: »... sie fühlten sich in geistlicher Hinsicht wechselseitig angezogen; die Mertens, welche leider sehr kränkelt, wird durch Nette sehr erheitert; und Herr Mertens ist ganz charmirt in sie und möchte sie in seinem Hause etabliert sehen, um sich an ihren lebendigen Erzählungen ergötzen zu können ...« Im Salon der Mertens, ebenfalls Jahrgang 1797 und eine anerkannte Sammlerin von Kunstwerken und Altertümern, hat die Droste eigene Gedichte und Kompositionen vorgetragen.

Nicht nur in Köln fiel ihr Talent auf, andere zu unterhalten. Im Oktober 1825 war Annette von Droste-Hülshoff gleich zu ihrer alten Freundin Wilhelmine von Thielmann weitergefahren, die als Witwe in Koblenz lebte. Im Salon der »Generalin« im Münsteraner Schloß hatte sie einst ihre ersten Erfahrungen auf gesellschaftlichem Parkett gemacht. Eine Augenzeugin der Koblenzer Zeit erinnert sich: »In allen Gesellschaften, die ihr zu Ehren stattfanden, wurde auch ich geladen. Damals umgab die Glorie der Dichtkunst sie noch nicht. Es wurde nur ihr Talent zu Erzählen bewundert. Ich selbst versuchte mich auf ähnlichem Gebiete, die Gesellschaft zu unterhalten. Während die Droste in Angst und Grauen zu setzen verstand, wußte ich zu Thränen zu rühren ...«

Auch in den folgenden Jahren hat Annette von Droste-Hülshoff in anregender Runde aus dem Stegreif gruselige oder humoristische Geschichten zum besten gegeben. Ihren Freund Christoph Bernhard Schlüter läßt sie in einem Brief vom April 1840 hinter die Kulissen schauen: ... *es fehlt mir allerdings nicht an einer humoristischen Ader, aber sie ist meiner gewöhnlichen und natürlichen Stimmung nicht angemessen, sondern wird nur hervor gerufen durch den lustigen Halbrausch, der Uns in zahlreicher und lebhafter Gesellschaft überfällt, wenn die ganze Atmosphäre von Witzfunken sprüht, und Alles sich in Erzählung ähnlicher Stückchen überbietet – bin ich allein, so fühle ich, wie dieses meiner eigentlichen Natur fremd ist, und nur als reines* PRODUCT *der Beobachtung, unter besonders aufregenden Umständen, in mir aufsteigen kann.* Eine Aussage, die es im Gedächtnis zu bewahren gilt: Was andere als spontane Gefühlsäußerung erleben, wird als ein Produkt genauer Beobachtung ohne innere Anteilnahme vorgetragen.

Von Köln aus besuchte Annette von Droste-Hülshoff den Onkel Moritz, einen Bruder Werner von Haxthausens, und eine weitere verwandte Familie, bei der sie sich besonders wohl fühlte: den vier Jahre älteren Cousin Clemens von Droste-Hülshoff mit seiner Frau Pauline, geborene von und zur Mühlen. Clemens, der Sohn von Onkel Max, dem Komponisten, war nach seinem Studium in Münster, Berlin und Göttingen seinem Münsteraner Lehrer, dem Theologen Georg Hermes, an die Universität Bonn gefolgt. Professor Hermes, ein aufgeschlossener Theologe und vorbildlicher Priester, für den katholischer Glaube und Aufklärung kein Gegensatz waren, konnte 1822 gegen großen Widerstand seinen Schüler Droste-Hülshoff als Privatdozent für Kirchenrecht an der Juristischen Fakultät in Bonn durchsetzen.

In Bonn traf die junge Frau aus Westfalen auf interessante Gesprächspartner aus dem Kollegenkreis des Cousins. Europaweit berühmt für seine breitgefächerten wissenschaftlichen Verdienste wie für seine Eitelkeiten war August Wilhelm von Schlegel, Shakespeare-Übersetzer, Literaturwissenschaftler, Begründer des Sanskrit-Studiums in Deutschland. Kommentar der Droste über den Mann, der schon zu Schillers Zeiten Professor in Jena war: *Schlegel hat einen schönen Ring vom König bekommen, und ist schrecklich eitel damit, ist überhaupt lächerlich eitel, trotz seines vielen Verstandes ... ich stehe übrigens recht gut mit ihm.* Ebenfalls ein origineller Kopf war der außerordentliche Professor für

Medizin Joseph Ennemoser, Sohn eines Tiroler Bauern, Mitkämpfer beim Aufstand des Andreas Hofer und Anhänger des medizinisch sehr umstrittenen Magnetismus. Enge Bekanntschaft schloß die Droste mit Eduard d'Alton, Professor für Archäologie und Kunstgeschichte.

In ihren Briefen nach Hause kommen politische Themen nicht vor. Ein Beweis für politisches Desinteresse ist das nicht. Annette von Droste-Hülshoff wußte, daß in diesen Zeiten die Zensur mitlas und längst nicht alles, was ihr zu Ohren kam, zur Weitergabe bestimmt war. In Bonn piffen es die Spatzen von den Dächern, daß die Vorlesungen von Spitzeln der preußischen Polizei besucht wurden. Offiziell gab es an der Universität einen Überwachungskommissar. Ruhe war wieder einmal die erste Bürgerpflicht. Die Angst vor kritischen Bürgern, die jene Reformen einfordern könnten, die deutsche Fürsten nur ein Jahrzehnt zuvor im Kampf gegen Napoleon versprochen hatten und nun zu großen Teilen verweigerten, führte zu Bespitzelung und Verfolgung, besonders rigoros in Preußen.

Die Staaten des Deutschen Bundes hatten im September 1819 in den »Karlsbader Beschlüssen« die Universitäten und die Pressefreiheit als die größten Feinde ihrer rückwärtsgewandten Politik ausgemacht. Für Presse und Bücher wurde die Vor- beziehungsweise Nachzensur eingeführt. Helden der nationalen Begeisterung wie Friedrich Jahn, der Begründer der Turnbewegung, oder der Dichter und Bonner Professor Ernst Moritz Arndt wurden als »Demagogen« verhaftet oder vom Dienst suspendiert. Selbst Werner von Haxthausen geriet heimlich ins Visier der preußischen Polizei. Wie weit damit seine Entlassung aus dem öffentlichen Dienst Preußens zum Jahresende 1825 zusammenhängt, ist undurchsichtig. Der sich in vielen Interessen verheddernde, unbequeme westfälische Adlige mag für Verwaltungsarbeit »ungeeignet« gewesen sein, wie die interne Beurteilung lautete. Da half auch sein Protestbrief an den Kronprinzen nicht.

Werner von Haxthausen hat im späten Frühjahr 1826 seinen Kölner Haushalt aufgelöst, zog mit Frau und Tochter ins östliche Westfalen und übernahm von seinem Bruder August die Verwaltung der Familiengüter um Bökendorf.

Damals, in den zwanziger Jahren, begann unter dem eisernen Regiment einer autoritären Obrigkeit der Rückzug der Deutschen ins vermeintlich heile Biedermeier, aufs Sofa und um den Teetisch, ins Reich der Wissenschaften oder der Gedanken, die niemand erraten konnte. Im geselligen Kreis bei den Droste-Hülshoffs in Bonn oder den Haxthausens in Köln, sicherlich keine Preußensympathisanten, konnten die liberalen rheinischen Bürger ihrem Unmut Luft machen. Annette von Droste-Hülshoff wird die brisante politische Entwicklung nicht verborgen geblieben sein. Vor allem jedoch erlebte sie anregende und unterhaltsame Monate am Rhein, und die altbekannten Schmerzen an Kopf, Augen oder Brust waren wie weggeblasen.

Im April 1826 hat die Droste tränenreich Abschied genommen in Köln, und als sie in der Kutsche Richtung Hülshoff saß, *da war mir so zu Muthe, daß ich mir immer vorsagen mußte »du kömmst ja zu deinen Eltern«, um nicht den ganzen Tag zu weinen*. Dafür trifft sie alle Familienmitglieder in bester Laune an, wie sie in ihrem Rückkehrbrief an die Tante in Köln berichtet: *Papa ganz verklärt neben seinen* ORCHIS*beeten ... Mama ebenfalls höchst aufgeräumt.. Ich habe überhaupt Alles so gut und zufrieden und glücklich wie möglich gefunden ... wenn es nur immer so bliebe!* Der Hauptgrund für die gute Laune läßt sich am Bruder Werner festmachen, der ist *ganz und gar liebenswürdig, aus Freude über seine nahe Heyrath*. Am 11. Mai ist Hochzeit mit Caroline von Wendt-Papenhausen, und das junge Paar zieht auf das gepachtete Gut Wilkinghege nahe Münster. Ferdinand, der jüngere Bruder, geht zur Ausbildung auf die angesehene Forstakademie im thüringischen Tharandt. Die Zeit der Domherren-Pfründe ist vorbei, und Werner wird ihn nicht ernähren können, wenn er eines Tages Burg Hülshoff samt den Ländereien übernimmt.

Die glückliche Stimmung, die Annette von Droste-Hüslhoff bei ihrer Rückkehr vorfindet und die in die fröhliche Feier im Mai mündet, schlägt jäh um in Entsetzen: »Sie haben gewiß schon von Bökendorf erfahren, daß Gott unsern lieben Vater zu sich genommen hat. Ich habe die letzten Wochen in großer Traurigkeit gelebt. ... Sein unschuldiger, frommer Sinn ließ ihn immer freundlich theilnehmen an allem, was wir trieben; seine Stube war unser liebster Zufluchtsort, und ich fühle stündlich, daß meine liebste Freude mit meinem Vater gestorben ist.« Das schreibt Jenny von Droste-Hülshoff im September an Wilhelm Grimm. Clemens August Droste zu Hülshoff war am frühen Morgen des 25. Juli 1826 gestorben und wurde auf dem alten Kirchhof in Roxel begraben.

Unüberhörbar ist in Jennys Briefen der Versuch, die persönliche Verzweiflung über diesen plötzlichen Tod und die Gewißheiten ihres Glaubens in Einklang zu bringen: »Bitten Sie für mich, daß ich in Geduld trage, was gewiß zu meinem Besten über mich gekommen ist. Ich sehe das ein, und doch bin ich oft so traurig, als wenn ich nicht die Hoffnung eines frohen Wiedersehens hätte ... Uns ist doch der Trost geblieben, des Vaters sanften Tod zu sehen, und seitdem habe ich auch alle Angst vor dem Tode verloren ...«

Von Annette von Droste-Hülshoff sind keine Reaktionen auf den Tod des geliebten Vaters überliefert. Niemals kommt sie in ihren Briefen auf diesen Schock zu sprechen. Was sie im Innersten bewegt, hat sie nur im Gedicht ausgesprochen. Die Toten werden von nun an ihr Leben begleiten, denn *nur mein Herz ist ihre stille Gruft*. Unablässig wird sie sich mit ihnen auseinandersetzen, in Gedanken und in Worten, am Tag und in den Nächten – *Ihr meine stillen, strengen Toten*. Niemals wird sie den Augenblick vergessen, als beim feierlichen Requiem für den Vater das Bitterste, das Unfaßliche vor ihrem Gott bestehen mußte. Das Gedicht »Der Prediger« über die Totenmesse für einen *Christ im echten Gleise* entstand im Frühjahr 1843:

...

Die Glocken schwiegen, alle Kniee sanken,
Posaunenstoß! – Die Wölbung schien zu wanken.
O »Dies irae, dies illa!« Glut
Auf Sünderschwielen, Tau in Büßermalen!
Mir war als säh ich des Gerichtes Schalen,
Als hört ich tröpfeln meines Heilands Blut.

...

Alltag im Rüschhaus:
Viel Arbeit statt Idylle

Am 14. September 1826 schreibt Jenny von Droste-Hülshoff ihrem Brieffreund Wilhelm Grimm: »Mein Bruder wohnt seit drey Wochen mit seiner Frau hier bey uns; wir Schwestern werden schon sehr bald mit unserer guten Mutter ein kleines Gut, Rüschhaus, das kaum eine Stunde von hier entfernt ist, beziehen. Zu jeder anderen Zeit wäre es mir schrecklich gewesen, Hülshoff zu verlassen. Jetzt aber, wo ich jeden Augenblick den Vater hier vermisse, kann ich kaum die Stunde erwarten, wo wir fort kommen können.« Sie wird damit auch ihrer Schwester Annette aus dem Herzen gesprochen haben. Mit dem Tod des Vaters ging für die Droste ein Riß durch die Welt, der alle vorangegangenen Brüche und Wunden übertraf. Jetzt war der Ort ihrer Kindheit endgültig ein Teil der Erinnerung geworden.

Die Wunden im Herzen waren kein Briefthema für Annette von Droste-Hülshoff. Jetzt ging es um Praktisches, entschlossenes Handeln war gefordert. Was konnte besser über die erste Verzweiflung und Trauer hinweghelfen? Der älteste Sohn trat umgehend das ungeteilte Erbe auf Burg Hülshoff an, und die Geschwister hatten Verzicht zu leisten – das entsprach dem Kodex adliger westfälischer Familien. Am 28. Oktober 1826 erschienen Jenny, Annette und Ferdinand von Droste-Hülshoff »vor mir Peter Anton Meyer Königlich Preußischer Notar im Bezirk des Ober-Landesgerichts zu Münster« und erklärten, »daß Sie hiedurch Ihren Herrn Bruder Werner Constantin Freiherrn von Droste zu Hülshoff für den Universal-Erben Ihres verstorbenen Herrn Vaters ... und als rechtmäßigen Besitzer der von Hochdemselben herrührenden Gütern und Vermögens anerkennten«. Die Mutter war ohnehin vom Erbe ausgeschlossen, da eheliche Gütergemeinschaft im westfälischen Adel streng verboten war. Gut, daß es das Rüschhaus gab.

Knapp viereinhalb Kilometer von Hülshoff in Richtung Münster stand – und steht heute als Droste-Erinnerungsstätte – der rote Backsteinbau, mit hellem Sandstein verziert: eine charmante Mischung aus Bauernhaus und höfischem Ruhesitz, die sich der Meisterarchitekt des Westfälischen Barock, Johann Conrad Schlaun, um die Mitte des 18. Jahrhunderts erbaut hatte. Familie von Droste-Hülshoff hatte mit den Kindern manchen Spaziergang zu den befreundeten Besitzern gemacht. Als Rüschhaus im September 1825 zum Kauf anstand, griff Annettes Vater für 12 300 Reichstaler zu, ohne zu ahnen, wie schnell das kleine Anwesen – zu dem 220 Morgen Land gehörten – zum Witwensitz werden sollte.

Wie im Münsterländer Bauernhaus üblich, wohnten im Rüschhaus Menschen und Tiere unter einem Dach. Von der Tenne sieht man in die Boxen für Kühe und Pferd. Im Parterre wurde auch das Drostesche Personal untergebracht – die Köchin Lisbeth, Hermann, der Knecht, das Kammermädchen Trudchen und die Magd Marie. Im Erdgeschoß liegt die große Küche mit der offenen Feuerstelle und einer schmiedeeisernen Pumpe. Hühner, Katzen und Hofhund hatten auf dem Anwesen ihren Platz. Die Schweine suhlten sich im östlichen Kavaliershäuschen.

Vom rückwärtigen Garten, der damals – im Gegensatz zu heute – keine barocke Anlage war, sondern von Gemüsebeeten, Obstbäumen und bunt gemischten Blumenrabatten geprägt wurde, führt eine geschwungene Treppe ins Hochparterre mit dem Gartensaal und dem Italienischen Zimmer für die Herrschaften. Im Gartensaal las jeden Sonntagmorgen der Hauskaplan von Hülshoff an einem ausklappbaren Altar die Messe. Sonst wurde der Raum, trotz Kamin und dem großen Flügel der Droste, nur selten benutzt. Im kleineren, gemütlichen Italienischen Zimmer, wo die handgedruckten Tapeten immer noch zu einem Ausflug nach Neapel und Umgebung einladen, traf man sich mit Gästen zu Kaffee oder Tee. Haus und Garten umgibt ein Wassergraben, in dem damals die Enten schnatterten.

Annette von Droste-Hülshoffs Reich, eine durchgehende Zimmerflucht von vier kleinen, niedrigen Räumen, lag im Zwischengeschoß. Jetzt, Anfang Oktober 1826, ist erst einmal Umzug. Jenny ist schon im neuen Domizil. Ihre Schwester überwacht in Hülshoff den Abtransport an *MEUBLES und Kleidungsstücken* und schickt eine ungeschminkte Notiz ins Rüschhaus über den Kampf um Bettstangen und anderes Eigentum: ... *ferner will Jennchen durchaus keine Gemüsekörbe abgeben ... ich glaube, daß es am Besten ist, daß wir Uns selber welche kaufen, – Trudchens* Bügelbrett *kömmt mit ... du mußt nun aber ja dafür sorgen, daß das Andre wieder mit zurückkommt* ... Kein Wort des Jammers über verlorene Paradiese, dafür die unüberhörbare Befriedigung, in wenigen Tagen Herrinnen im eigenen Haus und von den Hülshoffern möglichst unabhängig zu sein.

Die finanzielle Versorgung der Droste wird am 26. März 1827 zwischen ihr und Bruder Werner vor dem Notar geregelt. Noch einmal entsagt Annette von Droste-Hülshoff für sich und ihre Erben »allen ihren Ansprüchen ... zugunsten ihres Bruders«. Dafür verspricht der neue Herr auf Burg Hülshoff, seiner Schwester 2500 Taler »als Kapital zu zahlen, welche er jedoch, so lange sie auf die Güter stehen bleiben, mit vier pro Cent zu verzinsen sich verpflichtet«. Das macht 100 ausgezahlte Taler im Jahr. Ferner sagt der Bruder »alle Jahr« eine Leibrente von 200 Talern zu. Die Droste wird danach bis an ihr Lebensende über 300 Taler im Jahr verfügen können. Davon gehen rund 100 Taler an die Mutter als Kostgeld im Rüschhaus. Ist die Droste abwesend – zum Beispiel beim Bruder auf Hülshoff – bekommt sie pro Tag ihre Ausgaben zurück. Man rechnet genau innerhalb der Familie, denn Bargeld ist rar. Annette von Droste-Hülshoff hat ein Auskommen, das weit über dem der Mehrheit liegt. Große Sprünge allerdings kann sie damit nicht machen, und das Thema Geld ist in ihren Briefen ein ständiger Begleiter.

Rüschhaus bietet – bei aller behaglichen Originalität – keinen Raum für ein opulentes adliges Landleben. Man lebt hier eng miteinander im Vergleich zur Wasserburg Hülshoff. Doch die drei Frauen sind entschlossen, sich nicht einzuigeln und sich nicht in Trauer von der Welt abzuschotten. In den neuen, beschränkten Verhältnissen pflegen sie Geselligkeit und Gastfreundschaft, wie es auf Hülshoff Brauch war. Lieblingsbruder Ferdinand ist jederzeit willkommen. Gleich im Oktober reist Tante Sophie von Haxthausen – verheiratet mit Onkel Moritz – aus Bonn an und wird bis zum Jahresende im Rüschhaus bleiben. Ihrer Schwägerin

Betty – mit Onkel Werner verheiratet – schreibt sie im November: »... jetzt, wo das Wetter so sehr unfreundlich ist, sind die Wege auch gleich recht schlecht, und sie gehen hier ungern aus und mir ist das auch so recht lieb; es wird alle Tage recht viel Musik gemacht. Nette spielt und singt fleissig und Ferdinand singt und spielt die Guitarre, wo wir alle des Abends mitsingen; seit einigen Tagen wird des Abends vorgelesen, da wir recht viel aus Münster haben können ... an Besuchen fehlte es uns bis jetzt auch nicht ...«

Im gleichen Brief urteilt die Tante über ihre Nichte Annette, sie habe sich »doch auch zu ihrem Vortheil sehr verändert, sie ist wirklich viel besser geworden und hier bei den ihrigen hat sie auch einen festen bestimmten Lebensweg ...« Im gleichen Monat schreibt Jenny von Droste-Hülshoff an Wilhelm Grimm: »Meine Schwester Nette würden Sie jetzt gewiß lieb gewinnen. Sie ist sehr viel herzlicher und sanfter geworden.« Voll des Lobes hatte schon im Januar 1826 Betty von Haxthausen ihrer Schwiegermutter, der Großmutter im Bökerhof, über den Besuch der Droste in ihrem Kölner Haushalt berichtet: »... auch mir, liebe Mutter, gefällt Nette bei näherer Bekanntschaft immer besser; sie mag wohl manche frühere Schwäche abgelegt haben und zeigt sich jetzt nur von einer wirklichen guthmütigen und liebenswerten Seite ...« Gibt es wirklich eine neue Annette von Droste-Hülshoff?

Es muß schon etwas dran sein, wenn drei Personen unabhängig voneinander die gleichen Beobachtungen machen. Doch beweisen diese Aussagen zuerst einmal, wie einseitig das Bild der Droste seit Jahren innerhalb der Verwandtschaft und im Freundeskreis gehandelt wurde. In den Augen ihrer Umgebung war Annette von Droste-Hülshoff nicht sanft, nicht liebenswert. »Es war nicht gut mit ihr fertig zu werden«, hatte Wilhelm Grimm beim ersten Zusammentreffen 1813 in Bökendorf spitz angemerkt. In dieses »unweibliche« Raster paßte ergänzend das Sündenregister, das die Bökendorfer Verwandtschaft seit dem Bruch mit Heinrich Straube im Sommer 1820 hinter vorgehaltener Hand über die Nichte verbreitete. Auf einem solchen dunklen Hintergrund genügen wenige Veränderungen, um endlich den Erwartungen und Einwänden der andern zu entsprechen und »viel besser zu werden«.

Annette von Droste-Hülshoff war nach der Intrige vom Bökerhof und dem Scheitern ihrer Liebe zu Straube nicht mehr dieselbe. Schonungslos hatte sie sich im Herbst 1820 in den »Geistlichen Liedern« angeklagt, tief in eigene Schuld verstrickt zu sein. Mit diesem Bewußtsein konnte Annette von Droste-Hülshoff nicht mehr ungebrochen durchs Leben gehen. Ihr Versuch, unabhängig von der Familie einen eigenen Weg zu gehen, war gescheitert. Ihr Platz war innerhalb der Familie, bei ihr fand sie Halt. Diese Überzeugung machte Kompromisse einleuchtend und leichter.

Trotz solcher Einsichten war die Droste nicht bereit, ihr Selbstbewußtsein oder ihren geistreichen Witz, ihren scharfen Verstand oder ihre kühle Beobachtungsgabe zu opfern. Sie diskutierte weiterhin mit Bruder und Vater am heimatlichem Kamin über Gott und die Welt. Sie versprühte gute Laune bei Einladungen in bester Gesellschaft am Rhein. Im Haushalt von Onkel Werner und Tante Betty in Köln war sie auch kein stummer Gast, wie sie rückblickend ihrer Tante bekennt: ... *und, ich bitte, mach' doch, daß mir der Onkel auch nicht mehr böse ist, – ich habe ihm so oft ... widersprochen, was ich auch weit besser nicht gethan hätte ...* Das nahmen die andern nun nicht mehr so genau. Für die Menschen in ihrer Umgebung – ein verzerrtes Bild der Vergangenheit vor Augen – zählte nur der Augenschein: Die Droste war milder geworden.

Vielleicht tat der Tod des Vaters ein Übriges. Vielleicht aber half der Droste auch ihr schauspielerisches Talent. Sie machte ein freundliches Gesicht, sie gab sich liebenswert, sie entsprach mehr dem traditionellen Bild von Weiblichkeit – ohne innerlich beteiligt zu sein. Ein geschickter Schachzug, denn im Schutz der neugewonnenen Sympathie würden sich Nischen der Unabhängigkeit gewinnen lassen. Annette von Droste-Hülshoff besaß eine überbordende Phantasie und wurde von nächtlichen Alpträumen verfolgt. Doch ebenso konnte sie sich selbst und andere kühl und unsentimental taxieren.

Amalie Hassenpflug, die spätere enge Freundin, urteilt 1829 in bezug auf einen Bekannten: »Er ist ein Mensch der jedes Gefühl begreift und handhabt aber keines hat ... Der modernste Mensch den man sich denken kann, ich denke oft er müßte gut mit der

Nette passen.« Im Oktober 1844 entschuldigt die Droste bei ihrem Onkel August, mit dem sie sich längst wieder versöhnt hat, einen verliebten Freund: *... wir sind zwar Beyde über die Jahre der zarten Gefühle hinaus, und ihrer wohl nie in diesem Grade fähig gewesen ...* Noch offenherziger ist ihr Bekenntnis gegenüber der vertrauten Freundin Elise Rüdiger im November 1842. Nachdem sie in ihrem Brief eine Kulisse des Grauens aufgebaut hat, um die Freundin in ihren Bann zu ziehen, fragt die Droste unvermittelt: *Grauen Sie sich nicht? – Ich kann mich nicht grauen, und das ist mir von Herzen leid, nichts Angenehmeres wie so ein kleines poetisches Haarsträuben!* Aussagen, die keine Legenden stützen, aber zum Nachdenken über das westfälische Fräulein anregen.

Im Mai 1826 bat eine Cousine die Droste, etwas in ihr Album zu schreiben. Man schätzte es, Lebensweisheiten und fromme Sprüche mit auf den Weg zu bekommen. Annette von Droste-Hülshoff schrieb einen längeren Sermon, und gegen Ende bekennt sie: »*... es ist eine der schwersten Aufgaben, so recht grundehrlich durch die Welt zu kommen.*« Das war mehr als ein lockerer Spruch fürs Poesiealbum. Annette von Droste-Hülshoff wußte, sie war viel zu verwundbar, um ihr wahres Gesicht zu zeigen. Mochte der Tod des Vaters sie äußerlich milder gestimmt haben, die Verzweiflung über diesen Verlust konnte sie nur auf sich allein gestellt und mit äußerster Kraftanstrengung überwinden. Dazu gehörte auch, die Hoffnung auf einen Gott zu mobilisieren, zu dem sie schon in der Krise sechs Jahre zuvor im »Geistlichen Jahr« anklagend gebetet hatte: *Und war es nicht als ob ich Felsen riefe? / Indes mein Auge stets von Tränen rot!*

Die Erfahrungen um Liebe und Schuld, um höchstes Glück und tiefe seelische Not in den langen Bökendorfer Monaten hatten zu Abschied und Neuanfang geführt. Der Tod des Menschen, der ihr der wichtigste war, bedeutete eine Zäsur wie nichts zuvor. Die Menschen um sie herum ahnten es, denn sie wußten von der grenzenlosen Liebe dieser Tochter zu ihrem Vater. Ganz ermessen aber konnte niemand den grenzenlosen Schmerz, und Annette von Droste-Hülshoff versiegelte auch diese Erfahrung als »Funken« in ihrer Brust. Im Winter 1841/42 ist am Bodensee das Gedicht »Abschied von der Jugend« entstanden:

Wie der zitternde Verbannte
Steht an seiner Heimat Grenzen,
Rückwärts er das Antlitz wendet,
Rückwärts seine Augen glänzen ...

Wie die Gräber seiner Toten,
Seine Lebenden, die süßen,
Alle stehn am Horizonte,
Und er muß sie weinend grüßen ...

So an seiner Jugend Scheide
Steht ein Herz voll stolzer Träume,
Blickt in ihre Paradiese
Und der Zukunft öde Räume ...

Und die Jahre die sich langsam,
Tückisch reihten aus Minuten,
Alle brechen auf im Herzen,
Alle nun wie Wunden bluten;
Mit der armen kargen Habe,
Aus so reichem Schacht erbeutet,
Mutlos, ein gebrochner Wandrer,
In das fremde Land er schreitet.

Und doch ist des Sommers Garbe
Nicht geringer als die Blüten,
Und nur in der feuchten Scholle
kann der frische Keim sich hüten;
Über Fels und öde Flächen
Muß der Strom, daß er sich breite,
Und es segnet Gottes Rechte
Übermorgen so wie heute.

Die Mutlosigkeit ist eine Etappe für Annette von Droste-Hülshoff. Doch dahinter liegt ein neuer hoffnungsvoller Horizont. Als die Droste im Januar 1827 dreißig Jahre alt wird, fühlt sie sich stark genug, weiterzugehen auf ihrem Weg. Während Schnee und

Matsch die Pfade um Rüschhaus unbegehbar machen, vom Stall aus Geruch und Geräusche der Tiere durch das Haus ziehen, gegen Abend die Spinnräder der Mägde surren, sitzt Annette von Droste-Hülshoff in ihrem kleinen Wohn- und Arbeitszimmer und beginnt mit den Vorarbeiten zu einem ehrgeizigen Projekt – ein Versepos über »Das Hospiz auf dem großen St. Bernhard«.

Die Droste hat sich selbst – mit angezogenen Beinen auf ihrem geliebten Kanapee sitzend – in ihrer Stube im Rüschhaus gezeichnet. Von dort blickte sie durch die Fenster geradewegs in den Sonnenuntergang. Vor dem Sofa stand ein brauner Tisch mit dem bescheidenen Tintenfaß aus silbergrauem Zinn, zwischen Sofa und hinterer Querwand ein kleiner Flügel und rechts davon ein Schreibsekretär. Das war – und ist bis heute – ein karges Ambiente. Romantisch verklärt haben es die Dichterin wie ihre Gäste. Keiner, der sie hier in den folgenden Jahren besuchte, vergaß in späteren Aufzeichnungen, die Schwalben zu erwähnen, die von den Nestern unterm Dach direkt durchs Zimmer segelten. Das *Schneckenhaus*, wie die Droste ihr Wohn- und Arbeitszimmer nannte, wurde zum Ort, wo der Genius sich in Dämmerstunden auf dem schwarzen Kanapee einfand, und die Dichterin vertraute Menschen um Mitternacht mit ihrer Erzählkunst in wohliges Gruseln versetzte. Ein Mosaikstein für die Legenden, die seitdem die Idylle vom weltabgewandten Rüschhaus nähren.

Gut sechs Jahre hat Annette von Droste-Hülshoff am »Hospiz« gearbeitet, ohne verträumt auf den Kuß der Muse zu warten oder ins Blaue zu dichten. Fleißig und zäh nutzte sie ihre Verbindungen, um sich über ihren Stoff sachkundig zu machen. Der Ort der Handlung, die Gebirgswelt um den Paß am Großen St. Bernhard – wo ein Großvater der Gewalt der Natur unterliegt, sein Enkel von einem Hund und den Mönchen gerettet wird –, war der Droste völlig fremd. Glücklicherweise gab es die Leihbibliothek in Münster, und Schriftsteller hatten gerade die Faszination der Berge entdeckt. Annette von Droste-Hülshoff machte sich lange Auszüge während ihrer Lektüre. Das Buch »Reise durch die Schweiz« von John Carne, ins Deutsche übersetzt 1828, wurde eine ihrer wichtigsten Vorlagen.

Sie schrieb an Bekannte, die mit der Gegend vertraut waren,

und fragte im November 1828, wie die Mönche sich kleiden, wenn sie in Eis und Schnee die Verunglückten suchen: ... *sie führen, ohne Zweifel,* Alpstöcke *bey sich – aber auch sonst eine besondere Art von Fuß- oder Kopfbedeckung, zum Schutz gegen die Kälte? ... was, z. b. wird wohl angewandt, um die Verunglückten fortzuschaffen? –* Tragbahren? *oder* wollne Decken? große *Leintücher? ... ist das Schneehuhn dort heimisch?* In einem Brief vom Januar 1832 heißt es: *Ist das Clima schon gleich bedeutend anders als diesseits der Alpen, macht die Luft einen andern Eindruck ... Kommen Ende Febr: schon Gras und Blumen hervor?* Die Droste wollte es genau wissen.

Nach außen jedoch vermittelte sie ein anderes Dichterbild. Im November 1835, die Droste war mit dem fertigen »Hospiz« immer noch nicht recht zufrieden, entsteht ein Gedicht über »Die rechte Stunde«, wenn der Genius sich einstellt:

> *Doch wenn so Tag als Lust versank,*
> *Dann wirst du schon ein Plätzchen wissen,*
> *Vielleicht in deines Sophas Kissen,*
> *Vielleicht auf einer Garten-Bank:*
> *Dann klingt' s wie halb verstandne Weise,*
> *Wie halb verwischter Farben Guß*
> *Verrinnts um dich, und leise, leise*
> *Berührt dich dann dein Genius.*

Wer denkt da nicht an das schwarze Sofa im Zimmer der Droste, an die Bank im Garten hinter dem Rüschhaus? Dort hat sie manche Stunde in der Dämmerung verträumt, sich inspirieren lassen durch das, was aus dem Verborgenen aufstieg ins Bewußtsein. Doch auch der Genius hat mehrere Gesichter. Das romantische Künstlerporträt dieses Gedichts unterschlägt, daß ein Versepos wie das »Hospiz« samt seiner Dramatik hart erarbeitet ist. Und die Natur, wie die Droste sie sieht, ist nicht romantisch. Unbarmherzig wird sie dem Großvater schließlich zum Verhängnis, *ein Sarkophag, der ihn begräbt!* Die Dichterin baut mit den Ingredienzien der Gletscherwelt eine Atmosphäre des Grauens auf, die in den menschlichen Gerippen einer alpinen Totenkammer ihren

Höhepunkt findet. Nichts ist dem Zufall überlassen, sondern effektvoll und überzeugend arrangiert. Die Kreativität kommt aus den Fakten, aus der präzisen – fast könnte man sagen: wissenschaftlichen – Vorbereitung. Solche Fähigkeiten allerdings waren Männersache und verpönt im Umkreis sanfter Weiblichkeit.

Annette von Droste-Hülshoff erzählte der Familie und den Freunden, die sie um Informationen bat, daß sie sich erneut ans Werk gemacht hatte. Sie hat ihre dichterische Arbeit nie heimlich unternommen. Ihr lag am Publikum, mochte es noch so begrenzt sein. Die Familie begleitete auch dieses Werk mit Sympathie. Jenny schreibt im Januar 1829 an die Tante Ludowine: »Nette macht ein langes Gedicht, was sehr gut wird.«

Die Entscheidung, wieder ein umfangreiches Versepos zu schreiben – nach den Fingerübungen des »Walther« –, sieht mehr nach Programm als nach Zufall aus. Auch wenn sie darüber kein Sterbenswort verlauten läßt, vielleicht hat die Droste insgeheim doch eine breitere Öffentlichkeit im Kopf. Diese – uns heute fremde – literarische Form war die angesehenste zu ihrer Zeit, dem Biedermeier. Mit einer epischen Dichtung konnte das adlige westfälische Fräulein Aufmerksamkeit und Ruhm in den maßgeblichen literarischen Zirkeln gewinnen. Am Mittelmaß hatte sich Annette von Droste-Hülshoff mit ihren bisherigen Dichtungen nicht orientiert, sondern stets anspruchsvolle Herausforderungen gesucht. Warum sollte es diesmal anders sein?

Im Herbst 1827 wird Annette von Droste-Hülshoff von der Vergangenheit eingeholt. Anna von Haxthausen begleitete eine kranke Verwandte nach Münster. Für eine kurze Zeit lebte die fast gleichaltrige Tante vom Bökerhof als Gast im Rüschhaus. Sie war in den Monaten nach dem Abbruch der Beziehung zu Heinrich Straube die vertraute Briefpartnerin der Droste gewesen. Als die Gedemütigte erkannte, welch perfides Doppelspiel ihre Tante Anna in der Intrige zukam, hatte sie 1822 den Kontakt abgebrochen. Jetzt, im Rüschhaus miteinander konfrontiert, forderte Annette von Droste-Hülshoff offenbar Rechenschaft von der einstigen Freundin. Die Aussprache muß ein Desaster gewesen sein, denn von nun an gilt der Bruch als endgültig, und die Droste hat Anna von Haxthausen nie mehr wiedergesehen.

Ende Oktober 1827 berichtet Jenny von Droste-Hülshoff ihrer Tante Sophie von Haxthausen: »Nette ist seit einiger Zeit auch unwohl, es ängstigt mich sehr, doch hoffe ich, daß es nur Rheumatismus ist, sie ist jetzt oft selbst ängstlich, was eigentlich gut, da sie sich seitdem besser in Acht nimmt.« Rheumatismus? Wenn die alten Wunden im Herzen aufbrechen, kann der Kopf nicht immer gegensteuern. Die Krankheit ist hartnäckig. Mitte Januar 1828 kann Jenny endlich aufatmen und meldet Wilhelm Grimm: »Um Nette habe ich große Sorge gehabt, sie ist Gott sey Dank! jetzt wieder wohl, und ihr Übel, selbst wenn es noch wiederkehren sollte, nicht von so gefährlicher Art.«

Aus der Sorge der Familie entsteht der Plan, die Kränkelnde auf Reisen zu schicken, – an den Rhein, wo es ihr Mitte der zwanziger Jahre bestens ging. Den Mai 1828 verbringt Annette von Droste-Hülshoff in Bonn bei Onkel Moritz von Haxthausen und Tante Sophie. Natürlich sind etliche Besuche bei Sybille Mertens angesagt, in deren Salon es interessante Menschen zu treffen gibt. Im Juni ist die Droste wieder im Rüschhaus und beginnt mit den Vorarbeiten zum zweiten Gesang des »Hospiz«-Projekts. Warum geht die Sache bloß so langsam voran? Hat die Dichterin nicht alle Muße der Welt auf dieser westfälischen Insel, wo die Zeit stehenzubleiben scheint? Sie schreibt doch selbst in einem Brief vom Juni 1835: ... *es ist jetzt still und lieblich hier, der Garten so voll Blumen, Duft, und Nachtigallen, ich bin so ganz allein* ...

Rüschhaus, der verwunschene Ort. Zu den Gästen, die dieses Bild festgezurrt haben, gehört Adele Schopenhauer, die Schwester des Philosophen. Sie besuchte ihre Freundin, die Droste, im Mai 1840 und war begeistert: »... dann das kleine fabel oder märchenhaft stille Rüschhaus! mit Gräben umschlossen, Eichen u Buchen Alleen, ungeheuren Bäumen ... Wir heitzen tüchtig, wir leben winterlich, klösterlich still u sacht – man träumt fast anstatt zu leben. Da ruhe ich denn aus, an der Seite des geistreichsten Wesens was ich unter Frauen kenne.« So märchenhaft konnte es sein, wenn man im Rüschhaus Ferien machte. Vor allem seit Ende der dreißiger Jahre, als Annette von Droste-Hülshoff über 40 Lebensjahre auf dem Buckel hatte und ihre Mutter hoch in den Sechzigern war. Da gingen sie alles ein wenig langsamer an. Diese Idylle hat sich als Kennzeichen der Jahre im Rüschhaus festgesetzt, nicht zuletzt, weil die Droste als Dichterin zu dieser Zeit an die Öffentlichkeit getreten ist.

Das anrührende Zitat vom Juni 1835 soll den neu gewonnenen Freund Schlüter mit Familie aus Münster auf einen Nachmittag ins Rüschhaus locken. Um ihr Ziel zu erreichen, ist Annette von Droste-Hülshoff als Briefschreiberin nie verlegen, die Realität den Wünschen anzupassen. Das Jahr ist noch nicht herum, im November 1835, da schreibt sie rückblickend den Schlüters über ihr Tagewerk im angeblich stillen westfälischen Ruhesitz: *In Rüschhaus habe ich, Tag für Tag, die Besuche empfangen, Berichte der Dienstboten angehört, und mich meiner Mutter sehr wiederholtem Anrufen persönlich gestellt, in der That, ich war dessen so gewohnt, daß ich nicht muckste in der Hälfte eines Verses abzubrechen, was mich manchen guten Gedanken, und manchen eben gefundenen Reim gekostet hat...* Dieser Seufzer schlägt einen Bogen über rund zehn Jahre Alltag im Rüschhaus. Und wenn wir noch ein wenig mehr hineinblicken in ihr Leben, wird offenbar, daß die Droste ihre Tage nicht im Müßiggang verträumte, sondern – wie bei allen Dichtungen zuvor – sich mühsam die Stunden stehlen mußte für das, was ihr das Liebste war.

Im Oktober 1832 hofft Annette von Droste-Hülshoff sehnlich auf die baldige Rückkehr ihrer Schwester Jenny. Die Mutter ist wegen einer Wunde ans Haus gebunden. Was daraus für die Droste folgt, schildert sie dem Onkel Moritz in Bonn: *... denn Mama wär längst CURIERT, wenn ich nur etwas SUCCURS hätte, sowohl was die Unterhaltung als auch die Haus-Geschäfte betrifft... denk Dir eine so lebhafte, thätige Frau, die nun den festen Glauben hat, das Alles verkehrt geht, wo sie nicht selbst dabei ist, ich muß zuweilen, in einer Stunde, 5–6 Mahl nach derselben Sache sehn, laufe den ganzen Tag ab und zu wie ein Webschiff...* Und kann doch nicht verhindern, daß die Mutter unvermutet durch das Haus hinkt und noch mehr Verwirrung stiftet.

Eine Tätigkeit, für die schon die jugendliche Annette in Hülshoff Verantwortung übernommen hatte, nahm auch im Rüschhaus einen großen Teil ihrer Zeit ein. Dem Münsteraner Privatdozenten Christoph Bernhard Schlüter, der seit 1834 ihre literarische Arbeit begleitete und anspornte, klagte sie im Januar 1835 ihr Leid: *... ich arbeite jetzt Nichts, gar Nichts, so gern ich dran möchte – die Tage sind zu kurz, und die wenigen Stunden zu besetzt, – wenn ich des Morgens mich gekleidet, gefrühstückt und die Messe gehört habe bleibt mir bis Mittag kaum Zeit genug zum Unterricht meiner kleinen COUSINE, da wird Geschichte, französisch, und viel Musik getrieben, bis wir Beyde ganz verduselt zu Tische gehn, – Nachmittags erst ein wenig spatziert, dann eine Stunde Clavier, eine Stunde Gesang, nämlich wieder Unterricht und dann ists Abend, wo ich mein Zimmer verlasse, und bey meiner Mutter bleibe ...* Das ist ein übervolles Programm. Und es wird nicht erleichtert durch das nachfolgende Bekenntnis: *... das wäre nun wohl ein löbliches Tagwerk, wenn ich es aus gutem Herzen vollbrächte, dem ist aber leider nicht so – jede Arbeit, die ich nicht nach eigner Lust und zu eigner Ausbildung unternehme wird mit eben so viel Freudigkeit und Anmuth verrichtet wie ein Ackerpferd den Pflug zieht ...* Die Offenheit, mit der Annette von Droste-Hülshoff gesteht, wie wichtig ihr die eigene dichterische Arbeit ist, hat Seltenheitswert.

Mit dem Unterricht der keineswegs besonders talentierten Cousinen ist das Beschäftigungsprogramm für die unverheiratete Tante noch nicht erfüllt. In einer Zeit, wo nur die Ärmsten sich einem Hospital anvertrauten, war Krankenpflege innerhalb der Verwandtschaft für die Droste und ihre Schwester Jenny selbstverständliche Christenpflicht. Im Februar 1829 pflegen beide in Münster eine Tante. Die jüngere Schwester ist davon so mitgenommen, daß Therese von Droste-Hülshoff wenig später nach Bökendorf schreibt, sie habe »Nette, die sich ganz abgequält hat, wieder mitgenommen, damit sie sich restauriert«. Besonders begehrt waren die Dienste von »Tante Nette« in der Familie des Bruders auf Burg Hülshoff, wo »Linchen«, die Schwägerin, einer wachsenden Kinderschar vorstand. Als Annette von Droste-Hülshoff im September 1833 von einem Ausflug nach Münster zurückkam, ging es ohne Pause weiter, wie sie an Jenny schrieb: *... machte ich mich gleich wieder auf, nach Hülshoff, wo die Mamsell, vor 2 Tagen, krank geworden war, – wie es mir dort ergangen ist, wird dir Linchen wohl geschrieben haben, obgleich sie es selbst* *nicht recht wissen kann, denn sie hat sich, wie billig, gar nicht bey der Kranken sehn lassen, und Werner, in all der Zeit, nur zweymahl, auf ein paar Minuten* ... Das Ehepaar blieb nicht ohne Grund fern, denn die Kranke hatte schwere Anfälle geistiger Verwirrung: *Anfangs meinte ich, ich müste verrückt werden, aber man gewöhnt sich endlich selbst an so Etwas* ... Trotz aller Arbeit und allem Mitgefühl wird die Droste die krankhaften Phänomene genau beobachtet haben.

Aber eine Atempause gab es, sich auf dem Kanapee gemütlich zu strecken, nachzudenken, einzutauchen in die Schweizer Bergwelt und endlich in Ruhe am »Hospiz« weiterzuschreiben. Mutter und Schwester fuhren auch nach dem Tod des Vaters jedes Jahr mindestens einmal zur mütterlichen Verwandtschaft auf den Bökerhof. Ab und zu heißt es in ihren Briefen: »vielleicht kommt Nette mit«. Doch sie blieb hartnäckig bei ihrer Weigerung wie alle Jahre seit 1820 – und mit Knechten, Mägden und der ganzen Verantwortung allein im Rüschhaus zurück. Im September 1828 geht ein Brief vom Rüschhaus an die Mutter in Bökendorf: ... *was Dir vielleicht unangenehm seyn wird, daß ich schon in diesen Tagen die* Schweine *muß holen lassen, – Werner will es durchaus* ... Marie Cathrine *sagt mir, daß du zwey große Schweine und ein kleines gewünscht hättest – Werner hat aber kein Kleines* ... *und, statt dessen, hat er* drey Große für Dich aufgelegt ... *du bist so gut, liebe Mama, und schreibst mir, was Du hierüber befiehlst* ... *ich bitte sehr, liebste Mama, antworte doch gleich, wie Alles seyn soll, – ich fürchte so sehr, daß ich Etwas nicht recht mache* ... Dann erschien auch noch Verwandtschaft und machte es sich auf Wochen im Rüschhaus bequem. Als Mutter und Schwester im November zurückkehrten, war die Droste um keinen Deut am »Hospiz« weitergekommen.

Vor diesem Hintergrund ist im Septemberbrief die Bitte an Mutter und Schwester zu lesen, nicht weitere vier Wochen wegzubleiben: ... *das ist doch ein Bischen sehr lange – es geht mir zwar hier übrigens recht gut – aber es ist mir doch so wunderlich, daß ihr fort seyd* ... Das ist freundlich gesagt – ist es auch ernst gemeint? Zumal wenn die Droste am Anfang des Briefes mit verhaltener Genugtuung an die ferne Hausherrin berichtet: ... *mit der Haus-*

haltung geht hier übrigens Alles recht gut – ich habe noch wenig darin ausgelegt, – Fleisch ist gar nicht gekauft – wir hatten noch junge Tauben ... und vor Allem ist uns Ferdinand mit seiner Jagdbeute sehr hülfreich gewesen ... Das relativiert das Bedauern ums Fortbleiben von Mutter und Schwester und die Panik um die Schweine, die zwei Seiten weiter folgt.

Nur eines ist aus den Briefen dieser und vieler folgender Jahre mit Gewißheit herauszulesen: Die Beziehung zwischen der erwachsenen Annette von Droste-Hülshoff und ihrer Mutter blieb so komplex, wie sie sich in Kindheit und Jugend entwickelt hatte. (Ist das wirklich verwunderlich? Wer zählt die Bücher, die gegen Ende des 20. Jahrhunderts über das komplizierte Mutter-Tochter-Verhältnis geschrieben werden?) Mit dem Umzug ins Rüschhaus war das Zusammenleben teils schwieriger geworden, weil die räumliche Enge alle noch mehr zusammenband. Jeder Schritt auf der Treppe war hörbar, jeder Gang in den Garten konnte vom Haus eingesehen werden. Die Mutter, mit allen Widersprüchen stets als Autorität anerkannt, herrschte nun allein; das gegensätzliche, sanfte Temperament des Vaters fehlt. Anderseits wurde das Miteinander leichter, weil für Annette von Droste-Hülshoff nach den Erfahrungen in Bökendorf feststand, daß ihr Platz bei der verwitweten Mutter war – ohne daß sie den Wunsch nach Unabhängigkeit und eigenem Gestalten ihres Leben aufgegeben hätte. Die einzige denkbare Alternative – Heiraten – hielt bei kühler Überlegung keineswegs mehr Freiheiten für sie bereit. Annette von Droste-Hülshoff beendet zeitlebens die meisten Briefe an die Mutter *als deine gehorsame Tochter Nette*. Eine Formel, die für erwachsene Kinder dieser Schicht in dieser Zeit selbstverständlich war. Wenn es eilte, dann genügte auch *deine Nette*.

Entscheidender als konventionelle Floskeln ist der Ton der Briefe. Herzensergüsse erlaubte die Droste sich nicht. Doch wen ließ sie schon in ihr Herz blicken? Sie erzählte, was die Mutter hören wollte und erfreuen würde – gewitzt, locker, ungezwungen. Sie konnte davon ausgehen, daß Therese von Droste-Hülshoff Sinn für Humor, für treffende, durchaus hämische Bemerkungen und sprachliche Kapriolen hatte: *... mit der reichen Braut bey Westphalens das ist Nichts, – man weis eigntlich gar nicht ob sie* *reich ist, und in jedem Falle, soll sie es bey Weitem nicht genug seyn, um mit ihrem Gelde ihr unvorteilhaftes Äußere vergessen zu machen ...* Weiter heißt es im Brief vom September 1828 über die Familie des Bruders: ... *die Kinder zu Hülshoff sind sehr gewachsen, und Annchen mir jetzt lieber als der Junge, der zwar auch allerliebst, aber mitunter sehr unartig, und immer unbeschreiblich unruhig und lästig ist ... Eine große* HAUPTAFFAIRE *ist aber dort vorgefallen – Clemens ist aus dem Dienste gejagt, – was sagen sie dasu?* ... Da ist sie wieder, die gemeinsame Wellenlänge von Mutter und Tochter, die sich auch in vertrauten familiären Sprachfloskeln – *was sagen sie dasu* – ausdrückt.

Zwei eigenständige und willensstarke Menschen mußten miteinander auskommen. Dabei war für die Droste – nach Erziehung, Temperament und Überzeugung – keine Frage, wer sich wem anpaßte. Allerdings konnte auch Annette von Droste-Hülshoff auf ihre Weise hartnäckig sein. Doch als Tochter war sie bereit nachzugeben, selbst wo es ihr nicht leicht fiel. Zum Beispiel wenn es darum ging, welchen Besuch sie im Rüschhaus empfangen durfte: *Im Ganzen habe ich Unglück mit meinen Freunden, und muß mich oft sehr abäschern bittere Pillen zu vergülden, oder vielmehr Eispillen, denn anzüglich wird mein Mütterchen freylich nie, aber unser Geschmack läuft in der Regel aus einander wie ein Gabelzweig...«* Diese kritischen Worte erreichten im Sommer 1843 die rheinische Freundin Sibylle Mertens, die nach einem Rüschhaus-Besuch bei Therese von Droste-Hülshoff *einen ungeheuren Felsen im Brette* hatte. Ebenfalls Glück hatte die Droste mit ihrem Freund Christoph Bernhard Schlüter, nach dessen erstem Besuch zu Pfingsten 1835 die Mutter an Tochter Jenny schreibt: »*Das ist mir eine starke Freundschaft und mir eigentlich ganz recht ... Ich bin einen Augenblick unten gewesen.*«

Es soll nichts schöngeredet werden: Das Gefühl, unter ständiger Kontrolle zu leben und kaum privaten Raum zu haben, war zeitweilig schwer zu ertragen. Es führte zu latentem Mißtrauen und vorauseilender Vorsicht. In einem Brief an Christoph Bernhard Schlüter machte die 40jährige Droste im März 1837 kritische Anmerkungen über einen ihrer Onkel, als ihr einfiel, daß Therese von Droste-Hülshoff auf dem Weg nach Münster war und womöglich bei den Schlüters vorbeisehen würde: ... *sollte das der Fall seyn, so, bitte, bringen Sie nicht absichtlich das Gespräch darauf, daß ich Ihnen geschrieben, obgleich sie wohl weiß, daß ich es gesonnen war, aber die unmittelbare Erinnerung daran, möchte sie auf die Idee bringen, den Brief sehn zu wollen, und sie könnte sich dann unangenehm berührt fühlen, durch das was ich über meinen Onkel gesagt ...* Da hilft nur eins: ... *vielleicht wäre es gut, liebster Freund, wenn Sie diesen Brief verbrennten, sonst hüten Sie ihn doch vorsichtig ...* Das galt nicht nur in bezug auf die Mutter. Annette von Droste-Hülshoff hat diese radikale Bitte immer wieder geäußert.

Die Droste hat ihre Position als Tochter hörbar reflektiert, als sei sie sich selbst und andern eine Erklärung schuldig. Im gleichen Brief warb sie gegenüber Freund Schlüter um Verständnis für ihre Anpassung: ... *meiner Mutter Meinung hat allemahl so großen Werth für mich! selbst wenn sie nicht die meinige ist, – Sie begreifen das!* Sie hat sich auch nicht gescheut, in einem Geburtstagsgedicht für die Mutter – vielleicht aus den dreißiger, vielleicht aus den vierziger Jahren – ihre verwickelten Gefühle, ihre versteckten Ängste zu formulieren. Mit jenem typischen Schuß Selbstironie am Gedichtende, der allen Sentimentalitäten das Wasser abgräbt. Es geht darum, daß ihr Gedicht nicht rechtzeitig fertig wurde: *Du trägst, du liebe Mutter, / So oft mit mir Geduld, / Hast Schlimmres mir vergeben / Als die Gedächtnis-Schuld. / So geht mir' s leider immer, / Ich mach' es anfangs schlecht, / Und, wenn ich mich besonnen, / Erst hintennach wohl recht!*

Sie mußte nicht nur für ihre Mutter ständig zur Verfügung stehen und die eigenen Bedürfnisse und Wünsche zurückstellen. Die Verwandtschaft insgesamt war überzeugt, die unverheiratete Annette – Tante, Nichte, Cousine – habe freie Zeit im Überfluß und könne problemlos davon abgeben, sei es für Krankenpflege oder Briefeschreiben. Onkel Werner von Haxthausen – auf Ferien im belgischen Ostende – schrieb der Nichte im Herbst 1835: »... du allein bist unabhängig, frei und ohne Geschäfte; du mußt mir also alles erzählen, und wenn die andern auch sämtlich keine Zeit haben, mir zu schreiben, mir einen langen, breiten, vollen Brief senden ...« Dieses Argument hörte die Droste mehr als einmal. In dem Gedicht »Auch ein Beruf« hat sie sich 1845 mit der scheinbar unentrinnbaren Verpflichtung unverheirateter Frauen, allezeit verfügbar zu sein, auseinandergesetzt. Sie wendet sich darin an ihre ebenfalls unverheiratete Freundin Amalie Hassenpflug:

...

> *Von keines Herdes Pflicht gebunden,*
> *Meint Jeder nur, wir seien, grad*
> *Für sein Bedürfnis nur erfunden,*
> *Das hülfbereite fünfte Rad.*
> *Was hilft es uns, daß frei wir stehen,*
> *Auf keines Menschen Hände sehen?*
> *Man zeichnet dennoch uns den Pfad.*

Dem tadelnden Blick auf die unersättlichen, durch Tradition gerechtfertigten Ansprüche der andern folgt jedoch nicht Selbstmitleid, sondern Selbstkritik:

> *O hätten wir nur Mut, zu walten*
> *Der Gaben die das Glück beschert!*
> *Wer dürft uns hindern? wer uns halten?*
> *Wer kümmern uns den eignen Herd?*
> *Wir leiden nach dem alten Rechte:*
> *Daß wer sich selber macht zum Knechte,*
> *Nicht ist der goldnen Freiheit wert.*

...

> *... Nicht würdig sind wir beßrer Tage,*
> *Denn wer nicht kämpfen mag der Trage!*
> *Dulde wer nicht zu handeln weiß!*

Annette von Droste-Hülshoff hat keine Hemmungen, eine brutale Wahrheit poetisch verhüllt auszusprechen – an die eigene Adresse. Mit diesem Gedicht ist eine einseitige Verurteilung der dominanten Mutter hinfällig. Auch die Tochter hat ihren Part gespielt, und sie wußte darum. Elternliebe war für die Droste kein leeres Wort. Zugleich enthüllen ihre Briefe einen Menschen, der Masken aufsetzt, Erwartungen bedient und Rollen erfüllt – auch die der gehorsamen Tochter. Es sind mehr als zwei Gegensätze, die sich bei der Droste zu einer Persönlichkeit voller Widersprüche verbinden und verknoten.

Werner von Haxthausen berichtet seiner Nichte aus Ostende von seinen aktuellen Lesefrüchten, darunter »die Erzählungen von einer französischen Dame, deren Namen ich gehört aber wieder vergessen habe (sie nennt sich PSEUDONYM. GEORGE ZAND) vorzüglich LA MARQUISE ...« Annette von Droste-Hülshoff konnte und wollte in ihrem Leben keine George Sand sein. Deren Motto »Ich gehe, wohin es mir beliebt, ohne jemandem Rechenschaft zu geben« wäre ihr weder in den Kopf noch über die Lippen gekommen. Mit dem Gedicht »Das Ich der Mittelpunkt der Welt« vom Mai 1844 signalisiert das adlige Fräulein aus dem Münsterland ein weiteres Mal, daß ihrem »Los« auch eine tiefe Überzeugung zugrunde liegt. Der Aufforderung »*Wer Reichtum, Liebe will und Glück erlangen, / Der mache sich zum Mittelpunkt der Welt*« antwortet die Dichterin:

> ...
>
> *Standest an einem Krankenbett du je*
> *Nach wochenlangen selbstvergeßnen Sorgen,*
> *Hobst deine schweren Wimper in die Höh*
> *Zu einem Dankgebete nach dem Morgen,*
> *Und sahst um des Genesenden Gesicht*
> *Ein neuerwachtes Seelenschimmern schweben*
> *Und einen Liebesblick auf Dich, wie nicht*
> *Ihn Freund und nicht Geliebte können geben?*
>
> ...
>
> *Dann bist du glücklich, bist geliebt und reich,*
> *Ein Fels, an dem sich alle Blitze spalten,*
> *Dann mag dein Kranz verwelken, mögen bleich*

Krankheit und Alter dir die Stirne falten;
Dann bist der Mittelpunkt du deiner Welt ...

Im Mai 1829 stand Annette von Droste-Hülshoff wieder Tag und Nacht als Pflegerin an einem Krankenbett. Diesmal auf Burg Hülshoff bei dem seit Jahren kränkelnden jüngeren Bruder Ferdinand, dem freundlichen, von allen geliebten Fente. Es wurde ein schweres Krankenlager. Drei Jahre nach dem Vater starb am 15. Juni 1829 mit 29 Jahren der Bruder an Schwindsucht. Am Jahresende schreibt Therese von Droste-Hülshoff aus dem Rüschhaus an ihre Schwester Sophie: »... es ist diese Woche gerade ein Jahr, wie der liebe Ferdinand zum letztenmal hier bei uns war ... der liebe Gott weiss, warum sich alles so fügen mußte. Er weiss und ordnet alles zum Besten; ich habe mich auch schon lange drin ergeben ... Doch ich will abbrechen, ich darf nicht weiter dran denken ... Es ist mir sonst nicht möglich weiterzuschreiben ...«

Keine Äußerung haben wir von Annette von Droste-Hülshoff unmittelbar darauf oder in den folgenden Jahren über diesen Tod. Erst in den vierziger Jahren wird sie – als Dichterin – Worte für die Toten finden und aussprechen – *Dein sind sie, dein, wie mit gebrochnen Augen, / Wie dein sie waren mit dem letzten Blick.* Im Sommer 1829 brauchte es keine Worte, um den Schrei eines gequälten, gebrochenen Menschen wahrzunehmen: Annette von Droste-Hülshoff wurde krank, sehr krank.

Ende Juli 1829 schrieb Schwester Jenny ihrem alten Brieffreund Wilhelm Grimm: »Sie wissen, welchen großen Verlust wir durch den Tod unseres lieben Ferdinand erlitten haben ... Was kann man denn anderes thun, als sich in den Willen Gottes ergeben! Ich habe seitdem beständig in Sorgen gelebt um meine Schwester, recht traurige Tage habe ich gehabt ... Der Gedanke, auch meine Schwester zu verlieren, drückt mich ganz nieder ... Wir sind jetzt seit vierzehn Tagen in Münster, weil uns der Arzt zu entfernt war, und es auch Nette an der nöthigen Zerstreuung fehlte.« Therese von Droste-Hülshoff war um diese Zeit nicht im Rüschhaus, woraus sich der Nachsatz am Briefende erklärt: »Meine Mutter weiß nicht, daß wir hier sind; es würde sie zu sehr ängstigen ...« Ein ungewollter Blick auf das familiäre Versteckspielen.

Mitte August sind die beiden Schwestern immer noch in Münster. Annette von Droste-Hülshoff ist keine einfache Patientin. Selbst die geduldige ältere Schwester läßt in ihrem Brief an die Mutter – neben aller Beschwichtigung – vorsichtig Kritik durchscheinen: »wirklich kannst du auch wegen Nette ganz ruhig seyn, nach der Versicherung des Dr. BUSCH bestand ihr Uebel nur in Nervenreiz und Krampf, was durch allerley Ideen und Apprehensionen noch vermehrt wurde, sie ist seit einigen Tagen sehr viel besser, ... mir kommt es zwar jetzt wohl vor als wenn die Zerstreuung Nette ganz gesund machen würde, aber wie gesagt bereden mag ich sie nicht, da sie sich selbst noch für krank hält ...« Der Optimismus der Schwester ist verfrüht. Annette von Droste-Hülshoff wird wieder kränker, überzeugt, sich bei der Pflege ihres Bruders an der Schwindsucht angesteckt zu haben. Ihr Arzt weiß keinen Rat mehr.

Das wundert kaum. Allein aus den Briefen der Droste läßt sich eine Geschichte über das Elend der Medizin in der ersten Hälfte des 19. Jahrhunderts rekonstruieren. Ihr Mißtrauen in die Experten und ihre Ängste sind vollauf berechtigt. Zu oft hatte sie in ihrer Umgebung erlebt, wie kurz der Schritt vom Leben zum Tod war und jede wirksame Hilfe fern. Im Februar 1838 schreibt Annette von Droste-Hülshoff der Mutter: *Daß Frenzchen HUEBERS Tod dich sehr FRAPPIEREN würde, habe ich wohl gedacht, es ist mir auch nahe gegangen ... drey Tage vor ihrem Tode, geht sie Abends zur Theevisite, tritt in die Gosse, mit Einem Fuße, und ist andern Morgen etwas heiser, der Katharr nimmt zwey Tage tüchtig zu, so daß sie am dritten Fieber hat, ... als ihr Mädchen herein kömmt, liegt sie im Sterben ...* Fünf Jahre später wieder an die Mutter: *... Thereschen Degener, die seit einem Jahre verheurathet war, ist in Wochen gestorben, das Kind noch einige Stunden vor ihr, und die Anstalten zur Kindtaufe sind zum Leichenmahle verwendet worden ...* Wie es um eine alte Freundin der Familie steht, erfährt Schwester Jenny im Sommer 1839: *... mit Felitz steht es leider sehr schlimm, ihr fallen fortwährend Stücke aus der Brust, und die Wunde soll schon schrecklich aussehn, und riecht, daß man es kaum aushalten kann ...* Die Ärzte machten sich keine Sorgen und erklärten den offensichtlichen Brustkrebs zu einer »verhärteten Drüse«.

Welche Mittel verschrieben die Mediziner? 1846 meldet die Droste der Tante Sophie, daß Jenny seit zwei Monaten ein *abscheuliger Husten* plagt. Dagegen *legten die Ärzte ihr eine spanische Fliege auf die Brust*. Der Bruder auf Hülshoff mußte sich zur gleichen Zeit einer noch brutaleren Kur unterziehen: *Mit Werners Knie ists doch, Gottlob, jetzt um Vieles besser, aber sie haben den armen Schelm tüchtig gequält, – immer das ganze Knie wund erhalten mit Fliegenpflastern* ... Freundin Adele Schopenhauer machte 1831 in Bonn ihre Erfahrung mit der drastischen Hilflosigkeit der Ärzte, als sie unerträgliche Zahnschmerzen bekam: »Man hohlte noch Abends 11 Uhr einen Arzt, der ein Paar Stunden bei mir blieb, spanische Fliegen eine auf die andre, Blutegel, in die Wunde gestreutes Gift – nichts half, endlich gab man mir bis zu 44 Tropfen Opium, u da erst verfiel ich in Ermattung...«

Nicht Kurpfuscher handelten so, sondern anerkannte Experten ihres Faches. Sie hatten es nicht besser gelernt. Ihre Roßkuren haben nur robuste Naturen unbeschadet überstanden. Neben der Spanischen Fliege setzten sie auf Brech- und Abführmittel, Schröpfen, Schwitzen, Blutegel, Aderlaß, und an chemischen Mitteln gaben sie außer Opiaten wahllos Arsenverbindungen. Wer auf dem neuesten Stand sein wollte, stellte die Diagnose »Nervenkrankheit«. Es gab kein Symptom, das nicht unter diese Rubrik fallen konnte. Auch bei Annette von Droste-Hülshoff waren 1829 die Nerven an allem schuld. Nur Besserung war nicht in Sicht.

In dieser aussichtslosen Situation empfahl der Arzt seiner Patientin »scherzweise«, sie solle es einmal mit der neuesten medizinischen Entwicklung versuchen – einer »homöopathischen Kur«. Als Kenner nannte er einen guten alten Bekannten der Droste, der weitläufig mit ihr verwandt war – Clemens Maria Franz von Bönninghausen. Über diesen Gast auf der Wasserburg hatte Jenny von Droste-Hülshoff im Sommer 1812 im Tagebuch dessen »schönes Flötenspiel und die angenehme Munterkeit« notiert. Bönninghausens Lebenslauf verriet weitgespannte Interessen: Der promovierte Jurist arbeitete am niederländischen Königshof, bewirtschaftete seit 1814 ein Landgut im Kreis Coesfeld, wurde 1816 preußischer Landrat und 1826 Direktor des Botanischen Gartens in Münster, da er sich auf diesem Gebiet ausgewiesene Kentnisse angeeignet hatte.

1827 erkrankte Bönninghausen tödlich, die Ärzte gaben ihn auf. Ein Freund, studierter Mediziner, heilte ihn mit der heftig angefeindeten homöopathischen Methode des Arztes und Chemikers Christian Friedrich Samuel Hahnemann. Hahnemann, von der Wirkungslosigkeit der traditionellen Medizin desillusioniert, versuchte in Diagnose und Therapie Leib und Seele als Einheit zu sehen. Er setzte auf Diät und auf neue Arzneien, die »Gleiches mit Gleichem« behandelten. Für die damaligen Kranken eine wesentlich schonendere Behandlung als die üblichen Mittel.

Clemens von Bönninghausen, Jahrgang 1785, studierte nach der unerwarteten Genesung Hahnemanns Schriften. Er korrespondierte mit dem Umstrittenen und war überzeugter Anhänger der Homöophatie mit allen nötigen Kenntnissen geworden, als Annette von Droste-Hülshoff »mit gewohnter Lebhaftigkeit« und »im Ernst« seine Patientin werden wollte. Sie war die allererste. Am 5. September 1829 begann in Münster die Behandlung.

Es gehörte zum medizinischen Handwerkszeug Bönninghausens, die Krankengeschichte jedes Patienten penibel zu dokumentieren. Auch die von »Fräulein Nettchen von Droste-Hülshoff«: »Einige 30 Jahr alt, blond und sehr aufgeregten Gemüthes, mit ungewöhnlichem Verstande und ausgezeichneten Talenten für Poesie und Musik ...« Das Krankheitsbild »ergab folgende hervorragende Symptome: – Allgemeine sehr bedeutende Abmagerung mit Hinschwinden der Kräfte; verdächtige Röthe auf den eingefallenen Wangen; beständige Stiche in der linken Seite, und fortwährende Brustbeklemmung wie von zusammengeschnürtem Brustkasten, dabei große Niedergeschlagenheit und Hofnungslosigkeit hinsichtlich der Genesung ...« Die homöopathische Behandlung begann damit, »daß sie Abends auf Nux vom IV. roch, worauf schon nach einer halben Stunde die Seitenstiche verschwanden«.

Es gab Rückschläge. Doch insgesamt wirkte die Kur schnell und überzeugend. Clemens von Bönninghausen notiert: »... am 8. Tage begann die Besserung merklich zu werden, und hatte so erwünschten Fortgang, daß sie schon nach 3 Wochen im Stande war, ohne zu Ermüden nach Lütjenbeck und zurück zu spatzieren, während sie vorher kaum ¹/₄ Stunde weit zu gehen vermögend war.« Erleichtert kehrten die beiden Schwestern ins Rüschhaus zurück. Die Mutter war mit der ungewöhnlichen Behandlung einverstanden und meldete ihrer Verwandtschaft in den folgenden Jahren immer wieder, wie gut »die Pülverchen von Bönninghausen« ihrer Tochter bekamen.

Beim ersten Hausbesuch am 12. Oktober empfing die Patientin ihren Arzt mit erfreulicher Nachricht: »Auch hier hatte die Besserung guten Fortgang gehabt, wie sie mir voller Freude erzählte, und schon hatte sie sichtbar wieder am Fleische zugenommen.« Der Erfolg hing zweifellos damit zusammen, daß Bönninghausen mit einer idealen Patientin zusammenarbeiten konnte. Annette von Droste-Hülshoff war gegenüber allen Neuerungen in Naturwissenschaften und Medizin aufgeschlossen. Und sie erfüllte den Wunsch ihres Arztes nach einer präzisen Beschreibung ihrer physischen und psychischen Verfassung mit umfassenden schriftlichen Angaben nur zu gerne, – ein ideales Feld für ihre Beobachtungsgabe wie ihr Sprachtalent. Über seine Patientin, im Sommer 1829 für die traditionelle Medizin ein hoffnungsloser Fall, schreibt Clemens von Bönninghausen im Frühjahr 1830: »Am 8. Mai gab ich Bryonia 1/VIII, und demnächst am 24. Julius Silicea 0/X, nach deren verflossenen Wirkungsdauer sämmtliche Symptome von Krankheit so verschwunden waren, daß ich sie als geheilt entlassen konnte.«

Annette von Droste-Hülshoff blieb ihrem homöopathischen Arzt, seinen Arzneien und seinen Diätvorschriften treu. Ihrem Beispiel folgten bald viele Kranke aus Adel und Beamtenkreisen, wohlwissend, daß der Autodidakt keinerlei staatliche Genehmigung besaß. Bönninghausen schrieb der »Werthesten Freundin und Cousine« Mitte Februar 1830: »Sie können nicht glauben, wie sehr meine Praxis zugenommen hat. Es bleibt mir kaum Zeit zu Essen und zu schlafen.« Er nahm bis 1835 kein Honorar, weil ihm sein Gehalt als preußischer Beamter genügte.

Die meisten Notizen für ihren neuen Arzt macht die Droste über körperliche Beschwerden:... 13. *Knacken der Kinnlade beim Essen* ... 23. *Wiederum einen Tag Jucken auf der Herzgrube* ...

51. *Ein innerliches Zittern, wie wenn alle Eingeweide und auch etwas in der Brust, beständig rüttelte, mit gewaltigem Froste ...* Und dann steht in dieser Aufzeichnung vom November 1829 als allerletzter Punkt: 53. *Große Schwermuth, mit Furcht vor einer Gemüthskrankheit, Todesgedanken, Verzweiflung an der Genesung, und den Kopf voll Sterbescenen u. d. gl.* Im Februar 1830 schickt die Droste einen langen Beobachtungskatalog nach Münster und hofft, daß es dem *lieben Freund und Vetter ... möglich ist ... meiner miserablen Person wiederum mit einem kräftigen Pülverchen unter die Arme zu greifen, da das Letzte bereits längst ausgewirkt hat ...* Unter anderem meldet sie, sie wurde in einer Nacht *durch ängstliche Träume, und im Schlaf gefühltes Unwohlseyn gequält, als ich erwachte, fand sich, daß ich den Mund fest zugeklemmt hielt, ... ich wollte wieder einschlafen, aber kaum im halben Schlummern erwachte ich wieder, vor Beängstigung ...* Ein dritter Brief notiert *einen starken Anflug von Niedergeschlagenheit und Todesgedanken.*

Im Rahmen einer medizinischen Behandlung, die eine Wechselwirkung zwischen Körper und Psyche sah, konnte Annette von Droste-Hülshoff über ihre Ängste, die vor allem Todes- und Verlustängste waren, sprechen. Aber auch die Homöopathie vertreibt die Dämonen nicht. Sie kamen wieder, während die Genesung schon gute Fortschritte machte. Als unentrinnbare Schatten und Widerpart der Vernunft sollten sie immer wieder aus dem Dunkel auftauchen. Doch das Aufschreiben des Verschwiegenen und die Aussprache über das meist Verdrängte mit einem Partner, der ihre Alpträume ernst nahm, wird zum Heilungsprozeß beigetragen haben. Zwar tat die Familie viel für ihre Gesundung. Sie war jedoch nicht abgeneigt, die »Ideen und Apprehensionen« der jüngeren Tochter als Produkt einer überreichen Phantasie einzuordnen.

Zum Jahresende 1829 wußte Annette von Droste-Hülshoff, daß das Schlimmste hinter ihr lag. Der Lebensmut war zurück. Sie machte Notizen und Entwürfe zu einem neuen Prosastück. Unter dem Titel »Die Judenbuche« wird es 1842 veröffentlicht und erstmals eine breite Öffentlichkeit auf das adlige Fräulein in Westfalen aufmerksam machen. Vor allem aber gingen vom Frühjahr bis in den Herbst 1830 zwischen Rüschhaus und Bökendorf Pläne für eine Italienfahrt unter Leitung Werner von Haxthausens hin und her, und Annette von Droste-Hülshoff sollte mit von der Partie sein. Sie war Feuer und Flamme.

Wir können es kurz machen: Aus den Plänen wurde nichts. Als Entschädigung sollte sich die Droste kurzerhand für ein Ziel in Deutschland entscheiden. Ihre ablehnende Antwort an die Schwester zeigt, was eine Reise für sie bedeutete: *Gegen* Mannheim *habe ich, an und für sich, einen Widerwillen, ... daß die Stadt* schön und regelmäßig *gebaut ist, ist mir gleichgültig, ... übrigens ist Mannheim ein kleines Nest, ... mit* München *wär es schon ein* Andres *die Stadt ist* soviel größer ... *und man wird dort* soviel unbemerkter *und nach* seinem eignen Geschmack *leben können* ... Das war es: unbemerkt nach eigenem Geschmack leben können. Über diese Sehnsucht gerät die vernünftige Annette von Droste-Hülshoff gegen Ende des Briefes ins Träumen. Falls es doch noch zur Italien-Reise käme, wollte sie zwar unter *Schutz und Aufsicht*, aber nicht im gleichen Haushalt mit dem Onkel Werner leben: ... *d. h. nur zwey Zimmer, oder auch nur Eins im selben Hause mit ihm zu miethen, und mir mein Essen* holen zu lassen, *dann könnte ich zu gehöriger Zeit, und* soviel *oder* wenig *ich möchte*, essen *und* schlafen, *und wäre nicht gezwungen, immer seinen Gesellschaften mit beyzuwohnen – kurz, ich wäre doch auch ein bischen* INDEPENDENT ... Der starke Wunsch, unabhängig zu sein und sich aus traditionellen Rollen zu befreien, ist nicht erst bei der 33jährigen im engen Rüschhaus aufgebrochen.

Gerade 19 Jahre war sie, als Annette von Droste-Hülshoff ihrem Freund, dem Professor Anton Mathias Sprickmann, das Gedicht »Unruhe« schickte: ... *Fesseln will man uns am eignen Herde! / Unsre Sehnsucht nennt man Wahn und Traum / Und das Herz, dies kleine Klümpchen Erde / Hat doch für die ganze Schöpfung Raum!* Damals hieß die Schlußfolgerung der jugendlichen Droste im Blick auf die Realitäten: *Sei ruhig, Herz, und lerne dich bescheiden* ... Jetzt, im Sommer 1830, schreibt sie am Ende ihrer Reiseträume: ... *doch das sind wohl zu hochfliegende Pläne* ...

Frustriert war Annette von Droste-Hülshoff allerdings schon, und die Familie fürchtete erneut den Ausbruch von Krankheiten.

Anfang Oktober 1830 fuhr die Droste zur Abwechslung wieder an den Rhein. Diesmal zog sie in Bonn bei ihrem geliebten Cousin Clemens von Droste-Hülshoff – inzwischen Professor für Kirchengeschichte – und seiner Frau Pauline ein. Der Eindruck, den die Mutter zum Jahresende an eine ihrer Schwestern weitergibt, entspricht den Realitäten: »Dass unsre Nette immer noch in Bonn ist, sich sehr wohl befindet und kesl ihr dort überhaupt vortrefflich geht, muß ich dir ... doch auch noch sagen.«

Die Tochter selbst hatte ihr gleich im Oktober freimütig geschrieben, worin ein Hauptgrund für ihr Wohlbefinden lag: *... ich habe ein paar Zimmer in einem Nebengebäude, wovon eine Klingel in die Küche geht; – wenn ich dort bin kommt es mir vor, als ob ich mein eignes Haus für mich hätte, so angenehm und ungenirt ist es. Ich habe mich bei einem* FRISEUR ABONNIRT, *und so würdest du das Vergnügen haben, mich täglich* À LA *dernière mode aufgetakelt zu sehn.* Von den Bällen und Gesellschaften, die Annette von Droste-Hülshoff während ihres ersten rheinischen Aufenthaltes 1825/26 beim Onkel Werner und seiner Frau Betty in Köln eifrig besucht hatte, wollte sie nun allerdings nichts mehr wissen. Auf den Versuch, ihre Garderobe aufzubessern, reagierte sie allergisch. Ein neuer Hut war das einzige Zugeständnis, wie sie ihrer Mutter berichtet: *... einen* niedlichen Schawl *oder* schwarzes Blondentuch; – thäte ich nicht; *ein hübsches seidenes Kleid, wenn ich in Gesellschaft ging,* – ich ginge nicht in Gesellschaft; – *einen ganz hohen* Schildpatt-Kamm, *– thäte ich nicht!* Der Droste liegt sehr daran, keine großen Ausgaben zu machen. Deshalb begleitet sie im Frühjahr 1831 den Cousin und seine Frau auch nicht zum Karneval nach Köln.

Sie ist gesund, sie fühlt sich wohl. Sie findet Zeit, am »Hospiz« zu arbeiten. Sie besucht ihre alte Freundin, die kunstsinnige Sibylla Mertens und deren weltläufige Gäste, vor allem aus dem Professorenkreis der Bonner Universität. Sie macht neue Bekanntschaften. Doch schon in ihrem Oktoberbrief an die Mutter gestattet sich die Droste nicht, ungetrübt zu genießen, was man im Rüschhaus erfreut zur Kenntnis nimmt. Die sonst klare Sprache wird plötzlich so verwickelt wie ihre Gefühle, als sie – gerade mal angekommen – ihre Rückreise anspricht: *... sie meinen Alle, ich* *bliebe den ganzen Winter hier – ich wäre aber viel lieber wieder bei Euch, so gut es mir sonst hier geht –* aber wir von Rüschhaus sind gar zu sehr an einander gewöhnt, und ich bin immer auch Angst, es möge Jemand krank werden, von Euch oder meinen Bekannten, ... *kurz, wenn ich könnte, so käme ich viel lieber bald wieder ... sie würden es mir hier Alle übel nehmen, wenn sie merkten, daß ich wieder nach Haus verlangt ...* Gut zehn Jahre zuvor, bei ihrem langen Bökendorf-Aufenthalt, hatte es identisch geklungen. Damals waren es die Großeltern, die sie durch eine frühe Abreise nicht betrüben wollte, auch wenn sie eigentlich am allerliebsten zu Hause in Hülshoff sei.

Typisch Droste, läßt sich wieder sagen: Sie wünscht sich Unabhängigkeit; sie möchte fort aus den engen familiären Verhältnissen und dem kontrollierenden Blick der Mutter. Doch kaum sitzt sie in der Kutsche, treiben sie Verlustängste um. Ist ihr Vertrauen in die Menschen, die ihr am nächsten stehen, so gering? Ist ihr Selbstwertgefühl so schwach? Aus den Augen, aus dem Sinn – diese Befürchtung nimmt Annette von Droste-Hülshoff toternst und versichert die Zurückbleibenden umgehend aus der Ferne ihrer unverbrüchlichen Gefühle. Am beweiskräftigsten scheint ihr das Argument, am liebsten gleich wieder umkehren zu wollen. Sie bleibt den Winter über in Bonn – warum auch nicht? Sie wird erst Anfang Juni 1831 zurück nach Westfalen fahren. Doch im Februarbrief an die Mutter heißt es wieder: ... *denn so gut es übrigens hier auch geht, so ist es mir doch noch nie in meinem Leben so wohl irgendwo geworden, daß ich nicht immer mit dem größten Vergnügen wieder nach Haus gegangen wäre; – ja, wenn ich Dich und Jenny und die Hülshofer im Koffer hätte mitnehmen können, dann wäre es ein Anderes ...*

Der Brief vom Februar 1831 wurde in Plittersdorf südlich von Bonn fortgeschrieben, wo Sibylle Mertens, mit einem reichen Bankier unglücklich verheiratet, in ein großzügiges Anwesen eingezogen war. Die Droste genoß hier aber nicht das luxuriöse Landleben, sondern pflegte ihre Freundin, die sich schwer am Kopf verletzt hatte. Fünf Wochen später war sie immer noch in Plittersdorf: ... *Ich habe die Mertens Tag und Nacht verpflegt ... jetzt ist es viel besser, aber doch stehe ich fast jede Nacht ein- oder ein paar Mal auf. Dabei habe ich die ganze Haushaltung übernommen ... zwischendurch muß ich dabei nach den Kindern sehn ... Ich thue das Alles herzlich gern und befinde mich wohl dabei, aber müde müde bin ich oft, wie ein Postpferd.* Diese Wochen voller Angst haben die beiden Frauen noch enger verbunden. Am Ende eines Gedichtes für Sibylle – »Billchen« – schreibt die Droste 1834: *Was soll ich dir, mein zweites Selbst, noch sagen / So bin ich, und so muß mich Billchen tragen; / Nicht war, mein Kind, du nimmst mich wie ich bin.* Damit hatte sie einen ihrer geheimsten und größten Wünsche ausgesprochen.

Der Zweierbund wurde bei diesem Rheinbesuch durch eine dritte Persönlichkeit ergänzt, was nicht ohne Spannungen ablief. Adele Schopenhauer, ebenfalls Jahrgang 1797, lebte seit 1829 mit ihrer Mutter Johanna Schopenhauer in einem Haus von Sibylle Mertens im nahen Unkel am Rhein. Die beiden waren nach einer Begegnung schnell ein Herz und eine Seele geworden. An ihre Freundin Ottilie von Goethe, die Schwiegertochter des Dichterfürsten und enge Freundin seit gemeinsamen Weimarer Tagen, schrieb Adele Schopenhauer: »Ich habe wieder eine menschliche weiche Neigung in meinem von Kummer versteinten Herzen ... Die Mertens hat nie ein Liebesverhältnis gehabt, im neunzehnten Jahre hat man sie verheiratet, ihr Verhältnis zu Mertens gleicht dem Deinen zu August. Du begreifst, daß die Mertens eine Tiefe und Reinheit der Gefühle der Freundschaft hat, die selten sind ...« Da tauchte Annette von Droste-Hülshoff am Rhein und im Haus der Mertens auf. Adele Schopenhauer war hin- und hergerissen zwischen ihrem Gespür für eine ungewöhnliche Persönlichkeit und der Eifersucht, die Mertens mit der Droste freundschaftlich teilen zu müssen.

Annette von Droste-Hülshoff schrieb rückblickend über Adele Schopenhauer, sie habe sie *sehr lange nicht ausstehn können*, diese Meinung aber geändert: *Adele ist allerdings eitel und mitunter wirklich lächerlich, aber sie ist ... der grösten Opfer fähig, die sie auch täglich bringt, und zwar ganz ohne Prahlery ... sie trägt, mit der rührendsten Geduld, ... die Unvernunft einer Mutter ... die ihrer Tochter Vermögen (es gehört Alles Adelen) rein veriβt in Lekkerbischen.* Die beiden verbanden in Bonn gemeinsame Interessen und Vergnügungen: »Den freundlichsten guten Morgen, vor allem andern liebe Annette! Schwester Scheherezade, wenn Ihr nicht mehr schlaft, so erzählt mir bitte, bitte eines jener hübschen Märchen, die ihr wißt.« Sicher war auch die zeitgenössische Literatur, der Büchermarkt und die Szene in Weimar – überall kannte die Schopenhauer sich bestens aus – Gesprächsstoff für die beiden.

Im November 1830, man kann sich nicht oft gesehen haben, fällt Adele Schopenhauer in einem Brief an Ottilie von Goethe ein rätselhaftes Urteil über die neue Freundin: »Die Droste ist jetzt hier, das geistreiche Geschöpf von welcher ich dir oft erzählte, ihre Gegenwart wirkt belebend oft auch sehr betrübend auf mich, ein wunderschönes Leben u Wesen in sich zerstört, theilweise vernichtet, doch lebt mein Geist am ihren auf.« War das hellsichtig oder von Eifersucht geprägt? Spiegelt sich in diesem Blick eher die eigene Befindlichkeit? Im Oktober 1831 schreibt Adele aus Unkel an ihren Bruder, den Philosophen Arthur Schopenhauer: »Keine einzige leidenschaftliche Empfindung bewegt mich, keine Hoffnung, kein Plan – kaum ein Wunsch … Ich lebe ungern, scheue das Alter, scheue die mir gewiß bestimmte Lebenseinsamkeit …« Die Unglückliche wußte um ihre Sprunghaftigkeit, wie verletzlich und verletzend sie war. Im Frühling 1831 ging ein weiteres Billet von Unkel an die Droste in Bonn: »Glauben Sie mir, liebe Nette, ich will wo möglich Niemanden etwas Unangenehmes oder gar Schmerzliches empfinden machen, … ich fürchte, ich habe allerlei ganz Dummes gemacht und gesagt. Vergeben Sie das, wenn Sie irgend können.« Als die Droste im Juni 1831 ins Rüschhaus zurückkehrt, wissen die beiden Frauen: Trotz aller Spannungen wird die Verbindung bleiben.

In den Salons und Gesellschaften des rheinischen Bürgertums war Politik stets ein Thema, in diesen Monaten ganz besonders. Im Juli 1830 hatte es in Paris eine erfolgreiche Revolution gegeben. Ein Funke war in die südlichen Provinzen der Niederlande übergesprungen, die als »Belgien« um ihre Unabhängigkeit kämpften. Das lag gefährlich nahe am Rhein. Annette von Droste-Hülshoff nahm teil an den Debatten. Sie setzte gleiches Interesse zu Hause in Westfalen voraus und gab der Mutter eine politische Einschätzung: *Wie hier Alles nur in der Politik lebt, kannst du denken; bei Euch wird es ebenso sein ... diese Handelsstädte fürchten zu sehr das Fallen der Papiere als daß sie nicht auch den Krieg fürchten sollten ...*

Ein Geheimnis gibt es noch zu melden, doch keine Aufhellung weit und breit. Jahre später machte Elise Rüdiger, eine enge Freundin der älteren Droste, über diesen dritten Besuch am Rhein eine verblüffende Mitteilung: »Das Verlöbnis mit einem rheinländischen Gutsbesitzer hat sie mir ausführlich geschildert.« Die Rüdiger ist mit ihren Informationen nach dem Tod der Droste sehr zurückhaltend gewesen und deshalb glaubwürdig. Annette von Droste-Hülshoff soll das Verlöbnis beendet haben, weil ihre Mutter entschieden dagegen war. Das muß so stehen bleiben. Mehr wissen wir über ein anderes Verbot der Mutter. Als es Sibylle Mertens langsam besser ging, hatte sie eine Idee. Herr Mertens schrieb Anfang Mai 1831 einem Freund: »Meine Frau hat Lust, mit der Fräulein von Droste eine Reise nach der Schweiz, namentlich nach Vevey zu machen ...« Die gleiche Reise-Idee beurteilt Therese von Droste-Hülshoff in einem Brief an ihre Schwester Sophie: »... es lag nur an meiner Einwilligung. Aber sage selbst, liebste Söphchen, konnte ich die geben? Erstens kann Nette ohne Vormund und Geschäftsführer gar nicht in der Welt bestehen. Dies ist hier Jenny, in Bonn war es Pauline. ... Dabei sollte Nette noch die Hälfte der Reisekosten stellen, denn darum war es Mertens recht zu tun; der Geizhals wollte keine Gesellschafterin für seine Frau bezahlen ...«

Annette von Droste-Hülshoff hatte die Mutter schriftlich um ihre Einwilligung gebeten und bekam schriftlich eine Absage. Dieser Brief hat sich nicht erhalten. Annehmen dürfen wir, daß Therese von Droste-Hülshoff mit ihrer Meinung auch gegenüber der Tochter nicht zimperlich war und daß die Droste die Entscheidung ohne Widerworte hingenommen hat. Wir wissen, daß sie gerne gefahren wäre.

Zurück im Münsterland trägt der rheinische Schwung weiter, und die Familie ermuntert ihr dichtendes Mitglied. In den Briefen von Schwester Jenny an die Verwandtschaft heißt es: »Nette ist wieder fleißig am ST BERNHARD zu schreiben.« Ende Februar 1833 berichtet die Mutter den Bökendorfern stolz von den beiden erfolgreichen Leidenschaften ihrer Tochter: »Nette ist noch immer am Sammeln, sie wird täglich reicher. Ihren St. Bernhard hat sie nun auch fertig, auch schon ins reine geschrieben. Er ist sehr schön geworden, sie hat aber tüchtig gestrichen, denn es war stellenweise zu lang.«

Bewunderung fanden die Sammlungen der Droste nicht nur bei der Mutter, sondern auch bei den Besuchern, denn ein großer Teil davon war im Italienischen Zimmer von Rüschhaus in Glasschränken ausgelegt. Sammeln war eine Lieblingsbeschäftigung im Biedermeier. Es spiegelt sich darin die Liebe zu den kleinen, überschaubaren Dingen; der Versuch, die Einheit einer Welt zu demonstrieren, die längst in unübersehbare Einzelheiten zerfallen war. Mit antiken Münzen und mit Versteinerungen kannte sich die Droste besonders gut aus. Wie weit der Bogen insgesamt gespannt war, schildert sie im März 1835 ihrem Onkel Carl von Haxthausen, auch ein Sammler: *Ich habe auch sonst noch schöne Sachen, – Mineralien, Versteinerungen, Muscheln, römische Münzen, geschnittene Steine, Pasten, geschliffene Edel- und Halb-Edelsteine, geschnitzelte Sachen in Elfenbein Holz* ET CET, *auch allerley, meistens kleine, alte Kupferstiche, – ausgegrabne Urnen, Lampen* ET CET... Mit den Jahren kamen Gemälde hinzu und bei ausgefallenen Taschenuhren konnte Annette von Droste-Hülshoff kaum widerstehen.

Ihr erster Gang bei einem Ausflug nach Münster führte stets zu Goldschmieden und Antiquaren. Da öffnete die sonst so Sparsame ihre Geldbörse. Im Januar 1839 stellte Annette von Droste-Hülshoff selbstkritisch fest, daß sie ihre Schulden nur vor dem Mai abtragen könne, *wenn ich ... allen Antiquaren und Goldschmieden aus dem Weg gieng*. Es handelte sich nicht um einen bloßen Zeitvertreib, sondern um eine Beschäftigung, in der sie sachkundig und geschäftstüchtig war. Im Februar 1835 bat die Droste Sibylle Mertens, die begeisterte Sammlerin: *du könntest mir einen großen Dienst erzeigen, wenn Du nur, baldmöglichst, eine kleine Parthie römischer schlechter Kupfermünzen einkauftest, von der Sorte die am Wenigsten kostet, und die Du* Schund *nennst, ich* TROQUIRE *hier häufig mit einem Mann der immer mit dem grösten Eigensinn römische Münzen vorlegt, ohne das Min-*

deste davon zu verstehn ... grad jetzt hat er mir eine Parthie sehr erwünschter Gegenstände angeboten, – Urnen, Vasen, Lampen, auch Mineralien, und Kupferstiche, aber – römische Münzen müssen da seyn!
Verwandte und Freunde wußten von diesem Hobby, wurden als Ankäufer eingespannt und mit begeisterten Briefen belohnt. Einen erhielt Onkel Moritz von Haxthausen im Oktober 1832 für eine Sendung ins Rüschhaus: *... so kann ich denn doch auch mahl wieder schreiben, und Dir, mein lieb gut Onkelchen, hundert Mahl, und tausend Mahl danken für die schönen Sachen ... der Stein Kopf in Bergkristall ist wunderschön, und hat mich halb verrückt vor Freude gemacht, – Dieser und der Herkules und der* CINQUECENTO *das sind drey Steine, mit Denen schlage ich der Mertens ihre ganze Sammlung aus dem Felde ...* Soviel offengelegte Emotionen waren selten bei der Droste.
Weit über den Zeitgeschmack hinaus ging ihre Leidenschaft für Versteinerungen, die sie nicht nur in ihrer Stube begutachtete. Seit vielen Jahren suchte Annette von Droste-Hülshoff in Steinbrüchen nach Zeugnissen der frühen Erdgeschichte und hat sie aus dem Stein gehauen. Im Sommer 1839, als der Arzt ihr dies als »körperliche Anstrengung im Freyen« empfiehlt, aber sie kaum Lust dazu verspürt, philosophiert die Droste: *... wie verkehrt und eigensinnig doch die menschliche Natur ist! ich habe dies Steinklopfen mit* PASSION *getrieben, solange es eigentlich Niemand recht war – heimlich fortgestohlen habe ich mich, um im Steinbruche zu pickern, Essen und Trinken habe ich darüber vergessen, und nun muß man mich treiben wie den Esel zur Mühle ...* Das war eine Erinnerung an ihre Jugendzeit, als es nicht üblich war, daß ein adliges Fräulein zu einsamen Alleingängen in die Natur aufbrach. Inzwischen akzeptiert die Familie ihr Interesse. 1831 schreibt sie an die Schwester: *Keine vergnügte Stunde habe ich gehabt außer den ersten vier Tagen, wo ich schöne Versteinerungen fand.*
Annette von Droste-Hülshoff konnte beim Steinklopfen ihrer Leidenschaft frönen, den Dingen auf den Grund zu gehen. Ihre Liebe zur Natur, die der Vater ihr mitgegeben hatte, verband sich mit der Neugier, einen Blick hinter die Schöpfung zu werfen. Schon wankte bei den interessierten Zeitgenossen die bisher als

Tatsache aktzeptierte biblische These, daß Gott die Welt und alles auf ihr in sechs Tagen fix und fertig geschaffen habe. Da es anschließend keine grundlegend neuen Entwicklungen geben durfte, reichten ein paar Jahrtausende für die Erd- und Menschheitsgeschichte. Die Droste war gut informiert und teilte – trotz ihres festen christlichen Glaubens – die Skepsis der neuen Zeit, wie ein weiterer Brief vom Sommer 1839 zeigt: ... *habe meine Freude und Bewunderung an den Schalthieren und Pflanzen, die, den Worten des Psalmisten zum Trotz (Der Mensch verdorrt wie eine Blume des Feldes) ihr zerbrechliches Daseyn durch Jahrtausende erhalten haben ... was meinen Sie, wenn ein Mensch mahl so aus seiner viertausendjährigen Kruste hervor kriechen könnte? ... seltsam bleibts immer, daß man nicht wenigstens versteinerte Menschen findet, auch niemals ein Zeichen menschlichen Fleißes ...* Diese Hoffnung würden spätere Funde erfüllen, die die Droste nicht mehr erlebte.

Annette von Droste-Hülshoff hat die Stunden, die sie fern von den Menschen verbrachte, konfrontiert mit den Uranfängen der Schöpfung, fest in ihrem Gedächtnis bewahrt. In Meersburg am Bodensee entstand im Frühjahr 1842 »Die Mergelgrube«. Die zweite Strophe beginnt:

> *Tief in's Gebröckel, in die Mergelgrube*
> *War ich gestiegen, denn der Wind zog scharf;*
> *Dort saß ich seitwärts in der Höhlenstube,*
> *Und horchte träumend auf der Luft Geharf ...*

Aus dem, was in abgekapselten Stunden Gefühl und Verstand registriert haben, erschafft die Droste in der dritten Strophe eine eigene, grandiose Vision:

> *Vor mir, um mich der graue Mergel nur,*
> *Was drüber sah ich nicht; doch die Natur*
> *Schien mir verödet, und ein Bild erstand*
> *Von einer Erde, mürbe ausgebrannt;*
> *Ich selber schien ein Funken mir, der doch*
> *Erzittert in der toten Asche noch,*

Ein Findling im zerfall'nen Weltenbau.
Die Wolke teilte sich, der Wind ward lau;
Mein Haupt nicht wagt' ich aus dem Hohl zu strecken,
Um nicht zu schauen der Verödung Schrecken,
Wie Neues quoll und Altes sich zersetzte –
War ich der erste Mensch oder der letzte?

... Es ist gewiß, die alte Welt ist hin,
Ich Petrefakt, ein Mammutsknochen drin!

Der Gang zu den Mergelgruben war ein Gang durch die Natur. Er ließ Annette von Droste-Hülshoff Zeit, die Libelle über dem Weiher und den Aufstieg der Lerche zu beobachten. Doch die Droste wollte beides in der Natur sein – Beobachterin und Teilhaberin. Die Erfahrung, die sie auf ihren Spaziergängen machte – ob von Hülshoff oder vom Rüschhaus aus –, blieb unerschöpfliche Anregung für ihre dichterische Phantasie: *Und wenn ich grüble an meinem Teich, / Im duftigen Moose gestrecket* (»Meine Sträuße«); *Da lag ich einsam noch in Waldes Moose* (»Im Moose«); *Ob, süßer Traum, im Grase liegend* (»Gemüt«); *Um mein Gesicht die Gräser nickend bauschen* (»Instinkt«); *Süße Ruh', süßer Taumel im Gras, / Von des Krautes Arom umhaucht* (»Im Grase«). Selbst wenn die Teilhabe an der Natur extreme, symbiotische Ausmaße erreicht, schaltet sich bei der Droste die beobachtende und registrierende Vernunft nicht aus: *Und noch zuletzt sah ich, gleich einem Rauch, / Mich leise in der Erde Poren ziehen* (»Im Moose«). Im Grase fühlt sich Annette von Droste-Hülshoff denen nah, die ihr näher sind als alle Lebenden. »Meine Toten« entsteht im Frühjahr 1843: *... Doch keine andre Rechte drückt / So traut, so hat kein Aug' geblickt, / So spricht kein Wort, wie Grabesbrodem! ... Ich fasse eures Kreuzes Stab, / Und beuge meine Stirn hinab / Zu eurem Gräserhauch, dem stillen ...*

Im Oktober 1831 hatte sich ein Gymnasiast von Münster auf den Weg ins Rüschhaus gemacht: Levin Schücking, der Annette von Droste-Hülshoff einen Brief seiner Mutter Catharina Schücking, geborene Busch überbrachte. Die 14jährige Droste hatte einst *Westphalens Dichterin* mit klopfendem Herzen auf Burg Hülshoff empfangen: *Sehr jung war ich und sehr an Liebe reich, / Begeisterung der Hauch von dem ich lebte* ... Das Gedicht »Katharine Schücking« beschreibt die erste Begegnung 1813 und das zweite Treffen 1829 in Münster, als die Freundin der kranken Droste mehr Mut machte, als sie ahnte: *Ein jedes Wort, durchsichtig wie Kristall / Und kräftig gleich dem edelsten der Weine, / Schien mir zu rufen: »Auf! der Launen Ball, / Steh auf! erhebe dich, du Schwach' und Kleine!«* Nun war die Situation umgekehrt. Die Schücking sehnte sich in der »sibirischen Gegend« des Emslandes nach einem Zeichen der Freundschaft: »Sie glauben nicht wie einförmig und einsam mein verborgenes ... Daseyn dahin fließt ... doch ich wollte nicht klagen ... ich wollte nur Sie beste ANTONIE in mein Interesse ziehn ... sagen Sie mir denn ein Wörtchen von ihrem Leben und Thun, von den schönen Kindern Ihres Geistes ...« Noch keinen Monat später, am 11. November 1831, starb Catharina Schücking.

Es dauerte gerade neun Monate, da trauerte Annette von Droste-Hülshoff im August 1832 um den nächsten Toten. Ihr Lieblingscousin seit Hülshoffer Kindertagen, Clemens von Droste-Hülshoff, in dessen Professoren-Haushalt in Bonn sie sich bei ihren Besuchen am Rhein stets wohlgefühlt hatte, starb völlig unerwartet. Im Frühjahr 1843 stellt sich die Droste in dem Gedicht »Clemens von Droste« vor, wie sie an seinem Grab unbemerkt den lobenden Worten seiner Freunde lauscht:

...

Und endlich hört' ich ihre Stimmen schwinden,
Ihr letztes Wort war eine Klage noch:
Daß nicht so leicht ein gleiches Wissen doch,
Daß selten nur ein gleicher Geist zu finden.
Ich aber, beugend in des Denkmals Schatten,
Hab' seines Grabes feuchten Halm geküßt:
»Wo gibt es einen Vater, einen Gatten,
und einen Freund wie du gewesen bist!«

Die Jahre hatten Annette von Droste-Hülshoff ihren Anteil an Krankheit und Tod gebracht. Doch er übertraf kaum das in diesen

Zeiten Übliche, weshalb ein Übermaß an Klagen sich nicht geziemt hätte. Nach außen stützte sich die Droste – wie alle in ihrem Umkreis – auf den Trost eines unerschütterlichen Glaubens. Dem Onkel Carl von Haxthausen schrieb sie im August 1836 über den Unglücksfall von drei Toten innerhalb einer Familie: ... *aber was ist zu machen! – es ist Alles unmittelbar vom Himmel geschicktes Unglück.* Ihre wahren Ängste mußte sie im Innern verschließen. Dort führten sie ihr eigenes Leben, tauchten auf in den Nächten als quälende *Todesgedanken und Sterbescenen.* Vielleicht waren die häufigen Beschwerden auch der Preis für soviel Verdrängung.

Das Leben ging weiter im Rüschhaus, und Annette von Droste-Hülshoffs Alltag hatte sich eingependelt. Von Zeit zu Zeit schickte sie Notizen mit knappen Beschreibungen über Seitenstiche und Stiche in der Brust, über Katarrh, Kopfweh und Fieber an Clemens von Bönninghausen. Die homöopathischen Arzneien machten ihre Beschwerden erträglich. Schwere Rückfälle gab es nicht. Sie hielt Diät und gestattete sich einige *Wunderlichkeiten,* wie sie es im Januar 1835 nennt: ... *z. B. nur Eins zu erwähnen, frühstücke ich erst um halb Elf, kalte Milch mit kaltem Wasser vermischt, oder mit etwas kaltem Kaffee, esse zu Mittag Nichts wie Kartoffeln in der Schaale, mit etwas allemahl kaltem Fleisch ...* Der Privatdozent Christoph Bernhard Schlüter, den die Droste ab Frühjahr 1834 im Kreis seiner Familie in Münster besucht, beschreibt ihre Eßgewohnheiten außer Haus: »Aus der Suppe fischte sie jedes Kräutchen heraus und schob es beiseite, aß sehr wenig Fleisch, schnitt die Fische samt den Gräten quer durch und goß auf alle Gemüse Essig. Vor dem Essen machte sie das Kreuzzeichen und betete länger, als wir es gewohnt, sie that dieses auch, wenn sie bei Protestanten zu Tisch war ... dann aber war sie in der lebhaftesten Unterhaltung höchst ergötzlich in Erzählungen und Schilderungen ...«

Im Frühjahr 1834 war Annette von Droste-Hülshoff 37 Jahre alt. Ihr Leben mit Mutter und Schwester im Rüschhaus verlief in festen Geleisen. Zum Pflichtprogramm gehörte der Unterricht der Cousinen, das Zur-Verfügung-Stehen für die Mutter, die Krankenpflege im Verwandtenkreis. Eine freiwillige Pflicht war die Sorge um ihre alte Amme Maria Catharina Plettendorf, die einst das Leben der zu früh Geborenen stabilisiert hatte und jetzt als Witwe in einem der vier Zimmer der Droste ein endgültiges Zuhause gefunden hatte. Daneben kümmerte sich die Droste um ihre Sammlungen und verfolgte – egal wie knapp ihre Zeit war – unbeirrt das Schreibprogramm, das sie sich aus freien Stücken setzte. Kaum lag das »Hospiz am Großen St. Bernhard« fertig in der Schublade, saß sie schon am nächsten literarischen Werk. Im Herbst 1834 konnte die Droste dann ihr Versepos »Des Arztes Vermächtnis« in endgültiger Fassung in ihr »Fuchsiges Buch« eintragen. Wieder hat sie sich ein beliebtes zeitgenössisches Motiv ausgesucht. Eine verrätselte Geschichte, die den Leser durch schauerliche äußere Umstände und inneres Grauen bewegt; eine psychologische Studie um die untilgbare Schuld *gestörter Seele Leiden, die Wahr und Falsch nicht konnte scheiden.*

Die Zukunft schien festgelegt. Annette von Droste-Hülshoff war fleißig im Haus – wenn sie nicht Versteinerungen suchte oder am Weiher lag –, während ihre Schwester Jenny neben ihrem Zeichentalent vor allem Blumen, Pflanzen und Schwäne in Garten, Treibhaus und Wassergraben pflegte. Nur eins fällt auf: Die traditionellen Reisen von Jenny von Droste-Hülshoff zum Bökerhof werden immer länger. Mitte Juli 1833 steigt sie vor dem Rüschhaus in die Kutsche und kommt erst Anfang Januar 1834 zurück. Die sanfte, geduldige Jenny setzt auf ihre Weise Zeichen. Es herrscht dicke Luft zwischen Therese von Droste-Hülshoff und ihrer ältesten Tochter. Und das schon seit längerer Zeit.

Im Herbst 1831 hatte ein Teil der Bökendorfer Tanten und Onkel ihre Nichte Jenny auf eine Reise in die Schweiz mitgenommen, wo man Joseph von Laßberg, einen alten Freund von Werner von Haxthausen, auf Schloß Eppishausen besuchte. Bei einer gemeinsamen Wanderung auf den Rigi bat der verwitwete Freiherr aus altem österreichischen Adelsgeschlecht Jenny von Droste-Hülshoff, seine Frau zu werden. Seitdem wurden viele Briefe zwischen der Schweiz und Westfalen gewechselt. Die 36jährige sagte »Ja«, die Zustimmung ihrer Mutter vorausgesetzt. Therese von Droste-Hülshoff jedoch sagte »Nein«. Laßberg, Jahrgang 1770, sei zu alt, die Schweiz viel zu weit entfernt. Die Tochter blieb äußerlich gehorsam, in der Sache gab sie nicht nach.

Im September 1834 konnte Joseph von Laßberg seinem Freund Werner von Haxthausen über die Beziehung zu dessen Nichte Jenny melden: »Seit drei Jahren in ununterbrochenem Briefwechsel mit ihr, habe ich die Sehnsucht nach ihrem Umgange nicht länger bemeistern können; ich habe mit deiner Schwester gesprochen; sie ist es zufrieden, und so Gott will, ist Jenny in 4 Wochen mein geliebtes Weib.« Der Brief kam aus dem Rüschhaus. Die Hochzeit war am 18. Oktober 1834 auf Burg Hülshoff. Anschließend fuhren die frisch Vermählten nach Bökendorf. Das Reiseziel war Eppishausen in der Schweiz.

Wenn es seit den Kindertagen für Annette von Droste-Hülshoff einen Menschen gab, dem sie sich anvertraute, dann war es die ältere Schwester. Das galt auch für die dunklen Stunden während der Krankheit. Der Bruder Werner schrieb einmal: »Ihre Einbildungen, Apprehensionen etc. kann auch niemand besser beschwichtigen als Jänny.« Die Droste hatte sich auf das Leben im Rüschhaus mit Mutter und Schwester eingerichtet. Dabei war Jenny, mit der sie von gleich zu gleich reden konnte, ein wichtiger Partner für die Balance im Dreierbund. Nun war sie seit wenigen Tagen fort, und die Droste schrieb ihr einen Brief hinterher, in dem sie anfangs Haltung zu wahren suchte: *Uns hier ist es noch was einsam, das kannst Du denken, aber das viele Reden und Schreiben drüber nützt Nichts ...* Und am Ende steht: ... *ADIEU mein liebes liebes Herz ... ADIEU, – ich denke mehr an Dich wie du glaubst – immer – den ganzen Tag – ADIEU.*

Durch Heirat und Fortgang der Schwester in ein fernes Land traf Annette von Droste-Hülshoff mit Wucht jene Empfindung, die sie ihr ganzes Leben begleitete: *das aus einander seyn ist mir überhaubt der bittre Tod ...*

Endlich gedruckt:
Neue Freunde, Enttäuschungen und Zuversicht

Nur sechs Tage nach dem ersten Brief ging der zweite an die verheiratete Schwester, begann zärtlich und mit viel Gefühl und springt dann mitten hinein in die Realitäten: *Ich möchte dir so gerne einen schönen langen Brief schreiben, alter Hans, und komme doch schwerlich dieses Mahl dazu, ich lege erst in diesem Moment das beykommende Paket mit Auszügen aus dem ST BERNHARD und Arztes Vermächtniß aus der Hand, und die Finger zittern mir von dem angestrengten Schreiben ...* Die Droste hatte sich der mühsamen Abschreibarbeit nicht unterzogen, um der Schwester ein Souvenir mit auf den Weg in die Schweiz zu geben. Vielmehr setzte sie auf Joseph von Laßberg, den neuen Schwager, als Agenten für den Druck ihrer zwei Versepen – *und wenn sich, wie mir Laßberg Hoffnung machte, ein Verleger für das Ganze finden sollte.*

Die Hoffnung vom Oktober 1834 ist keineswegs das erste Anzeichen dafür, daß Annette von Droste-Hülshoff nicht nur für die Familie und den Kreis der Verwandten schreiben wollte. In ihrem Brief vom Oktober 1831 hatte Catharina Schücking die Droste »nach den schönen Kindern Ihres Geistes« gefragt und berichtet, ihr Auge durchlaufe »begierig alle Meß-CATALOGE« und hoffe, »Ihren Namen zu finden« – in den Katalogen der Leipziger Buchmesse. Zum Jahresanfang 1833 schickte Clemens von Bönninghausen »den herzlichsten Glückwunsch« nebst einem »Pülverchen« nach Rüschhaus und fährt unvermittelt fort: »Glück auf mit dem Eintritt in das Schriftsteller-Wesen!« Vom Himmel fallen solche Äußerungen nicht. Sie signalisieren, daß eine Veröffentlichung der Gedichte im Umkreis der Droste nicht ohne ihr Zutun im Gespräch war.

Die schriftlichen Hinweise darauf beginnen mit dem Sommer 1834, als Annette von Droste-Hülshoff ein Paket an den Rhein schickt, das die einzige Reinschrift von »Hospiz« und »Vermächtnis« enthält. Der Schatz geht an Sibylle Mertens, und die Dichterin bittet sie und andere Fachkundige, darunter Adele Schopenhauer, um ein kritisches Urteil. Außerdem soll die Mertens ihr raten, wie sich am besten ein Verlag finden läßt. Im Herbst – noch ohne Antwort aus Bonn – erörtert die Droste das gleiche Thema mit dem neuen Schwager, der seine Verbindung zur süddeutschen Literaturszene nutzen will. Von Adele Schopenhauer, die inzwischen das »Hospiz« gelesen hat, kommt ein ermutigendes Schreiben ins Rüschhaus: »Sie haben Naturschilderungen, die so zart und wahr, so neu sind, daß sie entzücken ... gern gestehe ich Ihnen reine Bewunderung Ihres Talentes zu.... Und nun im Ganzen Glück auf, liebe Nette! Ihr Genius entfaltet seinen Flug in einem Augenblicke, wo sonst jedes Weib eine schmerzliche Leere empfindet. Glück auf! Sie haben in sich ein beneidenswerthes Glück, das eines in sich schaffenden strebenden Talentes ...«

Die Freundin erkannte, was Annette von Droste-Hülshoff gerne zu verwischen suchte: Wie aktiv und ehrgeizig sie vorging, um ihre Arbeiten endlich gedruckt zu sehen. Als von Sibylle Mertens jede Reaktion ausbleibt, schreibt die Droste ihr im Februar 1835 einen ungewöhnlich deutlichen Brief: ... *ich habe mich entschlossen jenes was mich kränkte und zu verschiedenen Zeiten, oft und sehr gekränkt hat, in Zukunft als etwas Unabänderliches zu tragen – ich meine, deine Unfähigkeit persönliche Mühe für deine Freunde zu übernehmen, selbst wenn der Erfolg für jene von Wichtigkeit, und die Mühe gering wäre – Du kannst wohl nicht zweifeln, daß für dieses Mahl von meinen Gedichten die Rede ist, die ich so mühsam für dich abschrieb* ... Erst im Winter 1836/37, als sich Annette von Droste-Hülshoff in Bonn aufhielt, erfuhr sie in einem Gespräch mit der Mertens den Grund für das Schweigen: Die Freundin sah in den Gedichten die »Gaben einer Dilettantin«, ungeeignet für ein größeres Publikum. Die Droste war schwer getroffen. Im September 1837 schickte sie ihrer Tante Sophie Tips für eine Reise an den Rhein: ... *die Mertens gebe ich Dir gänzlich preis, sie war zwar wirklich mahl angenehm, vor 12 Jahren, aber jetzt ist keine Spur mehr daran, und sie kann dir schwerlich mehr misfallen, als sie es jetzt mir thut.* Die Freundschaft mit »Billchen« endete – vorläufig – in einer großen Enttäuschung.

Insgesamt gingen alle bei der Suche nach einem Verleger geknüpften Fäden ins Leere, aber die Droste gab nicht auf. Im März 1835 fragte sie noch einmal bei Adele Schopenhauer an. Im Sommer – auf der Durchreise zu ihrer Schwester ins Schweizerland – sprach sie in Bonn mit den alten Professoren-Freunden über ihr Projekt, und über Nacht schien der schwierige Fall am Rhein gelöst. Im November 1835 schreibt Annette von Droste-Hülshoff aus der Schweiz Freund Schlüter, nicht ohne ihren eigenen Ehrgeiz in dieser Sache zu verschleiern: *NB. mein ST BERNHARD und sein COMPAGNON werden sich noch in diesem Jahre, den Kritikern stellen, – es ist gut, daß andre Leute für mich handeln, ich selbst weiß doch allzu wenig mir zu helfen, – bald bin ich schüchtern, bald zuversichtlich, und Beydes ohne Grund, – Ehrgeiz habe ich wenig, Trägheit im Uebermaaß, ... ich habe einen Verleger, und zwar einen bedeutenden ...* Der stolze Unterton ist unüberhörbar, denn der angesehene Verlag DuMont in Köln wollte ihre Gedichte drucken. So jedenfalls lautete die Nachricht eines Bonner Professors, der im gleichen Verlag publizierte.

Annette von Droste-Hülshoff hat keine dieser Aktivitäten im Geheimen ausgebrütet und unbemerkt in die Wege geleitet. Es ist unvorstellbar, daß ihre Mutter nicht von Anfang an in alle Gespräche und Pläne eingeweiht war, die Gedichte ihrer Tochter drucken zu lassen. Mit Sicherheit wurde die Frage, ob ein adliges Fräulein sich mit ihrem Werk in die Öffentlichkeit begeben sollte, diskutiert. Von grundsätzlichen Vorbehalten gegenüber den Plänen des dichtenden Familienmitglieds ist in den Briefen nichts zu hören.

Als die Droste auf der Rückreise von der Schweiz zum Jahreswechsel 1836/37 in Bonn Station machte, mußte sie erfahren, daß den schönen Worten in bezug auf den DuMont-Verlag keine Taten folgten. Wieder war eine Hoffnung gescheitert. Und damit ist es höchste Zeit, sich dem schon oft erwähnten Freund Christoph Bernhard Schlüter, der von Berufs wegen und aus Begeisterung mit Literatur zu tun hatte, zuzuwenden.

Annette von Droste-Hülshoff saß mitten in der Arbeit am »Hospiz auf dem Großen St. Bernhard«, als Therese von Droste-Hülshoff sich wieder einmal Gedanken machte, wie der literarische Umkreis ihrer Tochter erweitert werden könnte. Einst hatte sie für die 15jährige Kontakte zu dem wesentlich älteren Literaten

Anton Mathias Sprickmann hergestellt, eine glückliche Fügung. Im Frühjahr 1829 versuchte Therese von Droste-Hülshoff ähnliches, als sie bei einem Festessen in Münster mit dem Privatdozenten für Literatur, Christoph Bernhard Schlüter, zusammentraf. Doch der, vier Jahre jünger als Annette von Droste-Hülshoff, sah keinen Sinn, dieses Talent zu fördern, nachdem die Mutter ihm das Jugendwerk »Walther« zum Lesen geschickt hatte.

Fünf Jahre später, am 25. Februar 1834, lädt Werner von Haxthausen, der sich für einige Wochen in Münster einquartiert hat, seine Nichte Annette zu einer Gesellschaft ein. Mit am Teetisch sitzt Christoph Bernhard Schlüter. Der fast völlig erblindete Privatdozent der Akademie Münster zählt inzwischen zur literarischen Elite der Provinzhauptstadt und hat einen Kreis junger Literaten und Theologiestudenten, der sich vor allem mit erbaulichreligiöser Literatur beschäftigt, um sich gesammelt. Das Gespräch zwischen dem gestrengen Kritiker und der Autorin im zwanglosen Kreis hat Folgen.

Nur eine Woche später ist Annette von Droste-Hülshoff zum ersten Mal Gast im Haus am Alten Fischmarkt, wo Christoph Bernhard Schlüter mit den Eltern und seiner Schwester Therese wohnt. Der Vater notiert über diesen Tag: »Nettchen von Hülshoff sang uns von 4-5 alte Minnelieder und Volksgesänge vor...« Am 9. April heißt es: »Frl. von Droste-Hülshoff zum Kaffee; sie recitierte ein Gedicht von ihr, den St. Bernhard...« Als die Droste im Mai wiederkommt, lädt sie die Familie ins Rüschhaus ein. Christoph Bernhard Schlüter wandert im Juli 1834 mit seiner Schwester hinaus: »Wir tranken dort Kaffee, sie recitierte aus ihren Gedichten, worüber vieles gesprochen und überlegt wurde; zeigte uns Muscheln, Münzen und Altertümer. Wir kehrten am Abend beschenkt mit einigen Raritäten nach Hause.« Im gleichen Monat machte das »poetische Fräulein« bei Schlüters einen unangemeldeten Besuch, plauderte »äußerst geistreich« und »sprach über Poesie wie ein Buch«. Das sieht nach einer neuen Freundschaft aus und nach angeregtem literarischem Gedankenaustausch. Beides fehlte der Droste seit langem.

Für die ersten Wochen und Monate übernahm sie den aktiven Part. Zum einen wußte Annette von Droste-Hülshoff damals schon, daß ihre Schwester Jenny zur Heirat entschlossen war und daß ihr im Rüschhaus bald ein vertrauter Gesprächspartner fehlen würde. Was den literarischen Teil betrifft: Je mehr Publikum die Droste für ihre Gedichte fand, um so motivierter ging sie ans Werk. Nun eröffnete sich ihr im nahen Münster bei freundlichen Menschen ein Zuhause, wo angeregte Diskussionen und Anerkennung auf sie warteten. »Das ›Fräulein‹ hatte bei einer ungemeinen Lebendigkeit im Gespräche etwas Drolliges, dazu saß das Hütchen etwas schief, und die blauen, etwas hervortretenden Augen schimmerten auch etwas verwegen. Es ging nie ohne Fröhlichkeit ab.« So erinnerte sich Wilhelm Junkmann an die ersten Begegnungen mit seiner späteren »Freundin« im Hause Schlüter.

Christoph Bernhard Schlüter hat sein negatives Urteil über dieses Talent schnell und vollständig geändert. In Junkmann fand die Droste einen weiteren begeisterten Sympathisanten. Die Sympathie beruhte auf spontaner Gegenseitigkeit, auch wenn das Gedicht »Gruß an Wilhelm Junkmann« erst im Winter 1841/42 entstand: *Er selbst ein wunderlich Gedicht, / Begriffen schwer, doch leicht gefühlet.* Wilhelm Junkmann, Jahrgang 1811, der schwerblütige, sensible, tief religiöse Westfale, kam aus einfachen Verhältnissen und war Kandidat für das Lehramt. Er stand zu Schlüter in vielfältiger Beziehung: Schüler des Privatdozenten, Helfer und Freund des Erblindeten, der Begabteste im Kreis der Nachwuchsdichter. Über 20 Jahre hielt er um die Hand von Schlüters Schwester an, bevor die Heirat zustande kam. Im Sommer 1837 schreibt Junkmann seiner Schwester über die Droste: »Sie kann ein Stern erster Größe werden und ist meine gnädige Freundin.«

Im März hatte der 26jährige seinen ersten Besuch im Rüschhaus gemacht, und zur großen Erleichterung der Droste war ihre Mutter von dem schüchternen jungen Mann sehr angetan. Junkmann durfte wiederkommen. Die Droste gab ihm Rat in seinen schwierigen Herzensangelegenheiten und nahm Anteil an seinem Leben: *Schreiben Sie mir nicht allein, was Sie arbeiten, sondern auch wie es Ihnen sonst geht – Sind Sie gesund? sind Sie vergnügt? – reden Sie offen mit mir ... was Sie mir sagen mögen, Sie sagen es einer Freundin die zu schweigen versteht ...*

Freund Schlüter dagegen wollte sich vor allem über die gemeinsamen Interessen austauschen und nicht über persönliche Dinge. In seinem ersten Brief an die Droste im November 1834 schlug er den für ihn entscheidenden Ton dieser Beziehung an: »Zu Ihrem Zeitvertreibe bin ich so frei Ihnen ein aus dem Englischen übersetztes, nicht uninteressantes Werkchen beizulegen, wovon ich wünsche, daß es Ihnen einige angenehme Stunden in Ihrer Einsamkeit bereiten möge.« Im nächsten Brief vom Januar 1835 stehen ein halbes Dutzend Leseempfehlungen, gewürzt mit einem Schuß Selbstironie: »Ich höre Bücher, esse Bücher, trinke Bücher, liebe Bücher ... ich athme Bücher, ich pflastre mit Büchern, umschanze und umpflanze mich mit Büchern, und bin ein Buch ...« Mit dieser Charakterisierung hat sich Christoph Bernhard Schlüter gut getroffen. Bücher – über Literatur, Theologie, Philosophie – waren sein Leben, seine Welt. Er fühlte sich in seinem Element, wenn er seine Kenntnisse weitergeben konnte.

Doch er war kein neutraler Vermittler. Sein breites Wissen stand im Einklang mit einer umkomplizierten Frömmigkeit. Der Erblindete sah alles unter dem Blickwinkel der Ewigkeit und fühlte sich berufen, die Droste samt ihrem Talent auf die gleiche Dimension einzuschwören: »Leben Sie wohl und benutzen Sie Ihre Muse die der Himmel segnen wolle auf eine Ihres Genius würdige Weise; dieses mein Fräulein, bedeutet etwas Besonderes ...« Annette von Droste-Hülshoff bedankte sich artig für die Büchergaben, machte kluge Bemerkungen und versuchte noch im Dezember 1834, das Gespräch mit dem *lieben Freund* in andere Bahnen zu lenken: *... ich weiß nicht, ob der Gedanke an Etwas unwiderbringlich Vergangenes auf Sie dieselbe Gewalt übt wie auf mich, – wahrscheinlich nicht, denn Ihr Charackter ist mild, – aber der Meinige enthält einen starken Zusatz von Sauerteig, – die Gewohnheit ist zudem meine Tyranninn, was einmahl mein ist, müste sehr schlecht seyn, wenn ich es ganz und für immer missen möchte, ich glaube wahrlich nicht mahl die Mücken, ... doch vielleicht, ja wahrscheinlich, weichen hierin ihre Gefühle von den meinigen ab, und Sie lachen mich aus, – gut, lachen Sie nur, so habe ich etwas zu vergeben, und wir sind quitt.* Das adlige Fräulein zieht alle Register der brieflichen Verführungskunst. Satz für Satz hat die Droste zwischen sich und dem im Abstrakt-Philosophischen schwelgenden Schlüter unmerkliche Nähe geschaffen, wobei sie mit dem typischen ironisch-lakonischen Schlenker am Schluß sich und den Adressaten vor peinlichen Sentimentalitäten bewahrt. Mit verliebten Gefühlen jedoch hat die menschliche Nähe, die die Dichterin nach dem Wegzug ihrer Schwester verstärkt sucht, nichts gemein.

Im März 1835, sie ist seit Jahresanfang *krank, krank, immer krank,* öffnet Annette von Droste-Hülshoff dem *liebsten Freund* ganz ihr Herz: ... *mir ist als wären diese letzten Monate in einen Brunnen gefallen, – keinen vergnügten Augenblick gehabt, und Nichts geschaffen, weder für die Welt, noch sonst, denn ich war, leider, sehr ungeduldig – das schreibt sich so leicht hin, und ist doch so bitter ernst – lassen Sie mich davon abbrechen, es paßt nicht für einen Brief* ... Doch sie greift den Faden wieder auf: ... *glauben Sie mir, lieber Schlüter, ob ich gleich leicht aufzuregen bin, so sind doch meine einsamen Stunden ernst, oft schwer, – und sie nehmen den größten Theil meiner Zeit hin* ... Damit nicht genug: ... *ich habe es Ihnen ja voraus gesagt, meine Bekanntschaft sey angenehm, meine Freundschaft aber drückend* ... Das letzte Wort wird auf den oberen Rand der vierten Briefseite gesetzt: *Stören Sie sich nicht an meine lamentablen Reden, es geht vorüber; und ich verdiene, daß Sie Geduld mit mir haben, da ich sie, in gleichem Falle, ganz gewiß mit Ihnen haben würde* ... Wer kann solchen Bekenntnissen widerstehen?

Als jugendliche Schreiberin hatte sie Professor Sprickmann von ihren Sehnsüchten und ihren beängstigenden Träumen erzählt und damit eine Freundschaft begründet. Jetzt, fast 40 Jahre alt, ergreift die Droste wieder die Chance, das, was sie bewegt, einem Menschen außerhalb des Familienzirkels anzuvertrauen. Zugleich ist dieser Vertrauensbeweis wie ein Anker, der Schlüters Herz und Verstand an die neue Freundin ketten soll. Im Unterbewußtsein lauert wieder die Angst, der andere möge sich entfernen, gar trennen und die emotionale Beziehung nicht von Dauer sein. Es gilt, den gegenwärtigen Zustand mit Worten beschwörend im Strom der Zeit festzuhalten, denn *das aus einander seyn ist mir überhaubt wie der bittre Tod.*

Diese Wahrheit im Leben der Droste bekommt mit dem sehr persönlichen Brief an Christoph Bernhard Schlüter vom März

1835 ein zweites Gesicht. Auch die wirksamen homöopathischen Pulver des Arztes Bönninghausen konnten die Schatten des Todes nicht bannen. In den einsamen und schweren Stunden, von denen die Droste schreibt, sind es keine Traumphantasien, die sie heimsuchen. Die Ängste haben einen konkreten Anlaß: ... *ich weiß, daß ich in Gottes Hand stehe, und bin nicht thöricht verliebt in's Leben, aber die Ueberzeugung, die ich seit 6 Jahren hege, daß ein AEQUINOCTIUM mich einmahl, eh mans denkt, fortnehmen wird, mag doch viel zu meiner ernsten Stimmung beytragen...* Es ist die Tag- und Nachtgleiche im Frühling und Herbst, die Annette von Droste-Hülshoff in jedem Jahr aufs neue krank macht.

Die Briefe der Droste in den dreißiger Jahren erzählen von Wochen und Monaten, in denen die Beschwerden sie plagen. Vor dem Bruch mit der Freundin schreibt sie im Februar 1835 an Sibylle Mertens: *Ich bin krank, Billchen, deshalb soll ich gar nicht schreiben, nicht lesen ... das Wechselfieber ists, was mich so mitnimmt, nur, leider, wechselt es nicht, – alle Tage die Gott giebt, von Abends Neun, bis Nachmittags drey – in den wenigen freyen Stunden, eben jetzt z. b., bin ich wie Einer, der am Katzenjammer leidet, halb krank, halb zerschlagen, halb besoffen, und zu Allem unfähig, – so geht es schon seit 5 Wochen ...* Das Kranksein entschuldigt lange Schreibpausen. Im August 1837 erfährt die Schwester: *...ich habe Zahnweh heute, Zahnweh morgen, und Zahnweh alle Tage, es ist unausstehlich! glaub mir es nur, liebe Jenny ich habe nicht schreiben können – denk Dir nur! 4 Monate ohne Aufhören Zahnweh und Gesichtsschmerzen!*

Unabhängig von der guten Entschuldigung scheint es Annette von Droste-Hülshoff ein Bedürfnis zu sein, Verwandten, Freunden und Bekannten ausführlich von ihren zahlreichen Krankheiten zu erzählen. Meist mit humorvollen Wendungen, und vielleicht liegt darin schon ein Stück Erleichterung. Manchmal hat sie tatsächlich etwas übertrieben. Aber zu behaupten, dies sei generell der Fall und die Droste auf diese Thematik fixiert, ist mehr als problematisch. Stellvertretend für alle Zweifler schreibt sie Wilhelm Junkmann im August 1837: *Erst haben mich die Gesichtsschmerzen nicht verlassen bis vor einigen Tagen, und so lange diese anhielten, war durchaus an keine Art von Beschäftigung zu den-*

ken, Sie glauben das nicht, würden aber bald andern Sinnes werden, wenn Sie nur Einen Tag das Leiden am Halse hätten!

Die Schmerzen und Beschwerden waren Teil eines Lebens, das keine Überraschungen mehr bereit zu halten schien. Da brachte die Hochzeit von Schwester Jenny und ihr Fortgang in die Schweiz im Herbst 1834 nicht nur die emotionale Statik im Rüschhaus durcheinander, sondern Bewegung in festgefahrene Gewohnheiten. Für die Mutter stand von nun an Reisen auf der Tagesordnung, denn sie wollte ihre ältere Tochter Jenny von Laßberg und die im März 1836 geborenen Zwillingsenkelinnen so oft wie möglich sehen. Die jüngere, unverheiratete Tochter würde natürlich mitkommen. Doch die machte sich insgeheim ihre eigenen Gedanken.

Die erste Reise traten Mutter und Tochter am 1. August 1835 noch gemeinsam an. Bis Ende Oktober 1836 blieben sie bei den Laßbergs in Schloß Eppishausen, wenige Kilometer landeinwärts am südlichen Ufer des Bodensees. Bei Annette von Droste-Hülshoff lösten die Reisepläne schon Monate vorher massive Trennungsängste aus, wie die Schlüters in Münster im Juni 1835 von ihrer Freundin erfuhren: *... die Zeit verrinnt, jeden Abend wundere ich mich, daß wieder ein Tag dahin, und die Stunde meiner Abreise mir um einen großen Schritt näher getreten ist, und ich zittre vor dem Augenblick wo der Schlagbaum niederfällt zwischen mir und so Manchem was mir theuer ist, für eine Zeit über die ich nicht hinaus zu rechnen wage – wahrlich! lieber bester Herzens-Schlüter, und Herzens Thereschen, und liebste Mutter Schlüter, wollt ihr mich denn gar nicht mehr sehn?* Doch der Abgrund verschlang die Reisende nicht, und im November schrieb die Droste einen langen Brief aus der Schweiz nach Münster, nicht ohne dem Freund – augenzwinkernd? – gehörig zu schmeicheln: *Hätte ich Ihnen früher schreiben können, theuerster meiner Freunde, ich hätte es gethan, – aber grade Ihnen kann ich nicht zu jeder Stunde schreiben, und Sie dürfen Sich immerhin für Etwas halten, wenn ich sage, für Sie ist mir noch keine Stunde passend gewesen ...* Was so munter beginnt, erweitert sich zu einem Prosastück, darin die Schilderung der Alpenlandschaft – inklusive eines Alpenglühens – mit zur schönsten Landschaftsprosa der Droste gehört.

Der im Rüschhaus Vielbeschäftigten bleibt in der Schweiz jede Menge Zeit zum Lesen, Notizen-Machen und zu einsamen Spaziergängen. Dabei geht es auf Schloß Eppishausen geschäftig zu. Therese von Droste-Hülshoff hatte gleich nach ihrer Ankunft an die Bökendorfer geschrieben: »Besucher haben wir fast alle Tage, lauter Menschen, die von Laßberg etwas lernen möchten und ihn anstaunen. Ich nenne sie Prophetenschüler.«

Der Prophet galt durchaus etwas unter den frühen Experten der Germanistik. Sein Freund Jakob Grimm beneidete Joseph von Laßberg, der in seiner Bibliothek über 1000 Exemplare besaß, darunter kostbare alte Drucke und Manuskripte wie die vollständige Hohenemser Handschrift des Nibelungenliedes. Das Fräulein aus Westfalen hat Freund Schlüter den Strom der Besucher, dem auch sie nicht entkommt, mit spitzer Feder geschildert:

... außer den Thurnschen *Damen betritt kein Frauenzimmer dies Haus, nur* Männer *von Einem* Schlage, Alterthümler, *die in meines Schwagers muffigen Manuskripten wühlen möchten, sehr gelehrte, sehr geachtete, ja sehr berühmte Leute in ihrem Fach – aber langweilig wie der bittre Tod – schimmlich, rostig, prosaisch wie eine Pferde-Bürste, – verhärtete Verächter aller neueren Kunst und* LITTERATUR, *– mir ist zuweilen als wandle ich zwischen trocknen Bohnen-Hülsen, und höre Nichts als das dürre Rappeln und Knistern um mich her, und solche Patrone können nicht enden, vier Stunden muß man mit ihnen zu Tisch sitzen und unaufhörlich wird das leere Stroh gedroschen!*

Noch unerträglicher war der Schweizer Winter. Onkel Carl von Haxthausen in Hildesheim bekommt eine Schilderung davon:

... fast 6 Monate lang Schnee ... das Schlimmste war ein Nebel, aus dem man Brey hätte kochen können, ... und ich kann ohne Uebertreibung sagen, daß ich das unmittelbar vor Uns liegende Dorf mehrere Monate lang, nur gehört *aber nicht* gesehn *habe, den ganzen Tag klingelten Schlitten und bellten Hunde die nebenher liefen, und Mama sagte ein ums andre Mal,* ›Lappland!‹ *auch unser gutes flackerndes Feuer in Kaminen und Oefen vermisten wir sehr, denn die Kachelöfen haben doch etwas sehr ödes ...* Hinzu kam, daß Jenny von Laßberg schwanger war und es ihr gar nicht gut ging: *... nein! es war eine erbärmliche Zeit!*

Die Droste machte keinen Hehl aus ihren Vorurteilen gegenüber den Schweizern, *die ärgste Sklaven des Geldes sind: Der Menschenschlag gefällt mir hier, im Ganzen, gar nicht, indessen gestehe ich kein freyes Urtheil zu haben, denn mich verlangt nach Haus* ... Im Herbst 1836 schreibt sie auf Schloß Eppishausen das Gedicht »Am grünen Hang ein Pilger steht«:

...

... So lebe denn auf lange wohl
Du ungeliebtes Land
Mit deiner Donner Widerhall
Mit deinem starren Felsenwall
Land wo ich keine Nachtigall
Und keine Liebe fand

Therese von Droste-Hülshoff reist über Bonn direkt ins Westfälische zurück, während die Droste bis zum Februar 1837 ihre alten Kontakte am Rhein auffrischt. Schwer grippekrank kommt sie nach fast 18 Monaten Abwesenheit wieder im Rüschhaus an. Weil dort alles krank zu Bett liegt, weicht sie 14 Tage nach Münster aus. Ihr erster Weg führt zu Schlüter und Junkmann. Doch bald schon heißt es wieder Abschied nehmen: *Ihr müßt alle an mich denken, so wie ich auch an Euch Alle vielmahls denken werde... ADIEU ihr Leben allesamt, ADIEU, ADIEU mein sehr theurer Freund, Gott gebe Ihnen gesunde und heitere Stunden...* Der Wunsch, sie in Gedanken fest zu begleiten, hat seinen Grund: Zum ersten Mal seit 17 Jahren ist Annette von Droste-Hülshoff bereit, zusammen mit der Mutter wieder die Verwandten in Bökendorf und auf benachbarten Landsitzen zu besuchen. Während der Fahrt Ende März 1837 schreibt sie Christoph Bernhard Schlüter von einem Zwischenaufenthalt: *... der Anfang dieser Reise ist ermüdend, aber er ist Nichts gegen die Fortsetzung, – ich gehe großen Erschütterungen entgegen, – Gott helfe sie mir würdig bestehen, – ich scheue vor Hannover! noch mehr vor Cassel! ... ADIEU, mein sehr sehr lieber Freund ... da ich noch nicht zu der Vollkommenheit gediehen bin, allen natürlichen Neigungen zu entsagen, so darf ich wohl sagen,* *daß ich Euch Alle recht tief in meinem Herzen trage ...* Offensichtlich hat die Droste Freund Schlüter »die alte Geschichte« vom Herbst 1820 erzählt. In Hannover lebte das Ehepaar August und Anna von Arnswaldt, geborene von Haxthausen, – aktive Mitspieler der Intrige von 1820 – und in Kassel Heinrich Straube mit seiner Familie.

Nur sechs Monate später, nach der Rückkehr ins Rüschhaus und einem Besuch von Christoph Bernhard Schlüter, seiner Schwester und seiner Mutter, der »Räthin«, schreibt die Droste ihrer Tante Sophie: *... der Blinde war wie immer – die Räthin bat mich um Etwas, und ich nahm diese Gelegenheit wahr, ihr am folgenden Tage zu schreiben, und denke so allmählich meinen Briefwechsel mit diesem Hause mehr auf die Mutter und Tochter zu leiten.* Ein Jahr später erfährt die Tante: *Schlüters sehe ich, wenn ich in Münster bin, täglich, ... ich gehe aber nicht mehr zum Professor, sondern zu der Mutter und Schwester, mit denen ich dadurch jetzt sehr* INTIM *geworden bin, was ein wahrer Gewinn ist, ... ich komme oft wenn der Professor Stunde hat, und sage auch zu andern Zeiten nie, daß man ihn rufen soll ...* In den gleichen Monaten kann Schlüter lesen: *Denken Sie meiner auch zuweilen mit den Ihrigen, die mir alle so lieb und nah sind? ... Nun leben Sie wohl, mein lieber theurer Freund ... Leben Sie wohl, und erhalten Sie ihre Freundschaft unverändert Ihrer Nette v Droste.* Wann sprach das Herz und wann der Verstand? Warum diese gespaltene Zunge? Erkannte Annette von Droste-Hülshoff, daß die Freundschaft ihr nicht brachte, was sie von ihr erhofft hatte? Konnte Schlüters verläßliche freundschaftliche Treue nicht ausgleichen, daß die Droste weder Verständnis fand für ihre Grübeleien noch für ihre umherschwirrende Phantasie?

Nun saß sie mit der Mutter in der Kutsche und fuhr durch das hügelige Paderborner Land, von unzähligen Erinnerungen begleitet. Anfang April 1837 traf die Droste in Abbenburg ein, dem zweiten Sitz der Familie von Haxthausen, keine halbe Stunde Fußweg vom Bökerhof entfernt. Nach dem Tod der Großeltern hatte sich der Junggesellen-Onkel Friedrich von Haxthausen im größeren Anwesen Abbenburg niedergelassen. Wie tief die Erschütterung war, als Annette von Droste-Hülshoff erstmals von

Abbenburg zum Bökerhof wanderte, auch einen Teil des Aufenthaltes dort verbrachte, ist schwer zu erahnen. Wir kennen kein briefliches Zeugnis, das daran rührt. Doch es gibt ein Gedicht, das in Abbenburg entstand, vielleicht an ihrem Lieblingsplatz, einem Steintisch unter einer Linde im hinteren Gartenteil:

> *... Zerronnen sind mir Jahre wie ein Traum*
> *Und rückwärts wend ich die Gedanken kaum*
> *Zu Bildern, die wie Wolkenschatten bleichen.*
>
> *Aus harter Not und manchem bittern Kampf*
> *Ist mir ein neues Leben aufgegangen ...*
>
> *Was mich bewegt, es ist dahin, verweht;*
> *Geschieden längst, die einst zusammen trafen*
>
> *...*

Kaum war die Droste im Mai 1837 von Abbenburg zurückgekehrt, sollte es im August schon wieder fortgehen, zur Schwester in die Schweiz. Das Unglaubliche geschah: Die 40jährige Annette von Droste-Hülshoff wollte nicht mitreisen und rang ihrer Mutter die Erlaubnis ab, im Rüschhaus bleiben zu dürfen.

Während der ersten sieben Jahre nach der Hochzeit lebte Annette von Droste-Hülshoff insgesamt gut zwei Jahre, auf sich selbst gestellt, in Westfalen, während die Mutter in der Schweiz weilte. Doch die Dichterin wurde in dieser Zeit keineswegs zur Einsiedlerin im Rüschhaus. Das soziale familiäre Netz entließ sie nicht aus ihren Pflichten, und die Mutter war nicht nur durch Briefe präsent. Die Zurückgebliebene nahm gerne gesellige Termine in Münster wahr. Sie lud Freunde und Freundinnen ins Rüschhaus, wo Haus-, Garten- und Landarbeit zu organisieren waren. Die Stunden, in denen sie ihr dichterisches Werk vermehrt, sind knapp.

Der enttäuschten Schwester nennt die Droste neben einer ausführlichen Schilderung ihrer seit Wochen andauernden Zahn-, Gesichts- und Ohrenschmerzen, für die sie Bönninghausens Hilfe brauche, als Hauptargument: ... *es ist wohl betrübt daß ich Mama muß so allein ziehn lassen, aber ich habe* TOTAL *kein Geld* ... Der Mutter hat sie versprochen, die meiste Zeit bei der Familie des Bruders zu verbringen und sich nicht in Münster sehen zu lassen. Daß dies zumindest in bezug auf Burg Hülshoff halbe Versprechungen sind, gesteht die Droste freimütig ihrer Tante Sophie schon im September, knapp drei Wochen nach Abreise der Mutter: ... *ich sitze hier seit 14 Tagen ganz ganz still, daß man es ja nicht in Münster merkt, denn nur unter dieser Bedingung hat Mama mir erlaubt hier zu bleiben, sie fürchtet sonst Unkosten und Klatscherey, ich weiß nicht was am meisten. So meint Jedermann ich sey, wenigstens für gewöhnlich, in Hülshoff, wo ich es aber, die Wahrheit zu sagen, nur wenige Tage aushalten konnte, – der Lärm, nein ich sage zu wenig, das Geheul, das Gebrüll, der Kinder könnte den stärksten Menschen verrückt machen! wie viel mehr mich, mit meinem armseligen Ohrweh* ...

Die Droste plagt keineswegs das schlechte Gewissen, denn nur einen Monat später schreibt sie der Tante gutgelaunt: ... *mit der Verheimlichung meines Hierseyns ging es ganz vortrefflich, die Leute bekümmerten sich gar nicht um mich und ich lebte glücklich wie im Priester Johannes Land.* Das Bild der glücklichen Einsiedlerin, das die Zurückgebliebene der Tante suggeriert, ist wiederum nur die halbe Wahrheit. Glücklich ja – aber einsam und allein?

Therese von Droste-Hülshoff blieb 15 Monate in der Schweiz. Ihre Tochter Annette genoß die neue Erfahrung, innerhalb gewisser Grenzen über lange Zeit ihre eigene Herrin zu sein. Aber weder lebte die Droste mutterseelenallein auf dem Land, noch hat sie ihre Gänge nach Münster eingestellt. Im Rüschhaus rumoren die Knechte und zwei Mägde in Küche und Stall, arbeiten im Garten und kommen abends von den Feldern zurück. Im Zimmer neben dem *Schneckenhäuschen* der Droste, wo die Amme untergebracht ist, schnurrt das Spinnrad, und manchmal trifft Besuch von Söhnen und Enkelkindern ein. Abends sitzt die alte Frau neben der Droste auf dem schwarzen Sofa und schläft ein, während die Feder der Dichterin über das Papier kratzt. Eine Freundin der Familie, die Sorgen und Probleme hat, findet bei der Droste gastliche Aufnahme.

Auch ihre Freunde vergessen sie nicht. Noch im August, im September und im Oktober wandert Familie Schlüter hinaus ins Rüschhaus: »Sie kam uns bis vor den Pannenkotten entgegen, ohne Hut, ohne Tuch; wir tranken Kaffee auf ihrem dämmernden Zimmer und Museum.« Als im November das Wetter schlechter wird, rückt Wilhelm Junkmann an Schlüters Stelle und wird bis in den Sommer 1838 hinein immer wieder im Rüschhaus vorbeischauen. Februar 1838 erfährt Tante Sophie: ... *Junkmann besucht mich ziemlich oft* ... Im Oktober 1837 fährt die Droste dreimal nach Münster: »Aus dem Dom kommend begegnet uns Fr. Droste ...« Wer in die Stadt fährt, kann sich nicht verstecken. An den neun Tagen, die sie im Dezember in Münster ist, macht sie fünf Besuche am Alten Fischmarkt. Mit Vorliebe abends, wie der Vater von Christoph Bernhard Schlüter in seinem Tagebuch notiert: »7 Uhr kam Nettchen ... liest vor – sie ging erst um 11 ¼. ... 7 ¾ kam Nettchen von Hülshoff ... Um 10 ¼ brachte ich sie zu Hause. ... 9 ½ nach Hause ... 10 Uhr nach Hause.« Der Nacht stahl die Droste so viele Stunden wie möglich, morgens schlief sie gerne bis zehn Uhr.

Als sie im gleichen Monat an die Mutter schreibt, spricht sie nur nebenbei von einem kurzen Münsterbesuch und malt lieber ausführlich ihr zurückgezogenes Leben: ... *ich lebe hier sehr still für mich, und das ist das Angenehme dran, es fällt den Leuten in Münster gar nicht ein, daß ich hier seyn könnte, sie denken auch nicht drüber nach, denn sie haben mich lange nicht gesehn* ... Es folgt der Alltag der Einsiedlerin: ... *bey Tage lese ich, schreibe ich, ordne meine Sammlungen, gehe spatzieren, und stricke Strümpfe ab, Abends zünde ich kein Licht an vor dem Essen, sondern sitze solange beym Feuerschein, mein Essen besteht Mittags aus Suppe wie die Leute sie essen, Pellkartoffeln und Leber, die ich den Sonntag warm, und die übrigen Tage kalt esse, – Abends Warmbier, und Butterbrod mit Käse* ... Dazu schreibt die gerührte Mutter in ihrem Antwortbrief an den Rand: »noch mal, du brauchst nicht so übermäßig sparsam zu leben, ich fürcht das schlechte Essen macht dich krank.«

Im gleichen Brief gibt die Tochter stolz einen Überblick als Hausherrin: ... *Herrmanns backt jetzt Pflaumen, wir haben Obst in Ueberfluß, auch Kartoffeln und Gemüse ist gut gerathen, und das Korn gut zu Hause gekommen, wir haben auch ein Viertel von einem Rinde gekauft und eingesalzen, und das Schweinchen nimmt gut zu, kurz, es ist Alles wie es muß, in einer wohlgeordneten Haushaltung* ... Die Mutter kann zufrieden sein, der Tochter geht es offensichtlich gut. Auch die körperlichen Beschwerden haben sich verflüchtigt. Doch fehlt dem Brief nicht noch etwas?

Ob als Jugendliche in Bökendorf oder als junge Frau am Rhein: Stets hatte Annette von Droste-Hülshoff in ihren Briefen an die Eltern und später an die Mutter umständlich ihre Zerrissenheit beschrieben, daß sie eigentlich glücklich sei, aber natürlich noch viel lieber zu Hause wäre. Auch im Oktober 1837 geht diese zwiespältige Botschaft an Therese von Droste-Hülshoff: ... *ich bin hier sehr vergnügt, ... es fehlt mir gar Nichts als daß du hier wärst, aber dieses fehlt mir freylich sehr, anfangs war es mir unerträglich, jetzt habe ich mich mehr daran gewöhnt* ... *dein* PORTRAIT *ist mein großer Trost* ... *ich muß Geduld haben bis im Frühling, aber ich bitte dich, länger bleibe doch nicht aus, du weißt es ja wohl, daß mir die Trennung, von je her, so hart gewesen ist, überall wo ich noch allein gewesen bin.*

Das ist wahr, weshalb dieses Bekenntnis nicht als Koketterie abgetan werden darf. Zu viele Zeugnisse bis weit in die Kindheit gibt es über die extremen Trennungsängste und die Furcht vor Veränderungen. Es war der Droste zur zweiten Natur geworden, auch wenn sie – ebenso lange – sich nach Unabhängigkeit sehnte und diese relative Unabhängigkeit gerade erst gegen alle Bedenken der Mutter durchgesetzt hatte. Aber natürlich blieb diese Mutter auch in der fernen Schweiz die beherrschende, geliebte Person in ihrem Leben. Bis die Mutter im November 1838 zurückkehrt, wird Tochter Annette zwischen allem Klatsch und Tratsch, zwischen den Schilderungen von Hochzeiten und Todesfällen, von Geldnöten, den ständig kränkelnden Enkelkindern auf Burg Hülshoff diesen Grundton immer wieder anschlagen: *Ach Mama, komm doch bald, ich habe so ein großes Verlangen danach* ...

Als ob ihr der Blick auf die eigenen Emotionen unangenehm wird, steht im Brief vom Oktober 1837 ein Satz, der ebenso von der Mutter stammen könnte: ... *doch genug hiervon, es hilft doch Nichts* ... Therese von Droste-Hülshoff antwortet im Dezember: »Liebe beste Nette! ... ich fange gleich damit an dir zu sagen daß dein Brief mich sehr gefreut hat, ...« Zwischendurch gibt es eine Unterbrechung: »... mann ruft mich zu Tisch, Schlaf wohl liebes Kind.« Und gegen Ende heißt es: »ADIEU, ADIEU ... und nun lebe wohl liebes Kind, deine treue Mutter.«

Während die Mutter fern ist, nimmt das seit langem erhoffte literarische Projekt tatsächlich Gestalt an. Seit dem Frühjahr wird Annette von Droste-Hülshoff von Schlüter und Junkmann bedrängt, ihre Gedichte im Münsteraner Verlag Aschendorff herauszugeben. Die beiden Freunde versprachen, sich von der Auswahl der Gedichte bis zum Korrekturlesen der Druckfahnen um alles zu kümmern und hatten auch schon eine Zusage des Verlags- und Druckereibesitzers Hermann Hüffer. Die Droste zögert über Monate. Noch im August 1837 schreibt sie Wilhelm Junkmann ihre Einwände: ... *ich meine immer die in Münster heraus kommenden Sachen hätten ein kurzes und* OBSCURES *Leben zu erwarten, da der hiesige Buchhandel sich doch meistens auf den Kleinhandel für die Stadt und Provinz beschränkt* ... Mit diesen Argumenten hatte Adele Schopenhauer sie gewappnet. Sie waren so falsch nicht, wenn eine Autorin den Ehrgeiz hatte, ein überregionales Publikum zu erreichen.

Im Oktober und Dezember 1837 las sie bei Schlüters aus ihren Versepen vor, Verleger Hüffer saß unter den Zuhörern. Die Droste zierte sich immer noch. Aus dem Rüschhaus schreibt sie der Mutter: *Schlüters waren Ein mahl hier, und Junkmann auch, es geht ihnen wohl, sie wollen durchaus ich solle den Berry* (»Das Hospiz«, d. V.) *in Münster bey Hüffer heraus geben, ich habe wenig Lust dazu* ... Diese Bemerkung setzt voraus, daß die grundsätzliche Frage – ob die Tochter ihre Gedichte veröffentlichen darf – von der Mutter längst positiv beantwortet war.

Alles Zögern konnte nicht darüber hinwegtäuschen, daß die Alternative nur hieß, nicht gedruckt zu werden. Doch Annette von Droste-Hülshoff wollte sich als Dichterin endlich der Kritik stellen. Im Februar 1838 erfährt die Mutter, die sich immer noch bei Tochter Jenny von Laßberg und Familie in der Schweiz aufhält, daß es ernst wird: ... *ich habe einen sehr artigen Brief von Hüffer bekommen, der um den Verlag bittet, ich habe ihm denselben auch zugesagt, falls ich es heraus gebe ... Wenn es heraus kommt muß es bei Hüffer sein ... es wäre mir nämlich unerträglich wenn ein Buchhändler hinterher sagte, er hätte dadurch Schaden an meinen Sachen gehabt und es doch nur aus Gefälligkeit für mich übernommen ... Hüffer aber hat es vorher gelesen und dann ganz von selbst den Antrag gemacht und so kann er mir nichts vorwerfen wie es auch ausfällt. Bitte, liebe Mama antworte mir doch gleich, ob du nichts gegen die Herausgabe hast, denn Hüffer hätte es gern gleich zur Ostermesse.* Das »poetische Fräulein« hat seinen Stolz und die Realitäten ein wenig zu seinen Gunsten geschönt. Sie möchte gebeten werden.

Dann erzählt die Droste ihrer Mutter ungeniert, warum sie – außer aufs Honorar – auch auf Freiexemplare verzichten will, denn die müßte sie sonst nebst einem Begleitbrief verschicken: ... *z. B. Onkel Werner, der sich dann hinsetzen würde und mir ellenlange Briefe schreiben, um mir auseinander zu setzen wie grundlos schlecht dies alles wär. ... Nein, ich mag keine ⟨Freiexemplare⟩.* Nochmals drängt die Tochter: *Bitte antworte mir doch gleich, ob Du etwas gegen die Herausgabe hast, denn ... ich bringe den Verlegern einen großen Schaden wenn sie es nicht auf die* LEIPZIGER *Messe liefern können und einen fremden Namen möcht ich nicht annehmen, entweder ganz ohne Namen, oder mit den Anfangsbuchstaben A. v. D.* Die Anfrage an die Mutter klingt unaufgeregt und direkt. Die Droste fühlt sich nicht zu langatmigen, rechtfertigenden Erklärungen verpflichtet. Sie gibt sich auch keine Mühe, eine mögliche Absage schon im voraus gehorsam zu akzeptieren und stellt sogar eine Bedingung – *einen fremden Namen möcht ich nicht annehmen.*

An der Zusage der Mutter gibt es keinen Zweifel, auch wenn kein Antwortbrief vorliegt. Anfang August 1838 schreibt ihr die Tochter: *Mein Versuch vors Publikum zu treten, läßt sich überhaubt, für den Anfang, recht gut an ... und freut mich doch hauptsächlich Deinetwegen, ich möchte so gern daß du doch etwas Freude von meinen Schreibereyen hättest ...* Am 11. August 1838 erscheinen in Münster bei der Aschendorffschen Verlagsbuch-

handlung auf 220 Seiten »Gedichte von Annette Elisabeth v. D...
H...«. Die Droste ist zu dieser Zeit – zum zweiten Mal seit vielen
Jahren – bei den Verwandten in Bökendorf und Abbenburg. Als
dort ein Paket mit Freiexemplaren ausgeliefert wird, bricht das
Urteil der Besserwisser über die Dichterin herein: Alles sei *reiner
Plunder, unverständlich,* CONFUS, und keiner begreift, *wie eine,
scheinbar vernünftige, Person solches Zeug habe schreiben können.*
Adele Schopenhauer gibt ihr auf solche Kritik die richtige Antwort: »Lassen Sie die gute Tante Sophie und die Vettern reden, lachen Sie herzhaft ... und vor Allem lassen Sie sich nicht irre und
nicht ernst machen.« Die Freundin macht mit ihrem Exemplar in
den literarischen Kreisen von Jena und Weimar kräftig Werbung
für die Gedichte, und die Droste weiß, daß Adeles Urteil von
Sachkenntnis geprägt ist: »Sie werden allmählich überall durchbrechen und erlangen was Sie wünschen: ein parteiloses, ernstes
Urtheil, Lob und Tadel, Anerkennung. – Ich könnte Sie um Ihr
gewaltiges Talent beneiden ...«

Eine, die großen Wert legt auf die Meinung von Verwandten
und Standesgenossen, analysiert zum Jahresende in einem Brief an
Tochter Jenny die Entwicklung sachlich und keineswegs zu Ungunsten ihrer jüngeren, dichtenden Tochter: »es kommen hierbey
auch 2 Exemplare von NETTENS Gedichten, sie scheinen mir sehr
schön zu seyn, übrigens gefallen sie nicht überall, alles, was zum
Gelehrten Stande gehört, ist für sie eingenommen, auch in der gebildeten Bürgerwelt machen sie Glück, aber der Adel ist fast allgemein dagegen, sie behaupten, sie wären unverständlich. Ich
finde sie nicht unverständlicher wie die Gedichte von Walter Scot,
die von Biron sind viel dunkler, aber ich glaube, es verdrießt sie
daß ein adliges Fräulein sich so öffentlichen Meynungen aussetzt
... denn sie sind wirklich hübsch.« Wieder, wie einst in Kindertagen, ist der Stolz von Therese von Droste-Hülshoff auf das dichterische Talent ihrer Tochter Annette größer als die Versuchung,
sich den Konventionen zu beugen.

Im Januar 1839 meldet Annette von Droste-Hülshoff ihrer
Schwester, daß sich der Chor der Kritiker ins Positive gewendet
habe, nicht nur in Münster: ... *jetzt, wo das Ding einen guten
Fortgang hat,* INTERESSIEREN *sich Alle dafür, auch die Böckendor-*

fer... Welche Genugtuung. Die Droste, inzwischen 42 Jahre alt, konnte zur Jahreswende 1838/39 eine positive Bilanz ziehen: Der für ein adliges Fräulein ungewöhnliche Schritt – von ihr seit Jahrzehnten erträumt, erhofft, erarbeitet – war getan; die lange Zeit der Ungewißheit, die Angst vor der Öffentlichkeit lag hinter ihr, und blamiert hatte sie sich – nach ihrem Wissensstand – nicht. Die »nun gedruckte Dichterin« – wie ihr Schwager Laßberg sich ausdrückte – machte neue Pläne. Ertragen mußte sie, daß ihr nun Verwandte und Freunde mit unzähligen widersprüchlichen Vorschlägen den Kopf vollpackten – *mit einer Heftigkeit, daß ich denke, sie prügeln mich, wenn ich es anders mache.*

Beurteilt man die erste Gedichtausgabe der Droste von der Warte des Verlegers, war sie ein totaler Mißerfolg. 400 Exemplare wurden gedruckt, aber nur 74 verkauft. Und wie steht es um den Erfolg in der literarischen Welt? Auch nicht besser, denn kein Kritiker von Rang hat aufgrund dieser Ausgabe auf die Droste als neues Talent am literarischen Horizont aufmerksam gemacht. Fast alle positiven Kritiken stammten von Menschen, die die Dichterin kannten, ihr direkt oder durch andere Freundschaften verbunden waren, aber keinen Namen in der literarischen Welt hatten.

Bei allem Optimismus entgeht der Droste ein Widerspruch nicht, den sie ihrer Schwester Jenny im Sommer 1841 mitteilt: *... es geht mir sonderbar mit meinen Gedichten, ich bekomme eine vortreffliche* RECENSION *nach der andern, ... und doch verkauft sich das Buch so schlecht...* Kein kritisches Wort kam ihr gegenüber Christoph Bernhard Schlüter über die Lippen. Schließlich hatte sie ihm, trotz mancher Einwände, bei der Auswahl der Gedichte freie Hand gelassen. Neben drei großen Versepen setzte Schlüter mit acht Gedichten aus dem »Geistlichen Jahr« von 1820 – aus der Zeit vor der Straube-Intrige – den Schwerpunkt des Bandes. Zum Erscheinen des Bandes schrieb er seiner Freundin: »So ist denn die erste Ausgabe Ihrer ausgewähltesten, schönsten lang und treu gepflegten... Poesien mit Gottes Hülfe glücklich an's Licht getreten... mögen sie überall in jedem Hain und auf jedem Baum mit ihrem schlichten, anspruchslosen, der Natur getreuen Lied eine freundliche Aufnahme finden, manchem heitre Erquikkung ins' s Herz singen, manchem zum Höhern erheben, ... die 8 geistlichen Lieder am Ende Ihrer gedruckten Gedichte wiegen nach meinem Gefühl und Überzeugung so schwer als alle ihren vorangehenden zusammen genommen.« Der fromme Privatdozent aus Münster sah das katholische Fräulein aus Westfalen als neuen Stern am Himmel der christ-katholischen Literatur. Die Zeiten für eine solche Karriere schienen so gut wie nie zuvor, denn die katholische Sache war in aller Munde. Würde ihm die Droste auf diesem Weg folgen wollen? War es wirklich ihr Ziel, schlichte und anspruchslose Erbauungslieder zu dichten?

Seit dem 20. November 1837 war Krieg, wenn auch nur ein kalter, zwischen Preußen und der katholischen Kirche. An dem Tag wurde der Erzbischof von Köln, Clemens August von Droste-Vischering, in seiner Kölner Residenz verhaftet und im Namen des Königs umgehend nach Minden an der Weser in die dortige Festung überführt. Die Kölner Domherren gingen anschließend weiter ihren Geschäften nach, die Geistlichkeit und die Bevölkerung im Rheinland blieb ruhig. Im Münsterland, der Heimat des hohen Gefangenen, reagierten die Bürger unterschiedlich. Die unteren Schichten waren betroffen, die oberen rührten sich nicht. Ein Aufschrei der Empörung jedoch ging durch den westfälischen Adel, der sich wie ein Mann hinter seinen westfälischen Standesgenossen stellte. Annette von Droste-Hülshoff schreibt ihrer Tante Sophie in Bökendorf am 7. Dezember 1837: ... *es geht hier Uns und Allen recht wohl, soweit dieses möglich ist bey einem Fall der wohl Keinen in seiner gewohnten fröhlichen Stimmung lassen kann ... an Vergnügungen ist diesen Winter schwerlich zu denken, wenigstens für den Adel, von dem ein Theil bereits sich gegen Alles Dergleichen erklärt hat* ... Es bleibt nicht bei dem einen Boykott der Wintervergnügungen. Noch viele Monate später, im Januar 1839, erfährt Schwester Jenny: ... *Münster, was jetzt so todt wie ein Kirchhof ist, – denn da der Adel sich entschlossen hat, bis zur Beendigung der harten kirchlichen Lage, nicht die kleinste Lustbarkeit anzustellen oder mitzumachen, so sind Alle auf dem Lande geblieben,* der Damenklub ist geschlossen, *ein Zeichen vom jüngsten Tage!* Was war die wahre Ursache für solche dramatischen Reaktionen?

Auslöser für die Verhaftung des Erzbischofs war der Streit um die »Mischehenregelung«. Theoretisch mußte ein gemischt-konfessionelles Paar, das sich katholisch trauen lassen wollte, dem Priester schriftlich die Zusage vorlegen, seine Kinder katholisch taufen zu lassen. In der Praxis verzichteten Priester in Ostdeutschland, Bayern, teilweise auch am Niederrhein seit fast 100 Jahren auf dieses Dokument. Auch Rom war informiert, wie 1819 der päpstliche Nuntius bestätigte: »Wir wissen es wohl und sind froh, wenn wir es nicht erfahren und drücken gern die Augen zu, wenn die Bischöfe oder andere Behörden für sich handeln ...« In Ostpreußen hatte sich ohne Protest von katholischer Seite als Regel für gemischte Ehen durchgesetzt, die Kinder grundsätzlich in der Konfession des Vaters zu erziehen. 1825 wurde diese Regelung per Kabinettsordre auf die westlichen Provinzen Preußens mit katholischer Mehrheit – Westfalen, Rheinland – ausgedehnt.

Kaum ist 1835 der konservative Clemens August von Droste-Vischering zum Erzbischof von Köln erhoben, widerruft er die geheime Einigung seines Vorgängers in dieser Frage mit der Berliner Regierung. Eine katholische Trauung »gemischter« Paare – gerade einmal drei Prozent aller Trauungen – wird es ab sofort nur geben, wenn die schriftliche Zusage für eine katholische Kindererziehung vorliegt. Der Kirchenfürst will ein Zeichen setzen: Die Zeiten, in denen Reformer die katholische Kirche behutsam dem Geist der Aufklärung, der Moderne öffnen konnten, sind vorbei. Jetzt gilt es, den geistlichen Führern diesseits und vor allem dem Papst jenseits der Alpen bedingungslos zu gehorchen und den liberalen Zeitgeist zu bekämpfen. Hatte doch 1832 Papst Gregor XVI. in seiner Enzyklika »Mirari vos« Rationalismus und Liberalismus verdammt. Die Mischehenfrage wird zur Machtfrage, und der Kölner Erzbischof weicht keinen Millimeter von seiner kompromißlosen Linie ab. Der protestantische preußische Staat fühlte sich herausgefordert und reagierte hart. So kam der Erzbischof ohne einen Prozeß hinter Festungsmauern, und der westfälische Adel sah seine Chance, im Kampf für die katholische Sache seine verlorengegangene Bedeutung im Staat zurückzugewinnen.

Annette von Droste-Hülshoff war im Umbruch der Zeiten und mit den Veränderungen, die die adligen Familien trafen, aufgewachsen. Sie war als unverheiratete Frau von den Zahlungen des Bruders abhängig und damit vom Versuch des Adels betroffen, nach dem Verlust der einträglichen geistlichen Pfründen und der Bauernbefreiung die Bewirtschaftung der Ländereien umzustellen. September 1837 schreibt die Droste der Tante Sophie von Haxthausen: *... denk dir meinen Kummer! Werner fängt OECO-NOMIE an ... Werner, der dazu taugt, wie der Esel zum Lautenschlagen ... so wie Werner bis jetzt lebte, konnte es ihm wohl knapp werden, aber im Ganzen war er doch gesichert, jetzt aber wird mir angst und bange, nicht sowohl Mama's und meinetwegen, die wir doch auch jeden Heller von ihm bekommen müssen, sondern hauptsächlich der vielen Kinder wegen, die Alle nicht aussehn als ob sie es weit in der Welt bringen würden ...*

Werner von Droste-Hülshoff tat endlich das, was andere Standesgenossen seiner Generation schon erfolgreich praktizierten. Nachdem die Bauern unter der napoleonischen Herrschaft in Westfalen zu freien Menschen wurden, nicht mehr durch körperliche Dienste und Abgaben an den Adel gebunden – was der nachfolgende preußische Staat grundsätzlich bestätigte –, begann der Adel, seinen Besitz selber zu bewirtschaften. Er kaufte sogar Land, das die freien Bauern nicht halten konnten, hinzu. Für diese »neue Oeconomie« mußten Kredite aufgenommen werden, denn Bares war seit jeher knapp im adeligen Stand. Die Befürchtungen der Droste, die von den Fähigkeiten ihres Bruders insgesamt keine hohe Meinung hatte, wurden von ihr im Januar 1839 in einem Brief an die Schwester korrigiert. Es geht um Reisepläne: *... Werner wird schon nicht mitkommen können, es fehlt ihm an Geld und Zeit, und an Beydem ist die neue OECONOMIE schuld, (die sich übrigens ganz gut anläßt) ...*

Doch was nützt die wirtschaftliche Stabilisierung, wenn schwarze Schafe aus den eigenen Reihen die einst exklusive soziale Stellung freiwillig räumen. Clemens von Metternich, ein Cousin der Droste, verliebte sich nicht nur in Auguste Hartmann, Tochter aus einem bürgerlichen Münsteraner Hause, er heiratete sie gegen vehementen Widerstand in der Familie. Seine Mutter, »Tante Dorly«, gibt selbst nach der Heirat keine Ruhe, wie die Droste im Januar 1839 süffisant ihrer Tante Sophie schildert: *was hat Tante*

Dorly denn angefangen? die Hartmannschen Verwandten in Münster sind spinnengiftig, weil sie kürzlich auf ein Trinkglas hat schleifen lassen »Besser rein altadlich Blut, Als alles Geld und alles Gut« *es muß ihr Jemand vorgehalten haben, denn sie hat sich damit entschuldigt* »*daß es für ihren Fritz bestimmt sey, damit er es nicht auch so mache wie Clemens, was doch am Ende ein Ruin für die Güter seyn müsse*« *die Entschuldigung war noch schlimmer als die Schuld ... hier weiß es jedermann, wenigstens vom Bürgerstande ...* Was die Tante ahnen kann: Die kritischen Töne der Droste über soviel adlige Überheblichkeit gelten auch ihrer engsten familiären Umgebung.

Oft genug hatte ihr Bruder Werner von Droste-Hülshoff in vertrauter Runde darauf bestanden, daß allein die traditionelle Heiratspolitik des Adels die sittliche Überlegenheit des Adels garantierte. Im Juni 1837 gab er es dem Grafen Bocholz schriftlich: »Reines Blut gibt reinen Sinn und eine bürgerliche Frau wirkt, wie wir täglich sehen, auf die Gesinnung der Familie durch mehrere Generationen hindurch, und diesem Übel sind wir verpflichtet entgegen zu wirken.« Der Bruder war mit solchen Ansichten bei seinen Onkeln mütterlicherseits, die unverdrossen für die Rückkehr der alten Zeit kämpften, in guter Gesellschaft. August von Haxthausen predigte 1829 in einer Schrift, es gelte »das städtische Prinzip, die eigentliche moderne Gefahr, zu bekämpfen«. Werner von Haxthausen ließ 1833 an der Zensur vorbei eine Broschüre »Über die Grundlagen unserer Verfassung« drucken. Er verlangt eine Rückkehr zum adlig geführten Ständestaat und versucht, die »Schädlichkeit des modernen allgemein herrschenden Systems nachzuweisen«. Das war selbst der preußischen Obrigkeit zuviel. Die Schrift wurde eingezogen, der Autor angeklagt. Weil der westfälische Adlige sich weigerte, am Ostermontag vor Gericht zu erscheinen, wurde er von Gendarmen während der Messe im Dom zu Münster aufgegriffen. Heinrich Heine spottete: »... wie man mir sagte, hat ein Krautjunker in Westphalen, ein Hans Narr, ich glaube mit dem Zunamen Haxthausen, eine Schrift herausgegeben, worin er die königlich preußische Regierung angeht ...«

Das ist die Stimmung, die Annette von Droste-Hülshoff im Familienkreis erlebt. Doch sie schreckt – wie in alten Tagen – vor

Diskussionen nicht zurück. Als sie im April 1837 erstmals wieder in Bökendorf und Abbenburg ist, schreibt Werner von Haxthausen von dort an seinen Bruder Moritz: »wir disputieren schrecklich, Nette, Ludowine, Fritz.« Den Namen seiner Nichte hat er doppelt unterstrichen. Man diskutierte in dieser Runde auch über die Zuspitzung der Mischehenfrage zwischen Preußen und dem Kölner Erzbischof. Als es im November 1837 zur Verhaftung kommt, steht Annette von Droste-Hülshoff grundsätzlich an der Seite ihrer Kirche und Standesgenossen. Trotzdem ist Clemens August von Droste-Vischering für sie wegen seiner Verhaftung nicht zum Heiligen geworden. Die Mutter erinnert sie im Februar 1838 selbstbewußt an ihre familiären Streitgespräche zu diesem Thema: *... übrigens zeigt es sich jetzt, was ich so gewiß wuste, und mir immer vor der Faust* ABDISPUTIRT *ist, daß der Erzbischof sich alle seine Umgebungen zu Feinden gemacht, die Cölner sind, trotz ihrer Frömmigkeit, so froh ihn los zu sein, daß sich auch keine Maus regt ...*

Es spricht für Therese von Droste-Hülshoff, daß die Tochter ihr in diesem und folgenden Briefen freimütig ihre abwägende Einstellung über die umstrittene Angelegenheit mitteilt. Die Mutter hatte ihr seit Kindertagen das Vorbild gegeben, auch in Sachen der Religion mißtrauisch gegenüber den Extremen zu sein. Für die erwachsene Annette von Droste-Hülshoff waren religiöse Unterschiede kein Grund für Ablehnung oder feindliche Distanzierung. Levin Schücking, der spätere enge Freund, erinnerte sich: »Wovon aber niemals zwischen uns die Rede war, das ist der religiöse Glaube oder gar kirchliche Fragen ... sie ließ jedem seine Meinung, solange diese nur mit Pietät gegen den Glauben der Väter sich vertrug – so lange war ihr Jude, Türke und Christ völlig gleich ...« Ihre engsten Freundinnen – Amalie Hassenpflug und Elise Rüdiger – waren Protestantinnen. In keinem Brief der Droste gibt es auch nur einen Anflug von Vorbehalt aus konfessionellen Gründen.

Solche Toleranz ist nicht selbstverständlich in einer Zeit, wo nicht zuletzt durch die »Kölner Ereignisse« die Abgrenzung der Konfessionen wiederkehrt und Intoleranz und Mißtrauen wachsen. Vorbei ist das freundliche Klima einer aufgeklärten Epoche, als Katholiken und Protestanten begannen, aufeinander zuzugehen und Grenzen abzubauen. Im Gegensatz zu seiner Schwester verkörpert Werner von Droste-Hülshoff den Zeitgeist auf katholischer Seite.

Zwei mit der Familie entfernt verwandte Jungen, 17 und 16 Jahre alt, besuchten in Münster die Militärschule und brannten darauf, die Verwandten auf Burg Hülshoff zu besuchen. Ihr Makel – sie waren Protestanten. Die Droste schildert im September 1840 ihrer Schwester, wie sie mit ihrer Schwägerin Line dem Bruder beibrachte, daß die Jungen kommen würden und darauf hofften, mit auf die Jagd gehen zu dürfen: *... aber Werner! – die Haare standen ihm zu Berge! – Seine Kinder sollten mit den lutherischen Jungens umgehn? ... er war anfangs wie wahn ... Line und ich brachten ihn doch endlich dahin, daß er sie in Gottes Namen kommen ließ.* Beim Essen sah Werner von Droste-Hülshoff die beiden jugendlichen Gäste an, *als ob er sie fressen wollte.*

Es ist nur logisch, daß die Droste nicht dem Missionierungswahn erlag, der in diesen Jahren jeden Übertritt zur katholischen Kirche mit Glockenläuten und Weihrauchschwingen provozierend und pompös feierte. Über eine Konvertitin aus dem Kreis um Schlüter urteilte sie: *... ich fürchte ihre Frömmigkeit ist großentheils Poesie und Phantasie ...* Das war nicht ihr Verständnis von Glauben. Im Juni 1843 schreibt sie, daß sie *einen entschiedenen Widerwillen gegen CONVERTITEN habe.*

Auch in einer anderen Glaubensfrage, die in diesen Jahren die Gemüter erhitzt, unterscheidet sich Annette von Droste-Hülshoff von der Mehrheit ihrer adligen Standesgenossen. Was sie im Dezember 1837 ihrer Tante Sophie nach Bökendorf schreibt, hat sie vielmals wiederholt: *Was du von den Hermesianern meinst ist unrichtig ...* Sie macht das Spiel der konservativen Katholiken nicht mit, die mit dem Segen des Papstes die Anhänger des Theologen Georg Hermes und damit alle Reformwilligen in der Kirche diffamieren. Die Droste hatte Georg Hermes in ihrer Jugendzeit kennengelernt, als der Münsteraner Theologe und Priester Gast auf Burg Hülshoff war. Bei ihrer ersten Reise an den Rhein 1825 lehrte Hermes als Professor an der Universität Bonn, inzwischen angesehener Führer einer innerkirchlichen Reformgruppe. Clemens von Droste-Hülshoff, Lieblingscousin der Droste, gehörte zu seinen Anhängern. Glaube und Vernunft waren für Georg Hermes kein Gegensatz. Als er 1831 starb, verkündeten Professoren auf über 30 theologischen und philosophischen Lehrstühlen seine Theologie für eine glaubwürdige Kirche in der Moderne.

Der allem Neuen feindlich gesonnene geistliche Herr Clemens August von Droste-Vischering sah in Georg Hermes einen Ketzer. Wenige Jahre nach dessen Tod erhält er – inzwischen Erzbischof von Köln – Genugtuung aus Rom. Annette von Droste-Hülshoff wird im Juli 1836 von ihrem alten Freund, dem Bonner Theologieprofessor Johann Wilhelm Joseph Braun, über die verhängnisvolle Entwicklung unterrichtet. Braun war einer der engsten Mitarbeiter von Georg Hermes gewesen: »Ich bin dieser Theilnahme von Ihrer Seite gewiß, wenn ich Ihnen sage, daß wir wegen unserer Lehre vom Papst verdammt worden, und der Papst Hermes nicht anders als einen äußerst verruchten Menschen ... verdammt hat.« In kürzester Zeit werden allen »Hermesianern« die Lehrstühle entzogen. Als 1837 der Erzbischof in Köln verhaftet wird, erklären die preußischen Behörden bei ihrer Suche nach Verbündeten, die Hermesianer stünden auf Seiten des preußischen Staates. Das war die Unwahrheit, aber ein gefundenes Fressen für die kirchlichen Traditionalisten, die ein weiteres Argument bekamen, die Gruppe der Hermesianer als Verräter des Erzbischofs und der Kirche zu brandmarken. Auf diese Vorwürfe bezieht sich die Richtigstellung der Droste in ihrem Brief an Tante Sophie. Sie weiß aus eigener Erfahrung, wie treu ihre Bonner Freunde – ungeachtet aller Kritik – zur katholischen Kirche stehen.

Was Generationen später nicht einmal eine Nebensache scheint, war damals eine Auseinandersetzung auf Himmel und Hölle. Annette von Droste-Hülshoff lebte in der Provinz, doch sie war informiert und mischte sich ein. Sie widersetzte sich pauschalen Verdammungen, weil sie ihre Erfahrung und ihren Verstand nicht verleugnen wollte. Und sie nahm die Probleme der Zeit samt ihrem eigenen Urteil mit in die dichterische Arbeit dieser Jahre hinein.

Im September 1839 begann sie auf langjähriges Drängen von Christoph Bernhard Schlüter, ein Werk zu vollenden, das seit fast 20 Jahren abgebrochen und tief versteckt unter ihren Papieren ruhte – das »Geistliche Jahr«. Der Gedichtzyklus auf alle Sonn- und Festtage im Kirchenjahr – ursprünglich für die fromme Großmutter gedacht –, den sie nach dem katastrophalen Ende ihrer Beziehung zu Heinrich Straube fortgeschrieben und ihrer Mutter im Oktober 1820 gewidmet hatte, umfaßte bisher nur den Zeitraum von Neujahr bis Ostern. Als Ausweis ihrer freundschaftlichen Verbundenheit hatte sie Schlüter zum Jahresanfang 1835 eine Abschrift aller bisherigen geistlichen Lieder geschenkt. Vielleicht würde der fromme Freund nach der Lektüre mehr Verständnis für ihren aufgewühlten Glauben finden.

Christoph Bernhard Schlüter reagierte noch im Januar 1835 und sparte nicht mit Selbstkritik: »... ich muß gestehen daß mir nun die Zweifel ETC. gewisser Leute im Vergleich mit meinem Glauben wie Frömmigkeit zur Heuchelei, wie starke Demuth zur schwachen und gemeinen Selbstzufriedenheit sich zu verhalten schienen ... Und gern hätte ich auf der Stelle bei ihnen selbst demüthige Abbitte gethan wegen mancher vielleicht zu harten Worte, welches ich gegen sie auszusprechen, ja Gedankens den ich über sie zu denken mir erlaubte.«

Doch die Glaubenserfahrung der beiden war zu unterschiedlich. Als das *Professorchen* im März das »liebe, einzige Fräulein«, das ihm von ihrer Krankheit und ihrer Ängste geschrieben hatte, tröstete, tat er es auf die gewohnte konventionelle Art: »Zur Landschaft unseres innern Lebens in der Zeit gehören auch dürre Sandwege, Steingruben und Haidestrecken ... Viele Schätze sind nur um Leiden zu haben, Ihr Geist, vergessen Sie das nicht, ist zum Theil Frucht und Lohn derselben ...« Schlüters Glauben blieben die Selbstanklagen und Zweifel der Droste fremd, wie er Jahre nach ihrem Tod bekannte: »... doch gestehe ich, daß ihr Inneres zum Theil bis auf den heutigen Tag mir ein nicht ganz begreifliches Rätsel geblieben ist, weil die Religion sie nicht innerlich völlig zu befreien und fröhlich zu machen schien ...«

Der Freund wollte nicht in Abgründe blicken und die unterschiedlichen Gesichter der Droste nicht wahrhaben. Anders Wilhelm Junkmann, der sich an einen Besuch des »Fräuleins« im Jahre 1836 erinnert: »... als sie fortgegangen war, und Schlüter sich nun über ihr lebendiges, geistreiches, geniales, drolliges (?)

Wesen lebhaft aussprach, daß ich ihm zu seiner großen Verwunderung sagte: Und doch schlägt ein tiefes, wundes Herz darunter. Und bei einigem Nachdenken gab er mir recht...« Freund Junkmann war viel zu schüchtern, um seine Einsicht bei der Droste anzusprechen. Auf Schlüters gut gemeinte Trostworte ging Annette von Droste-Hülshoff in ihren Antwortbriefen nicht ein. Die neue Freundschaft bestätigte ihr bald eine alte Erfahrung: Sie blieb allein mit dem, was sie bewegte. Allein mit ihrem Gott und allein mit dem Talent, in Worte zu fassen, was sie bei Nacht quälte und ängstigte. Im Herbst 1839 machte sie sich wieder an ihre Arbeit.

Von September bis zum Jahresende schuf Annette von Droste-Hülshoff die fehlenden 37 Gedichte zum »Geistlichen Jahr«, angeregt vom Evangelientext der jeweiligen Sonn- und Feiertage. Begleitet wird die geistig-geistliche Anstrengung von schweren physischen Beschwerden. Ein Brief an Wilhelm Junkmann im November 1839 verrät ihre Not: ... *bethen Sie für mich, daß ich nicht gar zu unreif weggenommen werde, – es hat große Gefahr! der heftige Blutandrang nach dem Kopfe nimmt von Jahr zu Jahr mehr Ueberhand, und ich zweifle kaum an einem plötzlichen Ende. – doch darf ich plötzlich nennen was ich Jahre lang voraus sehe? so lassen Gnaden verkommen! – bethen Sie für mich, – und somit Gott befohlen. Ihre Freundin Annette v Droste-Hülshoff.* In den geistlichen Liedern, die jetzt entstehen, greift sie dieses vertraute Gefühl auf: *Gesundheit! teures Erdenleben, / Ach! schmerzlich hab ich dich entbehrt! ... Ich, die den Tod seit Jahren fühle ... Wer konnt so vieles Leid erfahren / An Körpernot und Seelenleiden ...*

Die Droste spricht von *dumpfer Angst* und *meiner angstgeknickten Seele*. Ängste und Alpträume haben Annette von Droste-Hülshoff seit ihrer Kindheit begleitet. Doch seit 1829 quält sie sich mit einer neuen Dimension. Die über Monate währende Krankheit nach dem Tod von Bruder Ferdinand – nur drei Jahre nach dem Tod des Vaters – hat bleibende Spuren hinterlassen. Damals, als die Ärzte die Droste aufgaben und sie von Todesgedanken und Sterbeszenen heimgesucht wurde, nistete sich die Angst ein, daß ihr irdisches Leben nur von kurzer Dauer sein werde.

Kann die Fortsetzungsarbeit an einer Dichtung, die in einer Zeit der Krise entstand, Hilfe bieten?

Die geistlichen Lieder vom Herbst 1820 – *nach dem Spiel um Sünd' und Leidenschaft* – durchzieht ein verzweifelter Schrei um Gnade. Die Droste klagt sich an wegen übergroßer Schuld, aber auch einen Gott, der ein Herz aus Stein zu haben scheint – *und war es nicht als ob ich Felsen riefe*. Allerdings ist sie fest entschlossen, auch ohne den festen Glauben traditioneller Christen weiter auf einen gnädigen Gott zu setzen. Der zweite Teil vom »Geistlichen Jahr« schließt im Herbst 1839 eng an den ersten Teil an, denn die damaligen Gebete sind zum Gütesiegel geworden: Die Hoffnung hat standgehalten und die Verzweiflung überwunden. Dabei hat der brüchige Glaube der Dichterin mit den Jahren keineswegs jener frommen Fröhlichkeit Platz gemacht, die Freund Schlüter ihr predigt. Aber mehr denn je lebt die Droste in der tröstlichen Gewißheit, daß Zweifel und Angst nicht das letzte Wort haben:

...

> *Ja selbst zu Nacht, wenn Alle schlafen*
> *Und über mich die Angst sich legt,*
> *In der Gedanken öden Hafen*
> *Der Zweifel seine Flagge trägt:*
> *Wie eine Phosphorpflanze noch*
> *Fühl ich es warm und leuchtend schwellen,*
> *Und über die verstörten Wellen*
> *Legt sich ein leiser Schimmer doch.*

...

Dazu paßt, daß Gott in diesem Teil des »Geistlichen Jahres« mit Namen belegt wird, von denen vorher nie die Rede war – *mein milder Anwalt, mein Gnadenlicht, mein Hoffnungslicht, Hoffnungsstern und Hoffnungsau*. Vielfältig variiert die Droste das neue menschenfreundliche Gottesverständnis: *Mein fest Asyl, mein Herzgeblüt, / Zu dem die starre Hoffnung flieht, / Wenn Angst und Grübeln wie Gespenster irren* ... Was für eine Befreiung: *Fühl ich doch heut in mir erweckt / Ein lang entschwundenes Vertrauen, / Daß mich nicht Tod noch Sünde schreckt* ... Auch der Gegensatz von Glaube und Verstand verliert seinen Schrecken: *Wenn fast zum Schwindeln mich gebracht / Der wirbelnden Betrachtung Kreis, / Dann trittst du aus der Dünste Nacht* ... Der Verstand bleibt der große Verführer, *der scharf an meinem Glauben nagt*. Doch selbstbewußt erinnert Annette von Droste-Hülshoff ihren Gott:

> ...
>
> *Und hast du des Verstandes Fluch*
> *Zu meiner Prüfung mir gestellt:*
> *Er ist ein Trug.*
> *Doch hast du selber ja, du Herr der Welt,*
> *Hast selber den Verführer mir gesellt.*
>
> ...

Der ganze Mensch ist Gottes Geschöpf:

> *Du hast sein siedend Hirn gebildet,*
> *Der Nerven rastlos flatternd Spielen*
> *Nicht von gesundem Blut geschildet;*
> *Weißt seine dumpfe Angst zu fühlen* ...
>
> ...

Die 23jährige hatte 1820 in ihrem Zyklus religiöser Gedichte unerhörte Worte aufs Papier gesetzt: *Meine Lieder werden leben, / Wenn ich längst entschwand* ... 20 Jahre später schließt die 43jährige selbstbewußt an diese Aussage an. Auch diese Zukunftshoffnung hatte sich als tragfähig erwiesen, zusammen mit der Hoffnung auf einen gnädigen Gott. Beides gehört für Annette von Droste-Hülshoff untrennbar zusammen und ist die tröstliche Kernaussage im zweiten Teil der geistlichen Lieder: ... *Doch weiß ich, daß mein Herz dich faßt, / Daß es dich liebt, / Und daß du mich gesendet hast* ...

Im ersten Teil sah die Dichterin sich als Prophetin ihres Gottes. 20 Jahre später kann sie einiges vorweisen. Ob Krankheiten oder familiäre Verpflichtungen – sie hat mit ihrem Talent gewuchert. Ihre Autorenschaft beherrscht den zweiten Teil der geistlichen Lieder. Annette von Droste-Hülshoff ist so kühn, die Poesie, ihre große Liebe, in den Mittelpunkt eines geistlichen Gedichtes zu stellen. Anlaß ist das Gleichnis im Evangelium, wo viele eine Einladung zur Hochzeit ablehnen, weil sie anderweitig beschäftigt seien. Der eine hat ein Haus gekauft, der andere sich eine Frau genommen. Die Dichterin nutzt die bekannten Bilder, um ihnen eine sehr persönliche, eigenwillige Deutung zu geben:

> *Ein Haus hab ich gekauft,*
> *ein Weib hab ich genommen,*
> *Drum Herr kann ich nicht kommen.*
> *Das Haus mein Erdenleib,*
> *Des ich in Ruh muß pflegen,*
> *Die Poesie das Weib,*
> *Dem ich zu Füßen legen*
> *Will meiner Liebe Frommen*
> *Zu süßem Zeitvertreib.*

Sogleich stellt die Droste klar, daß ihr Talent – »das Weib Poesie« – keineswegs nur auf religiöse Themen ausgerichtet ist:

> *… So lieblich ist die Frau,*
> *Sie zieht mich ohne Maßen*
> *Zu ihrer Schönheit Schau.*
> *Ach, ihr mag ich wohl lassen*
> *Der lichten Stunden Blitzen,*
> *Der Träume Himmelstau.*

Für das katholischen Fräulein aus Westfalen gehören demnach zu einem guten Gedicht: die Ästhetik der Form, die Klarheit der Vernunft, die Phantasie der Gefühle. Permanent harmonische Stunden und eine fröhlich stimmende Gläubigkeit allerdings garantiert dieses Talent nicht, denn die Poesie hat ein Janusgesicht:

> *Nicht lieblich ist die Frau,*
> *'s ist eine strenge Norne,*
> *Erzittre ihrem Zorne;*
> *Sie schlürft dein Leben auf...*
>
> *...*

Für Annette von Droste-Hülshoff gibt es einen Zusammenhang von Qual und Talent. Im Mai 1844 wird sie der Öffentlichkeit diese Erfahrung in ihrem Gedicht »Der Dichter – Dichters Glück« zornig entgegenschleudern:

> *Die ihr beim fetten Mahle lacht*
> *Euch eure Blumen zieht in Scherben,*
> *Und was an Gold Euch zugedacht*
> *Euch wohlbehaglich laßt vererben...*
>
> *... Und wißt es nicht, mit welchen Qualen*
> *Er seine Schätze muß bezahlen!*
>
> *...*
>
> *... Meint ihr der Sturm erschüttre nicht?*
> *Meint ihr die Träne brenne nicht?*
> *Meint ihr die Dornen stechen nicht?*
> *... Ja Perlen fischt er und Juwele*
> *Die kosten nichts als seine Seele!*

Der Zorn der Dichterin ändert nichts an ihrer Gewißheit, zur Dichtkunst berufen zu sein. Das ist die unverhüllte Botschaft im zweiten Teil der geistlichen Lieder vom Herbst 1839. Ebenso ehrlich faßt Annette von Droste-Hülshoff hier ihre Qualen in Worte. Wie den ersten hat sie den zweiten Teil von einer Veröffentlichung zu Lebzeiten ausgenommen. Ein Gedicht betritt innerste Bezirke. Die Droste offenbart, daß es Nächte gibt, in denen sie ein Lebenszeichen von »ihren Toten« erzwingen möchte, um von ihnen Trost zu erfahren:

...

Wie brünstig flehend
Hab ich so oft in mancher Nacht
An meine Toten mich gewandt!
Wie manchen Stundenschlag bewacht,
Wenn grau und wirbelnd lag das Land!
Und nicht ein Zeichen ward mir je,
Kein Knistern in des Lagers Näh,
Kein Schimmer längs den Wänden gehend.

Hab ichs gefunden
Doch hart und lieblos manches Mal,
Daß das, dem ich so heiß geneigt,
Nicht einen Laut für meine Qual,
Kein Zeichen hatte noch so leicht ...

...

Vier Jahre später wagt Annette von Droste-Hülshoff den Schritt an die Öffentlichkeit. Im Gedicht »Die Unbesungenen« spricht sie aus, daß die übermächtigen Toten nicht nur tröstliche Begleiter, sondern auch Anlaß für ihre Lebenszweifel, ihre Ängste sind:

'*s gibt Gräber wo die Klage schweigt,*
Und nur das Herz von innen blutet,
Kein Tropfen in die Wimper steigt,
Und doch die Lava drinnen flutet;
'*s gibt Gräber, die wie Wetternacht*
An unserm Horizonte stehn
Und alles Leben niederhalten ...

...

Ihre Dichtung ist von diesem Lebensgefühl nicht zu trennen und zugleich ein Heilmittel. Adele Schopenhauer hat das schon im Herbst 1834 in einem Brief an die Droste ausgesprochen: »Sie haben in sich ein beneidenswerthes Glück, das eines in sich schaffenden strebenden Talentes, und es wird Sie über manche Qual hinwegtragen, denn es hebt Sie aus sich selbst heraus.«

Als Dichterin, die sich auf das Private konzentriert, sperrt Annette von Droste-Hülshoff das Öffentliche nicht aus. Weil Dichtung für das adlige Fräulein nicht im Elfenbeinturm eingesponnen ist, bringt die Droste im zweiten Teil vom »Geistlichen Jahr« in mehreren Gedichten zur Sprache, was die Gemüter um diese Zeit bewegt. Die Verhaftung des Kölner Erzbischofs ist Unrecht und führt zur Solidarisierung aller Katholiken: ... *Wir tragen wieder fast vergeßne Last, / Und wieder deine Opfer stehn geweiht. ... Was sonst zerstreut, verflattert in der Welt / Das hat um deine Fahne sich gestellt ... Wer möchte sich in solcher Zeit / Von deinem Heere schließen aus?* Der Aufruf, sich in Notzeiten unter der Fahne der Kirche zu sammeln, ist für die katholische Dichterin selbstverständlich. Doch er hindert sie nicht, das Vorgehen der eigenen Leute unvoreingenommen zu beurteilen. Die Droste mißbilligt, wenn Gottesmänner wie Krieger auftreten und den Streit schüren, statt auf Ausgleich zu setzen. Die katholische Kirche muß sich am Maßstab göttlicher Tugenden messen lassen, auch wenn dieser Vergleich nicht zu ihren Gunsten ausfällt:

> *Du bist so mild,*
> *So reich an Duldung, liebster Hort,*
> *Und mußt so wilde Streiter haben;*
> *Dein heilig Bild*
> *Ragt überm stolzen Banner fort,*
> *Und deine Zeichen will man graben*
> *In Speer und funkensprühend Schild.*
>
> *...*
>
> *Wenn Stirn an Stirn*
> *Sich drängen mit verwirrtem Schrei*
> *Die Kämpfer um geweihte Sache ...*
> *O Herr, sind dies die Diener dein?*

...

Und faßt die Linke auch das Schwert –
Die Rechte soll den Ölzweig tragen,
Und aufwärts sei der Blick gewandt.

Annette von Droste-Hülshoff konnte sich nicht lossagen von ihrem Stand und ihrer Religion, und sie wollte es auch nicht. Schäbig und treulos wäre ihr das vorgekommen. Aber sie verweigerte sich dem Schubladen-Denken, behielt ihren eigenen Kopf und blieb offen für neue Erkenntnisse und neue Erfahrungen. Überall.

Als die Droste im Frühjahr 1837 erstmals nach vielen Jahren wieder den Bökerhof besuchte, traf sie dort Amalie Hassenpflug. Als junge Frauen hatten sich die beiden 1818 in Kassel kennengelernt, wo die Hassenpflugs – Amalies Vater war Regierungspräsident der Stadt – mit den Brüdern Grimm und deren Schwester Charlotte befreundet, dann verschwägert waren und durch die Brüder August und Werner von Haxthausen engen Kontakt zum Bökerhof hatten. Auch 1838 und 1839 trifft die Droste dort wieder mit der drei Jahre Jüngeren zusammen. Die Wiedersehen mit der unverheirateten Amalie Hassenpflug begründen eine freundschaftliche Verbundenheit und eine wärmende, wenngleich viel zu seltene Nähe, die die Droste, je älter sie wurde, um so spürbarer vermißte und die Freund Schlüter ihr nicht geben konnte. Auch für die Hassenpflug, die über den Bruch mit Heinrich Straube nur durch die Gegenseite – nämlich Anna von Arnswaldt – informiert war, brachte das Zusammentreffen eine positive Klärung. An die Arnswaldt, mit der sie weiterhin befreundet blieb, schrieb sie im Sommer 1838: »Es ist mir sehr viel werth Nette wiedergesehen zu haben, alles Beängstigende und Unsichere ist mir dadurch verschwunden, ich bin von ihrer Wahrhaftigkeit überzeugt ...«

Annette von Droste-Hülshoff hat die Begegnung mit Amalie – »Malchen« – Hassenpflug im September 1839 Elise Rüdiger, einer ebenfalls neu gewonnenen Freundin, geschildert: ... *die Freude war groß bey der Ankunft – sie ist doch gar lieb und schön! mir war ordentlich wunderlich zu Muthe, als sie die Treppe hinauf kam, und ich das stolze* NOBLE *Gesichtchen immer deutlicher er-*

kannte, was in diesem Augenblicke, durch eine Bewegung der Liebe und Freude schöner war als je ... ich sprach gleich sehr viel, und sie so wenig daß es mich ängstigte, und ich fragte, ob ihr Etwas fehlte, »Du weist« sagte sie, »daß ich nicht sprechen kann, wenn ich sehr bewegt bin« ... Die Droste bestätigt der Kasseler Freundin *Geist, Talent, und Gemüth* im Übermaß. Drei Gedichte hat sie Amalie Hassenpflug gewidmet. »Spätes Erwachen« entstand im Mai 1844:

> *Wie war mein Dasein abgeschlossen,*
> *Als ich im grünumhegten Haus*
> *Durch Lerchenschlag und Fichtensprossen*
> *Noch träumt' in den Azur hinaus!*
>
> ...
>
> *Verschlossen blieb ich, eingeschlossen*
> *In meiner Träume Zaubersturm,*
> *Die Blitze waren mir Genossen*
> *Und Liebesstimme mir der Sturm.*
>
> ...
>
> *Wie ist das anders nun geworden,*
> *Seit ich in's Auge dir geblickt,*
> *Wie ist nun jeder Welle Borden*
> *Ein Menschenbildnis eingedrückt!*
>
> ...
>
> *Wie fühl' ich allen warmen Händen*
> *Nun ihre leisen Pulse nach,*
> *Und jedem Blick sein scheues Wenden*
> *Und jeder schweren Brust ihr Ach.*
>
> ...

Entzünden möcht' ich alle Kerzen
Und rufen jedem müden Sein
Auf ist mein Paradies im Herzen,
Zieht alle, alle nun hinein!

Ende der dreißiger Jahre, als ihre Freundschaft zu »Malchen« sich erneuerte und festigte, meldet sich ein neuer intimer Ton in den Gedichten der Droste. Der Zyklus »Klänge aus dem Orient« entstand im Frühjahr 1838:

Wer bist du doch, o Mädchen?
Du mit dem schwarzen Schleier?
Und mit dem schwarzen Sklaven,
Der weißen Sklavin du?

Wie Sterne deine Augen
Durch deines Schleihers Nächte
Dein Gang wie der Gazelle
Wie Palme die Gestalt

Gesegnet sind die Wellen
Des Bades die dich kühlen
Gesegnet die Gewänder
Umschließend deine Huld

Und siebenfach gesegnet
Der Sklave dem du winkest
Der deinen Tritten lauschet
Der deine Stimme hört

Und tausendfach gesegnet
Die Sklavin der du lächelst
An ihre Schulter lehnend
Dein unverschleiert Haupt.

Die Droste schickte umgehend eine saubere Abschrift an Wilhelm Junkmann in der Annahme, das Werk würde in den geplanten Gedichtband aufgenommen. Doch der Zyklus steht nicht im Band von 1838. Freund Schlüter, der über die Auswahl der Gedichte entschied, wird die freien morgenländischen Töne mit Befremden vernommen haben, auch wenn der Orient ein beliebtes Motiv bei den zeitgenössischen Literaten war.

Aber Annette von Droste-Hülshoff war entschlossen, ihrem eigenen Ideal zu folgen und sich nicht nach den Erwartungen erbaulicher Dichter-Kränzchen zu richten. Sie muß Christoph Bernhard Schlüter enttäuschen, der ihr nach dem Erscheinen des Gedichtbandes zu ihrem »schlichten, anspruchslosen, der Natur getreuen Lied« gratulierte. Sie wird sich als Dichterin in kein Lager sperren lassen, weder in das katholische noch in das der religiösen Literatur. Als der Theologiestudent Wilhelm Tangermann aus dem literarischen Kreis um Schlüter in einem Brief vom Dezember 1840 die Droste – von der er finanziell unterstützt wird – auf rein religiöse Themen festlegen will, verbittet sich die Dichterin solche Einmischung. Sie erlaube sich die Bearbeitung anderer Themen, *da das Hingeben an die rein religiöse Poesie Etwas den Körper und alle Nerven furchtbar Erschütterndes hat, um sich ihm so ganz ohne gelegentliche Unterbrechung und Abspannung widmen zu können.*

Selbstbewußt und voller Pläne für ihre Zukunft als Schriftstellerin war die Droste gegen Ende der 1830er Jahre offen für weitere Horizonte, die sich schon andeuteten. Unter dem Stichwort »Herzlich« verkündete sie 1838 in ihrem Zyklus »Klänge aus dem Orient« der Welt, daß auch eine unverheiratete Dichterin jenseits der Vierzig ein Mensch aus Fleisch und Blut ist:

All meine Rede und jegliches Wort
Und jeder Druck meiner Hände
Und meiner Augen kosender Blick
Und alles was ich geschrieben
Das ist kein Hauch und ist keine Luft
Und ist kein Zucken der Finger
Das ist meines Herzens flammendes Blut
Das dringt hervor durch tausend Tore

Neues vom Rüschhaus:
»Liebes Mütterchen ... Ihr treues Pferd«

Im Januar 1839 liegen der Droste zwei Themen am Herzen, die eng zusammengehören. Ihrer Schwester Jenny von Laßberg schreibt sie: ... *in Münster hat sich bey der Räthin Rüdiger (einer sehr netten anspruchslosen Frau ...) ein kleiner Klubb von angehenden Schriftstellern gebildet, die jeden Sonntag Abends dort zusammen kommen, um zu* DELIBERIREN, *und einander zu kritisiren* ... Das halbe Dutzend Poeten und Poetinnen, darunter auch Wilhelm Junkmann, wird kurz charakterisiert. Nur einer füllt wesentlich mehr Zeilen als alle andern: Levin Schücking *must du kennen ... er ist der Sohn von Katharina Busch ... er hat, ohne Zweifel, das feinste Urtheil in unserm kleinen Klubb, und es ist seltsam, wie Jemand so scharf und richtig urtheilen, und selbst so mittelmäßig schreiben kann ... ist sehr geistreich, und überaus gefällig, aber doch so eitel, aufgeblasen und lapsig, daß es mir schwer wird billig gegen ihn zu seyn ...*

Im gleichen Monat bekam auch Tante Sophie von Haxthausen die neuen Bekanntschaften der kleinen *Hecken-Schriftsteller-Gesellschaft* aufgezählt, und wieder ist es einer, dessen Beschreibung aus der Reihe fällt: Schücking *möchte ich gern wohlwollen, da ich weiß, daß er mich seiner seligen Mutter so ähnlich findet, ... aber es wird mir schwer, – er ist mir gar zu lapsig, weibisch, eitel ...* Die Freundin Amalie Hassenpflug erfährt im Juli, *wie leid es mir sey, für einen Menschen, der im Grunde so vortreffliche Eigenschaften habe, ... durchaus kein eigentliches Wohlwollen fassen zu können, weil das Eitle und Zuversichtliche in seinem Wesen mich immer wieder zurück stoße ...* Catharina Schücking, seine Mutter, hatte die jugendliche Droste einst als *Westphalens Dichterin* bewundert. Gegenüber Sohn Levin ist große Skepsis vorherrschend.

Im Oktober 1831, einen Monat vor dem Tod seiner Mutter, hatte der damals 16jährige Levin einen Brief von ihr ins Rüschhaus gebracht und Annette von Droste-Hülshoff kennengelernt. 1837 war er nach einem Jurastudium nach Münster zurückgekehrt und versuchte, mit Übersetzungen, Schriftstellerei und Literaturkritiken sein Geld zu machen. Von schlanker, mittelgroßer Figur, mit guten Manieren und vielen Komplimenten ausgestattet, wenngleich *einem kleinen Anstriche vom Gecken,* gewann der junge Mann schnell Kontakt zu den literarisch Interessierten und die Herzen der jüngeren Damen im Dichter-Kränzchen von Elise Rüdiger.

Elise Rüdiger, Jahrgang 1812, war 1833 mit ihrem Mann, einem preußischen Regierungsrat, nach Münster gekommen. Ihre Idee, in der Hauptstadt Westfalens einen literarischen Salon zu gründen, entsprang keiner Laune. Sie selbst hatte im Berliner Salon ihrer Mutter, der damals sehr bekannten Schriftstellerin Elise von Hohenhausen – Übersetzerin von Lord Byron und Walter Scott, frühe Förderin von Heinrich Heine – Deutschlands literarische Elite kennengelernt. Elise Rüdiger war klug, zurückhaltend und jeden Sonntagabend in ihrer Wohnung im Haus Rothenburg eine Gastgeberin, die gerne der literarischen Eitelkeit ihrer Gäste den Vortritt ließ. Es spricht für ihre Persönlichkeit wie für die Mitglieder des Zirkels, daß es ihr als Protestantin gelang, an der Jahreswende 1838/39 – in Münster war die Stimmung wegen der Verhaftung des Kölner Erzbischofs im November 1837 immer noch angespannt – diesen literarischen Klub zu etablieren. Im Gegensatz zum Kreis um Christoph Bernhard Schlüter stand bei der Rüdiger nicht die religiöse Dichtung im Mittelpunkt, sondern neben den Werken der Mitglieder die Gegenwartsliteratur, darunter Balzac und George Sand. Zu den eifrigen Sonntagsgängern zählten auch der Steuerrat Carl Caravacchi und seine Frau. Der weltläufige preußische Beamte war ein exzellenter Vorleser und schätzte die Droste sehr.

Annette von Droste-Hülshoff faßte eine Zuneigung zu der zurückhaltenden, 15 Jahre jüngeren Elise Rüdiger. Sie stellte den Kontakt zu Christoph Bernhard Schlüter her und schrieb ihm im August 1839 über die *gute Rüdiger:... diese Frau hat wenig Blendendes, nimmt aber immer mehr ein, durch Verstand, höchstpoetischen Sinn, und eine unbegrenzte Herzensgüte, sie ist mir allmählig sehr lieb geworden.* War sie in Münster, ging die Droste auf einen Besuch bei der *Räthin* vorbei und traf dort – wie beim Klub am Sonntag – manches Mal Levin Schücking, dessen *klarer, scharfer Verstand* in literarischen Fragen ihr zusehends imponierte. Hinzu kam die wehmütige Erinnerung an seine Mutter, die beide verband. Ob *eitel* und *aufgeblasen* – Annette von Droste-Hülshoff fühlte sich verpflichtet, sich um den Sohn der Freundin zu kümmern, und der nahm die Fürsorge dankbar an. Im Frühjahr bekam Levin Schücking eine Einladung ins Rüschhaus, woraus bald eine feste wöchentliche Einrichtung wurde. Therese von Droste-Hülshoff war der herausgeputzte, selbstbewußte junge Mann durchaus unsympathisch. Aber die Verpflichtung ihrer Tochter gegenüber einer Toten verbot jede Einmischung.

Die Annäherung zwischen der Droste und Schücking wurde selbst gemeinsamen Freunden verborgen. Das gelang so überzeugend, daß die Droste sich im September 1839 mühte, den Vorwurf von Elise Rüdiger zu zerstreuen, sie sei ohne jedes Interesse für Schücking: *Uebrigens bin ich ihm wirklich gut, erkenne seine bedeutenden Eigenschaften gern und willig an, und werde jederzeit, nach Jahren so gut wie heute, für ihn thun was in meiner Macht steht* ... Später im Brief kommt sie noch einmal auf Schücking, den *Schützling* der Rüdiger, zu sprechen: ... *ich bin in der That so entfernt von aller Abneigung gegen ihn, daß ich vielmehr mich einer Art mütterlichen Gefühls nicht erwehren könnte, wenn ich auch wollte ... es läge mir sehr nah täglich für ihn zu bethen, obgleich ich es bis jetzt noch nicht gethan habe, und dieses gleichsam strenge* INTERESSE *ist es wohl eben was mich hart erscheinen läßt.* Es läßt aufhorchen, wenn Annette von Droste-Hülshoff sich in solche sprachliche Verwicklungen begibt. Auffällig oft passiert ihr das, wenn sie versucht, einfache, aber ihr unangenehme Wahrheiten zu verschleiern.

Im Januar 1840 meldet Christoph Bernhard Schlüter seinem Freund Wilhelm Junkmann über die gemeinsame Freundin: »Fr⟨äulein⟩ Droste ist gottlob wieder ganz hergestellt; gestern morgen war ihre Mutter bei uns, gestern Abend Herr Schücking, der von Rüschhaus kam.« Nichts Besonderes für Schlüter, zumal er gemeinsam mit Levin Schücking an einer literarischen Übersetzung aus dem Englischen arbeitet. Doch wer mißtrauisch ist, könnte sich fragen, ob der Zufall waltet oder Absicht dahinter steckt, daß der junge Mann ausgerechnet dann ins Rüschhaus wandert, wenn die Mutter sich in Münster aufhält.

Im Mai 1840 schreibt Levin Schücking seinem Dichterfreund Ferdinand Freiligrath an den Rhein, daß die Droste seine »Seelenfreundin« sei und er sie »unendlich lieb« habe. Der lebenslustige Freiligrath, gelernter Kaufmann aus Barmen im Bergischen Land, brachte 1838 mit seinen Gedichten einen völlig neuen, exotischen Ton in die deutsche Literatur. Die Bürger auf dem Biedermeiersofa genossen mit wohligem Gruseln seine »Wüsten- und Löwenpoesie«. Die Droste schrieb ihrer Schwester im Juli 1839: *... hier in Norddeutschland sind die Leute ganz wie betrunken von seinen Gedichten – schön sind sie auch, aber wüst ...* Schücking sah in dem 30jährigen einen Kumpel, dem er auch Persönliches anvertraute: »Bei der Droste habe ich den Vormittag zugebracht; sie saß und lehnte sich auf den Rand einer Sofalehne, ich davor und ließ mir die greulichsten Gespenstergeschichten erzählen, ... es lief mir eiskalt über den Rücken, wir steckten schaudernd die Köpfe zusammen, daß Stirne an Stirne die Gespensteraugen ineinander blitzten; Du mußt wissen, die Droste hat das Gespenstische der Augen, was Du an mir findest ...« Das Tête-à-Tête fand am 11. April 1840 im Rüschhaus statt.

Ende Mai besuchte Adele Schopenhauer die Freundin auf ein paar Tage. Sie skizzierte Annette von Droste-Hülshoff im geliebten Türkensitz auf ihrem schwarzen Kanapee, die Arme auf die Lehne gestützt. Der Droste und Schücking widmete sie eine Zeichnung, auf der zwei Kinder vergebens versuchen, einen geflügelten Stern einzufangen. Ein Brief an ihre Freundin Ottilie von Goethe läßt auf die Stimmung schließen: »... Ihr seid die liebenswürdigsten Frauen die ich auf Erden kenne. Nettens Herz ist himmlisch.« Im Juni schreibt Annette von Droste-Hülshoff *meiner guten Elise* einen Brief, der sehr gefühlvoll beginnt. Sie sei auf dem Sprung nach Hülshoff, habe wegen eines nahenden Regenschauers aber noch Zeit: *... wo ich Ihnen, mein gutes Herz, für Ihre Liebe und Freundlichkeit danken, und Sie meiner unveränderten treuen Liebe versichern kann, – Sie sind mir sehr lieb, Elise, viel lieber als Sie es wissen, und auch lieber als ich Ihnen bin ... ich bin gewiß daß Ihre Gedanken nicht so oft bey mir sind, als die* *meinigen bey Ihnen, und daß Sie mein Wohlseyn nicht in dem Grade am Herzen tragen – das soll kein Vorwurf seyn, sondern ein unumwundenes Aussprechen meiner Gefühle für Sie ...* Die Droste wirft wieder ihre Netze der Freundschaft aus. Warum sollte sie ändern, was ihr längst zum Bedürfnis geworden ist: Das Objekt ihrer Freundschaft fest an sich zu binden, indem sie ihre eigene, nicht zu überbietende Neigung offenlegt. Wer so geliebt wird, kann nur beschämt die eigenen unzulänglichen Gefühle betrachten und beteuern, daß er sich dennoch dieser Freundschaft würdig erweisen wird.

Der um Vertrauen werbenden Einleitung folgt wenig später das damit verbundene Hauptthema. Annette von Droste-Hülshoff protestiert heftig gegen den Vorwurf von Elise Rüdiger, sie wisse die Freundschaft Levin Schückings nicht zu schätzen: ... *Levin kann auf mich rechnen, als eine Freundinn fürs Leben, und für jede Lage des Lebens, besonders seit mir die, sehr seltne, Ueberzeugung geworden ist, daß sein Gefühl (für Freunde) nicht an der ärgsten aller Freundschaftsklippen scheitert, sondern in völliger Reinheit und Kraft daneben her segelt.* Der Punkt war gemacht, aber ein weiterer, mindestens so wichtiger, fehlte noch.

Die Droste bringt die Rede auf Luise von Bornstedt, Mitglied im literarischen Kränzchen der Rüdiger, aus Berlin ins katholische Münster übergesiedelte Konvertitin und Poetin, kapriziös, Aufmerksamkeit suchend, nicht zuletzt von Levin Schücking. Mit der Droste möchte sie befreundet sein, sieht in ihr jedoch eine Konkurrenz in poetischen Dingen – und nicht nur das. Münster ist klein, Andeutungen machen schnell die Runde. Annette von Droste-Hülshoff kommt gegenüber der Rüdiger zur Sache: ... *ich gestehe Ihnen, daß ich neulich auch innerlich arg gereizt war, durch die Aussicht auf einen fatalen Klatsch, bey dem für mich mehr auf dem Spiel stand, als Sie wohl in dem Augenblick übersahen, nämlich nicht nur das Aufgeben eines mir sehr werthen Verhältnisses, sondern auch meine ganze so langsam und mühsam erkämpfte Freyheit, (insofern ich die* PASSIVE *Nachsicht der Meinigen mit meiner Weise zu seyn und mich zu den Menschen zu stellen so nennen darf) die ich vielleicht nie, oder wenigstens erst nach einer hübschen Reihe von Jahren, wieder erlangen würde.* Was für Außenstehende geheimnisvoll klingt, war für Elise Rüdiger eine deutliche Botschaft.

Sie hatte die Bornstedt in einem Gespräch mit der Droste verteidigt, weil sie deren nur angedeuteten *fatalen Klatsch* nicht ernst nahm. Luise von Bornstedt munkelte nämlich von allzu engen Beziehungen zwischen Levin Schücking und der alternden Dichterin im Rüschhaus. Eifersucht muß die Triebfeder gewesen sein, zumal der junge Mann der jungen Dame durchaus schmeichelte. Die gereizte Reaktion der Droste ist verständlich. Was im Vergleich zu späteren Epochen als das angepaßte Leben einer allzu gehorsamen Tochter erscheinen mag, war im Jahre 1840 in der westfälischen Provinz für ein unverheiratetes adliges Fräulein nicht die Regel. Annette von Droste-Hülshoff hatte sich Freiheiten für ihre Bedürfnisse und ihren Lebensspielraum erkämpft – ohne Rebellion, ohne ihre Familie zu kompromittieren oder sich gar aus ihrem Verband zu lösen. Sie konnte offen ihrer Leidenschaft, der Poesie, nachgehen und sogar gedruckt vor ein Publikum treten.

Zu den bedrohten Freiheiten gehörte, daß die Droste in ihrem 40. Lebensjahr erstmals viele Monate im Rüschhaus ihr Leben ohne die Mutter hatte einrichten können. Die Tochter war fest entschlossen, dieses Experiment zu wiederholen. Die energische Vorwärtsverteidigung der in privaten Dingen sehr zurückhaltenden Droste zeigt, es ging für sie ums Ganze. Nach diesem Brief konnte sie sicher sein, daß Elise Rüdiger weiteren Gerüchten mit Entschiedenheit entgegentreten würde. Stoff für neugierige Klatschmäuler gab es durchaus.

Jeder im Poetenzirkel wußte, daß Schücking einmal wöchentlich der einsamen Droste im Rüschhaus Gesellschaft leistete – aber stundenlang zu zweit durch Wälder und Felder zu wandern? Jeder wußte, wie gern die Droste ihren Besuchern Gespenstergeschichten erzählte – aber Stirn an Stirn gelehnt? Wer ahnte, daß außerdem wöchentlich lange Briefe zwischen den beiden hin- und herwanderten, manche auf Latein geschrieben, um sie vor neugierigen Blicken zu bewahren? Zur Strategie des Droste-Briefes an die Rüdiger gehörte es, der Freundin durch eine diffuse Offenheit zu suggerieren, sie werde vollständig ins Vertrauen gezogen. Elise

Rüdiger sollte nicht den leisesten Zweifel an der *Reinheit* der Beziehung zwischen dem jungen literarischen Talent und der mütterlichen Freundin im Rüschhaus haben.

Es gab einen zweiten Menschen, mit dem Annette von Droste-Hülshoff über den *fatalen Klatsch* sprach, und der reagierte mit erfrischender Unbekümmertheit. Anfang Juli 1840 brachte die Botenfrau einen Brief von Levin Schücking ins Rüschhaus: »Liebes Fräulein ... fassen Sie nun auch einmal den heroischen Entschluß und gehen so nach Münster herüber, Sie können jetzt so hübsch bei der Frau Ober-*Regierungs*Räthin bleiben – die wird nicht eifersüchtig auf mich werden – ...« Flapsig, kokett, auch eitel könnte man die Bemerkung nennen, die sich zweifellos auf die eifersüchtige Bornstedt bezieht – die Droste hatte den jungen Mann schon richtig gesehen. Aber dieser kritische Blick lag anderthalb Jahre zurück, eine Ewigkeit. Schückings Juli-Brief ist einer aus einem Dutzend, der sich von seiner Seite aus der Rüschhaus-Korrespondenz, die bis in den Frühherbst 1841 ging, erhalten hat. Der Ton ist ansteckend unkompliziert und fegt alle Bedenken der Freundin vom Tisch. Von Seiten der Droste, die zeitweilig zweimal wöchentlich schrieb, überlebte kein Brief. Aus wenigen kurzen Billets auf Latein aber wissen wir, daß auch sie Vergnügen an diesem Versteckspiel fand. Und nicht nur an diesem.

Dank Schückings Einfühlungsvermögen und Dialogfreudigkeit fügen sich die Bruchstücke der einseitig erhaltenen Korrespondenz zu einem doppelten Bild. Es spiegelt eine Partnerschaft, wie sie Annette von Droste-Hülshoff in dieser intimen Gelöstheit bisher nicht kannte. Den befreienden Anstoß dazu hat die 43jährige selbst gegeben: »Liebes Mütterchen, Sie haben mir gesagt, wir wollten uns allerhand Unsinn schreiben, da haben Sie nun den ganzen Brief bis jetzt davon voll.« Das schreibt der 26jährige Levin Schücking im Dezember 1840.

Adele Schopenhauer hatte im Frühjahr im Rüschhaus zwei Kinder gemalt und damit die beiden gemeint. Kinder lieben es, in ihren Spielen die unsinnigsten Dinge auszudenken und auszusprechen. In diesem Spiel gab die Droste die Regeln vor – mit treffsicherem Gespür für Schückings Talente. Nichts kam ihm mehr entgegen, als »Unsinn« zu schreiben und freiweg zu plaudern. Und weil er dabei sein Gegenüber im gar nicht so fernen Rüschhaus fest im Blick hat, werfen die Briefe Levin Schückings ein helles Licht auf die Droste. Sie können nur so munter, so gelöst und phantasievoll sein, weil seine Partnerin das Spiel mitmacht, die Bälle zurückgibt, ihn motiviert, seine Phantasie beflügelt. Levin Schücking verlor gegenüber seinem »Mütterchen« sein Selbstbewußtsein nicht. Doch ein Wort von seiten der Droste, und der vertraut-vertrauliche Ton der Briefe wäre ein anderer geworden.

Im September 1840 besucht Schücking seinen Poetenfreund Freiligrath in Unkel am Rhein. Er will die Freundschaft pflegen, aber auch die wertvolle literarische Beziehung, und so wird er es sein Leben lang halten. Als Journalist und Schriftsteller knüpft Levin Schücking unermüdlich ein Netzwerk freundschaftlicher Arbeitskontakte, die wichtig sind für sein finanzielles Auskommen und sein Ansehen in Dichterkreisen. Kaum am Rhein angekommen, geht ein Brief an das »liebe Fräulein«: »... von Münster aus gab es immer nur Billets, wenn auch noch so lang, jetzt aber schreib ich Ihnen zum erstenmal, wie meinem Täntchen, das mir böse wird, wenn der leichtsinnige Neffe nichts von sich hören läßt, und wie ein Neffe lasse ich Sie auch ruhig das Porto für diesen Brief bezahlen.« Ziemlich keß, doch inzwischen wußte der »Neffe«, was er sich erlauben durfte. Er hatte es sogar schon für die literarische Öffentlichkeit zu Papier gebracht. Verschlüsselt natürlich, aber im Brief an die Droste verrät er sich gerne. 1841 kann sie in einem Aufsatz Schückings im »Rheinischen Jahrbuch« nachlesen, warum das Bild vom Täntchen und ihrem Neffen in diesem Brief kein Zufall ist. Von Unkel aus kündigt er ihr seine »Poetischen Frauen« an, »ein Aufsatz der Ihnen gefallen wird und deshalb mir Spaß macht – (weil ich hier doch sicher bin, daß Sie nicht sagen es läge etwas Verletzendes für Sie darin) ...«

Poetische Frauen, so der 26jährige Autor, »sind nicht schön, ... sie sind nicht mehr jung, sind auch eigentlich keine Frauen, sondern Mädchen«. Und das zeichnet sie aus: »Aus aller der Wärme, dem lang gesammelten Horte zurückgehaltener und von keinem Gegenstand geheischter Liebe, ... weben sie endlich den Mantel, der ein jüngeres, noch den Verlockungen und Irrpfaden der Welt ausgesetztes Wesen, einen Neffen, die Tochter einer gestorbenen Freundin, warm in seine Falten hüllen ...« Und so reagiert in Schückings Aufsatz der Neffe auf die praktizierte Mütterlichkeit: »... es ist rührend zu sehen, wie er eifersüchtig auf seine Männlichkeit des guten Tantchens Liebkosungen flieht, wie er, wenn sie mit der weichen Hand durch sein Haar fahren will, stolz wie ein Roß den Kopf zurückschnellt ...« An Selbstbewußtsein fehlt es ihm nicht: »... nur der Neffe darf ihr alles sagen, er allein darf mit ihr schmollen – sie ist froh, wenn er sie einmal recht quält.« Der gesamte Aufsatz läuft auf das Lob dieser ungewöhnlichen Beziehung zwischen der poetischen Frau und ihrem Neffen hinaus: »Es ist das reinste, das schönste Verhältnis, worin ein Herz mit dem ganzen Sein eines Menschen verbunden sein kann, die sorgende Mütterlichkeit mit der vollen unendlichen Tiefe ihrer Innigkeit ... und so bekommt das ganze Verhältnis, statt des frühlingsfrischen leidenschaftlichen Bewegtseins der Liebe, den warmen Sommernachhauch des ruhigen, klaren Herbstes.« Der Autor – »Neffe« – sprach aus der Erfahrung einer bisher nicht gekannten Beziehung. In seinem ersten Brief vom Rhein an die Droste zeigt sich Schücking nicht nur als der kesse Neffe. Mit gefühlvollen Worten gab er seinem »Täntchen« die empfangene Innigkeit zurück und entsendete »in mein Heimathland diese Grüße an mein heimathlichstes Herz«.

Ein Jahr später, im Winter 1841/42, liefert Annette von Droste-Hülshoff für Levin Schückings Roman »Das Stifts-Fräulein« anonym die Beschreibung eines adligen Damenstiftes. Dabei stand ihr das seit Kindertagen gut bekannte Stift Freckenhorst vor Augen. Auch eine Szene zwischen dem Stiftsfräulein Katharina von Plassenstein, nicht nur äußerlich der Droste ähnlich, und ihrem Schützling Bernhard kommt aus ihrer Feder. Katharina nennt ihn »meinen Jungen« und »wollte sein Täntchen seyn«: »›Ich will wie eine Mutter für Sie sorgen ... Ich will Jemand haben, der mein ist und dem ich wie einem geduldigen Kameele Alles aufpacken kann, was an Liebe und Wärme, an Drang zu pflegen und zu hegen, zu beschützen und zu leiten, in mir ist und übersprudelt!‹ – Sie fuhr bei diesen Worten heftig in seine Locken und küßte ihn auf die Stirne.«

Annette von Droste-Hülshoff bringt im nachhinein den versteckten Beweis, daß der Autor der »Poetischen Frauen« nicht phantasiert hatte. »Das Stifts-Fräulein«, in zweiter Auflage 1846 unter dem Titel »Die dunkle That« erschienen, führt jenes umfassende Zwiegespräch zwischen der Droste und Schücking fort, das im Sommer 1840 begonnen hatte. Die Droste liebte es, das private »Geplauder« auf literarischer Höhe fortzuspinnen. Wie die Signale ferner Feuer werden Antworten mit Zeitverzögerung abgeschickt, und öffentlich wird besiegelt, was einst vertraute Zweisamkeit war – ohne das Geheimnis auszuplaudern. Wie Kinder, die einen geheimen Kode ersinnen, sendet die Droste über die Dichtkunst verschlüsselte Botschaften aus. Das Spiel der beiden hatte viele Facetten.

Noch vor dem »Stifts-Fräulein« ließ sich Annette von Droste-Hülshoff von diesem Dialog für ihre literarische Produktion anregen und brachte dabei erstaunlich offenherzig Schücking und ihre eigene Person ins Spiel. Von der Verwandtschaft im Paderborner Land bedrängt, ihre humoristische Ader zu nutzen, hatte sie sich im Sommer 1840 an ein Lustspiel gemacht. Im November schon setzte sie den Schlußpunkt hinter »Perdu! oder Dichter, Verleger, und Blaustrümpfe«. Ort des Einakters ist eine Buchhandlung in einer Stadt am Rhein. Das Personal besteht aus den nur wenig verfremdeten Mitgliedern des literarischen Sonntagskränzchens bei Elise Rüdiger, darunter die Droste als »Frau von Thielen, Blaustrumpf vom Stande« und Schücking als »Seybold, Rezensent und nebenbei Dichter«. Als Außenstehender tritt auf »Sonderrath, poeta laureatus«, hinter dem die damaligen Leser unschwer Ferdinand Freiligrath entdeckten, charakterisiert als »der faulste Schlingel in ganz Deutschland«.

Seybold erzählt seinem Freund Sonderrath, daß er dabei ist, Gedichte von einer gewissen Frau von Thielen herauszugeben.

Seybold: *Sonderrath, es ist eine Frau – eine Frau wie du in deinem Leben noch keine gesehen hast. ... eine Frau, sage ich dir, die mehr Talent hat als wir Beide zusammen genommen. ... Eine Frau wie eine Juno, nur viel anmutiger, – überaus anmutig!*

Sonderrath ...: *Seybold, du bist so verliebt wie ne Nachtigall. ... du wirst so rot wie ein Krebs ...*

Seybold *verwirrt und heftig: Soll ich mich nicht ärgern, daß du deine trivialen Späße – eine Frau die so hoch in meiner Achtung steht –*

Da war er, der *fatale Klatsch,* von Annette von Droste-Hülshoff selbst auf die Bühne gebracht, und fand kaum Beachtung. Alle im Sonntagsklub stürzten sich nach dem Lesen des Manuskriptes auf die Autorin, die dem Onkel August von Haxthausen meldet: ... *mein Lustspiel ... ist auch von meinem Kreise förmlich gesteiniget, und für ein vollständiges* PASQUILL *auf sie Alle erklärt worden ... Schücking und die Rüdiger waren die Einzigen die nichts Anstößiges darin fanden ...* Die beiden nahmen es mit Humor, weil sie neidlos das Talent der Droste anerkannten. Die andern Möchtegern-Poetinnen und -Poeten mag in Rage versetzt haben, was Annette von Droste-Hülshoff über ihren eigenen literarischen Rang durch den Mund von Sonderrath sagen ließ. Und das klang gar nicht ironisch, sondern war so provozierend wie der selbstbewußte Abgang der Frau von Thielen in »Perdu!«. Der Buchhändler Speth als ihr angehender Verleger, dem Verleger Wilhelm Langewiesche nachgezeichnet, ist so verwegen, einige »kleine Abänderungen« an ihren Gedichten zu wünschen.

Frau von Thielen: *Sie fürchten Schaden bei dem Unternehmen?*

Speth *ganz verwirrt: O der könnte doch nur gering sein! es ist ja nur ein kleines Bändchen – gleichsam eine Bagatelle –*

Frau von Thielen *feuerrot: Darauf darf ich es doch nicht ankommen lassen ... Sie sind sehr gütig, aber Güte soll man nicht mißbrauchen ... Guten Morgen!*

»Perdu!« ist eine Persiflage auf die literarische Szene. Die Droste ist nicht mehr naiv in bezug auf Autoren, Verleger und Kritiker. Sie hat schnell dazugelernt: durch die wenig erfolgreiche Ausgabe ihres Gedichtbandes von 1838 und noch mehr durch ihre Gespräche mit Levin Schücking, der sich bestens auskannte im Literaturbetrieb. Selbstbewußt gibt sie sich auch in bezug auf den *fatalen Klatsch.* Zumal die Person, der solcher Klatsch am unerträglichsten war und womöglich darin einen Grund sah, die Freiheiten ihrer Tochter einzuschränken, im November 1840 viele Meilen entfernt lebte.

Am 25. September 1840 hatte sich Therese von Droste-Hülshoff auf den Weg gemacht zu ihrer Tochter Jenny, die inzwischen mit ihrer Familie auf die Meersburg hoch über dem Bodensee umgesiedelt war. Die jüngere Tochter verweigerte die gewünschte Mitreise und nannte ihrer Schwester im August den altbekannten Grund: *Ich habe Dir, nach meiner faulen Manier, lange nicht geschrieben, alte Jenny, und nun muß ich gleich mit etwas Unangenehmen anfangen, nämlich daß ich Mama'n nicht werde nach dem lieben Meersburg begleiten können, weil ich durchaus kein Geld habe – Mama ist halbweg böse darüber, und meint es läge an meinem guten Willen ...«* Dann zählt die Droste auf, wie viele Bedürftige von ihr finanzielle Unterstützung erhielten, ohne daß die Mutter es wissen darf, die nur Interesse für ihre eigenen Armen habe. Zu den Armen der Dichterin zählt der Maler Johannes Sprick in Münster, *mit Frau und sechs Kindern ... und die Leute verhungern beynah,* dem sie großzügig Aufträge erteilt, unter anderem das eindrucksvolle Porträt im blauen Kleid. Im Laufe der heftigen Diskussionen wird die Mutter einsichtig und will die Reisekosten übernehmen. Jenny von Laßberg bietet an, der Schwester das Kostgeld zu erlassen.

Doch Annette von Droste-Hülshoff ändert ihre Meinung nicht und führt bei der Schwester einen weiteren Grund an: *Du bist doch ein guter Hans, daß Du so viel an mich wenden willst, und ich danke Dir herzlich dafür. – glaub' mir nur, es ist keine P*LAI*-*SIR*lichkeit, weswegen ich hier bleibe, es ist wegen den armen kleinen Ferdinand, mit dem es so erbärmlich steht, daß wohl keine Hoffnung ist, daß er durch den Winter kömmt ...* Die Droste ging am 7. November 1840 hinüber nach Burg Hülshoff, um bei der Pflege ihres kranken Neffen zu helfen. Eine Woche später starb das Kind an Schwindsucht: *Gott hat es gegeben, Gott hat es genommen, es ist jetzt wohin es gehört, mit seinem frommen reinen Sinne, das sagen wir uns Alle vor, aber die Natur verlangt ihr Recht.*

Vor der Hartnäckigkeit ihrer Tochter hat die Mutter am Ende kapituliert. Sie reist allein ab und schreibt ihrem Schwiegersohn Laßberg von unterwegs, daß er inzwischen sicher wisse, warum Annette nicht mitkomme: »... ein großer Theil von dem was sie sagt ist wahr, andern Theils aber geht es der guten Nette wie vielen unverheyratheten Frauenzimmern, Gemächlichkeit ist ein Hauptzug ihres Karakters, und diesem Hange kann sie nirgends so ungestört folgen wie in Rüschhaus, wo sie – besonders jetzt – vollkommen souverain herrscht ...«

Anfang November 1840 kommt Levin Schücking von seinem rheinisch-fröhlichen Zusammensein mit Freiligrath zurück nach Münster und informiert den Freund am 11. des Monats über die Droste: »Sie ist jetzt auf dem Gute ihres Bruders, wohin ich vor und nach hinausreite; da ist sie aber natürlich nicht mein Mütterchen mehr, sondern das gnädige Reichsfräulein.« Der Vertraulichkeit tat das keinen Abbruch. Im gleichen Brief heißt es, er sei »oft, sehr oft und lange« bei ihr, und sie habe »aufs ernsteste den Plan gemacht, mit uns beiden, Dir und mir und Adele Schopenhauer ein Landgut zu beziehen, der Frau Mertens Haus in Unkel ›der Zehnthof‹ zum Beispiel.« Nur vier Monate zuvor, im Juli, als Levin Schücking schon über seinen »Poetischen Frauen« saß, dementierte Annette von Droste-Hülshoff bei ihrer Freundin Elise Rüdiger heftig: Ihre Sympathien für Schücking seien flüchtig und vorübergehend. Trauen wir ihrem Brief, dann hatte sie selbst diesen Eindruck erweckt.

Ende August schrieb die Droste ihrem Onkel August von Haxthausen, der sich auf ihre Bitte – allerdings vergeblich – um einen Posten für Schücking bemüht hatte: ... *der arme Schelm dauert mich sehr, und fängt jetzt an auch körperlich sichtlich unter seiner Lage zu erliegen, mit den Stunden hat es keine Art, da Niemand Englisch lernen will, ... so muß er, gesund oder krank, auf Leben und Tod schriftstellern, – er kommt jede Woche hier, so in Schweiß gebadet und abgehetzt, als ob er zehn Stunden gemacht hätte ...* Die Rüdiger und der Onkel hatten keinen Grund, den Schilderungen der Droste zu mißtrauen, daß auf ihrer Seite Mitleid und mütterliche Gefühle die treibende Kraft sind. Andere Zeugnisse belegen unmißverständlich, daß die Begegnungen der beiden sehr poetisch verliefen und noch andere Dimensionen umfaßten.

Vom »armen Schelm« hat sich aus diesem Sommer ein lateinisches Billet erhalten. Er werde am Dienstag gegen zwei Uhr im Wald vor ihrem Hause sein und die Droste, auf einer Bank sitzend, erwarten – »UBI CIRCA 2 HORAM IN SYLVA ANTE VILLAM TUAM, SEDENS IN BANCULO TE EXPETO!« Levin Schückings spätere Rückschau auf die wöchentlichen Zusammenkünfte, wie sie mindestens vom Frühjahr 1840 bis in den Sommer 1841 stattfanden, sieht eine »zierliche kleine Gestalt«, die »ihre Locken ohne Kopfbedeckung dem Spiel des Windes überließ, auf einer alten Holzbank saß und mit ihrem Fernrohr nach dem Kommenden ausblickte.«. In ihrem Zimmer – dem *Schneckenhäuschen* – schenkte Annette von Droste-Hülshoff ihrem Gast erst einmal »westfälischen Kaffee« ein, dann folgte ein Spaziergang durch die Umgebung. Auf dem Bauernhof eines Pächters für Burg Hülshoff wurde »ein frisches Gänseei requiriert, das Annette mit einem verwegen starken Zusatz von Zucker zu einem vortrefflichen Crème verarbeitete und das verzehrt wurde im Schatten irgend einer alten Wallhecke oder Eichengruppe. ... Wenn schlechtes Wetter oder gar Winterschnee diese Streifereien unmöglich machten, flossen die Stunden nicht minder darum mit Windeseile vorüber ... Es wurde bei unseren Plaudereien Abend, es wurde Nacht ...«, während im Zimmer darunter die Spinnräder der beiden Mägde schnurrten. Das war kein armer, sondern ein verwöhnter Schelm.

Die abfälligen Äußerungen der Droste über Schücking zwischen Januar und Juli 1839 – *eitel, aufgeblasen, lapsig* – klingen spontan und überzeugend. Der Neuankömmling mag seine Neigungen in diese Richtung zu Beginn der literarischen Sonntagsrunden besonders dick aufgetragen haben. Solche Menschen mochte die Droste wirklich nicht. Irgendwann in der zweiten Jahreshälfte jedoch schwand die Abneigung dahin. Bei den literarischen Diskussionen am Teetisch von Elise Rüdiger und im *Schneckenhäuschen* vom Rüschhaus verwandelten sich die Schwächen des jungen Mannes in Stärken. Das von der Droste ebenfalls kritisierte *Zuversichtliche* wirkte ansteckend und war ein wirksameres Mittel gegen zuviel Grübelei als Schlüters fromme Tröstungen. Mit Levin Schücking in der Runde drängten sich die Vergleiche auf. Wilhelm Junkmann war eine liebenswerte Seele, aber seine Schwermut zog hinab, und überhaupt war er arg *steif* und *altfränkisch*. Christoph Bernhard Schlüter war ein treuer Freund, seine Belehrungen gut gemeint, aber konventionell. Vor allzu persönlichen Gesprächen schreckte er zurück. Bücher waren sein Leben, sie grenzten es ein und ab.

Auch Levin Schücking konnte nicht leben ohne die Bücher, die Literatur. Aber da war noch Zeit und Raum für anderes. Annette von Droste-Hülshoff fühlte sich verstanden wie nie zuvor in ihrem Leben: ... *Und alles was ich geschrieben / Das ist kein Hauch und ist keine Luft / Und ist kein Zucken der Finger / Das ist meines Herzens flammendes Blut* ... Das Spiel der beiden Kinder, wie Adele Schopenhauer es zeichnete, mochte die Sterne nicht einfangen, dafür hatte es eine solide irdische Grundlage. Zwar war der 26jährige auch ein Charmeur, der mit Komplimenten nicht sparte. Wer sie so originell und witzig verpackte, durfte bei der Droste auf Wirkung rechnen. Das gehörte zum Spiel. Aber mit jedem Zusammensein wuchs eine Vertrautheit, die sich in Schükkings Briefen in nebensächlichen Bemerkungen als fürsorgliche Zuneigung offenbart: »Es ist bald elf, Mütterchen, schreiben Sie noch? Sie müssen nach Bett und nicht in der Kälte waschen.« Das war Ende November 1840.

Der Begriff »Mütterchen« war kein bloß aufgeklebtes Etikett, sowenig wie das Pendant – »der kleine Junge«, »Ihr frommes Kind«, der »unartige Junge«. Die Worte erfüllten gegenseitige Bedürfnisse, und die Akteure durften sie aussprechen, ohne Grenzen zu verletzen: »Ich möchte heut all mein Papier an Sie voll schreiben, ich muß Ihnen noch einmal auf diesem Adieu sagen, o mein gutes Mütterchen, was hab ich Sie lieb!« Das schrieb Levin Schücking Anfang Dezember 1840 an Annette von Droste-Hülshoff, und es wird ihr das Herz erwärmt haben. Das hatte ihr, mindestens in den vergangenen 20 Jahren, niemand gesagt. Wie ein Zwiegespräch spiegelt der Brief gleich zu Anfang auch das Hinüber und Herüber, den Austausch der Gesten und Zeichen, die auf Bestand und Dauer deuten: »Ich wollte, Sie wären eben ein Viertelstündchen hier gewesen, mein Mütterchen, es war so wunderschön hier auf meinem Zimmer; ... ein Funke glühte auf dem Rande Ihres Bechers wie ein goldner Tropfen ...«

Auf einer Insel aber lebte Annette von Droste-Hülshoff im Rüschhaus nicht. Aus Meersburg meldete sich Ende Oktober

Therese von Droste-Hülshoff schon zum zweiten Mal bei ihrer Tochter: »... du hast meinen Brief vom 9 ten doch bekommen? bitte sage mir recht bald wie es Euch allen geht, dir, und deinen Hausgenossen, ... denkst du denn auch ans Gartenhauß, daß es nicht hinein regnet, und an die Weinstöcke daß sie zu rechter Zeit bedeckt werden?« Es fehlte auch nicht an mütterlicher Fürsorge: »... was alles dieses kostet, die Schachtel und die Briefe, bitte ich dich, von meinem Gelde zu bezahlen, da ich dich arme Kirchen-Maus, nicht gern auf Unkosten jagen mag.« Die Tochter meldet diesmal umgehend Krankheiten und Todesfälle, erledigte Aufträge und ihre erfolgreiche Arbeit als Herrin im Rüschhaus: *Wir haben unser Korn alle glücklich eingekriegt, und auch den Weitzen noch vor der Regenzeit in die Erde ... Pflaumen haben wir viele gebacken, und ein Uebermaaß von Aepfeln eingescheuert ...* Die alte Amme wird erwähnt, die vor Freude weinte, weil alle in Meersburg an sie gedacht haben, *so wie sie überhaubt ungeheuer nach Euch Allen verlangt.* Das ist das Stichwort: *Ja, alte Mama, mir geht es nicht besser, ich mag nur nicht davon sprechen, weil es mir dann zu arg wird, – Du weißt selbst, wenn ich auch zuweilen nichtsnutzig bin, wenn Du da bist, so kann ich doch gar nicht ohne Dich seyn – ich setze mich drüber weg so gut es geht ...* Danach war erst einmal Briefpause. Im Dezember meldet sich die Mutter wieder: »schreib doch recht bald Liebste Nette! ich will den brief gern bezahlen«.

Viel Zeit, ihren traurigen Gefühlen nachzuhängen, hatte Annette von Droste-Hülshoff nicht. Es gab willkommene Ablenkung, die ihre Konzentration und Arbeitskraft forderte. Levin Schücking hatte von seinem Treffen mit Ferdinand Freiligrath einen attraktiven Auftrag mitgebracht. Der Freund hatte keine Lust mehr zu dem, was er dem Verleger Wilhelm Langewiesche zugesagt hatte: den Gesamttext für einen Bildband über »Das malerische und romantische Westphalen« zu schreiben. Der Verleger war mit Schücking als neuem Herausgeber einverstanden, und der sah seine Chance mit der Westfalenkennerin Annette von Droste-Hülshoff als uneigennütziger Zulieferin im Hintergrund. »Mütterchen, helfen Sie mir, ich habe so viel zu thun«, hieß es schon in den Novemberbriefen. Die Droste ließ ihren »Jungen« nicht hängen und lieferte die ersten Skizzen über westfälische Städte und Landschaften bis Ende des Monats.

Bis ins Frühjahr 1841 hinein ging es Schlag auf Schlag mit der gemeinsamen literarischen Produktion. Die Partnerschaft der Gefühle wurde ergänzt durch eine Zusammenarbeit auf literarischem Gebiet, von der beide profitierten. Nach außen war Schücking im Vorteil, denn er machte sich einen Namen, während die Beiträge der Droste anonym erschienen. Sie nahm es als eine Gelegenheit, ihrer Lust am Schreiben zu frönen, sich weiter in Prosa und Poesie zu üben, und sie arbeitete professionell unter Druck auf feste Termine hin. Gut, daß die Mutter ihr nicht auf die Finger sehen konnte. Wenn nötig, arbeitete Annette von Droste-Hülshoff die Nächte durch. Aber Levin Schücking paßte auf sie auf: »Liebes liebes Mütterchen, um Gottes willen, plagen Sie sich so nicht ... Mit dem was Sie mir aufschreiben wollen hat's jedenfalls Zeit bis Sie Zeit haben, ich bin bange, Sie machen sich krank mit Ihrem nächtlichen Arbeiten ... Schreiben Sie mir, wenn Sie so viel zu thun haben, nur die eine Linie, daß Sie mich noch lieb haben ...« Das war im Februar 1841, und die Droste hatte, wie immer, ihren Ehrgeiz, zumal sie Schücking noch mit Ideen und Einschüben für seinen Roman »Familienschild« belieferte. Dem Freund Junkmann hatte sie in den Dreißigern geschrieben, *blamiren mag ich mich nicht.* Das galt doppelt vor ihrem jungen Dichterfreund.

Levin Schückings Bedarf an Texten für den Westfalenband ging über die Skizzen, die die Droste lieferte, hinaus. Annette von Droste-Hülshoff nutzte die Nachfrage, um ihrer liebsten Prosa-Arbeit nachzugehen: Bis in den Sommer 1841 hinein schrieb sie im Rüschhaus elf Balladen, überzeugt, mit dieser Form *das Gemüt aufzuregen und empfänglich zu machen.* Die Arbeitspartnerschaft war für die Droste ideal, da ihre Kreativität um so mehr Schwung erhielt, je direkter Anstöße und Reaktionen von außen kamen. Levin Schücking erkannte das. Er sparte nicht mit Anregungen und Lob, scheute aber nicht vor Kritik zurück. Zum ersten Mal wußte sich Annette von Droste-Hülshoff in der Ernsthaftigkeit ihrer literarischen Bemühungen verstanden. Während Freund Schlüter ihre Gedichte als »schlicht und anspruchslos« gelobt hatte, erkannte Levin Schücking die Dimension des Drosteschen Talents und legte den Maßstab an, nach dem die Droste selbst sich immer ausgerichtet hatte – den strengsten.

Im Februar 1841 brachte die Botenfrau wieder einen Brief von Münster ins Rüschhaus: »Sehen Sie Mütterchen ... ich habe Sie zwar so lieb, daß ich leichter wie andre Menschen geneigt bin, Ihre Gedichte schlecht zu finden – grade weil ich meine, was Sie machten müßte immer gleich ein Wunder von Fürtrefflichkeit sein: aber trotzdem glaube ich, daß unter unsren Zeitgenossen Niemand mehr ist, der eigentlich classisch schreiben kann, Sie allein ausgenommen ... Bei allen Dichtungen unsrer Zeit fühle ich ein Dilettantenhaftes, hier und da mattes, gemachtes, Freiligrath und Lenau nicht ausgenommen. Das ist nie bei Ihren Sachen der Fall ...« Beide wissen, wie ernst es ihnen mit der Dichtung ist. Lobhudelei würde die Droste selbst ihrem »Jungen« nicht durchgehen lassen.

Wie ernst Schücking es meinte, beweist sein Urteil, manches der Dichterin sei in seiner Art so vollendet wie ein Werk von Shakespeare, aber »Shakspeare selbst hat unendlich ausgearbeitet und gefeilt. ... Deshalb müssen Sie mit mehr Muße die Sache überlegen, wenden, feilen, liebes Mütterchen, und ich bin überzeugt, Sie schaffen in jedem neuen Gedicht eine Art von ganz exclusiver Poesie, die Ihnen Niemand nachmacht, ein Meisterstück«. Die Droste hatte schon 1839 anerkannt, daß der junge Mann, dessen literarisches Talent sie als mittelmäßig beurteilte, dennoch *das feinste Urtheil* im sonntäglichen Dichterzirkel bei Elise Rüdiger besaß. An dieser objektiven Einsicht änderte auch die Kehrtwende ihres Herzens nichts. Sie nahm die Kritik nicht übel.

Eine ungewöhnliche Offenheit macht Schückings unbestechliches Urteil erst möglich: Er ist bereit, den Frauen mit sehr viel weniger Vorurteilen zu begegnen als seine Zeitgenossen. Er sieht in der Droste kein »schreibendes Frauenzimmer«, das aufgrund ihres Geschlechtes vielleicht Interessantes im Reich der Kunst, aber immer nur Dilettantisches schaffen kann. Diese Maxime hatten die Weimarer Klassiker als Maßstab für die Literaturkritik festgelegt. Levin Schücking dagegen vertritt schon als junger Mann, was er in seinem späteren Roman »Schloß Dornegge« schreibt: »Der Grundgedanke meiner Schriften ist Emanzipation des Menschen im Allgemeinen und der Frau insbesondere ...« Ohne Widersprüche geht es auch bei ihm nicht ab. Hin- und hergerissen zwischen fortschrittlichen Überzeugungen und einer romantischen Sicht der Welt, kommen bei ihm die traditionellen Klischees der gemüthaften, dem Mann unterlegenen Frau zum Vorschein. Schon seine »Poetischen Frauen« spiegeln diese Ambivalenz, sind aber für einen 26jährigen ein ausgefallenes Thema und der Beginn seines Engagements für Frauenliteratur.

Schücking hat das Genie der Droste sehen und fördern können und war ihr emotional ein angemessener Partner, weil er keine Angst vor starken, mit Verstand begabten Frauen hatte. Im Dezemberbrief reflektiert er, es sei »etwas weibliches geduldiges anschmiegsames« in seiner Natur: »Mit Junkmann z. B. komme ich gar nicht aus: der ist mir viel zu weiblich, nicht Mann genug. Sie dagegen haben zu weiblicher Beobachtungsgabe einen männlichen klaren ordnenden Verstand bekommen ...« Levin Schücking verband seine weiche Natur mit eigenständiger Meinung und selbstbewußtem, manchmal forschem Auftreten.

Manches Mal, wenn er im Rüschhaus war, öffnete Annette von Droste-Hülshoff die Schublade ihres Tisches, setzte sich im Türkensitz auf das schwarze Kanapee und las aus ihren Werken vor. Im März 1840 schrieb Luise von Bornstedt der Droste: »Schücking ist sehr glücklich wiedergekommen ... von Ihrer Novelle sprach er mit Auszeichnung.« Gemeint ist die »Judenbuche«, das wohl bekannteste Stück der Annette von Droste-Hülshoff. Die ersten Vorarbeiten lagen fast 20 Jahre zurück, als sie die Novelle zum Jahresanfang 1840 beendete. Was sich auf den ersten Blick wie eine einfache Kriminalgeschichte präsentiert, wird bei näherem Betrachten immer rätselhafter. Die Grenzen zwischen Schuld und Sühne zerfließen. Wer wirft den ersten Stein, auch wenn alles klar scheint: Friedrich Mergel aus dem Dorf Bellersen, gerade 15 Minuten Fußweg vom Bökerhof entfernt, erschlägt 1760 einen jüdischen Händler aus der Umgebung, entzieht sich der weltlichen Gerechtigkeit durch Flucht und wird 28 Jahre später genau an dem Baum, unter dem er zum Mörder wurde, erhängt aufgefunden. War es wirklich Selbstmord? War Gott ihm vielleicht gnädiger als seine Mitmenschen, die ihm ein christliches Begräbnis verweigerten? Die Geschichte spielt in der alten Zeit, bevor die Französische Revolution Festgefügtes zum Einsturz brachte. Ob das Festgefügte immer das Rechte ist, steht für die Dichterin keineswegs fest: *Denn wer nach seiner Überzeugung handelt, und sei sie noch so mangelhaft, kann nie ganz zu Grunde gehen, wogegen nichts seelentötender wirkt, als gegen das innere Rechtsgefühl das äußerer Recht in Anspruch zu nehmen.*

Die Geschichte vom Judenmord hatte die Droste als Teil eines Werkes über Westfalen gedacht, in dem sie jene Zeit festhalten wollte, die mit nie gekannter Geschwindigkeit im Rausch des Dampfmaschinenzeitalters unwiederbringlich verloren gegangen war. Ihre Briefe an Christoph Bernhard Schlüter enthalten immer neue Überlegungen zu diesem großen Plan, fast als wollte sie den Freund provozieren. Spätestens nach der Zusammensetzung ihres Gedichtbandes durch Schlüter wußte Annette von Droste-Hülshoff, in welche Richtung dieser *liebste Freund* das katholische Fräulein weiterhin drängen würde. Die Mahnung des Theologiestudenten Tangermann vom Dezember 1840, die Dichterin solle sich auf religiöse Themen konzentrieren, war ein Wink aus dem Schlüter-Zirkel und fiel nicht zufällig in die Zeit, als die literarische Zusammenarbeit zwischen der Droste und Schücking enger wurde. Die entschiedene Antwort der Droste, sich nicht auf religiöse Dichtung festzulegen, und ihr Festhalten am Westfalen-Werk markierten einen deutlichen Bruch.

War die Freundschaft mit dem *Professorchen*, im Laufe des Jahres 1834 so hochgemut begonnen, noch tragfähig? Annette von Droste-Hülshoffs Brief aus dem August 1839 an den *allertheuersten Freund* klingt wie eine Beschwörung: *Was meinen Sie, Schlüter, sollte ein so klares Freundschaftsverhältniß wohl getrübt werden können? – ich meine durchaus nicht, – schlechte Streiche wird ja Keines von Uns machen, und Schwächen und Mißverständisse können Uns nichts mehr thun ...* Sie wollte das Gewohnte und Gegenwärtige um jeden Preis festhalten, sie schätzte seine menschlichen Qualitäten. Am liebsten hätte sie alles beieinander behalten, doch das gab es nur im Märchen. Die Realität war stärker als schöne Worte. Die Realität am Beginn der vierziger Jahre hieß Levin Schücking. Er personifizierte die Gegenwelt, den Aufbruch in eine neue Zeit.

Der Brief vom März 1841 an Schlüter klingt wehmütig und nach Abschied, auch wenn er versucht, die Fäden nicht reißen zu lassen: ADIEU, *mein guter lieber Freund, ... und lassen Sie mich doch wissen, ob ich bald Hoffnung habe Sie hier zu sehn, ich sehne mich herzlich darnach, wir haben in dem letzten Jahre gar wenig von einander gehabt ... Bitte, denken Sie wenigstens mahl mit einem guten Willen darüber nach, es wäre mir eine so gar große Freude, – ADIEU, ADIEU – Ihre Nette.* Im Mai wanderte Christoph Bernhard Schlüter noch einmal hinaus ins Rüschhaus. Doch schon im Februar hatte er in seinem Tagebuch vermerkt, daß er sich mit dem Fräulein »nicht mehr so gut verstehe«. Langsam, leise lösten sich die Bande.

Der Aufbruch war geprägt von leichten, lockeren Tönen. Liebevolle Frotzeleien gehörten zum Zwiegespräch. Ein Anstoß genügte, und die Poesie der Droste verwandelte höchst Prosaisches in amüsant-geheime Botschaften, die nur einem verrieten, worum ihre Gedanken ständig kreisen. »Das Eselein« entstand im Winter 1840/41. Es beginnt mit einem *muntren Rößlein* im Wiesengrund, das Gesellschaft von einem *edlen Jüngling* bekommt: ... *Hinter jedem Ohre ein Federkiel, / Das tät ihn wunderbar zieren! / Am Rücken ein Gänseflügelpaar, / Die täten rauschen und wedeln, / Und wißt, seine göttliche Gabe war, / Die schlechte Natur zu veredeln.*

Das Roß – unschwer als Pegasus der Dichtkunst zu erkennen – wird nun vom Jüngling von Kopf bis Schweif zurechtgestutzt, damit ein rechtes *Paraderößlein* aus ihm wird. Stolz hält er ihm am Ende den Spiegel vor:

Der Schimmel blinzt, und schaut in's Glas, – / O Himmel, da war er ein Esel! Levin Schücking wird rote Ohren bekommen haben bei der Lektüre, aber gemessen an seinem Geständnis im November war er noch gut davongekommen: »Liebes Mütterchen! (dies sprech ich mit einer sehr kleinlauten Stimme) – mein lieb lieb Mütterchen, ich habe was kaput gemacht – bist Du auch böse – ich will's ja nicht wieder thun, mein Leben nicht – ich habe Dir was kaput geschmissen, eine Ballade!« Weil der Platz zu knapp war, hatte

Schücking eine Ballade der Droste um 70 Verse gekürzt – ohne nachzufragen. (Ob die Adressatin den Tabubruch dieses Briefes – geduzt zu werden – schweigend hingenommen hat? Oder verrät sich darin, wie weit die beiden schon zur Rüschhaus-Zeit Konventionen, die der Droste wichtig waren, hinter sich gelassen haben?)

Das Eselein-Gedicht war nicht nur amüsant und damit schon die halbe Absolution. Es hatte einen mehr als doppelten Boden, in dem nur Levin Schücking die versteckten Botschaften, das Spiel mit der vertrauten Nähe erkennen konnte. Im Dezember 1840 plauderte der junge Mann über die »wunderbaren Aehnlichkeiten« zwischen der Droste und ihm: »Daß unsre Aehnlichkeiten noch herab gehn, bis auf die Eselliebhaberei: es ist kurios!« War der Esel ein Lieblingstier der Dichterin, dann verliert die Verwandlung des Rößleins in einen Esel – wie das Zurechtstutzen einer Ballade – insgeheim alle Schärfe. Der gleiche Brief verrät, daß wesentlich mehr als der Esel das Pferd ein Codewort liebkosender Zuneigung zwischen den beiden ist: »... denken Sie mehr daran für sich zu sorgen, als immer für andre – ausgenommen Ihren kleinen Jungen, das dumme Pferd, der nicht genug von Ihnen hören kann.«

Das ist kein Ausrutscher und keine Bezeichnung, die Schücking sich zukommen läßt. Sie gehörte zu den Zärtlichkeiten, mit denen Annette von Droste-Hülshoff den Freund bedachte. In seinem Brief vom Februar 1841, der die allzu schnelle dichterische Produktion der Droste kritisiert, heißt es: »Jetzt werden Sie sagen: der Tebelholmer, wenn ich dem kleinen Pferde noch eine Zeile wieder schreibe, da es statt zu danken critisirt!« Im gleichen Monat, als Schücking die Droste bittet, nicht mehr die Nächte durchzuarbeiten, schließt er seinen Brief: »Adieu Mütterchen, es ist bald halb 2, ich muß zu Tisch. Ihr treues Pferd.« Annette von Droste-Hülshoff hat Menschen, die ihr nahe waren, gerne mit eigenwilligen Kosenamen bedacht. Angefangen bei Schwester Jenny, dem *alten Hans*. Elise Rüdiger wurde *mein klein Thierchen* und *mein lieb Tuckelchen*. Für Levin Schücking behält das *Pferd* seine Bedeutung. *Mein Schulte* ist eine weitere Auszeichnung während der Rüschhaus-Zeit. Was alles sich für die beiden dahinter verbarg, wird ihr Geheimnis bleiben.

Die Briefe der Droste an Elise Rüdiger, an deren Freundschaft ihr viel gelegen war, erzählen nicht immer die ganze Wahrheit in bezug auf Levin Schücking. 1839 hatte sich zwischen der Rüdiger und dem jungen Schriftsteller einiges angebahnt. Die Ältere konnte der verheirateten Freundin ehrlichen Herzens ins Gewissen reden, um ein allzu enges Verhältnis wieder in die Bahnen der Schicklichkeit zu bringen. Uneigennützig aber war ihr Einsatz nicht, und die Droste mußte ihre Formulierungen gegenüber der Rüdiger mit Vorsicht wählen. Sie scheute sich nicht, ihre wahren Gefühle hinter Masken zu verbergen. Mit einer Aussage über Levin Schücking aber war es Annette von Droste-Hülshoff bitter ernst: ... *daß sein Gefühl (für Freunde) nicht an der ärgsten aller Freundschaftsklippen scheitert, sondern in völliger Reinheit und Kraft daneben her segelt* ... Ist es so schwer sich vorzustellen, daß die phantasievolle, nach Zuneigung sich sehnende Droste ihren beiderseitigen Gefühlen vielfältige Ausdrucksformen erlaubte? Sie selbst hatte ihre Wünsche und Bedürfnisse 1838 in den »Klängen aus dem Orient« unverhüllt ausgesprochen. Außer Rede und Wort gab es im Gedicht »Herzlich« den *Druck meiner Hände und meiner Augen kosender Blick*. Warum soll es das nicht auch in der Realität gegeben haben, als kaum zwei Jahre später der 17 Jahre jüngere Schücking ihr Leben verwandelte? Alles weitere Insistieren und vorgebliche Recherchieren über diese frühen Begegnungen führt zu irrelevanten Andeutungen und Vermutungen.

Im Februar 1841 meldet Levin Schücking: »Mütterchen, ich wollt' ein Gedicht für Sie machen, aber ich komme nicht weiter ... Adieu, Adieu.« Er schrieb in diesem Frühjahr nicht nur ein Gedicht für Annette von Droste-Hülshoff. »Im Dome. An ***« erscheint im April 1841 im angesehenen »Morgenblatt für gebildete Leser«:

> »... Und wie die Heil'ge dort aus ihrer Blende
> Mild niederschaut und in die Cathedrale
> Wie segnend streckt die lichtgeküßten Hände
> Und ihre Palme hält in vollem Strahle –
> Sey du mir Heilige, sprich du den Segen,
> Den Schein des ew'gen Lichts sollst Du mir legen
> In deiner Liebe heller Gralesschale!«

Neben der romantischen Verklärung der mütterlichen Freundin faßte Schücking zur gleichen Zeit auch die lebendige Begegnung im *Schneckenhäuschen* der Droste – kaum verschlüsselt – in Verse und nannte es »Dein Zimmer«:

> »... Wie traut dein Zimmer, wenn die Mondesstrahlen
> Die Wappenscheiben auf's Parquet dir malen ...
>
> Die Aeste wiegen sich, der Falke schreit –
> Schier ohne Ende zieht der Weg, so weit
> Den Wald hinein, bis wo die blaue Lichtung flimmert ...
>
> Du hast des Ahnherrn spuckhaft Reiheraug.
> Sieh mich nicht an – nicht meine Seele saug
> Aus meiner Brust mir fast mit dieses Blickes Bohren.
>
> O laß mich eng', mich enger an dich schmiegen,
> Laß mit dem Haupt an deiner Brust mich liegen,
> Laß mich den heißen Schlag von unsern Pulsen messen,
> Wie eine Fluth, Ein Herz durch beide zuckt! –
> Jetzt laß den Ahnherrn kommen, wenn er spuckt,
> Das Leben hab ich so, den Tod hab ich vergessen.«

Im Juni 1841 kehrte Therese von Droste-Hülshoff von ihrem Meersburg-Aufenthalt heim ins Rüschhaus. Neun Monate war sie fort gewesen. Im Juli schreibt Annette von Droste-Hülshoff ihrem Onkel August von Haxthausen: ... *Mama hat leider der Jenny ganz ungebeten versprochen daß ich auf den Winter hin solle, ... und ich suche fortwährend nach einem Jesuitenmäntelchen um vorbey zu kommen ...* Anfang August kommt Schwester Jenny von Laßberg mit den Zwillingen zu Besuch. Schücking besucht die Damen zweimal in diesem Monat und zweimal im September. Da wird fast nur noch vom Kofferpacken gesprochen. Beim letzten Gang durch den Garten vom Rüschhaus pflückt Annette von Droste-Hülshoff für Levin Schücking einen Strauß aus letzten Rosen zum Dank für sein »Schultenamt«. Am 21. September 1841 besteigt die Droste zusammen mit ihrer Schwester und den beiden kleinen Nichten die Kutsche. Diesmal bleibt die Mutter zurück. Nach mehreren Unterbrechungen im Rheinland kommt der kleine Trupp am 30. September auf der Meersburg an. Schon am 9. Oktober öffnet sich das Burgtor für einen nächtlichen, aber nicht unerwarteten Gast. Herzlich begrüßt trifft Levin Schücking auf der Meersburg ein.

Geliebte Lüge:
Nähe und Distanz über Meersburg hinaus

Am 26. Oktober 1841 beginnt Annette von Droste-Hülshoff, die im kommenden Januar 45 Jahre alt wird, in ihrem Zimmer auf der Meersburg einen Brief an die Mutter. Sie erzählt munter drauflos: wie sehr sich ihre Gesundheit schon gebessert habe, von neuen Bekanntschaften und berühmten Besuchen – *Auch Uhland war hier* – und etlichen Wirtshausgängen – *Du siehst, wie bunt es hier bisher zugegangen ist.* Beinahe hätte sie etwas vergessen: *So eben sagt mir Jenny, daß ich Dir schreiben solle, daß* Schücking *hier ist ...* Doch im Vertuschen offensichtlicher Ungereimtheiten ist die Droste keine Meisterin. Ihre folgende Erklärung klingt verräterisch. Schwager Joseph von Laßberg, Hausherr auf der Meersburg, habe Schücking angeheuert, um Ordnung in seine große Bibliothek zu bekommen: *Laßberg ist ganz von selbst auf den Einfall gekommen ... so habe ich nichts von dem Plane gewußt ...*

Vier Tage später geht ein Brief an Elise Rüdiger ab, um auch ihr – und damit allen Münsteraner Freunden und Bekannten – Schückings Ankunft in Meersburg als große Überraschung glaubhaft zu machen. Auch dieser Versuch der Droste ist äußerst durchsichtig: *Vorerst die neuste Neuigkeit, ...* Schücking *ist hier, und wird einige Zeit bleiben, um meines Schwagers Bibliothek zu ordnen. – Sie denken wohl der Gedanke sey von mir ausgegangen, aber keineswegs ...* Und dann wird die Geschichte vom angeblichen *Geheimnißkrämer Laßberg* noch viel ausführlicher als an die Mutter ausgebreitet. Das mußte sein, weil Annette von Droste-Hülshoff in Münster unvorsichtigerweise Freund Junkmann von Schückings geplanter Meersburg-Reise erzählt hatte. Nun soll Elise Rüdiger den Freund davon abhalten, der Mutter der Droste arglos von seinem Wissensstand zu erzählen. Außerdem muß die Freundin versöhnt werden, weil sie nicht informiert wurde und Schücking Hals über Kopf die Stadt verlassen hat, ohne sich von ihr zu verabschieden.

Was für ein vergeblicher Aufwand, um die einfache Wahrheit zu verheimlichen: Noch vor ihrer Abreise aus Westfalen hatte die Droste zusammen mit Schwester Jenny im Rüschhaus den Bibliotheksplan für Levin Schücking ausgeheckt, hatte Jenny von Laßberg in einem Brief – auf getrenntem Zettel – die Zustimmung ihres Mannes erhalten. Annette von Droste-Hülshoff zeigte Mut und fürchtete zu Recht für dieses Zusammensein mit Schücking – fern von vielen strengen heimatlichen Augenpaaren – den *fatalen Klatsch*. Es war Luise von Bornstedt, die ihn wieder maliziös nährte, noch bevor der verharmlosende Droste-Brief die Mutter erreichte.

Lapidar antwortete Therese von Droste-Hülshoff ihrer Tochter: »daß Sch⟨ücking⟩ bey Euch ist wuste ich schon durch die Hülshofer, denen es die Bornst⟨edt⟩ ... erzählt hatte. – Wie mag diese die Sache wohl ansehn? ich fürchte wie ein verabredetes RENDEZ VOUS, das wäre doch sehr traurig!« Die Droste zitiert diese Worte in einem nächsten Brief an Elise Rüdiger, nennt die mütterliche Reaktion *sehr milde*, befürchtet aber *ernste Ermahnungen und Beschränkungen* nach ihrer Rückkehr. Die Bornstedt sei *eine wahre Pest* und nicht fähig, *sich ein rein freundschaftliches Verhältniß zwischen Männern und Frauen zu denken*. Genug des Kuddelmuddels – die Droste ist durchschaut. Die Sache ist ausgestanden, der Klatsch wird keine Blüten treiben. Anfang Januar 1842 hofft die Mutter auf einen »schönen langen Brief« der Tochter, und schon im Dezember hatte Tante Sophie von Haxthausen ihrem Bruder August kommentarlos und in erfreutem Ton mitgeteilt: »Nette ist so wohl, daß sie alle Tage spazieren geht, gar nicht mehr bei Tage schläft und nicht zu Bett liegt, ist sehr viel gesünder jetzt und hat den Schücking bei sich in Meersburg, wo er die Bibliothek von Laßberg ordnet ...«

Die Mutter bekommt im Januar den gewünschten Brief, in dem die Tochter einen Tagesablauf schildert, der ihr kaum eine freie Minute für Besuche läßt: ... *denn ich habe keine Zeit, da der Nachmittag fast ganz mit Spatzierenlaufen hingeht, und ich Morgens auch sehr spät an die Arbeit komme, – bis es so warm im Zimmer geworden ist, daß ich aufstehn kann, und bis ich dann meine Strümpfe gestopft, gefrühstückt, mich angekleidet, und einen kleinen Besuch bey Jenny und den Kindern gemacht habe, ist es immer schon halb elf oder zehn ...* Aber da logierte doch noch jemand auf der Burg; lief man sich gar nicht über den Weg den lieben langen Tag? Die Mutter erfährt: *Mit Schücking geht es sehr gut hier, er hält sich sehr still ... und kömmt den ganzen Tag nicht von seinen Büchern fort, außer gleich nach Tische, wo er den Weg zum Frieden einmahl auf und ab läuft, um sich Bewegung zu machen.* Das Ehepaar Laßberg schätze ihn, weil er fleißig und unkompliziert sei: *... kurz ich muß es doch für ein Glück rechnen, daß er hieher gekommen ist, obwohl ich selbst sehr wenig von ihm habe ...*

Ausführlicher wird Elise Rüdiger über den gemeinsamen jungen Freund unterrichtet – wie gut ihm das Essen bekommt, wie *vortrefflich* er aussieht, was für nützliche Bekanntschaften er schon gemacht hat. Ansonsten wird auch ihr das Leben eines Einsiedlers geschildert: *Am Strande spatziert er aber täglich eine Stunde ... sonst ist er den ganzen Tag in der Bibliothek, bis zum Lichtanzünden, und arbeitet nachher bis zum Abendessen (acht Uhr) an eignen Produckten ... oder geht ins Museum, wo viele Zeitschriften gehalten werden ...* Das sind von Seiten der Droste halbe Wahrheiten. Die ganze erfahren wir von Levin Schücking, der sich erinnert: »Annette von Droste hatte ich auf der Meersburg in einem runden Thurmgemach, rechts vom Eingange in die Burg, installirt gefunden ... sie zog es vor, zu sinnen, zu träumen, und wenn es hoch kam, einen nöthigen Brief in die Heimath zu schreiben, am Vormittag einmal eine kleine Reise über allerlei Corridore und Treppen in meinem Bücherthurm zu unternehmen und nach Tisch die Haupttagesaufgabe zu erledigen, den vom Arzt vorgeschriebenen weiten Spaziergang, auf dem ich sie dann begleitete, über die Höhen oder Seeufer entlang.« Das Ehepaar Laßberg wußte Bescheid und schwieg.

Die beiden Gäste verließen die Burg auf getrennten Wegen und trafen sich außerhalb der Stadtmauern zu ihren langen täglichen Spazierstunden. Als Schücking die Meersburg längst wieder verlassen hatte, schrieb ihm die Droste: *Hör Kind! – ich gehe jeden Tag den Weg nach Haltenau, setze mich auf die erste Treppe, wo ich dich zu erwarten pflegte ...* Damit hörten die Heimlichkeiten aber schon auf. Gerne kehrten die Droste und Schücking auf dem Rückweg westlich der Stadt im »Glaserhäuschen« ein, von wo aus die blauen Trauben den Berg hinunter zum Bodensee wuchsen. (Und wachsen, auch das Haus steht noch.) Kurz bevor es an der Pfarrkirche vorbei und durchs Obertor wieder zurück in die Burg ging, genossen die beiden noch einmal an ihrer Lieblingsstelle, dem »Ödenstein«, den grandiosen Ausblick auf den in immer neuen Farben changierenden See. (Heute sieht man von hier aus die Fähren pendeln, und ein Dutzend Schwäne dümpelt in Ufernähe.) Noch im Herbst 1841 entstand über die gemeinsamen Stunden im »Glaserhäuschen« – »Die Schenke am See« – ein Gedicht:

Ist's nicht ein heit'rer Ort, mein junger Freund,
Das kleine Haus, das schier vom Hange gleitet,
Wo so possierlich uns der Wirt erscheint,
So übermächtig sich die Landschaft breitet ...

Meersburg, bis zur Säkularisation 1803 Residenzstadt der Fürstbischöfe von Konstanz, war einem zwanglosen Umgang günstig. Im Dezember erfährt Elise Rüdiger: *Man lebt hier recht angenehm und überaus ungenirt ...«* Seit der adlig-geistliche Herr fort war und kein bischöflicher Hofstaat die Meersburg und das nahe gelegene neue Schloß bevölkerte, gab es unter den rund 1300 Einwohnern keine tonangebende Schicht mehr. Ein starkes Bürgertum hatte ohnehin nie existiert. In der Unterstadt direkt am See lebten seit Generationen Fischer, Weinbauern, Weinhändler und Handwerker. So waren die neuen Burgbesitzer von feudalen Standeszwängen befreit und hatten auch keinen Dünkel, ihre Mußestunden mit dem Apotheker oder Lehrer zu verbringen. Wenn im Rathaus, nur Minuten von der Burg entfernt, ein Liebhabertheater gastierte, saß Familie von Laßberg – und mit Begeisterung der Gast aus Westfalen – im bunt gemischten Publikum.

Die Droste genoß es, daß niemand sich verwunderte, wenn sie allein nach ihren geliebten Steinen suchte. Auch drehte sich niemand lange um, wenn sie in Begleitung durch die Weinberge wanderte. In Meersburg fehlte ein klatschsüchtiges elitäres Publikum, das daraus – wie in Münster – seine Langeweile mit Geschichten versorgt hätte. Auch war die neue Zeit nicht spurlos an diesem Zipfel der schwäbischen Provinz vorübergegangen. Davon profitierten Schücking ebenso wie die Droste, wenn sie das »Museum« aufsuchten. Es war ein Zimmer im mittelalterlichen Gasthof zum »Bären«, wie die Burg in der Oberstadt gelegen, wo eine Lesegesellschaft die neuesten Zeitschriften abonniert hatte. Darunter befand sich das »Morgenblatt für gebildete Leser« vom Cotta-Verlag, das die zeitgenössische Literatur propagierte.

Die traditionsreiche Meersburg ist eine imposante Anlage mit eindrucksvollem Ausblick über den See und auf die Alpenkulisse. Joseph von Laßberg zählte für das neue Heim »wenigstens 35, meist große heizbare Zimmer, und noch wol ebensoviel oder noch mer andere Gemächer, 5 Gewölbe, Keller, 2 laufende Bronnen mit trefflichem Quellwasser ... Burgverließ, Kapelle, Badezimmer.« Hinzu kam ein großer, gewölbter Saal, in dem täglich Levin Schücking saß, um die über 10000 Bände und Manuskripte der Bibliothek zu katalogisieren.

Eine Angewohnheit erleichterte Annette von Droste-Hülshoff das Heimischwerden in jeder fremden Umgebung. Levin Schücking hat die Abreisen der Droste aus Rüschhaus beschrieben: »Sie hatte dann sorgsam alle ihre Schätze zusammengepackt; alle die merkwürdigen kleinen Gold- und Erz- und Silberstückchen mit den grünen und schwarzen römischen Kaisern darauf; alle die unzähligen ... Medaillen; alle die sauber geschnittenen Gemmen von buntschichtigem Onix ... und dann die hübschen alten Rococo-Ringe; und die alten goldenen Uhren; Alles. Alles war säuberlich zwischen Baumwolle in Kisten und Kästchen gepackt worden ...« Am Reiseziel wurde alles ausgepackt und machte auf der Meersburg das alte Turmzimmer heimelig.

Die Droste war fest entschlossen, in der romantischen Kulisse nicht nur Urlaubsfreuden zu genießen. Der Mutter schrieb sie schon im ersten Brief im Zusammenhang mit den vielen Besuchen und Ausflügen: *Ich denke fortan wird es aber stiller werden, und ich endlich ordentlich an die Arbeit kommen; ich habe eine rechte Gier darnach (vielleicht eben weil ich nicht kann) und mache täglich in meinem Kopfe schon allerlei Vorarbeiten.* Aus dem guten Vorsatz wurden schnell Taten, wie sie stolz im Januar 1842 ins Rüschhaus meldet: *Ich habe schon einen ganzen Wust geschrieben, August würde sich aber ärgern, wenn er hörte daß es meistens Ge-*

dichte sind, von denen ich gegen Ostern wohl einen neuen dicken Band fertig haben werde ... Wenn Onkel August von Haxthausen im Bökerhof sich darüber ärgern will, daß die Nichte seinem Rat nicht folgt, vorrangig ein Prosawerk über Westfalen zu schreiben – soll er doch.

Levin Schücking meldete seinem literarischen Kumpel Ferdinand Freiligrath Anfang Februar, die Droste fabriziere täglich ein Gedicht, 53 seien schon fertig: »... und wenn die 100 voll sind, sollen sie als Sammlung herausgegeben werden.« Das imponierte dem Dichter am Rhein: »Alle Tage eins? Das ist stark, auf Ehre!« Im gleichen Brief vom 24. Februar bietet er Schücking eine Stelle als Erzieher bei den Kindern des Fürsten Karl Theodor von Wrede in Ellingen an. Die unerwartete Chance auf einen langjährigen Vertrag mit festem Einkommen wird im Familienkreis diskutiert. Die Meersburger Tage können nicht von Dauer sein. Levin Schücking sagt zu und fährt am 2. April 1842 zum Burgtor hinaus, um seine neue Stelle anzutreten.

Kein Lebensabschnitt hat in den Biographien der Annette von Droste-Hülshoff so viele Mythen und Legenden produziert wie das halbe Jahr, das sie zusammen mit Levin Schücking auf der Meersburg am Bodensee verbrachte. Die Beziehung zwischen der Droste und Schücking wurde verkitscht und verklärt und damit auch ihre eigene Persönlichkeit verfälscht und verzeichnet. Erst der Zauber der Meersburger Tage, die Liebe der alternden Frau zu dem 17 Jahre Jüngeren, habe die Droste zur Dichterin gemacht und die Quellen ihrer Kreativität sprudeln lassen. Zum Beweis wird aus den Briefen zitiert, die Annette von Droste-Hülshoff in den Monaten nach seiner Abreise an Schücking schrieb – *mein Talent stirbt und steigt mit deiner Liebe*. Alles was danach im Leben der Dichterin folge, sei nur noch literarischer Nachklang, wehmütiger Ausklang.

Doch die Zitate, die solche Legenden untermauern sollen, sind aus dem Zusammenhang der Briefe wie eines ganzen Lebens gerissen. Die Korrespondenz in den Monaten nach Meersburg insgesamt läßt keinen Zweifel: Die Droste hat in diesen Briefen – wie in so vielen anderen auch – keineswegs nur ihren Gefühlen spontan freien Lauf gelassen. Es sind nicht die Bekenntnisse einer unglücklichen Seele, sondern zu einem großen Teil wohlüberlegte Botschaften einer selbstbewußten Frau. Mit Pathos und Ironie, Distanz markierend und Nähe heischend, Andeutungen und Verschlüsselungen einflechtend, ist es Annette von Droste-Hülshoff, die den Ton dieser Korrespondenz und der neuen Phase ihrer Beziehung setzt. Genau so wie zu Anfang der Freundschaft, als die intensive Rüschhaus-Zeit begann. Die Briefe, die damals von Schückings Stube in Münster per Botenfrau ins nahe Rüschhaus wanderten, bringen zugleich die Droste ins Bild. Jetzt, nach dem 2. April 1841, werfen die Briefe der Droste ein Licht auf die komplexe Beziehung der beiden in den sechs vorangehenden Meersburger Monaten.

Was meist vergessen wird: Meersburg war kein Beginn, sondern die Fortsetzung eines vertrauten Umgangs, der für das »Mütterchen« und ihren »Jungen« – das »treue Pferd« – schon fast zwei Jahre währte. Bei ihren westfälischen Streifzügen wie bei den nachmittäglichen Spaziergängen vor den Toren Meersburgs trafen sich zwei Menschen, für die der Gedankenaustausch, die Kommunikation Lebenselexier bedeutete. Levin Schücking erinnert sich an die Meersburger Zeit: »Geplaudert wurde im langsamen Weiterschreiten von Menschen, von Büchern und von denen, welche sie schrieben; aber der liebe Gott hatte uns Beide nicht mit den Scheuklappen für Alles und Jedes, was nicht zum Fache gehört, auf die Welt kommen lassen ... So wurde denn auch vieles geplaudert von Vorgängen in der Heimath, von den Tagesinteressen, von befreundeten und bekannten Gestalten ...« Die Themen gingen ihnen nicht aus, und auch nicht die Streitpunkte.

Ein Schwerpunkt der Gespräche, da beiden eine Herzensangelegenheit, war die literarische Produktion, von bekannten Zeitgenossen, wie die eigene. Levin Schücking, der das überragende Talent der Droste stets anerkannte und sich gerade deshalb zur kritischen Begleitung verpflichtet fühlte, versuchte in Meersburg wieder einmal, seine Freundin von der Prosa weg und hin zur Dichtung zu lenken: »Bei der oft angeregten Debatte, wo eigentlich der Schwerpunkt ihres Talents liege, ... folgte sie endlich meinem Rath, weil dieser Rath mit der Aeußerung des Unglaubens an ihre Versicherung verbunden war, sie werde im Laufe der nächsten

Monate einen ganzen Band lyrischer Gedichte aus dem Aermel schütteln können. ›Das werden Sie sehen,‹ sagte das selbstbewußte Fräulein und zog sich in ihren Thurm zurück, um das erste niederzuschreiben. In den nächsten Wochen entstanden nun ein und auch oft zwei Gedichte an einem Tage, – sie wußte die Wette glorreich zu gewinnen.«

Vielleicht hat der Freund die Pointe im Rückblick ein wenig zu seinen Gunsten zugespitzt. Doch im Prinzip begann so die eindrucksvolle Produktion der Gedichte, über die Ferdinand Freiligrath Anfang Februar 1842 stolz informiert wurde. Zur gleichen Zeit schickte Schücking eine Auswahl davon nach Stuttgart zum »Morgenblatt für gebildete Leser«. Schon am 16. Februar rückte die Redaktion das erste Gedicht der Annette von Droste-Hülshoff ins Blatt: »Der Knabe im Moor«.

Beides charakterisiert die Rolle, die Levin Schücking für die Dichterin spielte. Einmal gaben ihr seine vorbehaltlose, aber von Kenntnissen geprägte Anerkennung und seine Anregungen zusätzliche Motivation. Darüber darf jedoch nicht vergessen werden, daß Annette von Droste-Hülshoff seit ihrer Jugendzeit unbeirrt und ohne äußere Anstöße ihr Talent meisterhaft umgesetzt hatte. Auch was die Schnelligkeit betrifft, steht die einsame Produktion von beiden Teilen des »Geistlichen Jahres« an atemberaubendem Tempo den Meersburger Gedichten in nichts nach.

Vielleicht noch wichtiger war das unermüdliche Engagement Schückings, die Werke der Droste in der literarischen Szene bekannt zu machen und an ein breites Publikum zu bringen. Nach dem Mißerfolg der Gedichtausgabe von 1838 in einem regionalen Münsteraner Verlag knüpfte er die Fäden zum berühmten Cotta-Verlag in Stuttgart, der nicht nur die Klassiker Goethe und Schiller, sondern die führenden zeitgenössischen Literaten und eben das »Morgenblatt für gebildete Leser« verlegte. Als er Anfang April 1842 die Meersburg verließ, hatte Schücking im Gepäck ein säuberliches Manuskript der »Judenbuche«, das er wenige Tage später bei seinem Besuch der Redaktion des »Morgenblattes« in Stuttgart vorlegte. Schon am 22. April konnte Annette von Droste-Hülshoff die erste Folge ihrer »Judenbuche« bei der Lektüre im Meersburger »Museum« im »Morgenblatt« lesen. Es war dieses Prosastück, das die Aufmerksamkeit anerkannter Kritiker und Literaturinteressierter erstmals auf ihren Namen lenkte.

Levin Schücking brachte bei seinem Besuch in der Redaktion auch die Idee zu einer Gedichtausgabe der Droste bei Cotta ins Gespräch. Man war nicht abgeneigt, wollte sich aber erst entscheiden, wenn ein vollständiges Manuskript vorlag. Schücking wußte sich bei solchen Kontakten auch selbst ins rechte Licht zu setzen. Er zeigte sich dem Verlag als überzeugender Talentefinder und Literaturmanager und fand über dieses Talent ein geneigteres Interesse für seine eigenen literarischen Produkte. Daran hingen schließlich seine finanzielle Existenz und sein literarischer Ehrgeiz, und es schmälert seinen erfolgreichen Einsatz als Promotor der Droste nicht. Doch darüber darf die eigenständige Leistung der Dichterin nicht verwischt werden.

Das »Geistliche Jahr« verweist auf das katastrophale Ende einer Liebe, das für die junge Annette von Droste-Hülshoff zum Treibstoff geworden war, ein ganz eigenständiges Werk zu schaffen. Die emotionale Beziehung, die sich zwischen ihr und Levin Schücking entwickelt hatte, beflügelte schon im Rüschhaus ihre Arbeitskraft. Die Beziehung vertiefte sich während des Miteinanders der Meersburger Tage und ging über mütterliche wie über kindliche Zuneigung hinaus. Die Kreativität der Droste in diesem Winter 1841/42 hat einige ihrer Wurzeln auch in dieser Liebe. Dennoch war Annette von Droste-Hülshoff kein literarisches Schneewittchen und Levin Schücking nicht der Prinz, der sie zu dichterischen Höhenflügen wachküssen mußte.

Weder für die Inhalte noch für die Formen ihrer neuen Gedichte brauchte die Droste grundsätzliche Anregungen. Weit von der westfälischen Heimat entfernt, entstand wiederum ein eigenständiges Werk. In den »Heidebildern« erschloß sich die Droste neue Horizonte. Zu ihnen zählt »Der Knabe im Moor« und auch »Das Hirtenfeuer« mit seinen präzisen Bildern, die sie am Ufer des Bodensees abrufen konnte:

Dunkel, dunkel im Moor,
Über der Heide Nacht,
Nur das rieselnde Rohr

Neben der Mühle wacht,
Und an des Rades Speichen
Schwellende Tropfen schleichen.

...

Andere Themen der Meersburger Gedichte sind Variationen vertrauter Botschaften. Sie beweisen eine Kontinuität im Nachdenken über die Welt und sich selbst, dem die Droste seit ihren ersten Gedichten treu bleibt. Sie sagen etwas aus über das katholische Adelsfräulein aus dem Münsterland und sprengen viele Schablonen.

Gewalt und Aggression gehören zu den Themen, die die Dichterin umtreiben. Ist Gewalt ein Mittel, um eine gerechte Sache zu erzwingen? Muß nicht jeder, der zum Schwert greift, schuldig werden? Was treibt den Mörder zu seiner Tat? Die 16jährige Annette von Droste-Hülshoff läßt im unvollendeten Trauerspiel »Bertha« einen der Handelnden *Das namenlose Elend das der Krieg / Hineinschwemmt in ein still beglücktes Land* schildern und erklären, *daß Mörder beide Heere wurden.* Zwischen 1834 und 1838 schreibt die Droste das imposante Versepos »Die Schlacht im Loener Bruch«, in dem sie detailliert das Gemetzel zwischen Protestanten und Katholiken im Dreißigjährigen Krieg ausmalt und keineswegs für die katholische Sache Partei nimmt – *Das Recht, es stand bei jedem Hauf.*

Die Ballade »Der Tod des Erzbischofs Engelbert von Cöln« war eine ihrer anonymen Zugaben für »Das romantische und malerische Westphalen«, das Levin Schücking im Winter 1840/41 in Windeseile herausgeben mußte. Ein machtbewußter Kirchenfürst stirbt bei einem Überfall von Mörderhand, weil er einen adligen Genossen in seinem Stolz gekränkt hatte:

...

Das schwirrt und klingelt durch den Wald,
Die Blätter stäuben von den Eichen,
Und über Arm und Schädel bald
Blutrote Rinnen tröpfeln, schleichen...

Den toten Erzbischof im Dom zu Köln umgeben Weihrauchschwaden, der Anstifter des Mordes stirbt qualvoll, an das Rad gekettet. Gewalt übten beide auf ihre Weise. Auch für den Hingerichteten erklärt die Dichterin: *Die Seele steht bei Gottes Gnade.* Und am Ende sind die Frauen die Leidtragenden in einer gewalttätigen Männerwelt:

> *Zu Cöln am Rheine kniet ein Weib*
> *Am Rabensteine unter'm Rade,*
> *Und über'm Rade liegt ein Leib,*
> *An dem sich weiden Kräh' und Made ...*
>
> *Um sie mied er die Schlinge nicht,*
> *Er war ihr Held, er war ihr Licht –*
> *Und ach, der Vater ihrer Knaben!*

Eines der originellsten Meersburger Gedichte aus dem Zyklus »Heidebilder« heißt »Die Krähen«. Die Droste kehrt zurück zur Schlacht im Loener Bruch und läßt eine uralte Krähe das Menschenmorden Revue passieren: *Zweihundert Jahr und mehr / Gehetzt mit allen Hunden, / Schnarrt sie nun ihre Kunden / Dem jungen Volke her ...* Aus Krähensicht kommt ihre Stunde am Schlachtende: *In achtzehn Schwärmen fuhren wir herunter, / Das gab ein Hacken, Picken, Leich' auf Leich ...* Das ist realistisch, aber nicht der übliche Stoff von Poetinnen.

Die Droste kümmerte das nicht. Sie suchte sich unbeirrt ihre Themen. Dazu gehört das Nachdenken über den Beruf des Dichters, der für sie Berufung ist. Schon im »Geistlichen Jahr« hatte sich die 23jährige als prophetisches Sprachrohr Gottes gesehen. Nichts anderes sagt ihr Gedicht »Mein Beruf« aus dem Meersburger Winter:

> *»Was meinem Kreise mich enttrieb,*
> *Der Kammer friedlichem Gelasse?«*
> *Das fragt ihr mich als sei, ein Dieb,*
> *Ich eingebrochen am Parnasse.*
> *So hört denn, hört, weil ihr gefragt:*

> *Bei der Geburt bin ich geladen,*
> *Mein Recht soweit der Himmel tagt,*
> *Und meine Macht von Gottes Gnaden.*
>
> ...

Eng damit zusammen hängt ein weiteres Thema, das die Droste in Meersburg aufgreift. Sie hatte es schon als 19jährige unter dem Titel »Unruhe« angeschlagen: *Fesseln will man uns am eignen Herde! / Unsre Sehnsucht nennt man Wahn und Traum / Und das Herz, dies kleine Klümpchen Erde / Hat doch für die ganze Schöpfung Raum!* Nun ist Annette von Droste-Hülshoff 44 Jahre alt, steht »Am Turme«, blickt hinunter auf den Bodensee und hat verwegene Wünsche:

> *... O, sitzen möcht' ich im kämpfenden Schiff,*
> *Das Steuerruder ergreifen,*
> *Und zischend über das brandende Riff*
> *Wie eine Seemöwe streifen ...*

Sie weiß, es sind vergebliche Wünsche – *Nun muß ich sitzen so fein und klar, / Gleich einem artigen Kinde* –, doch davon später mehr. Für jetzt gilt festzuhalten, daß die einseitige, einengende Lebensform, die den Frauen im Unterschied zu den Männern vorgezeichnet war, die Droste über die Jahrzehnte beschäftigte.

Die Gedichte, die zwischen Oktober 1841 und März 1842 täglich auf der Meersburg entstanden, waren keine Augenblicksgeburten, die sich einer Mischung aus Gefühl und Zufall verdankten. Schon die Themen sprechen dagegen. Doch der Eindruck hat sich festgesetzt, weil sich vor allem die gefühlvollen Bilder erhalten haben, die am Ende der Gedichtproduktion stehen. Die Dämmerung war ihre Stunde, das hat sie oft genug geschrieben. Annette von Droste-Hülshoff liebte es, tagträumend auf dem Sofa zu hocken oder im Bett zu liegen, *wenn ihr die Gedanken und Bilder ordentlich gegen den Hirnschädel pochen.* Es war der letzte Schritt, die Gedanken und Bilder in Worte und Verse zu transformieren. Darüber gerät in Vergessenheit, daß der scharfe Verstand der Droste an der Vorarbeit wesentlich beteiligt ist. Ständiges Reflektieren und Hinterfragen war ihr Lebenselement. Weil unendlich viele Gedanken und Bilder über Jahre hinweg in ihr schlummerten und ihr phänomenales Gedächtnis nichts vergaß, konnte sie – wenn der Genius sie berührte – etwas Singuläres schaffen:

> *... Was nicht dem Himmel, nicht der Erden,*
> *Was deiner Schöpfung nur bewußt,*
> *Was nie gewesen, nie wird werden,*
> *Die Embryone deiner Brust.*
>
> *...*

Auf diesen ureigenen dichterischen Schöpfungsakt, in dem Gedicht »Gemüt« 1844 festgehalten, pocht sie in ihrem ersten Brief an Levin Schücking nach dessen Weggang von der Meersburg am 2. April 1842. Er hatte ihr gleich am 13. April von seinem neuen Arbeitsplatz in Ellingen geschrieben. Befangen redet er sie mehrmals als »gnädiges Fräulein« an. Vom »Mütterchen« ist keine Rede, und er endet förmlich-korrekt als »Ihr dankbarster und gehorsamster L. Schücking«. Als ob er darauf wartet, daß Annette von Droste-Hülshoff auch für diese Korrespondenz die Spielregeln vorgibt. Wie zu Beginn ihrer Rüschhaus-Zeit, als sie ihm vorgeschlagen hatte, sich gegenseitig *allerhand Unsinn zu schreiben*. Die Droste erfüllt die Erwartungen und signalisiert *meinem guten Jungen* mit vielen vertrauten Anreden, daß ihr enges Verhältnis unverändert über die Trennung hinweg erhalten bleibt: *... du nachläßiger Schlingel ... liebes Herz .... ach du gut Kind ... dein Mütterchen ... mein Schulte ... mein kleines Pferdchen ... du dummes nichtswürdiges kleines Pferd ... du altes Herz ...* Die schönen Worte ändern nichts daran, daß die Schreiberin sich ein wenig Distanz erlaubt, denn begonnen wurde der Brief erst am 4. Mai. Gleich im ersten Satz erklärt die Droste, sie habe so lange gezögert, um mit *vielen langen und schönen Gedichten prahlen* zu können. Die Trennung war das erste Hindernis zu diesem Ziel: *In den ersten acht Tagen war ich todtbetrübt, und hätte keine Zeile schreiben können ... ich lag wie ein Igel auf meinem Kanapee, und* *fürchtete mich vor den alten Wegen am See wie vor dem Tode ...* Anschließend mußte sie in ihrem Urlaubsdomizil jede Menge Verpflichtungen übernehmen – Ausflüge, lästigen Besuch, Krankenpflege: *Du kannst denken, daß ich, unter diesen Umständen nicht viel habe arbeiten können, doch habe ich grade jetzt einen guten kräftigen Anlauf genommen, und seit einigen Tagen das angenehme Gefühl wieder etwas zu leisten ...* Acht Tage dauerte der erste kräftige Trennungsschmerz. Das ist nicht übermäßig lang für die vorangegangene glückliche Zeit zu zweit, und von einem Verlust der Kreativität kann keine Rede sein. Im Gegenteil: Die Droste ist entschlossen, auch ohne ihren jungen Freund etwas zu leisten.

Es folgen ausführliche Erzählungen über gemeinsame Freunde in Münster, allen voran Elise Rüdiger, die in Zukunft von der Droste ausführlich – wenngleich doch lieber nicht vollständig – über Schückings Leben und Treiben informiert werden soll. Dann ist das »Mütterchen« bei ihrer gemeinsamen Leidenschaft: *Ich gehe jetzt täglich ins Museum, setze mich auf deinen Stuhl am Fenster, und sehe was das Morgenblatt bringt – vorgefunden: 1 stens: dein Gedicht auf die Meersburg.* Doch dabei hält sich Annette von Droste-Hülshoff nicht lange auf und geht nahtlos zur eigenen Produktion über: *Ferner fand ich im Morgenblatt mein Gedicht an Junkmann, was sich ganz gut macht ...* Dann kommt sie auf den Abdruck der »Judenbuche« zu sprechen: *Ich finde daß sich meine gedruckte Prosa recht gut macht, ... und ich hoffe darin, mit einiger Uebung bald den Besten gleich zu stehn ... lachst du mich aus, impertinenter Schlingel? – wer zuletzt lacht, lacht am Besten! – es wird doch etwas Tüchtiges aus mir!* Das ist deutlich.

Weder die augenzwinkernde Vertraulichkeit noch die sich anschließende schmeichelnde Verbeugung vor Schückings Talent verschleiern das ungebrochene Selbstbewußtsein: *aber du mußt zuweilen* PER *Feder nachschieben – weiß der Henker was du für eine* INSPIRIRENDE *Macht über mich hast, seit ich bey diesem Briefe sitze brennts mir ordentlich in den Fingern, sobald das Siegel darauf ist, wie eine hungrige Löwinn über die (mir zugewiesenen) Stoffe ... herzufallen, und dann, meine ich, müsse es nur so in einem Strome fortgehn; Gedichte – Lyrisches, Balladen – Drama, –*

was weiß ich Alles! Die Dichterin hat noch viel vor, auch wenn der inspirierende Freund fern ist. Doch er bekommt ein Trostpflaster: *... wärst du noch hier, mein Buch wär längst fertig, denn jedes Wort von dir ist mir wie ein Spornstich.*

Damit ist das laute Nachdenken über die eigene literarische Arbeit für Annette von Droste-Hülshoff in diesem ersten langen Brief nach der Meersburger Zeit – *Wir haben doch ein Götterleben hier geführt* – immer noch nicht abgeschlossen. Zwei Stunden habe sie morgens wach gelegen und an ihn gedacht: *... ach, ich denke immer an dich – immer, – doch PUNCTUM davon – ich darf und will dich nicht weich stimmen – muß mir auch selbst COURAGE machen, und fühle wohl, daß ich mit dem ewigen Thränenweiden-Säuseln sowohl meine Bestimmung verfehlen, als auch deine Theilnahme am Ende verlieren würde, denn du bist ein hochmüthiges Thier, und hast Einen doch nur lieb, wenn man was Tüchtiges ist und leistet. – schreib mir nur oft – mein Talent steigt und stirbt mit deiner Liebe – was ich werde, werde ich durch dich und um deinetwillen ...* Nach soviel zweischneidigem Lob folgt wiederum die zentrale Botschaft, die hinter diesem sorgfältigen Auf und Ab von Emotionen, Schmeicheleien und unverblümten Wahrheiten steht: *... sobald ich diesen Brief geschlossen, gehts CON FURORE ans Werk, – ich bin wieder in der fruchtbaren Stimmung, wo die Gedanken und Bilder mir ordentlich gegen den Hirnschädel pochen und mit Gewalt ans Licht wollen ...* Die Bindungen der Droste an Levin Schücking sind tief, er hat ihr Leben verändert wie niemand sonst. Aber das künstlerische Werk, das sie schafft, verdankt sich am Ende allein ihrer Kraft.

Im Januar 1844 wird Annette von Droste-Hülshoff diesen Anspruch sehr entschieden erheben. Sie dankt ihrem *guten Jungen* für seinen unermüdlichen und schließlich erfolgreichen Einsatz um eine neue Ausgabe ihrer Gedichte im berühmten Cotta-Verlag: *Ernstlich, Levin, ich erkenne Ihre Güte herzlich an ...* Aber dann macht sie überdeutlich, wer bei ihrer Zusammenarbeit für diesen Gedichtband das letzte Wort hat. Wenn Schücking auf Schwachstellen in den Gedichten hinweist, wird sie ernsthaft darüber nachdenken, und sie schließt Korrekturen nicht aus. Als Geschäftsgrundlage jedoch fordert die Droste ein Versprechen:

... und zwar ein ernstes unverbrüchliches, Ihr EHRENWORT, *wie sie es einem Manne geben und halten würden, daß Sie an meinen Gedichten auch nicht eine Silbe willkürlich ändern wollen. – Ich bin in diesem Punkt unendlich empfindlicher als Sie es noch wissen...* Annette von Droste-Hülshoff nimmt sich viele Zeilen, um den Freund zu überzeugen und resümiert: *es mag mir mitunter schaden, daß ich so starr meinen Weg gehe, und nicht die kleinste Pfauenfeder in meinem Krähenpelz leide, aber dennoch wünschte ich dies würde anerkannt...* Levin Schücking hat verstanden und gibt umgehend »das geforderte feierliche Ehrenwort, daß ich nichts corrigire, ändere, flicke«.

In keinem Brief von der Meersburg vergißt die Droste, Levin Schücking daran zu erinnern, daß sie sein »Mütterchen« ist und er ihr »Junge«. Es sind warme, herzliche Töne, mit Erinnerungen beladen über die alte Burg hinaus. Die Mutter-Sohn-Zuneigung markiert den Beginn ihrer engen Beziehung zur Rüschhaus-Zeit und wurde der erste Haken, an dem sich ihre Liebe unverdächtig festmachte. Es war im gemeinsamen Meersburger Winter, als die Droste diese mütterliche Liebe literarisch auf den Seiten bestätigt, die sie zu Schückings Roman »Das Stifts-Fräulein« beisteuert. Sie läßt das Stiftsfräulein Katharina von Plassenstein zu ihrem Schützling sagen: *... ich will Jemand haben, der mein ist und dem ich wie einem geduldigen Kameele Alles aufpacken kann, was an Liebe und Wärme... in mir ist und übersprudelt!* Damit knüpft die Droste auch zustimmend an Schückings Aufsatz über die »Poetischen Frauen« an, in dem er 1840 sein »Mütterchen« im Rüschhaus und ihre Gefühle für ihn – als »der Neffe« verschlüsselt – zum Vorbild nahm.

Auf den Spaziergängen durch die Weinberge im Glanz der Oktobersonne, Levin Schücking an ihrer Seite, genoß Annette von Droste-Hülshoff Worte, die schon zum Bestand der Rüschhaus-Zeit gehörten: *schreib mir, daß du mich lieb hast, ich habe es so lange nicht ordentlich gehört, und bin so hungrig darauf! – du dummes nichtswürdiges kleines Pferd!* Auch diese zärtlichen Worte stehen in ihrem langen Brief vom 5. Mai 1842. Sie konnte sicher sein, daß Levin Schücking wußte, wie sie es meinte. Jedenfalls nicht so, wie diese Liebe sich für ihn während der gemeinsamen Monate in Meersburg entwickelte und erweiterte und wie er es der Droste offensichtlich angedeutet hat.

Auch wenn man im Blick auf dieses Leben immer nur Zaungast bleibt, darf man fragen, wie weit sich zwischen der Droste und dem 17 Jahre jüngeren Schücking Gefühle entwickelten, die aus dem erotischen Wechselspiel der Geschlechter entstanden: ob sich bei ihnen Wünsche meldeten, die mehr wollten als sich tief in die Augen zu blicken oder dem andern zärtlich übers Haar zu fahren; ob sie Erfüllung fanden. In ihren Erinnerungen an die Freundin hat Elise Rüdiger diese Fragen aufgegriffen. Dabei vergleicht sie das Paar aus Westfalen mit dem schriftstellernden Paar Rahel Levin und Varnhagen van Ense: »Der Unterschied der Jahre zwischen ihnen war nicht größer, als zwischen Rahel und Varnhagen. Es hätte also eigentlich eben so gut als bei diesem Paar aus ihrer Freundschaft eine Ehe entstehen können. Aber es ist schon angedeutet worden, daß unsere Dichterin liebesscheu war und die Ehe geradezu füchtete. Auch ist es natürlich, daß ihre streng aristokratische Erziehung und Anschauungsweise ihr eine Verbindung unter ihrem Stande als eine Unmöglichkeit erscheinen ließen. Das Männerherz, leichter entzündbar und schwerer zu befriedigen, gerieth in Aufruhr gegen diese Ansicht, und die schöne Uebereinstimmung der Gemüther wurde einigermaßen unterbrochen. Eine zeitweise Trennung, welche die ältere Freundin mit kluger Vorsicht veranlaßte, stellte indessen das Gleichgewicht bald wieder her...« Mit dieser Skizze offenbart die Rüdiger, die in allen ihren biographischen Artikeln und Beiträgen die privaten Bereiche der Freundin sehr diskret und zurückhaltend behandelt, daß es in Meersburg zwischen der Droste und Schücking Streit über die Dimensionen ihrer Liebe gegeben hat.

Annette von Droste-Hülshoff selbst ist indirekte Kronzeugin für diese Enthüllung. Sie hat auf Levin Schückings weitergehende Gefühle – seine Andeutungen? sein Geständnis? sein Drängen? – in eben jenem Meersburger Herbst und Winter auf neutralem literarischem Terrain eine eindeutige Antwort gegeben. Dem Bekenntnis des Stiftsfräuleins Katharina von Plessenberg zum Überschwang ihrer mütterlichen Gefühle läßt die Droste unvermittelt eine Warnung folgen: *Aber wenn Sie Kameel deshalb glauben oder jemals sich einbilden, ich wäre verliebt in Sie, ich wäre eine Thörin und würfe mich Ihnen an den Hals, so sind Sie nicht nur ein eitler Geck, sondern Sie sind etwas Schlimmeres; ein verdorbener Mensch, der von einem reinen und edlen Verhältniß keinen Begriff hat.* Das sollte reichen. Doch die Schreiberin dieser Zeilen scheut sich nicht, noch präziser zu werden: *Sie wissen, was ich von der Liebe halte; ich mag freilich zu strenge darüber urtheilen, denn ich kenne sie nicht und fühle auch kein Organ dafür in mir ... aber das weiß ich, daß sie keinen Werth hat, weil keine Dauer; keine ächte Tiefe, weil keine Ruhe, daß sie nicht glücklich macht, weil ihr Beides fehlt und daß sie endlich viel zu sehr mit allerlei physischen Dingen in Rapport steht, als daß ich sie je achten könnte.*

Beim Vergleich dieses rigorosen Urteils mit den Offenlegungen der Elise Rüdiger drängt sich eine Vermutung auf: Ähnliche Worte mögen beim Gang durch die Weinberge oder beim Zusammensein in Schückings Turmzimmer von seiten der Droste gefallen sein, auf die der Freund nicht weniger heftig reagiert hat. In der Korrespondenz der Droste zeigt sich kein Hauch von Prüderie, eher ein Trend, die menschlichen Dinge beim Namen zu nennen. Und es ist keine Koketterie, wenn sie im Februar 1844 in einem Brief an Levin Schücking ihn einen Menschen nennt, *der mich so durch und durch kennt.*

Weil Annette von Droste-Hülshoff ihre Liebe klar abgrenzt von jener anderen, die *mit allerlei physischen Dingen in Rapport steht,* hat sie keine Hemmungen, diese Liebe offen einzufordern und sich freimütig zu ihr zu bekennen – im Brief vom 5. Mai 1842 wie in den folgenden: *Mich dünkt, könnte ich dich alle Tage nur zwey Minuten sehn – o Gott, nur einen Augenblick – dann würde ich jetzt singen daß die Lachse aus dem Bodensee sprängen, und die Möwen sich mir auf die Schulter setzten!* Solche Glücksgefühle und solche Sehnsucht wachsen auf anderem Grund als mütterliche Zuneigung. Die Droste ist nicht naiv. Sie weiß, daß ihre Liebe facettenreich ist und beide Partner vielfältig bindet. Wenige Zeilen später versteckt sie es nur notdürftig hinter jenen Andeutungen und Verschlüsselungen, die seit langem Teil ihrer beider zärtlichen Zwiesprache sind: *aber mich vergißt du doch nicht, was die Zeit auch daran ändern mag – wenn der eine Haken bricht so hält der andre – dein Mütterchen bleibe ich doch, und wenn ich auch noch 40 Jahre lebe – nicht wahr mein Junge? – mein Schulte – mein kleines Pferdchen, – was hängen alles für Erinnerungen, die nie verlöschen können an diesen Titeln!*

Was suchte Annette von Droste-Hülshoff in einer Liebesbeziehung? Was erhoffte sie sich von einer Begegnung, die mit dem Begriff »Liebesfreundschaft« ihren Wünschen vielleicht am nächsten kommt? In ihrem Beitrag zum »Stifts-Fräulein« schildert sie eine Begegnung zwischen Katharina von Plessenberg und Bernhard, ihrem »Jungen«: *Bernhard sah sie mit einer schweigenden Innigkeit an und es konnte nun nur ein innerliches Seelenergötzen verursachen, ein Paar dieser blauen treuen Augen so in das andere blinken zu sehen, als ob es darin die Seele wiedersuche, die aus dem eigenen hinüberschlüpfe ...* Das Liebesideal der Droste heißt, sich im andern selber finden, dort das eigene unruhige, zerrissene Leben wie in einem heimatlichen Hafen aufgehoben fühlen. *Das Leben was man in Andern lebt ist doch das liebste und lohnendste.*

Das schreibt die Droste Levin Schücking im Mai 1843. Es klingt selbstvergessen, aber ist es insgeheim nicht auch eine maßlose Überforderung des geliebten Partners? Verbirgt der emotionale Überschwang nicht ein Ungleichgewicht? Die absolute Nähe, die Annette von Droste-Hülshoff auf diese Weise im andern sucht, korrespondiert mit einer rigorosen Distanz, die sie den Liebeswünschen des andern entgegensetzt. Wenn Levin Schücking diese Liebesfreundschaft, in die auch er emotional eine Menge investiert hat, erhalten will, muß er sich ihren Spielregeln beugen.

Er kannte sie nicht nur aus dem »Stifts-Fräulein«, denn zur gleichen Zeit schreibt ihm die Droste ein sehr persönliches Gedicht – »An ***«. Es nimmt das Augen-Motiv fast wörtlich auf:

...

Blick' in mein Auge – ist es nicht das deine,
Ist nicht mein Zürnen selber deinem gleich?
Du lächelst – und dein Lächeln ist das meine,
An gleicher Lust und gleichem Sinnen reich ...

Die Anforderungen einer solchen Liebe sind schon kompliziert genug. Doch es kommen weitere Verwicklungen hinzu. Neben der selbstbewußten Droste gibt es seit Kindheitstagen jene andere, die von Verlustängsten heimgesucht wird um die Menschen, die ihr nahe sind; gequält von der Vorstellungen, die Liebe der andern zu verlieren. Offenherzig gesteht sie Schücking im November 1842: *Ich bin etwas mißtrauisch und gar nicht eitel, darum glaube ich immer schnell vergessen zu seyn.* Darum in den Briefen an die Freunde Schlüter und Junkmann, an Elise Rüdiger und selbst an die Mutter die fast stereotype Beschwörung, wie sehr sie die jeweiligen Adressaten vermisse, wie intensiv sie an sie denke. Darum der häufige Hinweis, daß ihre Zuneigung die ihrer Freunde weit übertreffe, von ihnen gar nicht erkannt werde und sie deshalb ein Minimum an Liebe einfordern kann. Nach der Trennung geht es Levin Schücking nicht anders. Gleich im ersten Brief vom Mai 1842 schreibt sie ihm: *Solltest Du es wohl recht wissen wie lieb ich Dich habe? ich glaube kaum.... Levin, Levin! du bist ein Schlingel, und hast mir meine Seele gestohlen – Gott gebe daß du sie gut bewahrst ... aber du hast mich auch lieb, und denkst auch an mich an deiner Donau ...* Die Kraft der Worte soll wie ein Zauber wirken, der die Liebe unverwundbar macht gegen Entfernung und Auseinanderleben, gegen die Vergänglichkeit.

Annette von Droste-Hülshoff verknüpft in ihren Briefen die eigenen und Schückings Gefühle – so wie sie sie postuliert – fest miteinander. Die Dankbarkeit des »Mütterchens« verpflichtet und bindet ihren Jungen unlöslich – wenn er kein treuloser Schuft sein will. Noch einmal der Brief vom November 1842: *Lieber Levin, deine treue Sorge und Liebe thut deinem Mütterchen sehr wohl – sie hat ja auch nur den einen Jungen, auf den sie Alles was von Mutterliebe in ihr ist* CONCENTRIREN *muß, – Gott segne dich, mein Kind, du weißt nicht wie es mich rührt, daß du so oft an mich gedacht und deine Freude in der meinigen gefunden hat. – ich bin etwas mistrauisch und gar nicht eitel, darum glaube ich immer schnell vergessen zu seyn.* Mit dem Brief schickt sie ihm zum Nikolaus – VIVAT SÜNTE KLOOS! – einen Siegelring als Geschenk. Der eingravierte Spruch heißt »TOUJOURS SINCERE« –

immer treu –, und die Droste kommentiert: ... *das* ist *mein liebstes Kind gegen mich und wird es immer bleiben* ... Dieser Haken soll nicht brechen.

Doch die Worte an Levin Schücking, die das Kalkül des Herzens ihr nach der Trennung in die Feder fließen lassen, stehen schon mit dem allerersten Brief gegen einen ernüchterten Erwartungshorizont. *Das Vergehen und nie so Wiederkommen ist etwas Schreckliches!* bekennt sie Schücking im Mai. Ähnliches hatte sie Jahre zuvor dem Freund Christoph Bernhard Schlüter in Münster geschrieben. Auch in ihrer Liebe zu Levin Schücking mußte Annette von Droste-Hülshoff diesen Grundzug ihres Lebensgefühls früh und schmerzlich erfahren und hat ihn, ohne zu zögern, in Gedichte umgesetzt.

Es war im ersten Monat in Meersburg. Die blauen Trauben leuchteten beim Gang durch die Weinberge und auf dem Tisch bei der Rast im »Glaserhäuschen« hoch über dem Bodensee. Nach solchen glücklichen südlichen Stunden zu zweit schrieb Annette von Droste-Hülshoff im Oktober 1841 das Gedicht »Die Schenke am See«, das Levin Schücking gewidmet ist.

> *Sieh' drunten auf dem See im Abendrot*
> *Die Taucherente hin und wieder schlüpfend;*
> *Nun sinkt sie nieder wie des Netzes Lot,*
> *Nun wieder aufwärts mit den Wellen hüpfend;*
> *Seltsames Spiel, recht wie ein Lebenslauf!*
> *Wir beide schaun gespannten Blickes nieder;*
> *Du flüsterst lächelnd: immer kömmt sie auf –*
> *Und ich, ich denke, immer sinkt sie wieder!*

Schon in den Strophen zuvor deutet die Dichterin an, wie verschieden beide die gleiche Situation gemäß ihrem unterschiedlichen Alter genießen:

> *... Schon fühl' ich an des Herbstes reichem Tisch*
> *Den kargen Winter nahn auf leisen Socken.*

> *Das sind dir Hieroglyphen, junges Blut,*
> *Und ich, ich will an deiner lieben Seite*
> *Froh schlürfen meiner Neige letztes Gut...*

Das Herz sagt, es soll ewig dauern. Doch Annette von Droste-Hülshoff wollte in keiner Situation auf ihren kritischen, distanzierenden Blick verzichten. Mochten die Selbsttäuschungen zeitweilig ihren Tribut fordern, sie wußte, daß dem Gleichklang der Gefühle nur eine begrenzte Zeitspanne bemessen war. Levin Schücking, das *junge Blut*, genoß ohne Grübelei die glücklichen Augenblicke, die immerhin schon vor Meersburg Monate füllten. Sein Zukunftshorizont war unbegrenzt, ihre Dämmerung schon angebrochen. Die 17 Jahre Ältere, die im geliebten andern sich selber grenzenlos und zeitenthoben zu finden hoffte, sah sich in Meersburg illusionslos mit einem doppelten Spiegelbild konfrontiert:

> *O frage nicht was mich so tief bewegt;*
> *Seh ich dein junges Blut so freudig wallen,*
> *Warum, an deine klare Stirn gelegt,*
> *Mir schwere Tropfen aus den Wimpern fallen.*
>
> *Mich träumte einst, ich sei ein albern Kind,*
> *Sich emsig mühend an des Tisches Borden;*
> *Wie übermächtig die Vokabeln sind,*
> *Die wieder Hieroglyphen mir geworden!*
>
> *Und als ich dann erwacht, da weint' ich heiß,*
> *Daß mir so klar und nüchtern jetzt zu Mute,*
> *Daß ich so schrankenlos und überweis',*
> *So ohne Furcht vor Schelten und vor Rute.*
>
> *So, wenn ich schaue in dein Antlitz mild,*
> *Wo tausend frische Lebenskeime walten,*
> *Da ist es mir, als ob Natur mein Bild*
> *Mir aus dem Zauberspiegel vorgehalten;*

Und all mein Hoffen, meiner Seele Brand,
Und meiner Liebessonne dämmernd Scheinen,
Was noch entschwinden wird und was entschwand,
Das muß ich Alles dann in dir beweinen.

Annette von Droste-Hülshoff hat dieses zweite Widmungsgedicht für Levin Schücking in ihrem Turmzimmer über dem See geschrieben, kaum daß der goldene Herbst von 1841 in den Winter übergegangen war.

Eine weitere poetische Frucht dieses nüchternen Blicks auf eine Liebe – das Gedicht »Die Bank« – entsteht im Februar 1842, ebenfalls noch während der Freund mit ihr unter einem Dach wohnt. Drei Monate später ist er fort, und die Droste versucht im ersten Brief an Schücking, die vertraulichen Stunden mit einem Bekenntnis lebendig zu halten: *Hör Kind! – ich gehe jeden Tag den Weg nach Haltenau, setzte mich auf die erste Treppe, wo ich dich zu erwarten pflegte, und sehe, ohne* LORGNETTE, *nach dem Wege bey Vogels Garten hinüber, kömmt dann Jemand, was jeden Tag ein paarmahl passirt, so kann ich mir, bey meiner Blindheit, lange einbilden du wärst es, und du glaubst nicht, wie viel mir das ist . . .* Ein anrührendes Bild, das sich spontan in den erzählenden Ton des Briefes fügt. Tatsächlich war es der Briefschreiberin schon viele Wochen zuvor, als der Freund noch täglich und leibhaftig am verabredeten Treffpunkt auftauchte, zu Literatur geronnen.

Im Februar war ihre Phantasie im Gedicht »Die Bank« ins heimatliche Westfalen vorausgeeilt. Die Droste sieht sich nicht weit vom Rüschhaus wieder auf jener Bank sitzen, auf der sie wöchentlich über viele Monate Levin Schücking erwartet hatte: *Dies ist der Fleck, wo man den Weg / Nach allen Seiten kann bestreichen, / . . . Ach manche, manche liebe Spur / Ist unterm Rade aufgeflogen! / Was mich erfreut, bekümmert, nur / Von drüben kam es hergezogen.* Sie erblickt den Hauskaplan, der von Burg Hülshoff herüberwandert, um hier die Sonntagsmesse zu lesen. Sie hört das Pfeifen des geliebten, lange verstorbenen Bruders Ferdinand, der mit dem Hund von der Jagd zurückkommt. Sie denkt an alte und an neue Freunde: *Auch was mir noch geblieben und / Was neu erblüht im Lebensgarten, / Der werten Freunde heitrer Bund, / Von drüben muß ich ihn erwarten.* Aber das Gedicht ist damit noch nicht am Ende, weil die Droste es nicht zuläßt, daß ihre Phantasie der Realität ausweicht:

> *So sitz ich Stunden wie gebannt,*
> *Im Gestern halb und halb im Heute,*
> *Mein gutes Fernrohr in der Hand*
> *Und laß es streifen durch die Weite.*
> *Am Damme steht ein wilder Strauch,*
> *O, schmählich hat mich der betrogen!*
> *Rührt ihn der Wind, so mein' ich auch*
> *Was Liebes komme hergezogen!*
>
> *Mit jedem Schritt weiß er zu gehn,*
> *Sich anzuformen alle Züge;*
> *So mag er denn am Hange stehn,*
> *Ein wert Phantom, geliebte Lüge;*
> *Ich aber hoffe für und für,*
> *So fern ich mich des Lebens freue,*
> *Zu rösten an der Sonne hier,*
> *Geduld'ger Märtyrer der Treue.*

Mit dem Gedicht »Die Bank« zaubert sich Annette von Droste-Hülshoff wenige Wochen nach ihrem 45. Geburtstag im Februar 1842 auf der Meersburg glückliche Augenblicke der Vergangenheit herbei und verknüpft sie mit ihren Zukunftsträumen, die – wie die konkrete Erinnerung – den Namen Levin Schücking tragen: *Was Liebes komme hergezogen.* Niemand anders als er ist gemeint. Im gleichen Atemzug jedoch erkennt sie und spricht aus, welches Spiel die Einbildung mit ihr treibt. Der Verstand akzeptiert keine Illusionen: *Ein werth Phantom, geliebte Lüge* – in Poesie gehüllt, läßt sich die Zukunft ihrer Liebe zu Levin Schücking nicht klarer, nicht schonungsloser benennen.

Die Augenblicke der Wahrheit werden wieder vergehen, die Gegenwart wird die Zukunftsängste verdrängen, das Herz will sich nicht geschlagen geben. Die widerstreitenden Wünsche und Wahrheiten spiegeln sich in den Briefen, die Annette von Droste-

Hülshoff ab Mai 1842 an Levin Schücking schreibt. Naive Liebesbriefe sind es nicht, auch wenn ihr sicherlich vieles spontan in die Feder geflossen ist. Diese Korrespondenz weist die Droste wieder als überlegte Briefeschreiberin aus. Sie setzte diese Kunst bewußt für ein Ziel ein: die Zuneigung Levin Schückings zu ihr sollte allen Veränderungen, die es geben würde, standhalten.

Sie ging so weit, ihm auch schriftlich ihr Herz zu öffnen. Sie trat auf als sein »Mütterchen«, und zeigte sich zugleich energisch als die selbstbewußte Dichterin. Sie suchte seine Nähe, indem sie die gemeinsam erlebte Erinnerung in poetischen Bildern beschwor. Sie wollte sich mit allen ihren Eigenheiten im andern verstanden und geborgen wissen. *Ein reines und edles Verhältniß* – danach sehnte sie sich. Preisgeben wollte sie sich nicht. Die glückliche, nicht spannungslose Meersburger Zeit, zusammen mit den Stunden im Rüschhaus Garant für die gemeinsame Zukunft über alle Trennungen hinweg, hat die Beziehung der beiden nicht leichter gemacht. Die Bewährungsprobe stand noch bevor. Levin Schücking, der junge Mann, wußte, wie kompliziert sein »Mütterchen« war. Vieles in ihren Briefen wird ihn froh und auch stolz gemacht haben. Manches konnte er aufgrund seiner Erfahrungen einordnen. Anderes mußte ihn verwirren, überfordern und bedrängen.

Ein werth Phantom, geliebte Lüge: Annette von Droste-Hülshoff war im Frühjahr 1842 entschlossen, die Zerreißprobe auszuhalten. Nachdem sie sich mit dem ersten Brief Zeit gelassen hatte, schrieb sie Schücking im Mai noch einen zweiten. Am Ende stand: *ADIEU, mein liebes altes süßes Herz, ich habe Alles so vollgequakkelt, daß ich Dir kaum noch sagen kann, wie unmenschlich lieb ich Dich habe, und wie ich immer an dich denke. ADIEU.*

Im Kampf um ihre Liebe:
Der eigenen Phantasie überlassen

Bei ihrem letzten Brief aus Meersburg an Schücking im Juli 1842 schrieb die Droste in ihrer winzigen Schrift an den Rand: *Liebes Herz, wundere dich nicht, wenn ich dich fortan Sie nenne, und dich um Gleiches bitte, die gefährliche Zeit unserer Corespondenz fängt jetzt an, und es ist mir zu empfindlich alle deine lieben Briefe des »Dus« wegen verbrennen zu müssen.* Auf der Burg wurden Koffer und Kisten gepackt mit den wohlvertrauten Münzen und Uhren, den Steinen, Ringen und den neuen Erinnerungsstücken, die Annette von Droste-Hülshoff in den Weinbergen und am Ufer des Bodensees entdeckt hatte. Jenny von Laßberg hatte vergeblich für einen längeren Aufenthalt der Schwester im gesunden südlichen Klima geworben. Die Mutter im regnerischen Westfalen drängte seit Wochen auf Heimfahrt.

Schücking wußte, welche Überlegungen hinter der Bitte der Droste standen. Sie war nicht sicher, ob Therese von Droste-Hülshoff im Rüschhaus die Post an ihre Tochter ungeöffnet weiterleiten würde. Es wäre ein Skandal, wenn die Mutter erführe, daß sich ihre 45jährige Tochter mit dem 28jährigen Schücking duzte. *Ein schlimmes kleines Wörtchen* nannte es die Droste in einem Brief an die Freundin Elise Rüdiger und fügte entschuldigend hinzu: *... was bey poetischen Personen so verschiedenen Alters doch nicht grade unerhört ist ...* Aber nicht einmal der Rüdiger hat sie je das Du angeboten. Mit der vereinbarten Maskerade beugte sich das adlige Fräulein den Konventionen, und Levin Schücking hat sich – von spontanen Ausnahmen abgesehen – daran gehalten.

Am Freitag, dem 29. Juli 1842, bestieg Annette von Droste-Hülshoff im Hafen von Meersburg mit zwei alten westfälischen Freundinnen als Begleitung das Dampfboot – *die Kinder weinten und winkten uns lange nach* – und ab ging es nach Schaffhausen, wo der Rheinfall besichtigt wurde. Was dann folgte, war nichts für schwächliche Naturen: *Am andern Morgen setzten wir uns auf die*

Schnellpost und fuhren nur immer fort – fort – fort den Tag die Nacht und den folgenden Morgen bis Stuttgart. Dort konnte sie einem angenehmen Bekannten aus Meersburger Tagen einen Besuch nebst Stadtbesichtigung nicht abschlagen – *das war mehr Ehre als Vergnügen denn wir waren todtmüde* ... Abends um neun Uhr ging es wieder auf die Schnellpost: ... *am andern Morgen um Elf waren wir in Heidelberg stiegen gleich am Eisenbahn-BUREAU ab, fuhren mit diesem heulenden Ungeheuer in einer halben Stunde die sechs Stunden nach Mannheim von dort gleich aufs Dampfboot, was uns Abends endlich nach Mainz und dort nach zwei Nächten zuerst wieder in ein Bett brachte.* Die Nacht im Hotel war kurz für die Droste. Sie trennte sich von ihrer Reisebegleitung, nahm morgens um halb fünf das Dampfboot und war am Abend in Bonn.

Acht Tage blieb sie am Rhein und traf sich mit dem Kreis aus längst vergangenen Ferienzeiten, darunter der alten Freundin Sibylle Mertens. Am 12. August ging es weiter: *Von Bonn bin ich immer durch gefahren, erst mit dem Dampfboot bis Wesel und dann gleich weiter mit der Schnellpost bis Münster.* Weil die Mutter noch auf Besuch bei ihren Geschwistern im ostwestfälischen Abbenburg weilte, konnte Annette von Droste-Hülshoff in Münster Station machen. Zusammen mit Elise Rüdiger besucht sie Christoph Bernhard Schlüter mit seiner Familie am Alten Fischmarkt und zieht am 14. August 1842 *zu Fuß ab nach Rüschhaus.*

Die Kontaktpflege gleich bei der Rückkehr setzt ein Zeichen für die folgenden Monate. Annette von Droste-Hülshoff verkriecht sich nicht im Rüschhaus. Sie nutzt die im Meersburger Klima neu gewonnene körperliche Beweglichkeit, für einen oder mehrere Tage nach Münster zu gehen und lädt zu Besuchen aufs Land ein. Besonders energisch Anfang September, als die Mutter noch in Abbenburg ist, Elise Rüdiger und Wilhelm Junkmann mit seiner Schwester: *aber kommt bald, recht bald, – meine Mutter will gegen die Mitte September ... abreisen, ... früher kömmt sie wohl nicht, aber viel zusetzen wird sie auch nicht, da sie mich hier weiß, und doch wohl denkt, daß ich mich nach ihr sehne. – dann kämt Ihr zwar doppelt angenehm, weil Mama Euch alle Drey sehr gern hat, aber wir sind doch nicht so recht unter uns.* Da wird zwischen den Zeilen einiges verraten. Mit den Meersburger Freiheiten ist es vorbei. Annette von Droste-Hülshoff muß wieder listig ihre Nischen besetzen und verteidigen.

Auch Christoph Bernhard Schlüter zählt zu den herzlich ins Rüschhaus Eingeladenen. Die Briefe zwischen der Droste und ihrem *Professorchen*, dem Münsteraner Literaturdozenten, waren seit Jahren versiegt. Die Freundin fühlte sich in persönlichen und literarischen Fragen unverstanden. Die Beziehung zu Levin Schücking hatte die alte Bindung in den Hintergrund gedrängt. Doch vergessen war der blinde Freund, dessen treue Anhänglichkeit an »das Fräulein« unerschüttert blieb, nicht. Jetzt, wo Schücking fern war, gewann sie wieder an Wert. Im November meldet Schlüter dem gemeinsamen Freund Wilhelm Junkmann: »Vorige Woche war wieder einmal Fräulein Droste in Münster; ich freue mich, mit ihr reden zu können; auch von Dir kam mehrfach die Rede; sie war sehr liebenswürdig.«

Der literarische Klub, den Elise Rüdiger im Winter 1838/39 zusammenbrachte und der sich jeden Sonntagabend in ihrer Wohnung traf, – Schücking und Caravacchi, die Bornstedt, Junkmann und mittendrin die Droste – hatte sich aufgelöst. Um so enger und vertrauter wurde das Verhältnis zwischen Annette von Droste-Hülshoff und Elise Rüdiger. Über die jüngere Freundin schrieb die Droste im November 1842 an Schücking: *ich weiß sonst Niemanden der so durch und durch gut und mild wäre, außer etwa Schlüter, und ich glaube auch nie eine Freundinn so, ohne Schwärmerey, herzlich, und wie mein eignes Blut geliebt zu haben.* Noch im August beginnt Elise Rüdiger mit ihren Besuchen im Rüschhaus, wo das anregende Zwiegespräch nicht mit dem Sonnenuntergang endet, wie sie sich Jahre später erinnert: »Manch schöne Sommernacht wurde in dieser Art verschwärmt, und wenn die Morgendämmerung und das Lied der Vögel anbrach, fragten sich die Freundinnen verwundert: ›ist es die Lerche oder die Nachtigall?‹«

Umgekehrt übernachtete die Droste im November 1842 über eine Woche bei der Freundin, da deren Tante Ittchen, die inzwischen zum Rüdiger-Haushalt in Münster gehörte, abwesend war. Schücking erfährt: *Ich habe die ganze Zeit bey* Elisen LOGIERT...

Wir haben eine sehr liebe Zeit zusammen verlebt, Tante Ittchen war noch nicht da, und ich kroch derweil in ihr Bette, vor das sich Elise *dann jeden Abend setzte, wo uns unter Ernst und Lachen oft die Mitternacht über den Hals kam ehe wir es dachten, – ich denke recht bald wieder hin zu gehn* ... Die Droste fährt fort: ... *es sollte mich wundern wenn einem gewissen kleinen Pferdchen die Ohren nicht fleißig geklungen hätten* ... Levin Schücking stand weiterhin im Zentrum ihrer Gespräche wie ihrer Briefe, war doch sein enges Verhältnis zur verheirateten Elise Rüdiger nicht zuletzt auf Drängen der Droste in gelassene Bahnen gelenkt worden. Annette von Droste-Hülshoff informierte die Freundin über Schückings Briefe – wenngleich mit Abstrichen –, und leitete Briefe, die immer noch zwischen den beiden gewechselt wurden, weiter.

Im Dezember überfällt die Droste wieder die alte, kaum bezwingbare Angst, die Zuneigung eines geliebten Menschen verlieren zu können. Elise Rüdiger hat ihr angedeutet, von einer Bemerkung verletzt worden zu sein. Daraufhin schildert Annette von Droste-Hülshoff der Freundin ihr kompliziertes Innenleben: *Nun aber, mein klein Herz, Sie sind mir böse gewesen?* ... *Mein lieb Thierchen, wenn ich Dergleichen wie neulich sage, dann ists, aufrichtig gestanden, auch nur Eifersucht, – meine Liebe ist eben so empfindlich, und viel tyrannischer als die Ihrige, ich möchte Sie gern sehr an mich reißen, und wenn mir dann einfällt, wie viel tiefer in der Natur gegründet andere Ansprüche sind,* ... *dann kann mich* MOMENTAN *eine unmuthige Trauer überkommen* ... *Sie wissen gar nicht was Sie mir sind, Elise!* Die warmherzig-werbende Liebeserklärung versucht durch ein Übermaß der Gefühle, von deren Ausmaß der andere angeblich keine Ahnung hat, die 15 Jahre jüngere Freundin zu überzeugen und fest an sich zu binden. Der Brief endet: *Ihre ganz treue, und sie ganz ganz lieb habende Annette.* Das war mit Bedacht geschrieben, kam jedoch aus einem leidenschaftlichen, liebebegierigen Herzen.

Etwas vermißte die Droste sehr in ihrem westfälischen Zuhause: die liebgewordene Lektüre im »Museum« von Meersburg, darunter vor allem das »Morgenblatt für gebildete Leser«, das im August und September je zwei Gedichte von ihr brachte. Es war mühsam, ständig die Freunde in Münster zu bitten, sie auf dem

Laufenden zu halten. Aber Annette von Droste-Hülshoff war auch weiterhin neugierig, was ihre schreibenden Kollegen produzierten. Im Rüschhaus entstanden jetzt neue Gedichte, außerdem war sie damit beschäftigt, an den Produkten der vergangenen Monate zu feilen und sie endgültig ins Reine zu schreiben. Immer hatte sie das eine Ziel vor Augen: daß in absehbarer Zeit ein zweiter Band mit ihren Gedichten auf den Markt kommen sollte.

Nach wie vor mußte sie sich die Zeit für ihre ureigene Arbeit stehlen. Vorrang hatten stets die Besucher im Rüschhaus, und ohne Murren kam die Droste ihren verwandtschaftlichen Verpflichtungen als Krankenpflegerin nach. Das alles kannte sie seit Jahrzehnten, es bremste ihr Engagement in eigener Sache nicht. Hinderlicher waren die gesundheitlichen Probleme, die sich bei ihr nach der Rückkehr ins feuchte westfälische Klima wieder einstellten. Doch im September, als es ihr zuweilen *hundsschlecht* geht, schreibt sie der Schwester, daß die Arbeit an den Gedichten fast beendet sei. Levin Schücking erfährt im gleichen Monat ausführlich von ihren Beschwerden, aber ebenso von der Arbeit, die dennoch vorangeht: *Um jetzt auch mahl auf mich selbst zu kommen: ... ich kann des Climas noch ganz und gar nicht gewöhnen, obwohl ich alle Tage renne wie ein Postbothe, ... dennoch ist mir häufig übel, schwindlig, ohrensauserig, und auch zuweilen beklemmt, doch ists schon etwas besser geworden ... Zu meinen Gedichten ist noch manches recht Gelungene hinzu gekommen, und die Pastete bald gar.*

Im November 1842 meldet sie dem Freund: *... die »Judenbuche« hat endlich auch* hier *das Eis gebrochen, und meine sämmtlichen Gegner zum Uebertritt bewogen, ... und meine Mama anfängt ganz stolz auf mich zu werden.* Wie in alten Zeiten lästert sie vertraulich über den gemeinsamen Freund Schlüter und dessen literarische Schützlinge: *auch begönnert die gute treue Seele ... wieder ein paar miserable Heckenpoeten, – ein namenloses Fräulein, deren noch ungedruckte Gedichte wie Spülwasser schmecken, und einen gewissen* Lappe *(den Namen mit der That) der sich, Gottdank nur in einem kleinen Bändchen,* BLAMIRT *hat ...* Auch das ist die Droste: Wenn es um literarische Qualität geht, kann ihre Kritik vernichtend ausfallen. Welten – so sieht sie es – trennen sie von solchen Dilettanten, und sie pocht auf ihren anderen Ruhm. Der Tante Sophie von Haxthausen hatte die Nichte im September nicht nur Grüße für Onkel August geschickt: ... *sage ihm, ich arbeite fleißig an meinem Buche über Westphalen, und hätte außerdem einen dicken Band Gedichte zum Druck fertig, ... ich hätte jetzt acht gute Recensionen bekommen, und drei Verleger hätten sich mir angeboten* ... Annette von Droste-Hülshoff trug kräftig dazu bei, ihr steigendes literarisches Ansehen unter denen zu verbreiten, die ihr nahestanden.

Das Jahr hatte keinen schlechten Verlauf genommen. Die Droste blickte nicht rührselig zurück, auch wenn das Ende des »beyderseitigen Lebens« mit Levin Schücking ein tiefer Einschnitt war. Wann immer sie Zeit fand, tat sie, was ihr das Liebste war. Für den Spätherbst hatte sie sich eine Ballade vorgenommen, und zum Jahresende war das Werk geschafft. Umgehend wurde Levin Schücking informiert: ... *ich habe so eben ein größeres Gedicht beendigt, (von ohngefähr 600–700 Versen) »der* SPIRITUS FAMILIARIS *des Roßtäuschers« ... sie gefällt sehr*. Die Dichterin hatte ein Thema gewählt, das sich – neben anderen – wie ein roter Faden durch ihr gesamtes Werk zieht. Diesmal ist es ein Pakt mit dem Teufel, durch den ein Mensch in den Sog der Schuld gerät. Auch in dieser Ballade weigert sich die Dichterin, den Stab zu brechen, und läßt der göttlichen Gnade das letzte Wort:

O, in der Sterbestunde hat sein irrer Fuß ihn hergetragen,
... Des Greises Auge dunkelt, wild
Die Agonie zum Haupte quillt ...
... o Gottesmutter, Gnade! Gnade!
Er liebte dich, er liebte dich in Sünd' und Schmach!

...

Auf der Gemeinde Kosten ist ein grobes Sterbehemd bereitet,
Ein kurzer träger Glockenschlag hat zu der Grube ihn geleitet,
Wo sich der Engelsflügel neigt
Und nicht des Drachen Kralle reicht.

So gern Annette von Droste-Hülshoff die Bilder und Gedanken zu Versen formte, wenn sie wach im Bett lag oder gemütlich mit überschlagenen Beinen auf dem schwarzen Kanapee saß – zwei Grübeleien schoben sich in diesem Herbst dazwischen: Sie betrafen den abwesenden Freund. Einmal machte ihr seine berufliche Situation als Erzieher Sorgen. Im September 1842 erfährt die Schwester in Meersburg: *In* Schückings *Briefe steht Manches, was mich fürchten läßt, daß er endlich ehrenshalber nicht wird bleiben können, – der Fürst scheint ein Mensch von der schamlosesten Sittenlosigkeit, – Z. B. die letzte Reise, wo Schücking und die Kinder auch mit waren, haben sie in Gesellschaft der Maitresse und ihrer Schwester gemacht, während die Fürstinn in Ellingen auf dem Todbette liegt.* Zur gleichen Zeit versucht sie, Levin Schücking beschwörend auf den Ernst der Lage hinzuweisen, und greift dafür zum eigentlich verpönten Du: *... wüßtest Du es wie viel ich an Dich denke, wie manche Stunde ich wach in meinem Bette liege, und mich über deine Zukunft zergrübele und zersorge! – Levin, mein einziges geliebtes Kind, du bist in sehr schlimmer Umgebung...*

Im Oktober findet sie gar nicht genug Worte, um Schücking die möglichen schrecklichen Konsequenzen seiner Lage auszumalen und die sittlichen Gefahren, von denen er bedroht ist. Sie tritt als ein »Mütterchen« auf, das aus dieser Rolle Ansprüche und Forderungen herleitet: *Lieber Levin, mein liebstes Kind, werfen Sie dieses Blatt fort? – oder sehe ich Sie noch mit den Augen Ihrer Mutter an, hören Sie noch die Stimme derjenigen aus mir, die mir jetzt vielleicht eingiebt was ich schreibe? ... Bedenken Sie, daß ich mich im Innern für Sie verantwortlich gemacht habe, sowohl für Ihr äußeres als inneres Wohl, und jeder Ihrer Fehlschritte mir mitten durchs Herz geht. ... Ich will Sie nicht ermüden, und bitte nur noch denken Sie recht oft an mich, es ist gewiß gut. – ich denke sehr sehr viel an Sie.* Das war starker Tobak, und bei aller Liebe: Wer möchte sich von den Emotionen des andern so unter Druck gesetzt fühlen?

Annette von Droste-Hülshoff hatte keine Hemmungen, die mütterlichen Gefühle im gleichen Atemzug mit anderen Facetten ihrer Zuneigung zu mischen. Sie verraten, welche Ängste ihr außer der Sorge um Schücking durch den Kopf gehen. Der Septemberbrief beginnt: *Endlich ein Brief von dem kleinen Pferde!* Dann werden wohlbekannte Erinnerungen mit wohlbekannten Bildern und Sehnsüchten beschworen: *Könnte ich dich nur einmal eine Stunde wieder hier haben, hinter dem Teller mit aufgesparten Birnen und Nüssen! – es ist doch ein lieber heimlicher Ort, das Rüschhaus! ... Lieber Gott! wo sind die Zeiten hin! – ich konnte es dennoch nicht lassen mit meinem Fernrohr zu meiner Bank zu wandern, und das Herz klopfte mir ordentlich, als ich etwas durch den Schlagbaum kommen sah, – es war aber nur ein sehr schäbiger Bauer mit einem noch schäbigeren Hunde.* Der ironische Schlenker am Ende nutzt noch einmal das Gedicht »Die Bank« vom Februar und indirekt seine ernüchternde Wendung – *Ein werth Phantom, geliebte Lüge.*

Auch im nächsten Monat konfrontiert Annette von Droste-Hülshoff den Freund brieflich mit verpflichtenden Erinnerungen an gemeinsame Zeiten. Sie beginnt mit dem Rüschhaus und einer nur ihnen beiden deutbaren Chiffre: *... im Garten die letzten Rosen, die mich immer rühren, wenn ich denke, wie ich sie Ihnen vor nun schon zwey Jahren beym Abschiede gab, als sie Ihr Schultenamt niederlegten ... Lieber Levin, unser Zusammenleben in Rüschhaus war die poetischeste und das in Meersburg gewiß die heimischeste und herzlichste Zeit unseres beyderseitigen Lebens, und die Welt kömmt mir seitdem gewaltig nüchtern vor.* Wehmütig, fast altersweise klingt das im Vergleich zu ihrem zärtlichen Überschwang vom September: *Mein altes Kind! mein liebes, liebstes Herz! – ich denke, in meiner Einsamkeit, alle Tage wohl zehnmal an Dich, und wette, Du Schlingel denkst alle zehn Tage kaum einmahl an mich. – darum mag ich es Dir auch gar nicht sagen, wie lieb ich Dich habe ...* Dann folgt, witzig-poetisch verpackt, unverhüllt die bitter gefürchtete Wahrheit: *... ich bin zwar eine unvergleichliche Person, und Rüschhaus ist ein höchst* GRANDIOSES *Schloß, aber die zuletzt aus dem Nile gestiegenen Kühe Pharaonis fraßen auch die alten auf, so hundsmager und schäbig sie selbst waren, und so schön fett und gleißend die andern.* Bei aller Phantasie ahnte Annette von Droste-Hülshoff nicht, wie sehr sie ins Schwarze getroffen hatte. Nur daß ihr *Schlingel* es genau anders herum sah.

Kaum drei Monate später schrieb Levin Schücking in einem Brief, der nach Darmstadt adressiert war: »Daß Sie die Gedichte der Droste so schön finden, freut mich außerordentlich. Die Droste war eine Freundin meiner Mutter, und ich habe an ihr eine Mutter wiedergefunden: es gibt kein innigeres und wohltuenderes Verhältnis wie das zwischen ihr und mir ... Sie brauchen deshalb nicht eifersüchtig zu werden, meine teure Braut ... Die Droste wird stark in den Vierzigern sein, und sieht noch älter aus, weil sie kränklich ist ...« In Windeseile war Realität geworden, was Schücking im August seinem Dichterfreund Ferdinand Freiligrath als Ziel avisiert hatte: »... ich möchte mir wirklich eine Braut anschnallen, die ich nie gesehen, um meine Einsamkeit mit Phantasmagorien auszufüllen, und eine Basis zu haben, auf die ich die Kartenhäuser meiner Hoffnung für die Zukunft bauen könnte. Liebster Freund, fädle mir die Sache ein ...«

Die ferne Geliebte war Louise von Gall, ein Jahr jünger als der 28jährige Schücking und aus altem hessischem Adel. Neben einer musikalischen Ausbildung fühlte sie sich zur Schriftstellerei hingezogen und hatte im Januar 1842 einen selbstbewußten Brief aufgesetzt: »Ich nehme mir die Freiheit, der verehrlichen Redaction des Morgenblattes beiliegende kleine Skizze zur gefälligen Aufnahme zu überschicken und bitte um baldige Antwort ...« Die Skizze erschien, und damit begann Louise von Galls regelmäßige literarische Mitarbeit beim »Morgenblatt für gebildete Leser«. Freiligrath hatte die junge Literatin im Sommer 1842 zu einem geselligen Poetentreffen nach St. Goar am Rhein eingeladen. Von dort schilderte er seinem Freund Schücking die Gall als vorzügliche Partie, und als Reaktion kam die Bitte, etwas einzufädeln – »sag der Nachtigall, ich böte ihr mein Herz an«. Da aber Levin Schücking sein »Mütterchen« kannte, die ursprünglich auf der Rückreise von Meersburg nach Westfalen Freiligrath in St. Goar besuchen wollte, setzte er seinem Wunsch nach einer unbekannten Braut hinzu: »... sag's nur der Droste nicht ...«

Freiligrath war ein wohlwollender Vermittler, Louise von Gall ließ sich auf das Spiel ein und machte im September 1842 den Anfang: »Mein verehrter unbekannter Verehrer ...« Levin Schücking antwortete umgehend: »Ihr lieber Brief hat mich ganz außerordentlich gefreut. Aus dem Wenigen, was ich von Ihnen las und erfuhr, schaut mich ein feines, zartes Seelengesicht an ... Sie sind Schriftstellerin und doch auch poetische Frau; eine seltene Vereinigung!« Diesmal war es Schücking, der den Ton setzte, auch wenn Louise von Gall in den folgenden Briefen durchaus eigene Meinungen zeigte. Während sich Annette von Droste-Hülshoff im Rüschhaus aus Sorge um ihr *Kind* den Kopf *zergrübelte* und ihr *kleines Pferd* mit Erinnerungen an die alten gemeinsamen Zeiten zu fesseln suchte, fanden sich zwei Seelen auf die Entfernung und im Blick auf eine gemeinsame Zukunft. Zum Jahresanfang 1843 begann Schückings Brief »Mein liebes gutes süßes Herz ... Du bist die Taube meiner Liebe«, und die Gall antwortete: »Ich möchte meine Seele ausströmen lassen, um Dir zu sagen, mein einziger geliebter Freund, was in mir vorgeht!« Ohne sich je gesehen zu haben, verlobten sie sich heimlich.

Im November 1842 hatte Levin Schücking in einem Brief an die Droste erstmals Louise von Gall erwähnt. Beiläufig und gut gelaunt schreibt Annette von Droste-Hülshoff am Ende ihrer Antwort und bezieht Elise Rüdiger mit ein: ... *von der Gall wissen wir nichts, können sie uns also so reizend denken wie wir wollen, wer weiß ob sie nicht ein gebratener Engel ist!* Ein Nachsatz im Dezemberbrief greift das Thema wieder auf: *Von der* Gall *habe ich noch nichts gelesen – schreibt sie gut? – auch hübsche Briefe? ... schreiben Sie mir doch etwas Genaueres über sie – wie sind Sie mit ihr bekannt geworden?* Was Schücking nicht ahnen konnte: Diese Anfrage entsprach nicht der Wahrheit, denn die Droste hatte schon einen Text der Gall im »Morgenblatt« gelesen.

Erst im Februar 1843 schreckt die Droste das Stichwort »Schwiegertochter« in einem Brief von Schücking auf: *Nun zu der* Gall, *– ob sie zu meiner Schwiegertochter paßt? – das könnte ganz wohl seyn, schön und geistreich scheint sie wenigstens unwidersprechlich ... es ist mir äußerst erfreulich, Levin, daß Sie in Ihrer jetzigen Verlassenheit einen geistigen Anhalt und Trost in ihr gefunden haben, und wenn es Gottes Wille ist, kann sie Ihnen allerdings dareinst vielleicht noch mehr werden, dennoch muß ich Dich bitten, liebstes Kind, sey vorsichtig mit der Feder, und hüte Dich vor jedem Worte was Dich binden könnte ...* Dann folgt ein Vorbehalt nach dem andern, und der kleine diplomatische Rückzieher macht alles nur noch penetranter: *Ich sage dies nicht zum Nachtheil der Gall, von der ich mir das beste und liebenswürdigste Bild mache, sondern nur um Dich vor blinden Schritten zu warnen, denn sie kann vollkommen schön, überhaupt tadellos liebenswürdig seyn, und doch irgend einen kleinen Hacken haben, – einen Zug um den Mund – Blick – Ton der Stimme – der es Dir gänzlich unmöglich macht sie zu heurathen, dergleichen kömmt ja alle Tage vor.* Der Brief ist ein wortreicher Versuch, dieser Beziehung möglichst viele Hindernisse in den Weg zu legen. Hielt Levin Schücking seinem »Mütterchen«, das ihm so mißtrauische Ratschläge gab, die äußeren Umstände zugute? Im Januar 1843 war Annette von Droste-Hülshoff nach fünf Jahren wieder ernsthaft krank geworden, sehr krank.

Mitte Februar war sie erstmals in der Lage, einige Zeilen an Schücking aufs Papier zu bringen: *Ich denke mir mein gutes Kind ist besorgt über mein langes Schweigen, und auch mit Recht, denn ich bin wirklich sechs Wochen lang wieder recht miserabel daran gewesen, habe mich halb todt gehustet, mitunter Fieber gehabt, und sogar die Leute dahin erschreckt daß sie einige Nächte bey mir gewacht haben.* Nach einer leichten Besserung erfolgt Anfang März ein schwerer Rückschlag. Schücking informiert Louise von Gall: »... da ich in einem Monat keinen Brief mehr von ihr habe, bin ich besorgt um sie.« Erst Ende April kann sie sich wieder bei ihm melden: *Es ist mir sehr drückend gewesen Ihnen, liebes Kind, so lange nicht schreiben zu können, aber ich bin seit zwey Monaten sehr krank, – im März höchst elend, so daß ich jeden Tag zu sterben glaubte ... es sollen aber nur innere Nervenkrämpfe sein ...* Über Wochen konnte die Droste weder schlafen noch Nahrung zu sich nehmen, hinzu kamen starker Husten und Fieber. Die Mutter bestätigt in einem Brief nach Meersburg die ernste Diagnose, nicht ohne das zu schildern, was die Familie – bei aller Sorge – stets als überbordende Phantasie angesehen hat: »Nette ... ist in dieser Zeit wirklich recht fatal gewesen ... 8 Tage war es so arg mit ihr, daß sie wieder ganz in ihre ehemaligen Flausen verfiel, vom Starrkrampf und lebendig begraben sprach ... jetzt ist es ... um vieles besser, besonders dadurch, daß sie einsieht, daß es nicht gleich Hals-ab geht.«

Den Brief an Levin Schücking schreibt Annette von Droste-Hülshoff in Münster, wo die Familie sie ab dem 18. April einquartiert hatte, damit sie unter ständiger Aufsicht ihres homöopathischen Arztes war. Langsam taten die Behandlung und die Pulver von Clemens von Bönninghausen ihre Wirkung. »Zuckungen und Laufen in den Gliedern mit Angst und Traurigkeit« notierte er unter anderem im April. Bönninghausen kannte seine Patientin, seit man sie im Sommer 1829 schwer krank nach Münster gebracht hatte und die traditionellen Ärzte keinen Rat mehr wußten. Jetzt, 13 Jahre später, kam Christoph Bernhard Schlüter mit seiner Schwester täglich bei der Kranken vorbei, ebenso Elise Rüdiger. Und dann bescherte die Krankheit Annette von Droste-Hülshoff in den ersten Apriltagen eine Gesellschaft, die alle angenehm überraschte. Therese von Droste-Hülshoff berichtet ihrer Schwester Sophie von Haxthausen: »Seit 5 Tagen haben wir hier jeden Nachmittag den Besuch der Frau Mertens aus Bonn!!!... Es mochte fatal auf Nette wirken. Aber nein, alles machte sich besser wie ich dachte. Sie ist ganz charmant, hat Nettes Herz durch die Reise (die sie bloss ihretwegen gemacht hat) wieder ganz gerührt, und sie sind aufs neue ein Herz und eine Seele. Wat sägste nu.« Sibylle Mertens war mit eigenem Wagen, Kammerjungfer und Bedientem aus Bonn angereist und hatte sich in Münster im besten Gasthof einquartiert.

Das Herz der Droste sprach in den Briefen der folgenden Monate eine deutliche Sprache: *Alte Billa, wie froh bin ich, daß jetzt Alles zwischen uns wieder rein und fest ist – ich habe deine Liebe so schwer und bitter verloren gegeben ... Wahrlich, Billa, unser Verständigen mit einander, das Wiedereintreten des alten innerlich belebenden Verhältnisses hat mir so wohl gethan, daß ich ihm allein die bessere Wendung meiner Krankheit zu verdanken glaube.* Das war im Mai. Im Juli schwelgt Annette von Droste-Hülshoff übermütig in der neu gewonnenen Freundschaft: *Alte Billa, weißt Du wie lange wir uns schon lieb haben? – im Herbste werden es achtzehn Jahre ... in sieben Jahren können wir unsre silberne Hochzeit feyern. – mit silbernen Haaren? – Ich nicht, ich bin blond,* »*ewig jung und ewig schön!*« *ein geborner Schimmel! – aber Du, schwarzer Rappe, magst Dich nur tüchtig aufheitern, wenn Du nicht endlich wenigstens ein Scheck werden willst! – Ach! ich schreibe dummes Zeug, und wozu bist du anders da als um es zu lesen? wozu hat man Freunde, als um ihnen aufzutischen womit man andern Leuten nicht kommen darf?* Zu soviel überzeugender Zärtlichkeit paßt eine Bemerkung schlecht, die sie im Mai gegenüber Schücking macht, als sie den Besuch der Mertens schildert: *sie ist eine sonderbare Frau, es sind* GRANDIOSE *Elemente in ihr, aber wunderlich durcheinander gewürfelt, und mit Widersprechendem versetzt – sie erläutert mehr als sonst Jemand, wie sich die* EXTREME *berühren...* Bei aller Differenzierung ist das eine ziemlich kühle Analyse.

Sibylle Mertens meinte nach ihrer Rückkehr an den Rhein in einem Brief an Ottilie von Goethe, der die Droste über die gemeinsame Freundin Adele Schopenhauer wohl bekannt war, die Kranke leide an »gänzlicher Lebensmutlosigkeit und Hypochondrie«. Als Annette von Droste-Hülshoff in ihrem Brief vom Mai 1843 an die Mertens schrieb, der Besuch der Freundin habe *die bessere Wendung meiner Krankheit gebracht,* fügte sie hinzu: *... vorher ließ ich mich sinken, jetzt kämpfe ich gegen den Strom, und werde seiner, wenn auch langsam doch sichtlich, Meister.* Auch während dieser Krankheit – wie in den Krisen zuvor – fühlte sich die Droste ihren Ängsten ausgeliefert, die sich zu Todesängsten steigerten. Und mit den intensiven Todesgedanken traten die Toten, ihre Toten, aus dem Schatten. Vergessen waren sie nie, wie es die Dichterin im Frühjahr 1844 im »Doppeltgänger« formulieren wird: *... Doch nur mein Herz ist ihre stille Gruft / Und meine Heilgen, meine einst Geweihten / Sie leben Alle, wandeln Allzumal / Vielleicht zum Segen sich doch mir zur Qual.* Mit Levin Schücking an ihrer Seite, ob im Rüschhaus oder in Meersburg – *Froh schlürfen meiner Neige letztes Gut –,* war das Herz von Leben erfüllt gewesen. Die Toten verloren ihre Schrecken als Quälgeister und traten als stille Begleiter in den Hintergrund.

Nun war der Geliebte fern. In den Briefen deuteten sich Veränderungen an, die sein Leben mit einer anderen Frau verbanden. Annette von Droste-Hülshoff mußte zusehen, wie die gemeinsame Vergangenheit in der Erinnerung versank und mit jedem Tag die Kraft ihrer Liebe für Levin Schücking an Bedeutung verlor.

Würde in absehbarer Zukunft selbst der letzte Haken brechen und sie nicht mehr sein »Mütterchen« sein? Viele unterschiedliche Ängste verbanden sich mit dem neuen Jahr im Herzen der Droste und fanden in den Toten ihre Verkörperung. Diese Erfahrung war nicht neu, was die Qualen der 46jährigen nicht minderte. Aber Annette von Droste-Hülshoff wußte, mit welchen Mitteln sie gegen den Strom der Ängste kämpfen konnte und kämpfen mußte. Ihre Berufung war es, die Träume wie die Alpträume im Gedicht in Worte zu bannen. »Die Unbesungenen« entsteht im Mai 1843: ... 's gibt Gräber, die wie Wetternacht / An unserm Horizonte stehen / Und alles Leben niederhalten ... Ein spontaner Aufschrei war das nicht. Es war die Summe langer, qualvoller Erfahrungen, die nach Wochen der Krankheit aus ihrer Brust ins Freie drängten.

Die Droste erlaubt es sich, diesen bitteren Teil der Wahrheit auszusprechen, weil die Toten ihr zugleich etwas geben, das den Einfluß der Lebenden weit übersteigt. »Meine Toten« nennt sie das Gedicht, das sie ebenfalls im Mai 1843 aufschreibt:

> *Wer eine ernste Fahrt beginnt,*
> *Die Mut bedarf und frischen Wind,*
> *Er schaut verlangend in die Weite*
> *Nach eines treuen Auges Brand,*
> *Nach einem warmen Druck der Hand,*
> *Nach einem Wort, das ihn geleite.*
>
> *Ein ernstes Wagen heb' ich an,*
> *so tret' ich denn zu euch hinan,*
> *Ihr meine stillen strengen Toten ...*
>
> *...*
>
> *Kalt ist der Druck von eurer Hand,*
> *Erloschen eures Blickes Brand,*
> *Und euer Laut der Öde Odem,*
> *Doch keine andre Rechte drückt*
> *So traut, so hat kein Aug' geblickt,*
> *So spricht kein Wort, wie Grabesbrodem!*

Ich fasse eures Kreuzes Stab,
Und beuge meine Stirn hinab
Zu eurem Gräserhauch, dem stillen,
Zumeist geliebt, zuerst gegrüßt,
Laßt, lauter wie der Äther fließt,
Mir Wahrheit in die Seele quillen.

Kaum waren die schwersten Krankheitssymptome abgeklungen, versuchte sie ihre Bilder und Gedanken in die Feder zu zwingen. Die kurzsichtige Droste mußte sich beim Schreiben tief über das Papier beugen, was Übelkeit und unangenehmen Blutandrang im Kopf verursachte. Aber sie kämpfte um jede Minute, denn neben den neuen Gedichten, die sie im Frühjahr und Sommer zu Papier brachte, warteten die in den vergangenen Monaten entstandenen darauf, ins Reine geschrieben zu werden. Im gleichen Februarbrief an Levin Schücking, in dem sie den Ausbruch ihrer Krankheit meldete, gewann sie der aufgezwungenen Pause noch etwas Gutes ab: ... *ich habe sechs Wochen meines Lebens gleichsam in den Brunnen werfen müssen, vielleicht ists gut, denn ich fand des Dichtens und Corrigirens gar kein Ende, sehe jetzt aber wohl ein, daß ich mit dem Vorhandenen vorläufig zufrieden seyn und nur rasch die Vollendung der Abschrift besorgen muß* ... Die Vollendung der Abschrift: Dieses Ziel verfolgt sie unbeirrt durch die nächsten Monate. Rückschläge aufgrund schlechter Gesundheit und widrige äußere Umstände verzögern die Ausführung, doch der Optimismus der Dichterin bleibt ungebrochen. Sie will sich mit einem zweiten Gedichtband gedruckt sehen. Über den Verlag ist sie monatelang unentschieden. Aber im Grunde weiß sie, daß Cotta in Stuttgart – durch Schückings Vermittlung ernsthaft interessiert – ehrenvoll und erfolgversprechend wäre.

Außer von ihren Beschwerden berichtet die Droste selbstbewußt in allen Briefen immer wieder von ihrer Arbeit. Im April erfährt Schücking, daß seine Poetenfreundin ein Angebot der renommierten »Kölner Zeitung« bekommen hat: *Ich kann jetzt wohl daran denken ins* Cölner F%0%EUILLETON *zu schreiben! hätte ich nur die Abschrift für Cotta fertig!* Im Mai klagt sie Sibylle Mertens ihr Leid über *ein paar Eseln von Abschreibern, denen ich habe mein Geld umsonst geben, und die Abschriften in den Ofen stekken müssen.* Als es auch mit dem Diktieren der Gedichte nicht klappt, muß Annette von Droste-Hülshoff wieder selber ran, wie Schücking im Juni erfährt: *die Abschrift meiner Gedichte ist fast fertig – Alles mit meiner eignen Pfote, – die* INTERPUNCTIONEN? – KYRIE ELEISON! *da muß der* CORRECTOR *nachhelfen!* Tatsächlich zieht sich das elende Abschreiben durch das ganze Jahr. Was diese Arbeit vor der Erfindung von Füllfederhalter oder Filzstift bedeutet, hat die Droste plastisch beschrieben: ... *ich plage mich wie ein armer Hund mit meinen schlechten Stahlfedern, ... alle wollen entweder die Dinte nicht lassen oder haben immer von neuem Haare im Schnabel, als wenn ihnen ein Bart nachwüchse – Glückselig wer mit Gänsekielen schreiben kann! ich kann's nicht, denn ich verstehe sie nicht zu schneiden ...* Vielleicht will die Droste mit ihren ständigen Ankündigungen, sie sei *fast fertig*, sich selber Mut machen.

Ende Mai fühlt sie sich wieder gesund. Die Mutter schreibt der älteren Tochter Jenny über die jüngere: »sie durchmustert alle ihre Gedichte, die in Meersburg verfertigten und die später hier gemachten, um sie zum Druck fertig zu machen; es sind wirklich sehr schöne Sachen darunter ...« Doch schon im Juli treten wieder heftige Ohr-, Zahn- und Gesichtsschmerzen auf. Vom Juni bis Ende August ist Annette von Droste-Hülshoff bei den Verwandten in Abbenburg zu Besuch, was ihre Zeit stark beschneidet. Im Oktober und Dezember fühlt sie sich nicht wohl. Es ist der 2. Januar 1844, als die Droste – seit September wieder bei der Schwester in Meersburg – der Freundin Elise Rüdiger meldet: *Vorgestern, am Silvestertage, habe ich die letzte Zeile geschrieben, und bis Mitternacht gearbeitet ... Ich hatte eben mein Dintefaß zugemacht, und kleidete mich aus, als die Glocke schlug, und, unter lautem Hurrah, eine Gewehrsalve die neue Zeit ein- und mein Manuscript todt- oder ihm Viktoria schoß, – was von Beydem?* Levin Schücking wird informiert und meldet sich postwendend: »Mein liebes und theures Mütterchen, so eben erhalte ich Ihren prächtigen Brief, und eile nun auf der Stelle zu antworten, obwohl mir von der Kälte die Hände klamm sind. Also das Manuscript ist fertig? Victoria und nochmals Victoria! ich habe solche Freude drüber, daß ich's gar nicht sagen kann!« Am 12. Januar 1844 hat Annette von Droste-Hülshoff ihren 47. Geburtstag gefeiert.

Wird es ein Erfolg oder wieder ein Werk, das keine Beachtung findet? Die Droste läßt in ihrem Neujahrsbrief die Freundin nicht im Unklaren, womit sie rechne: *ich sehe dem Erfolg so ruhig entgegen, wie dies ohne Affecktation möglich ist ...* Elise Rüdiger wird sich über diese Aussage gewundert haben. Nicht daß es Annette von Droste-Hülshoff je an Selbstbewußtsein in bezug auf ihr dichterisches Talent fehlte. Sie hat die Frage nach dem Erfolg in den Briefen des Jahres 1843 mehrmals angesprochen. Da jedoch las es sich stets anders, war die Gegenwart gar nicht mehr ins Kalkül gezogen: *übrigens erwarte ich, ernstlich gesprochen, keinen so schlagenden Erfolg wie Ihre Liebe Ihnen vorspiegelt, zuvörderst keinen schnellen, ich muß Zeit haben und mich, wie andere schlechte Poeten, mit der Nachwelt trösten.* Ganz so ernst war diese Vorhersage vom Mai 1843 an Levin Schücking nicht gemeint, denn unter die schlechten Poeten reihte sich Annette von Droste-Hülshoff üblicherweise nicht ein. Im Sommer 1843 erfuhr Elise Rüdiger, daß hinter dem abschätzigen Blick auf die Gegenwart nicht Bescheidenheit, sondern ein eigenwilliger Ehrgeiz steckte.

Die Droste hatte sich Anfang Juni mit ihrer Mutter zur üblichen Sommerreise ins Paderbornische aufgemacht. Sie waren in Abbenburg bei Onkel Friedrich von Haxthausen einquartiert, und fast täglich ging die Nichte den Weg hinüber zum Bökerhof, um dort den Erwartungen der übrigen Verwandtschaft nachzukommen. Obschon tief in der Provinz, war das Interesse der Haxthausens an der Literatur und den Zeitläuften ungebrochen: *Wir bekommen hier eine Menge JOURNALE – die Modezeitung – das Morgenblatt – den Telegraphen – Vaterland – Ausland – Königsberger Litteraturblätter ...* Die Droste informiert sich umfassend und bilanziert in einem Brief vom Juli 1843 an die Rüdiger, wie vergänglich der Ruhm der Journale ist: ... *wie* Heine *schon ganz verschollen,* Freiligrath *und* Gutzkow *veraltet sind ... Ach, Elise, Alles ist eitel! was hilfts mir, daß die Buchhändler meinen auch mich kurze Zeit dem Publikum als Zugpflaster auflegen zu können, um mich nachher, wie eine verbrauchte spanische Fliege, bey Seite zu werfen* ... Die Konsequenz aus diesem Seufzer heißt für Annette von Droste-Hülshoff nicht etwa, die eigenen Ambitionen zu begraben. Das Ziel wird einfach höher gesteckt: ... *so steht mein Entschluß fester als je, nie auf den* EFFECT *zu arbeiten .... und unsre blasirte Zeit und ihre Zustände gänzlich mit dem Rücken anzusehn,* – *ich mag und will* jetzt *nicht berühmt werden, aber nach hundert Jahren möcht ich gelesen werden, und vielleicht gelingts mir, da es im Grunde* ... *nur das entschlossene Opfer der Gegenwart verlangt* ... Von geringem Selbstbewußtsein oder mangelndem Ehrgeiz zeugen diese Sätze nicht.

Nie auf Wirkung zu arbeiten? Das Opfer der Gegenwart zu leisten? Der Zeit den Rücken zuzukehren? In Abbenburg, wo die Droste diese eindrucksvoll-pathetischen Worte zu Papier bringt, findet sie – bei aller Beanspruchung durch die Familie – sogar noch Zeit, neue Gedichte zu schreiben. Vor allem aber ist sie bemüht, die Abschrift der schon vorliegenden Gedichte zu beenden, damit endlich der ersehnte zweite Gedichtband erscheinen kann. Und dieser neue Band – wir werden von ihm hören – beginnt auf Levin Schückings Rat mit der Rubrik »Zeitbilder«, wie es der literarischen Mode entspricht.

Wenn Annette von Droste-Hülshoff wirklich keinen gegenwärtigen Ruhm erwartet, ihn nicht einmal will, dann handelt sie, die mit ihren Talern sparsam umgeht, im November 1843 äußerst fahrlässig. Der Brief an Elise Rüdiger allerdings kennt nur Begeisterung: *Jetzt muß ich Ihnen auch sagen, daß ich seit acht Tagen eine* GRANDIOSE *Grundbesitzerin bin, ich habe das blanke Fürstenhäuschen,* ... *nun das habe ich in einer Steigerung, nebst dem dazu gehörendem Weinberge, erstanden – und wofür? – für 400 Reichsthaler* ... Das war mehr, als ihr jährlich aus dem Erbe zur Verfügung stand. *Dafür habe ich ein kleines aber massiv aus gehauenen Steinen und geschmackvoll aufgeführtes Haus, was vier Zimmer, eine Küche, großen Keller, und Bodenraum enthält, – und 5000 Weinstöcke, die in guten Jahren schon über zwanzig Ohm Wein gebracht haben,* ... *die Aussicht ist fast zu schön* ... Vom Nachruhm kann die Droste ihren neuen Besitz nicht bezahlen. Sie setzt auf ein üppiges Honorar im nächsten Jahr vom Cotta–Verlag und damit auf Erfolg. Ein Verleger zahlt gutes Geld, wenn er sich ein Geschäft ausrechnet. Das Geschäft an einem Gedichtband aber steht und fällt mit dem Erfolg unter den Zeitgenossen. Annette von Droste-Hülshoff erlaubt sich pathetische Augenblicke beim Briefeschreiben, doch die Gesetze des Marktes sind ihr nicht fremd.

Ihr neu gewonnenes »Fürstenhäuschen« oberhalb von Meersburg, das den Fürstbischöfen von Konstanz gehörte, sollen die Zwillingstöchter der Schwester erben. Vielleicht läßt sich damit auch eine Stiftung für unverheiratete weibliche Verwandte gründen. Aber erst einmal hat die Droste eigene Pläne. Sie schreibt der Rüdiger von kleinen Umbauten und sieht schon hinter dem Haus, wo jetzt noch Reben wachsen, *eine kleine Blumenterasse, groß genug zum Spatzierengehn, aber angenehm fürs Auge, mit lange und reichlich blühenden Blumen, Georginen, Rosen, Levkojen ... O, Sie sollen sehn, ich mache ein kleines Paradies aus dem Nestchen!* Zu diesem Besitzerstolz gesellt sich bestens ihre realistische Selbsteinschätzung im Neujahrsbrief 1844 an Elise Rüdiger: *Ich sehe dem Erfolg so ruhig entgegen, wie das ohne Affektation möglich ist ...*

Ihr elender Gesundheitszustand, der Kampf gegen die Krankheit und das zähe Weiterarbeiten an ihren Gedichten haben das Jahr 1843 geprägt. Ein drittes Thema schiebt sich seit dem Frühjahr immer mehr in den Vordergrund. Annette von Droste-Hülshoff kann vor Schwäche kaum die Feder halten, als sie Levin Schücking im April festzulegen versucht: *Lieb Herz, ich bin sehr müde und angegriffen, meine Kräfte sind total am Ende ... es geht mir wie Einem, der sein Testament zu lange verschoben hat ... nur zwey Worte – suchen Sie die Gall persönlich kennen zu lernen, ehe Sie Sich zu weit mit ihr einlassen, – und dann heurathen Sie nicht ohne ein festes wenn auch bescheidenes Einkommen ihrerseits, – unter diesen beyden Bedingungen haben Sie den vollständigsten Segen derjenigen, die mit aller Liebe und Treue einer Mutter für Sie fühlen wird, so lange noch ein Athemzug in ihr ist.* Das sind klare Worte, aber es ist erst der Anfang.

Kaum geht es der Droste im Mai besser, folgt eine mehrseitige Epistel zum gleichen Thema. Vorweg erteilt sie sich selber Absolution: *Lieb Kind! dein Mütterchen hat* CARTE BLANCHE *zu sagen was es will, nicht wahr?* Dann legt das »Mütterchen« los: *so bitte ich Dich wie ich bitten kann, suche die Gall genau zu ergründen, ehe dein Wort und Urtheil unwiderbringlich gefangen sind, es geht hier ums ganze Leben. ... Sollte die Gall – ich hoffe es nicht, aber möglich wär es ... zu jenen Menschen gehören, denen das Bedürfniß steter Aufregung ... angeboren ist, so bedenk dich zehnmal eh du dich bindest. ... Du bist von zarten Nerven ...* Das nächste Horrorszenario folgt sogleich, denn Schücking hatte ihr in bester Absicht Stoff geliefert, der sich nun gegen die Auserwählte wendet: *... sie scheint mir glänzend erzogen, und an einen bewundernden Kreis gewöhnt; – dergleichen entwöhnt sich nicht leicht – ihre Unlust an Hofbällen und der großen Welt will nichts beweisen ... aber diese täglichen kleineren Cirkel im eignen Hause sind grade das Geldfressende, und ich weiß kaum was kläglicher ist, in Schulden gerathen, oder jeden Mittag Wassersuppe essen, um Abends die Leute mit Zuckerbrezeln bewirthen zu können.*

Und immer sind noch nicht alle Pfeile aus dem Köcher: *die Gall ist protestantisch, das macht zwar mir wenigstens, für ihre Person, nichts aus, aber sie könnte fordern, daß ihre Kinder in gleicher Religion erzogen würden, – wär's möglich, Levin, daß du in einem Augenblicke der Leidenschaft oder des Leichtsinns darauf eingiengst? ... Bedenk was du alles für den Besitz eines Herzens aufgäbst, – alle deine hiesigen Lieben, die du tödlich betrüben ... würdest – mein liebes, liebes Kind, du weißt das dieses keine Drohung seyn soll, nur ein Auffrischen des dir wohl Bekannten, ein Erinnern an Verhältnisse, die du vielleicht halb vergessen hast, deren* RESULTATE *aber wenigstens Einer fast das Herz brechen würden.* Es sind massive Geschütze, mit denen Annette von Droste-Hülshoff versucht, ihren ganzen Einfluß geltend zu machen – gegen die Frau, für die sich Levin Schücking mit Verstand und Herz entschieden hat.

Im Juni 1843 treffen sich Levin Schücking und Louise von Gall erstmals und verloben sich offiziell. Noch aus Darmstadt stellt sich Schücking als Bräutigam vor: »Mein Mütterchen, mein herziges, gutes, liebes, mein ewiges Mütterchen, was sagst du dazu?« Die Antwort kommt Ende des Monats: *Sie sind also Bräutigam! und zwar einer, höchst wahrscheinlich, sehr guten, und ganz gewiß höchst liebenswürdigen Braut ... Nun, Gott segne Sie! und gebe Ihnen alles Glück was ihr Herz so reichlich verdient; – wenn meine Wünsche für Sie nur erfüllt werden, dann will ich auch nicht zanken, daß Sie meinen warmen angstvollen Rath, wie gewöhnlich, mit aller Hochachtung bey Seite geschoben, und dem Schicksal den Handschuh gradezu in's Gesicht geworfen haben.* Damit an kühler Distanzierung noch nicht genug: *Jetzt bittet dein Mütterchen dich aber noch ein mahl, und es ist die letzte Bitte von deren Erfüllung noch Vieles abhängen kann ... heurathe nicht so leichtsinnig wie du dich verlobt hast ...* Nach der Mißbilligung folgt ein begütigender Abschluß: *... sag Luisen, daß ... ich sie schon jetzt herzlich liebe, und das feste Vertrauen habe, sie immer mehr zu lieben, weil sie dich immer glücklicher machen wird.*

Im November 1843, Annette von Droste-Hülshoff ist mit der Mutter in Meersburg, erreicht sie die insgeheim gefürchtete Neuigkeit. Der Brief Levin Schückings beginnt mit liebevoll-besorgten Zeilen: »... nachdem ich so lange nichts von Ihnen gehört, drängt mich's recht von Herzen um einige Zeilen zu bitten, wie es Ihnen geht? ... und ob Sie noch mein gut Mütterchen sind? Gelt ja? Sie verlassen Ihren Jungen nicht, der Sie so lieb hat!« Langsam nähert sich der Schreiber dem entscheidenden Punkt: Während er mit der Braut in Darmstadt auf berufliche Angebote wartete, hätten beide Anfang Oktober beschlossen, dem Warten »ein Ende zu machen, zu heirathen und abzureisen. Meine nöthigen Papiere kamen an und so ließen wir uns denn am 7. October Mittags um 1 Uhr trauen, in der katholischen Kirche ... Wir sahen übrigens beide auch sehr nobel aus ...« Fünf Tage später gründeten die frisch Vermählten ihren neuen Hausstand in Augsburg, wo Schücking bei der angesehenen überregionalen Augsburger »Allgemeinen Zeitung« eine Redakteursstelle angeboten wurde. Das traf sich gut mit den Plänen der Droste, denn die Zeitung gehörte zum Cotta-Verlag. Schücking erzählt nicht nur von seiner neuen Arbeit, sondern schreibt ermunternd: »Was machen aber Ihre Gedichte? Zaudern Sie doch nicht länger, liebes Mütterchen!!!« Es ist ein Brief, aus dem fürsorgliche, ehrliche Zuneigung spricht und der versucht, dem »Mütterchen« die zentrale Botschaft bei allem stolzen Glück schonend und ohne Aufgeregtheit mitzuteilen.

Annette von Droste-Hülshoff läßt sich mit ihrer Antwort Zeit. Da greift in Augsburg am 18. Dezember 1843 Louise Schücking, geborene von Gall, zur Feder: »Levin hat mich ja bei Ihnen eingeführt mein liebes Fräulein, und ich komme deshalb jetzt auf meine eigne Verantwortung zu Ihnen ... Es ist so traurig daß die Welt so wenig Mitleid mit den Glücklichen hat ... auch Sie mein liebes Fräulein, gehören zu dieser harten Welt. Sie haben Ihrem Jungen, Ihrem kleinen Pferd noch nicht ein freundliches Wörtchen zu seiner Verheirathung gesagt gleichsam als sey Ihnen die Frau die er gewählt nicht recht ...« Es folgt eine herzliche Einladung zu einem Besuch in Augsburg und eine »Liebeserklärung« an die Droste, »weil Sie meines Mannes beste Freundin sind«.

Das war mutig, genaugenommen unerhört. Wie gut die junge Ehefrau die Situation erfaßte, zeigt der Brief von der Meersburg, der sich zeitlich mit ihrem kreuzt. Es ist ein sehr langer Brief, in dem Annette von Droste-Hülshoff zu ihrem *lieben Levin* über alles mögliche plaudert: über ihre Reisen in die Umgebung, über den Kauf ihres *Fürstenhäuschens*, über ihre Lektüre, über Literaturbesprechungen, viele Zeilen über Schückings neu erschienene Werke, Ausführliches über alte, beiden vertraute Lokalitäten in der Burg und drumherum, über Theater und Konzerte, von einem unvergleichlichen Abendrot über dem Bodensee – *ich wollte, Sie könnten's mit ansehn* – und irgendwo mittendrin ein verquaster Glückwunsch, der das, worum es geht, nicht ausspricht: *Gott erhalte Sie so glücklich wie Sie es jetzt sind, ... ich bin über Luisens Fähigkeit mein liebstes Kind glücklich zu machen durch unpartheyische Zeugnisse völlig beruhigt, und dazu gehört nicht wenig für das Herz einer Mutter ... für Eheleute giebts nur Einen Himmel und Eine Hölle, im eignen Hause, alles Andre ist fortan nur Zugabe, – selbst die bestgemeinte Liebe Anderer ...* Den Abschluß kann man im Vergleich zu anderen Briefen, wo Annette von Droste-Hülshoff ihr *liebes, altes Herz* mit Gefühlen überschüttete, nur karg nennen: *... und senden Sie Ihrem Mütterchen recht bald einen lieben freundlichen Levinsbrief. – Gott segne mein gutes Kind, und Die, welche ihm am Nächsten und Theuersten ist – ADIEU.* Das war Antwort genug – auch für Louise Schücking, die auf ihren Brief an die Droste keine direkte Antwort bekam.

Und Levin Schücking, der nun eine Ehefrau und ein Mütterchen hatte? Er mühte sich seit Monaten redlich, beide auf die Distanz freundschaftlich zu verbinden und ihnen sein jeweiliges Verhältnis zur andern verständlich zu machen. Obwohl für seine eigene Schriftstellerexistenz von großem Ehrgeiz erfüllt, gestand er Louise von Gall neidlos: »Ihr Talent steht weit über dem aller unsrer lebenden Dichter.« Die Sorge um sein »Mütterchen« ist keine Floskel: »Von der Droste habe ich leider hören müssen, daß sie sterbenskrank gewesen ist. Es beunruhigt mich unendlich, ... sie leidet schon lange und ist zu gut für diese Welt...« Schon nach wenigen Monaten versuchte er, seiner Braut die vielfältige, besondere Beziehung zwischen ihm und der Droste zu vermitteln – »es gibt kein innigeres und wohltuenders Verhältnis wie das zwischen ihr und mir«. War es Naivität oder Eitelkeit, daß er Louise von Gall im Januar 1843 das Gedicht »Dein Zimmer« schickte, das zur Rüschhaus-Zeit entstanden war: »... O laß mich eng', mich enger an dich schmiegen, / Laß mit dem Haupt an deiner Brust mich liegen, / Laß mich den heißen Schlag von unsern Pulsen messen, / Wie eine Fluth, Ein Herz durch beide zuckt!« Die Gall jedenfalls schrieb ihrem Bräutigam: »... liebster Levin, warum schickst Du mir das – ich habe Herzschmerzen bekommen, und es hat mir drum gar nicht gefallen das ist nur zu natürlich, – da werde ich eifersüchtig.«

War es Naivität oder Eitelkeit, daß Levin Schücking in den Briefen an Annette von Droste-Hülshoff freimütig über die Stärken und Schwächen seiner Verlobten plauderte, überzeugt, daß die Stärken in den Augen seines Mütterchens weit überwogen und sie seine Wahl freudig begrüßen würde? Vielleicht war seine ungewöhnliche, überstürzte Brautsuche nach dem Ende der gemeinsamen Meersburger Tage auch der Versuch, der komplizierten, widersprüchlichen Beziehung zur Droste zu entkommen, ohne ihren Kern zu zerstören. Der junge Freund tat sein bestes, die Liebesfreundschaft in eindeutiges, einfaches Fahrwasser umzuleiten. Er gab sich alle Mühe, daß jener letzte Haken, den die Droste – sein »Mütterchen« – im Mai als Symbol ihrer zukünftigen Zuneigung beschworen hatte, nicht brechen würde. Doch es gehörten zwei dazu. Annette von Droste-Hülshoff, die ihre Liebe zu

Schücking so früh mit kühlem Verstand diagnostiziert hatte – *Ein werth Phantom, geliebte Lüge* –, wird im Augenblick der Wahrheit von Verlustängsten überschwemmt. Sie glaubt, alles zu verlieren und kämpft in ihren Briefen das Jahr 1843 über mit allen Mitteln.

Die Schlacht ging verloren. Eine andere Frau ist nun für Levin Schücking *das Nächste und Theuerste*. Trotzdem: Das neue Jahr beginnt gut für Annette von Droste-Hülshoff. Verglichen mit dem Jahresanfang 1843 geht es ihr wesentlich besser. Gegen alle Beschwerden hat sie ihre Arbeit – die Reinschrift ihrer Gedichte – vollendet und ist entschlossen, ihr Westfalenstück »Bei uns zu Lande auf dem Lande« fortzuführen. Die Welt wird von ihr hören. Nach einigem Hin und Her gibt sie Schücking alle Vollmachten, mit dem Cotta-Verlag über den geplanten Gedichtband zu verhandeln. Sie ist zu realistisch, um nicht seine Verbindungen und sein Verhandlungstalent zu nutzen: *Machen Sie also nur nach Ihrer Weise voran, ich habe das vollkommenste Vertrauen nicht nur zu Ihrem Eifer, sondern auch zu Ihrer Kenntniß der Sachlage.*

Am 23. Januar 1844 schickt Levin Schücking sämtliche Gedichte an Georg von Cotta. Vier Tage später meldet der Verleger seine Zustimmung: »... Was von meiner Seite dazu beigetragen werden kann der Fräulein v. Droste das beabsichtigte Geschäftsverhältnis mit der Cottaschen Buch(handlung) angenehm und ersprießlich zu machen, das soll mit dem größten Vergnügen geschehen.« Ende Februar 1844 unterschreibt Schücking »Im speziellen Auftrag der Fr. A. von Droste zu Hülshoff« den Vertrag. Nicht zuletzt dank seinem Geschick und weil der Verlag weiß, wie hilfreich Schückings Engagement und seine literarischen Kontakte bei der Werbung für den Gedichtband sein werden, zahlt Cotta der Droste ein höheres Honorar als seinen angesehenen Autoren Ludwig Uhland und Nikolaus Lenau. Sie erhält 500 Reichstaler – damit ist der Meersburger Grundbesitz mehr als bezahlt – bei einer Auflage von 1200 Exemplaren.

Mit dem Jahresbeginn, als das Erscheinen des Gedichtbandes endgültig auf dem Weg ist, ziehen geschäftsmäßige Töne in den Briefwechsel mit ein. Die alte, erprobte Teamarbeit wird wieder aufgenommen und entschärft die emotionalen Spannungen. Aus

Augsburg kommt eine Kiste mit Mineralien, und die Droste legt ihrem Januarbrief ein Paar von ihr selbst bestickte Pantoffeln für ihren *Jungen* bei. Im gleichen Monat schreibt sie der Tante Sophie von Haxthausen: Schücking ... *ist seit drei Monaten verheurathet, Gottlob sehr zufrieden, und schreibt mir oft, auch seine Frau hat mir wieder geschrieben, einen sehr natürlichen, herzlichen Brief...* Im Februar erfahren die Augsburger, *daß ich mich diesen Morgen königlich über Ihre Sendung gefreut habe.* Louise Schücking bekommt einen Extragruß – *so nehmen Sie vorläufig nur meinen wärmsten Händedruck* – und ihr *lieb Kind* am Ende noch einen selbstironischen, gut gelaunten Tadel: ... *was wird LOUISE sagen, wenn sie mich altes dickes Madämchen sieht? – ich wette Sie haben eine Fürstin, eine Glorienträgerinn aus mir gemacht, – und ich bin doch wirklich nichts als ein altes krankes dickes Madämchen – was das Aeußere anbelangt. – ADIEU, ADIEU...* Und dann schreibt das »Mütterchen« ihrer *lieben jungen Freundinn* einen eigenen ausführlichen Brief: *Es ist etwas Seltsames um einen vertrauten Briefwechsel ohne sich persönlich zu kennen, etwas Reizendes, und doch wieder Beklemmendes, da selbst die glücklichste Phantasie uns grade über die feinsten und reizbarsten Seiten des Andern Nichts sagen kann. – Sie habens darin besser wie ich, Levin kennt mich sehr genau, weiß immer voraus was ich denken werde, und erräth vielleicht aus einem halben Worte mehr als ich mir selbst klar bewußt war, – ich hingegen bin ganz mir selbst überlassen und einer Phantasie die mich vielleicht irre führt.*

Annette von Droste-Hülshoff, die kaum je ihr vertraute Menschen in ihr Innerstes blicken ließ, hat mit diesen Zeilen auf subtile Weise für Louise Schücking – ihr fremd und eigentlich nicht genehm – die Türe einen erstaunlich breiten Spalt geöffnet. Sie warb um Verständnis für ihre Person, für *die feinsten und die reizbarsten Seiten.* Beim Nachdenken über das vergangene Jahr wird die Droste sich zur Vernunft ermahnt haben. Als gläubige Christin, für die eine sorgsame Gewissenserforschung selbstverständlich war, wird sie ihre Reaktionen selbstkritisch betrachten und gute Vorsätze gefaßt haben. Sie wollte Levin Schücking nicht verlieren, und er hatte sich nun einmal für diese Frau entschieden: *Nur eins steht fest, liebe LOUISE daß ich den wärmsten Wunsch und Willen habe, ein möglichst nahes liebes Verhältniß unter uns zu begründen.* Der lange Brief schließt mit einem erleichterten Seufzer: *Gottlob, das Eis ist gebrochen, ich habe Ihnen vertraut geschrieben wie einer Tochter ...*

In Meersburg wurde es langsam Frühling. Besucher erschienen auf der Burg, darunter der englische Komponist Robert Pearsall, der mit seiner Tochter Philippa am südlichen Bodensee-Ufer auf Burg Wartensee wohnte. In ihr gewann die Droste eine anhängliche junge Freundin. Ende März 1844 schreibt Jenny von Laßberg an die Tante Ludowine von Haxthausen: »Nette sitzt neben mir und singt eine Arie um die andere, es geht ihr wohl und sie ist sehr munter.« Ihre Munterkeit hatte gewiß damit zu tun, daß ein Besuch ins Haus stand, nach dem sie sich seit fast zwei Jahren sehnte. Seit Wochen gab es keine Zweifel mehr, daß Levin Schücking im Mai Meersburg besuchen würde, mit seiner Frau natürlich.

Ein weiterer Besuch ist willkommen, Elise Rüdiger hat sich angesagt. Am 3. April 1844 sitzt Annette von Droste-Hülshoff in ihrem Turmzimmer und schreibt an die Freundin in Münster: *Ach, mein Lies, ich kann Ihnen nicht sagen wie ich mich auf Ihr gutes Gesichtchen freue! – es muß mich vielleicht für sehr peinliche Tage entschädigen, denn wenn die* Schücking *... mir mißfällt, so stehe Gott mir* EINMAHL *bey, weil ich sie ihrem Manne anloben und herzlich thun muß ... Jetzt freut sich hier noch Alles auf den Mann, und hofft* PROVISORISCH *von der Frau das Beste.* Was die Briefe von Louise Schücking betrifft, *traue ich ihr nicht recht, ihre Worte gegen mich sind lauter Liebe, sogar Demuth, aber dennoch fühle ich etwas Gezwungenes und versteckt* PIQUIRTES *zuweilen heraus ...* Besonders übel nimmt die Droste, daß Schückings Ehefrau ihren Mann aufforderte, in den Gedichten der Droste »Unmöglichkeiten« zu ändern und ohne weitere Rücksprache in den Druck zu geben: *Ich habe Nichts hierauf geantwortet ... fürchte aber das Stückchen lange nicht zu vergessen, nicht der Beleidigung halber, sondern weil ich besorge einen tiefen unglücklichen Blick in ihren Charakther gethan zu haben, –* Schücking *liegt übrigens total zu ihren Füßen ...* Und dann, fast triumphierend, der Gegenschlag: MICH *hat sie indessen noch nicht bey ihm zu Grunde richten können ...*

Annette von Droste-Hülshoff schwört die Freundin darauf ein, niemandem von ihrem Urteil über Louise Schücking auch nur ein Wort zu sagen. Die Begründung ist genauso offenherzig wie die vorangegangenen Äußerungen: *... ich kann mich ja in ihrem Charackter irren und nachher jedes Wort bitter bereuen – dann giebts überall Röhren die zu ihrem Ohre leiten ... was mir gränzenlos fatal seyn würde, sowohl weil Schückings in den gegenwärtigen Verhältnissen mir sehr schaden können, als auch weil ich selbst dabey im schlimmsten Lichte, falsch und undankbar, erscheinen würde ...*
Ende April geht ein letzter Brief an Schücking: *Ach, Levin, ich freue mich viel zu arg auf unser Beysammenseyn, so daß es mir oft vorkömmt, als könnte deshalb Nichts daraus werden ... Guten Tag, Levin, kommen Sie! kommen Sie! – ... 1000 Liebes an* LOUISE, *– Alles freut sich hier auf Sie – auf alle Beyde –* ADIEU, ADIEU, *mein Kind, Gottes Segen über Euch.*

Dieser Brief wie die andern, die seit Jahresbeginn 1844 an Levin und Louise Schücking nach Augsburg gingen – alles Heuchelei, alles Vorspiegelung falscher Gefühle? Die Befürchtungen und kritischen Töne gegenüber Elise Rüdiger – die wahre Droste, die einzige, bittere und verbitterte Wahrheit? So einfach ist es nicht, denn die involvierten Gefühle sind auf allen Seiten nicht gerade unkompliziert. Seit das Thema »Louise von Gall« Bedeutung gewinnt, zeugen die Briefe der Droste vom Widerstreit zwischen Herz und Verstand. Wie könnte sie kühl ihre Gefühle und Argumente analysieren, wo sie von der Veränderung im Tiefsten betroffen ist? Sie hatte ein Verhältnis von Mutter und Sohn für sich reklamiert, schon im Normalfall etwas Schwieriges. Jetzt zeigt sich mehr denn je, wie belastend die anderen Dimensionen dieser Liebesfreundschaft sind, mochte die Droste sie für ihre Person noch so sehr verleugnen. Ihre Ängste, den Menschen zu verlieren, der ihr der wichtigste und vertrauteste geworden ist, verwandeln sich in Aggressionen, und die konzentrieren sich auf Louise Schücking.

Ist es so unverständlich, daß seit dem Frühjahr 1843 mal die eine, mal die andere Gemütslage die Vorherrschaft hatte und dieses Auf und Ab ihr in die Feder geflossen ist? Die Droste war keine Heilige und konnte vergiftete, ungerechte Pfeile ausschikken. Wollen wir ihr absprechen, daß sie solche Eruptionen hinterher bereute? Daß sie gute Vorsätze hatte, auch wenn das Mißtrauen dadurch nur kurzfristig verdrängt wurde? Sie freute sich unbändig auf Schückings Besuch. Sie wünschte mit seiner Frau gut auszukommen und sah dem Treffen zugleich mit Anspannung, Angst und Abwehr entgegen.

Louise und Levin Schücking kamen am 6. Mai 1844 in Meersburg an. Die Droste hatte im Gasthof »Zur Traube« ein Quartier besorgt. Das Ehepaar wurde mehrmals zum Essen und zum Kaffee auf die Burg eingeladen. Man besucht das »Fürstenhäuschen« und sitzt abends zusammen – die Laßbergs und Therese von Droste-Hülshoff sind in der Regel dabei. Im Turmzimmer der Droste werden ihre Steine und die anderen Sammlungen bewundert. Für lange vertrauliche Stunden zu zweit ist weder Zeit noch Raum. In seinen Erinnerungen schreibt Schücking über das Wiedersehen mit der Droste: »Ich fand diese ... leider sehr verändert. Ihre Gesundheit war – vielleicht hatte ich es früher bei stetem Zusammenleben nicht so wahrgenommen – doch ein gewaltig schwächliches und gebrechliches Ding ...« Zwischendurch macht das Ehepaar für eine Woche einen Abstecher in die Schweiz. Nach einem gemeinsamen Mittagessen auf der Meersburg nehmen Levin und Louise Schücking am 30. Mai Abschied und besteigen die Postkutsche.

Noch im Juni schreibt Annette von Droste-Hülshoff nach Augsburg und bedankt sich für Kupferstiche und eine Lorgnette: *Nun zu Euern Geschenken, Ihr gutes Volk, – ich habe mich recht tüchtig darüber gefreut – »kindisch« würde Luise vielleicht sagen ... Lieber Levin, ich besuche jetzt unsre alten Plätze am See sehr selten, oder vielmehr gar nicht – die alten Erinnerungen sind nothwendig durch neue verdrängt ... Und nun ADIEU, meine theuren Kinder, – schreibt mir bald, und gedenkt meiner mit Liebe, – der kleine Junge ist gut, und die Luise auch – Alle Beyde sehr lieb ... Gott segne Euch alle Tage Eures Lebens. Eure Annette.* Die winzige Spitze gegen Louise Schücking macht hellhörig. Was schreibt die Droste Außenstehenden von diesem Besuch, allen voran Elise Rüdiger?

Der Brief, den die Freundin in Münster sogleich bekam, wurde nie bekannt. Nur zwei Aussagen der Droste haben sich erhalten, beide vom April 1845. An Elise Rüdiger schreibt sie nach einer kritischen Bemerkung über Schücking: *Sie halten mich gewiß für sehr undankbar und mistrauisch, aber Sie haben keine Gelegenheit gehabt, den Unterschied zwischen (Brief-)Dichtung und Wahrheit so zu empfinden wie ich in Meersburg.* Die Tante Sophie von Haxthausen erfährt im gleichen Monat: *Schücking hat seit einigen Monaten einen jungen Sohn und ist wie besoffen vor Freude darüber ... Seine Frau habe ich in Meersburg kennen gelernt; sie ist sehr schön, sehr talentvoll, hat aber auch die Gnade von Gott dies zu wissen, weshalb sie mir doch nicht recht zu Gemüthe wollte. Ihn macht sie aber sehr glücklich ...* Im nachhinein scheint vorprogrammiert, daß die persönliche Begegnung in Meersburg die Spannungen vertiefte. Die 29jährige Louise Schücking verkörperte unübersehbar Schönheit, Vitalität, Zukunft. Die kränkelnde Annette von Droste-Hülshoff – *ein altes dickes Madämchen* im schwarzen Wollkleid – stand für Alter, für Vergangenheit. Sie war empfindlich, die andere Seite wahrscheinlich wenig sensibel.

Ein Brief Elise Rüdigers, lange nach dem Tod der Droste geschrieben, gibt einen Hinweis: »Ich glaube, daß Schücking und seine junge Frau bei einem Besuche auf der Meersburg sich rücksichtslos gegen Annette benommen haben, vielleicht nur im Übermut der Jugend, sie wie alt behandelten.« In Literatur verpackt, belegt eine, die es wissen mußte, indirekt und ungewollt diese Vermutung. 1845 erschien die Erzählung »Erwin« von Louise Schücking, in der eine Person so charakterisiert wird: »Alles war an dem Figürchen kümmerlich und unbedeutend, nur die Augen waren groß und bedeutend – viel zu bedeutend, wenn auch nicht schön, denn sie waren wasserblau, und die hellen Wimpern milderten nicht den forschenden Blick dieser altklugen Augen in dem kränklichen Gesichtchen mit der flachen Nase und dem blassen reizlosen Mündchen.« Die Ähnlichkeit ist offensichtlich: So hat die junge Frau die alte Freundin ihres Mannes in Meersburg gesehen.

Als Levin Schücking mit seiner Frau zum Tor hinausfährt, hat er im Gepäck acht Gedichte. Die Droste hat sie im Mai, noch während des Besuchs der beiden, geschrieben, und der Freund soll sie ans »Morgenblatt« weiterleiten. Es waren nicht die einzigen in diesem Frühjahr. Schon im Februar 1844, kaum daß die Reinschrift für den Gedichtband außer Haus war, saß Annette von Droste-Hülshoff wieder an der Arbeit. Bis Mitte April, als sie *mit zugeschwollenem Hals und Fieber* im Bett lag, waren acht neue Gedichte entstanden. Und die Kreativität hielt an. In ihrem Dankesbrief an das Ehepaar Schücking für die Abschiedsgeschenke heißt es im Juni, als sie ein unangenehmer Husten quält: ... *ich bin sehr fleißig, lese, lerne, zeichne, habe aber zum Dichten erst die halbe Stimmung wieder gewonnen, ... doch habe ich gestern und vorgestern wieder Einiges zu Stande gebracht, und hoffe nun im Zuge zu bleiben.*

Vergessen wir die Bescheidenheitsfloskel. Ob im Hochgefühl glücklicher Stunden, in der niederdrückenden Stimmung krisenhafter Zeiten oder dem gelassenen Gleichklang gewöhnlicher Tage – die Gedanken, Bilder und Gefühle, die sie bewegten, in poetische Form zu bringen, ist die unübersehbare Konstante im Leben der Annette von Droste-Hülshoff. An ihrem christlichen Glauben hält sie fest, doch sie hat tiefe Zweifel. Über ihre Berufung und ihr Talent als Dichterin kennt sie kein Grübeln und kein Zweifeln, seit die 23jährige 1820 den ersten Teil vom »Geistlichen Jahr« geschrieben hat. Ganz egal, was die kommenden Jahre für sie bereit halten: ... *Doch hast du Herr mich ausersehn, / Daß ich soll starr, doch festgegründet, / Wie deine Felsenmauern stehn: / ... Und kann ich dann kein Leben bluten, / So blut' ich Funken wie ein Stein.* Die Droste hat nie aufgehört, über diese Bestimmung zur Dichtkunst zu reflektieren und ihre Gedanken darüber in Verse umzusetzen.

Im März 1844 entsteht das Gedicht »Gemüt«. Darin fragt die Dichterin: ... *Und, sprich, was ist denn deine Gabe, / Gemüt, der Seele Iris Du?* An hellen Tag gilt es, Visionen von außen aufzunehmen: ... *Dir wird des Zweiges Blatt zur Halle; / Zum Sammet dir des Mooses Vlies* ... Im Dunkel meldet sich das Innere zu Wort:

> *Dann schläfst du, schläfst in eigner Haft,*
> *Läßt walten die verborg'ne Kraft,*

> *Was nicht dem Himmel, nicht der Erden,*
> *Was deiner Schöpfung nur bewußt,*
> *Was nie gewesen, nie wird werden,*
> *Die Embryone deiner Brust.*
>
> ...

Das Leben besteht aus Verpflichtungen und Zwängen – ob im Rüschhaus, in Abbenburg oder auf dem Bökerhof und zum Teil auch auf der Meersburg. Aber wenn Annette von Droste-Hülshoff *die verborg'ne Kraft* walten läßt und im Kopf wie auf dem Papier ihre Gedichte schafft, ist sie ganz bei sich selber – selbst bestimmend, selbst gestaltend, sich selbst verwirklichend. Und sehr allein. Die Droste kennt den Preis, und die andern sollen wissen, daß sie bereit ist, ihn zu zahlen. »Lebt wohl« heißt das Gedicht, das sie im Mai 1844 schreibt, während Levin und Louise Schücking in Meersburg mit ihr neue Bande zu knüpfen suchen:

> *Lebt wohl, es kann nicht anders sein!*
> *Spannt flatternd eure Segel aus,*
> *Laßt mich in meinem Schloß allein,*
> *Im öden geisterhaften Haus.*
>
> ...
>
> *Laßt mich an meines Sees Bord*
> *Mich schaukeln mit der Wellen Strich,*
> *Allein mit meinem Zauberwort*
> *Dem Alpengeist und meinem Ich.*
>
> *Verlassen, aber einsam nicht,*
> *Erschüttert, aber nicht zerdrückt,*
> *So lange noch das heil'ge Licht*
> *Auf mich mit Liebesaugen blickt,*
>
> ...

So lange noch der Arm sich frei
Und waltend mir zum Äther streckt,
Und jedes wilden Geiers Schrei
In mir die wilde Muse weckt.

Als Dichterin scheut Annette von Droste-Hülshoff nicht die Geste des Prometheus, nicht den Vergleich des Dichtens mit der göttlichen Schöpfung. Doch die poetische Kraftanstrengung hat ihr Herz nicht versteinert und die Sehnsucht nach Wärme und Nähe nicht zum Schweigen gebracht. In den Gedichten findet sie Stimme und Bilder für den Widerspruch und die Zerrissenheit ihres Lebens. »Mondesaufgang« entsteht im März 1844:

An des Balkones Gitter lehnte ich
Und wartete, du mildes Licht, auf dich;
Hoch über mir, gleich trübem Eiskristalle
Zerschmolzen, schwamm des Firmamentes Halle,
Der See verschimmerte mit leisem Dehnen...

... Im Laube summte der Phalänen Reigen,
Die Feuerfliege sah ich glimmend steigen;
Und Blüten taumelten wie halb entschlafen;
Mir war, als treibe hier ein Herz zum Hafen,
Ein Herz, das übervoll von Glück und Leid,
Und Bildern seliger Vergangenheit.

Das Dunkel stieg, die Schatten drangen ein, –
Wo weilst du, weilst du denn, mein milder Schein...

... Mir war, als müsse Etwas Rechnung geben,
Als stehe zagend ein verlornes Leben,
Als stehe ein verkümmert Herz allein,
Einsam mit seiner Schuld und seiner Pein.

Da auf die Wellen sank ein Silberflor,
Und langsam stiegst du, frommes Licht, empor...

O Mond, du bist mir wie ein später Freund,
Der seine Jugend dem Verarmten eint,
Um seine sterbenden Erinnerungen
Des Lebens zarten Widerschein geschlungen,
Bist keine Sonne, die entzückt und blendet,
In Feuerströmen lebt, in Blute endet, –
Bist, was dem kranken Sänger sein Gedicht,
Ein fremdes, aber o ein mildes Licht!

Es sind die Gedichte, ihre Geschöpfe, in denen Annette von Droste-Hülshoff, der »kranke Sänger«, Heilung findet.

Erfolg und Einmischung,
Doppelspiel und Zukunftspläne

Am 14. September 1844 erschien im Verlag Cotta das zweite Buch der Droste. Am gleichen Tag warb im »Morgenblatt für gebildete Leser« eine Anzeige für die »Gedichte von Annette Freiin von Droste-Hülshof«, 575 Seiten für zwei Reichstaler. Die Ausgabe war so umfangreich, weil – bis auf sechs – alle Gedichte des 1838 erschienenen Bandes zu den neuen übernommen worden waren. (Die irrige Angabe der Droste, der alte Band sei vergriffen, rief prompt ihren Münsteraner Verleger auf den Plan und führte dazu, daß sie – um Schaden von ihrem neuen Verlag abzuwenden – die noch vorhandenen 172 Exemplare für 63 Reichstaler aufkaufte.) Der Werbetext von 1844 versprach: »Mit einer Fülle von neuen, überraschenden und tiefen Gedanken und Gefühlen verbindet die Dichterin die glücklichste Naturempfindung und Naturanschauung ... mit der kecksten, prägnantesten Sprache ... Selbst manche Schroffheit, Härte und Dunkelheit der Gedanken, der Gefühle, der Sprache erhöhen nur das scharfe Gepräge der Eigenthümlichkeit.« Annette von Droste-Hülshoff, das adlig-katholische Fräulein aus der westfälischen Provinz, stand 47jährig beim Stuttgarter Cotta-Verlag in einer Reihe mit den Schriftstellern Goethe und Schiller, Herder und Hegel, Hölderlin und Kleist, Lenau und Mörike.

Am Jahresanfang, als sie die Reinschrift der Gedichte an Schükking auf die Post gab, hatte die Droste einen Vorschlag für die Reihenfolge – nach Themenblöcken gegliedert – beigelegt. Sie fügte hinzu: *Wollen Sie die Gedichte anders ordnen, so steht dies bey Ihnen, Sie werden es aber schwieriger finden als Sie denken – ich habe sie auf 100ley Weise durcheinander probirt* ... Annette von Droste-Hülshoff hatte sich für eine programmatische Fanfare zum Auftakt entschieden. Drei Gedichte sollten als »Einleitung« den Band eröffnen – »Mein Beruf«, »Meine Toten«, »Katharine Schücking«. Dann war als erster Block das damals populäre Lyrik-Thema »Zeitbilder« geplant.

Levin Schücking hat die Reihenfolge verändert und die »Zeitbilder« als Köder an den Anfang des Bandes gestellt. Die ursprünglichen Einleitungsgedichte wanderten nach hinten und eröffnen nun das Verlegenheitsthema »Vermischtes«. Die Droste stimmte ohne jeden Einwand nochmals zu, weil sie dem Gespür ihres Freundes für den Publikumsgeschmack vertraute. Sie wollte auch jetzt gelesen werden, nicht erst in hundert Jahren. In einem Brief an die Schwester vom Januar 1845 heißt es: *Man muß abwarten, wie früh oder spät eine zweyte Auflage nöthig wird, dies ist der einzige Probierstein der nicht täuschen kann.* Als wollte sie diesmal den Erfolg herbeizwingen, unterwarf die sonst so vorsichtige Dichterin ihr Werk einer gefährlichen Probe. (Tatsächlich dauerte es sieben Jahre, bis von den 1200 Exemplaren der Ausgabe 1844 rund 500 verkauft waren.)

Es lohnt ein Blick auf die von Annette von Droste-Hülshoff vorgesehenen Einleitungsgedichte. Sie fegen – trotz des Wunsches nach Erfolg – alle zeitbedingten Abhängigkeiten souverän beiseite. Das dichterische Zwiegespräch »Meine Toten« paßt weder in die zeitgemäße Sparte »Frauenliteratur« noch in die romantische Schauermode, auch wenn es einem das Blut in den Adern gefrieren läßt:

> *... Ich bin erwacht an eurer Gruft,*
> *Aus Wasser, Feuer, Erde, Luft,*
> *Hat eure Stimme mir geboten.*
>
> ...
>
> *Kalt ist der Druck von eurer Hand,*
> *Erloschen eures Blickes Brand,*
> *Und euer Laut der Öde Odem,*
> *Doch keine andre Rechte drückt*
> *So traut, so hat kein Aug' geblickt,*
> *So spricht kein Wort, wie Grabesbrodem!*

Den Schwerpunkt der ursprünglich geplanten Einleitung allerdings setzten die zwei der drei Gedichte, die sich gegenseitig in ihrer Provokation ergänzen und stützen.

»Mein Beruf« postuliert einen göttlichen Auftrag: ... *So hört denn, hört, weil ihr gefragt: / Bei der Geburt bin ich geladen, / Mein Recht soweit der Himmel tagt, / Und meine Macht von Gottes Gnaden.* Das war prinzipiell so ungewöhnlich nicht. Die Klassiker in Weimar, die romantischen Dichter, die ihnen mit der Jahrhundertwende folgten und die neue, selbstbewußte Schriftstellergeneration eines Heine und Freiligrath fühlten sich zu einer besonderen Aufgabe innerhalb der Gesellschaft berufen. Annette von Droste-Hülshoff jedoch fordert ihre Zeit heraus, weil sie als dichtende Frau den gleichen Anspruch erhebt, noch dazu religiös untermauert. Sie beruft sich außerdem mit dem Gedicht »Katharine Schücking« auf ein weibliches Dichtervorbild, das bei einer Begegnung in jungen Jahren und während schwerer Krankheit unbewußt ihr Talent förderte: ... *Sehr jung war ich und sehr an Liebe reich, / Begeisterung der Hauch von dem ich lebte; ... Du sahst, Bescheid'ne nicht, daß damals hier / Aus deinem Blick Genesung ich getrunken ...*

Die Droste war als schreibende Frau in ihrer Zeit keine Ausnahme. Der sich immer weiter ausbreitende öffentliche Literaturbetrieb, die neuen Journale und Magazine, die überall sich etablierenden Leihbibliotheken und auch der steigende Lesehunger der bürgerlichen Schichten war auf ein vielfältiges, breites Angebot angewiesen. Frauen nutzten ihre Chance. Sie schrieben Gedichte, stellten einen großen Teil der populären Romane und Reiseliteratur und verdienten sich damit ihren Lebensunterhalt. Doch wer kennt zum Beispiel heute noch die damals erfolgreiche Ida Hahn-Hahn? Die Erfolgsautorin begann ihre Karriere nach der Scheidung von ihrem Mann 1829, reiste allein oder mit Freund in ferne Länder und setzte sich bewußt über Konventionen und Rollenzwänge hinweg. Die männlichen Kritiker geizten nicht mit Lob. Aber nur unter der stillschweigenden Voraussetzung, daß alle Produkte schreibender Frauen in die Rubrik »Frauenliteratur« gehörten, der männlichen nicht gleichgestellt wurden und damit keine Konkurrenz waren: die Literatur als selbstverständliches

Pendant des richtigen Lebens. Diese Spielregeln akzeptierte Annette von Droste-Hülshoff als Dichterin nicht.

Wenn eine Frau nicht in das Klischee von Weiblichkeit paßte, hatte die Umwelt ein vernichtendes Etikett parat, um diese Abweichung zu brandmarken. *Zu männlich ist dein Geist strebt viel zu hoch* läßt die 16jährige Droste in ihrem Trauerspiel »Bertha« als Vorwurf gegen ihre Heldin artikulieren. Knapp 30 Jahre später stellt die Dichterin klar, daß sie als Frau nicht einfach in die Rolle der Männer schlüpfen will, sondern Eigenständigkeit fordert. Am aufwühlenden Sturm – den Leidenschaften – will sie von gleich zu gleich teilhaben: ... *O wilder Geselle, o toller Fant, / Ich möchte dich kräftig umschlingen, / Und, Sehne an Sehne, zwei Schritte vom Rand / Auf Tod und Leben dann ringen!* Und wohin die Fahrt geht, will sie selber bestimmen: ... *O, sitzen möcht' ich im kämpfenden Schiff, / Das Steuerruder ergreifen, / Und zischend über das brandende Riff / Wie eine Seemöve streifen.* In der letzten Strophe des Gedichts »Am Turme« folgt im Blick auf die Realitäten der Seufzer: *Wär ich ein Jäger auf freier Flur, / Ein Stück nur von einem Soldaten, / Wär ich ein Mann doch mindestens nur, / So würde der Himmel mir raten* ... Aber Vorsicht: Männlichkeit wird hier nicht als Ideal gepriesen. Es ist unter den gegebenen frustrierenden Umständen die einzige Möglichkeit, den ersehnten Freiheiten näher zu kommen, statt sich als Frau – *gleich einem artigen Kinde* – den üblichen Zwängen zu fügen.

»Frauenthemen« haben Annette von Droste-Hülshoff von Jugend an beschäftigt. Sie setzt gleich ihren eigenen Akzent und sieht den größeren Zusammenhang: Die Uniformität der Geschlechter und die einseitige Prägung führen Frauen wie Männer ins Unglück. Bertha kann sich nicht gemäß ihren Wünschen und Talenten entfalten. Im jugendlichen Ritterepos »Walther« versucht der gleichnamige Held, den männlichen Idealen von Gewalt und Krieg andere, humane Werte entgegenzusetzen, und scheitert. In den Spiegelbildern und Doppelungen der späteren Gedichte offenbart sich die gespaltene Natur jeder Person, die – im Guten wie im Bösen – zur Entfaltung drängt. Mag die Frau dazu bestimmt sein, *gleich einem artigen Kinde* durchs Leben zu gehen, hinter der konventionellen Maske macht auch sie andere Er-

fahrungen. »Das Spiegelbild« entstand im Meersburger Winter
1841 / 42:

> *Schaust du mich an aus dem Kristall,*
> *Mit deiner Augen Nebelball,*
> *Kometen gleich die im Verbleichen;*
> *Mit Zügen, worin wunderlich*
> *Zwei Seelen wie Spione sich*
> *Umschleichen, ja, dann flüstre ich:*
> *Phantom, du bist nicht meines Gleichen!*
>
> *...*
>
> *... Voll fremden Leides, fremder Lust;*
> *Gnade mir Gott, wenn in der Brust*
> *Mir schlummernd deine Seele ruhet!*
>
> *Und dennoch fühl ich, wie verwandt,*
> *Zu deinen Schauern mich gebannt,*
> *Und Liebe muß der Furcht sich einen ...*

Der Mann ist festgelegt als Krieger und Denker, die Frau als Heilige oder Hure. Die Gedichte der Droste können als Bestätigung dieser ewigen Gesetze gelesen werden. Wer dagegen aufbegehrt, scheitert, ist die beruhigende Moral der adlig-katholischen Dichterin – auf den ersten Blick. Ihre Spiegelbilder und Doppelgänger sind phantastische Gestalten ohne Bezug zur Wirklichkeit. Die Familie, die Freunde, die konservativen Standesgenossen konnten beruhigt sein. Doch Annette von Droste-Hülshoff, die seit Kindertagen Maskeraden liebte, legt in ihren Briefen wie in ihren Gedichten verschlungene, verwirrende Fährten. Sie ist eine Meisterin des zweiten Blicks. Besonders jene Gedichte, wo Frauen im Zentrum stehen, verraten eine doppelbödige, provozierende Botschaft, wenn sie gegen den Strich gelesen werden: Parteinahme für die Gescheiterten und Verführten, die Schwachen und die Schuldigen, die von den Zwängen ihrer Zeit Verkrüppelten. Vielleicht bezieht sich der Wunsch der Droste – *aber nach hundert Jahren möcht ich gelesen werden* – gar nicht so sehr auf den Erfolg, sondern ist ein listiger Hinweis an die Nachgeborenen, ihr Werk als dichterische Flaschenpost zu begreifen.

Für die reine Lehre allerdings ist Annette von Droste-Hülshoff keine Kronzeugin, weder in der Dichtung noch im Leben. Im Band von 1844 wendet sich in der Abteilung »Zeitbilder« ein Gedicht »An die Schriftstellerinnen in Deutschland und Frankreich«:

...

Ja, treibt der Geist euch, laßt Standarten ragen!
Ihr wart die Zeugen wild bewegter Zeiten,
Was ihr erlebt, das läßt sich nicht erschlagen,
Feldbind' und Helmzier mag ein Weib bereiten ...

Daß die Droste nach diesen forschen Worten dennoch zur Vorsicht und zu Kompromissen rät, entspricht ihrer Lebensphilosophie: ... *Doch seht euch vor wie hoch die Schwingen tragen, / Stellt nicht das Ziel in ungemeßne Weiten* ... Dabei aber soll es nicht bleiben:

Vor Allem aber pflegt das anvertraute,
Das heilge Gut, gelegt in eure Hände,
... Des Tempels pflegt, den Menschenhand nicht baute,
Und schmückt mit Sprüchen die entweihten Wände,
Daß dort, aus dieser Wirren Staub und Mühen,
Die Gattin mag, das Kind, die Mutter knieen.

...

Das kühne Bild der Frau als Soldat mit Standarte und Helm verblaßt vor den traditionellen Rollen als Gattin und Mutter.

Fürchtet die Droste den Verlust generationenalter Werte und warnt deshalb vor einem radikalen Umbruch? Ist es ihre Sehnsucht nach Harmonie, die vor einem Entweder-Oder zurückschreckt? Oder ist es die Erfahrung, daß Frauen listig vorgehen müssen, um ihre eigenen kleinen Freiheiten zu erkämpfen und zu bewahren, ohne in negative Denk-Schubladen gesteckt zu werden? Als Elise Rüdiger der Freundin im Frühjahr 1845 eine Erzählung ihrer Mutter zum Korrigieren schickt, schlägt Annette von Droste-Hülshoff vor, darin die Wendung »Emancipation der Frauen« zu streichen: *... ihre Mutter legt zwar dem Worte einen ganz anderen Sinn unter, aber es wäre besser sie hätte sich zur Deutlichmachung ihrer Wünsche eines andern Ausdrucks bedient, als des einmal verhaßten, der dem Bilde der Tante Traut gleich einen unangenehm männlichen Zug giebt ...* Der Wunsch, nicht in den ideologischen Streit hineingezogen zu werden, ist verständlich. Aber muß man deshalb auch in der Realität auf Distanz gehen?

Im Januar 1845 berichtet Annette von Droste-Hülshoff ihrer Schwester von einem Besuch der Mutter bei alten Bekannten in Münster: *... und fand dann die verunglückte Dichterin, Frau v.* THABOUILLOT, *dort, – das war sicher eine abgeredete Karte, denn die* THABOUILLOT *setzt alle Segel an, mich kennen zu lernen ...* Mathilde Franziska von Tabouillot war eine stadtbekannte Person in Münster, denn als geschiedene Frau mit einem Kind hatte sie sich für eine in ehrbaren Kreisen undenkbare Lebensform entschieden. Die junge Frau aus angesehener westfälischer Familie war 1836 mit einem begüterten, wesentlich älteren Weinhändler verheiratet worden, wagte nach der Geburt der Tochter die Trennung und einen jahrelangen Scheidungsprozeß. Sie beugte sich den Vorurteilen und dem Klatsch in Münster nicht, wo sie seit 1839 lebte. Die Tabouillot verdiente den Unterhalt für sich und ihre Tochter als Schriftstellerin und machte sich langsam als Korrespondentin für überregionale Zeitungen, mit Gedichten, Erzählungen und einer erfolgreich aufgeführten Tragödie einen Namen.

Annette von Droste-Hülshoff honoriert den weiblichen Mut, das Ruder des eigenen Lebens zu ergreifen und zu kämpfen, nicht. Unfair und voreingenommen liest sich ihre Schilderung an die Schwester. Therese von Droste-Hülshoff nannte die Tabouillot nach dem ungewollten Zusammentreffen zwar eine »gute unschuldige Frau«, empfahl ihrer Tochter jedoch, keine Kontakte aufzunehmen. Dazu die Droste: *Mir ists ganz recht, denn ich bin* *gewiß die TH*abouillot *würde mich ganz aussaugen,* – an Beutel, Geist und Körper – sie ist nämlich blutarm, und muß sich und ihr Kind allein mit Schriftstellern ernähren – kann nichts Anderes – hat keine Kenntnisse zum Unterrichtgeben, und kein Geschick zum Arbeiten – und macht ganz wässerige miserable Gedichte, die Niemand umsonst brauchen kann ... Keine Spur von Solidarität unter Frauen und Kolleginnen.

Immerhin schickt die Droste der Tabouillot auf deren Bitte und nach Fürsprache von Elise Rüdiger im Frühjahr 1845 drei Gedichte für ihre Anthologie »Producte der Rothen Erde«. Vielleicht erinnerte sie sich daran, was sie in anderem Zusammenhang der Rüdiger im Januar geschrieben hatte: *Ach Gott, wie dankbar muß man dem Himmel doch seyn, wenn er Einem eine, wenn auch bescheidne, doch unabhängige Existenz verliehen hat! ich denke immer mit Beschämung wie miserabel ich mich in einer ähnlichen Lage machen würde, und fühle den tiefsten Respeckt vor solchen muthigen Kämpfern mit den Verhältnissen* ... Diesen Respekt ließ sich die Droste im Fall der Tabouillot allerdings von der Mehrheitsmeinung ihrer Umgebung trüben.

Für Klatsch und Allzumenschliches hatte Annette von Droste-Hülshoff die Mutter und Schwester Jenny als Gesprächspartnerinnen. Für eine Diskussion über die Rolle der Frau eignete sich weder die Familie noch der weite Verwandtenkreis. Die Droste war froh, daß man dort mit der Zeit ihre *so langsam und mühsam erkämpfte Freyheit* mit *passiver Nachsicht* akzeptierte. Um so mehr hatte es die Attraktivität Levin Schückings erhöht und die Festigung ihrer Freundschaft im Laufe des Jahres 1839 gefördert, daß dieser Mann sensibel für das Frauenthema war und insgesamt gut informiert über die neuen geistigen, literarischen und politischen Strömungen. In den dreißiger Jahren begann es in Deutschland, unter einer Oberfläche, die von Polizei, Spitzeln und Zensoren ruhig gehalten wurde, zu brodeln. Da konnte jedes Thema zum Zündstoff werden, und Annette von Droste-Hülshoff hatte sich seit Jugendtagen dafür interessiert, was außerhalb der häuslichen Mauern vor sich ging. Sie lebte nicht im Elfenbeinturm.

Erinnern wir uns: Ihre jugendlichen Gedichte ebenso wie »Bertha« und »Walther« kritisieren offen den Egoismus, die Habgier und Menschenverachtung ihrer adligen Standesgenossen. Während der Ferien im Bökerhof mißfiel den männlichen Teilnehmern der geselligen Runden deutlich die Diskutierlust der jungen Droste. Auch als erwachsene Frau ließ sie nicht davon ab, den konservativen Haxthausenschen Onkeln ihre Meinung zu sagen, wenngleich diplomatisch verpackt und wohl dosiert. Gerade in Briefen an den stockkonservativen Onkel August von Haxthausen kommt die Droste mit dem Ende der dreißiger Jahre mehrfach auf politische Ereignisse in ihrem Umfeld zu sprechen. Im August 1840 kommentiert sie einen solchen brieflichen Ausflug in die Politik: *ich mache übrigens keine Ansprüche darauf, hiervon das Mindeste zu verstehn, doch* INTERESSIRT *mich die Sache selbst natürlich sehr ...*

Während der Auseinandersetzungen nach der Verhaftung des Kölner Erzbischofs 1837 durch die Preußen stand Annette von Droste-Hülshoff treu zur katholischen Kirche. Doch in ihren Gedichten zum zweiten Teil des »Geistlichen Jahres« wie in ihren Briefen zeigt sie eine differenzierte Meinung und verurteilt das Kampfgeschrei wie die Kompromißlosigkeit im eigenen Lager. Sie nimmt die vom Papst verketzerten Reformtheologen – die Hermesianer – in Schutz und läßt den Kontakt zu ihren hermesianischen Freunden in Bonn nicht abreißen.

Die politischen Ansichten Levin Schückings waren widersprüchlich und kaum an Prinzipien ausgerichtet. Im November 1840 schrieb er seinem »Mütterchen«, er habe das Angebot bekommen als Redakteur den »Telegraphen für Deutschland« zu übernehmen, »aber gar keine Lust« dazu. Er könne zudem dessen »ultraliberale Ansichten« nicht »gutheißen und in die Welt senden«. Schücking hatte jedoch keine Hemmungen, für den liberalen »Telegraphen«, der seit 1837 beim Verleger Campe in Hamburg erschien, Literaturkritiken zu schreiben, was seine Karriere als Journalist und Schriftsteller förderte. Er korrespondierte mit Karl Gutzkow, dem Chefredakteur und bekannten Schriftsteller, und hatte über ihn Zugang zu einer Literatenszene, die Avantgarde war und gegen deren geistige Produkte die Staatsmacht in den deutschen Ländern Zensoren, Polizisten und Juristen aufmarschieren ließ.

Natürlich gab Schücking während der gemeinsamen Stunden im Rüschhaus und der langen Spaziergänge in der Umgebung seine Informationen an die Droste weiter. Sie werden auch über einen Skandal diskutiert haben, der 1835 die neuen Literaten mit einem Schlag ins öffentliche Rampenlicht gestellt hatte. Mitte August 1835 erschien der Roman »Wally, die Zweiflerin« von Karl Gutzkow. Im September wurde das Buch verboten, im November der Autor verhaftet und wegen »Gotteslästerung« und »Darstellung unzüchtiger Gegenstände« zu einem Monat Gefängnis verurteilt. Im Dezember 1835 verbot der Deutsche Bund die Schriften von fünf Literaten des sogenannten »Jungen Deutschland«, darunter Gutzkow und Heinrich Heine, der seit vier Jahren in Paris lebte. »Wally« ist kein literarisches Meisterwerk. Doch Staat und Kirche konnten in dieser auf Gehorsam bedachten Zeit keine Heldin dulden, die versucht, sich von traditionellen Fesseln zu befreien – »und sie fühlte das Entzücken, statt eines Weibes Mensch zu sein« – und am Ende Selbstmord begeht.

Die Zensoren setzten den Rotstift nun noch gründlicher an – bei Zeitungsartikeln vor und Büchern nach dem Erscheinen. Die Spitzel stellten in den Literaten-Cafés und bei geselligen Veranstaltungen ihre Ohren noch weiter auf. Mit »Wally« kündigte sich eine Literatur an, die nicht mehr in »stiller Einfalt, edler Größe« Selbstzweck sein wollte. Sie machte sich zum Sprachrohr einer wachsenden bürgerlichen Schicht, die durch keinen König von Gottes Gnaden, sondern nach verfassungsgemäßen Gesetzen regiert werden wollte und eine repräsentative Mitsprache im Staat verlangte. Noch konnte das restaurative System, das sich nach dem Sturz Napoleons 1815 auf dem Wiener Kongreß für ganz Europa durchgesetzt hatte, in Deutschland durch Abschreckung und Verfolgung liberale Forderungen unterdrücken. Doch das Wort ist eine schlüpfrige, listige Schmuggelware. Im Sommer 1841 gab es den nächsten literarischen Skandal. In einem der Meersburger Widmungsgedichte der Droste an Schücking findet er im folgenden Winter einen sehr persönlich gefärbten Widerhall.

Von diesem Bezug zwischen Politik und Privatem wissen wir nur, weil Levin Schücking viele Jahre später, 1868, in einem Brief an Elise Rüdiger schreibt: »... es giebt unendlich viel Stellen in ihren Gedichten, die nur ich auslegen kann. So entstand das Gedicht ... ›Kein Wort und wär' es scharf wie Stahlesklingen / Soll trennen, was in tausend Fäden eins.‹ nach einem heftigen Streit – sie hatte gesagt, sie ließe Herwegh wenn sie ihn packen könne durchpeitschen, und das war mir zu junkerhaft, zu kavalierement vorgekommen, und mein Liberalismus und ihr Aristokratismus sind die ›feindlich starren Pole‹ wovon sie spricht.« Wer kennt heute noch Georg Herwegh? Im Sommer 1841 hatte der 24jährige in Zürich einen Gedichtband mit einer Auflage von 700 Stück veröffentlicht, der – obwohl in Preußen sofort verboten – den jungen deutschen Dichter über Nacht berühmt machte. Unter dem Titel »Gedichte eines Lebendigen« führte Herwegh gegen die beiden Bollwerke der Reaktion – Staat und katholische Kirche – eine revolutionäre Sprache:

> »Reißt die Kreuze aus der Erden!
> Alle sollen Schwerter werden,
> Gott im Himmel wird's verzeihn.
> Gen Tyrannen und Philister!
> Auch das Schwert hat seine Priester,
> Und wir wollen Priester sein!«

Kein Wunder, daß Annette von Droste-Hülshoff ihren Kollegen für solche Worte gnadenlos bestrafen wollte. Was sie empörte, war jedoch der Inhalt, nicht die Funktion der Literatur als Parteigänger. Damit war sie ihren literarischen Freunden voraus. Ferdinand Freiligrath hatte wenige Monate zuvor noch gedichtet »Der Dichter steht auf einer höhern Warte / Als auf den Zinnen der Partei«. Levin Schücking verteidigte zwar Herwegh, aber auf seiner Seite stand er nicht. »Sind die Kerls«, so höhnte er über seine Dichterkollegen vom »Jungen Deutschland«, »die sich so auf die Liberalität geworfen haben, besser dadurch geworden, haben sie mehr Poesie dadurch bekommen, mehr Gemüth?« Schücking war ein wendiger Geist. Er spürte, wie die Sympathie des Publikums für eine engagierte Literatur seit 1841 mit jedem Jahr wuchs. Als er 1844 im neuen Band der Droste die »Zeitbilder« an den Anfang setzte, war das nur möglich, weil die Droste ihm zehn Gedichte zu diesem Stichwort geliefert hatte.

Die »Zeitbilder« bezeugen, daß Annette von Droste-Hülshoff lebhaft Anteil nahm an ihrer Zeit und sich als Dichterin einmischte, wie es ihrem Temperament, ihrer Überzeugung und ihrem prophetischen Auftrag entsprach. Entgegen ihren eigenen pathetischen Worten an Elise Rüdiger im Sommer 1843 – *unsre blasirte Zeit und ihre Zustände gänzlich mit dem Rücken anzusehn* – distanziert sie sich nicht. Das Gedicht »Vor vierzig Jahren« entstand im Meersburger Winter 1841/42 und wirft einen Blick zurück auf die Epoche der Romantiker:

> *Da gab es doch ein Sehnen,*
> *Ein Hoffen und ein Glühn,*
> *Als noch der Mond »durch Tränen*
> *In Fliederlauben« schien,*
> *Als man dem »milden Sterne«*
> *Gesellte was da lieb,*
> *Und »Lieder in die Ferne«*
> *Auf sieben Meilen schrieb!*

Die Droste gehört zur nachfolgenden Generation, und sie zählt sich dazu, wenn es um das lieblose Verhalten der literarischen Zeitgenossen gegenüber den Vorgängern geht:

> ...
>
> *Wir höhnen oft und lachen*
> *Der kaum vergangnen Zeit,*
> *Und in der Wüste machen*
> *Wie Strauße wir uns breit.*
> *Ist Wissen denn Besitzen?*
> *Ist denn Genießen Glück? ...*

Die Droste bleibt nüchtern und selbstkritisch im Fortschritts- und Solidaritätsrausch ringsum:

Mit unsres Spottes Gerten
Zerhaun wir was nicht Stahl,
Und wie Morganas Gärten
Zerrinnt das Ideal

Es wogt von End' zu Ende,
Es grüßt im Fluge her,
Wir reichen unsre Hände,
– Sie bleiben kalt und leer. –
Nichts liebend, achtend Wen'ge
Wird Herz und Wange bleich,
Und bettelhafte Kön'ge
Stehn wir im Steppenreich.

Das Neue entwickelt seine eigene Dynamik, dem sich das adlige Fräulein aus Westfalen nicht entzieht. Zugleich plädiert die Droste für eine differenzierte Sicht. Sie warnt, daß zentrale Werte wie Liebe, Achtung und Herzenswärme mit den Umbrüchen unter die Räder kommen. Wenn das die Werte der alten Zeit sind – sei's drum.

Annette von Droste-Hülshoff macht sich, wie früher schon, ihre Gedanken unabhängig von den Kreisen, denen sie durch Abstammung und Religion verpflichtet ist. Sie ist keine Demokratin; in ihrem Umkreis war niemand, der ihr solche Ideen hätte nahe bringen können. Aber sie mokiert sich aus Überzeugung über das »rein altadlige Blut«, auf das Familie und Verwandtschaft schwören. Sie hat zu viele bürgerliche Bekannte und Freunde, um die reaktionäre, nur auf die alten Privilegien versessene Politik des Adels nicht zu kritisieren. Sie hat auch keine Hemmungen, im August 1844 diese Meinung ihrem Onkel August von Haxthausen mitzuteilen und sich dabei von ihrem eigenen Bruder Werner zu distanzieren: *Man ist jetzt am REGULIEREN der Jagdgerechtigkeiten, und Wernern stehen die Haare zu Berge vor Wichtigkeit. – Das ist Alles ganz gut, man soll sich Nichts nehmen lassen, aber ich wollte die Herrn dächten auch zuweilen an allgemeinere Landes-Interessen; – es empört den Bürger- und Bauernstand, daß sie, auf den letzten Landtagen, Nichts als ihre Jagdgeschichten haben zur*

Sprache kommen lassen, weder Schulen, Pfarreyen, noch Sonstiges. – Werner wird das nicht so gewahr, da er nur mit dem Adel umgeht, aber ich höre es desto öfterer. Annette von Droste-Hülshoff ist keine bedingungslose Verfechterin der alten Ordnung.

Anfang Oktober 1844 schreibt Levin Schücking an sein »liebes, gutes Mütterchen!«: »Außer ihren Gedichten wird die Welt mit dem ›Glaubensbekenntniß‹ Freiligraths und ›Neuen Gedichten‹ von H Heine beschäftigt sein. Was sagt man bei Ihnen zu Freiligrath?« Nachdem der Zensor im Winter 1843/44 einige seiner Gedichte für die »Kölnische Zeitung« verstümmelt hatte, war der Poet vom Rhein dem Beispiel Herweghs gefolgt und hatte als Dichter radikal Partei für Freiheit und Demokratie ergriffen. Freiligrath nannte seinen Gedichtband, der Ende August 1844 erschien, einen »kecken Schuß in die Stickluft jener Tage«. Die Auflage von 8000 Stück, bald verboten, war im Dezember vergriffen. Freiligrath mußte nach Belgien fliehen, um nicht im Gefängnis zu landen. Die erste Auflage von Heines »Neuen Gedichten«, ebenfalls sogleich verboten, kam am 25. September auf den Markt, und die 3000 Stück waren nach 14 Tagen verkauft.

Annette von Droste-Hülshoff war in diesem Bund keine Dritte. Der Zensor schlug ihren Buchdeckel nicht einmal zur Prüfung auf. Unvorstellbar, daß eine Frau sich politische Töne erlaubte. Wahr ist aber auch, daß dem leisen Weg der Droste zwischen den Fronten das entschiedene Entweder-Oder fehlte, das die sich zuspitzende Situation verlangte. Die Hoffnungen, die liberale Kräfte 1840 beim Thronwechsel auf den neuen preußischen König setzten, hatten sich nicht erfüllt. Kein Gedanke war an Pressefreiheit und eine Monarchie, die sich einer Verfassung verpflichtete. Jede politische Betätigung wurde rigoros verfolgt. Da klang die Zeile *Pochest du an – poch' nicht zu laut* aus dem Gedicht »Die Weltverbesserer« naiv, zumindest harmlos. Die Menschen, die nur in Hinterzimmern von ihren Wünschen flüstern durften, dürsteten nach lauten, deutlichen Worten. Immer größer wurde gegen Mitte der vierziger Jahre die Zahl der Zeitgenossen, denen Heine in seinen »Neuen Gedichten« unter der Rubrik »Zeitgedichte« aus dem Herzen sprach:

> »Deutscher Sänger! sing und preise
> Deutsche Freiheit, daß dein Lied
> Unsre Seelen sich bemeistre
> Und zu Taten uns begeistre,
> In Marseillerhymnenweise....
>
> Sei nicht mehr die weiche Flöte,
> Das idyllische Gemüt –
> Sei des Vaterlands Posaune,
> Sei Kanone, sei Kartaune,
> Blase, schmettre, donnre, töte!...«

Herwegh, Freiligrath und Heine geben als Dichter des »Vormärz« Zeugnis von der angespannten aktuellen Stimmung, die sich im März 1848 revolutionär Bahn brechen wird. Darin liegen ihre politische Brisanz und ihr Erfolg. Doch wie Herwegh ist auch Ferdinand Freiligrath längst vergessen. Und von Heinrich Heines »Neuen Gedichten« haben sich andere als die martialischen in der Erinnerung festgesetzt:

> »Ich hatte einst ein schönes Vaterland.
> Der Eichenbaum
> Wuchs dort so hoch, die Veilchen nickten sanft.
> Es war ein Traum.
>
> Das küßte mich auf deutsch, und sprach auf deutsch
> (Man glaubt es kaum,
> Wie gut es klang) das Wort: »Ich liebe dich!«
> Es war ein Traum.«

Levin Schücking hatte die Droste nicht ohne Grund gefragt, was sie von Freiligraths neuen Gedichten hielt. Sein »Mütterchen« brachte diesem poetischen Hallodri, den sie durch Schückings Erzählungen gut kannte, eine erstaunlich große Sympathie entgegen. Daraus erklärt sich die erste Reaktion in einem Brief an Elise Rüdiger vom Dezember 1844: *Ueber* Freiligrath *gehts arg her, zwar nicht ärger als er verdient, aber dennoch dauert er mich, ...*

arm, mit einer kranken Frau, von den alten Freunden verlassen, von den neuen fast zurückgestoßen ... Im November 1845 allerdings sind alle Sympathien für Freiligrath aufgebraucht. Als Dichterin läßt sich die Droste den Blick nicht trüben und urteilt in bezug auf ein bestimmtes Gedicht: *CRASS ists zwar, hinsichtlich der Grundsätze, bis zur Scheuslichkeit, aber sonst weniger schwülstig ... und muß auf Gleichdenkende und selbst noch Schwankende einen unseligen Einfluß ausüben, da ich ULTRALOYALE Seele mich nicht enthalten konnte tief davon ergriffen zu werden...* Elise Rüdiger soll allerdings nicht auf falsche Gedanken kommen: *Aber mein Mitleiden mit Freiligrath ist rein todt, – mags ihm schlecht gehn! er verdients nicht besser!* Stand ihr Urteil einmal fest, kannte Annette von Droste-Hülshoff keine Zwischentöne mehr und konnte gnadenlos den Schlußstrich ziehen.

Auflage machten 1844 ihre männlichen literarischen Konkurrenten. Doch mit ihrem zweiten Gedichtband tat Annette von Droste-Hülshoff einen großen Schritt über die westfälische Provinz hinaus. Von Schücking aufmerksam gemacht, schrieb der angesehene Literaturkritiker Joseph Christian von Zedlitz im November 1844 eine Besprechung für die überregionale Augsburger »Allgemeine Zeitung«. Seine umfassende Kritik begann mit dem Bekenntnis, »daß wir im Allgemeinen keinen großen Geschmack an den lyrischen Ergüssen weiblicher Rapsoden finden«. Um so gewichtiger ist, was folgt: »In Anette v. Droste besitzt Deutschland eine Dichterin, der kein Erforderniß wahrer poetischer Begabung fehlt – eine Dichterin der seltensten Weihe, die mit den Dichtern um jeden Preis zu ringen befugt ist... Ueberall tritt uns ein selbständiger schaffender Geist entgegen, nirgends der Nach- und Wiederklang lange vorher gekannter Weisen.« Ihre Gedichte seien »Lichtbilder« von »Individualität,... Freiheit und Rückhaltlosigkeit« ohne jede »Sentimentalität«. Die Droste hatte erreicht, wonach sie seit ihrer Jugend strebte, auch wenn der Kreis der Bewunderer noch relativ klein blieb: sich keineswegs zu blamieren, sondern in die erste Reihe der deutschen Dichter aufzurücken.

Im Januar 1845 erhält Jenny von Laßberg einen stolzen Brief aus dem Rüschhaus: *Ich hoffe Cotta hat keinen Schaden an mir, wenigstens sind einige Stimmen von Gewicht für mich aufgetre-*

ten, – in der Allgemeinen Zedlitz *... und jetzt schreibt mir Schücking, daß nächstens eine von* Kühne *(wohnt in Weimar) eingerückt werden würde, – und dieser ist jetzt der Berühmteste unter den* RECENSENTEN, *und sehr streng, deshalb würde ich nichts besonders Gutes erwarten, aber Schücking kündigt es mir doch so vergnügt an! ... In Berlin scheinen die Gedichte sehr gut fortzukommen ... Wie es* hier *steht weiß ich nicht recht, die Preußen sind allerdings auf meiner Seite, aber das sind arme Teufel, die sich ein Exemplar durch die ganze Stadt umleihen ...* Die Preußen, das sind die bürgerlichen, protestantischen Beamten in der Hauptstadt Westfalens. Anschließend werden die eigenen Standesgenossen nicht verschont: *... der Adel nimmt, wie ich glaube, noch immer blutwenig Notiz von mir, und ließt überhaubt niemals Gedichte, – doch sind die, in allen Buchhandlungen hier vorhanden gewesenen, Exemplare bereits vergriffen, ...* Die Droste will es genau wissen. Im März 1845 hakt sie bei Schücking nach: *Nun sagen Sie mir doch auch wie es dem Cotta mit dem Verkaufe meiner Gedichte geht? – Hier in Münster werden sie, gegen meine Erwartungen, sehr stark gelesen, – ob gekauft ist eine andre Frage, und ich weiß darüber nichts zu sagen ...* Hinter dem Interesse wird die ehrgeizige Hoffnung auf gute Verkaufszahlen sichtbar.

Der neue Gedichtband lag noch nicht auf dem Ladentisch, da hatte Annette von Droste-Hülshoff schon das nächste Werk im Visier. Im August 1844 teilte sie ihrem Onkel August von Haxthausen ohne falsche Bescheidenheit den gegenwärtigen Stand und die neuen Pläne mit: *Mit meinem litterarischen Treiben geht es gut ... Das Buch erscheint zur Michaelismesse, ich habe bereits eine Menge Druckbogen erhalten, und kann mit der Ausstattung zufrieden seyn ... Zunächst erscheint dann wohl mein Buch über Westphalen, was freylich noch lange nicht fertig ist, aber ich schreibe schnell wenn ich mahl daran komme ...* Dann bekennt das adlige Fräulein, das nach der Standesehre eigentlich keinen Beruf ausüben darf, daß es Geschmack am Geldverdienen bekommen hat, – auch wenn diese Intention sogleich als gute Tat ausgegeben wird: *Gott gebe, daß mir Stimmung und passable Gesundheit bleiben, um noch recht viel verdienen zu können, denn ich möchte gar zu gern zwey kleine Stiftungen machen, für ein paar unverheurathete Mädchen aus Werners und Jennys Nachkommenschaft.* Geschrieben hat die Droste diesen Brief auf der Meersburg. Einen Monat später, im September 1844, reiste sie mit der Mutter heim ins Rüschhaus. Weit lag das Frühjahr zurück mit dem enttäuschenden Treffen des alten Freundes Schücking und seiner neuen Frau. Ihr selbst hatte es Kopf und Herz wieder klarer gemacht – *Verlassen, aber einsam nicht, / Erschüttert, aber nicht zerdrückt.* Resignation war nicht ihr Teil und Annette von Droste-Hülshoff entschlossen, sich auch weiterhin von der *wilden Muse* anstiften zu lassen.

Mit starken Kopfschmerzen kam sie zu Hause an, aber an Erholung war nicht zu denken. Die Droste mußte feststellen, *daß meine Alte sehr schwach und ungeheuer kindisch geworden ist in dem einen Jahre.* Seit Beginn der dreißiger Jahre lebte Maria Catharina Plettendorf, die treue Seele ihrer Kindheit, im Rüschhaus. Jetzt brauchte die einstige Amme Betreuung vom Aufstehen bis zum Schlafengehen. Für Annette von Droste-Hülshoff, selber nicht mehr die Jüngste und gesundheitlich angeschlagen, war das eine selbstverständliche Verpflichtung. Trotz der Belastung begann sie um diese Zeit mit einem neuen Prosaprojekt. Zusammen mit Elise Rüdiger wollte sie einen Band Erzählungen schreiben. »Joseph« nannte sie die erste, eine Kriminalgeschichte, über die sie im Oktober Levin Schücking informierte: *Mit den Erzählungen will es nicht recht voran, ich bin noch an der ersten, – recht schöner Stoff, aber nicht auf westphälischem Boden, und nun fehlen mir alle Quellen, Bücher wie Menschen, um mich wegen der* LOCALITAETEN *Raths zu erholen...* Wo es um Fakten geht, ist die Droste penibel und legt Wert auf genaue Recherchen. Ein wenig kann Elise Rüdiger helfen. Sie schickt der Freundin aus Münster einen Band von L. A. Thiers »Histoire de la Révolution française«. Im Dezember fragt die Droste bei der Freundin an: *... ich habe mir im »Thiers« viele Stellen bezeichnet, um entweder Auszüge zu machen oder nachzuschlagen, je nach Dauer der Zeit wo ich ihn behalten darf. – Schreiben Sie mir doch hierüber...* Die Stellen beziehen sich auf den Abschnitt über das belgische Brabant, die Gegend, in der »Joseph« angesiedelt ist.

Neben der neuen Erzählung blieb die Droste der Dichtkunst

treu, wie Schücking ebenfalls im Oktober erfuhr: *Zwischendurch mache ich Gedichte, – die gerathen gut, ich werde sie aber zum theile ins Cölner* FEUILLETON *geben müssen, und zwar umsonst, um eine schlechte Erzählung der Frau v. Hohenhausen flott zu machen, – (diese weiß aber NB. nichts davon)...* Elise von Hohenhausen, einst eine gefragte Übersetzerin und Schriftstellerin, war die Mutter von Elise Rüdiger. Deshalb schickte die Droste im Oktober ihre drei neuen Gedichte der Freundin in Münster, die sie weiter an die »Kölnische Zeitung« leitete. Im November und Dezember erscheinen die Gedichte im Feuilleton der Zeitung, die als liberales Blatt einen überregionalen Ruf genießt.

Insgesamt entstehen zwischen Oktober 1844 und Mai 1845 vierzehn neue Gedichte. Wie so oft hat Annette von Droste-Hülshoff sie der eigenen Krankheit und der Zeit, die sie für andere opfert, abtrotzen müssen. Im November 1844, schreibt sie einer Verwandten nach Bonn, *war ich schon recht leidend, an einer Art von Keuchhusten mit heftigen Brustschmerzen, und hatte schon meinen Onkel Fritz von Haxthausen hier, der herüber gekommen war um nachher den Winter in Münster zuzubringen, und nun hier krank lag ... Natürlich konnte ich mich unter diesen Umständen nicht schonen, und so wurden wir Beyde täglich leidender, – der Onkel war abwechselnd bald eine Zeitlang hier, bald, der ärztlichen Nähe wegen, wieder in Münster, wo Mama und ich dann uns in seiner Pflege einander ablösten ...* Im Januar 1845 ging es Annette von Droste-Hülshoff so miserabel, daß sie sich einige Tage dem Tod nahe fühlte. Inzwischen war die alte Amme endgültig ein Pflegefall geworden, und die Droste wich nicht von ihrer Seite. Sie habe, schreibt sie Levin Schücking, *ein Leben gehabt wie ich es keinem Türken gönnen möchte, – Tag und Nacht das Jammern gehört, und das Elend vor Augen.*

Wider ihren Willen holt Werner von Droste-Hülshoff Anfang Februar seine Schwester für eine Woche auf die Burg. Kaum zurück im Rüschhaus, nimmt sie die Pflege der Amme wieder auf und ruiniert damit ihre eigene Gesundheit. Ihr homöopathischer Arzt Clemens von Bönninghausen notiert »heftige Verschlimmerung, dann ganz bedeutende Besserung«. Mitten während der gesundheitlichen Krise, am 23. Februar 1845, stirbt ihre »Alte«.

Zwei Stunden vor dem Tod hatte Therese von Droste-Hülshoff ein Machtwort gesprochen und die Tochter mit der Kutsche nach Burg Hülshoff bringen lassen. Schücking erfährt: *... dort habe ich mich in acht Tagen unglaublich erholt, und bin kaum noch krank zu nennen, nur sehr schwach, – ein sichrer Beweis daß Alles rein* NERVÖS *war.*

Annette von Droste-Hülshoff war zäh. Gestern noch dem Tode nah, heute wieder an der Arbeit, ihrer Arbeit. Sie nimmt sich die angefangene Erzählung »Joseph« vor und schreibt im März 1845 den sechsteiligen Gedichtzyklus »Volksglauben in den Pyrenäen«, den die »Kölnische Zeitung« im April veröffentlicht. Aber mit der kreativen Ruhe ist es schnell wieder vorbei. Aus dem Paderborner Land kommt ein Brandbrief von Tante Sophie von Haxthausen. Ihr Bruder, Annettes Onkel Fritz, hat einen schweren Rückfall bekommen, und die Nichte soll »unverzüglich« die Krankenpflege in Abbenburg übernehmen. Da gibt es kein Zögern: *... ich reiste noch am selben Tage mit der Schnellpost ab ... Bis Ende May's war ich allein mit ihm, dann kam Mama.* Der Onkel hatte Magenkrebs, *es ist mir hart genug es anzusehn.*

Nach Ankunft der Mutter findet die Droste endlich Zeit, an Elise Rüdiger zu schreiben: *Wären wir Alle gesund so wäre es ein Leben ganz wie ich es mag, und ich würde sehr viel arbeiten, – ich denke von jetzt an kömmt es auch mitunter dazu, nun Mama mich ablösen kann, ich habe ein schönes weiches Kanapee, mit einem schönen breiten Tische davor, auf dem das bewuste Heft schon liegt, Federn und Schreibzeug in Ordnung – Sie sehn der Wille ist gut, so wird mir denn auch wohl die Macht werden.*

Es wird ein langer Sommeraufenthalt in Abbenburg. An manchen Tagen nimmt der Strom der Verwandtenbesuche kein Ende. An anderen ist Annette von Droste-Hülshoff von der Krankenpflege *ganze Nachmittage oder Morgen frey, – das hilft mir aber Alles nichts, ich muß völlige Ruhe und Sammlung haben, und die wird mir nie, ... bald werde ich oft, bald selten, bald nur auf Minuten, bald auf Stunden verlangt.* Ans Schreiben ist nicht zu denken, wie Elise Rüdiger am 2. August erfährt. Ob die Ideen, die ihr *im Kopf summen wie Bienenschwärme denen man den Korb verklebt hat, ... Wahrheit oder Einbildung* sind, weiß die Droste nicht recht: *... aber ich meine mich ganz besonders zum* PRODUCIREN *aufgelegt, und träume* A LA TANTALUS *von dicken Bänden voll Erzählungen, Gedichten* ET CET, *die mir alle wie Wasser aus der Feder fließen würden.* Es bleibt nicht beim Träumen.

Kaum ist dieser Brief abgeschickt, kommt ein Brief aus dem belgischen Ostende, wo Levin Schücking Urlaub macht. Er hat wieder einmal einen Eilauftrag für ein literarisches Jahrbuch übernommen: »Sagen Sie mir nun, mein liebes Mütterchen, könnten Sie mir, ohne Mühe, Anstrengungen und Lasten etwas dazu geben bis Ende August? ... das Honorar ist gut.« Schon am 25. August nimmt die Post von Abbenburg mit sechs neuen Gedichten den umgekehrten Weg: *Ich habe die Gedichte Abends im Bette machen müssen, wenn ich todtmüde war, ... und ich schicke sie eigentlich nur um zu zeigen, daß ich für Sie liebster Levin, gern thue was ich irgend kann ...* An freie Zeit tagsüber war nicht mehr zu denken, denn die Genesung des Onkels hatte für die Hausgäste fatale Folgen: *Alle Tage 3–4 Besuche, und jeder 3–4 Mann stark. ... Mama und ich führen ein wahres Schenkwirthsleben, – wir liegen oft noch im Bette, wenn schon ein Wagen anrollen kömmt, und Alle bleiben bis zum späten Abend ... ich bin den ganzen Sommer leidend gewesen, und muß mich täglich über Macht aufrappeln.* Trotzdem ist Annette von Droste-Hülshoff in Gedanken schon wieder bei erfreulichen Zeiten, die der Kreativität günstig sind: *In die späteren Jahrgänge will ich, wenn Sie es wünschen, größere Aufsätze liefern, prosaische, weil Ihnen das am liebsten ist ... Wenn ich diesen Winter nicht zu krank werde, werde ich tüchtig in Rüschhaus arbeiten können ... Im Frühjahr gehn wir wieder nach* Meersburg, *ich freue mich recht darauf, dort bin ich immer viel gesünder, und kann auch viel mehr und leichter arbeiten ...*

Annette von Droste-Hülshoff hat die Zukunft fest im Blick. Es ist ihre Art, eine Gegenwart zu ertragen, in der die beschwerdefreien Tage immer seltener werden. Da der Onkel wohlauf ist, plant Therese von Droste-Hülshoff die Heimfahrt für die ersten Oktobertage. Doch nun rächen sich bei der um vieles jüngeren Tochter die Anstrengungen der letzten Monate: *... meine eigne Gesundheit war völlig herunter, ... ich konnte keine Seite in einem Buche, oder keinen Brief lesen ohne daß mir ganz übel wurde, und* *als ich endlich nicht umhin konnte selbst einen zu schreiben, stellte sich, unter dem Schreiben, so heftiges Blutspeyen ein, daß ich mich legen mußte.* Der Arzt rät jedoch zur Abreise, die Droste müsse *um jeden Preis aus dieser Umgebung fort.* Sogleich nach der Rückkehr konsultiert sie in Münster ihren homöopathischen Arzt, und langsam geht es mit der Gesundheit wieder bergauf.

In den turbulenten Abbenburger Wochen entstand das Gedicht »Auch ein Beruf«: ... *Von keines Herdes Pflicht gebunden, / Meint jeder nur, wir seien, grad / Für sein Bedürfnis nur erfunden, / Das hülfsbereite fünfte Rad.* Ein selbstkritischer Kommentar folgt: *Wir leiden nach dem alten Rechte: / Daß wer sich selber macht zum Knechte, / Nicht ist der goldnen Freiheit wert.* Annette von Droste-Hülshoff hat dieses Gedicht der Freundin Amalie Hassenpflug gewidmet, die sie nach vielen Jahren 1838 im Bökerhof wiedergesehen hatte. Seit die Droste im Herbst 1844 vom Bodensee ins Westfälische zurückgekommen war, bedauert sie in ihren Briefen, daß die brieflichen Kontakte zu den alten Freundinnen – *durch eigene Schuld* – abgerissen sind. Sie versucht erfolglos, die Adressen von Sibylle Mertens und Adele Schopenhauer zu erfahren, die sich beide in Italien aufhalten. Trotz allen schöpferischen Tatendrangs fühlt sie sich einsam in ihrem *Schneckenhäuschen* und schwankt, wie gut oder wie schlecht sie das finden soll. Levin Schücking erfährt im Oktober 1844: *Mein Leben ist immer das gleiche, abgeschlossen, heimlich, ganz wie ich es mag – zög nur der Husten fort, und statt dessen zuweilen etwas Neues aus der* LITTERATUR *ein, oder ein freundlicher Besuch, der mich ein Bischen* AU COURANT *mit dem Weltlaufe hielt, ich wollte es mir nicht besser wünschen.*

Zur totalen Einsiedlerin wird die Droste nicht. Noch im Oktober hatte sie Wilhelm Junkmann, der Freund aus alten Zeiten, besucht. Sie selbst macht sich im Januar und Februar 1845 auf den Weg nach Münster. Sie trifft dort Elise Rüdiger und auch Christoph Bernhard Schlüter. Der Kontakt zum *Professorchen* bleibt allerdings sporadisch, Briefe werden keine gewechselt. Von Dezember 1844 bis Februar 1845 hat sich eine Cousine im Rüschhaus einquartiert. Im April 1845 erhält die alte Bekannte Johanna Hassenpflug, Amalies Schwester, einen Brief: *Ich lebe jetzt einsa-*

mer als je ... So ist mein alter Kreis gänzlich gesprengt, und es hat mir bisher an Zeit und Gesundheit, folglich auch wohl an Lust, gefehlt mir einen neuen zu bilden, obwohl dieses, wenn ich mahl das Bedürfniß fühlen sollte, nicht schwer werden wird ... Der alte Kreis war vor allem die von der Droste liebevoll-ironisch titulierte *Hecken-Schriftsteller-Gesellschaft,* die sich Ende der dreißiger Jahre bei Elise Rüdiger getroffen hatte. Einen ähnlichen vertrauten Zirkel wiederzufinden, das ist Wunschdenken.

Wie sie ihre Situation wirklich beurteilt, offenbart Annette von Droste-Hülshoff der Freundin Elise Rüdiger, die ihr im Winter mitgeteilt hatte, daß ihr Mann wahrscheinlich nach Minden an der Weser versetzt wird: *Aber, lieb Herz, was schreiben Sie mir von der Möglichkeit einer Trennung! glaubte ich es so würde mir todtangst... Geschähe es indessen wo wären wir Beyde allerdings übel daran, – Ich noch mehr wie Sie, denn in Ihrem Alter schließt man sich noch leichter an, ... aber ich wäre in der That recht sehr verlassen ... So sind sie, mein Lies, unter allen Selbstgewählten, mir als das Liebste und Letzte geblieben...* Das war die Wahrheit, und im Sommer 1845, in Abbenburg, konnte die Droste ihr nicht mehr ausweichen: *mein Gott was soll ich anfangen, wenn Sie fortgehn! – Sie sind mir nun so lange Alles in Einer gewesen, und ich kann mir gar keinen möglichen Ersatz denken... Ich bin so niedergeschlagen, daß ich Ihnen nicht mahl sagen mag wie sehr ich es bin, und wie nüchtern mir Münster ohne Sie vorkömmt, – und Rüschhaus auch – das ist dann Alles nichts mehr, und das einfältige Abendroth braucht gar nicht mehr durch die Eichen zu scheinen, wenn Sie es nicht mitsehn können.* Die lakonische Wendung – typisch Droste – verhindert mit feinem Humor ein Abgleiten in unkontrollierbare Gefühle und verrät zugleich, welchen Schlag der Wegzug der Rüdiger nach Minden bedeutet. Im Winter, als Annette von Droste-Hülshoff den Gedanken an eine Trennung noch vehement verwarf, hatte sie es der Freundin offen zu sagen gewagt: *... ich habe Sie ungeheuer lieb, Lies, aber, kurios, je lieber Sie mir werden, je mehr schäme ich mich es Ihnen zu sagen, wenigstens schriftlich.*

Ob sie krank war oder einsam, der Humor blieb Teil ihres Wesens. Sie nutzte ihn, um sich auch in unabänderlichen Situationen ein Stück Gestaltungsfreiheit zu bewahren. Sie genoß es ebenso, zweckfrei und gelöst sich und andere damit zu unterhalten. Vor allem im Zusammenhang mit Maskeraden, bei denen sie ihr Talent zur Schauspielerei und zum Versteckspiel ausleben konnte. Als im März 1845 die Bitte um Krankenpflege aus Abbenburg kam, hatte sie sich sofort ohne die Mutter auf den Weg gemacht. Einige ihrer *kleinen Reisebegebenheiten* schildert sie Elise Rüdiger. Bei Paderborn waren zwei Männer in die Postkutsche gestiegen: *... der Eine, ein sehr ruhiges* SUBJECT, *gab sich als Lederfabrikanten aus Paderborn zu erkennen, und ward dann mäuschenstill, der Andre ... verrieth sich mit den ersten Worten als Münsterländer, und stellte sich, auf meine Nachfrage als geborner Dülmenser ... heraus, – das gab gleich große Freundschaft, – ich kannte die halbe Stadt, Wirthsleute, Krämer, Pastoren, ... sagte, ich sey auch aus der Gegend von Dülmen, vom Lande her, – kurz, – that ganz wie eine Schulzenfrau oder dergleichen, ... mein altes Männchen wurde vollkommen getäuscht, und gab, als es in Neuhaus ausstieg, mir Grüße an alle Schuster und Schneider mit.*

Hoch befriedigt über ihre Schauspielkünste lehnte sich die Droste in die Kutschenpolster zurück: *... aber ... als ich eben vor Hochmuth bersten wollte, fing mein Lederfabrikant an lebendig zu werden:* »*Mit Erlaubniß, ... Sie wollen wohl nach der Hinnenburg?*« (Dort, nahe dem Bökerhof, lebten Verwandte der Droste, d. V.) – *Ich: (sehr verwundert) –* »*nach Hinnenburg? nein nach Brakel und morgen weiter*« – »*Mit Erlaubniß, ich habe doch die Ehre mit Fräulein von Droste zu sprechen?*« – *(hier fiel mir vor Verwunderung ein Stück Butterbrod zum Wagen hinaus)* »*kennen Sie mich?*« – »*Nein, aber ich habe* ⟨*mir vom ersten Augen*⟩*blicke an vorgestellt, daß Sie Fräulein von Droste seyn müsten, denn ich habe ihre Gedichte gelesen, ach! wie schön sind die!*« Die Pointe der Droste darf nicht unterschlagen werden: *aber sagen Sie, Lies, sind meine Gedichte denn so gräulich pfahlbürgerlich? – denn eine prächtige Pfahlbürgerin habe ich* AGIRT *darauf lasse ich mich todtschlagen.*

Den ersten Teil der Poststrecke hatten unerwartet Münsteraner Bekannte mit ihr geteilt. Das, so die 48jährige Annette von Droste-Hülshoff an Elise Rüdiger, *würde ... meiner armen Mama die*

Haare zu Berge getrieben haben, – ich habe nämlich das MALHEUR *gehabt im allerklatrigsten Aufzuge, altem Mantel, ohne Hut, von der Hartmannschen Familie erwischt zu werden ... Mama darfs nicht wissen, sonst läßt sie mich mein Lebtage nicht wieder allein fort.* Ein katholisches adliges Fräulein im gesetzten Alter der Droste hatte sich in der Öffentlichkeit in adretter Kleidung und mit Kopfbedeckung zu zeigen. Außer Sichtweite der mütterlichen Kontrolle entzog sich die Tochter schon einmal den Konventionen. Im Prinzip aber hatte Annette von Droste-Hülshoff die traditionelle Mutter-Tochter-Hierarchie akzeptiert. Therese von Droste-Hülshoff, der die Eigenwilligkeit ihrer Tochter seit Kindertagen wohl bewußt war, akzeptierte die schreibende Tochter und ihren Weg in die Öffentlichkeit und inzwischen noch einige Freiheiten dazu. Es sind stolze mütterliche Worte, die sich über beide Gedichtbände erhalten haben. Seit knapp 20 Jahren lebten die beiden im Rüschhaus. Sie waren ein eingespieltes Paar, wobei das Alter selbstverständlich Vorrang hatte. Doch die Tochter lebte nicht im Schlepptau der Mutter, und die Mutter hatte ihre eigenen Aktivitäten.

Therese von Droste-Hülshoff war zu Lebzeiten ihres Mannes kein Hausmütterchen gewesen und pflegte auch als Witwe ihre Kontakte und Interessen. Sie hielt sich öfter als ihre Tochter in Münster auf und reiste allein zu den Verwandten ins östliche Westfalen. Weihnachten 1845 blieb sie dem Trubel der großen Familie ihres Sohnes auf Burg Hülshoff fern, während sich Annette von Droste-Hülshoff schon am 17. Dezember auf den Weg machte, um sich bis Anfang des neuen Jahres an ihrem Patenkind Elisabeth zu erfreuen. Es war sechs Monate alt, ein *niedliches Muckelchen,* und im November hatte Elise Rüdger erfahren: *... denken Sie, es kennt mich schon, und reicht mir die Aermchen entgegen.*

Zu den frühesten Gedichten, die Therese von Droste-Hülshoff notierte, gehört ein gereimter Namenstagsgruß der siebenjährigen Annette an die Mutter. Gut 40 Jahre lag das zurück, doch der Brauch hatte sich gehalten. Auch im Frühjahr 1844 und 1845 schrieb die jüngere Tochter je ein Gelegenheitsgedicht zum Geburtstag der Mutter. Auf einer Liste, in der die Droste ihre Gedichte bewertete, hat sie das vom Mai 1845 als *unbedeutend* eingestuft. Zweifellos nicht auf Veröffentlichung bedacht, machte sie damit bei der Mutter dennoch eine Ausnahme. Weder für die Brüder noch für Schwester Jenny gibt es solche Stegreifverse.

Die Gedichtausgabe von 1844 enthält das einzige – nur wenig verschlüsselte – Gedicht über den Vater – »Das vierzehnjährige Herz«: ... *Ach, er ist mein herrlicher Vater, ja, / Soll ich ihn denn nicht lieben, nicht lieben!* Während ihre Zuneigung für Levin Schücking in Gedichten, die sie zur Veröffentlichung freigab, direkten Ausdruck findet, hat die Droste ihre Gefühle für lebende Familienmitglieder nie in offizielle Gedichte umgesetzt. Um so zahlreicher sind die Werke, die ihre intensive, geradezu symbiotische Beziehung zu »ihren Toten« – und damit sind enge Verwandte wie der Vater oder der früh verstorbene jüngere Bruder gemeint – dokumentieren. Aber auch sie verschweigen und verschließen den inneren Kreis der Emotionen: *'s gibt Gräber wo die Klage schweigt, / Und nur das Herz von innen blutet, / Kein Tropfen in die Wimper steigt, / Und doch die Lava drinnen flutet* ... So beginnt das Gedicht »Die Unbesungenen« vom Mai 1843. Selbst in den Hunderten von Briefen der Familienkorrespondenz fällt kaum ein Wort der Erinnerung an die geliebten Toten.

Es ist keine Ausrede und kein Vertuschen verborgener, widerborstiger Gefühle, wenn Annette von Droste-Hülshoff im Mai 1844 ihrer Mutter zum Geburtstag dichtet: *So gern hätt' ich ein schönes Lied gemacht, / Von deiner Liebe, deiner treuen Weise, / ... Doch wie ich auch gesonnen, mehr und mehr, / Und wie ich auch die Reime mochte stellen, / Des Herzens Fluten rollten drüber her, / Zerstörten mir des Liedes zarte Wellen.* Was sie nur in den Briefen an Elise Rüdiger auszusprechen wagte, gilt für alle, die ihrem Herzen nahe standen: Die Droste, ständig in Angst, die Liebe und die Gegenwart der Nächsten – vor allem auch der Mutter – zu verlieren, hatte größte Schwierigkeiten, ihre Gefühle dem Papier und damit den Menschen schwarz auf weiß anzuvertrauen. Daß sie bei Levin Schücking so freigiebig mit den Worten war, läßt viele unterschiedliche Überlegungen zu.

Levin Schücking, seit einem Tag Vater eines Jungen, schreibt am 20. Dezember 1844 aus Augsburg einen überschwenglichen Brief:

»Und Sie – Mütterchen, Sie müßen ihn lieb haben und ihn segnen, das wird ihm gut thun, wissen Sie, und da Sie nun doch sein Großmütterchen sind so müßen Sie ihm ein Gedicht in seine Wiege legen als Talisman!« Annette von Droste-Hülshoff schweigt. Ende Februar 1845 kommt der nächste Brief ins Rüschhaus: »Um Gotteswillen, was ist das, mein liebes Mütterchen, daß Sie gar nicht schreiben ... Mein kleiner Junge ist fast schon ... ein discurirender großer Kerl geworden und Sie haben mir noch nicht einmal dazu gratulirt! Und wissen obendrein noch nicht einmal, daß Sie Pathin sind ... Nun beschwöre ich Sie, aber mir recht bald mit einem Paar Zeilen zu sagen, was Ihnen ist, liebes Mütterchen, damit ich beruhigt darüber werde.« Gewiß, Annette von Droste-Hülshoff hatte einen schweren Winter – viele kranke Tage, Krankenpflege, der Tod der Amme. Aber Zeit für ein paar Glückwunschzeilen wäre schon gewesen, wenn sie es gewollt hätte.

Doch dann schreibt sie am 5. März um so herzlicher nach Augsburg: *Wie oft habe ich an Euch Lieben gedacht ... Gott segne Mutter und Kind, und lasse was Gutes wachsen aus dem kleinen dicken Fresser! ... Ich muß den Schlingel sehn wenn ich nach Meersburg komme, ... Sie zu Uns, oder ich zu Ihnen. – mein Pathenjunge! – Sobald ich soweit zu Verstande komme will ich ein schönes großes Gedicht auf den Jungen machen ... Ich wollte der Junge gliche mir ein klein wenig mit, aber da wird wohl nichts aus werden ...* Es folgt ein ausführlicher Brief mit viel Klatsch über die gemeinsamen Münsteraner Freunde und Bekannten. Die Droste lästert über das *gute Schlüterchen*, in dessen Haus sich *der steif-gelehrt-fromme Ton ... sehr gesteigert* habe. Sie fragt nach dem Verkauf ihres Buches, nach weiteren Kritiken und bittet Schücking, die Anfrage eines Herausgebers wegen eines Gedichtabdrucks für sie zu erledigen: *... könnten Sie das nicht für mich ausrichten? ... Lieb Kind, Sie wissen in dieser Hinsicht am Besten was mir gut und nütze ist ...* Am Ende grüßt *Ihr treues Mütterchen*.

Nicht vergessen, aber abgehakt scheint der unglückselige Meersburg-Besuch. Es geht weiter mit der alten Freundschaft, mögen sich die Umstände verändert haben. Die Droste weiß, daß sie kaum einen besseren und engagierteren Agenten für ihre Werke finden kann. Als Schücking sein Mütterchen im Sommer

1845 um Gedichte für ein Jahrbuch bittet, macht sich Annette von Droste-Hülshoff in Abbenburg *Abends im Bett* und *todtmüde* ans Werk und schickt ihm Ende August sechs Gedichte, *nur um zu zeigen, daß ich für Sie, liebster Levin, gern thue was ich irgend kann ...* Was der Freund nicht ahnte: Es gibt andere Briefe aus dieser Zeit, in denen sie mit anderer Zunge spricht.

Der August hatte gerade begonnen, da schrieb Annette von Droste-Hülshoff an Elise Rüdiger: *Von Augsburg habe ich, vor etwa acht Wochen, einen Brief, – wie immer – sehr freundlich aber ungeheuer flüchtig – keine Nachfrage nach irgend Jemanden ... überhaubt gar keine Theilnahme an meiner Laufbahn mehr ...* Im Juni hatte die Freundin schon Ähnliches erfahren: *Von Augsburg erwarte ich jetzt keine Antwort mehr, da ich auf zwey, die beyde Fragen enthielten, keine Antwort erhalten,* – Schücking *ist eine Natur die nur in der Gegenwart lebt, zwey Jahre Vergangenheit sind ihm wie Andern zwanzig. – Giengs ihm übel, so würde er mich schon wieder aufgraben, und mir was vorklagen.* Zwei Monate zuvor, im April, hatte die Droste gegenüber der Rüdiger noch schärfere Töne angeschlagen: *Ob ich bald an Schücking schreibe? – eigentlich nein. Glauben Sie nur, er hat keine Lust lebhaft mit mir zu* CORRESPONDIREN, *und Sie begreifen daß ich mich ihm nicht aufdrängen mag. – Allen seinen späteren Briefen liegt irgend eine Veranlassung, Frage, Auftrag, Bitte,* ET CET, *zum Grund, ohne Veranlassung schreibt er mir nicht.* Erinnern wir uns: Drei Monate hatte Annette von Droste-Hülshoff ihren *liebsten Levin* warten lassen, bevor sie im März endlich ihren Glückwunschbrief zum Patenjungen schrieb, der von ihrer Seite ebenfalls Nachfragen und Bitten enthielt. (Ein Gedicht für ihren Patenjungen hat sie nie geschrieben.)

Schon kurz darauf folgen die bitteren Aprilzeilen an die Freundin in Münster. Konnte die Droste sich wirklich nicht vorstellen, wie knapp die Zeit des frischgebackenen Vaters war, der neben der Redakteursarbeit bei der Augsburger »Allgemeinen Zeitung« Romane, Gedichte, Aufsätze und Kritiken wie am Fließband schrieb, um seiner Familie eine gute Existenz zu sichern? Hatte sie nicht mehr im Kopf, wie nützlich, geradezu unentbehrlich Schücking für ihren zweiten Gedichtband, für dessen positive Kritiken und für die Veröffentlichung einzelner Gedichte im »Morgenblatt« war? Es ist ein Satz, der die Bühne blitzartig beleuchtet. Offenbar befürchtet Annette von Droste-Hülshoff, daß sie die Rüdiger mit ihren massiven Vorwürfen gegenüber Schücking nicht überzeugt hat und fügt im Aprilbrief hinzu: *Sie halten mich gewiß für sehr undankbar und mistrauisch, aber Sie haben keine Gelegenheit gehabt, den Unterschied zwischen (Brief-)Dichtung und Wahrheit so zu empfinden wie ich in Meersburg.*

Jetzt ist es heraus. Die Meersburger Erfahrungen vom Mai 1844, wie die Droste sie erlebt hatte, waren nicht nur unvergessen, sie waren auch nicht vergeben: Levin Schücking an der Seite seiner schönen jungen Frau, die gegenüber dem »Mütterchen« aus ihrer Jugend und ihren künstlerischen Talenten keinen Hehl machte. Für Annette von Droste-Hülshoff ein doppelt schmerzhaftes Wiedersehen zu dritt, weil es an den Orten stattfand, die erfüllt waren mit Erinnerungen an intensive, glücklich-vertraute Zweisamkeit im Winter 1841/42. Noch im Mai 1844 hatte sie in ihrem Turmzimmer zur Feder gegriffen: *Verlassen, aber einsam nicht, / Erschüttert, aber nicht zerdrückt...* Die Worte, die Eigenständigkeit und ungebrochene Kreativität demonstrierten, bannten jedoch die bitteren Erfahrungen nicht. Der Riß war unheilbar. Annette von Droste-Hülshoff blieb gespalten bis ins Herz.

Zurück im Rüschhaus, entstand im späten Herbst 1844 das Gedicht »Die Golems«. Levin Schücking konnte im Dezember im Feuilleton der »Kölnischen Zeitung« die eigenwillige Verwandlung dieser jüdischen Legende über einen künstlichen Menschen lesen:

...

... Der Golem wandelt mit bekanntem Schritte,
Er spricht, er lächelt mit bekanntem Hauch,
Allein es ist kein Strahl in seinem Aug',
Es schlägt kein Herz in seines Busens Mitte.

Und wie sich alte Lieb' ihm unterjocht,
Er haucht sie an mit der Verwesung Schrecken;

Wie angstvoll die Erinn'rung ruft und pocht,
Es ist in ihm kein Schlafender zu wecken;
Und tief gebrochen sieht die Treue schwinden,
Was sie so lang' und heilig hat bewahrt,
Was nicht des Lebens, nicht des Todes Art,
Nicht hier und nicht im Himmel ist zu finden.

...

Ist das die Abrechnung mit Schücking? War er in den Augen von Annette von Droste-Hülshoff zu einer blutleeren, innerlich toten Kreatur geworden? Hatte er eine außergewöhnliche Liebe verraten, die mit den üblichen Kategorien nicht zu fassen war? Hat die Droste, vom Verstand diktiert, im Gedicht einen unerbittlichen Schlußstrich gezogen, den ihr Herz in den folgenden Monaten nicht bedingungslos exekutierte?

Parallelen drängen sich auf. Noch während des gemeinsam genossenen Glücks am Bodensee war der Droste bewußt, daß es nicht dauern würde; daß diese außergewöhnliche Beziehung dem kühlen Blick der Vernunft nicht standhielt – *Ein werth Phantom, geliebte Lüge.* So heißt es im Gedicht »Die Bank«. Es entstand, noch bevor Levin Schükking im April 1842 von Meersburg und Annette von Droste-Hülshoff Abschied nahm. Auch damals folgten der kritischen Analyse herzliche Briefe an ihren *Jungen*, in denen sie ihre Zuneigung beteuerte und mit eindringlichen Worten einen Zustand beschwor, den sie eigentlich schon abgeschrieben hatte. Manches war Pathos und eingespieltes Ritual, anderes – deutlich spürbar – mit Herzblut geschrieben. Alles in allem ein Spiegel ihrer inneren Widersprüche, hin- und hergerissen zwischen Verstand und Herz. In diesem Sinne mag das doppelte Spiel, das die Briefe an Levin Schücking und an Elise Rüdiger während des Jahres 1845 zu entlarven scheinen, in Wahrheit die Zerrissenheit der Droste bloßlegen. Ein ähnlich ambivalentes Verhalten war auch nach Schückings Heirat in den freundlichen Briefen an seine Frau Louise und den gleichzeitigen tief mißtrauischen Kommentaren an die Rüdiger offenbar geworden.

Ein festes Band zwischen der Droste und Schücking ist die gemeinsame Liebe zur Literatur. Sie hat ihre gemeinsamen Stunden dominiert und füllt ihre Korrespondenz. Es ist Schücking, durch den Annette von Droste-Hülshoff über die literarischen Entwicklungen, über Dichterkollegen, über interessante Aufsätze und die Situation auf dem Buchmarkt informiert wird. Kalkül und Begeisterung mischen sich, wenn die Droste im August 1845 von Abbenburg aus an Levin Schücking die gewünschten Gedichte schickt und ihm zugleich *größere Aufsätze* für seine literarischen Projekte verspricht. Im Oktober erfährt sie, daß Schücking als neuer Feuilletonchef der »Kölnischen Zeitung« in Kürze mit seiner Familie in die Domstadt übersiedeln wird. Bessere Aussichten für eine weitere erfolgreiche Zusammenarbeit kann es gar nicht geben.

Aber zuerst steht wieder einmal Krankenpflege auf der Tagesordnung. Onkel Fritz von Haxthausen hat sich von Abbenburg nach Münster begeben, um wie üblich in der Stadt zu überwintern. Sein Magenkrebs ist weit fortgeschritten. Therese von Droste-Hülshoff versucht, ihre Tochter zeitweilig von der Krankenpflege fernzuhalten, denn Anfang November ist Annette von Droste-Hülshoff wieder *etwas krank und furchtbar* APPREHENSIV. Das erfährt Elise Rüdiger Mitte des Monats, und die Droste fügt hinzu: ... *doch das ist jetzt vorüber* ... Am 8. Dezember 1845 stirbt Friedrich von Haxthausen. Seine Nichte Annette entwirft den Text für den Totenzettel, der zum Andenken an den Verstorbenen verteilt wird, und schreibt dazu der Tante Sophie: *Ich habe den Zeddel nur kurz gemacht, die langen schwülstigen Zeddel waren mir immer zuwider* ...

Ansonsten gibt es gute Nachrichten zum Jahresende. Aus Meersburg meldet Jenny von Laßberg Ende November der Schwester, daß der Weinberg der Droste rund um ihr »Fürstenhäuschen« 60 Taler Gewinn gebracht habe, obwohl es ein gänzlich verregnetes Jahr war. Und sie hat noch eine Überraschung: »ich habe den Garten den du sosehr zu haben wünschtest, ... gestern wirklich gekauft ... er hat 14 große und kleine Obstbäume ...« Kommentar der Droste: ... *ich fange jetzt an eine ordentliche* POTENTE *Grundbesitzerin zu werden!* Als Sammlerin fügt sie stolz hinzu: ... *und so habe ich denn in diesem Jahre sechs vortreffliche*

Gemälde bekommen. Die meisten davon hat sie bei ihrem Sommeraufenthalt in Abbenburg von ihren Onkeln *halb verkauft halb geschenkt* bekommen. Ein Gemälde hatte sie bei einem alten Freund in Bonn geordert. Wenn es um Gemälde, Uhren, Münzen, kostbare Steine und nun sogar um Grundstücke geht, ist die sparsame Annette von Droste-Hülshoff weiterhin bereit, nicht auf den Taler zu sehen und sich etwas Gutes zu tun. Am Jahresende 1845 schaut sie optimistisch in die Zukunft und erwartet weitere Einkünfte von ihrer Arbeit als Schriftstellerin.

In der zweiten Oktoberhälfte hatte das adlige Fräulein einen Schritt getan, den bis dahin noch keiner aus ihrer Familie gewagt hat. Als sie in Münster ist, geht Annette von Droste-Hülshoff zu einer Sitzung ins Photoatelier von Friedrich Hundt. 1825 hatte sie bei ihrem Besuch in Köln den ersten Rheindampfer gesehen und wäre am liebsten gleich mitgefahren. 1843 nutzte sie auf der Reise nach Meersburg, wenngleich mit einigem Herzklopfen, das allermodernste Verkehrsmittel, die Eisenbahn. Auf dem Rückweg im Herbst 1844 kam sie ihr schon *höchst langweilig* vor. Der nüchterne Sinn der Droste für das Praktische, gepaart mit viel Neugierde, entzog jeder Berührungsangst vor der modernen Technik den Boden.

Die Erfindung der Photographie – damals noch auf Silberplatten, den Daguerreotypien – kam dem Interesse der Dichterin an ihrem eigenen Abbild entgegen. Beim Maler Johannes Sprick, den die Droste 1838 in Münster kennenlernte und fortan unterstützte, hat sie mindestens fünf Porträts in Auftrag gegeben. Das große, repräsentative Hüftbild im blauen Kleid, Ende 1838 entstanden, schenkte sie ihrem Bruder Werner von Droste-Hülshoff. Levin Schücking erhielt eines der kleineren Porträts in Öl von 1839. Im November 1845 ging eine Daguerreotypie an Elise Rüdiger, die seit einem Monat endgültig in Minden wohnte. Der Schwester in Meersburg durfte die Droste keinen Abzug schicken, weil die Mutter dieses Produkt der modernen Technik *gar zu abscheulich* fand.

Bei ihrem Namenstagsgeschenk für die Freundin aber ließ sich Annette von Droste-Hülshoff nicht dreinreden. Sie war uneitel genug, ein realistisches Bild ihrer Person unter die Menschen kommen zu lassen. Da sitzt sie leicht gebeugt, fast 49 Jahre alt, im einfachen dunklen, hochgeschlossenen Kleid mit weißem Kragen. Ein gemustertes Tuch liegt um Rücken und Arme. Das streng gescheitelte Haar bildet am Hinterkopf einen dichten Knoten, vor den Ohren ist ein geflochtener Zopf jeweils zu einer Schaukel gebogen. Sie trägt längliche Ohrringe und am linken Zeigefinger einen Rubinring. Eine unprätentiöse, selbstbewußte Frau. Jahrzehnte später schreibt Elise Rüdiger zu diesem Photo der Annette von Droste-Hülshoff, das im Gegensatz zu etlichen Kopien unverzerrt und unretuschiert in ihrem Besitz war: »Es ist nicht geschmeichelt, aber wirklich ähnlich.«

Abschiede ...

Das neue Jahr beginnt mit guten Vorsätzen. Am 2. Januar 1846 entwirft Annette von Droste-Hülshoff einen Brief an den katholischen Theologen Friedrich Teipel. Er hatte sie um einen persönlichen Gefallen gebeten und dem Schreiben einen Band seiner »Dichterischen Versuche« beigelegt. Teipel gehörte zum Kreis der frommen Literaten, die Christoph Bernhard Schlüter seit Jahren in Münster um sich sammelte. Die Droste bedauert in ihrer Antwort, nicht weiterhelfen zu können und endet – sozusagen unter Kollegen – mit einem Urteil zur Gegenwartsliteratur: *die Litteratur ist in leichtsinnigen und durchweg jugendlich unreifen Händen und es thut Noth, daß die Wenigen denen der Ernst des Lebens bereits die große Verantwortlichkeit ihrer Aufgabe deutlich gemacht hat eng zusammenhalten. Möge der Himmel hiezu seinen Segen geben, – diese Zeit bedarf eines tüchtigen Segens denn sie liegt unter einem schweren Fluche.* Annette von Droste-Hülshoff hatte sich bisher nicht als Propagandistin des liberalen Zeitgeistes hervorgetan. Aber wie fügt sich diese grobe Schwarzweißaussage zu ihrem vielfältigen Bemühen in Briefen wie in Gedichten, abseits der politisch-geistigen Lagermentalität für eine differenzierte Betrachtung zu werben?

Es gibt einen zweiten Briefentwurf mit ähnlicher Tendenz, geschrieben im Mai 1845 an den kurz zuvor zum Fürstbischof von Breslau ernannten Melchior von Diepenbrock, einen westfälischen Adligen, der zu Annettes Jugendzeit einmal Gast auf Burg Hülshoff war. Der Kirchenfürst hatte die Dichterin um ein Autograph für einen Freund gebeten und für seine Person hinzugefügt, »wie sehr Ihre schönen Gedichte auch mich ... entzückt ... und ... mit Stolz und Hochgefühl erfüllt haben bei dem Gedanken, daß ich ein Westphale bin!« Die Antwort der Droste ist im höfischen Kanzleistil gedrechselt und im Vergleich zu ihrer sonstigen Sprache nicht wiederzuerkennen. Doch sie kann auf eine kurze Formel gebracht werden: Annette von Droste-Hülshoff ist dankbar, durch *Ew Fürstbischöfliche Gnaden* erstmals erfahren zu haben, daß sie als Dichterin nicht vom *rechten Pfade* abgewichen sei in einer Zeit, wo *jedes auch zehnmal gewogene Wort, nur im Vertrauen auf Gottes Schutz mit einigem Muth der Oeffentlichkeit übergeben werden kann.* Ein Autor sei der absichtlichen *Blindheit* der Kritiker wehrlos ausgesetzt, und *Gedanken und Ansichten* fänden nur Gehör, wenn *man sie am Besten unter seine eigne Fahne zustutzen* könne. Es folgt ein vernichtendes Urteil über die Moral der Zeit, vor deren schwarzer Folie sich Westfalen um so leuchtender abhebt: *... unser gemeinschaftliches Vaterland ist bisher Gottlob noch ziemlich frey geblieben von allgemeiner* DEMORALISATION *... und wer sich nur als eines Schärfleins Herr fühlt soll es her geben, zum Bau des Dammes gegen Sittenlosigkeit und Unnatur, der die* IRRELIGIOSITAET *so sicher folgt, wie der Sünde der Tod.* (Nur nebenbei sei bemerkt, daß Diepenbrock zu den wenigen deutschen Kirchenfürsten zählte, die in diesen verhärteten Zeiten auf Ausgleich zwischen den Konfessionen bedacht waren und sich vom Kampf der katholischen Kirche gegen alles Moderne fernhielten.)

Kommt in den beiden Briefentwürfen die wahre Droste zum Vorschein? Eine Frau, die sich im Alter endgültig auf die Seite der Ewiggestrigen geschlagen hat, resigniert, verbittert, frömmelnd? Gegen solche Interpretation stehen Leben und Werk einer eigenständigen, widersprüchlichen Persönlichkeit. Die Nachgeborenen müssen die Widersprüche aushalten: Die Droste hatte auch bei geistlichen Herren keine Hemmungen, tief in den Topf der Schmeicheleien und Verstellungen zu greifen.

Gerade mit ihren überfreundlichen Worten zu seiner Dichtkunst bringt Annette von Droste-Hülshoff ihren Brief an Teipel in ein schiefes Licht: *Wäre die Zahl derjenigen, die gleich Ihnen dem Geiste so reine und nahrhafte Speise bieten größer, die Gegenwart würde glücklicher und der Blick in die Zukunft weniger trübe seyn ...* Der Theologe konnte nicht ahnen, daß die Droste im März 1845 in einem Brief an Levin Schücking über die gerade erschienenen religiösen Gedichte des *guten Schlüterchens* – zu dessen literarischem Zirkel Teipel gehört – geurteilt hatte: *... die endlosen* SONETTE *»Welt und Glaube« sind auch von ihm. Sie sind zum Sterben langweilig.* Nur einen Monat nach dem Teipel-Brief, im Februar 1846, wird sie sich, wiederum gegenüber Schücking, weiter über Schlüter und seinen literarischen Sympathisantenkreis amüsieren: *Doch weiß ich daß Schlüterchen vergnügt ist – vergnügt in seinem Gott, seinem Bewustseyn »Welt und Glauben« geschrieben zu haben, und der DICTATUR über ein neues Elf-Uhr-Kränzchen, das dem früheren bedeutend nachsteht, und ihm somit ein um so angenehmeres Gefühl von Ueberlegenheit giebt.* Die Droste hat die Teipelschen »Versuche« in einer Liste von 1846 unter der Rubrik »mittelmäßig« aufgeführt.

Auch der Fürstbischof von Breslau konnte nicht ahnen, wie tief die Kluft zwischen Brief und Wahrheit war: Die gleiche Person, die ihm gegenüber die Literaturkritiker diffamiert und nur aus geistlicher Perspektive beurteilt werden will, verbreitet eifrig jede positive Besprechung ihres Gedichtbandes von 1844 innerhalb der Verwandtschaft. Sie fragt bei Schücking begierig nach, wann neue Kritiken erscheinen werden. Sie will auf keinen Fall als religiöse Dichterin abgestempelt, sondern nach den strengen Maßstäben der allgemeinen Literaturkritik beurteilt werden und Auflage machen. In ihrem programmatischen Entwurf an den Fürstbischof bezieht sich Annette von Droste-Hülshoff mit keinem Wort auf ihr dichterisches Selbstbewußtsein. Klein und unwichtig macht sie sich – *ein Frauenzimmer in seiner ganzen Schwäche* –, statt auf das hinzuweisen, was für sie die Legitimation ihrer Arbeit ist: daß sie sich von Gott als Dichterin berufen weiß.

Die Droste war sich ihrer Verantwortung längst bewußt, hat sich damit gequält und sie in ihrem Werk angesprochen. Das Gedicht aus dem zweiten Teil des »Geistlichen Jahres« entstand im Herbst 1839, fern aller Konventionen und Erwartungshaltungen, und war nicht zur Veröffentlichung bei Lebzeiten bestimmt:

...

Und eine Feder laß mich nur
Betrachten mit geheimem Beben,
Bedenkend, daß der schwarzen Spur
Folgt leise schleichend Tod und Leben.
Den Pfunden, so mir gab Natur,

O Herr laß Zinsen mich entheben;
Ich bin so arm,
So nur in dem geborgten Pelze warm!

...

Annette von Droste-Hülshoff bewertete das Gewicht ihrer Briefe durchaus nach der hierarchischen Stellung des Absenders. In einer Liste, die sie 1846 anlegte, führt sie unter den *schmeichelhaften Briefen* auch den des Fürstbischofs auf. Die sparsame Dichterin hat die Liste auf der Rückseite eines Briefes notiert, der das genaue Gegenteil von »schmeichelhaft« ist. Und er wiegt schwer im Leben der Annette von Droste-Hülshoff.

Um den 23. November 1845 hatte ein Bote Nachricht von Werner von Droste-Hülshoff an seine Schwester ins Rüschhaus gebracht. Nach einem höflich-konventionellen Eingangssatz kommt er zur Sache: »Liebe Nette ich sende dir beykommend ein Siegel welches du nun behalten kannst da ich es über habe. – Nun eben noch etwas anders: du schreibst wie ich weiß zu Zeiten im FEUILLETON; dieses ist so viel ich weiß eine Zugabe zur CÖLLNER Zeitung.« Er habe »schon mehrfach früher die Äußerung gehört daß man sich wundere wie du deine guten Sachen für ein Blatt hergeben könnest welches nur einer schlechten Zeitung zur FOLIE diene...« Die »Historisch Politischen Blätter« hätten »alle gutgesinnten Katholiken öffentlich... aufgefordert«, nicht bei der »Kölnischen Zeitung« mitzuarbeiten, da diese »die katholische Religion schlecht« mache. Die Schlußfolgerung des Bruders: »Wenn ich deshalb schon früher gegen das Einsenden von Sachen ans FEUILLETON war so bin ich es jetzt gewiß und halte es für meine Pflicht dir die Lage der Sache mitzutheilen damit du Deine Ehre nicht unwissend im Stich lassest. dein treuer Bruder WERNER.« Der gut informierte Bruder fügt noch einen Satz hinzu, um kein Schlupfloch zu lassen: »du kannst SCHÜCKING nur *gerade zu sagen*, wenn du eine Entschuldigung haben willst daß ich die Veranlassung sey.«

Das Oberhaupt der Familie hatte gesprochen, Annette von Droste-Hülshoff hatte verstanden, und umgehend setzte sie ihre

Antwort auf: *Meinen herzlichsten Dank, liebster Bruder, für das hübsche Siegel, es war mir sehr erwünscht, eigentlich gradezu nothwendig, und macht mir deshalb viel Freude. – Eben so herzlich danke ich Dir für deine Warnung hinsichtlich des FEUILLETONS. Ich bin ganz deiner Ansicht, und werde gewiß nichts mehr einsenden*... Die Droste wußte nicht, daß es die vom Bruder behauptete Aufforderung der »Historisch Politischen Blätter« gar nicht gegeben hat. Denkbar jedoch wäre sie in diesem katholischen Kampfblatt, das im Liberalismus nichts als Teufelswerk sah, gewesen. Und die »Kölnische Zeitung« stand ohnehin gerade unter Beschuß, weil der Verleger Joseph DuMont zum 1. November 1845 neben Levin Schücking als Redakteur den liberalen Karl Heinrich Brüggemann, bisher Korrespondent in Berlin, bestellt hatte. Katholische Konservative versuchten, den neuen Redakteur zu diskreditieren und den Verleger einzuschüchtern: »... mag alsdann Herr Brüggemann mit dem ganzen Chor seiner Lichtfreunde und Communisten die Epistel des neuen radikalen Evangeliums zur Schmach des Cölner Domes in der Rheinstadt, wie in der Residenz an der Spree, absingen: Niemand wird auf sie hören, die Hallen des Domes aber werden sich höher und höher zur Ehre des Kreuzes wölben. Dies geben wir der Klugheit und dem Gewissen des Herrn Dumont noch einmal zu bedenken, ehe die Würfel fallen.«

Solche Einzelheiten drangen nicht bis ins abgelegene Rüschhaus. Aber selbst in der westfälischen Provinz war mit Händen greifbar, daß die Festungsmentalität innerhalb der katholischen Kirche keine abweichenden Meinungen mehr duldete. »Ultramontan« nannten sich aus Überzeugung inzwischen die deutschen Katholiken unter strenger Führung des Klerus. Im bedingungslosen Gehorsam auf den Papst in Rom – »jenseits der Berge« – ausgerichtet, galt es, einer ganzen Welt, der neuen Welt, zu trotzen. Aufklärung, Liberalismus, Fortschritt waren die Kinder der Französischen Revolution, und der Unglaube folgte ihnen auf dem Fuße. Begeistert stimmte der überwiegende Teil des katholischen Adels in diese kirchliche Kampfansage – die auch eine eminent politische war – ein, um zusammen mit der alten Welt die verlorenen Privilegien und die Vormachtstellung in der Gesellschaft zurückzuerobern.

Seit der Verhaftung des Kölner Erzbischofs 1837 durch die Preußen hatten sich die Gegensätze dramatisch zugespitzt. Die Gesellschaft war endgültig in zwei Lager gespalten. Freiheit für die Presse und für politische Parteien, eine demokratische Justiz und vor allem eine Verfassung forderte das liberale bürgerliche Lager, und dort befanden sich 1845 die gesellschaftlichen Meinungsführer. Doch die Herrschenden in Deutschland verweigerten jede Reform, und die römisch-katholische Kirche scheute keine Koalition, um die alten Bastionen zu verteidigen und abzusegnen. Annette von Droste-Hülshoff war keine naive, unbeteiligte Zeitgenossin. Sie wußte, daß es wegen der politischen Zuspitzung im November 1845 keine Alternative zur Aufforderung ihres Bruders gab, ihre Mitarbeit bei der »Kölnischen Zeitung« einzustellen. Wohin sie als adlig-katholische Westfälin gehörte, war Ehrensache: *Ich bin ganz deiner Ansicht, und werde gewiß nichts mehr einsenden ...* Das ist die politische Seite ihrer Entscheidung. Aber es kamen sehr persönliche Beweggründe hinzu.

Mit seinem Brief an die fast 49jährige Schwester ist Werner von Droste-Hülshoff im November 1845 aus dem Schatten getreten. Bis dahin hat er nur in Bemerkungen der Droste Konturen gezeigt, und die sind wenig schmeichelhaft. Die Schwester schildert den ein Jahr jüngeren Bruder in ihren Briefen als einen rede- und schreibfaulen Menschen ohne besondere Interessen und Talente; als einen Vater, der sich beim Spiel mit seinen Kindern lächerlich macht. Sie verhehlt nicht ihre Überraschung, als er die wirtschaftliche Umstellung der Familiengüter nach Aufhebung der Leibeigenschaft erfolgreich bewältigt. Sie verurteilt seine fanatische Abgrenzung gegenüber den Lutheranern wie seine reaktionären politischen Ansichten. Aber es gibt eine Bemerkung, die für einen Augenblick andere Abhängigkeiten zwischen den Geschwistern offenlegt.

Im Oktober 1840, die Mutter ist in Meersburg, schreibt die Droste ihrer Freundin Elise Rüdiger, wie ungern sie sich auf Burg Hülshoff aufhält, wo sie pausenlos von einer lauten, wenig angenehmen, ständig kranken Kinderschar umlagert ist: *Ich zweifle auch nicht, daß man es mir bereits sehr übel genommen hat, daß ich nicht längst dort war, ... das Schlimmste ist, daß mein Bruder den Vorzug, den ich dem einsamen Aufenthalt in Rüschhaus vor dem unruhigen bey ihm gebe, mir noch jedesmahl wo er sich merklich machte sehr übel genommen hat ...* Der Bruder sei jetzt verreist, werde aber in spätestens drei Wochen wieder zu Hause sein: *... wo ich dann fürchte, daß er sogleich hieher kommen, und mir vielleicht etwas Unangenehmes sagen wird, was mich dann leicht bestimmen könnte auf der Stelle mit ihm zu gehn, denn gegen dergleichen bin ich vielleicht nur zu empfindlich.* Die Droste wußte, warum sie versuchte, sich der brüderlichen Autorität zu entziehen. Werner von Droste-Hülshoff war das nicht entgangen. Im Novemberbrief nutzte er die Gelegenheit, seiner Schwester vorzuwerfen, nicht schon früher auf ihn gehört und die Mitarbeit bei der »Kölnischen Zeitung« eingestellt zu haben.

Die Droste hatte sich von diesen Vorwürfen nicht beirren lassen, ihre beiden Bände und einzelne Gedichte veröffentlicht. Wenn der Bruder nun erklärte, daß es um ihre Ehre ging – und damit um die Ehre der gesamten Familie – konnte Annette von Droste-Hülshoff nur noch gehorchen. Die Familie, ihr Wohlergehen und ihr Bestand hatten Vorrang vor allen individuellen Ansprüchen und Wünschen. Für die Dichterin war es undenkbar, gegen diese eherne Regel aufzubegehren. Doch im Rahmen der Gesetze ihres Standes und der Erwartungen ihrer Familie hatte sich die Droste über die Jahre zäh und geduldig ihre kleinen Freiheiten erkämpft und Strategien entwickelt, um möglichst unauffällig ihre Eigenständigkeit und ihre Überzeugungen zu bewahren. So leicht ließ sie sich nicht einschüchtern.

Scheinbar schnell und eindeutig beugte sie sich ihrem Bruder: *Ich bin ganz deiner Ansicht, und werde gewiß nichts mehr einsenden ...* Aber das war nur die erste Häfte des Satzes: *... doch möchte ich gern ein ECLATANTEN Bruch vermeiden, sowohl um mir nicht muthwillig Feinde zu machen, und ein paar Dutzend sehr scharfer satyrischer Federn auf den Hals zu ziehen.* Sie fürchte, so die Droste, nicht Angriffe *von der katholischen sondern von der rein poetischen Seite,* um ihren *litterarischen Ruf möglichst zu Grunde zu richten.* Im Ton freundlich, in der Argumentation raffiniert, war es eine selbstbewußte Botschaft an den Bruder: Ihre Ehre in der Öffentlichkeit hing nicht an ihrer Religion oder ihrem

Stand, sondern allein an ihrem Ruf als angesehene Dichterin. Damit war dieser Punkt erledigt. Auf den zweiten verwandte sie weit mehr Zeilen. Sie wolle den *Bruch ... auch Schückings wegen* vermeiden. Zur Erinnerung: Levin Schücking war seit dem 1. November 1845 Redakteur der »Kölnischen Zeitung«, um dort das Feuilleton auszubauen.

Ausführlich erfährt der Bruder, warum Annette von Droste-Hülshoff wegen Schücking ihre Mitarbeit bei der Zeitung nicht von heute auf morgen einstellen will: *... der doch ganz unschuldig an der Sache ist, dessen Lebensunterhalt vorläufig vom guten Bestehn des FEUILLETONS abhängt, der mir in den letzten Jahren eine Unzahl Gefälligkeiten erwiesen (namentlich alle meine litterarischen Angelegenheiten, sowohl mit Cotta als anderwärts besorgt) hat und dem ich leider vor noch nicht acht Tagen, auf seine dringende Bitte, meine fernere Mitwirkung am FEUILLETON zugesagt habe.* Die Droste zögert nicht, ein Bekenntnis zu Schückings Verdiensten um ihre Schriftstellerkarriere abzulegen. Sie fühlt sich ihm persönlich verpflichtet: *Du wirst begreifen, daß es nicht nur muthwillig unvorsichtig seyn, sondern auch lieblos aussehn würde, ihm, da mir seine Lage doch bekannt ist, auf eine ECLATANTE Weise die Beyträge aufzusagen ...* Annette von Droste-Hülshoff wird sich jedes Wort in diesem Brief sorgfältig überlegt haben. Um so schwerer wiegt, daß sie sich mit keiner noch so versteckten Andeutung – die ihr ein leichtes gewesen wäre – von ihrem Freund distanziert.

Es hätte ihre Position nur gestärkt, wenn sie ihr Verständnis für die *Warnung* des Bruders mit einem Hinweis auf die politische Unzuverlässigkeit Schückings abgerundet hätte. Ein sprachliches Augenzwinkern hätte genügt. Sie wußte, wie mißtrauisch der Schriftsteller seit je in ihrer Familie betrachtet wurde. Der Nachsatz des Bruders in seinem Brief spricht Bände. Annette von Droste-Hülshoff schwieg nicht nur, sie hielt – ungefragt und sicher unerwünscht – ausdrücklich zu Levin Schücking. Mochte der Freund sie persönlich tief enttäuscht haben. Mochte sie ihn in den letzten Monaten gegenüber Elise Rüdiger kritisiert und mit Vorwürfen überhäuft haben. Das war eine andere Ebene. Die Droste wußte, wieviel Sympathien die Freundin für Schücking hatte und wollte vielleicht ein wenig daran rütteln. Gegenüber dem Bruder jedoch zeigt Annette von Droste-Hülshoff Flagge. Sie bleibt sich und ihren wahren Gefühlen treu, denn treulos wollte sie nicht sein.

Sie ruft sogar die Mutter zur Kronzeugin an, als sie den Bruder informiert, ihre unveröffentlichten Gedichte, die *sehr moralisch* seien, nicht von Schücking zurückzufordern: *Mama, die die Gedichte kennt, meint dies auch, – wenn Du es aber wünschest will ich dennoch schreiben, obwohl ungern.* Der Herr von Burg Hülshoff hat keine weiteren Forderungen gestellt. Annette von Droste-Hülshoff behauptete einen eigenen Standpunkt, auch wenn sie die Forderung des Bruders vordergründig akzeptierte. Das ausführliche briefliche Manövrieren legt den Schluß nahe: Sie hoffte, erst einmal Zeit zu gewinnen.

Schon am 17. Dezember war Annette von Droste-Hülshoff für den Weihnachtsbesuch nach Burg Hülshoff gefahren und blieb bis über Neujahr bei ihrem Bruder und seiner Familie. Wäre die Stimmung zwischen den beiden Geschwistern gespannt gewesen, hätte sie – bei aller Liebe zu ihrem kleinen Patenkind – den Besuch abgekürzt. Zumal die Mutter im Rüschhaus geblieben war. Ende Januar 1846 schrieb sie Elise Rüdiger von ihrer *Herzensangst, denn Werner war von einem Hunde gebissen den man für toll hielt.* Auch ihr selbst ging es zum Jahresanfang, als sie ihren 49. Geburtstag feierte, gar nicht gut. Im Ohr traten Beschwerden auf, die ihr Arzt schließlich als ein Furunkel diagnostizierte, *mir zum großen Trost, denn bis dahin glaubte ich an ein Kopfübel, und phantasirte von Schlagfluß und Verrücktwerden* ... Doch die Geschwulst im Ohr plagt sie so sehr, daß die Droste vier Tage mit dem Briefschreiben aussetzen muß.

In der Fortsetzung kommt Annette von Droste-Hülshoff auf Wilhelm Junkmann zu sprechen, den gemeinsamen Freund aus alten Münsteraner Literaturkränzchen-Tagen. Er studiert jetzt in Bonn und hat seiner Freundin im Rüschhaus einen aufmüpfigen Brief geschrieben: »Ja! politische Einsicht habe ich, und politischen Spott, mehr als man in Westphalen vertragen kann, und die sogenannte katholische Parthey.« Annette von Droste-Hülshoff ist entsetzt: *Erkennen Sie unsern frommen Junkmann darin wie-*

der? Sie hat keinen Zweifel, warum der einst so schüchterne westfälische Dichter von der aufgewühlten politischen Stimmung angesteckt wird: *Ich fürchte er kömmt oder ist bereits in schlechten Händen, ich meine, Denen der Demagogen, – Der neue* REDAKTEUR *der Cölner Zeitung,* Brüggemann *(ein berüchtigter Demagog, unter dem das Blatt bereits eine sehr böse Richtung soll genommen haben) ist sein* INTIMSTER *Freund* ... Das klingt wie ein Echo weihnachtlicher Tischgespräche mit dem Bruder, und es ist erst der Anfang.

Junkmann in Bonn, Brüggemann in Köln – es fehlte nur einer noch in diesem liberalen rheinischen Klüngel: Schückingen *muß ich auch jetzt schreiben, ich bin ihm auf zwey Briefe Antwort schuldig* ... *Fürs Erste schickt er mir seine Gedichte, worin er als entschiedener Demagog auftritt. – Völkerfreyheit! Preßfreyheit! – alle die bis zum Ekel gehörten Themas der neueren Schreyer – Vorn – in einer Abtheilung »Liebesgedichte« eingeleitet durch Eins an seine* LOUISE, *worin er ihr als der ächten königlichen Isolde, vor deren Schein Alles erbleicht, diesen Abschnitt gleichsam widmet, und dann* PELE, MELE, *was er je an Damen geschrieben. – jedes Gedicht bringt ein paar Groschen mehr* ... Die Droste bezieht sich auf einen neuen Gedichtband, den Freund Schlüter ihr bei einem Besuch in Münster im Auftrag Schückings gegeben hatte. Diesen Band als liberales politisches Pamphlet hinzustellen, ist – es muß gesagt werden – lächerlich, eine haltlose Verdächtigung. Die zweite Unterstellung führt vielleicht auf die Spur für den Grund dieses emotionalen Ausbruchs.

Was er je an Damen geschrieben hat: Zu den Gedichten des Bandes gehört auch »Dein Zimmer«, jene Verse, über die Louise von Gall ihrem damaligen Verlobten schrieb, sie habe Herzschmerzen beim Lesen bekommen. Das Gedicht ist eine verschlüsselte Erinnerung an gemeinsame Stunden, die Schücking mit der Droste im Rüschhaus erlebte und bei denen man sich nicht nur auf Distanz gegenübersaß. Jetzt empfindet es die Droste als persönliche Kränkung, daß Levin Schücking ihre Liebe in einem Band verhökert, wo der herausragende Platz den Gedichten an seine Frau gehört. Und was bewegte Levin Schücking? Wollte er sein »Mütterchen« auf diesem literarisch-verschlüsselten Umweg, der einst Teil ihrer geliebten Kommunikation war, darauf hinweisen, daß die glücklichen Tage – im Rüschhaus wie in Meersburg – aus und vorbei waren?

Die wütende Enttäuschung, die sich in den Anklagen der Droste Bahn bricht, war damit aber noch nicht verraucht. Im Dezember hatte Schücking ihr voller Sorge geschrieben, weil sein »liebes Mütterchen« nichts von sich hören ließ. Er fürchtete, der westfälische Winter mache ihr zu schaffen und schlug vor: »... lassen Sie uns zusammen im ... am Rhein kaufen, jeder gibt ... Thaler dazu und dafür haben wir die schönste Villa hier und bringen beide den Rest unsrer Tage darauf zu. Aber Sie werden Meersburg und Ihren Weinberg nicht fahren lassen wollen ...« (Die beiden Lücken sind im Original durch Schnitte mit der Schere entstanden.) Die Empörung der Droste über diesen offensichtlichen Scherz kennt keine Grenzen: ... *sucht er mich zu bereden, mein Vermögen zum, mit ihm gemeinschaftlichem, Ankaufe eines kleinen Gutes am Rhein zu verwenden, und dort mit ihnen zu leben. – Mama wurde ganz blaß, und sagte sehr scharf:* »*Glaub nur, das ist ihm ganz und gar kein Spaß! ... aber du bist ja sein Mütterchen und Pathin zu seinem Kinde!*« *Großer Gott! wärs möglich, daß dieser Mensch, dem ich so viel Gutes gethan habe, schon auf meinen Tod spekulirte, weil er denkt, ich mache es nicht lange mehr! – darüber könnte ich doch noch weinen!* Es fällt schwer, diese theatralische, von Selbstmitleid getränkte Briefprosa als spontanen Gefühlsausbruch der Schreiberin zu deuten. Eher scheint es, als wollte Annette von Droste-Hülshoff nicht nur die Adressatin, sondern auch sich selbst mit diesem Kunstgriff davon überzeugen, daß mit einem solchen Menschen kein Kontakt mehr aufrecht zu halten war.

Sollte es die Droste mit ihrem fabelhaften Gedächtnis wirklich nicht gemerkt haben: daß Levin Schücking mit der »schönsten Villa« über die Zeiten hinweg auf einen utopischen Seufzer anspielte, den er als »ihr kleiner Junge das dumme Pferd« seinem »Mütterchen« im November 1840 aus seiner Stube in Münster ins Rüschhaus geschickt hatte: »Können wir nicht zusammen nach dem Rhein, oder nach BERLIN etwa, wo die Grimm's hinziehen und Hassenpflug ...« Schückings Anspielung spricht für eine zutrauliche Naivität. Nach seinen Erfahrungen konnte er bei seinem »Mütterchen« frisch von der Leber reden. Er, der sich gerne einen »Frauenkenner« nannte, ahnte nicht, wie schmerzhaft die Wunden waren, die sich bei Annette von Droste-Hülshoff über die Erinnerungen gelegt hatten.

Vielleicht versteckt sich hinter dem überzogenen Aufschrei der Droste auch eine verzweifelte Erkenntnis, die ihr mit Beginn des neuen Jahres dämmerte. Der Novemberbrief des Bruders kappte eine Wurzel, aus der sich ihr Leben speiste, und diesmal war kein Ausweg in Sicht, das Dilemma listig zu umgehen. Levin Schücking ist ihre Schaltzentrale zur Welt der Literatur, zu den Verlagen und wichtigen Zeitungen. Sein persönlicher Einsatz für ihr Werk hat ihren Ruhm wesentlich befördert. Sie selbst hatte es im Dezember 1844, als Zedlitz' gute Kritik im »Morgenblatt« erschienen war, freimütig der Rüdiger gestanden: ... *daß ich immer denke, Zedlitzens Bekanntschaft mit Schückings hat eben auch nicht geschadet.*

Seit dem Sommer 1845 hat Annette von Droste-Hülshoff viele Pläne im Kopf und brennt darauf, sie zu Papier zu bringen. Sie will nicht für die Schublade schreiben, jetzt, wo sich ihr Ansehen unter den Kritikern verbreitet. Soll sie sich in Zukunft selber auf dem literarischen Markt anbieten? Und wie soll sie dem Freund, dem sie ihre Mitarbeit für das Feuilleton der »Kölnischen Zeitung« zugesagt hat und der auf Nachschub aus ihrer Schreibwerkstatt wartet, unerwartet eine glaubwürdige negative Antwort geben? Differenzen über Politik und Literatur hatte es seit Beginn ihrer Freundschaft gegeben, ohne daß sich der Vorrat an Gemeinsamkeiten aufgebraucht hätte. Außerdem kannte Levin Schücking sie und ihre Leidenschaft für das Schreiben viel zu gut. Wenn sie ihn aber nicht mit Stoff für seine Zeitung belieferte, konnte sie ihn unmöglich als Kontaktmann zu anderen Organen nutzen. Das Jahr 1846 begann für Annette von Droste-Hülshoff mit bedrükkenden Aussichten. Sich mit lauten Tönen Mut zu machen, war die eine, Verdrängen die andere Möglichkeit.

Als Schücking Anfang Februar immer noch nichts von der Droste hörte, schickte er ihr ein »Blatt, das voll der wärmsten Anhänglichkeit in die Einsamkeit von RÜSCHHAUS flattert« und bat:

»... nur ein paar Worte, wie es Ihnen geht, und daß Sie uns nicht ganz vergessen haben.« Gerade mal acht Tage nach dem Brief an Elise Rüdiger greift Annette von Droste-Hülshoff zur Feder – *Mein lieber Levin* – und bedankt sich bei Schücking für sein *liebes Geschenk*, den Gedichtband, den sie trotz vieler ablenkender Umstände schon dreimal gelesen habe: *Es ist ein schönes Buch! kein einziges schlechtes oder auch nur mittelmäßiges Gedicht darin, und dagegen Vieles von überraschender Schönheit!* Kein negatives Wort über eben diese Gedichte, über *alle die bis zum Ekel gehörten Themas der neueren Schreyer*, wie sie Elise Rüdiger voller Abscheu gemeldet hatte. Ein langer, persönlicher Brief geht nach Köln. Zuerst ist Schückings Familie an der Reihe: *Wie gehts LOUISEN? Wann sieht sie denn ihren neuen Mutterfreuden entgegen? – Ich denke sehr viel an Euch, und habe immer zwischendurch an Euch gedacht...* Ausführlich erzählt die Droste von ihrer Familie, vom Onkel Fritz, der im Dezember gestorben ist, und von den Widrigkeiten, denen ihr Bruder Werner ausgesetzt war. Über *Schlüterchen*, seine frommen Gedichte und sein neues literarisches Kränzchen und andere Münsteraner Bekannte wird gespottet.

Annette von Droste-Hülshoff läßt auch anklingen, daß ihr geistige Anregungen und Kontakte fehlen: *Wie gern wäre ich in Cöln und sähe Ihr Lustspiel aufführen! – Aber hierhin kommt nichts – nach Münster schon wenig, und nach Rüschhaus (ich meine Bücher und Zeitungen) gar nichts...* Sie hütet sich, seine Arbeit im Feuilleton anzusprechen und verliert kein Wort über eigene literarische Ideen und Pläne. Davon abgesehen ist es ein Brief wie in alten Zeiten, ein Plauderstündchen mit einem Menschen, der der Schreiberin lieb und vertraut ist. Am Ende geht es vielleicht etwas zu geschwind mit dem Abschied. Aber die Situation ist zu alltäglich, um daraus bedeutungssschwere Folgerungen abzuleiten: *Da kömmt Besuch von Hülshoff! – Also in schnellster Eile ADIEU, lieber Levin, der Brief muß heute fort, morgen und übermorgen ist keine Gelegenheit. 1000 Liebes an LOUISEN von Ihrem treuen Mütterchen.* Ob sie ahnte, daß dies ihre letzten Zeilen an den Freund waren?

Es gibt Augenblicke, da enden alle Interpretationskünste. Nichts fügt sich mehr ineinander, und alle Vermutungen bekommen einen schalen Beigeschmack. Annette von Droste-Hülshoff verstand es meisterhaft, anheimelnde, den Adressaten spontan in ihre Kanapee-Atmosphäre ziehende Briefe zu verfassen, die dennoch wohlüberlegt waren. Ob sie in diesen Wochen an Elise Rüdiger oder an Levin Schücking schrieb: Sie wird den Novemberbrief des Bruders stets im Hinterkopf gehabt haben. Warum gingen ihre Urteile über Schückings Gedichte je nach Adressat so kraß auseinander? Wollte sie die Freundin auf eine Trennung von ihrem alten Freund vorbereiten? Brachte sie es nicht übers Herz, in ihrem Brief an Schücking den Weg einzuschlagen, den die Vernunft ihr vorschrieb? Kühl und auf Distanz gehend die Trennung vorzubereiten? Hoffte sie insgeheim doch noch auf eine Möglichkeit, wieder mit ihm zusammenzuarbeiten, wenn sich die aufgeregten Zeiten beruhigt hatten? Oder ihre freundschaftliche Beziehung trotz allem zu retten? Spiegelt sich in den beiden konträren Briefen wieder einmal ihre innere Zerrissenheit?

Der nächste Brief an Elise Rüdiger enthält eine Andeutung, daß im Zweifelsfall jenes Gefühl den Ausschlag gibt, das sich auf lange und umfassende Zuneigung und Vertrautheit gründet. Am 2. April 1846 schreibt Annette von Droste-Hülshoff der Freundin: Schücking *hat mir dagegen einen wirklich herzlichen Brief geschrieben; er konnte mir Geld und einen sehr artigen Brief vom* DUMONT *schicken, da hat seine natürliche Gutmüthigkeit und Lust Andern Freude zu machen ihn liebenswürdig gestimmt.* Sie kann es aber nicht lassen, nur wenige Zeilen später genüßlich eine negative Rezension über Schückings Gedichte zu zitieren.

Im gleichen Brief kommt die Droste auf Christoph Bernhard Schlüter zu sprechen, der ihr nach jahrelanger Abstinenz einen Brief ins Rüschhaus geschickt hat und gleich noch einen hinterher, als er nicht sofort Antwort bekam. Gegenüber der Freundin kann sie offen sprechen: *Von Schlüterchen habe ich vorgestern einen sehr herzlich gemeinten, aber grausam hölzernen scherzhaften Brief in Versen bekommen ... Ich habe noch nicht darauf geantwortet, will aber nächstens daran, und frisiere schon an einer geistigen Schwanzperücke.* Die Rüdiger, die Schlüter persönlich kannte, verstand diese süffisante Anspielung, denn der Professor trug sein langes Haar hinten zu einem Zopf geflochten.

Zwei Wochen später, am Ostermontag 1846, setzte Annette von Droste-Hülshoff mit der Anrede *Mein liebster theuerster Freund!* diesen Brief auf: *Wie hat mich schon Ihr erster Brief erfreut und gerührt, ein Brief so liebevoll und komisch zugleich, daß er hätte den Leichtsinnigsten weinen und den Traurigsten lachen machen können ...* Wieder einmal ahnte ein Adressat nicht, daß die Droste mit schönen Worten schnell bei der Hand war. Freund Schlüter hatte ihr ein Buch geschickt und im Zusammenhang damit ein Motiv für ein religiöses Gedicht vorgeschlagen. Die Droste bekennt, sich bei der Arbeit völlig *verhaspelt* zu haben: *kurz, meine 100 Verse kann ich in den Kamin schreiben ...* Sie verspricht, es noch einmal zu versuchen.

Die Erläuterung des poetischen Mißgeschicks ist nur Vorlauf für den wahren Anlaß des Briefes, und der gerät zu einem Paukenschlag: *Sie wissen nicht was ich in den letzten Tagen gelitten habe, und welche durchdringende Erquickung mir ihre treue vertrauensvolle Freundschaft gerade jetzt seyn muß. – Ich habe Schückings scheusliches Buch gelesen, – ich habe es von wahrhaft wohlmeinender Hand erhalten, mit dem Zusatze »ich müsse es leider lesen, da ich in dem allgemeinen Verdachte stehe ihm das Material zu seinen Giftmischereyen geliefert zu haben« ... Schücking hat an mir gehandelt wie mein grausamster Todfeind, und, was unglaublich scheint, ist sich dessen ohne Zweifel gar nicht bewußt ... mein Adoptivsohn! jahrelanger Hausfreund! ... Schlüter! ich bin wie zerschlagen ...* Zu welchen »Giftmischereien« hatte Annette von Droste-Hülshoff unbewußt die Hand gereicht?

Seit dem 3. April war die Droste wieder zu Gast auf Burg Hülshoff. Dorthin hatte ihr ein Bekannter aus Münster Schückings neuen Roman »Die Ritterbürtigen« mit der zitierten Bemerkung geschickt. Levin Schücking selbst hatte die Arbeit an diesem Werk im Sommer 1845 in einem Brief an die Droste mit dem Kommentar »Na, Sie werden sehen« erwähnt. Annette von Droste-Hülshoff fühlte sich hintergangen: Schücking habe Einzelheiten aus ihrem adligen Umkreis, die sie ihm arglos erzählte, im Roman verwendet; der kundige Leser wisse sofort, von wem diese Informationen stammten. »Die Ritterbürtigen« – aufgrund der brieflich geäußerten Drosteschen Kritik – pauschal als eine Abrechnung mit dem westfälischen Adel zu bezeichnen, gibt ein schiefes Bild. Levin Schücking hing keinen republikanischen Ideen an, sondern hielt sich zeitlebens für ein Muster des wahren Aristokraten. Im Mittelpunkt des Werkes stehen sich denn auch zwei adlige Antagonisten gegenüber: Gräfin Allgunde von Quernheim – ihr Motto: »Adel berechtigt« – und Valerian von Schlettendorf – sein Motto: »Adel verpflichtet«.

Die Droste hat den Brief an Schlüter für einen Tag unterbrochen und berichtet anschließend von der beruhigenden Reaktion ihres Bruders, der erklärt habe: ... *eben so wenig könne, wenn auch einzelne harmlose Umstände als von mir erzählt erkannt würden, ein vernünftiger Mensch diesen Glauben auf die übrigen entstellten und ehrenrührigen ausdehnen ... Ich kann die Sache nicht so leicht nehmen, bin aber doch viel ruhiger, nun es von dieser Seite ohne Verdruß abgegangen ist, denn Werner kränkelt seit Monaten, und ich fürchte sehr den Einfluß des Aergers. – Uebrigens warnte er mich vor auffallenden Schritten ... Stillschweigen und den Nebel verrauchen lassen sey das Beste ...* Den eigentlichen Grund für die überschießende Reaktion der Droste traf dieser Rat nicht. Sie selbst hat mit keinem Sterbenswort verraten, warum dieses Werk von Levin Schücking für immer wie ein Widerhaken in ihrem Herzen steckte.

Allgunde von Quernheim ist eine wenig schöne, herrschsüchtige, harte Frau mit unheimlichem Blick, ein »furchtbares Weib«. Sie kämpft mit allen Mitteln »für die todten Rechte einer todten Welt«, für die eigennützigen adligen Interessen und die Sache der ultramontanen katholischen Kirche. Valerian schleudert ihr in einer Auseinandersetzung entgegen: »Euer Blick ist in die Vergangenheit gerichtet und zehrt an Erinnerungen; der meinige schaut in die Zukunft, in eine freie Zukunft. Und mit dieser Gesinnung bin ich nicht allein ein besserer Politiker, als ihr es seid, sondern auch ein besserer Christ trotz all Eurer Kirchlichkeit ...« Adelgunde von Quernheim fühlt sich nach dieser Anklage »moralisch vernichtet«: »... ihre blaue Unterlippe zitterte und jede Fiber ihres marmorblassen Gesichts zuckte in krampfhafter Aufregung. Es war häßlich geworden, dieses Antlitz, in dem durch die gelbe Farblosigkeit der Wangen sich dunkelrote Äderchen schlängelten und über der Stirn strotzende Venen ausliefen, während die großen, starren Augen Blicke schossen, als ob ein paar von kalten, harten Dämonen sich da eingenistet.«

Die Aufregung der heftig attackierten Allgunde ist verständlich, da Valerian nicht irgendein Kritiker ist. Sie fühlt sich ihm seit langem wie einem Sohn verbunden: »So hat ihre Seele sich an Sie mit derselben Heftigkeit angeklammert, womit eine sich an einen Sohn anklammert, welcher der Träger all ihrer Lebenshoffnungen ist.« Das sagt die schöne junge Theo, gegen deren Heirat mit Valerian von Schlettendorf die Gräfin Allgunde mit allen Mitteln intrigiert. Damit sind sie alle drei entschlüsselt – Levin Schücking, Louise von Gall und die Droste, sein »Mütterchen«. Allgunde von Quernheim trägt nicht nur die Gesichtszüge der Droste, sondern mit Vorliebe »ein Kleid von schwarzem Moiré«, das »weitläufig und lang nieder um ihre volle Gestalt« rauschte. Im Rüschhaus hatte Annette von Droste-Hülshoff auf ihrem schwarzen Kanapee gesessen, Levin Schücking davor, und beim Erzählen schauriger Gespenstergeschichten hatten sie sich tief in die Augen geschaut. In den »Ritterbürtigen« heißt es: »Allgunde saß auf ihrem altfränkischen, mit schwarzem Moiré überzogenen Kanapee.«

Viele Jahre später hat Levin Schücking gegenüber dem Freund aus gemeinsamen Münsteraner Tagen, Christoph Bernhard Schlüter, bedauert, den Roman geschrieben zu haben. Er wußte, warum. Die Droste war keine einfache Person, sie beschwerte und komplizierte die Beziehung zu ihrem *Jungen* – aber ein »furchtbares Weib« war Annette von Droste-Hülshoff nicht. Sie vertrat keinen orthodoxen Katholizismus und keine ultrakonservative Adelspolitik. Niemand wußte das besser als Schücking, der in seinen »Lebenserinnerungen« ausdrücklich ihre tolerante Haltung gegenüber anderen Konfessionen loben wird. Brauchte Schücking diese vernichtende Abrechnung, weil er sich anders nicht aus dieser Gefühlsverklammerung befreien konnte?

1840 hatte Schücking ihren verschlüsselten literarischen Dialog mit einem Aufsatz über »Poetische Frauen« begonnen, für die Annette von Droste-Hülshoff ihm zum liebevoll gezeichneten Modell wurde. Sie hatte ihm in den folgenden Jahren mehr als ein Gedicht gewidmet und ihre Liebe darin freimütig kundgetan. Für die Droste eine ideale Liebe, die sich ungetrübt und untrennbar im andern spiegelt: *Blick' in mein Auge – ist es nicht das deine, / Ist nicht mein Zürnen selber deinem gleich? / Du lächelst – und dein Lächeln ist das meine, / An gleicher Lust und gleichem Sinnen reich* ... So bezeugt es ein Widmungsgedicht an Schücking, das im Band von 1844 steht.

In den »Ritterbürtigen« hat Levin Schücking ihr ineinander verwobenes Spiegelbild zerbrochen und einen unüberbrückbaren Abgrund ausgemacht: »... daß Valerian gerade das dem ihrigen entgegengesetzte Princip verfolgte, daß sie beide eigentlich politische Antipoden seien. Sie (Allgunde, d. V.) hätte sich auch nimmer darüber Rechenschaft gegeben, weil sie diesem Punkte ins Auge zu schauen nicht mehr den Mut gefühlt haben würde. Sie dachte wohl daran, daß sich eines Tages eine Kluft zwischen ihnen beiden aufreißen könne, über welche keine Brücke mehr möglich sei; aber sie wehrte den Gedanken daran mit allen Kräften von sich ab. Valerian war ihr zu theuer; er war ihr Stolz, ja sie träumte von Rechten, die sie auf ihn habe.« Verkehrte Welt: Es war die Droste, die in ihrem Meersburger Widmungsgedicht ihr gegenseitiges Spiegelbild beschworen hatte, um gegen die Trennung anzuschreiben.

Das Gedicht beginnt: *Kein Wort, und wär' es scharf wie Stahles Klingen, / Soll trennen, was in tausend Fäden eins* ... Schücking selbst hat überliefert, daß ein Dissens über die soeben erschienenen radikal-demokratischen Gedichte von Georg Herwegh Anlaß für ihren Streit und das daraus entstandene Gedicht gewesen ist. Als Annette von Droste-Hülshoff in den »Ritterbürtigen« von den »politischen Antipoden« las und dem Abgrund, über den keine Brücke führte, mußten ihr die eigenen, versöhnlichen Gedichtzeilen wie zum Hohn im Kopfe dröhnen: *Hat das Geschick uns, wie in frevlem Witze, / Auf feindlich starre Pole gleich erhöht, / So wisse, dort, dort, auf der Scheidung Spitze / Herrscht, König, über Alle, der Magnet* ... Und der Magnet führt unwiderstehlich zusammen, was getrennt ist, weshalb die nächste Strophe fortfahren kann: *Blick in mein Auge – ist es nicht das deine* ... Am Ende des Gedichts hat Annette von Droste-Hülshoff die Beziehung zwischen ihr und Schücking in einem eigenwilligen Vergleich aufgehoben, der allerhöchste Maßstäbe setzt:

Pollux und Castor, – wechselnd Glühn und Bleichen,
Des Einen Licht geraubt dem Andern nur,
Und doch der allerfrömmsten Treue Zeichen. –
So reiche mir die Hand, mein Dioskur!
Und mag erneuern sich die holde Mythe,
Wo überm Helm die Zwillingsflamme glühte.

Gut sechs Jahre lagen diese Worte zurück, und keins von ihnen war vergessen. Mochte Schücking sie ihr nun wie in einem Zerrspiegel vorhalten, die Droste war nicht bereit die Treue aufzukündigen. Nach außen zog sie einen Trennungsstrich. Der Bruder habe ihr geraten, schrieb sie in ihrem langen Brief an Schlüter, sie solle *jedes Verhältniß zu Schücking so schnell und vollständig als möglich, aber nicht gewaltsam, auflösen.- Ich werde sonach unsre, ohnedies fast entschlafene* CORRESPONDENZ *völlig liegen lassen, keine Beyträge mehr in's* FEUILLETON *schicken, und bey unsrer Reise nach Meersburg ein Dampfboot wählen was in Cöln nicht anhält, so ist die Auflösung von selbst da ...* Aber das war nicht ihr letztes Wort.

Die »Ritterbürtigen« waren längst abgeschlossen, da schrieb Levin Schücking im Frühjahr 1846 für das Jahrbuch »Vom Rhein« eine »Charakteristik« der Droste. Viel Schönes und Richtiges steht in diesem Aufsatz. Aber wiederum wird eine Anspielung auf die vertraute geheime Sprache ihrer Zweisamkeit von ihm als verletzender Pfeil eingesetzt. Annette von Droste-Hülshoff hatte den jungen Freund im Rüschhaus-Winter 1840/41 in dem Gedicht »Das Eselein« scherzhaft als Jüngling dargestellt, der den literarischen Pegasus übereifrig zum Esel stutzt. In seiner »Charakteristik« zahlte Schücking es der Dichterin heim und schrieb über sie für die Öffentlichkeit: »... und aus den kleinen Schattenseiten, die sie beobachtete, hat sie sich ein Bild der Gegenwart zusammengesetzt, welches dieser gleicht wie der Esel dem Pferde.« Obwohl der Herausgeber von der versteckten Anspielung nichts ahnte, hatte er ein feines Gespür. Er bat Schücking, diesen Vergleich zu ändern, weil er »zu bitter« töne und der »Dichterin wehe thun« könnte. Levin Schücking lehnte ab: »... In dieser Beziehung bitte ich Sie überhaupt nichts zu befürchten, da ich nach meinen persönlichen Beziehungen zu Fräulein v. Droste weiß, in wiefern sie hier reitzbar oder nicht ist.« Vielleicht liegt in dieser Antwort ein Schlüssel, warum er die »Ritterbürtigen« geschrieben hat: Überzeugt, sich jede Kritik leisten zu können, ohne auf die Zuneigung seines »Mütterchens« verzichten zu müssen. Wie er es verschlüsselt in den »Poetischen Frauen« geschrieben hatte: »Nur der Neffe darf ihr alles sagen ...« Es spricht alles dafür, daß die Droste, die von der »Charakteristik« wußte, sie bewußt nicht gelesen hat.

Der Brief, den Annette von Droste-Hülshoff am Ostermontag 1846 an Christoph Bernhard Schlüter schrieb, enthält Anklagen und Ausbrüche, die übertrieben rhetorisch klingen. Die Droste hatte wahrlich Grund, entsetzt und verbittert zu reagieren. Sie konnte kalt und böse sein. Doch dieses Selbstmitleid, das auch im Brief an Elise Rüdiger aufscheint, paßt nicht zu ihr. Aber mitten in den Aufwallungen – *Schlüter! ich bin wie zerschlagen* – steht, was ihr als tiefe Überzeugung aus dem Herzen kommt: ... *O Gott wie weit kann Schriftsteller-Eitelkeit, und die Sucht* EFFECT *in der Welt zu machen führen! – selbst einen sonst gutmüthigen Menschen, – denn das bleibt Schücking, – die Gerechtigkeit nöthigt mich dies selbst in diesem schwerem Moment anzuerkennen, – In seinem letzten Briefe konnte er mir Geld für einige Gedichte im* FEUILLETON *schicken, – Seine Zeilen strahlten von Freude hierüber, und das war kein Betrug; – er liebt mich, er liebt Sie, er liebt Westphalen überhaupt ...*

Die Anklagen, Verurteilungen und Vorwürfe sollen nicht gering geachtet werden. Die Droste fühlte sich von Levin Schückings literarischer Botschaft, die nur sie entschlüsseln konnte, mitten ins Herz getroffen. Die letzte Wahrheit jedoch liegt für sie in *der allerfrömmsten Treue Zeichen*. Der endgültige äußere Bruch nach Erscheinen der »Ritterbürtigen« war das eine; etwas ganz anderes war, welche Bilanz sie in ihrem Innern zog. Bei dieser Entscheidung ließ sie sich von niemandem beeinflussen, weder vom latenten Mißtrauen ihrer Mutter gegenüber Schücking noch vom abfälligen Urteil ihres Bruders. *Er liebt mich:* Das sind die Worte, die Annette von Droste-Hülshoff unter dieses Kapitel ihres Lebens setzt.

Die ersten Monate des Jahres 1846 hatten sie an ihre anfällige Gesundheit erinnert. Wochenlang rief die kleinste Bewegung bohrende Kopfschmerzen hervor. Ein Teufelskreis, der dazu führte, daß die Droste immer unbeweglicher und dicker wurde. Was auffällt: daß in diesem Frühjahr kein Brief von literarischen Plänen oder Versuchen erzählt. Sonst hatte Annette von Droste-Hülshoff Krankheiten und widrige Umstände kaum abwarten können und das Dichten als Heilung für den geschwächten Körper empfunden. Sie wußte, daß in diesem Frühjahr nicht nur Levin Schücking, sondern auch sein Verlag auf ihre schöpferischen Kräfte hoffte. Die Honorarabrechnung des Verlags DuMont über 31,20 Taler für zehn gedruckte Gedichte, die sie Anfang April im Rüschhaus erreichte, war von der Bitte um weitere Mitarbeit im Feuilleton der »Kölnischen Zeitung« begleitet. Doch seit dem Novemberbrief des Bruders waren die Erwartungen der anderen kein Antrieb mehr, sondern Last. Schwieg sie deshalb in ihren Briefen statt über literarische Ideen zu reden?

Nicht etwa gleich nach der unverblümten brüderlichen Einmischung, sondern erst nach der Zäsur durch die »Ritterbürtigen« schrieb die Droste Ende April, vielleicht sogar erst Anfang Mai 1846 an DuMont, *daß eine größere Arbeit mich vorläufig schwerlich zu kleineren Gedichten oder Aufsätzen wie das FEUILLETON sie verlange, werde kommen lassen.* Sie wählte bewußt diese verschwommene Formulierung, *um auf eine unanstößige Art auseinander zu kommen,* wie sie Schlüter Mitte Mai schrieb. Offenbar erst nach der Absage wurde ihr klar, welche weitreichenden Konsequenzen sich daraus ergaben. Eine Anfrage von anderer Seite, sich mit Gedichten an einem »Rheinischen Jahrbuch« zu beteiligen, lehnte sie ab. Denn andernfalls, so argumentierte sie gegenüber Schlüter, *liegt meine Abneigung gegen das FEUILLETON völlig, und die gegen seinen REDAKTEUR wenigstens halb am Tage ...* Da ist sie wieder, jene Annette von Droste-Hülshoff, die sich von ihrem Verstand leiten läßt: So wenig wie ihrem Ruf will sie Schücking schaden, egal, was sie nun trennt.

Vielleicht wurde die Droste in den ersten Monaten des Jahres 1846 vorübergehend von Resignation erfaßt. Die unaufgeregten Überlegungen Mitte Mai sprechen dafür, daß sie mögliche trübe

Gedanken überwunden hat. Aufgeben lag ihr nicht. Sie will weitermachen mit dem, was ihr seit den Jugendjahren das Liebste ist. Ein ganzes langes Leben hat sie Erfahrung im Kämpfen für ihre eigenen Ziele. Jetzt hofft Annette von Droste-Hülshoff erst einmal auf das gesunde Klima am Bodensee und die Ruhe, die sie bei der Familie von Schwester Jenny auf der Meersburg zum Arbeiten finden wird. Für den Sommer ist die Reise mit der Mutter gen Süden fest eingeplant.

Der 17. Mai ist ein Sonntag. *Morgens im Bette,* die Mutter schläft noch, greift die Droste zur Feder: *Also das Lies ist wirklich da! das alte, miserable, liebe Lies! – Gott, wie freue ich mich!* Elise Rüdiger hatte ihren neuen Wohnort Minden für eine Besuchsreise verlassen und war in Münster eingetroffen. Annette von Droste-Hülshoff versucht, die treue Freundin so schnell wie möglich ins Rüschhaus zu locken: *Jetzt ists hier so schön! – alle Syringen und Gewürzsträuche in voller Blüthe, so daß der Duft sogar durch die geschlossenen Fenster dringt, wer weiß wie es nachher aussieht, wenn Sie so lange trödeln! ... bekomme ich auch zuweilen ein* BILLET DOUX*? –* ADIEU, *altes, dummes, liebes Herz. – Ihre Annette.* Die Rüdiger kommt am 26. Mai und bleibt fast vier Wochen. Es waren schöne Tage in vertrautem Zusammensein, die Droste hatte viel zu erzählen. So manchen Abend werden die beiden Frauen in alter Gewohnheit bis über die Mitternacht hinaus verplaudert haben.

Es war fest geplant, daß sich beide auf der Meersburg wiedersehen und von dort eine Reise durch die Schweiz machen würden. Doch die nächstliegenden Pläne und Träume der Droste zerschlagen sich: *... ich gehe nicht mit nach Meersburg, ... Ich bin krank ... Ich kann z. B. gar nicht gehn, – nicht zweymal unsern kleinen Garten entlang, – ohne daß mir das Blut dermaßen zu Kopfe steigt, daß ich zu ersticken meine, – und Fahren geht auch nicht viel besser ...* Es ist Carl von Haxthausen, *der liebste Herzens Onkel,* bei dem sich Annette von Droste-Hülshoff am 25. Juni 1846 für zwei Sendungen mit Prachtstücken für ihre Sammlungen bedankt und ihm zugleich die neueste Entwicklung mitteilt. Sie fühlt sich wie befreit, in diesem Zustand nicht nach Meersburg aufbrechen zu müssen, wo es keine homöopathischen Ärzte gibt.

Guten Mutes vertraut sie auf Clemens von Bönninghausen in Münster, der sie seit 17 Jahren mit seinen homöopathischen Pulvern behandelt: *Sitze ich übrigens (wie jetzt eben) auf meinem Kanapee, so thut mir auch kein Finger weh, und ich hoffe deshalb, Bönninghausen wird mich schon wieder zurecht flicken.* Am 1. Juli 1846 besteigt Therese von Droste-Hülshoff mit Marie, dem Mädchen für alles, die Kutsche. Annette von Droste-Hülshoff bleibt zurück, um vorerst die geliebte Einsamkeit im Rüschhaus zu genießen. Diese »fixe Idee«, wie ihr Bruder das nannte, hatte sie gegen seinen Willen durchgesetzt. Werner von Droste-Hülshoff wollte seine Schwester sofort auf die Burg holen.

Da ihr Arzt fast den ganzen Monat verreist ist, kann die Droste erst am 28. Juli *das erste Pülverchen* nehmen. Die Beklemmungen lassen umgehend nach. Zwei Tage später schreibt sie Elise Rüdiger einen langen Brief. Begeistert erzählt sie von ihrer Lektüre, den lateinischen Klassikern, allen voran Ciceros Briefwechsel. Langeweile kennt Annette von Droste-Hülshoff nicht: *Mag ich nicht mehr lesen, so zeichne ich ... so gehen die wenigen Stunden, wo ich etwas unternehmen kann, pfeilschnell hin, und in den übrigen muß mir natürlich Ruhe und Alleinseyn doppelt lieb seyn.* Gesund ist sie noch keineswegs, doch schon gehen der Droste erste Gedanken an geliebte Tätigkeiten durch den Kopf: *Sähe ich dieser Lebensweise, die mich so zufrieden macht, wie es bei entschiedenem Uebelbefinden irgend möglich ist, Dauer an, so würde ich mir durch Einschreiben in die Leihbibliothek noch eine große* RESSOURCE *eröffnen, – käme vielleicht, wenn die begonnene Besserung so fortschreitet, bald wieder dahin, selbst etwas schreiben zu können, – aber – wozu Luftschlösser bauen!* Die Kranke macht sich nichts vor. Trotzdem sagt der Brief: Es geht aufwärts.

Ähnlich optimistisch klingt die Nachricht für die Schwester vom 7. August. Noch einmal rechtfertigt sie ihr Zurückbleiben: *Glaub' nur, ich habe eine tüchtige* TOUR *abgemacht in diesen fünf Wochen, fast so arg wie damals (*ANNO 29*) in Münster, und was hätte ich nun ohne Bönninghausen anfangen sollen ...* Und dann die gute Nachricht: *Gleich nach dem* Einen *Pulver habe ich das Fieberhafte ganz verloren, und Apetit und Schlaf bekommen – wäre ich nur den Schleim aus dem Halse los, und könnte wieder gehen, dann wäre* *ich hergestellt, – ich zweifle aber nicht daß das auch bald nachkommen wird.* Die Anfälle, die sie *mutterseelen allein* im Rüschhaus überstehen mußte, waren heftig gewesen; die Ängste, die daraus erwuchsen, ebenso. Doch das lag hinter ihr. Annette von Droste-Hülshoff denkt voraus, freut sich, daß es aufgrund des heißen Sommers ein gutes Weinjahr gibt und überlegt, wie sich die Trauben ihres Meersburger Weinbergs vorteilhaft verkaufen lassen. Es gibt konkrete Hinweise, daß sie in diesen Wochen und Monaten, wo der Kopf keine schöpferische Arbeit zuließ, intensiv über die Vergangenheit nachdachte. Das allerdings hatte nichts mit Resignation oder sentimentalem Rückblick zu tun.

Der Brief, in dem Annette von Droste-Hülshoff im Juni 1846 ihrem Onkel Carl mitteilte, daß sie vorläufig nicht nach Meersburg reise, war von zwei Gemälden begleitet. Sie sollten ein *kleines Dankeszeichen* sein, weil er ihr schon soviel geschenkt hatte: *Jetzt wieder die drey prächtigen Elfenbein-Schnitzeleyen! – sie sind wunderschön! – ich kann nicht an meinem Glasschrank vorüber gehn ohne davor stehn zu bleiben ... wenigstens zwey Drittel meiner ganzen prächtigen Muschelsammlung sind allein* Dein *Geschenk, – und meine prächtigen Seegewächse fast sämmtlich.* Noch während die Droste über dem Brief saß, kam die nächste Sendung: *Ich habe die neuen Muscheln gleich gewaschen mit Seife und einer weichen Bürste, und nun sind die Farben erst recht heraus gekommen ... Mama meint, ich wäre ganz aufgepustet vor Hochmuth und* PLAISIR *über alle meine Raritäten, das wäre schlimm! ich bin ohne dies dick genug.* Da hatten sich zwei leidenschaftliche Sammler gefunden, und die versierte Nichte machte für den Onkel auch Geschäfte: *Von deinen Pettschaften habe ich bis jetzt noch keine weiter verkauft – es kommen zu wenig Menschen hieher ...* Auch bei diesem ernsthaften Zeitvertreib müssen wir uns Annette von Droste-Hülshoff all die Jahre über vorstellen: wie sie liebevoll die unzähligen Objekte ihrer Leidenschaft studiert, unter die Lupe nimmt, säubert und immer wieder aufs Neue in den Schränken arrangiert. Eine weitere Aktivität kommt vor allem zwischen Januar und August 1846 hinzu: wie sie in ihrem kleinen Wohnzimmer, dem *Schneckenhäuschen*, tief über den einfachen Tisch gebeugt, immer neue Listen anlegt.

Es gibt fast nichts, das Annette von Droste-Hülshoff nicht katalogisierte. Die Listen umfassen ihre breitgefächerten Sammlungen an Gemälden, Münzen, Versteinerungen, Steinen, Kupferstichen. Sie betreffen erhaltene Briefe und ihre Gedichte, Gebrauchsgegenstände wie Strümpfe oder Gläser, einen Posten *Quinquerlitsche*n und Produkte ihres Erinnerungsvermögens. Sie sind teils penibel chronologisch geordnet und mit Bewertungen von *sehr gut* bis *unbedeutend* versehen. Andere enthalten nichts als Namen, unterteilt nach männlichen und weiblichen Schriftstellern, Gelehrten, Künstlern, historischen Persönlichkeiten ihres Zeitalters – bei Goethe und Schiller angefangen – oder verstorbenen Personen aus ihrem persönlichen Umfeld. Unter den 19 Namenslisten, die sich erhalten haben, sind Aufzählungen von Spitznamen, Ortsnamen, Namensspielen. Viele Personenlisten sind zusätzlich nach Geschlecht und Stand unterschieden.

Annette von Droste-Hülshoff hat viel Zeit und Mühe auf diese Arbeit verwandt. Als ob sie die ganze ihr bekannte Welt, die nahe und die ferne, in ihrer Stube versammeln wollte. Mit eigenwilligen Koordinatensystemen vermaß sie die Zeit, die ihr Leben währte. Vielleicht wollte sie auch prüfen, ob ihr ungewöhnlich subtiles Gedächtnis noch funktionierte; wollte einen Fundus anlegen für ihre literarische Arbeit in den kommenden Jahren. Das Panorama, das Annette von Droste-Hülshoff mit ihren Listen ausbreitet, ist bunt und lebendig. Sie kanalisiert den Strom der vergangenen Zeit für Gegenwart und Zukunft. Wer sammelt, ist nicht tot.

Wenige Tage vor dem 21. August 1846 besucht Christoph Bernhard Schlüter seine immer noch kranke Freundin, »das Fräulein«, im Rüschhaus. In den vergangenen Wochen hatte die Droste ein von ihm angeregtes Gedicht, das im ersten Anlauf in eine ungewollte Richtung lief, neu geschrieben. Der fast völlig erblindete Schlüter ließ nach der Rückkehr in sein Tagebuch schreiben: »Das Frl. hat es mir auf Rüschhaus vorgelesen und wir wollten noch eine Strophe hinzudichten.« Ausgangspunkt war das 8. Kapitel im Brief des Apostels Paulus an die Römer, wo er darlegt, daß durch den Sündenfall im Paradies der Mensch die gesamte Schöpfung in den Fluch der Vergänglichkeit hineingerissen hat und sie deshalb »voll Seufzen und Wehen ist bis auf den heutigen Tag«. In seiner brieflichen Anregung an die Droste hatte Schlüter, erfüllt von einer fröhlich-ausgeglichenen Frömmigkeit, die Hoffnung des Paulus auf die zukünftige »Befreiung, Erlösung und Verklärung« der Schöpfung betont. Doch die Geschöpfe, die Annette von Droste-Hülshoff beobachtet und beschreibt, leben in Ängsten, sind geprägt vom Kampf ums Dasein. Einen Lichtblick auf Befreiung und Erlösung gibt es in dem Gedicht »An einem Tag wo feucht der Wind« nicht. Der Mensch ist schuldig geworden an den einst unschuldigen Tieren:

> *... Bewußtlos wie den Fels die Kluft*
> *Trägt er den Mord an der Natur*
>
> *Das ist die Schuld des Mordes an*
> *Der Erde Lieblichkeit und Huld,*
> *An des Getieres dumpfem Bann*
> *Ist es die tiefe, schwere Schuld,*
> *Und an dem Grimm, der es beseelt,*
> *Und an der List, die es befleckt*
> *Und an dem Schmerze, der es quält*
> *Und an dem Moder, der es deckt*

Die Droste setzt mit diesem Gedicht im Sommer 1846 eine Erfahrung in Poesie um, die viele ihrer Dichterkollegen im Biedermeier umtrieb. Die blaue Blume der Romantik war längst verblüht, durch die Natur ging ein Riß. Der Mensch erkannte in ihr die eigene Zerrissenheit wieder. 1836 dichtete Nikolaus Lenau: »Der große und geheime Schmerz, / Der die Natur durchzittert, / Den ahnen mag ein blutend Herz, / Den die Verzweiflung wittert ...« Die Droste hat den von Schlüter erhofften neuen versöhnlichen Schluß nicht geschrieben.

Der August war noch nicht herum, da gab Annette von Droste-Hülshoff dem Drängen des Bruders nach, verließ ihr einsames Domizil und zog um nach Burg Hülshoff. Vorher schickte sie noch ein Paket mit geliehenen Büchern an Schlüter zurück: *Ich befürchte einiges Heimweh nach Rüschhaus, – es bleibt hier gar Vieles zurück, – viel Erinnerungen, viel Träume, mein ganzes lie-*

bes Zusammenleben mit mir selbst unter blauem Himmel und Waldesgrün ... In einem Brief an Elise Rüdiger vom Februar 1847, als sie schon fast ein halbes Jahr in Meersburg war, nennt die Droste ihren dramatisch verschlechterten Gesundheitszustand als einzigen Grund für den Umzug: *ich sah den ganzen Tag nur die niedrigen Balken meines Schlafzimmers, und außer dreymal im Tage sah keine Seele nach mir, da die Erndte im Gange war, ... ich mutterseelen allein darin, fiebernd und würgend, ... jetzt kam ich mir oft vor wie ein armer Soldat, der sich auf dem Schlachtfelde verblutet; ... lieber gieng ich nach Hülshoff ...*

Annette von Droste-Hülshoff war krank. Aber in der aktuellen Situation, wenige Minuten vor ihrer Abfahrt nach Hülshoff, hat sie ihre Argumente Schlüter gegenüber anders gewichtet: *Mein guter Bruder will es so ... Also in Gottes Namen! ... ich habe meinen guten Bruder schon so oft mit Ausflüchten heim geschickt, daß ich selbst fühlen muß es gehe nicht mehr, ohne wirklich ernstliche Verletzung seiner Liebe und Geduld.* Sie schreibt auch, ihr *Klausnerleben* sei nicht geeignet, *Jemanden der sehr an den Nerven und noch mehr an APPREHENSIONEN leidet wieder zurecht zu helfen*. Doch das klingt eher nach einer untergeschobenen Erklärung, damit ihr Bruder, der offensichtlich großen Druck machte, nicht so schlecht dasteht. Lieber erzählt sie ausführlich von den lateinischen Klassikern, die sie zum Lesen mitnimmt und daß ihr Trost auf Hülshoff *die fast wöchentliche Fahrgelegenheit nach Münster* ist, *wo ich mich denn doch mitunter werde einschmuggeln können*. Annette von Droste-Hülshoff, das verschweigt sie Ende August 1846 nicht, hätte es gern noch zwei Wochen allein im Rüschhaus ausgehalten.

Gleich nach dem Umzug zu Bruder, Schwägerin und den neun Kindern folgt ein schwerer Rückfall. Der nächste Brief an den Freund in Münster vom 5. September zeugt von anrührender Hilflosigkeit: *Ich bin in Hülshoff, und recht krank, – an Allerley am Plagendsten an meinem NERVEUSEN Kopfweh ... Bethet doch ein wenig für mich, Ihr meine Lieben, – der Schmerz nimmt mir so oft die Gedankenklarheit zum brünstigen Gebethe, wenn ich es grade am Nöthigsten hätte ... Ich habe Euch sehr lieb, das wißt Ihr wohl, aber schreiben kann ich heut' nicht mehr Eure treue Nette.*

Als Annette von Droste-Hülshoff endlich täglich wieder eine halbe Stunde aufrecht sitzen konnte, hatte sie nur einen Gedanken – *nach Meersburg!* Der Bruder willigt schließlich ein, daß sie den halben Weg bis Bonn macht, wo sie bei Pauline von Droste-Hülshoff – der Witwe ihres Lieblingscousins Clemens – willkommen ist und wo es gute Ärzte gibt.

Die Droste bricht mit ihrem Neffen Heinrich als Begleiter Mitte September auf. Sie fährt über Münster, um etwas Wichtiges zu erledigen. Im Tagebuch von Christoph Bernhard Schlüter heißt es: »Frl. Droste, die auf ihrer Durchreise mich zu sich beschied ... fand ich sehr leidend; sie lag zu Bette, war aber sehr gesprächig ... sie will ihre Meditationen für mich fertig schreiben; erst nach ihren Tode sollen sie erscheinen.« Mit den »Meditationen« war der Gedichtzyklus zum »Geistlichen Jahr« gemeint, den sie an diesem Abend ihrem Freund Schlüter mit der Freigabe für eine spätere Veröffentlichung vermachte. Wenn auch ihr grübelnder Glaube dem Freund stets fremd blieb, so hatte er doch Sinn für diese Thematik. Es war eine praktische Vorsorge für den Fall ihres Todes, zu der ihre Krankheit gewiß beitrug. Bewußte Todesahnungen lassen sich daraus nicht ableiten.

In Bonn gingen die inneren Krämpfe zurück. Annette von Droste-Hülshoff mußte nicht mehr ständig im Bett liegen und konnte Besucher empfangen, die ihr auch vom Ehepaar Schücking erzählen. In ihrem Brief an die Rüdiger gibt sie Monate später den Klatsch weiter: *Sie wird sehr schön gefunden, und in jedem Betracht bedeutender als Er – beliebt scheinen Beyde nicht, – sie gelten für kalt, aufgeblasen, und man zuckt sehr bedenklich die Achseln über ihren gewaltigen Aufwand ...* Aber die Droste wollte vor allem weiter und setzt es durch, am 28. September allein per Rheinschiff, Eisenbahn und einer nächtlichen Kutschfahrt durch das Schwarzwälder Höllental – *eine Kreuzigung!* – nach Meersburg zu reisen. Am 1. Oktober 1846 kommt sie am frühen Abend auf der Burg an, von Mutter und Schwester, Schwager und den beiden Nichten Hildegard und Hildegunde sehnlich erwartet.

... und Gegenwart

Die folgenden Wochen und Monate der Droste in Meersburg haben sich zu einem monumentalen Bild verdichtet und einen Mythos begründet: Sterbenskrank und gottergeben habe die Dichterin diese Zeit als Resignation zum Tode durchlebt.

Zwei Briefe, die Annette von Droste-Hülshoff aus Meersburg an Elise Rüdiger schreibt, bestärken diesen Eindruck. Der erste ist vom Februar 1847 und blickt auf den Oktober 1846 zurück: *Hier war große Freude über meine Ankunft, ich mußte gleich zu Bette, und zwey Aerzte annehmen, ... da habe ich denn viele Medizin geschluckt, und bin immer elender darnach geworden ... Ach Lies! ich war schrecklich elend und wünschte auch gar nicht wieder besser zu werden, nur todt! todt! ... habe seit meiner Ankunft (2ten OCTOBRE) mein Zimmer nicht verlassen ...* In ihrem Brief vom August 1847 bestätigt Annette von Droste-Hülshoff, aufgrund ihres schlechten Gesundheitszustandes seit Monaten an ihr Zimmer, die sogenannte »Spiegelei«, und den Hof der Burg gebunden zu sein: *... ich bin lebendig, und leide wenig, aber schwach, schwach! – jetzt ist es fast ein Jahr, daß ich meine Spiegeley nicht anders verlasse, als um bis zur grünen Bank auf dem Hofe zu schleichen, Mein Gehen ist so gut wie gar Nichts mehr, – Schreiben bringt mich nach wenigen Zeilen einer Ohnmacht nahe ...* Das sind dramatische, traurige Zeilen. Den wirklichen Zustand der Droste und ihren Alltag am Bodensee spiegeln sie nicht.

Zwei Wochen nach ihrer Ankunft sitzt Annette von Droste-Hülshoff Mitte Oktober 1846 in ihrem südlichen Turmzimmer und blickt humorvoll auf die Reise zurück: *Es ist kein Dampfkessel zersprungen, weder Land- noch Seeräuber haben sich gezeigt, und (MIRABILE DICTU!) Niemand hat versucht mich zu entführen, was freylich allen Glauben übersteigt!* Bisher hat sie keinen Arzt konsultiert. Pauline von Droste-Hülshoff berichtet sie nach Bonn, wie erstaunlich sich ihre körperliche Verfassung verbessert hat: *Auf meine Gesundheit wirkt das Clima bereits sehr gut, meine Kopf- und Magenschmerzen sind verschwunden, nur mit* dem Gehen sieht es noch PAUVRE aus ... Nur weil sie einen starken Husten hat, ist die Droste bereit, sich trotz vieler Vorbehalte von einem normalen Arzt Medizin verschreiben zu lassen: *Morgen oder übermorgen erwarten wir ihn. – was wird mein Homöopath sagen!*

Fünf Tage später, am 19. Oktober, schreibt Therese von Droste-Hülshoff ihrer Schwester Sophie von Haxthausen: »Nette braucht seit 17 Jahren zum ersten Mal wieder einen allopathischen Arzt ... sie war doch schon zweimal in ihrem Weinberg, und der Arzt verspricht alles Gute ...« Für ihre gute Verfassung spricht auch, daß die Droste demnach in den knapp drei Wochen seit ihrer Ankunft zweimal den gar nicht so kurzen und ziemlich steilen Weg zu ihrem Häuschen durch ihre Weinberge gemacht hat; im Gegensatz zu dem, was sie Elise Rüdiger schildert.

Was die ungeliebte Medizin aus der Apotheke – anstelle der von Clemens von Bönninghausen gemischten homöopathischen Pülverchen – betrifft, informiert Annette von Droste-Hülshoff am 24. Oktober 1846 ihren Bruder in Hülshoff: *Ich habe auch schon zwey Flaschen Medizindreck herunter, und mehrere fatale Umstände, z. B. das Fieber Abends, – die Nachtschweiße, sind bereits darnach verschwunden, und das allgemeine NERVEUSE Unbehagen ist auch sehr gemildert, – Der Docktor hat jetzt nur noch mit meiner Engbrüstigkeit, Husten, und Schleim-Andrang zu kämpfen ...* Von Todessehnsucht keine Spur, dafür äußert Annette von Droste-Hülshoff in den Briefen dieser Wochen höchst lebendige Wünsche.

Gleich Mitte Oktober bekommt Pauline von Droste-Hülshoff in Bonn einen Auftrag, der mit Erinnerungen an die inzwischen versandete Freundschaft zu Sibylle Mertens und an die Stunden in ihrer rheinischen Villa verbunden ist: *Nun liebstes Päulchen bitte ich Dich unserm Freunde Braun, nebst meinen herzlichsten Grüßen, doch zu sagen, daß, falls die Mertensche AUCTION noch nicht Statt gefunden habe, ich doch für das bewuste kleine Büchelchen wohl bedeutend mehr geben möchte als zwey Thaler ... Meine, allmählich etwas unklar gewordenen, Erinnerungen DATIREN von ANNO 25, ... in meinen Gedanken steht es wundemiedlich da, und ich habe es mir so oft gewünscht, daß ich es nun ungern möchte fahren lassen.* Zehn Tage später erfährt der Bruder, daß seine Schwester auch während ihres Zwischenaufenthaltes am Rhein ihrer Sammelleidenschaft frönte: *Du wirst von Bonn einen Verschlag mit drey* Oelbildern *erhalten, – die zwey größeren und schöneren hat mir Professor* Braun, *der sie eben aus der* AUCTION *der bedeutenden Schmitzischen Sammlung in Cöln erstanden hatte, für einen Spottpreis überlassen, ... hebe sie mir doch gut auf, und sage mir wie sie Dir gefallen?* Ihre Freude am Sammeln und damit am Leben ist ungebrochen.

Was fehlte Annette von Droste-Hülshoff? Der Badearzt aus Überlingen, der sie auf der Meersburg behandelt – bald kommt ein zweiter Kollege hinzu –, sieht nach den Worten der Droste *das Hauptübel durchaus nicht in der Lunge* – die von ihr gefürchtete Schwindsucht – *sondern in einer beständigen Schwäche und bey jeder Gelegenheit eintretenden Entzündung der Schleimhäute, wozu dann noch Schwäche des Unterleibs und der Nerven käme...* Da ihr die traditionelle Medizin nach der ersten positiven Wirkung doch nicht bekommt, verzichtet der Arzt auf weitere Arznei und empfiehlt, wie bisher homöopathische Diät zu halten. Die Patientin soll viel schlafen und so wenig wie möglich denken. Die Hilflosigkeit der zeitgenössischen Medizin spricht aus dem Gesamturteil: *Ich sey in allen innern Theilen völlig gesund, aber meine Nerven in einem Zustande der Ueberreizung, wie ihm noch nie vorgekommen ...* Die Nerven: Es war das medizinische Zauberwort der Epoche, und die Droste hat es immer wieder zustimmend und hoffnungsvoll aufgegriffen.

Weitere Hinweise liefert das Tagebuch der Schwester. Jenny von Laßberg notiert getreulich den jeweiligen Zustand ihrer Schwester. Zwar ergibt sich aus dem Hin und Her dieser kurzen, allgemeinen Anmerkungen kein vollständiges Bild. Aber eines ist deutlich: Die schlechten Tage werden abgelöst von solchen, an denen es mit der Gesundheit aufwärts geht, und es sind gar nicht so wenige. Ein Jahr lang das Zimmer nicht verlassen? Höchstens bis zur Bank auf dem Hof geschlichen? Nachdem wir schon von den Spaziergängen im Oktober 1846 in die Weinberge wissen, widerlegt das Tagebuch auch für die folgenden Monate diese düsteren Aussagen der Droste.

Am 1. November 1846 kann Annette von Droste-Hülshoff am gemeinsamen Kirchgang teilnehmen. Im gleichen Monat kommt Philippa Pearsall für fünf Tage zu Besuch auf die Burg. Mit der jungen Engländerin hatte sich die Droste bei ihrem vorangegangenen Meersburg-Aufenthalt ebenso angefreundet wie mit Charlotte von Salm-Reifferscheidt, die mit ihrer Familie im nahe gelegenen Schloß Hersberg lebte und mehrmals im Monat im Turmzimmer vorbeischaute. Die Gesundheit bessert sich insgesamt, nur Husten und Übelkeit sind zäh. Eintragung der Schwester für den Dezember: »Nette war sehr unwohl. Sie hustet stark.« Am 24. Dezember heißt es: »Wir waren alle recht vergnügt beisammen; nur die arme Nette nicht, der wir ihr Christbäumchen schon um 5 Uhr brachten.« Einen Tag später meldet die Schwester Besserung, und am 5. Januar 1847: »Nette geht es viel besser.« Am 12. Januar feiert Annette von Droste-Hülshoff am Bodensee ihren 50. Geburtstag.

Das Frühjahr 1847 läßt sich gut an, auch wenn es generell beim Auf und Ab zwischen guten und schlechten Tage bleibt. Ab Mitte März nimmt die Droste wieder an den gemeinsamen Mahlzeiten teil, was einen langen Weg durch die Burganlage bedeutet. Am 27. schreibt Jenny von Laßberg über die Schwester, sie habe »heute sogar einen Spaziergang vors Tor gemacht«. Auch im April gibt es einen Kirchenbesuch, einen Spaziergang und einen Ausflug mit der Familie vor das Stadttor zum Lokal »Frieden«. Knapp sechs Jahre liegen die Stunden zurück, in denen sie hier mit Levin Schücking nach ihren gemeinsamen Spaziergängen gesessen hat. Am 7. August schreibt Annette von Droste-Hülshoff an Elise Rüdiger, sie sei das ganze letzte Jahr höchstens bis zur Bank auf dem Hof geschlichen – *Mein Gehen ist so gut wie gar Nichts mehr ...* Der Brief schließt wehmütig mit der Bitte um zukünftige Briefe, auch wenn die Freundin wegen der Schwäche der Droste von nun an nur wenige seltene Zeilen erhalten werde. Es wäre ein Opfer: *... wollen Sie es mir zuweilen bringen, um unsrer Liebe willen die doch wohl stärker ist als Krankheit und Tod?* Hatte Annette von Droste-Hülshoff vergessen, daß sie am 26. Juni für elf Tage zu einem Besuch nach Schloß Hersberg aufgebrochen war? Daß sie am 1. August mit der Familie der Schwester zur Kirche ging? (Sie wird es in diesem Monat noch vier weitere Male tun.) Undenkbar.

Im gleichen Brief berichtet die Droste über die positiven Voraussagen der Ärzte mit humorvoller Skepsis, jedoch nicht ohne Hoffnung: *aber das glaube ich selbst, daß unter günstigen Umständen (d. h. wenn ich mich behandle wie eine Seifenblase oder ein weiches Ey ...) die Geschichte sich noch lange lange hinspinnen kann.* Sie fährt mit jener Floskel fort, die in ihren Briefen bei traurigen Begebenheiten auftaucht und für eine fromme Christin zur eisernen Ration gehörte: *Doch wie Gott will! ich bin jede Stunde bereit, und meinem Schöpfer sehr dankbar, daß er mir durch das beständige Gefühl der Gefahr eine vollkommene Befreundung mit dem Tode ... gegeben hat.* Die Ergebenheit in Gottes Willen wurde seit Jahrhunderten bezeugt – im privaten wie im öffentlichen Raum. Sie stand traditionell als Ausweis frommer Zuversicht in jedem letzten Willen, den Menschen zu Papier brachten.

Am 21. Juli 1847 überreichte Annette von Droste-Hülshoff in ihrem Turmzimmer dem Amtsrevisor von Meersburg in Gegenwart von zwei Zeugen ihr eigenhändig geschriebenes Testament. Die Zeugen des adligen Fräuleins waren Bürger, ein Oberlehrer und ein Schuster. Jeweils ein weiteres handgeschriebenes Exemplar erhielten die Schwester und der Bruder als die alleinigen Erben. Das Testament begann mit der traditionellen Anrufung »Im Namen der allerheiligsten Dreifaltigkeit!«. Doch damit fand die christliche Tradition in diesem Schriftstück der katholischen Dichterin auch schon ihr Ende. So viele Wurzeln die Droste mit der alten Zeit verbanden, sie war ein Kind der Aufklärung, geprägt und aufgewachsen in einer neuen Zeit. Sie blieb der katholischen Kirche treu und fest verbunden wie die Mehrzahl ihrer Glaubensgenossen. Doch der Glaube widerstand den Anfechtungen der Vernunft nicht mehr so unerschütterlich wie in den Epochen zuvor.

Die meisten Christen ihrer Generation begannen sich zu fragen, ob nicht statt Gottes gnädiger Fügung Krankheiten und die Kunst der Ärzte über Leben und Tod bestimmten. Zwar hielten sie weiter fest an ihrer persönlichen Hoffnung auf ein seliges Ende. Aus den Testamenten aber verschwanden mit den ersten Jahrzehnten des 19. Jahrhunderts die gläubigen Formeln für den Fall des Todes und machten irdischen Befürchtungen Platz, die auch Annette von Droste-Hülshoff veranlaßten, zur Feder zu greifen: *Da Niemand die Stunde seines Todes voraus weiß, und mich Endunterschriebene ... meine Gesundheitsumstände veranlassen ein vielleicht schleuniges Ende zu befürchten ...* Von der Überzeugung, daß jedes Ende letztlich in Gottes Hand lag, hat die Droste nicht abgelassen. In ihrem Testament hat sie dieser Zuversicht keinen Ausdruck verliehen, sondern der Furcht Raum gegeben.

Die einseitig negative Schilderung ihres Gesundheitszustandes in den Briefen vom Februar und August 1847 an Elise Rüdiger scheint Annette von Droste-Hülshoff durch einen weiteren Hinweis zu bekräftigen: ... *meine Phantasie arbeitet nur zu sehr, und ich muß aus allen Kräften dagegen ankämpfen. – jede etwas unebene Stelle an der Wand, ja jede Falte im Kissen, bildet sich mir gleich zu, mitunter recht schönen, Gruppen aus, und jedes zufällig gesprochene etwas ungewöhnliche Wort, steht gleich als Titel eines Romans oder einer Novelle vor mir, mit allen Hauptmomenten der Begebenheit. – Sie sehn wie überreizt ich noch bin; – ...* Wer dieses Zitat isoliert deutet und daraus ein neurotisches Krankheitsbild herausliest, stellt ein ganzes Leben unter pathologischen Generalverdacht. Eine lebhafte Phantasie und eine ungewöhnliche Sensibilität für Reize aller Art gehören zur Persönlichkeit der Annette von Droste-Hülshoff seit Kindertagen. Beides sind konstante Eigenschaften, aus denen sich ihre schöpferische Kraft und damit ihre dichterische Arbeit speist. Sie selbst hat es früh gesehen und ausgesprochen und in das Bild eingebracht, das sie andern von sich selber gab. Sie bestätigt diesen Zusammenhang indirekt auch im Februarbrief von 1847 und schlägt damit einen weiten Lebensbogen: *Sie sehn wie überreizt ich noch bin; – Gott! dürfte ich jetzt schreiben, (d. h. DICTIREN) wie leicht würde es mir werden!*

Anton Mathias Sprickmann war der erste, der von dieser kreativen »Unruhe« erfuhr. Die Droste, noch keine 18 Jahre alt, öffnete im Dezember 1814 gleich zu Beginn ihres Briefwechsels dem 65jährigen Münsteraner Professor und Förderer junger Literaturtalente ihr Herz. »Unruhe« heißt das Gedicht, das sie dem *lieben theuren Freund* schickte: ... *es mahlt den damaligen und eigentlich auch den jetzigen Zustand meiner Seele vollkommen, obschon diese fast fieberhafte Unruhe, mit Verschwinden meines Uebelbefindens einigermaßen sich gelegt hat* ... Vier Jahre später, der Freund wurde inzwischen als Professor von Münster nach Breslau berufen, schildert die Droste ihm die Wirkungen ihrer überbordenden Phantasie. Wenn sie außerhalb von Münster an »Lohmanns Garten« vorbeifährt, wo die beiden schöne gemeinsame Stunden verbracht hatten, bildet sie sich ein, Sprickmann säße in der gemütlichen Laube und steckt ihren Kopf zum Nachprüfen weit aus der Kutsche: ... *ich habe dieses, besonders in vorigen Jahren wo ich in einem sehr gereizten Zustande war, wohl ordentlich ins Lächerliche getrieben* ...

Im Jahre 1819 schreibt sie Sprickmann: ... *leider hat meine Phantasie soviel Steckenpferde, daß eigentlich kein Tag hingeht, ohne daß Eins von Ihnen auf eine schmerzlich-süße Weise aufgeregt würde* ... Menschen, Länder oder Kunstwerke, von denen irgendwann die Rede war, sieht sie Tage später *oft mit so lebhaften an Wirklichkeit grenzenden Farben und Gestalten, daß mir für meinen armen Verstand bange wird.* Sie sei noch keine sieben Jahre alt gewesen, als sie bei Tisch *in ein heftige Schluchzen ausbrach, so daß ich mußte fortgebracht werden.* Auslöser war, daß die Mutter bei Tisch zufällig den Namen der Großeltern nannte, die Annette bisher noch nie besucht hatte. Schäbige Kupferstiche in Romanen, die sie längst vergessen habe, würden nach langer Zeit als *wunderbare Zauberbilde* im Gedächtnis auftauchen.

Es ist die Phantasie, die Zauberbilder hervorbringt, aber ebenso in den Stunden der Krankheit und den Alpträumen der Nacht die Ängste schürt. Es sind die Ängste, die Stoff für das Werk liefern: die schaurige Friedhofsszene im Romanfragment »Ledwina«; die Bilder tief in der Mergelgrube, *Von einer Erde, mürbe ausgebrannt; / ... Wie Neues quoll und Altes sich zersetzte – / War ich der erste Mensch oder der letzte?;* die Toten, deren Gegenwart ewig währt – *Wenn im Busen die Toten dann / Jede Leiche sich streckt und regt, / Leise, leise den Odem zieht, / Die geschloßne Wimper bewegt.* Es ist die Phantasie, die Annette von Droste-Hülshoff andere Welten, andere Räume und im Alltag nie erfahrbare Freiheiten erschließt. Eine Phantasie, die nur ganz zu haben ist – im hellen Licht des Tages und in den bedrückenden Stunden der Nacht. Die Welt, wie Annette von Droste-Hülshoff sie erlebte, war von Anfang an kein heiler, sondern ein vielfach gespaltener Kosmos.

Die ersehnte Harmonie mit den Menschen, die sie liebte, erwies sich sogar im Traum als Illusion. Wie bitter schon die Vierjährige darüber weinte, hat sie dem Freund Sprickmann offenbart. Die Verlustängste um alle, die ihr nahe standen, begleiteten die Droste seit ihrer Kindheit. Sie verunsicherten die Gegenwart der Erwachsenen so sehr, daß sie auswich in die Vergangenheit und aus den unauslöschlichen Erinnerungen ihre Zukunftshoffnungen knüpfte. Doch zu keiner Zeit war die Droste der Versuchung erlegen, sich resignierend zurückzuziehen. Mit Vernunft und Leidenschaft sah sie die Brüche ihres Lebens, die Umbrüche ihrer Zeit, die Abgründe ihrer Religion, und sie stellte sich ihnen: *So will ich harren denn, und tiefbedrängt / Will ich es tragen, / Daß immer wie zum Sturz die Mauer hängt.* Das schrieb Annette von Droste-Hülshoff im Gedichtzyklus »Geistliches Jahr« zum 26. Sonntag nach Pfingsten. Sie ging ihren eigenen Weg und reagierte auf dieses Lebensgefühl mit dichterischen Arbeiten, von denen nichts und niemand sie seit ihren Jugendjahren abbringen konnte.

Das adlig-katholische Fräulein aus der westfälischen Provinz revoltierte nicht gegen die Lebensformen, die Herkommen und Traditionen ihr vorschrieben. Doch Annette von Droste-Hülshoff sah klar die Begrenzungen und Einengungen, denen sie als Frau doppelt ausgesetzt war, und erkämpfte sich Freiräume, die so klein nicht waren. Vor allem diesen: als eigenständige, nicht an Stand und Religion gebundene Dichterin an die Öffentlichkeit zu treten. Ihr ganzes Leben war eine große, bewußte Anstrengung, von den Widersprüchen, den Gegensätzen und den unterschiedlichen Anforderungen nicht zerrissen zu werden.

Lag es für die 50jährige Annette von Droste-Hülshoff nicht nahe zurückzublicken, wenn sie über dem Bodensee in ihrem Turmzimmer auf dem Lehnstuhl neben dem grünen Kachelofen kauerte oder auf der Terrasse der Burg auf und ab spazierte? Sie hatte ein eigenes, umfassendes dichterisches Werk geschaffen und sich damit – wie erhofft – nicht blamiert. Nun war Zeit für eine schöpferische Pause, um nachzudenken, wie es unter veränderten

Umständen weitergehen könnte. Die Stunden für das, was ihr das Liebste war, hatte die Droste sich stets mühsam stehlen müssen. Warum sollte sie es jetzt in Meersburg nicht genießen, daß jeder um sie besorgt war und niemand ihre Pflichten als Tochter, Schwester, Tante, Nichte oder Cousine einforderte? Wie oft hatte Annette von Droste-Hülshoff sich klaglos zur Pflege an ein Krankenbett innerhalb der weitläufigen Verwandtschaft begeben, obwohl sie selbst der Schonung bedurfte. Über Jahre hatte sie unbegabten Cousinen Unterricht erteilt. Jetzt kamen täglich Schwester, Schwager, Mutter und die beiden Nichten auf ihr Zimmer, um ihr Gesellschaft zu leisten. Wenn die Beschwerden sie nicht zu sehr plagten, konnte sie sich entspannen und in der Gegenwart leben. Sie las, malte und strickte und legte ein Album an. Den Nichten erzählte sie Geschichten, und vielleicht kam ihr die körperliche Schwäche nicht ungelegen, eine generelle Pause im Briefeschreiben einzulegen. Auch das hatte für die Droste stets zum familiären Pflichtprogramm gehört. Allerdings mußte unter dieser Pause jetzt außer Elise Rüdiger auch der treue Schlüter leiden, der keinen einzigen Brief von der Meersburg erhielt.

Seit Annette von Droste-Hülshoff im Oktober 1846 auf der Meersburg angekommen war, hatte sie sich weder vom Leben noch von der Dichtkunst verabschiedet. Für ein solches Urteil sind ihre Botschaften viel zu widersprüchlich und reihen sich ein in das lebenslange Bemühen, die Spuren eher zu verwischen als offen zu legen. Im Februarbrief 1847 verkündete die Droste der Freundin: *Lieb Lies, mein Entschluß mich von allen litterarischen Bekanntschaften (außer von Ihnen) immer mehr zurückzuziehn wird immer fester, so wie der niemals eine* RECENSION *oder kritischen Aufsatz zu lesen; Sie sind, bey der jetzigen Partheywuth und den überhand nehmenden persönlichen Antipathien immer einseitig, partheyisch ... Das klingt bekannt: so steht mein Entschluß fester als je ... unsre blasirte Zeit und ihre Zustände gänzlich mit dem Rücken anzusehn, – ich mag und will jetzt nicht berühmt werden, aber nach hundert Jahren möcht ich gelesen werden.* Diesen pathetischen Ausruf hatte die Dichterin im Sommer 1843 gegenüber der Rüdiger getan, während sie in Wahrheit eifrig damit beschäftigt war, ihren zweiten Gedichtband vorzubereiten.

Zurück zum Februarbrief 1847: Wo sind denn die vielen »literarischen Bekanntschaften« – gar von Rang –, mit denen die Droste Kontakt hat und von denen sie sich trennen müßte? Annette von Droste-Hülshoff wußte selber allzugut, wie gerne sie sich vom Pathos der Worte forttragen ließ: ... *ich habe die böse Gewohnheit, daß ich nicht gut abbrechen kann, wenn ich einmahl in einen Text hinein gerathen bin* ... Das schrieb die 17jährige dem Freund Anton Mathias Sprickmann. Umgekehrt konnte sie ihre Umgebung mit einer unsentimentalen Nüchternheit verblüffen, die eigentlich nur Männern zustand. Eine Probe davon, verbunden mit der Freude an versteckter Ironie, hob sie sich für die Zeit nach ihrem Tode auf. In ihrem Testament vom Juli 1847 vermachte Annette von Droste-Hülshoff alles aus ihrem Nachlaß, das sich in preußischen Landen befand, ihrem Bruder. Die Gegenstände außerhalb Preußens sollten an die Schwester gehen. Die salomonische Regelung ließ eine Frage offen: *Was den Ertrag etwaiger nach meinem Ableben erfolgender Ausgaben meiner Schriften betrifft; eine Einnahme deren vielleicht sehr geringen, vielleicht bedeutenden Betrag ich gegenwärtig noch durchaus nicht anzuschlagen vermag* ... Nach dieser selbstbewußt-verschmitzten Anmerkung über den Tod hinaus ließ sie den Erben für das Geschäft freie Hand und schlug vor, *etwaige Einnahmen zu theilen.*

Es war wohl im Spätsommer 1847, vielleicht im August, als Annette von Droste-Hülshoff ein Gedicht schrieb, in das sie wesentliche Bilder und Themen ihres Lebens aufnimmt:

> *Auf hohem Felsen lieg ich hier*
> *Der Krankheit Nebel über mir*
> *Und unter mir der tiefe See*
> *Mit seiner nächtgen Klage Weh* ...
>
> *Mir ist er gar ein trauter Freund*
> *Der mit mir lächelt mit mir weint*
> *Ist wenn er grünlich golden ruht*
> *Mir eine sanfte Zauberflut*
> *Aus deren tiefen klaren Grund*

Gestalten meines Lebens steigen
Geliebte Augen, süßer Mund
Sich lächelnd winkend zu mir neigen

Wie hab ich gar so manche Nacht
Des Mondes Widerschein bewacht
Die bleiche Bahn auf dunklem Grün
Wo meiner Toten Schatten ziehn
Wie manchen Tag den lichten Hang
Bewegt von hüpfend leichten Schritten
Auf dem mit leisem Geistergang
Meiner Lebendgen Bilder glitten

...

Geliebte Augen: Für Annette von Droste-Hülshoff stehen sie an allererster Stelle. Sie sind das Einfallstor der Kommunikation, der Spiegel, in dem sich zwei Menschen aufs Innigste begegnen. Im Meersburger Winter 1841/42 entstand »Brennende Liebe«, das vielleicht an Heinrich Straube, die große, erschütternde Liebe erinnert: *Zwei Augen hab' ich gesehen, / Wie der Strahl im Gewässer sich bricht, / Und wo zwei Augen nur stehn, / Da denke ich an ihr Licht* ... Über Levin Schücking dichtete sie zur gleichen Zeit: *Blick' in mein Auge – ist es nicht das deine* ... »Spätes Erwachen« entstand 1844 und ist der Freundin Amalie Hassenpflug gewidmet: *Wie ist das anders nun geworden, / Seit ich in's Auge dir geblickt,* ... In dem rätselhaften Gedicht »Das Bild« von 1845 heißt es: *Ich will nur sehn in deine Augen, / Den einen reinen Blick nur saugen, / Der leise meinen Namen nennt* ...

»Meine Toten«: Selbst bei ihnen ist es das Auge, das sie an die Lebenden kettet: *O knie still an deiner Toten Gruft, / ... Dein sind sie, dein, wie mit gebrochnen Augen, / Wie dein sie waren mit dem letzten Blick* ... So steht es im Gedicht »Die Golems«.

Annette von Droste-Hülshoff hat gestanden, wie qualvoll die Präsenz der Toten in ihrer Brust sein konnte. Aber in dem Gedicht »Meine Toten« sind die Verstorbenen die zuverlässigeren Begleiter auf der ernsten Fahrt durchs Leben: ... *Doch keine an-*

dre Rechte drückt / So traut, so hat kein Aug' geblickt, / So spricht kein Wort, wie Grabesbrodem! Dagegen macht das Gedicht vom Sommer 1847 eine andere Aussage über die »Gestalten ihres Lebens« und verschiebt die Gewichte. Es verweist die Toten ins Reich der Schatten und der Nacht und räumt den Lebenden ihren Platz im hellen Licht des Tages ein. Annette von Droste-Hülshoff ist in der Gegenwart angekommen.

Die Droste hat die Fünfzig überschritten, Mitte des 19. Jahrhunderts ein hohes Alter. Sie ist nicht gesund. Sie muß sich und der Welt nicht mehr beweisen, daß sie einen dicken Band Gedichte produzieren kann, der anerkannte Literaturkritiker aufhorchen läßt. Doch die Lust am Dichten ist geblieben. Im Oktober 1847 liest sie ihrer Schwester aus der angefangenen Kriminalgeschichte »Joseph« vor. Von Christoph Bernhard Schlüter hatte sie sich den ersten Teil vom »Geistlichen Jahr« schicken lassen. Nun frönt sie zwischendurch in ihrem Turmzimmer ihrer alten Leidenschaft und »zupft« an den Gedichten herum. Auch das letzte Rüschhaus-Werk »An einem Tag wo feucht der Wind« über die gequälte Schöpfung hat sie mit nach Meersburg genommen und bringt neue Versvarianten zu Papier. Aber die Zeit für beschauliche, friedliche Stunden auf der alten Meersburg geht im Herbst 1847 mit Macht zu Ende. Die Politik bestimmt Gespräche und Gedanken, und Annette von Droste-Hülshoff ist mit Interesse und Leidenschaft dabei. Im Elfenbeinturm hat sie nie gesessen.

Therese von Droste-Hülshoff war im August ohne ihre Tochter Annette zurück ins Rüschhaus gefahren. Alle waren sich einig, daß die Droste nur im südlichen Klima ihre Gesundheit stabilisieren konnte. Anfang November schreibt sie der Mutter, sie solle sich nicht ängstigen: ... *ich schlafe gut, esse mit Appetit, habe gar keine Schmerzen, und komme mir auch, wenn ich still sitze, gar nicht kraftlos vor* ... Den Schwerpunkt des Briefes aber bildet ein politisches Thema: *Hier ist Alles in großer Spannung wegen der Schweizer-Angelegenheiten, selbst ich lasse mir jetzt täglich die Zeitungen bringen ... Die armen Sonderbündler! – ... Morgen sollen die Feindseligkeiten beginnen ... Gott schütze das Recht!* Einige katholisch-konservative Kantone hatten sich als »Sonderbund« zusammengetan, um sich gegen den Willen der liberalen Mehrheit unabhängig zu machen, wenn nötig mit Gewalt.

Annette von Droste-Hülshoff war überzeugt, daß die katholische Minderheit in der Schweiz für ihren Glauben und ihre alten Freiheiten kämpfte. Das hinderte sie nicht, abseits flammender Parolen die Bewaffnung der Katholischen nüchtern unter die Lupe zu nehmen. Gekämpft werde mit Morgensternen und langen Flinten, informiert sie die Mutter: ... *es ist Alles wie in einem fabelhaften Traume, aus dem man aber leider nicht erwachen kann.* Die Kritik ist unüberhörbar: Auch um alte Rechte durchzusetzen, brauchte man moderne Waffen. Von den Beschimpfungen der katholischen Partei gegenüber den Sonderbundgegnern – Atheisten, Kommunisten – findet sich nichts im Brief der Droste. So hatte sie es stets gehalten: Im Kampfgetümmel ihren kühlen Kopf bewahrt und sich engagiert, ohne bedingungslos den Parolen eines Lagers zu folgen.

Als Annette von Droste-Hülshoff der Mutter Ende Februar 1848 wieder schreibt, ist der Spuk längst vorbei. Noch im November waren die Sonderbündler vernichtend geschlagen worden. Zu den katholischen Flüchtlingen aus der Schweiz gehörte Bernhard Zeerleder von Steinegg, der auf der Meersburg gastliche Aufnahme fand. Der alte Freund von Joseph von Laßberg hatte sich bei vorangegangenen Besuchen gut mit der Droste verstanden. Auf Grund eines Vertrags zwischen Baden und der Schweiz kamen eines Abends Gendarmen auf die Meersburg und brachten Zeerleder von Steinegg wegen Hochverrat ins nahegelegene Gefängnis, ehemals das neue Schloß. Der Gefangene kam nach 14 Tagen frei, und überhaupt war es doch ein erträglicher Aufenthalt: ... *Laßberg ließ ihn mit allem Nöthigen, Betten, Speise, Bücher* ET CET. *versorgen, ... täglich besuchte ihn Einer von Uns ... bey gutem Sonnenschein habe ich mich auch ein paarmahl ... im Kinderwagen hin fahren lassen, obschon ich wohl hätte so weit gehn können, aber nicht ohne nasse Füße, da der Schnee zu hoch lag, und zu stark am Aufthauen war.* Über die Niederlage des Sonderbundes und damit der katholischen Sache in der Schweiz verliert die Droste kein Wort.

Sie hätte auch gehen können: Annette von Droste-Hülshoff

war daran gelegen, der Mutter gute Nachrichten über ihren Gesundheitszustand zu melden. Sie wußte aber, daß übertriebener Optimismus auf Skepsis stoßen würde – »Spiegelberg, ich kenne dir!« Tatsächlich hatte die Droste seit Anfang Dezember etliche gute Tage verlebt und das Weihnachtsfest – im Gegensatz zum Jahr davor – zusammen mit der Familie feiern können. Mitte Januar 1848 kommt das *fatale Herzklopfen* wieder, verbunden mit großer Schwäche. Aber nach der ersten Februarwoche heißt es im Tagebuch der Schwester: »Nette kam herauf, ... Nette war mit uns am Tisch«. Und am Ende des Monats erfährt die Mutter: ... *mit mir geht es auch viel besser.* Vier Wochen später, Ende März 1848, kann Jenny von Laßberg der Mutter schreiben, daß es weiter aufwärts geht und die Droste darauf setzt, im Sommer ihr Fürstenhäuschen zu besuchen. Doch um diese Zeit verlieren selbst gute persönliche Nachrichten an Gewicht, weil es nur ein Thema gibt, ob in Westfalen oder am Bodensee: Die Revolution ist ausgebrochen.

Begonnen hatte alles in Paris, wo König Louis Philippe am 24. Februar 1848 seinen Thron aufgeben mußte. Nur Tage später gingen in Deutschland die Bürger auf die Straße. Die Herrschenden erkannten, daß die Wut über die seit Jahren verweigerten Reformen nur durch Nachgeben zu kanalisieren war. Schon am 27. Februar gab es eine Volksversammlung in Mannheim, deren Forderungen am 4. März ein Bürgerausschuß in Konstanz, Meersburg direkt gegenüber gelegen, übernahm. Selbst die Bewohner von Münster, für ihr politisches Phlegma berühmt, trugen schwarz-rot-goldene Kokarden an den Mützen. In Köln wurde mit Zustimmung von Oberbürgermeister und Erzbischof auf dem Baukran des Domes vor 10000 begeisterten Menschen die schwarz-rot-goldene Fahne gehißt.

Die Forderungen waren überall die gleichen: Pressefreiheit, Parteienfreiheit, eine demokratische Justiz, eine Bürgerwehr statt des obrigkeitshörigen Militärs und einen deutschen Nationalstaat. Wer regierte, ob Adliger oder Bürger, sollte an Gesetz und Verfassung gebunden sein. Als es am Abend des 18. März 1848 in Berlin nach provokativen Schüssen durch das Militär zum erbitterten Barrikadenkampf kommt, ist es die breite Koalition der Bürger, die Preußens König zwingt, sich im Schloßhof vor den Märzgefallenen – über 200 Zivilisten, die vom Militär getötet wurden – zu verneigen. Die bürgerliche Mehrheit in diesem deutschen Frühling von 1848 und etliche Monate darüber hinaus war fest entschlossen, ihre liberalen Forderungen durch Kompromiß und nicht durch Konflikt durchzusetzen.

In Konstanz war am 11. März eine Bürgerwache gebildet worden, denn die Umsetzung der Reformen sollte in Freiheit und Ordnung vor sich gehen. Auf der Meersburg jedoch notiert Jenny von Laßberg am 15. April 1848: »Nette und ich packen Schmuck, Münzen, Papiere ein«. Es sei »große Besorgniß in Constanz, viele packen ein, Beamte flüchten, Furcht, selbst der Liberalen«. In Konstanz scharen sich die Republikaner – eine kleine Minderheit im politischen Spektrum der Liberalen – um den enttäuschten Demokraten Friedrich Hecker, der unter den Bauern des Umlandes viele Anhänger hat. Am 17. April wird am südlichen Ufer des Bodensees die deutsche Republik ausgerufen. Drei Tage später findet der republikanische Traum durch reguläre Truppen ein blutiges Ende. Die große Mehrheit der Deutschen sieht sich von den Männern des Frankfurter Parlamentes vertreten, die hartnäckig um eine neue, gerechte Ordnung kämpfen, ohne radikal mit der Vergangenheit zu brechen. Der traditionelle »Westfälische Merkur«, wahrlich kein Blatt der Revolution und auf Burg Hülshoff seit Jahrzehnten gelesen, reimt begeistert im Mai 1848: »... Und des Volks Vertreter wallen / In der freien Mainstadt Toren, / Daß uns wird die Tat geboren ...«

Was hat Annette von Droste-Hülshoff über die Umwälzungen gedacht, die sie als sensible und neugierige Zeitgenossin seit langem kommen sah und von denen sie sich als Dichterin herausgefordert fühlte? Sie hatte die radikalen Töne ihrer Kollegen Freiligrath und Herwegh verurteilt, ohne sich – wie ihr Bruder und viele andere ihres adligen Standes – dem Neuen total zu verweigern. In ihrem Gedicht »Die Weltverbesserer«, 1841/42 in Meersburg entstanden, warb sie für einen Weg zwischen den Extremen: *Pochest du an – poch' nicht zu laut, / Eh du geprüft des Nachhalls Dauer. / ... Wirfst du den Stein – bedenke wohl, / Wie weit ihn deine Hand wird treiben.* Sie stellte skeptische Fragen an die radikalen Jünger des Fortschritts, weil sie bei einem Bruch mit allen Traditionen den Verlust kostbarer menschlicher Werte fürchtete.

Es gibt nur eine einzige direkte Aussage der Droste zu den politischen Umbrüchen im Frühjahr 1848. Die Antwort an Ludwig von Madroux, einen Freund ihre Schwagers, mit dem auch sie sich angefreundet hatte, wurde vielleicht am 24. oder 25. März geschrieben: *Das Uebrige in Ihrem Briefe Enthaltene hoffe ich recht bald mündlich mit Ihnen besprechen zu können, da doch jetzt wohl nächstens völlige Ruhe und Sicherheit zurückkehren müssen, nach den letzten Ereignissen und dem entschlossenen Einschreiten der Regierung ...* Jenny von Laßberg hatte für den Abend des 3. März in ihrem Tagebuch »Abends Facelgang und Geschrei einiger Radicaler« vermerkt und daß ihre Schwester Nette »sehr in Angst« sei. Mitte des Monats dann hatte sie mit der Schwester Wertsachen und Papiere gepackt, falls es zur Flucht oder zur schnellen Abreise kommen sollte. Die unaufgeregte Bemerkung der Droste zehn Tage später an Ludwig von Madroux spricht allerdings gegen solche Befürchtungen und ebenso ein Brief Jenny von Laßbergs an die Bökendorfer Verwandtschaft vom 17. April 1848: »... Ihr könnt beruhigt sein, wir haben noch nichts von den Unruhen gelitten und leben so still als möglich ...«

Nette ist sehr in Angst: In diesem grellen Licht steht Annette von Droste-Hülshoff im Frühjahr 1848. Daß sie *apprehensiv* sei, hat sie nie geleugnet. Wenn der kühle Blick für die Unfähigkeit der Mediziner sich mit ihrer Phantasie verband, legten sich Ängste über *Schlagfluß und Verrücktwerden* schwer auf Seele und Körper. Dann hatten Mutter und Schwester ihre Not, die Kranke zu beruhigen. Dieses Bild hatte sich mit den Jahren in den Köpfen festgesetzt, und jeder leiseste Ansatz wird den Eindruck der verängstigen Droste bei ihrer Familie verstärkt haben. Ging es jedoch nicht um die eigene oder die Krankheit ihr Nahestehender, war Annette von Droste-Hülshoff eine resolute Person. Stets empfand sie es als lästig, selbst als Erwachsene wegen der Etikette nicht allein reisen zu können. Sie war eine Meisterin im Deklamieren schauriger Geschichten und liebte es, ihre Gäste im Rüschhaus zu später Nacht das Gruseln zu lehren. Doch während anderen die Haare zu Berge standen, ließ sie solches Grauen innerlich kalt.

Drastisch hat sie in ihren Balladen Gewalt und Krieg beschrieben. Ihre Sympathie für die katholischen Schweizer hielt sie von vernünftigen Überlegungen nicht ab. Es war die Droste, die furchtlos eine geistig verwirrte Bedienstete auf Burg Hülshoff pflegte, während ihr Bruder sich nicht ins Krankenzimmer traute. Sie streifte in frühen Morgenstunden auf der Suche nach ihren geliebten Versteinerungen allein durch die Landschaft, lag still und einsam auf dem Waldboden, um die Natur mit allen Fasern in sich aufzunehmen. Als junge, selbstbewußte Frau beeindruckte Annette von Droste-Hülshoff in den weltläufigen Salons des rheinischen Bürgertums. Sie war keine verschüchterte, verängstigte Person.

Alle diese Eigenschaften stehen im Gegensatz zum Bild einer von den politischen Unruhen des Frühjahrs 1848 zu Tode geängstigten Droste. Denn das ist wörtlich zu nehmen: »Bei aller Trauer um meine liebe selige Nette beschleicht mich doch oft ein Gefühl von Dank gegen Gott, daß er diesen sorgenvollen, schrecklichen wahrhaft gottlosen Zeiten sie entzogen hat, denn bei ihrer krankhaften Erregung litt sie doppelt.« Das schrieb Jenny von Laßberg sechs Monate nach dem Tod ihrer Schwester. Die Aussagen über die panischen Ängste der Droste, die in diesen Wochen und Monaten jede Minute um ihr Leben gefürchtet habe, kommen aus zweiter Hand. Sie befestigen zu Lebzeiten und noch mehr darüber hinaus ein tradiertes Bild. Fast wird Annette von Droste-Hülshoff darin zur Märtyrerin der Revolution. Aus dem Mund der Droste ist nur die ruhige Gewißheit des März-Briefes an Ludwig von Madroux bekannt, daß *nächstens völlige Sicherheit und Ruhe zurückkehren müssen*. Hat die Ausrufung der Republik im April in Konstanz – auch wenn der Spuk nach wenigen Tagen vorüber war – die Droste so erschreckt, daß sie ständig auf gepackten Koffern saß, bereit, in die Schweiz zu flüchten, wie ihre Schwester berichtet? Wie sehr haben die ständigen Gespräche mit zwei uneinsichtigen, das Schlimmste an die Wand malenden Vertretern der alten Ordnung – ihrem Schwager Joseph von Laßberg und den Gast Zeerleder von Steinegg – sie am Ende doch beeinflußt?

Annette von Droste-Hülshoff war *geboren in bedrängter Zeit*, erfahren im Untergang von Weltordnungen, die für die Ewigkeit gemacht schienen. Als 1803 mit der Säkularisation der Fürstbistümer wie des riesigen Kirchengutes der Adel beträchtliche Einkünfte, Macht und Ansehen verlor, war die Droste sechs Jahre alt. Auch ihre Familie war betroffen, und die erregten Diskussionen über diese ungeheure Demütigung begleiteten von nun an ihr Leben. Zeit zum Atemholen war nicht, denn der Aufstieg Napoleons zum Herrscher Europas machte Westfalen zu einem Teil Frankreichs. Diese Umwälzungen wie den Aufstand gegen den übermächtigen Kaiser und die Hoffnung einer jungen Generation in Deutschland auf politische Reformen hat die Droste bewußt miterlebt. Ebenso den rasanten Aufstieg einer von bürgerlichen Werten geprägten Gesellschaft, deren politische Ansprüche die alte adlige Kaste mit allen Mitteln zu verhindern suchte, wie Annette von Droste-Hülshoff es selber kritisch gesehen hat. Sie ahnte, daß diese Verkrustungen aufbrechen mußten und die neue Zeit nicht aufzuhalten war. Waren die Erfahrungen ihrer bewegten Zeit Anlaß zur Gelassenheit, oder fürchtete die Droste den Umbruch vom Frühjahr 1848 gerade deshalb besonders, weil sie wußte, daß die berechtigten Forderungen allzulang mißachtet worden waren? Fragen, auf die Annette von Droste-Hülshoff keine Antworten gibt.

Was die Droste zweifellos sehr beunruhigte, war der Kampf mancher politischer Neuerer gegen die kirchlichen Autoritäten und eine Absage an den christlichen Glauben. Sie war überzeugt, daß fundamentale humane Werte im Christentum verankert waren. Dem Gottlosen war nichts mehr heilig. Wieder stellt sich die Frage, ob Annette von Droste-Hülshoff in diesem Punkt gerade deshalb so kompromißlos urteilte und von so tiefen Ängsten erfüllt war, weil sie wußte, wovon sie redete. Sie hatte selbst in den Abgrund des Unglaubens geschaut, weil sie an den Ungerechtigkeiten dieser Welt verzweifelte:

> *Und muß ich schauen in des Schicksals Gange,*
> *Wie oft ein gutes Herz in diesem Leben*
> *Vergebens zu dir schreit aus seinem Drange*
> *Bis es verzweifelnd sich der Sünd ergeben,*
> *Dann scheint mir alle Liebe wie ein Spott,*
> *Und keine Gnade fühl' ich, keinen Gott!*

Dieses Bekenntnis schrieb die 23jährige Droste im ersten Teil des »Geistlichen Jahres«. Es ist nicht der einzige Aufschrei einer gequälten Seele in diesem Gedichtzyklus. Annette von Droste-Hülshoff wurde hin- und hergerissen zwischen den bedingungslosen Forderungen des Glaubens und den bohrenden Fragen des Verstandes, *der nur sich selber traute*. Niemand hätte es wahrgenommen, wäre nach der schweren Krise von 1820 ihre Teilnahme an den traditionellen Glaubensbekundungen nur Lippenbekenntnis gewesen. Doch die Droste entschied bewußt, weder vom Gott ihrer Eltern und Vorfahren noch von der Vernunft zu lassen. Sie vertraute auf die Verheißung des Apostels Paulus, daß von den drei christlichen Säulen – Glaube, Hoffnung, Liebe – die Liebe die stärkste und wichtigste sei. Und sie verschränkt diese Entscheidung mit der Gewißheit, als Dichterin im göttlichen Auftrag zu handeln: *Doch weiß ich, daß mein Herz dich faßt, / Daß es dich liebt, / Und daß du mich gesendet hast.*

Die Droste stellte weiterhin Fragen und konfrontierte in Gedichten und Prosa den Menschen, der schuldig wird, nicht mit Dogmen, sondern mit seinem Gewissen und der grenzenlosen göttlichen Güte. Für sich selber suchte sie den Frieden des Herzens inmitten der Bedrängnisse ihres schwachen Körpers und den Ängsten ihrer Seele. Vielleicht fand sie ihn in jenen zwei Büchern, die ihre liebsten Begleiter waren. Seit ihrer Jugend kannte sie die »Nachfolge Christi« des Thomas von Kempen, eines Mönches vom Niederrhein, der am Ausgang des Mittelalters diesen Klassiker zum Trost und zur Erbauung schrieb. Nicht um intellektuelle Anstrengungen geht es, sondern um die Lektionen einfacher Frömmigkeit: »Denn die Stunde des Trostes ist bald vorüber, und es kommt wieder eine Stunde der Versuchung hintennach. Und wenn die Tröstung vorüber ist, so mußt du den Mut nicht sinken lassen, sondern in Demut und Geduld warten können, bis das Licht des Himmels dir wieder leuchtet; denn Gott ist mächtig genug, dir neuen Trost zu schicken, und zwar noch reicher als zuvor.« Das Exemplar, das Annette von Droste-Hülshoff auf der Meersburg benutzte, zeigte die Spuren häufigen Gebrauchs.

Das andere Buch hatte Joseph von Laßberg seiner Schwägerin zum Weihnachtsfest 1840 geschenkt und in Erwartung ihres Besuches auf der Meersburg zurückbehalten. Die Droste bittet ihre Schwester im Juli 1841, ihren Mann herzlich zu grüßen, *und sage ihm wie sehr ich mich freue auf den prächtigen »CHRISTIANUS VERIDICUS« ... denn er ist eigentlich mein Ideal von einem Buche ...* Das Prachtexemplar war 1606 in der berühmten Druckerei Plantin in Antwerpen erschienen, geschrieben hatte es der Jesuit Johannes David. In 99 Kapiteln breitet David – auf Latein, Französisch und Niederländisch im Stil eines Katechismus – ein barockes Panorama über Leben und Sterben des »wahren Christen« aus. Der Autor hat ein gebildetes Publikum vor Augen, Plutarch oder Cicero werden ebenso geläufig zitiert wie die Kirchenväter. Die meisterlichen Kupferstiche des Buches sind erfüllt von Teufeln und Dämonen, von verwesten Leibern und Höllenflammen und von standhaften christlichen Streitern. Die Ängste, die Laster und die Tugenden haben ihren Ort und ihre Verkörperung. Als treue Tochter der katholischen Kirche hat Annette von Droste-Hülshoff den Glauben an Hölle, Teufel und Fegefeuer nicht aufgegeben. Sie war überzeugt, am Ende aller Tage beim Jüngsten Gericht für ihre Taten wie für jedes ihrer Worte Rechenschaft geben zu müssen. Im 32. Kapitel vom »Christianus Veridicus« jedoch konnte sie finden, was sie tröstete: »Summa est legis: AMA!« Liebe, denn das ist der Kern des – göttlichen – Gesetzes.

Aus dem Rüschhaus schreibt Therese von Droste-Hülshoff Anfang Mai 1848 an »Meine liebe Nette«: »... so freut es mich doppelt dir Liebes Kind! nur gute Nachrichten mittheilen zu können, ... die Menschen um uns her sind ganz sittig und ruhig ...« Bei den Verwandten im Paderborner Land seien zwar Abordnungen der Bauern erschienen, aber ohne jede Gewalttätigkeit abgezogen. Sie hofft, im Herbst wieder nach Meersburg zu kommen, »vielleicht haben wir gegendem Ruhe«. Umgekehrt erfährt die Mutter von ihrem Schwiegersohn, daß »Nette ... jetzt recht gesund aussieht und eine lebhafte Gesichtsfarbe gewonnen hat«. Der Mai 1848 ist ein warmer Monat. Am 19. macht Annette von Droste-Hülshoff sich auf der Terrasse vor ihrem Turmzimmer Bewegung und zählt 6000 Schritte. Gemeinsam mit ihrer Schwester singt sie ein Lied. Am nächsten Tag bleibt sie wegen großer Müdigkeit auf ihrem Zimmer. Am 22. läßt die Droste noch in der Nacht wegen Blutspeien den Doktor rufen. Als sie den Tag über weiterhin leicht Blut hustet, erklärt sie dem Arzt, daß sie die Sterbesakramente – die Tröstungen ihrer Kirche – empfangen möchte. Der jedoch rät ab, weil das die Kranke zu sehr aufregen würde und er keine Gefahr für ihr Leben sieht. Die beiden folgenden Nächte sind ruhig. Die Droste muß auch tagsüber liegen, kann aber wieder essen.

Am Vormittag des 24. hat sie seit Wochen erstmals weniger Beklemmungen auf der Brust. Jenny von Laßberg leistet ihr Gesellschaft und malt. Der Arzt kommt gegen elf Uhr und ist mit seiner Patientin zufrieden. Während die Familie mit dem Doktor im weit entfernten Eßzimmer zu Tische sitzt, ißt die Droste gegen 14 Uhr mit großem Appetit eine Mehlspeise, die ihr eine der Nichten gebracht hat. Als gleich danach sich wieder Bluthusten bemerkbar macht, läßt sie durch die Nichte den Arzt rufen. Während der sich mit Jenny von Laßberg auf den Weg ins Krankenzimmer macht, ist Annette von Droste-Hülshoff im Alter von 51 Jahren am 24. Mai 1848 gegen halb drei Uhr allein in ihrem Turmzimmer auf der Meersburg gestorben. Ob es das schwache Herz war oder eine Lungenembolie – ist das von Bedeutung? Der letzte Tag war ein schöner Tag voller Sonne. Ebenso der 26. Mai, als die Droste um vier Uhr nachmittags auf dem Meersburger Friedhof zu Grabe getragen wurde.

Im Januar 1846 hatte Annette von Droste-Hülshoff an ihre Tante Sophie von Haxthausen geschrieben: *Den Denkzettel für den lieben seligen Onkel habe ich gestern geschrieben ... Ich habe den Zeddel nur kurz gemacht, die langen schwülstigen waren mir immer unerträglich.* Der Totenzettel enthält einen biographischen Aufriß und ein Gebet. Worum die Droste Gott für ihren Onkel Fritz bittet, das zeugt von ihrer eigenen religiösen Hoffnung im Angesicht des Todes: *Herr, Gott, der Du die Seele Deines Dieners ... geschaffen hast, und sie immer kanntest in ihren tiefsten Falten, wohin kein menschliches Auge reicht; siehe gnädig auf ihre Schwächen, gedenke deiner trostreichen Verheißungen, und führe sie ein in die Gemeinschaft Deiner Heiligen, durch die Fürbitte der allerseligsten Jungfrau und Mutter Maria, und die Verdienste ihres allerheiligsten Sohnes, unsers Erlösers und Seligmachers Jesu Christi. Amen.*

Im Spannungsbogen ihres Lebens mit seinen vielfältigen Widersprüchen und markanten Konstanten liegen Größe und Geheimnis der Annette von Droste-Hülshoff. Er umschließt das fromme Totengebet ebenso wie das grenzenlose Gedicht »Im Grase«, irgendwann zwischen Juni und Oktober 1844 aufgeschrieben:

> *Süße Ruh', süßer Taumel im Gras,*
> *Von des Krautes Arom umhaucht,*
> *Tiefe Flut, tief, tief trunkne Flut,*
> *Wenn die Wolk' am Azure verraucht,*
> *Wenn aufs müde schwimmende Haupt*
> *Süßes Lachen gaukelt herab,*
> *Liebe Stimme säuselt und träuft*
>
> *Wie die Lindenblüt' auf ein Grab.*
> *Wenn im Busen die Toten dann*
> *Jede Leiche sich streckt und regt,*
> *Leise, leise den Odem zieht,*
> *Die geschloßne Wimper bewegt,*
> *Tote Lieb', tote Lust, tote Zeit,*
> *All die Schätze, im Schutt verwühlt,*
> *Sich berühren mit schüchternem Klang*
> *Gleich den Glöckchen, vom Winde umspielt.*
>
> *Stunden, flücht'ger ihr als der Kuß*
> *Eines Strahls auf den trauernden See,*
> *Als des zieh'nden Vogels Lied,*
> *Das mir niederperlt aus der Höh',*
> *Als des schillernden Käfers Blitz*
> *Wenn den Sonnenpfad er durcheilt,*
> *Als der flücht'ge Druck einer Hand,*
> *Die zum letzten Male verweilt.*
>
> *Dennoch, Himmel, immer mir nur*
> *Dieses Eine nur: für das Lied*
> *Jedes freien Vogels im Blau*

Eine Seele, die mit ihm zieht,
Nur für jeden kärglichen Strahl
Meinen farbig schillernden Saum,
Jeder warmen Hand meinen Druck
Und für jedes Glück meinen Traum.

Zeittafel

1797	12. Januar (nach abweichenden Angaben der 10. oder 14.) Geburt von Anna Elisabeth – »Annette« – Franzisca Adolphine Wilhelmine Louise Maria von Droste-Hülshoff auf der Wasserburg Hülshoff westlich von Münster; die Eltern: Clemens August Freiherr Droste zu Hülshoff und Therese von Droste-Hülshoff, geb. Freiin von Haxthausen; die Geschwister: Jenny (1795–1859), Werner Konstantin (1798–1867) und Ferdinand (1800–1829).
1802	Erster Unterricht der beiden Töchter durch die Mutter; Ende des Fürstbistums Münster, Westfalen fällt an Preußen.
1804	»Komm Liebes Hähnchen ...« und andere Kindergedichte.
1805	Fürstin Amalie von Gallitzin und Bernhard Overberg, der geistliche Vertraute der Mutter, auf Hülshoff; erster Besuch bei den Großeltern mütterlicherseits im ostwestfälischen Bökendorf, Stammsitz der Familie von Haxthausen; Erwähnung von Erkrankungen in Jennys Tagebuch.
1806	Französische Besatzungssoldaten in Münster.
1807	Teilnahme am Unterricht der Brüder; weitere Gedichte.
1808–09	»Der Abend«, »Abendgefühl«, »Lied eines Soldaten in der Ferne«, »Freundlicher Morgen ...«, angeregt vom Soldatentod des Onkels Friedrich Wilhelm von Haxthausen; starke Kopfschmerzen.
1810	Besuch von Opern und Komödien in Münster.
1812	Erste Kompositionsversuche. Durch die Mutter Kontakt zu Anton Mathias Sprickmann (1749–1833), Universitätsprofessor in Münster und Literaturkenner; Besuche, Briefwechsel.
1813	»Bertha oder die Alpen. Trauerspiel in drei Aufzügen«, unvollendet; Besuch in Bökendorf, Mittelpunkt eines Kreises junger Literaten; Begegnung mit Wilhelm Grimm.
1816–18	»Unruhe«, »Scenen aus Hülshoff«, »Walther«, erstes abgeschlossenes größeres Werk; Besuch in Bökendorf, erste Begegnung mit dem Studenten Heinrich Straube; Augenkrankheit.
1819	Ostern Besuch Straubes in Hülshoff. Reise nach Bökendorf, Kur in Bad Driburg, Straube in Bökendorf; »geistliche Lieder« für die Großmutter.
1820	Ostern mit Straube in Bökendorf, intensive Beziehung; Intrige der jungen Verwandten von Haxthausen, um Annette von Droste-Hülshoff zu demütigen; Rückkehr nach Hülshoff; Selbstanklagen, tiefe Glaubenszweifel; erster Teil von »Geistliches Jahr« beendet; Romanversuch »Ledwina«, unvollendet; Anfang der 1820er Jahre Opernversuche »Babylon«, »Der blaue Cherub«.
1824/25	Reise ins Sauerland und nach Bonn und Köln.

1826	Heirat von Bruder Werner; Tod des Vaters. Umzug mit der Mutter und der Schwester Jenny ins nahegelegene Rüschhaus.
1829	Pflege des Bruders Ferdinand; nach dessen Tod schwere Erkrankung; Beginn der homöopathischen Behandlung durch Clemens Maria von Bönninghausen, Besserung.
1830/31	Reise nach Bonn zu Verwandten; Notizen zu »Die Judenbuche«.
1833	»Das Hospiz auf dem Großen St. Bernhard«.
1834	»Des Arztes Tod«, »Des Arztes Vermächtnis«; Kontakt zum erblindeten Christoph Bernhard Schlüter (1801–1884), Dozent für Philosophie in Münster, Mittelpunkt eines religiös-literarisch geprägten Kreises. Reise in die Niederlande; Schwester Jenny heiratet Joseph von Laßberg und zieht nach Eppishausen/Schweiz.
1835	Mit der Mutter nach Eppishausen; »Am Weiher«, »Die rechte Stunde«.
1836	Abreise von Eppishausen nach Bonn, ohne die Mutter.
1837	Erster Besuch seit 1820 in Bökendorf und dem Familiensitz Abbenburg.
1838	»Gedichte von Annette Elisabeth v. D...H...« bei der Aschendorffschen Verlagsbuchhandlung Münster. Teilnahme am literarischen Salon der Freundin Elise Rüdiger in Münster, ständiger Gast Levin Schücking.
1839	Ab November wöchentliche Besuche Schückings im Rüschhaus bis zum September 1841, intensiver Briefwechsel.
1840	Reise der Mutter zur Meersburg am Bodensee, inzwischen Wohnsitz der Familie von Jenny von Laßberg. Anonyme Mitarbeit am Schücking-Band »Das malerische und romantische Westphalen«, u. a. »Das Fräulein von Rodenschild«, »Der Tod des Erzbischofs von Köln«.
1841	Arbeit an »Bei uns zu Lande«; Abschluß von »Die Judenbuche«. Allein nach Meersburg; kurz darauf Schückings Ankunft, um die Bibliothek zu ordnen; tägliches Zusammensein mit Schücking, lange Spaziergänge, Besuche im »Glaserhäuschen«; Winter 1841/42 zahlreiche Gedichte: »Am Turme«, »Die Bank«, »Die Taxuswand«, »Die Schwestern«, »Mein Beruf«, »Im Moose«, »O frage nicht«, »Abschied von der Jugend«, »Das Spiegelbild«.
1842	»Der Knabe im Moor« im »Morgenblatt«, Abdruck weiterer Gedichte durch Schückings Vermittlung: »Das Hirtenfeuer«, »Der Hünenstein«, »Der Weiher«, »Die Mergelgrube«, »Die Krähen«; Schückings Abreise von Meersburg; Abdruck der »Judenbuche« im »Morgenblatt«; Briefwechsel mit Schücking; Rückkehr ins Rüschhaus; weitere Gedichte.
1843	Gedichte in Anthologien; schwere Erkrankung; »Die Verbannten«, »Der Prediger«. Mit der Mutter an den Bodensee: Heirat von Levin Schücking und Luise von Gall; Ersteigerung des »Fürstenhäuschens« in Weinbergen oberhalb der Meersburg.
1844	Vertrag Schückings im Namen der Droste mit dem Cotta-Verlag über einen Gedichtband; »Mondesaufgang«, »Gemüth«, »Doppeltgänger«;

Schücking mit seiner Frau in Meersburg, Entfremdung; »Lebt wohl«, »Golems«, »Grüße«. »Gedichte von Annette Freiin von Droste-Hülshof, Stuttgart und Tübingen, J. G. Cotta'scher Verlag 1844«. »Im Grase«; positive Besprechung der »Gedichte« in der »Augsburger Allgemeinen«.

1845 »Das Bild«, »Das erste Gedicht«, »Das Wort«; Reise nach Abbenburg zur Krankenpflege; »Gastrecht«, »Gethsemane«, »Abschiede«, »Auch ein Beruf«; schwere Erkrankung. Abdruck von Gedichten in der »Kölnischen Zeitung«, wo Schücking Feuilletonchef ist; Werner von Droste-Hülshoff empfiehlt seiner Schwester Abbruch der Kontakte zur »Kölnischen Zeitung«.

1846 Gedichte in Anthologien, u. a. »Der Knabe im Moor«; Lektüre von Schückings »Die Ritterbürtigen«, Abbruch der Beziehung. Brief an den Verlag der »Kölnischen Zeitung«, keine Gedichte mehr zu liefern. Bettlägerig im Rüschhaus, Umzug nach Hülshoff, dann Weiterreise zur Meersburg. Besserung, Spaziergänge in die Weinberge; Abschlußarbeiten am »Geistlichen Jahr«.

1847 Gedichte in Anthologien. Spaziergänge, Besuch auf Schloß Hersberg; »Auf hohem Felsen lieg ich hier«. Rückkehr der Mutter ins Rüschhaus; Weihnachtsfeier mit Familie der Schwester.

1848 Gesundheitliche Besserung; Ausbruch der Revolution in Paris, Unruhen in Deutschland, Revolution in Berlin; erneute Erkrankung, 22. Mai nächtliches Blutspeien, 24. Mai mittags plötzlicher Tod, 26. Mai Beerdigung auf dem Friedhof oberhalb von Meersburg.

Literaturhinweise

Alle Zitate der Droste – ob aus Gedichten, Prosa, Briefen, Listen – sind kursiv gesetzt und stammen aus der »Historisch-kritischen Ausgabe«, die W. Woesler mit einem fachkundigen Team herausgibt. Die in lateinischer Schrift geschriebenen Wörter erscheinen im Druck als Kapitälchen. Unterstreichungen der Droste sind in den kursiven Zitaten gerade gesetzt. Ohne die bisherigen 22 Bände der kritischen Ausgabe ist diese Biographie undenkbar, gleiches gilt für die »Dichterchronik« von W. Gödden. Zentrum der quellenkritischen Arbeit ist die Droste-Forschungsstelle in Münster, die enge Kontakte zur A. v. Droste-Gesellschaft im Rüschhaus unterhält.

Person und Werk in weitem Umkreis

A. von Droste-Hülshoff. Historisch-kritische Ausgabe. Werke, Briefwechsel, hg. von W. Woesler, Tübingen 1978 ff.

A. von Droste-Hülshoff. Sämtliche Werke in zwei Bänden, hg. von B. Plachta und W. Woesler, Frankfurt/M. 1994

A. von Droste-Hülshoff. Sämtliche Briefe, TB-ND der Hist.-krit. Ausgabe, München 1996

A. v. Droste-Hülshoff: Berta. Ledwina, hg. von U. Naumann, Berlin 1991

J. L. Adams: Werner von Haxthausen. Political Romanticism and Restoration Germany 1815–1842, Cambridge/Mass. 1971

P. Berglar: Annette von Droste-Hülshoff in Selbstzeugnissen und Bilddokumenten, Reinbek 1967

D. Borchmeyer (Hg.): Des Grauens Süße. Annette von Droste-Hülshoff – Ein Lesebuch, München 1997

A. Brall: Vergangenheit und Vergänglichkeit. Zur Zeiterfahrung und Zeitdeutung im Werk Annettes von Droste-Hülshoff, Marburg 1975

A. Brandes: Adele Schopenhauer in den geistigen Beziehungen zu ihrer Zeit, Frankfurt/M. 1930

Droste Jahrbuch 1, 2, 3, (1986, 1990, 1997)

I. Ferchl: Annette von Droste-Hülshoff am Bodensee: »Die zweite Hälfte meiner Heimat...«, Tübingen 1998

F. Freiligrath, L. Schücking: Das malerische und romantische Westphalen, Barmen 1841

F. Freiligrath: Dichtung und Dichter. Eine Anthologie, Dessau 1854

W. Freund: Die Literatur Westfalens. Von ihren Anfängen bis zur Gegenwart, Paderborn 1993

ders.: Annette von Droste-Hülshoff – Was bleibt, Stuttgart 1997
ders.: Annette von Droste-Hülshoff, München 1998
U. Gaier (Bearbeiter): Annette von Droste-Hülshoff und ihre literarische Welt am Bodensee, Marbacher Magazin 66/1993
ders.: Annette und das Geld, Konstanz 1993
H. Galen (Hg.): Annette von Droste-Hülshoff. Zwischen Fügsamkeit und Selbstverwirklichung, Münster 1997
A. Gebhardt: Die Zeit der Droste: Westfalen im Biedermeier, Münster 1997
W. Gödden: Annette von Droste-Hülshoff auf Schloß Meersburg, Meersburg 1993
ders.: Annette von Droste-Hülshoff. Leben und Werk. Eine Dichterchronik, Bern 1994
ders.: Der Schwärmer. Die verschollene Lebensgeschichte des westfälischen Sturm-und-Drang-Dichters Anton Mathias Sprickmann, Paderborn 1994
ders.: Die andere Annette. Annette von Droste-Hülshoff als Briefschreiberin, Paderborn 1996
ders.: Tag für Tag im Leben der Annette von Droste-Hülshoff. Daten-Texte-Dokumente, Paderborn 1996
ders.: Sehnsucht in die Ferne. Annette von Droste-Hülshoffs Reisen durch die Biedermeierzeit, Düsseldorf 1997
ders., J. Grywatsch: Annette von Droste-Hülshoff unterwegs. Auf den Spuren der Dichterin durch Westfalen, Münster 1996
dies. (Hg.): »Ich, Feder, Tinte und Papier«. Ein Blick in die Schreibwerkstatt der Annette von Droste-Hülshoff, Paderborn 1997
W. Gössmann: Annette von Droste-Hülshoff: Ich und Spiegelbild, Düsseldorf 1985
ders.: Heine und die Droste. Eine literarische Zeitgenossenschaft, Düsseldorf 1996
J. Hagemann: Levin Schücking. Der Dichter und sein Werk, Emsdetten 1959
H. Heinz: Die schuldverscheuchte Unterwelt. Zu Annette von Droste-Hülshoffs Geistlichem Jahr 1, Essen 1986
C. Heselhaus: Annette von Droste-Hülshoff. Werk und Leben, Düsseldorf 1971
H. H. Houben (Hg.): Adele Schopenhauer – Tagebuch einer Einsamen, Leipzig 1921
ders.: Die Rheingräfin. Das Leben der Kölnerin Sibylle Mertens-Schaaffhausen, Essen 1935
ders., H. Wahl (Hg.): Adele Schopenhauer. Gedichte und Scherenschnitte, 2 Bde., Leipzig 1920
H. Hüffer: Annette von Droste-Hülshoff und ihre Werke, 3. Ausg., bearbeitet von H. Cardauns, Gotha 1911
D. Iehl: Le Monde Religieux et Poétique d'Annette von Droste-Hülshoff, Paris 1967
I. Kessel: Zauberwelt im eigenen Kopf. Das Leben der Dichterin Annette von Droste-Hülshoff, Berlin 1996

A. Klein: Werner von Haxthausen (1780–1842) und sein Freundeskreis am Rhein, Annalen des historischen Vereins für den Niederrhein, insbesondere das alte Erzbistum Köln, 1954

Kleine Beiträge zur Droste Forschung (1971, 1973, 1975, 1977, 1982)

B. Kortländer: Annette von Droste-Hülshoff und die deutsche Literatur, Münster 1979

F. Kottwitz: Clemens Maria Franz von Bönninghausen (1785–1864), Berlin 1983

H. Kraft: »Mein Indien liegt in Rüschhaus«, Münster 1987

ders.: Annette von Droste-Hülshoff, Reinbek 1994

ders.: Annette von Droste-Hülshoff. Ein Gesellschaftsbild, Münster 1996

W. Kreiten: Anna Elisabeth Freiin von Droste-Hülshoff, Ein Charakterbild als Einleitung in ihre Werke, Paderborn 2. Aufl., 1900

R. A. Krewerth (Hg.): Annette von Droste-Hülshoff 1797–1848: Wie sie lebte. Wie sie war. Was sie schrieb, Münster 1990

M. Lavater-Sloman: Einsamkeit. Das Leben der Annette von Droste-Hülshoff, Zürich 1950

P. v. Matt: Verkommene Söhne, missratene Töchter. Familiendesaster in der Literatur, München 1995

D. Maurer: Annette von Droste-Hülshoff. Ein Leben zwischen Auflehnung und Gehorsam, Bonn 1982

K. Möllenbrock: Die religiöse Lyrik der Droste und die Theologie der Zeit, Berlin 1935

R. C. Muschler (Hg.): Briefe von Levin Schücking und Louise Gall, Leipzig 1928

U. Naumann (Hg.): »Mein lieb lieb Lies!«. Die Briefe der Annette von Droste-Hülshoff an Elise Rüdiger, Frankfurt/M. 1992

J. Nettesheim: Wilhelm Junkmann und Annette von Droste-Hülshoff, Münster 1964

dies.: Die geistige Welt der Dichterin Annette Droste zu Hülshoff, Münster 1967

dies.: Annette Droste zu Hülshoff – Naturwissenschaftliches Lexikon – Lyrik und Epik, Münster 1973

dies.: Christoph Bernhard Schlüter. Eine Gestalt des deutschen Biedermeier, Berlin 1960

O. Niethammer, C. Belemann (Hg.): Ein Gitter aus Musik und Sprache. Feministische Analysen zu Annette von Droste Hülshoff, Paderborn 1993

K. Pinthus: Die Romane Levin Schückings, Leipzig 1911

B. Plachta: »1000 Schritte von meinem Canapee ...«. Der Aufbruch Annette von Droste-Hülshoffs in die Literatur, Bielefeld 1995

ders. (Hg.): Annette von Droste-Hülshoff (1797–1848) – »aber nach hundert Jahren möcht ich gelesen werden«, Wiesbaden 1997

A. Raub (Hg.): Annette von Droste-Hülshoff und ihr Kreis, Münster 1991

W. Rink: Annette von Droste-Hülshoff. Ein Leben neben der Zeit, Nürnberg 1948

M. Salmen: Das Autorbewußtsein Annette von Droste-Hülshoffs, Frankfurt/M. 1985

O. Scheiwiller: Annette von Droste-Hülshoff in der Schweiz, Einsiedeln o. J.

M. Schier: Levin Schücking, Münster 1988

ders.: Levin Schücking, Westfälischer Schriftsteller zwischen Tradition und Emanzipation, Literatur in Westfalen, Bd. 1, Paderborn 1992

R. Schneider: Annette von Droste-Hülshoff, 2. vollst. neu bearbeitete Aufl., Stuttgart 1995

L. Schücking: Die Ritterbürtigen, 2 Bde., 2. Aufl., 1864

ders.: Gedichte, Stuttgart 1846

ders.: Annette von Droste. Ein Lebensbild, Hannover 1862

ders.: Lebenserinnerungen, 2 Bde., Breslau 1886

K. Schulte Kemminghausen: Briefwechsel zwischen Jenny von Droste-Hülshoff und Wilhelm Grimm, Münster 1929

ders.: Annette im Rüschhaus, Münster 1951

ders.: Am Zwinger zeichnet die Mylady. Annette als Zeichnerin, Münster 1953

ders.: Heinrich Straube. Ein Freund der Droste, Münster 1958

ders.,W. Woesler: Annette von Droste-Hülshoff, 4., völlig veränd. Aufl., München 1981

F. Sengle: Biedermeierzeit. Deutsche Literatur im Spannungsfeld zwischen Restauration und Revolution 1815–1848, 3 Bde., Stuttgart 1971–1980

G. Sichelschmidt: Allein mit meinem Zauberwort. Annette von Droste-Hülshoff, Düsseldorf 1990

E. Staiger: Annette von Droste-Hülshoff, Frauenfeld 1933

R. Weber: Westfälisches Volkstum in Leben und Werk der Dichterin Annette von Droste-Hülshoff, Münster 1966

A. Weldemann: Die religiöse Lyrik des deutschen Katholizismus in der ersten Hälfte des 19. Jahrhunderts, unter besonderer Berücksichtigung Annettens von Droste, Leipzig 1911

M. Wilfert: Die Mutter der Droste. Eine literarhistorische und psychologische Untersuchung im Hinblick auf die Dichterin, Münster 1942

W. Woesler: Religiöses und dichterisches Selbstverständnis im »Geistlichen Jahr« der Annette von Droste-Hülshoff, Westfalen 49. Bd., Heft 1–4 Münster 1971

ders. (Hg.): Modellfall Rezeptionsforschung. Droste-Rezeption im 19. Jahrhundert: Dokumentation, Analysen, Bibliographie, in Zusammenarbeit mit A. Haverbusch, L. Jordan, 3 Bde., Frankfurt/M. 1980

Literatur

J.-Ch. v. Forster: Phantasie, Phrasen und Fanatismus im Vormärz. Eine historische Untersuchung von Leben und Werk der Dichter Ferdinand Freiligrath und Georg Hergwegh im Spiegel der Literatur, Nürnberg 1978

C. Gibson: Lenau. Leben – Werk – Wirkung, Heidelberg 1989

W. Gödden: Das vergebliche Wirken des Zeitschriftenherausgebers, Anthologisten und Dichters Friedrich Raßmann (1772–1831), Literatur in Westfalen, Bd. 1, Paderborn 1992

ders., I. Nölle-Hornkamp: Empfindsames Westfalen. Frühe Spuren englischer Dichtung in der westfälischen Literatur, Westfälische Forschungen Bd. 44, Münster 1994

H. A. Glaser (Hg.): Deutsche Literatur. Eine Sozialgeschichte, Bd. 6, Reinbek 1980

N. Goussone (Hg.): Joseph von Eichendorff und Westfalen, Münster 1990

R. Grimm, J. Hermand (Hg.): Natur und Natürlichkeit. Stationen des Grünen in der deutschen Literatur, Königstein/Ts. 1981

K. Gutzkow: Wally, die Zweiflerin, Originalausgabe 1835, ND Göttingen 1965

J. Hermand, M. Windfuhr (Hg.): Zur Literatur der Restaurationsepoche 1815–1848, Stuttgart 1970

G. Jäger, A. Martino, R. Wittmann (Hg.): Die Leihbibliothek der Goethezeit, Hildesheim 1979

J. A. Kruse, B. Kortländer (Hg.): Das Junge Deutschland, Hamburg 1987

G. Mieth: Literarische Kultur und gesellschaftliches Leben in Deutschland: Vom Beginn der großen Französischen Revolution bis zum Ende des alten deutschen Reiches 1789–1806, Berlin 1988

A. Müllner: Die Schuld, Leipzig 1816

R. Schenda: Die Lesestoffe der kleinen Leute, München 1976

Frauen

M. F. Anneke: Mutterland. Memoiren einer Frau aus dem badisch-pfälzischen Feldzuge 1848/49, Münster 1982

U. A. J. Becher, J. Rüsen (Hg.): Weiblichkeit in geschichtlicher Perspektive, Frankfurt/M. 1988

B. Becker-Cantarino (Hg.): Der lange Weg zur Mündigkeit. Frauen und Literatur in Deutschland von 1500 bis 1800, München 1989

M. W. Blochmann: »Laß dich gelüsten nach der Männer Weisheit und Bildung«. Frauenbildung als Emanzipationsgelüste 1800–1918, Pfaffenweiler 1990

R.-E. Boetcher Joeres, M. Burkhard (Hg.): Out of Line/Ausgefallen: The Paradox of Marginality in the Writings of Nineteenth-Century German Women, Amsterdamer Beiträge zur Neueren Germanistik, Bd. 28, Amsterdam 1989

J. Bubenick-Bauer, U. Schalz-Laurenzen (Hg.): Frauen in der Aufklärung –
»... ihr werten Frauenzimmer, auf!«, Frankfurt/M. 1995
Ch. Bürger: Leben Schreiben. Die Klassik, die Romantik und der Ort der Frauen,
Stuttgart 1990
M. Dierks (Hg.): »... denn sie ist ganz natürlich«. Louise von Gall: Ein Beitrag zur
Mentalitätsgeschichte, Darmstadt 1966
A. v. Dülmen (Hg.): Frauenleben im 18. Jahrhundert, München 1992
L. Faderman: Köstlicher als die Liebe der Männer. Romantische Freundschaft und
Liebe zwischen Frauen von der Renaissance bis heute, Zürich 1990
H. Gallas, M. Heuser (Hg.): Untersuchungen zum Roman von Frauen um 1800,
Tübingen 1990
A. Gnüg, R. Möhrmann (Hg.): Frauen – Literatur – Geschichte. Schreibende
Frauen vom Mittelalter bis zur Gegenwart, Stuttgart 1985
I. Götz v. Olenhusen (Hg.): Wunderbare Erscheinungen. Frauen und katholische
Frömmigkeit im 19. und 20. Jahrhundert, Paderborn 1995
F. Hoffmann: Instrument und Körper. Die musizierende Frau in der bürgerlichen
Kultur, Frankfurt/M. 1991
M.-C. Hoock-Demarle: Die Frauen der Goethezeit, München 1990
L. Lütkehaus: Die Schopenhauers. Der Familien-Briefwechsel von Adele, Arthur,
Heinrich Floris und Johanna Schopenhauer, Zürich 1991
O. Niethammer: Damen, Waschweiber und Vogelscheuchen. Zur Rezeption westfälischer Schriftstellerinnen im 19. Jahrhundert, Literatur in Westfalen Bd. 1, Paderborn 1992
M. Wagner: Mathilde Franziska Anneke. Ein Lebensbild, Literatur in Westfalen
Bd. 1, Paderborn 1992
S. Weber-Will: Die rechtliche Stellung der Frau im Privatrecht des Preußischen
Allgemeinen Landrechts von 1794, Frankfurt/M. 1983

Religion

F. Darup: Anleitung zur sonn- und feiertägigen Hausandacht. Erbauungsbuch für
katholische Christen, 2 Bde., Münster 1820/21
ders.: Unterhaltungen mit Gott. Ein Gebeth- und Erbauungsbuch für katholische
Christen, Münster 10. Aufl. 1836
J. David: Veridicus Christianus, Antwerpen 1602
G. Denzler (Hg.): Kirche und Staat auf Distanz. Historische und aktuelle Perspektiven, München 1977
M. v. Diepenbrock (Hg.): Geistlicher Blumenstrauß aus christlichen Dichter-Gärten den Freunden heiliger Poesie dargeboten, Sulzbach 3. Aufl. 1854
J. Ch. Elias: Kern aller Gebether oder andächtiges Gebethbuch welches enthält
Morgens-, Abends-, Messe-, Beicht- und Kommuniongebether, Münster 1813

W. Freitag: Volks- und Elitenfrömmigkeit in der Frühen Neuzeit. Marienwallfahrten im Fürstbistum Münster, Paderborn 1991

K. Gabriel, F.-X. Kaufmann (Hg.): Zur Soziologie des Katholizismus, Mainz 1980

A.-Th. Grabkowsky: Benediktiner, Augustiner-Chorfrauen und adlige Damen in Hohenholte. Die Geschichte des Klosters und Stifts vom 12. bis zum 19. Jahrhundert, Westfälische Zeitschrift, Bd. 139, Paderborn 1989

M. Greschat: Das Zeitalter der Industriellen Revolution. Das Christentum vor der Moderne, Stuttgart 1980

R. Haas (Hg.): Ecclesia Monasteriensis. FS A. Schröer, Münster 1992

E. Hegel: Die katholische Kirche Deutschlands unter dem Einfluß der Aufklärung des 18. Jahrhunderts, Opladen 1975

ders.: Ecclesiastica Rhenana. Aufsätze zur rheinischen Kirchengeschichte, Bonn 1986

ders., R. Stupperich, B. Brilling: Kirchen und Religionsgemeinschaften in der Provinz Westfalen, Münster 1978

Himmlischer Wegweiser, oder Andächtiges katholisches Gebeth-Büchlein, Münster 1850

F. Keinemann: Das Kölner Ereignis, sein Widerhall in der Rheinprovinz und in Westfalen, 1. Teil, Münster 1974

H. D. Kittsteiner: Die Entstehung des modernen Gewissens, Frankfurt/M. 1991

H. Klueting: Die Säkularisation im Herzogtum Westfalen 1802–1834, Köln 1980

ders. (Hg.): Katholische Aufklärung – Aufklärung im katholischen Deutschland, Hamburg 1993

A. Langner (Hg.): Katholizismus, nationaler Gedanke und Europa seit 1800, Paderborn 1985

H. Lehmann (Hg.): Säkularisierung, Dechristianisierung, Rechristianisierung im neuzeitlichen Europa. Bilanz und Perspektiven der Forschung, Göttingen 1997

W. Lipgens: Ferdinand August Graf Spiegel und das Verhältnis von Kirche und Staat 1789–1835, Bd. 1, Münster 1965

Th. Mergel: Zwischen Klasse und Konfession. Katholisches Bürgertum im Rheinland 1798–1914, Göttingen 1994

O. Mochti: Das Wesen der Sünde. Kontinuität und Wandel im Verständnis von Sünde bei den Moraltheologen des deutschen Sprachraums in der ersten Hälfte des 19. Jahrhunderts, Regensburg 1981

M. Mückshoff: Predigt und Prediger auf der Cathedra Paulina. Eine Studie zum Predigtwesen im Dom zu Münster, Münster 1985

E. Mühlhaupt: Rheinische Kirchengeschichte, Düsseldorf 1970

H. L. Nadermann: Am Grabe meines Erlösers, neue vermehrte Auflage Münster 1815

ders.: Opfer vor Gott in Gesängen und Gebeten. Für Katholiken, Münster 2. Aufl. 1826

K. Nowak: Geschichte des Christentums in Deutschland. Religion, Politik und

Gesellschaft vom Ende der Aufklärung bis zur Mitte des 20. Jahrhunderts, München 1995
J. Osinski: Katholizismus und deutsche Literatur im 19. Jahrhundert, Paderborn 1993
B. Overberg: Christkatholisches Religions-Handbuch, Münster 1806
A. Rauscher (Hg.): Religiös-kulturelle Bewegung im deutschen Katholizismus seit 1800, Paderborn 1980
ders. (Hg.): Katholizismus, Bildung und Wissenschaft im 19. und 20. Jahrhundert, Paderborn 1987
W. Schieder (Hg.): Religion und Gesellschaft im 19. Jahrhundert, Stuttgart 1993
R. Schlögl: Glaube und Religion in der Säkularisierung. Die katholische Stadt – Köln, München, Münster 1700–1840, München 1995
Thomas a Kempis: Nachfolge Christi, nach der Übersetzung von J. M. Sailer, Kempen 1947
E. Trunz (Hg.): Goethe und der Kreis von Münster, Münster 1971
F. Vigener: Drei Gestalten aus dem modernen Katholizismus: Möller/Diepenbrock/Döllinger, München 1926

Medizin, Naturgeschichte

O. Breidbach: Das Organische in Hegels Denken. Studie zur Naturphilosophie und Biologie um 1800, Würzburg 1982
C. G. Carus: Psyche. Zur Entwicklungsgeschichte der Seele, Darmstadt 1964, ND von 1860
E. S. Fries (Hg.): Bönninghausen's Therapeutisches Taschenbuch für homöopathische Ärzte, Leipzig 1897
W. Lepenies: Das Ende der Naturgeschichte, München 1976
E. Seidler, H. Schott (Hg.): Bausteine zur Medizingeschichte, Stuttgart 1984
E. Shorter: Moderne Leiden. Zur Geschichte der psychosomatischen Krankheiten, Reinbek 1994

Münster, Westfalen, Paderborner Land

H. H. Blotevogel: Zentrale Orte und Raumbeziehungen in Westfalen vor der Industrialisierung, Münster 1975
R. Brockpähler: Opernaufführungen im münsterischen Komödienhaus (1775–1890), Westfalen, 44. Bd., Heft 1–4, Münster 1966
K. Düwell, W. Köllmann (Hg.): Rheinland-Westfalen im Industriezeitalter, Bd. 1, Wuppertal 1983
B. Fischer: Münster und das Münsterland. Geschichte und Kultur, Köln 1982

W. Gödden, I. Nölle-Hornkamp: Dichter, Stätten, Literatouren, Münster 1992
G. U. Großmann: Östliches Westfalen. Kunst und Kultur zwischen Soest und Paderborn, Minden und Warburg, Köln 1983
J. Gruner: Meine Wallfahrt zur Ruhe und Hoffnung oder Schilderung des sittlichen und bürgerlichen Zustandes Westphalens am Ende des 18. Jahrhunderts, 2 Bde., Frankfurt/M. 1802
J. H. Hüffer: Lebenserinnerungen, Briefe und Aktenstücke, hg. von W. Steffens, Münster 1952
F. Keinemann: Westfälischer Adel und preußische Selbstverwaltung. Aus unveröffentlichen Briefen Werner von Haxthausens, Westfälische Zeitschrift, 120. Bd., Münster 1970
J. Kocka, K. Ditt u. a. (Hg.): Familie und soziale Planung. Studien zum Verhältnis von Familie, sozialer Mobilität und Heiratsverhalten an westfälischen Beispielen im späten 18. und 19. Jahrhundert, Opladen 1980
M. Lahrkamp: Münster in napoleonischer Zeit. 1800–1815, Münster 1976
Das Münsterische gemeinnützliche Wochenblatt, 13. Jahrgang 1797, Münster 1797
Münsterisches Intelligenzblatt Anno 1797, Münster 1797
B. Overberg: Anweisungen zum zweckmäßigen Schulunterricht für die Schullehrer im Fürstentum Münster, ND Paderborn 1957
M. Peters (Hg.): Schulreform im Fürstbistum Münster im ausgehenden 18. Jahrhundert, Ibbenbüren 1992
R. Reuter: Musikgeschichte der Stadt Münster im Überblick, Westfalen, Bd. 44, Heft 1–4, Münster 1966
W. Ribhegge: Geschichte der Universität Münster, Münster 1985
H. Reif: Westfälischer Adel 1770–1860. Vom Herrschaftsstand zur regionalen Elite, Göttingen 1979
G. Schwarze: Westfalen: Landschaft, Geschichte, Wirtschaft, Kunst, Nürnberg 1968
K. Treppe, M. Epkenhaus (Hg.): Westfalen und Preußen. Integration und Regionalismus, Paderborn 1991
Westfalen in Niedersachsen: Kulturelle Verflechtungen, Bramsche 1993

Rheinlande

O. Dann (Hg.): Religion – Kunst – Vaterland. Der Kölner Dom im 19. Jahrhundert, Köln 1983
K.-G. Faber: Rheinisches Geistesleben zwischen Restauration und Romantik, Rheinische Vierteljahrsblätter, 21. Jg. 1956, Bonn
K. Honnef, K. Weschenfelder, I. Haberland (Hg.): Vom Zauber des Rheins ergriffen ... Zur Entdeckung der Rheinlandschaft vom 17. bis 19. Jahrhundert, München 1992

P. Hüttenberger, H. Molitor (Hg.): Franzosen und Deutsche am Rhein 1789–1918–1945, Essen 1989
A. Klein: Köln im 19. Jahrhundert. Von der Reichsstadt zur Großstadt, Köln 1992
H. Klein (Hg.): Bonn – Universität in der Stadt, Bonn 1990
M. v. Rey, N. Schloßmacher (Hg.): Bonn und das Rheinland. Beiträge zur Geschichte und Kultur einer Region, Bonn 1992
Die Rheinlande und Preußen, Köln 1990
J. Schopenhauer: Ausflug an den Niederrhein und nach Belgien im Jahr 1828, ND Essen 1987
U. Westfehling (Hg.): Der erste Kölner Stadtführer aus dem Jahre 1828, Köln 1982

Geschichte, Kultur-, Sozialgeschichte

K. O. v. Aretin: Das Reich. Friedensgarantie und europäisches Gleichgewicht 1648–1806, Stuttgart 1986
ders., K. Härter (Hg.): Revolution und konservatives Beharren. Das Alte Reich und die Französische Revolution, Mainz 1990
Ch. Begemann: Furcht und Angst im Prozeß der Aufklärung. Zu Literatur und Bewußtseinsgeschichte des 18. Jahrhunderts, Frankfurt/M. 1987
H. Berding, H.-P. Ullmann (Hg.): Deutschland zwischen Revolution und Restauration, Königstein 1981
ders., E. François, H.-P. Ullmann (Hg.): Deutschland und Frankreich im Zeitalter der Französischen Revolution, Frankfurt/M. 1989
F. J. Bertuch: Bilderbuch für Kinder. Eine Auswahl, hg. von H. Göbels, Dortmund 1979
W. H. Bruford: Die gesellschaftlichen Grundlagen der Goethezeit, Weimar 1936
ders.: Kultur und Gesellschaft im klassischen Weimar 1775–1806, Göttingen 1966
R. v. Dülmen: Die Gesellschaft der Aufklärer. Zur bürgerlichen Emanzipation und aufklärerischen Kultur in Deutschland, Frankfurt/M. 1986
W. Fischer: Armut in der Geschichte, Göttingen 1982
L. Gall (Hg.): Vom alten zum neuen Bürgertum. Die mitteleuropäische Stadt im Umbruch 1780–1820, München 1991
ders. (Hg.): Stadt und Bürgertum im Übergang von der traditionellen zur modernen Gesellschaft, München 1993
W. Hardtwig: Vormärz. Der monarchische Staat und das Bürgertum, Frankfurt/M. 1985
R. Koselleck (Hg.): Studien zum Beginn der modernen Welt, Stuttgart 1977
Mentalitäten und Lebensverhältnisse. Beispiele aus der Sozialgeschichte der Neuzeit, Göttingen 1982
Th. Nipperdey: Gesellschaft, Kultur, Theorie. Gesammelte Aufsätze zur neueren Geschichte, Göttingen 1976

ders.: Deutsche Geschichte 1800–1866. Bürgerwelt und starker Staat, München 1983

H.-J. Puhle (Hg.): Bürger in der Gesellschaft der Neuzeit. Wirtschaft – Politik – Kultur, Göttingen 1991

G. Schmidt (Hg.): Stände und Gesellschaft im alten Reich, Stuttgart 1989

D. Schott, W. Trupp (Hg.): Seegründe. Beiträge zur Geschichte des Bodenseeraumes, Weingarten 1984

R. Vierhaus (Hg.): Frühe Neuzeit – Frühe Moderne?, Göttingen 1962

ders. (Hg.): Wissenschaften im Zeitalter der Aufklärung, Göttingen 1985

R. Wild: Die Vernunft der Väter. Zur Psychographie von Bürgerlichkeit und Aufklärung in Deutschland am Beispiel ihrer Literatur für Kinder, Stuttgart 1987

Register

Aachen 67
Abbenburg 260f., 267, 273, 339, 353ff., 390ff., 394, 398, 401f., 456f.
Albachten 45
Altenberge 16
Amelunxen, von (Familie) 45f.
Arndt, Ernst Moritz 22, 207
Arnim, Achim von 138, 143
Arnswaldt, Anna von (geb. von Haxthausen) 130, 145, 154, 161, 172, 174–180, 185, 188f., 193, 195, 219, 260, 284
Arnswaldt, August von 173–179, 181, 195
Augsburg 358f., 362, 364f., 395, 398

Bad Driburg 142, 145, 152, 171, 455
Balzac, Honoré de 289
Barmen 291
Beneke, Friedrich 159–163, 190, 196
Berlin 113, 193, 206, 292, 387, 408, 414, 457
Bertuch, Friedrich Justin 61
Bibra, Philipp Anton von 29
Billerbeck 45
Boccaccio, Giovanni 115
Boisserée, Sulpiz 204
Bökendorf 137, 139f., 143, 145, 148, 153, 155f., 174, 176f., 189, 196, 199f., 205, 207f., 213, 215, 237, 247, 259, 273f., 456
Bökerhof 42, 47, 51, 56, 124, 138, 140, 142, 145, 152ff., 159–163, 165, 170, 172f., 176, 181, 188ff., 213, 219, 222ff., 247, 260f., 264, 267, 269, 284, 306, 318, 354, 368, 379, 455
Bonaparte, Jérôme 76f.
Bonn 41, 51, 203f., 206, 208, 210, 220, 231, 235, 237–240, 245, 250f., 259, 339, 349, 389, 412f., 431f., 455f.
Bönninghausen, Clemens Maria Franz von 231ff., 246, 249, 256, 349, 389, 426, 433, 456
Bornstedt, Luise von 292f., 306, 314, 340
Böselager, von (Familie) 45
Braun, Johann Wilhelm Joseph 275, 433f.
Brentano, Clemens 115, 138, 143, 170
Breslau 120, 126, 438
Brüggemann, Karl Heinrich 408, 413
Busch, Catharina/Katharine → Schücking, Catharina
Byron, George Gordon Noel Lord 289

Calvin, Johann 108
Campe, Verleger 379
Caravacchi, Carl 289, 340
Carne, John 217
Charpentier, Julie von 126
Claudius, Matthias 58
Coesfeld 45f.
Corvey 139
Cotta, Georg von (Cotta-Verlag) 361, 321, 352, 386f., 411

d'Alton, Eduard 207
Darmstadt 346, 357f.
Diepenbrock, Melchior von 404f.
Dresden 58
Droste zu Hülshoff, Clemens August von, Freiherr 15, 19, 33, 41, 50, 73, 79, 149, 208f., 455
Droste, Ernst Constantin von 28

Droste, Maximilian Friedrich von 28
Droste-Hülshoff, Anna Elisabeth von 14, 71
Droste-Hülshoff, Clemens von 147, 206, 236, 245, 274f.
Droste-Hülshoff, Ferdinand von 20, 33, 36, 210, 212, 229, 455f.
Droste-Hülshoff, Maria Anna, gen. Jenny, von → Laßberg, Jenny von
Droste-Hülshoff, Maximilian 45, 92, 125, 147, 190ff.
Droste-Hülshoff, Pauline (geb. von und zur Mühlen) 206, 236, 431ff.
Droste-Hülshoff, Therese Luise von, Freiin (geb. von Haxthausen) 15, 19, 32ff., 39–42, 45f., 50, 52–55, 58f., 72, 79f., 85, 90, 93, 99ff., 124f., 131ff., 137, 145, 148, 190, 222, 224f., 229, 240, 247, 251, 258f., 262, 264f., 267, 273, 298f., 303, 311, 314, 349, 365, 377, 390f., 395, 401, 426, 433, 443, 451, 455f.
Droste-Hülshoff, Werner Konstantin von 13, 20, 33, 210, 271ff., 402, 407, 409f., 436, 455ff.
Droste-Vischering, Clemens August von (Erzbischof von Köln) 269f., 273, 275, 283, 289, 379
DuMont, Joseph 408, 417, 424

Eichendorff, Joseph von 124
Ellingen 318, 325
Engelen, Bernhardine 28
Ennemoser, Joseph 207
Ense, Varnhagen van 329
Eppishausen 456
Eppishausen (Schloß) 247f., 257ff.

Fichte, Johann Gottlieb von 113
Freckenhorst (Stift) 71f., 296
Freiligrath, Ferdinand 291, 295, 297, 300, 303, 318, 320, 346, 354, 373, 384ff., 446
Freud, Sigmund 151
Fulda 29
Fürstenberg, Franz Friedrich von, Freiherr 29ff., 56f., 68, 92, 101
»Fürstenhäuschen« 359, 365, 401, 456

Gall, Louise von → Schücking, Louise
Galliéris, Antonetta de 99, 193
Gallitzin, Amalia von, Fürstin 56–59, 101, 455
General Blücher 70
»Glaserhäuschen« 315f., 333, 456
Goethe, Johann Wolfgang von 21f., 58, 61, 100f., 115, 126, 204, 320, 371, 428
Goethe, Ottilie von 238f., 291, 350
Göttingen 77, 143ff., 155, 171, 206
Goya y Lucientes, Francisco José de 198
Gregor XVI., Papst 270
Grimm, Charlotte 284
Grimm, Jakob 138f., 161, 179, 258, 284, 414
Grimm, Wilhelm 137–144, 156, 159, 161, 179, 199, 209f., 213, 220, 229, 284, 414, 455
Gutzkow, Karl 354, 378

Hahnemann, Christian Friedrich Samuel 232
Hahn-Hahn, Ida 373
Halle 77
Haltenau 315, 335
Hamburg 379
Hannover 259f.
Harff, Elisabeth von → Haxthausen, Elisabeth von
Hartmann, Auguste 271
Hassenpflug, Amalie 179, 214, 227, 273, 284f., 288, 392, 442
Hassenpflug, Johanna 138

Havixbeck 45
Haxthausen, Anna von → Arnswaldt, Anna von
Haxthausen, August von 97, 109, 135–141, 143 f., 155, 161, 173 ff., 177, 189, 207, 272, 284, 298, 300, 311, 318, 343, 379, 383, 387
Haxthausen, Carl von 139, 241, 246, 258, 425
Haxthausen, Caroline von 142, 174
Haxthausen, Elisabeth, gen. Betty, von (geb. von Harff) 200, 205, 213, 236
Haxthausen, Ferdinandine von 38, 128
Haxthausen, Friedrich von 139, 260, 354, 401
Haxthausen, Friedrich Wilhelm von 66, 79, 109, 455
Haxthausen, Ludowine von 131, 140 f., 154, 158, 165, 363
Haxthausen, Maria Anna von 33, 163, 168
Haxthausen, Moritz von 201, 206, 210, 220, 242
Haxthausen, Sophie von 17, 66, 210, 220, 271, 288, 314, 343, 349, 362, 365, 390, 433, 452
Haxthausen, Werner Adolph von 14, 55 f., 60, 65, 76 f., 95, 97, 100, 138, 143, 159, 200 f., 203 f., 206 f., 226, 228, 235 f., 247 f., 252, 272 f., 284
Haydn, Joseph 92, 130
Hecker, Friedrich 446
Hegel, Georg Wilhelm Friedrich 22, 371
Heidelberg 339
Heine, Heinrich 10, 138, 156, 179, 272, 289, 354, 373, 380, 384 f.
Herder, Johann Gottfried 371
Hermes, Georg 39, 206, 274 f.
Hersberg (Schloß) 435, 457
Herwegh, Georg 381, 384 f., 446

Hildesheim 139, 258
Hippel, Theodor Gottlieb von 114
Hofer, Andreas 207
Hohenhausen, Elise von 389
Hohenholte (Stift) 71 f., 74, 90, 94, 96 f., 129
Hölderlin, Friedrich 22, 371
Hüffer, Johann Hermann 22, 71, 95, 265 f.
Hüger, Friedrich 94
Hülshoff (Burg) 12 f., 15 f., 18 ff., 24, 29, 31 ff., 36–44, 46 f., 55, 59 ff., 65 ff., 71 f., 76, 79 f., 85, 88, 90, 95, 97, 101 ff., 107, 119, 123 f., 129, 131–136, 143 ff., 147, 152 f., 155 f., 162, 168, 171, 174, 177, 180 ff., 190, 193, 198, 200, 208, 210 ff., 222, 225, 229, 231, 237, 244, 247, 262, 264, 299, 301, 335, 390, 395, 404, 409, 412, 418, 428, 430, 446, 448, 455, 457
Hundt, Friedrich 402

Iffland, August Wilhelm 132

Jacobi, Friedrich Heinrich 58
Jahn, Friedrich 207
Jena 75, 206, 267
Junkmann, Wilhelm 253, 256, 259, 263, 265, 276 f., 286, 301, 303, 306, 315, 326, 332, 339 f., 412 f.

Kafka, Franz 10, 199
Kant, Immanuel 70, 116
Kassel 76, 142, 161, 179, 259 f.
Kempen, Thomas von 450
Kerkering, von (Familie) 45
Kleist, Heinrich von 112, 371
Kleve 67
Klopstock, Friedrich Gottlieb 22, 58, 100 f., 130
Koblenz 67, 115, 127, 205 ff.
Köln 24, 67, 69, 201 ff., 205, 208, 213,

236, 251, 269f., 275, 323, 402, 413, 416, 422, 434, 445, 455
Königsdorf 144
Konstanz 448
Korff-Schmiesing (Familie) 45
Körner, Theodor 126

La Roche, Sophie von 114f.
Langewiesche, Wilhelm 303
Laßberg, Jenny von (geb. von Hülshoff) 17, 27, 33, 94, 97, 105, 109f., 130, 132, 138, 140–143, 199, 209f., 213, 220, 231, 247, 257f., 265, 288, 299, 314ff., 338, 363, 365, 401, 445–448, 452, 455f.
Laßberg, Joseph von 247ff., 258, 268, 313, 315ff., 365, 434f., 444, 448, 450, 456
Leipzig 58, 109, 249, 266
Lenau, Nikolaus 361, 371, 428
Levin, Rahel 329
London 91, 108, 159
Louis Philippe, König 445
Luther, Martin 29, 108, 183
Lütjenbeck 233

Madroux, Ludwig von 447f.
Mainz 67, 69, 339
Mannheim 235, 339
Maria Theresia, Kaiserin 24
Meersburg (Burg) 17, 48, 156, 242, 302f., 311–341, 344ff., 348, 350, 353, 358–361, 363, 365f., 368, 375, 380, 382, 388, 391, 397f., 400, 402, 409, 414, 418, 425, 427, 430ff., 434ff., 440, 442–446, 450ff., 456f.
Mendelssohn Bartholdy, Fanny 191
Mereau, Sophie 115
Mertens, Sybille 202ff., 220, 225, 236ff., 240f., 249f., 256, 300, 349f., 352, 392, 433

Mertens-Schaaffhausen, Sybille → siehe Mertens, Sybille
Merveldt, Burchard Paul von 68
Metelen (Stift) 14, 71, 73
Metternich, Clemens von 271
Minden 393
Montesquieu, Charles de 28, 115
Mörike, Eduard 371
Moskau 109
Mozart, Wolfgang Amadeus 92
Müllner, Adolf 135
München 235
Münster 10, 13, 21f., 25f., 28ff., 39, 44ff., 55–59, 68–71, 73ff., 77, 88, 91ff., 94f., 99ff., 109f., 121, 124–127, 129f., 132, 162, 168, 192, 199, 206, 208, 210, 217, 219, 221f., 225, 229f., 232, 241, 244ff., 252f., 257, 260, 262f., 265ff., 269, 272, 288f., 292, 294f., 326, 339ff., 349, 363, 377, 387f., 392, 395, 398, 402, 404, 413f., 418, 425, 427, 430f., 438, 445, 455f.

Nadermann, Hermann Ludwig 181, 184
Napoleon I., Kaiser 9, 24, 75f., 79, 94, 108ff., 112, 138, 204, 207, 380, 449
Nienberge 45
Nottuln 45
Nottuln (Stift) 71
Novalis (Hardenberg, Friedrich von, Freiherr) 124, 126, 170

Oer, von (Familie) 45
Ostende 226, 228, 391
Overberg, Bernhard 31f., 34f., 38ff., 47, 52, 56, 58f., 79, 455

Paderborn 139
Paris 22, 239, 380, 445, 457
Pearsall, Philippa 363

Pearsall, Robert 363
Plettendorf, Maria Catharina 16–18, 246, 388
Plittersdorf 237
Potsdam 22
Proust, Marcel 7

Rassmann, Friedrich 88 f., 101
Rastatt 68
Regenbogen, Maria 179
Regensburg 68
Rom 69, 275
Rosseau, Jean-Jacques 79, 113
Roxel 43 f., 209
Rüdiger, Elise 48, 52 f., 60, 63, 85, 126, 128, 132, 215, 240, 273, 284, 289–294, 297 f., 300 f., 305, 309 f., 313–316, 326, 329, 332, 338–341, 347, 349, 353–356, 364 ff., 368, 377 f., 381 f., 386, 388 ff., 392–396, 398, 400 f., 403, 409, 411 f., 415 ff., 423, 425 f., 432 f., 435, 437, 440, 451, 456 f.
Rüschhaus 17, 210–249, 253, 257–263, 265, 288–312, 317, 319, 321, 325, 328, 335, 338 f., 342, 345, 347, 350, 360, 368, 380, 386, 388 ff., 391 f., 395, 399, 407, 412–417, 422, 425, 427–430, 443

Salm-Reifferscheidt, Charlotte von 435
Salzburg 69
Sand, George 10, 228, 289
Schaaffhausen, Abraham 203 f.
Schiller, Friedrich 22, 115 f., 126, 206, 320, 371, 428
Schlagkötter (Familie) 46
Schlaun, Johann Conrad 211
Schlegel, August Wilhelm von 206
Schlüter, Christoph Bernhard 246, 251–255, 257–260, 263, 265, 268, 275–278, 284, 287, 289 f., 301, 303, 307 f., 332 f., 339 f. 342, 349, 392, 404 ff., 417–420, 422–431, 443, 456
Schlüter, Johann Christoph 110 f., 200, 205, 221, 225 f.
Schlüter, Therese 252
Schopenhauer, Adele von 220, 231, 238 f., 250 f., 265, 267, 282, 291, 294, 302, 350, 392
Schopenhauer, Arthur 239
Schopenhauer, Johanna 203, 238
Schücking, Catharina (geb. Busch) 103 ff., 244 f., 249, 288, 371, 373
Schücking, Levin 11, 52 f., 55, 60, 63, 105, 244, 273, 288–298, 300–322, 325–338, 340–350, 352–368, 371 f., 378–381, 384 f., 387–392, 396–402, 405–408, 411–424, 431, 435, 442, 456 f.
Schücking, Louise (geb. von Gall) 346 ff., 356 f., 359 f., 362–368, 400, 413, 416, 431, 456 f.
Schücking, Paul Modestus 105
Schwick, Walter Anton 92
Scott, Walter 267, 289
Shakespeare, William 132, 206, 303
Shelley, Mary 198
Smith, Adam 28
Spiegel, Ferdinand August, Graf 28, 56
Spiegel, von (Familie) 46
Sprick, Johannes 299, 402
Sprickmann, Anton Matthias 83, 92, 99 ff., 103 ff., 113, 116, 119–127, 129, 131, 148, 193, 235, 252, 255, 437 ff., 441, 455
Stein, Heinrich Friedrich Karl, Freiherr vom und zum 74
Steinegg, Bernhard Zeerleder von 444, 448
Stolberg, Friedrich Leopold zu, Graf 46, 56, 58 f., 77, 90, 94, 97, 130
Straube, Heinrich 142–145, 154–159,

162, 168, 170–180, 185f., 195, 213f., 219, 260, 268, 276, 284, 442, 255
Stuttgart 320, 339, 352, 371, 457

Tabouillot, Mathilde Franziska von 377f.
Tangermann, Wilhelm 287, 307
Teipel, Friedrich 404f.
Thielmann, Johann Adolf von 126, 130
Thielmann, Wilhelmine von 126f., 136, 189, 200, 205
Thiers, Louis Adolphe 388
Trier 67, 69
Twickel, von (Familie) 45f.
Tübingen 457

Überlingen 434
Uhland, Ludwig 313, 361
Unkel 239, 295, 300

Vevey 240
Vincke, Ludwig von, Freiherr 74f., 110, 126

Voltaire (Arouet, François Marie) 22, 28

Warendorf 142
Weber, Carl Maria von 198
Weimar 58, 61, 91, 100f., 116, 238f., 267, 387
Weiße, Christian Felix 31, 39
Wendt-Papenhausen, Caroline von 208
Wenzelo, Bernhard 60
Weydemeier, Caspar Anton Wilhelm 96
Wien 68
Wilkinghege (Schloß) 46
Wittenberg 183
Wolff, Johann Heinrich 161f.
Wolff-Metternich, Dorothea von 32, 46, 58f., 88
Wolff-Metternich, Therese 85, 188
Wörlitz 58
Wrede, Karl Theodor von 318

Zedlitz, Joseph Christian von 386

Biographien
im insel taschenbuch
Eine Auswahl

Alexander der Große. Von Johann Gustav Droysen. Mit einem Nachwort von Angelos Chaniotis. it 3038. 739 Seiten

Hans Christian Andersen. Märchen meines Lebens. Mit einem Nachwort von Johan de Mylius. Übersetzt von Richard Birkenbihl. it 2738. 240 Seiten

Johann Sebastian Bach. Von Charles S. Terry. Mit einem Nachwort von Klaus Peter Richter. it 2588. 302 Seiten

Der Buddha. Sein Leben, seine Lehren, seine Weisheiten. Von Nhat Hanh Thich. Aus dem Englischen von Ursula Richard. it 3247. 177 Seiten

Caffarelli. Das Leben des Kastraten Gaetano Majorano, genannt Caffarelli. Von Hubert Ortkemper. Mit zeitgenössischen Abbildungen. it 2599. 261 Seiten

Charles Darwin. Mein Leben 1809-1882. Vollständige Ausgabe der »Autobiographie«. Herausgegeben von seiner Enkelin Nora Barlow. Übersetzt von Christa Krüger. it 3370. 281 Seiten

Christiane und Goethe. Eine Recherche. Von Sigrid Damm. it 2800. 531 Seiten

Cornelia Goethe. Von Sigrid Damm. it 1452. 259 Seiten

Dich zu lieben kann ich nicht verlernen. Das Leben der Sophie Brentano-Mereau. Von Dagmar von Gersdorff. it 3235. 448 Seiten

Frauen im Rampenlicht. Lebensberichte berühmter Schauspielerinnen. Herausgegeben von Monica Steegmann und Ingrid Kaech. it 3048. 347 Seiten

Frauen mit Flügel. Lebensberichte berühmter Pianistinnen von Clara Schumann bis Clara Haskil. Herausgegeben von Monica Steegmann und Eva Rieger. it 1714. 402 Seiten

Geliebte Jane. Die Geschichte der Jane Austen. Von Jon Spence. Übersetzt von Ursula Gräfe. Mit zahlreichen Abbildungen. it 3312. 379 Seiten

Goethe. Der Dichter in seiner Zeit
- Band 1: 1749-1790. Von Nicholas Boyle. Übersetzt von Holger Fliessbach. Mit zahlreichen Abbildungen. it 3025. 884 Seiten
- Band 2: 1790-1803. Von Nicholas Boyle. Übersetzt von Holger Fliessbach. Mit zahlreichen Abbildungen. it 3050. 1114 Seiten

Goethes Mutter. Von Dagmar von Gersdorff. it 2925. 464 Seiten

Georg Friedrich Händel. Von Christopher Hogwood. Übersetzt von Bettina Obrecht. Mit Abbildungen. it 2655. 560 Seiten

Heinrich Heine. Mein Leben. Autobiographische Texte. Herausgegeben von Joseph A. Kruse. Mit zahlreichen Abbildungen. it 3154. 205 Seiten

Hermann Hesse. Sein Leben in Bildern und Texten. Mit einem Vorwort von Hans Mayer. Herausgegeben von Volker Michels. it 1111. 363 Seiten